前 言

财税法学是以财税法为研究对象的新兴法学学科。由于财税法关乎国计与民生，直接影响各类主体的利益与行为，对于保障收入分配的公平、宏观调控的效率、社会经济的稳定均举足轻重，因而各国莫不重视财税法的理论研究和制度建设，从而极大地推动了财税法学的发展。

财税法学是高等院校法学、经济学、管理学等专业的一门重要课程。由于财税法的调整涉及每个人，涉及国家和社会的方方面面，因而每个公民无论是基于对自己、对社会还是对国家的权利与义务的考虑，都有必要学一些财税法学知识。

财税法学方面的教材并不鲜见，但各类教材在内容、体例的安排上不尽相同。本书在篇章结构上首先分为上、下两篇，其中，上篇财政法部分共6章，下篇税法部分共12章，这样的比例关系同财政法与税法在理论研究和制度建设中的实际，同财税法课程通常的教学时数安排等都是一致的。此外，考虑到财税法学的特殊性，两大部分基本的认知线索，都是经济原理—法学理论—法律制度，即各部分先介绍相关的经济学原理，如财政原理、税收原理；在此基础上，再介绍法学的基本理论，如财政法总论、税法总论；最后，基于相关的经济学原理和法学理论，分别介绍相关的法律制度。上述安排，对于读者在认识上层层深入，更为系统地掌握财税法的理论与制度，也许更有裨益。

相对于其他法律制度，财税法制度更加纷繁，研习不便，因而需要财税法学教材去粗取精、取舍整合。为此，本书在财政法律制度方面，主要介绍预算法律制度、国债法律制度、政府采购法律制度和转移支付法律制度；在税收法律制度方面，主要介绍税收体制法律制度、税收征纳实体法律制度、税收征纳程序法律制度，以及与此相关的税收争讼法律制度，以体现制度与原理之间以及各类制度之间的内在关联。

相对于其他法律制度，财税法制度更加易变，学、用多艰，因而需要财税法学教材顺势应变、及时更新。为此，本书在介绍较为稳定的财税原理和财税法理论的同时，力求体现我国财税法制度的最新变化，以全面反映我国财税法制度建设的最新进展。

由于我国财税法研究起步较晚，财税法制度尚不够完善，且变化万千，加之其他主、客观因素的多重局限，本书定会存在缺漏不足，诚望各位有识之士不吝补正。

作 者

2007年1月28日

于北京大学法学院科研楼

目　录

上篇　财政法

下篇　税　法

细　目

上　篇　财政法

下篇 税法

上篇

财政法

第一章　财政原理

财政原理是财政法治建设和财税法学研究的重要理论基础，也是学习财政法应先行掌握的预备知识。为此，本书将先介绍基本的财政原理，这有助于更好地理解后面将探讨的财政法原理和具体制度。

第一节　财政的概念与特征

一、财政的概念

对于“财政”一词，人们可谓耳熟能详，且大都有自己的理解。从最广义上说，财政是指有关资财的收支管理的一切事务。在日常生活中，基于对财政泛化的理解，人们可能容易把企业的财务、家庭的收支情况等都等同于财政。但财政学或财政法学通常是从狭义上来界定财政的概念的。

从狭义上说，财政是国家为了满足公共需要而取得、使用和管理资财的政务的总称，包括中央财政和地方财政。

一般认为，“财政”一词源于拉丁文，17世纪以后专指国家的理财活动。“财政”一词在我国的使用较为晚近，在1882年清朝的《财政奏折》中首次出现①，此前我国曾长期用“国计”一词来表示财政的含义，以体现财政作为邦国之本、国之大计的地位。而与“国计”相对应的概念则是“家计”或“民生”，并且，“国计”对“民生”具有重要影响。

财政既是一个经济范畴，也是一个历史范畴。财政作为一个经济范畴，通常是指有别于私人经济的公共经济，财政学因而也被称为公共经济学。作为公共经济，财政与私人（包括厂商和居民）经济的重要不同在于：它是国家为满足公共欲望、实现公共需要而对集中起来的部分社会产品所进行的分配，因而它尤其属于经济分配领域的范畴。财政作为一个历史范畴，是随国家的产生、发展而产生、发展的，它始终依赖国家而存在，并且，与各个领域均密切相关。从某种意义上说，一个国家的财政史，也就是一个国家的政治、经济、社会、文化的发展史。因此，有必要把财政置于历史的发展中来综合地加以认识。

财政是国家治理的基础和重要支柱。② 财政乃庶政之母，国家职能的实现离不开财政，可谓“无财则无政”。众所周知，各国在不同的历史时期，其职能亦有不同侧重。国家（或政府）要实现其各类职能，就必须进行相应的活动，这当然需要资财、经费予以支持，而国家作为非营利组织，本身并不创造资财，因而只能从私人经济中取得。自古及今，莫不如此。

在现代市场经济条件下，由私人经济中产生的各类欲望汇集形成的公共欲望（或称公共需

---

① 学者一般认为，在西方的财政理念被日本引进以后，其学者才用汉字里的“财”和“政”两个字，创造了“财政”一词，因此，“财政”一词的使用相对较为晚近。此外，也有人认为“财政”一词，是强调只有有才干的正直的人，才能够理财、管钱。

② 这是2013年的《中共中央关于全面深化改革若干重大问题的决定》作出的重要判断。

求），是单靠任何个体的私人经济力量都无法予以满足的，只有国家才有能力、有必要去履行满足公共需要的职能。从历史上看，正是为了满足公共欲望，实现公共需要，国家才需要做三个方面的工作：第一，取得资财，从而形成财政收入；第二，使用资财，从而形成财政支出；第三，管理资财，从而形成财政管理。而上述三个方面所构成的连续的、有秩序的活动的整体，即为财政。

由上述财政定义及对其所作的说明不难得见，财政在总体上分为三大部分，即财政收入、财政支出和财政管理，这三类活动是依一定的程序有秩序地进行的；其活动主体是国家，而活动目标则是满足公共欲望，实现公共需要。

二、财政的特征

要全面认识财政的概念，尚需进一步探讨财政的特征，因为财政的特征是对财政定义的进一步揭示和展开，是财政概念的进一步深化。

财政的特征是财政不同于其他事物的特有的征象，它反映财政的本质，是财政本质特点的表征。通常，学者主要是在公共经济与私人经济的区别中，来揭示财政的特征。

（一）财政的基本特征

与私人经济中的企业财务、家庭理财相比，财政具有如下基本特征：

（1）国家主体性。财政的主体是国家，财政的存在是国家实现其职能的需要，并以国家的强制力为保障；同时，财政活动也必须依国家法律规定的程序进行。

（2）公共目的性。财政的目的是满足公共欲望，实现公共需要。由于财政是公共经济，它体现国家的经济社会职能并超乎私人经济之上，因而它必须保障集中体现公共欲望的社会公众利益。

财政与私人经济的上述区别，构成了财政最基本的特征。对上述特征加以扩展，还可概括出财政的引申特征。

（二）财政的引申特征

（1）公益性。财政活动的目的是满足公共欲望，保障公共利益，而并非像私人经济那样以利润最大化为目标。国家进行财政收支和管理活动，主要是为了向社会提供公共物品，增加社会福祉，保障经济与社会的良性运行和协调发展，而并非为了盈利。“取之于民，用之于民”，正是财政活动的根本要义。

（2）永续性。财政是一种有秩序的、连续性的活动，在存续期间，同私人经济相比，具有一种永久连续性。因为私人经济主体会存在变更、消亡的情况，从而可能会中断其经营活动；而作为财政主体的国家，其存在则具有永续性，从而使财政也具有永续性的特征。据此，国家可以长期、连续地举债，并且，一般说来，国家的财政信用总是信誉最好的。

不难发现，公益性与前述的公共目的性是相对应的。永续性则与前述的国家主体性是相对应的，因此，公益性与永续性构成财政的引申特征。

［资料］　**公共经济与私人经济**

了解公共经济、私人经济的分类，有助于更好地理解财政的定义和特征。

整个人类的经济活动可以分为两类：一类是各类市场主体之间的经济活动，这在经济学中通称为私人经济或一般经济；另一类是国家（或政府）相互之间及国家（或政府）与私人相互之间的活动，此即公共经济。而财政则属于国家的经济活动，属于公共经济活动，其主体是国家；其目的是满足公共欲望，实现公共需要；其内容是取得、使用和管理国家活动必需的资财，以发挥财政的职能，实现财政的目的。

另外，所谓私人经济，仅是与公共经济相对称的概念，它是各类市场主体所从事的经济活动的总称。由于各类市场主体的活动并不以实现公共需要为目的，而是为了追求盈利，在产权明晰的情况下，均有其作为独立个体的利益，即有其自身的“私利”，因此，它与以保障和实现公共利益为目的的财政是不同的。正是在这个意义上，它才被称为私人经济。当然，它并非仅指私有制经济。

第二节 财政的体系与职能

一、财政的体系

财政的体系，是由财政的各项内容或各类活动所构成的内在和谐统一的整体。研究财政的体系，有助于进一步增进对财政概念的认识，同时，也有助于进一步揭示财政的职能。此外，从法学的意义上说，研究财政的体系，有助于更好地确立财政法的体系，形成财政法学的一些重要范畴。这对于财政法治建设和财税法学研究也都非常重要。

如前所述，财政的内容包括三个方面，即财政收入、财政支出和财政管理。由于财政管理在整体上体现为基本的预算管理，因此，财政体系主要包括预算管理体系、财政收入体系和财政支出体系三个方面。

1. 预算管理体系

一个法治国家的财政收入与支出，都应体现在相应的财政预算中，因为预算就是财政收支的计划，预算是对财政收支进行管理的一种最基本的方式。在这个意义上，财政收支与政府收支、公共收支是内在一致的。

在法治化程度不高的国家，预算同财政收支是不完全一致的，因为有些收支活动并没有被纳入严格的预算之中。例如，我国曾有一段时期，有些政府收入并未被纳入预算。从总体上看，政府的收入不仅包括预算收入，还包括预算外收入；甚至可能不仅包括合法的制度内的财政收入，还包括制度外收入；等等。同样，在支出方面，也需要确保严格按预算进行支出。这些现实问题都需要不断加强预算管理来解决。

2. 财政收入体系

财政收入与财政支出密切相关，前者是后者的物质基础，后者要在很大程度上受制于前者。组织财政收入，是财政活动的重要组成部分。通常，财政收入较为重要的形式有税收、国债、收费、利润、捐赠等。它们都是财政收入体系的重要组成部分。

对于上述各种财政收入形式，还可以作多种分类，尤其是理论上的分类和预算制度上的分类，很值得注意。例如，在理论上，美国著名学者塞利格曼曾把财政收入分为奉献性收入（如捐赠收入）、契约性收入（如国企上缴利润的收入）和强制性收入（如税收收入、罚没收入）；此外，还有人把它们分为以政治权力为基础的收入（如税收）和以经济权力为基础的收入（如国资收益）；另外，也有人把各类财政收入分为债务性收入和非债务性收入、自愿性收入和非自愿性收入等。

除理论上的一些分类外，在制度实践中也有一些具体分类。例如，我国的《预算法》曾将预算收入的形式分为税收收入、国资收益、专项收入、其他收入四类，这种分类同理论上的分类有一定的交叉，因此，在《预算法》不断完善的过程中，对上述分类又作出了进一步调整。

3. 财政支出体系

财政支出也称政府支出或公共支出，同财政收入一样，在理论上和具体的预算制度中，都有不同的分类。在理论上，财政支出首先可以分为购买性支出和转移性支出两大类。

所谓购买性支出，是指政府用于购买商品和劳务而发生的财政支出，包括政府用于投资、消费等所发生的支出。由于是按照市场等价交换的原理来行事，政府的支出有直接的商品或劳务回报，因此，也称为有偿支出。其具体的形式，包括国防支出、国家行政管理支出等。此外，随着财政管理法治化水平的提高，这种支出主要通过政府采购来实现。

所谓转移性支出，又称转移支付、无偿支出，是政府财政资金单方面的无偿转移。它主要用于解决政府间的财政失衡问题，尤其主要用于社会保障、财政补贴等领域。

此外，财政支出还可以分为可控制支出和不可控制支出。其中，可控制支出是指政府部门可不受法律或契约约束而根据财政状况对预算作出增减调整的支出，也称柔性支出；而不可控制支出，则是指依据法律或契约必须及时足额支付的支出，也称刚性支出，如债务利息支出、社会保障支出等。这种分类，对于从法律的角度研究预算问题，特别是赤字问题等，尤其有价值。

另外，在现实的预算制度中，对于财政支出的形式，同样可以有不同的分类。例如，我国的《预算法》，曾按预算支出的主体和职权，将预算支出分为中央预算支出和地方预算支出，同时，还根据预算支出的性质、用途，将其分为经济建设支出、事业发展支出、国家管理支出、国防建设支出、财政补贴支出等。尽管现行《预算法》对预算支出有其他分类（对此将在后面介绍），但上述分类在支出用途上相对更为鲜明、清晰。

上述三类体系，是整体财政体系中不可分割的组成部分。深入研究每个部分，尤其有助于全面理解财政政策体系和财政法体系。

此外，在财政体系中涉及各类的基本财政活动，分别对应于一系列重要的财政范畴，包括预算、税收、国债、收费、政府采购、转移支付等，这些范畴有助于构建财政法的基本制度，提炼财政法学的相关范畴。

二、财政的职能

财政的职能是财政所内含的基本功能。了解财政的职能，有助于进一步深化对财政概念的认识。财政的职能主要有三种，即分配收入、配置资源、保障稳定。这已成为人们的基本共识。现分别说明如下。

（一）分配收入的职能

由于财政是为了满足公共欲望，实现公共需要而收支、管理资财的有秩序的活动，是对国家集中起来的部分社会产品进行分配的活动，因此，参与社会产品分配，并将集中起来的财政收入依一定程序进行再分配，便构成财政最原始、最基本的职能。

财政分配收入的职能，具体体现为调节分配关系的职能，即财政能够调节各分配主体之间的物质利益关系，从而可以实现满足公共欲望、保障社会收入公平分配等目标。其中，参加分配的主体包括国家、企业和居民，即财政分配包括公共经济领域以及公共经济与私人经济之间的分配。

众所周知，社会再生产包括生产、交换、分配、消费四大环节，分配是整个社会再生产过程中不可或缺的重要一环；分配取决于生产，但也是生产的目的，没有分配同样无从谈起生产、交换与消费。由于财政具有分配收入的职能，从而财政也成为整个社会分配系统的重要组成部分之一。

财政分配活动包括两个阶段：其一是国家凭借主权地位或所有者地位占有一定量社会产品的财政收入阶段；其二是国家按照一定的政治经济原则，将占有的社会产品用于社会的生产和生活的财政支出阶段。两者构成国民收入的分配与再分配的整体。在收支规模方面，财政收入的规模不仅受经济发展水平和生产技术水平的制约，同时，也受政府的分配政策和分配制度的制约；而财政支出的规模则与政府所承担的政治、经济和社会职责的变化密切相关，因此，财政收支规模及其活动领域的广狭，决定了财政分配收入职能作用的深度和广度。

（二）配置资源的职能

财政的配置资源的职能，就是通过资财的分配，引导人力和物力的流向，以形成一定的资产结构和产业结构，实现资源的有效配置。在资源配置方面，财政能够根据社会公共需要在整个社会需要中所占的比例，将全社会的资源在政府部门和非政府部门（企业和居民）之间进行分配，同时，它还能够根据国家的经济、政治原则，调节积累和消费等各种比例关系。

一般说来，税收、预算支出、国债、转移支付等财政手段都是配置资源的有效手段，其运用过程也就是通过间接手段对全社会的资源进行配置和宏观调控的过程，因此，在宏观层面，财政的配置资源的职能也可以概括为宏观调控的职能。

（三）保障稳定的职能

财政的保障稳定的职能，是建立在分配收入职能和配置资源职能基础之上的，并且是前述两种职能实现的结果。关于财政保障稳定的职能，可以从以下两个层面来理解：(1) 在经济层面，在各种经济主体之间有效分配收入、配置资源，有助于保障经济领域的公平和效率，从而有助于保障稳定物价、充分就业、国际收支平衡等稳定经济目标的实现，进而也有利于促进经济的稳定增长。(2) 在社会层面，财政分配收入职能和配置资源职能的实现，不仅有助于保障经济公平，而且有助于保障社会分配领域里的社会公平，保障基本人权，从而也有利于保障社会的稳定。

综上所述，上述财政的三类基本职能是层层递进的。其中，分配收入的职能是前提、基础；配置资源的职能是建立在分配收入职能的基础之上，并日渐受到重视；而保障稳定的职能以前两种职能为基础。应当看到，财政分配的影响是广泛、深远的，因为一切收支活动都涉及各经济主体之间的利益关系，而资源配置是通过各个有其自身利益的经济主体来实现的，所以以财政手段配置资源的过程也就是调整各主体经济利益的过程；有效的资源配置有助于促进经济的稳定增长，保障经济与社会的稳定，而这又为更好地实现财政的职能提供了良好的基础。

学习拓展：

当前，如何有效解决各类分配问题，如何扎实推动共同富裕，已受到全社会的普遍关注。而财政手段则有助于解决分配差距过大、分配结构失衡等诸多分配问题，推动共同富裕目标的实现。

《中华人民共和国国民经济和社会发展第十四个五年规划和2035年远景目标纲要》，专门提出了“完善再分配机制”的目标和手段，主要是：

加大税收、社会保障、转移支付等调节力度和精准性，发挥慈善等第三次分配作用，改善收入和财富分配格局。健全直接税体系，完善综合与分类相结合的个人所得税制度，加强对高收入者的税收调节和监管。增强社会保障待遇和服务的公平性可及性，完善兜底保障标准动态调整机制。规范收入分配秩序，保护合法收入，合理调节过高收入，取缔非法收入，遏制以垄断和不正当竞争行为获取收入。建立完善个人收入和财产信息系统。健全现代支付和收入监测体系。

上述“完善再分配机制”的目标和手段，有助于理解财政的职能，也有助于分析财政存在的必要性。

第三节 财政存在的必要性

基于前述对财政的概念、特征、体系、职能等问题的认识，有必要进一步思考财政存在的必要性问题。一般认为，社会公众对公共物品存在着公共欲望或共同需求，这些需求只能由国家在公共经济领域提供公共物品来满足，而国家提供公共物品需要有相应的资金支持，因而就需要有财政。这是对财政存在必要性的一般解释。

一、公共欲望

人类的欲望是无止境的，而可用以满足人类的纷繁欲望的资源却是相对有限的，于是，如何合理地配置有限的资源来满足人类的欲望，便成了人类不容回避的经济问题。

人类的诸多欲望，大略可以分为两类：一类是私人欲望（private wants），另一类是公共欲望（public wants）。私人欲望或称个体欲望，是指个体能够独自满足的需求，是具有排他性的欲望；公共欲望或称集体欲望，是公众可以共同享有的需求，是不具有排他性的欲望。

人们大都认为，公共欲望与私人欲望是不可分割的，并且是以私人欲望为前提的；公共欲望是存在于私人经济中的无数私人欲望中的共同欲望，这种共同欲望是单靠私人经济无法得到满足的，因而必须由超脱于市场主体的国家来予以满足。这类国家通过一定手段来满足的私人欲望，就是公共欲望。

对于公共欲望，各国学者有不同的分类，其中，美国学者马斯格雷夫（R. A. Musgrave）的“两分法”影响最大，并已为多数学者认同。据此通说，公共欲望可以分为两类，即社会欲望和价值欲望。社会欲望是指那些依靠市场机制不能得到满足的、全体公众可同时均等享受的、不具有排他性的欲望；价值欲望是指那些经由市场机制不能得到充分满足的、具有排他性和特殊价值的欲望，这种欲望虽本属私人欲望，但因其具有增进社会福利等良好的外部效应，故而需由公共经济部门予以支持和帮助实现，从而使其转化为具有特殊价值的公共欲望。

一般说来，人们的私人欲望可以由其个人以消费者的身份，依据市场价格来选择购买市场所提供的商品和劳务而得到满足；而公共欲望的满足则不能通过市场主体的活动来实现，即市场机制不能满足公共欲望，只有公共经济部门才能担当此任，因为唯有公共经济部门，才能提供普遍的服务，使社会公众无论是否付费，均能等量地、不可分割地享受到该服务所带来的利益。

事实上，现代市场经济是一种混合经济体制，即私人经济和公共经济同时存在，其中，市场配置资源的领域属私人经济部门，而政府配置资源的领域则为公共经济部门。私人经济以由厂商的逐利动机和消费者主权所决定的市场对资源的配置为主要特征，而公共经济则以通过政府的财政收支活动来配置资源为主要特征。与此相对应，私人欲望纯属独立个体的问题，具有排他性（excludability），可以通过市场途径来得到满足；而公共欲望则是集体可共同享有的需求，每个个体的享有都不影响其他个体的享有，即不具有排他性，一般只能通过政府途径来得到满足。

二、公共物品

基于上述私人欲望和公共欲望的分类，用来满足人类欲望的资财也分为两种：凡用来满足人类私人欲望的资财即为私人物品（private goods）；凡用来满足人类公共欲望的资财即为公共物品（public goods）。

（一）公共物品存在的意义

公共物品，或称公共产品、公共物等，是用以满足人类公共欲望，实现人们公共需求的不可或缺的资财。公共物品的存在，是社会的客观需求，它反映了社会公众的公共需要；而为社会提供公共物品，解决市场机制无法满足公共欲望的问题，正是财政的主要任务。从某种意义上说，社会公众对公共物品所具有的公共欲望，决定了财政的存在。

众所周知，与计划经济相比，市场经济在资源配置方面是更有效率的，它有助于促进经济的增长，进而不断增加社会财富。但是，市场机制并非总是有效率的，它不仅存在着盲目性、滞后性和自发性，而且在某些领域还可能造成资源配置的低效率或无效率，从而形成“市场失灵”的问题。一般认为，“市场失灵”是市场机制本身无法克服的，导致“市场失灵”的经济原因主要有四个方面，即垄断、公共物品、外部效应和信息偏在。

(1) 垄断与市场失灵。由于垄断限制了竞争，使得市场机制有效运作所需要的充分、有效的竞争难以存在，因而通过市场竞争的作用来确立合理的市场价格是困难的，由此也很难依市场机制配置资源。在存在垄断的情况下，市场是失灵的。

(2) 公共物品与市场失灵。公共物品是市场主体都需要、但又都不愿向公众提供的资财。由于投资于公共物品通常经济效益低而社会效益高，因而以利润最大化为目标的市场主体都是不愿投资的。可见，在公共物品领域，市场也是失灵的。

(3) 外部效应与市场失灵。外部效应是市场主体生产或消费的行为对其他市场主体产生的附加效应和外部影响。通常，人们更关注负的外部效应，尤其是市场主体的行为所带来的社会成本。由于市场主体之间解决外部性问题的交易成本往往较大，很难通过市场机制有效解决，因而在存在外部效应的情况下，市场也是失灵的。

(4) 信息偏在与市场失灵。在信息偏在于市场交易主体一方的情况下，交易对方被置于信息不对称的境地，会导致交易成本过大，由此不仅会损害相关市场主体（如消费者）的利益，也会使市场机制难以发挥其作用，从而导致市场失灵。

此外，在社会领域，如何确保社会分配的公平，往往是市场机制所无力解决的，因而同样会存在市场失灵的问题。而有效解决此类市场失灵问题，恰恰是社会公众的公共欲望。

上述市场失灵情况的存在，是市场机制本身无法克服的，因而必须由市场主体之外的国家进行宏观调控和市场规制。在公共物品领域，既然公共物品是市场主体都需要的，那么它有其自身存在的价值和意义，同时，由于在提供公共物品方面市场是失灵的，即市场主体都不愿或不能提供，因此，国家必须运用财政手段提供公共物品，以满足社会公众的公共需求，保障社会公共利益和基本人权。可见，在现代市场经济条件下，公共物品有其特殊的存在意义和理由。

（二）公共物品的特征

一般认为，私人物品的产权应当是明确的，它具有独占性、排他性和可转让性的特点。市场主体在其产权明晰的情况下，可以通过市场来配置资源。由于市场主体对其私人物品的产权是独占的、排他的、可转让的，因而对私人物品的消费也是独占的、排他的，另一主体不能同时消费该私人物品；若另一主体也想消费此私人物品，则可通过市场转让取得其产权来实现。可见，私人物品的消费具有排他性和可分割性（divisibility），即两个主体不能同时对同一私人物品进行相同的消费，不同的主体对私人物品的消费是能够分开的。

公共物品与私人物品不同，各类主体对公共物品均可获得等量的、相同的消费，而不论该主体是否付费和付费多少，因此，公共物品是各类市场主体都不愿投资，但又都需要的。市场主体总是希望别人投资于公共物品，由此形成了普遍存在的“搭便车”心理。在这种情况下，公共物品不可能通过市场交易来获得，而必须由国家来提供。

可见，公共物品与私人物品不同的特征表现为公共物品的消费具有非排他性和不可分割性，即一个主体对公共物品的消费不能排除其他主体的同样消费，各个主体的消费是不能被区分，进而界定清晰的。于是，人们普遍认为，如果就某种物品而言，特定的个人和他人能够同时消费，而且很难区分每个主体的个别消费，亦即该物品具有消费的非排他性和消费的不可分割性，则这种物品就很难通过市场来供给，因为它无法形成市场价格。正因如此，这类物品只能由公共经济部门来提供，相应地，这类物品也就被称为公共物品，即它是“公共”的物品，而不是“私人”的物品。

（三）公共物品的分类

如前所述，公共欲望分为两类，即社会欲望和价值欲望，与此相对应，满足人类公共欲望的资财也分为两类，即纯公共物品和准公共物品，凡用来满足社会欲望的资财称纯公共物品，凡用来满足价值欲望的资财称准公共物品。区分纯公共物品和准公共物品的标准，除可视其是否用以满足何种公共欲望，还可看该公共物品消费排他的困难性和区分个别消费的困难性是否明显。例如，国防、警察、消防等是公共物品，因其具有明显的消费排他的困难性和区分个别消费的困难性，所以它们属于纯公共物品。而教科文卫、社会福利等，作为社会公共服务，都具有公共物品的特征，但又很难说这些服务完全不能由市场提供，只不过从社会发展、人类进步的角度看，由公共部门来提供更有裨益。由于这类既可使个体从中获益又可带来良好的外部效应的物品，其消费的排他性相对不够明显，故属于准公共物品。

此外，公共物品是分为不同级次的。一般说来，由中央政府提供的公共物品，就是中央级次的公共物品，如国防、全国性的宏观调控，等等；而由地方政府提供的公共物品，则为地方级次的公共物品，如地方的市政建设，等等，其受益范围为地方一域，而非全国。这种分类，会直接影响中央财政与地方财政的划分。

三、财政存在的必要性

上述公共欲望与公共物品理论，有助于说明财政存在的必要性问题。事实上，财政的存在，同国家的公共职能是直接相关的。众所周知，从现代国家的经济社会职能来看，向社会公众提供公共物品，以满足公共欲望，正是其主要任务。国家或政府要提供公共物品以实现其公共职能，就必须有足够的财力，而国家或政府作为非营利性组织，其本身是不创造利润的，因此，为了维持国家或政府的存续及有效运作，实现其提供公共物品的职能，国家或政府就必须依据政治权力和经济权力来获取财政收入，同时，要按照一定的政治、经济、社会原则来进行财政支出，从而形成系统的财政活动。

可见，满足公共欲望，提供公共物品，既是财政的目的与任务，也是财政得以存在的缘由。从各国的实践来看，财政已成为提供公共物品的非常有效、非常重要的手段，它能够在一定程度上缓解在公共物品领域存在的市场失灵问题，对社会收入进行分配和再分配，进而可以成为宏观调控和保障经济与社会稳定的政策工具。由于广义的财政包含了税收，因而，上述的公共物品理论，同样有助于说明税收存在的必要性。

如前所述，公共物品不仅分为纯公共物品和准公共物品，而且它本身也是分为不同级次的。不同级次的公共物品，需要由不同的政府来提供。而无论是哪个级次的政府，在理论上都是非营利性组织，它只能是“集众人之财，办众人之事”。因此，它必须有财政的支持，必须“取之于民，用之于民”，从而形成了财政存在的合理性和必要性。

值得注意的是，人类在利用有限的资源来满足两类欲望时，都是通过选择的方式来实现的：在现代文明国家，在公共经济部门是经由议会的投票，以政府预算来满足集体的公共欲望；而在私人经济部门，则是通过市场的价格形成，以自由的购买选择来满足个体的私人欲望。可见，从满足公共欲望、提供公共物品的角度来看，财政是一个非常重要的领域，具有非常重要的地位。

［资料］　　　　　　　　　　**财政思想及其发展**

财政的存在和发展是与其他社会经济现象紧密地联系在一起的，同时，财政现象与财政思想也是密切相关的。一方面，财政的发展决定了财政思想的发展；另一方面，财政思想的日益成熟也促进了财政本身的发展。透过财政思想的发展历程，可以看到财政本身的发展历程。从历史上看，当某种财政思想为官方所接受时，该财政思想就是现实的财政的指导思想。

对于财政思想发展的阶段划分，历来看法极不统一，但一般认为可以大略分为古代社会、近代社会和现代社会三大阶段。古代社会的财政思想较为简单，不具有完备的理论体系，且对今世的影响不大，因而下面仅侧重于介绍近现代的财政思想及其发展。

1. 古典学派以前的财政思想

(1) 重商主义。

它起源于16世纪中叶的英国，盛行于17世纪。它认为一国经济的强弱取决于该国黄金的多寡，主张政府应积极运用包括财政手段在内的各种手段干预民间经济活动，尤其应当利用关税政策鼓励出口，同时应禁止黄金出口，保护本国贸易。

(2) 官房学派。

它起源于17世纪的德国，分前后两期。它主张开辟土地资源，充实国库，以增加国家的财富。在前期其尚不能明确区分王室经济与国家经济（财政），主张财政收入以官产为主；在后期其已经认识到了国家财政与王室家计的差别，主张财政收入应以税收为主，尤其应当以关税和营业税为主。

(3) 重农学派。

它起源于18世纪的法国，主张自由放任，反对国家干预。它认为政府的税收收入应当源于土地的净生产，而不应课及劳动工资；它还极力主张实行土地单一税。它的基本思想对古典学派的影响十分深远、巨大。

2. 古典学派的财政思想

古典学派的财政思想贯穿于整个自由资本主义时期。在这一时期，各国的财政支出显著增加，仅靠过去的官产收入和特许收入已远远不够，因而租税收入的地位日渐重要。在这一时期，西方各国相继接受了古典学派的财政思想乃至其整个经济思想，从而使古典学派辉煌一时。

古典学派在其不同的发展阶段有不同的代表人物，其财政思想也不尽相同。如古典学派的创始人亚当·斯密基于其自由放任的思想，反对国家干预；他主张以生产要素为课税的来源，在预算方面推行健全财政的方式，反对公债的发行。其后继者大卫·李嘉图则强调税收仅能课及所得，切忌侵及资本。此外，古典学派的重要完善者约翰·穆勒反对实行累进税制，而微观经济学的集大成者马歇尔则十分推崇累进税制，等等。尽管古典学派的各位代表人物的财政思想不尽相同，但他们均反对国家干预，并且，他们对财政的分析都只是着眼于税收收入的分担。在古典学派各位代表人物中，斯密的财政思想最为重要，并影响至今，因而有必要单独加以介绍。

众所周知，斯密是古典经济学的鼻祖，他的《国富论》所主张的自由放任、反对国家干预的思想，至今仍有着现实的和深远的影响。斯密的财政思想也是非常重要的，他认为国家不应该运用资本和财产进行生产活动，而应该从事民间不能进行的有用活动，即为社会提供公共物品，以创造市场再生产过程的基础；此外，他认为国家活动应该是非生产性的，应将其限定在最小的、必要的范围内，以求降低国家活动经费，造就廉价政府。

根据上述主张，斯密在财政收入方面反对官产收入和公债，因为它们增加了政府的经费和社会的成本；同时，在收支处理方面，他主张平衡预算，反对因财政而影响生产力的发展。

3. 垄断阶段的财政思想

古典学派的财政思想在自由资本主义阶段是占统治地位的。随着资本主义发展到垄断阶段，国家对经济的干预以及财政对经济的调控作用加强了，财政思想也发生了变化。

（1）瓦格纳的财政思想。

瓦格纳的财政思想产生于德国向垄断阶段过渡的时期，对垄断阶段的财政政策影响非常巨大。瓦格纳认为，财政是把有形资财转化为无形资财的过程，因此，财政活动也具有生产性。他认为在承认市场经济内在的自发性的同时，可以由国家依靠外部方法来反映市场经济的弊端。他同斯密一样，承认财政应以税收为主，同时，也认为可以官产收入和公债来弥补经费的不足，并强调依据税收政策来实施社会政策。

（2）现代财政思想。

现代财政思想产生于20世纪30年代的大危机时期，其代表人物为宏观经济学的创始人约翰·凯恩斯。他主张，在现代市场经济条件下，国家必须对经济予以积极干预，必须运用财政等手段消除妨碍市场经济自发性再生产过程的因素，并应通过举办公益事业等来创造有效需求。为此，他主张应加强财政的支出，承认不平衡财政，税收不足以支持的部分可由国债来弥补，以发挥赤字财政的作用。在凯恩斯主义的影响下，财政手段在各国均已成为宏观调控的重要工具，发挥财政调节经济职能的观点已成为许多经济学家的共识，从而形成了今天仍在起着主要作用的现代财政思想。

此外，当代学者萨缪尔森、马斯格雷夫、布坎南等人也分别提出了一些新的财政思想，这些思想至今仍有较大影响。

第四节　财政政策与财政立法

一、财政政策

财政政策通常是在一定的财政思想和财政原则的影响下形成的，它与财政立法的关系至为密切。研究财政政策有助于更好地认识财政法方面的相关问题。

（一）财政政策的含义

财政政策，是国家为了实现一定的宏观经济目标乃至社会目标而在财政收支和财政管理方面确定的行动方针和采取的各类措施。

一般认为，经济政策是公共政策的一种，它是国家或政府为了解决各种经济问题和增进社会福利而制定的行动方针和采取的各种措施。在各类经济政策中，最重要的有两种，一种是财政政策，另一种是货币政策。

财政政策定义中所说的宏观经济目标，主要是指充分就业、稳定物价、经济增长和国际收支平衡；上述定义中的社会目标是同宏观经济目标密切相关的，主要是指社会公平、社会福利、保障基本人权、促进社会进步等目标。这些目标构成了财政政策目标体系的主要部分。

财政政策作为一种重要的经济政策，它同各种经济政策一样，具有经济政策的共同特征。同时，财政政策在各国的经济实践中，发挥着越来越重要的作用。

（二）财政政策的类型

财政政策依据下面的标准可划分为不同的类型，现简要说明如下。

（1）依据财政政策在调节国民经济总量方面的功能，财政政策可以分为扩张性财政政策、紧缩性财政政策和中性财政政策。

扩张性财政政策是指通过财政分配活动来增加和刺激社会总需求的政策，其主要手段是减税和增加财政支出规模，其实施一般会导致财政赤字。

紧缩性财政政策是指通过财政分配活动来减少和抑制总需求的政策，其主要手段是增税和减少财政支出，在一定经济状态下其实施有可能会导致财政盈余的出现。

中性财政政策是指财政的分配活动对社会总需求的影响既不产生扩张效应也不产生紧缩效应的政策，它一般要求财政收支保持平衡，但是，使预算收支平衡的政策并不等于中性财政政策。

（2）依据财政政策在调节经济周期方面的作用，财政政策分为自动稳定的财政政策和相机抉择的财政政策。

自动稳定的财政政策是指能够根据经济波动情况自动发生稳定作用，无须借助外力就可直接产生控制效果的政策。由于它可以随社会经济的发展而自行发挥调节作用，因而其实施无须政府干预。

相机抉择的财政政策是指那些本身没有自动稳定的作用，需要借助外力才能对经济产生调节作用的政策，它包括汲水政策和补偿政策两种。所谓汲水政策，是指在经济萧条时靠付出一定数额的公共投资而使经济自动恢复其活力的政策；所谓补偿政策，是指政府为达到稳定经济波动的目的而有意识地从当时经济状态的反方向调节经济景气变动幅度的财政政策。

（三）财政政策的目标与工具

1. 财政政策的目标

经济政策的目标，是指在一定时期内，政府调控经济运行和促进经济发展所要实现的目的。财政政策作为一种重要的经济政策，其目标必须与经济政策目标相一致，它是对经济政策目标的分解和具体化。此外，经济政策目标的多元化也决定了财政政策目标的多元化，但两种政策目标不可能完全等同，财政政策的目标只能与财政政策对经济运行能够产生影响的领域相适应。如果把经济政策目标分为纯经济目标和非经济目标，则财政政策目标更多地体现为纯经济目标，尤其是充分就业、经济增长、资源配置以及公平分配等，都是财政政策的重要目标。

财政政策目标体系由四类目标构成，它们是经济稳定目标、经济发展目标、公平分配目标和预算平衡目标。其中，前三类目标为高层次目标；后一类目标是低层次的中间目标。

（1）经济稳定目标。它包括内部稳定目标和外部稳定目标两类，前者以物价的稳定和产量或所得的稳定为目的，而后者则是以对外均衡，即以本国对外国商品和劳务的需求与外国对本国商品和劳务的需求保持平衡为目的，因而外部稳定目标主要是力求国际收支的平衡。可见，经济稳定目标主要包括稳定物价、充分就业和国际收支平衡这三大目标。

（2）经济发展目标。经济发展包括经济增长。经济增长目标同上述经济稳定目标中的三大目标一起，共同构成了宏观经济的四大目标。经济增长一般用来表示一国的产品和实际劳务数量按人口平均计算得出的实际产量的增加；而经济发展则是一个综合的概念，它是指伴随经济结构、政治结构和社会结构的变革而发生的经济增长，因而它不仅包括量的扩大，也包括质的提高。财政政策中的经济发展目标主要包括提高经济增长率、防止经济周期波动和有效配置资源三大方面。

（3）公平分配目标。公平分配目标是财政政策力图实现的一个重要目标，国家通过财政政策及运用相应的财政手段，可以实现提高社会成员收入分配的平均程度的目的。在这里，公平并非纯经济目标，而是经济、社会、伦理以及政治、历史的多种目标的综合体。在判断收入分配是否公平方面，存在着技术上和价值取向上的诸多困难。在经济学中，衡量公平分配的重要指标是洛伦茨曲线和基尼系数。

（4）预算平衡目标。预算平衡是指在一定时期内，国家的预算收支基本保持平衡。如前所述，在自由竞争占统治地位的近代市场经济阶段，各国均追求年度预算平衡，即力求每个财政年度的预算收支都保持基本平衡；而在现代市场经济阶段，随着国家干预职能的加强，许多国家只求周期预算平衡，即只求财政收支在一个经济周期内基本保持平衡。

2. 财政政策的工具

财政政策的工具是国家为实现财政政策目标而用以操作的各种财政手段，它可分为预算、财政支出和财政收入三大类。其中，财政支出包括购买支出和转移支付，财政收入包括税收和国债等。于是，财政政策工具也就主要包括预算政策、购买支出政策、转移支付政策、税收政策和国债政策。

（1）预算政策。

预算是国家在财政年度内对财政收支的预先估算。预算政策作为一种财政政策工具，主要是通过年度预算的预先制定和预算执行中的收支增减变动，来实现其调控功能，并且，其调控功能主要体现在财政收支规模和收支差额方面。预算政策可通过赤字预算、盈余预算和平衡预算三种形态来实现其调节作用。其中，赤字预算体现的是扩张性财政政策，盈余预算体现的是紧缩性财政政策，平衡预算体现的是中性财政政策。

（2）购买支出政策。

购买支出是政府利用国家资金从私人经济部门购买商品和劳务的支出，其规模直接关系到社会总需求的增减。正因如此，国家可以通过购买支出规模的变动来调节社会总需求及总量的平衡，从而使购买支出政策成为反经济周期、合理配置资源、稳定物价的重要工具。此外，政府的购买支出可分为政府投资支出和政府消费支出，两者均可对社会总需求产生较大影响。

（3）转移支付政策。

转移支付是通过政府间的财政资金转移，使财政收入最终用于社会保障和财政补贴等费用支付的做法，其作用在于解决财政失衡问题，给企业和家庭提供购买力，使其有能力在市场上购买商品和劳务。从资金的最终用途上看，转移支付支出包括社会保障支出和财政补贴支出等，其中，前者所占比重较大，它是转移支付政策实现其收入公平分配和反周期波动目标的主要工具；后者所占比重较小，在缓和供需矛盾方面具有一定作用。

（4）税收政策。

税收政策是诸多财政政策工具中最为重要的一种，其有效运用有助于实现经济稳定、资源合理配置和收入公平分配等诸多目标。对此本书在有关章节还将详加研讨和介绍。

（5）国债政策。

国债是依国家信用而取得财政收入的一种手段，国债收入是财政收入的组成部分。国债政策是实现财政政策的经济稳定目标的重要工具，其经济杠杆作用主要体现为它的流动性效应和利率效应。其流动性效应是指通过改变公债的流动性程度，来影响整个社会的流动性状况，从而对经济产生的扩张性或抑制性效应；其利率效应是指通过调整公债的利率水平和影响公债的供求情况，来影响金融市场利率的变化，从而对经济产生的扩张性或抑制性效应。

二、财政立法

财政政策与财政立法的关系至为密切，两者的关系同经济政策与经济立法的关系是一致的，因为财政政策是经济政策的重要组成部分，而财政立法则是经济立法的重要领域。依据经济法理论，经济政策是经济立法的前提，而经济立法则是经济政策的法律化，是实施经济政策的法律保障。由此可以认为，财政政策是财政立法的前提和源泉，而财政立法则是财政政策的法律化，是财政政策有效实施的法律保障。

事实上，各国均将反映经济规律的、行之有效的财政政策以立法的形式确定下来，以增强其规范性和可执行性，从而更好地实现财政政策的预期目标，而这些财政政策的法律化，就是各国的财政法。

在现代市场经济条件下，财政政策是重要的宏观调控手段，相应地，财政立法的地位也十分重要。为了加强财政法治建设，必须认真研究财政立法方面的相关问题，学习和研究财政法的原理和各种具体的财政法律制度，唯有如此，才能不断提高财政法治建设的水平，将财政法学的研究推向深入，更好地发挥财政在国家建设和社会发展中的积极作用。

我国的财政立法，必须坚持以习近平法治思想为指导，坚持人民主体地位，切实做到“以人民为中心”。由于财政立法对于促进公平分配，实现共同富裕非常重要，因此，必须结合中国实际，坚持中国特色社会主义法治道路，推动财政立法的高质量发展。

学习拓展：

2020年11月16日至17日，中央全面依法治国工作会议召开，系统提出了习近平法治思想，其核心内容是“十一个坚持”。我国财税法的法治建设和相关教学科研，也要切实符合“十一个坚持”的要求。

为此，从财政立法到整体的财政法治建设，都应当从把握新发展阶段、贯彻新发展理念、构建新发展格局的实际出发，围绕建设中国特色社会主义法治体系、建设社会主义法治国家的总目标，切实解决财税法治领域的突出问题。比较中外财政政策和财政立法的历史发展，我国要坚定不移走中国特色社会主义法治道路，建立现代财政制度、现代税收制度，通过财政治理的法治化、现代化，推进国家治理体系和治理能力现代化，为全面建设社会主义现代化国家提供有力法治保障。

财政要“取之于民，用之于民”，财政法治建设和法学研究都要“坚持以人民为中心”。习近平总书记强调，全面依法治国最广泛、最深厚的基础是人民，必须坚持为了人民、依靠人民。要把体现人民利益、反映人民愿望、维护人民权益、增进人民福祉落实到全面依法治国各领域全过程。因此，在财政法治建设和法学研究方面，必须坚持“人民至上”和“以人民为中心”的思想，这对于有效履行政府职能，切实解决公平分配，实现共同富裕等问题，都非常重要。

延伸思考：

1. 为什么说财政是国家治理的基础？
2. 如何理解财政与国家的关系？
3. 财政体系的构成以及其内在关联如何？
4. 我国在履行财政职能方面存在哪些问题？
5. 公共物品理论有助于分析哪些问题？
6. 如何理解现代国家对财政政策的运用？

第二章　财政法总论

财政法总论，是关于财政法的一般性的、共通性的理论，也称财政法基础理论。它对于各类财政法律制度的学习和研究均有指导意义，并将随着具体财政法律制度的发展而不断得到新的提炼。本章主要涉及财政法的概念、特征、职能、地位、体系、宗旨和原则，以及财政主体与财政行为、财政权义与财政责任等基本理论问题；并对财政法的历史和现状作简要介绍。

第一节　财政法的概念和特征

一、财政法的概念

（一）财政法的定义

财政法，是调整在国家为了满足公共欲望，实现国家职能而取得、使用和管理资财的过程中所发生的社会关系的法律规范的总称。

财政法是经济法的重要部门法，在宏观经济调控和保障社会公平方面具有十分重要的作用，因而它在一国的法律体系中地位也甚为显要。

上述财政法的定义与财政的定义密切相关。由于财政原理是财政法的重要理论基础，因而财政法的概念也必然要受到财政概念的影响，两者之间的紧密关系在本章会经常有所体现。

为了更好地理解财政法的概念，还需要对财政法的调整对象和特征分别加以说明。

（二）财政法的调整对象

依据上述财政法的定义，不难得见，财政法的调整对象是在国家取得、使用和管理资财过程中所发生的社会关系，亦即在财政收入、财政支出和财政管理过程中所发生的社会关系，这些社会关系可以统称为财政关系。

财政关系是一种利益分配关系，它是在以国家为主体的社会产品分配和再分配活动中所形成的社会关系。

作为财政法的调整对象，财政关系主要包括以下几个方面。

1. 财政收支实体关系

这是在财政活动中形成的最主要、最广泛的社会关系。它包括：(1) 因筹集和取得财政资金而发生的社会关系，即财政收入关系；(2) 因分配和使用财政资金而发生的社会关系，即财政支出关系；(3) 因管理财政资金而发生的社会关系，即财政管理关系。

2. 财政收支程序关系

由于上述财政资金的收入、支出和管理活动都必须依一定的程序进行，因而会相应形成财政收支程序关系。

3. 财政管理体制关系

由于国家需依据一定的政治经济原则在中央和地方政府之间划分财政管理权限，因而会形成特殊的财政分权关系，或称财政管理体制关系。此类关系是上述两类关系存在的前提。

上述三类关系密切联系，都属于财政法的调整对象，它们共同构成了财政关系的体系。

二、财政法的特征

财政法的特征是财政法区别于其他部门法的特有征象，它反映了财政法的本质，是对财政法概念的进一步揭示。

因分析角度和比较对象的不同，对财政法的特征可以作出不同的归纳。下面仅从财政法的定义出发，对财政法与其他部门法作一比较分析，从而揭示财政法不同层面的特征。

首先，依据财政法的定义，财政法调整的是在国家取得、使用和管理资财过程中发生的社会关系，因此，国家在财政关系中始终作为一方主体，并且在财政活动中居于主导地位，这使财政法具有公法的性质。财政法作为公认的公法，它与私法有诸多不同，例如，在主体方面，国家是财政法的重要主体，各方主体处于不平等的地位，而民法、商法等私法的主体主要不是国家，而是地位平等的自然人、法人和非法人组织，因此，在主体方面，财政法具有与私法领域各部门法不同的特征。

其次，依据财政法的定义，财政法作用的领域是国家资财的取得、使用和管理这一连续的过程，即财政收入、财政支出和财政管理领域，或称财政领域，这与刑法、行政法等公法的其他部门法的法域是不同的。财政法所要解决的是与社会经济发展密切相关、不可分割的财政问题，而不是国家惩罚犯罪或一般的国家行政管理方面的问题，因此，财政法同公法领域里的其他部门法的法域、所要解决的问题均不同。

最后，依据财政法的定义，财政法的调整对象是财政关系，即在国家为实现其职能而取得、使用和管理资财过程中发生的社会关系。财政关系是财政法特定的调整对象，而不是其他部门法的调整对象。据此，依据调整对象的标准，财政法不仅可以同经济法以外的其他部门法相区别，也可以与经济法体系中的其他部门法区别开来。

财政法是经济法的重要部门法，它调整特定的财政关系，而经济法中的其他部门法，如金融法、计划法、反垄断法、反不正当竞争法、消费者保护法等，都不调整财政关系，而是各有其独特的调整对象。上述部门法分别调整的不同社会关系，都是经济法所调整的经济关系的一部分，它们具有相同的性质，但又不尽相同，正因如此，它们才互相关联，共同构成了内在和谐统一的经济法体系。

综上所述，财政法因其比较对象的不同而显示出不同的特征：(1) 与私法及其各部门法相比，财政法属于公法，具有公法的一切特征。国家始终是财政关系中主体的一方，并且主体各方的地位是不平等的。(2) 财政法与经济法以外的公法部门相比，尽管都属于公法，但它们的调整对象、宗旨、功能等都是不同的，特定的财政领域和所需解决的财政问题的特殊性，决定了财政法与经济法以外的公法的其他部门法的不同。(3) 作为经济法的一个部门法，财政法与经济法的其他部门法最主要的区别是它有自己独特的调整对象，即财政关系。此外，通过财政法的调整对象也可揭示财政法的调整手段，该调整手段是法律化的财政手段，这一调整手段与经济法的其他部门法的调整手段是不同的。这也是财政法特征的一个方面。

上述从不同角度概括的三个特征，可分别简称为国家主体性、法域特定性和调整对象的独特性，这是财政法最基本的特征。在此基础上对财政法特征的各种概括，都是对上述基本特征的引申或解释。

[资料] **财政法的职能**

财政法的职能与财政的职能密切相关。由于财政与财政法是形影相随、不可分割的，因而财政的职能在财政法的职能中均有体现。

财政的存在是财政法的前提，而财政法则是财政的法律保障。财政具有分配收入、宏观调控和保障稳定的职能，相应地，财政法也就具有“保障上述职能实现”的职能。据此，对财政法的职能可作如下概括。

1. 保障分配的职能

财政活动的两个重要阶段是财政收入和财政支出，其中，财政收入的过程是参与社会产品分配的过程，而财政支出则是对财政收入的二次分配或称再分配，这些分配均必须依法进行，才能得到财政法的保障，从而使财政法具有保障财政分配的职能。此外，财政法在对财政分配予以保障的过程中，必须体现公平、正义原则，必须力求达到满足公共欲望、实现国家职能的目标。

2. 保障稳定的职能

财政本身即具有保障稳定的职能，但该职能还需由财政法进一步加以保障。财政的存在是为了满足公共欲望，如果公共欲望长期得不到满足，则不仅会影响经济的稳定增长，而且会影响社会的安定，乃至酿成政治问题，因此，财政活动必须在财政法的保障之下，以满足公共欲望为宗旨，依经济原则和公正原则，对社会产品进行公平分配。若一次分配不能体现社会公平，就应通过二次分配来体现，以保障经济和社会的稳定。事实上，法律本身就是社会的调节器、稳压器，它以实现公平、正义为其基本要义，以保障社会、经济稳定为其要旨，因此，对财政活动提供法律保障的财政法自然也会具有保障稳定的职能。

3. 保障调控的职能

财政法有保障财政的宏观调控职能实现的职能，简称为保障调控的职能或宏观调控的职能。该职能主要表现为以下几方面。

（1）财政法是财政收支平衡的法律保障。

所谓财政收支平衡，通常是指在财政年度内，财政收入和支出在总量上大体相当，否则，若财政结余过多，则表明资金没有得到充分、有效的利用，从而影响了经济的发展和居民的生活质量；若赤字数额大、持续时间过长，则会助长物价上涨，导致通货膨胀，同样不利于经济发展和居民生活质量的提高。正因如此，必须依据财政法实施宏观调控，来保证财政收支的大体平衡，以求有助于实现经济总量的平衡。事实上，各国也都是通过财政法进行宏观调控，以求实现财政收支平衡目标的。可见，财政收支的平衡离不开财政法的法律保障。

（2）财政法是调整经济结构的法律保障。

经济结构，一般认为包括产业结构、产品结构、技术结构、地区经济结构等，它需要不断地进行调整，以实现合理化。经济结构的合理化，尤其是产业结构的合理化，是保障总量平衡的极为重要的前提条件。而财政法则能够通过财政分配手段，引导投资和资金流向，并力求保障财政分配的公平合理，从而有助于产业结构和整个经济结构的优化，可见，财政法也是调整经济结构的法律保障。

财政法的上述宏观调控职能，使其成为宏观调控方面的重要法律部门，并因而成为经济法的一个重要部门法。由于各国均注重运用财政手段对经济进行宏观调控，因而把财政政策和财政手段加以法律化的财政法也在宏观调控中居于重要地位。财政法不仅具有调控范围的广泛性，而且具有鲜明的导向性。此外，由于国家的各种经济政策基本上都在财政法中有所体现，并需通过财政法的实施来得到实现，因此，在保障经济总量平衡、协调经济运行方面，财政法尤其具有重要的意义。

财政法的上述三大类职能是紧密联系、不可分割的，它们相辅相成，互为条件；其有效实现是财政法宗旨得到有效实现的前提。

第二节 财政法的地位与体系

一、财政法的地位

财政法的地位，是指财政法在法律体系中是否具有自己的位置，其独立存在是否具有不可替代的理由和价值。

研讨财政法的地位问题，有助于加深对财政法调整对象和特征的认识，从而增进对财政法概念的理解，并更好地从总体上来认识财政法。

对于财政法的地位如何认识，直接关系到人们对财政法的理解和重视程度，从而影响财政法的法治建设和法学研究，以及财政法作用的发挥，因此，正确认识财政法的地位对于财政法的理论和实践均具有重要意义。

（一）财政法是一个独立的法律部门

所谓法律部门，或称部门法，通常是指根据一定标准或原则所划定的同类性质的法律规范的总称。财政法能否成为一个独立的法律部门，在整个法律体系中是否具有自己的地位，取决于财政法是否有自己独立的调整对象。依前述探讨可知，财政法具有自己特定的调整对象，即财政关系，这是其他部门法都不调整的，因此，财政法以其独特的调整对象区别于其他部门法，从而在整个法律体系中有其独立地位。

从学界的既有共识来看，财政法作为经济法的部门法，在调整对象、特征、宗旨、本质等方面，在总体上与经济法都是一致的。财政法作为经济法体系的重要组成部分，与经济法之间并非并列关系，而是种属关系，它在整个法律体系中不能与经济法属于同一层次。

综上所述，对财政法的地位可作如下认识：财政法在整个法律体系中是一个独立的法律部门，它有自己独特的调整对象，由此财政法有其独立存在的理由和价值；同时，它只是经济法的一个重要部门法。

值得注意的是，这里的财政法指的是实质意义上的财政法，而不是指形式意义上的财政法，即它不是指形式意义上的法律条文，而是指具有共同的财政法性质的法律规范的总和。事实上，在形式意义上的财政法规范性文件（如《政府采购法》）中，并非都是财政法规范，也可能包含其他部门法规范，如行政法规范等，因此，必须明确这里的财政法是部门法意义上的财政法。过去，常有人认为财政法包含了行政法等诸多部门法规范，就是因为没有分清实质意义上的财政法和形式意义上的财政法。

（二）财政法同与其相邻近的部门法的关系

1. 财政法与宪法的关系

宪法是国家的根本大法，它规定国家的社会制度和国家制度的基本原则，国家机关的组织和活动的原则以及公民的基本权利和义务等内容，是其他一切法律的最根本依据，任何法律都不得与之相抵触。为此，习近平总书记特别强调，要坚持依宪治国、依宪执政。财政法作为法律体系中的一个部门法，它与宪法是普通法与根本法的关系。宪法中有关财政的规定为财政立法提供了依据和原则，而财政法则是对宪法中有关财政的规定的具体化，它使宪法中的相关规定成为可操作的法律规范，并且发展成为解决财政问题、调整特定财政关系的部门法。

2. 财政法与行政法的关系

行政法是调整在行政管理过程中发生的行政关系的法律规范的总称。如前所述，财政法与行政法均为公法，因而在国家或政府始终为一方主体、各方主体地位不平等等方面，两者都是一致的。但两者也是有差别的，尤其在法域、宗旨等方面都是不相同的，在调整对象上更是大相径庭，因此不能认为财政法是行政法的部门法。在财政机关的财政活动中所产生的财政关系即财政收支和财政管理关系，由财政法调整，而在财政机关进行行政管理过程中所发生的行政管理关系，则由行政法调整。

3. 财政法与经济法的关系

经济法是调整在国家对市场经济进行宏观调控和市场规制的过程中所发生的经济关系的法律规范的总称，它包括宏观调控法和市场规制法两大部分，它在整个法律体系中是与民法、行政法相并列的部门法。财政法与经济法是种属关系，它是经济法的一个重要部门法，对此前已述及。财政法作为一个独立的部门法，它不仅与经济法的其他子部门法对立统一地存在于一个经济法体系中，也与经济法以外的其他部门法对立统一地存在于整个法律体系中。财政法有在调整对象、宗旨、本质、特征等方面与经济法一致的一面，但又有不同于经济法的其他子部门法的一面。财政法与经济法的关系从总体上说是一种种属关系，是个性与共性、特殊性与普遍性的关系。

4. 财政法与民商法的关系

民法是调整平等民事主体之间的财产关系和人身关系的法律规范的总称，其调整范围十分广泛，与其他法律的调整都在不同程度上存在关联，财政法也不例外。财政法与民法的联系表现在，两者均调整一定的经济关系，并且，民法的调整是财政法调整的基础和前提，财政法的调整是对民法调整的一种高层次的补充，是对民法调整不足的一种弥补。进而言之，整个民商法的调整是与私人经济相对应的，它不能解决公共经济中存在的问题，不能有效保障经济公平和社会公平。这是民商法调整的不足。财政法的调整是与公共经济相对应的，它能够解决公共经济中存在的问题。当民商法调整出现无力保障经济公平和社会公平的状况时，财政法便可弥补民商法调整的不足，在民商法调整的基础上，再次进行高层次的调整，以满足公共欲望，保障经济与社会的公平和正义。可见，民商法与财政法的联系甚为密切。此外，财政法与民商法的区别亦很明显，它们分别属于公法和私法，二者的区别就像公法与私法的区别一样，此不赘述。

5. 财政法与社会法的关系

社会法是调整在保障社会成员的社会权益的过程中发生的社会关系的法律规范的总称，它是社会政策的法律化，其主要任务是解决社会问题。财政法与社会法的联系非常紧密：社会法调整的直接目标是解决社会问题，保障社会的良性运行和协调发展，而社会问题的存在通常是公共欲望，尤其是其中的社会欲望长期得不到满足的结果，因此，要解决这类社会问题，单靠社会法的调整还是不够的，还必须由财政法参与进行综合调整，因为财政法的调整，主要是运用法律化的财政手段来满足公共欲望，而公共欲望的满足有助于减少社会问题。可见，财政法与社会法在根本目标上是一致的，即都是为了解决一定的社会问题。从某种意义上说，财政法是从经济的角度来保障社会法调整目标的实现。当然，财政法与社会法也是有区别的：两者的调整对象、法域、宗旨、体系、特征、调整方法等都不尽相同。此外，财政法是经济法的部门法，而社会法则是与经济法相并列的部门法，因而两者在法律体系中的地位也是不尽相同的。

上述有关财政法同与其相邻近的主要部门法的关系的探讨，有助于更好地认识财政法的地位，全面理解财政法的概念、调整对象和特征，从而有助于从总体上把握整个财政法。

学习拓展：

财政法与各个主要部门法的关系，是在整体的法律体系中加以认识的。而上述的法律体系就是法律规范体系，它是我国整体法治体系的重要组成部分。要注意法律体系与法治体系的区别和联系。

习近平总书记指出，要坚持建设中国特色社会主义法治体系。中国特色社会主义法治体系是推进全面依法治国的总抓手。要加快形成完备的法律规范体系、高效的法治实施体系、严密的法治监督体系、有力的法治保障体系，形成完善的党内法规体系。可见，上述的法律体系或称法律规范体系，主要涉及立法问题，它在整个法治体系中处于重要的基础地位。法律规范体系不健全，就会影响法治实施体系、法治监督体系、法治保障体系的构建。从财政法治体系建设的角度，也要加快完善财政立法，切实落实法定原则，并由此进一步推进整体财政法治体系的完善。

二、财政法的体系

财政法的体系与财政法的地位密切相关。只有存在科学、合理的体系的法律部门，其独立地位才能稳固，因此，确定合理的财政法的体系，本身就是对财政法的独立地位的较好说明。

对财政法的体系的界定，会影响对财政法的适用范围、财政法与其他部门法的关系，以及财政法的内部结构等诸多问题的认识，它对立法和法律实施的影响更为直接。

（一）财政法的体系的概念

依据一般法理，财政法的体系是由财政法各部门法组成的和谐统一的整体。财政法的体系应当是内外协调的，即它对外应与其他法律部门相协调，以保证经济法体系乃至整个法律体系的和谐统一；对内则应有助于财政法各部门法之间的协调互补，以发挥财政法的整体功效，维系财政法的独立存在。

财政法的体系不同于财政法的规范性文件体系。财政法的体系是由同类性质的财政法规范构成的，它是部门法的体系；而财政法的规范性文件体系，则是由涉及财政法律规范的规范性文件所构成的整体，它是法律、法规等规范性文件的体系。财政法的体系是实质意义上的财政法律规范的集合，而财政法的规范性文件体系则是形式意义上的财政法律规范的集合，前者以后者的存在为前提，并且，是对后者进行法理上的分类的结果；同时，从一定意义上说，前者与后者是内容与形式的关系，因为成文的法律规范是以法律条文的形式表现出来的。

财政法的体系也不同于财政法学的体系。财政法学是以财政法律现象及其发展规律为研究对象的一门法律科学，它要研究财政法的产生、发展规律，财政法的本质、地位、体系等等诸多问题。与此相对应，财政法学的体系是由各财政法学的分支学科所构成的和谐统一的体系，其构成要素是财政法学的分支学科。可见，财政法的体系与财政法学的体系也有很大不同，尽管财政法的体系会在一定程度上影响财政法学的体系，但这种影响不是绝对的，财政法学的体系所包含的内容更丰富、更广泛。

（二）财政法的体系的构成

财政法的体系是由财政法的调整对象决定的。由于财政法的调整对象是在国家取得、使用和管理资财的过程中所发生的社会关系，即财政关系，因而财政法的体系也就是由调整各类财政关系的部门法所构成的和谐统一的体系。

1. 从调整对象看财政法的体系的构成

如前所述，作为财政法调整对象的财政关系可分为三类：（1）财政收支实体关系；（2）财政收支程序关系；（3）财政管理体制关系。与此相对应，可将财政法律规范也分为三类：（1）有关财政资金的取得、分配使用和管理等财政活动的法律规范；（2）进行上述财政活动所应遵守的程序方面的法律规范；（3）财政管理体制方面的法律规范。上述三个方面，构成了财政法的总体。由此可见，财政法就是确认和保障国家在一定的财政体制下，通过一定的程序来进行财政收支管理活动的法。

依据上述认识，可将财政法分为财政管理体制法、财政收支实体法和财政收支程序法三个部分，现分述如下。

（1）财政管理体制法。

财政管理体制（简称财政体制），是确定中央政府同地方政府之间及地方政府相互之间的财政权分配的根本制度。财政体制在广义上包括预算体制、税收体制、国债体制，等等。财政体制法是对上述各级政府之间的财政权分配格局的确认，是国家依法进行财政调控的制度前提。

（2）财政收支实体法。

它包括有关财政资金的取得、使用和管理，以及在此过程中进行宏观调控的法律规范，主要由预算法、税法、国债法、政府采购法、转移支付法等组成。这部分法律规范是财政法的主体部分，是财政法中最重要的实体法。

（3）财政收支程序法。

财政收支程序法是财政法中有关财政收支程序的法律规范的总称。由于财政活动属于分配领域，直接影响各种主体的利益，因此，财政收支活动必须依法定程序为之，违背法定程序进行财政活动是违法行为。在财政法领域，程序性规范与实体性规范联系非常密切，因而在一部法律或法规中，两类规范大都同时存在，以协调配合，更好地实现财政法的调整目标。

以上是基于调整对象的角度，将财政法分为三大部分，这三部分内容是财政法的各个部门法都包含的，它们反映了各部门法的内在联系。

2. 从财政体系和立法实践看财政法的体系的构成

基于财政体系和立法实践，还可以从财政的收入、支出和管理的角度，揭示财政法的体系的构成。

在财政收入方面，政府最重要的收入来源是税收，其次是国债（它是一种附条件的收入）和各种收费（有关收费的规范还很零散，且立法级次过低）。与此相对应，税法和国债法等是财政收入领域的主要部门法。

在财政支出方面，政府最重要的支出途径是政府采购支出和转移支付，与此相对应，政府采购法和转移支付法是财政支出领域的主要部门法。

在财政管理方面，无论是财政收入还是财政支出，都应依法严格实行预算管理，进行预算监督，因此，对于财政收支活动，还需要有总体上的预算，由此预算法成为财政法中非常重要的部门法。

有鉴于此，可以认为，财政法的体系主要由五个部门法构成，即首先是总体上的预算法，其次是侧重于调整财政收入管理关系的税法、国债法，以及侧重于调整财政支出管理关系的政府采购法和转移支付法。随着对政府收费行为的规范水平的提高，以及相关法律规范在数量与质量、层次上的提升，规范政府收取规费、使用费等行为的"收费法"，也可能会逐渐发展成为财政法中的一个部门法。

上述财政法的体系所包含的各个部门法也是内在协调统一的，既不互相冲突，也不存在调整罅漏，而是协调互补的。这一方面是源于各种财政关系的内在联系和互补性，另一方面也源于它们都是经济政策和经济手段的法律化，这些经济手段主要是预算收支、税收、国债、政府采购和转移支付。它们都是宏观调控的重要手段，其法律化所构成的财政法的各部门法，共同构成了财政法的体系。

上述财政法各部门法的内在统一、协调互补，有助于发挥财政法的体系作为一个系统的"正效应"。财政法的各个部门法不仅具有性质相同的调整对象，而且都具有宏观调控职能。此外，应注意财政机关的职能和工作所涉及的法律是多方面的，这些法律并不都属于财政法。

3. 财政法体系的广义与狭义之分

上述财政法的体系是广义上的，狭义上财政法的体系不包含税法。

众所周知，财政收入的最主要来源是税收，税收收入在世界上大部分国家的财政收入中均占比较高，现代国家也由此被称为“税收国家”，这使税法在财政法的体系中占有十分重要的地位。不仅如此，在现代市场经济条件下，税法是极为重要的宏观调控法，与财政法的其他部门法相比，其地位和作用也十分突出。此外，税法在许多基本原理和制度上虽然与财政法一致，但它又有许多特殊之处，如独特的调整对象、调整手段、原则、法域、具体制度等，这使税法与财政法的其他部门法都有诸多不同。此外，税法规范数量多、涉及面广、独立性强，这使税法与财政法的其他部门法在财政法的体系中所占的比重相差甚远。基于税法的重要地位和税法体系的特殊之处，可以把税法从财政法的体系中独立出来，这对法治建设和法学研究都甚为重要。

基于上述认识，可以考虑把税法相对独立于财政法之外，从而形成狭义财政法的体系与税法体系相并列的格局。这与现实中的财政、税务部门相对分立，财政法与税法相对分立等也都是相一致的。

为此，本书在第二章“财政法总论”之后的各章中，将对财政法的体系采狭义上的理解。本书的书名为《财税法学》，即取财政法与税法之合称，缘于此。

第三节 财政法的宗旨和原则

一、财政法的宗旨

财政法的宗旨，是指财政法调整所要达到的目标。财政法的宗旨是财政法各部门法都必须遵循的，它是财政法各部门法进行法律调整的出发点和归宿。

研究财政法的宗旨，有助于加深对财政法的调整对象和特征的理解，进一步认识财政法的地位和体系；也有助于透过财政法的调整目标，来认识其本质和作用，并由此推动财政法的法治建设。

由于财政法是经济法的部门法，因而财政法的宗旨与经济法的宗旨在根本上是一致的。经济法的宗旨是通过协调运用各种调整手段来弥补传统民商法调整的缺陷，以解决个体营利性和社会公益性的矛盾，兼顾效率与公平，从而促进经济稳定增长，保障社会公共利益和基本人权，调控和促进经济与社会的良性运行和协调发展。这也是财政法必须遵循的根本宗旨。

对于财政法的上述根本宗旨可作如下分析：

(1) 从法律调整的角度看，财政法的调整是为了弥补民商法调整等的缺陷。如前所述，民商法的调整是同私人经济、私人欲望相对应的，而财政法的调整是同公共经济、公共欲望相对应的。民商法的调整不能满足公共欲望，这是民商法的一个缺陷，需要由财政法加以弥补。

(2) 从经济与社会的角度看，财政法的调整是为了不断解决个体营利性和社会公益性的矛盾，兼顾效率与公平。各类市场主体都是以利润或效用的最大化为目标，以营利为目的的，这与效率原则是一致的，反映的是私人欲望。但与此同时，市场主体又存在着公共欲望，要求保障社会公共利益，保障公平正义，而财政法则能够通过解决个体营利性和社会公益性的矛盾，兼顾效率与公平，从而满足上述公共欲望。它有助于弥补民商法调整在满足公共欲望方面的不足。

(3) 在实现上述目标的基础上，财政法首先能够促进经济的稳定增长，因为它所保障的公平有利于经济稳定，它所保障的效率有利于经济增长。其次，财政法还能够满足公共欲望，促进社会公平，保障社会公共利益和基本人权。最后，在实现上述经济与社会目标的基础上，财政法能够调控和促进经济与社会的良性运行和协调发展。

依据上述根本宗旨，可将财政法的宗旨进一步概括为：依法运用财政调控手段，满足社会公共需求，保障社会公共利益和基本人权，促进经济稳定增长，保障经济与社会的良性运行和协调发展。上述财政法的宗旨，可以分为社会目标和经济目标两个方面。

财政法的社会目标体现为：在分配收入方面，财政法要力求保障收入分配的公平，当存在社会分配不公时，财政法应当予以调整；在保障稳定方面，财政法应力求通过财政手段的综合运用来实现保障稳定的目标。其中，充分保障社会公平，是实现社会稳定的重要条件。在上述两方面的基础上，财政法才有可能实现其保障社会公平和基本人权、保障社会公共利益的社会目标。

财政法的经济目标体现为：通过保证财政调控手段的依法实施，保障社会经济秩序，促进经济稳定增长。这一目标同财政的宏观调控职能和保障稳定职能密切相关。

上述社会目标与经济目标，都是对公共欲望与社会公共需求的回应。只有实现上述两类目标，才能实现财政法的最高目标，即保障和促进经济与社会的良性运行和协调发展。

财政法的宗旨是财政法各部门法共同的调整目标，它应贯穿于财政法治建设的全过程。例如，在立法方面，有关立法宗旨的规定应当是财政法律、法规的首要条款，其他任何条款均不得与之相违背，因此，关于立法宗旨的法律规定应当是一部法律、法规的核心条款。在执法和司法方面，当具体的法律规定有悖于财政法的宗旨时，应当以财政法的宗旨作为执法和司法的根本依据。此外，财政法的宗旨也应贯穿于财政法理论研究的全过程，并成为财政法理论中的重要问题。财政法的宗旨体现了财政法调整所要达到的目标，当财政法的实然状态不能有效反映和体现其宗旨时，就必须加以矫正。

综上所述，财政法的宗旨十分重要，对于财政法的法治建设和理论研究均具有重要意义。另外，财政法的宗旨体现着经济、社会、法律三者的综合考量，只有对其全面、正确地加以认识，才能更好地理解和运用财政法。

二、财政法的原则

（一）财政法原则的概念与分类

财政法的原则，是贯穿于财政法治建设和财政活动的根本准则。包括财政立法、司法、执法、守法和法律监督各环节在内的一切财政法治建设活动，以及财政收支管理活动，均不得违反财政法的原则。

财政法的原则是财政法的价值、宗旨、职能和调整手段的综合反映和高度概括。财政法的原则可以分为基本原则和特殊原则两个方面，其中，财政法的基本原则，是指贯穿财政法各个部门法的对于调整各类财政关系具有普遍指导作用的基础性、本原性规则，而财政法的特殊原则，则是指存在于某些部门法中的对于调整某类财政关系具有指导作用的一般规则。

由于财政法的特殊原则是从基本原则中派生出来的，它必须体现财政法基本原则的精神，因此，财政法的基本原则与特殊原则关系极为密切，在研究财政法的原则时，应着重关注财政法的基本原则。

（二）财政法的基本原则

财政法是经济法的重要部门法，其基本原则同整个经济法的基本原则是内在一致的，并且应当在财政法领域作进一步的具体化。经济法的基本原则有三个，即调制法定原则、调制适度原则和调制绩效原则，与此相对应，财政法的原则也可概括为三个，即财政法定原则、财政适度原则和财政绩效原则。

1. 财政法定原则

财政法定原则，是法治精神在财政领域的体现。由于财政活动直接关系到国家财政权和国民财产权等宪法层面的基本权力和基本权利，因此，它要求一切财政活动，包括财政立法活动和财政执法活动、财政的收入与支出等，都要依法进行。

财政法定原则是一个总体上的原则，它有多个方面的具体要求，例如：

（1）收入与支出法定。由于各类财政活动都是围绕财政收支展开的，因此，财政法定原则的核心是财政收支法定，即无论是财政收入抑或财政支出，都应当实行法定原则。例如，财政收支的多少，要经过议会的审批；税率的高低、国债的发行，也都要经过议会的立法审批或其他具体审批；等等。

（2）内容与形式法定。财政的内容，无论是财政收支还是财政管理，都要法定；同时，财政的形式，无论是收支的形式，如税收、国债、收费、转移支付、政府采购等，还是管理的形式，如预算类型等，都要实行法定。

（3）实体与程序法定。各类财政权的行使、相关财政主体义务的履行等实体问题，都应法定；同时，进行财政收支活动、履行财政义务等涉及的程序问题，也都要法定。在实体与程序上严格贯彻法定原则，有助于切实有效保护各类主体的权益。

财政法定原则在财政法的各个部门法中均有体现，由此形成了预算法上的预算法定原则、税法上的税收法定原则、国债法上的国债法定原则，等等。

上述财政法定原则的各种具体表现是互相联系的。从立法到执法，从实体到程序，从内容到形式，从收入到支出，如果都能够有效贯彻上述法定原则，将有助于保证财政法的透明度和可预见性，从而均衡保护各类主体的利益，实现财政法的宗旨。

2. 财政适度原则

财政适度原则主要包括收支适度原则和调控适度原则。

（1）收支适度原则。该原则要求，财政的收入和支出都要适度，要与经济、社会的发展水平相适应，体现经济规律的要求。从法律意义上说，收支适度还指收支要适合于国家的法度，要受到法律的约束，即国家/政府的财政要取之有据、取之有度，而不能横征暴敛、贪得无厌，必须考虑国民的承受能力；同时，要用之有节，而不能挥霍无度，即在支出用途上也要适当，确保提供公共物品方面的公平性和正当性。可见，财政收入适度，体现了一种公平负担的精神，有助于防止国家/政府违法侵害国民的财产权；财政支出适度，要求国家/政府必须珍惜纳税人的钱，要谨慎地管理和使用取自国民的资财。因此，收支适度原则，与一般的公平原则的要求是一致的，也与国家财政行为的合理性和合法性有关。

此外，财政是不求盈利的，有效提供公共物品才是其目标，因此，必须注意收支的平衡。而只有收入适度，支出也适度，才能实现收支的平衡，更好地发挥财政资金的价值，因此，收支适度原则与财政收支平衡原则也是内在一致的。

（2）调控适度原则。规范财政调控行为，是整个财政法的重要职能。没有具体的基础性财政收支行为，也就不可能有宏观层面的财政调控行为，因此，财政收支要适度，相应的宏观调控也必须适度。适度的收入和适度的支出，正是财政法调整的重要目标。

3. 财政绩效原则

财政法的调整，是要通过规范各种财政收支活动来确保公共物品的有效提供，为此必须关注财政活动的绩效，以确保财政职能的实现，特别是分配、调控目标的有效实现。

事实上，财政活动作为公共经济活动，同样需要进行成本—收益分析，同样应追求绩效。为此，财政法的调整也要强调效率和效益，由此形成了财政效率原则和财政效益原则，它们是财政绩效原则的具体表现。

（1）财政效率原则。财政效率原则包括两个方面：一个方面是经济效率原则，另一个方面是行政效率原则。经济效率原则强调：财政法的调整应当有助于资源的配置，促进市场机制作用的有效发挥，提高市场主体的经济效率和宏观经济的总体效率。而要贯彻经济效率原则，则应注意上述的收支适度和调控适度。此外，行政效率原则强调：财政法的调整应有利于降低财政主体的行政成本，减少财政活动中的交易成本，促进财政主体对财政法的遵从。

（2）财政效益原则。这是指国家/政府要力争以较小的投入和对市场主体的较小影响，来获取较多的用以提供公共物品的财政资金。在法定原则之下，对财政效益的追求，同样离不开财政法的保障，并由此形成了财政法上的财政效益原则。

依据财政效益原则，财政法的调整既要考虑国家/政府的财政收益，也要考虑社会效益；既要关注国家利益，也要关注社会公益，切实保障经济公平和社会公平，有效提供公共物品。这样，才能够在财政法的原则中贯彻财政法的宗旨，并全面实现财政法的调整目标。

以上是对财政法的三项基本原则的简要分析。在上述每项基本原则中分别包含更为具体的原则，这些原则普遍适用于财政法的各个部门法；同时，它们是财政法所特有的原则，体现了财政法调整领域或调整对象的特殊性。

财政法的基本原则与财政法的宗旨密切相关，是财政法宗旨的展开和具体化。此外，财政法的基本原则同前述的财政原则也存在紧密关联，并且，财政法的基本原则亦可被视为财政原则的法律化。

第四节　财政主体与财政行为

在财政法的具体制度中，不仅涉及财政法的宗旨和原则等问题，还会集中规定财政主体、财政行为，以及财政权义、财政责任等内容。有关上述内容的理论，同样是财政法总论中的重要内容。为此，本节和下一节将对上述内容专门予以介绍。

一、财政主体的界定

财政法主体，通常是指依财政法行使权力或权利、履行职责或义务的组织体或个体。依据财政法定原则的严格要求，各类财政活动都应被纳入法治轨道，因此，从事财政活动的主体，应当与财政法规定的主体是一致的，财政法主体由此也被简称为“财政主体”。

财政乃庶政之母，关乎国家的经济命脉。通常，国家是财政法律关系中的重要主体，且各类财政主体的地位并不平等，由此形成了财政法上特殊的主体结构。

财政主体地位上的主辅、高下之别，与财政活动的公益性和公共性有关，也与财政法的公法性有关。在预算法、转移支付法等领域，主体地位的不平等是较为突出的；即使在国债法、政府采购法等体现债法原理的领域，财政主体之间的债也被定性为“公法之债”，财政主体在经济能力、信息能力等许多方面仍然存在较大差异，其地位不可能平等，这与私法主体的无差异假设，以及主体地位的平等假设是不同的。

二、财政主体的分类

财政主体是多元化的，其种类甚为复杂。在不同的财政活动中，财政主体的分类也不同。下面仅列举几种重要的分类。

(一) 财政收入法主体和财政支出法主体

财政法可以分为财政收入法和财政支出法，与此相对应，广义的财政主体可以分为财政收入法主体和财政支出法主体。这只是一种宏观上的理论划分。具体说来，在不同的领域，对财政主体还可以作进一步的具体分类。

例如，在财政收入法领域，财政主体可以分为征收主体和缴纳主体。其中，征收主体主要包括税务机关、海关等征收各类税收收入的主体，以及征收各类非税收入的主体。这些主体一方面在行使征收权力，另一方面也对所获取的财政收入依法享有收益的权利。而缴纳主体，则是依法履行纳税和缴费等义务的主体。

又如，在财政支出法领域，财政主体可以分为支出主体和收益主体（履行财政支出义务的主体和享有财政收益权利的主体），也可以分为拨款主体与受款主体（拨付财政性资金的主体和接受财政性资金的主体）。在财政支出法领域，财政性资金为谁所用、所用为谁，历来是人们关注的问题，通过对主体的分类，有助于明晰财政性资金的流向和用途，以及财政权行使的具体情况。

(二) 预算主体、国债主体、政府采购主体与转移支付主体

除了上述大的理论分类，从财政法各部门法的角度，还可以对财政主体作出更为具体的分类，包括预算主体、国债主体、政府采购主体和转移支付主体，等等。

例如，在预算法领域，在预算活动中，财政主体被具体化为预算主体，相应地，预算主体可以分为预算收入主体和预算支出主体。两类主体又可以进一步分为预算收入征收主体和预算收入缴纳主体，以及预算资金拨付主体和预算资金接受主体，等等。此外，按照预算活动的程序，还可以把预算主体分为预算编制主体、预算审批主体、预算执行主体、预算调整主体，等等；从预算监督的角度，还可以把预算主体分为预算监督主体和预算监督受体，等等。

又如，在国债法领域，在国债活动中，财政主体被具体化为国债主体，并可以从不同角度作多种分类：按照阶段的不同，可以把国债主体分为国债发行主体、国债使用主体、国债偿还主体、国债管理主体，等等。此外，在政府采购法、转移支付法等领域，相应的财政主体也都可以分为若干具体的主体，从而使财政主体的种类变得非常丰富。

(三) 财政调控主体和财政调控受体

依据财政和财政法的职能，还可以把财政法的主体分为财政调控主体和财政调控受体。其中，依法运用财政权进行调控的主体，即为财政调控主体（如财政部）；依法接受国家财政调控的主体，即为财政调控受体。

财政调控主体与财政调控受体的地位是不平等的：前者往往处于主导地位，并通过各类财政手段的运用来影响后者的行为；但后者也不是完全被动的承受主体，而是同样具有一定的主动性，同样会从事理性的博弈行为，并因此影响财政调控的实效。

三、财政主体的能力

以往的主体理论研究往往比较关注主体的权利能力、行为能力、责任能力、诉讼能力等诸多能力，这在传统的部门法领域最为显见。但在财政法领域，由于主体在权源等方面不同，其地位和能力也各异。

依据经济法的一般原理，调制主体的调制能力，包括宏观调控主体的财税调控能力、金融调控能力、计划调控能力等，也包括市场规制主体的竞争规制能力等。具体到财政法领域，也要关注财政主体的能力问题。

就具体的财政主体而言，国家或政府一方的能力，主要包括汲取财政的能力、财政支出的

能力、发债的能力与偿债的能力、转移支付的能力，以及整体上的财政调控能力，等等；而上述主体的相对方的能力，主要包括承受财政负担的能力（如纳税能力、缴费能力等）、获取财政支持的能力等。

在财政主体的诸多能力中，认知能力应受到重点关注。无论是财政调控主体的认知能力，还是财政调控受体的认知能力，都不仅直接影响财政调控行为的实效，也会影响财政调控受体的利益。此外，财政主体的行为是否超乎认知能力，又与其财政行为是否合法有效，以及是否要承担某种财政法律责任等相关联。

上述各类财政主体的能力，既与相关主体的法律地位、资格有关，也与相关主体是否具有实现自己意志的能动力量有关。从一定的意义上说，主体的能力，既关系到相关主体的权利或权力，也关系到主体的行为，进而也可能关系到主体的责任，故它是一个综合性的、概括性的范畴。

要更好地理解主体的能力问题，以及主体理论的其他问题，还需要了解财政行为理论。

四、财政行为的界定与分类

依据一般法理，法律调整的直接对象是主体的行为，因此，在法学的各个分支学科中，行为范畴都很重要。例如，民法学上的民事法律行为、行政法学上的行政行为、经济法学上的调制行为、诉讼法上的诉讼行为等，都是较为重要的行为范畴。同样，在财政法学上，财政行为也是不可缺少的行为范畴。

财政行为，从广义上说，就是财政主体直接围绕财政展开的各种活动。如财政主体的征收行为和缴纳税费的行为、财政主体的财政支出行为，以及监督财政支出的行为，等等。这些行为都是财政主体直接围绕财政所进行的相关活动，因而都属于广义的财政行为。

依据上述对财政行为的广义界定，还可以对财政行为作出如下分类：

（1）依据行为主体的不同，可将财政行为分为征收主体的财政行为和缴纳主体的财政行为（简称征收行为和缴纳行为），以及支出主体的财政行为和收益主体的财政行为（简称支出行为和收益行为），等等。这是基于财政法主体的二元结构所作出的一个基本分类，而这个基本分类也是在财政法制度设计上需着重考虑的。事实上，大量财政法规范的着力点都是对两类并立主体的行为进行规范，这也是财政法基本功能的体现。

（2）依据财政行为是否具有合法性，可将财政行为分为合法的财政行为和违法的财政行为（简称合法行为和违法行为），或者分为有效的财政行为和无效的财政行为（简称有效行为和无效行为）。凡是依法行使财政权的行为，就是合法的财政行为；凡是没有法律依据，或者不当地行使财政权的财政行为，就是违法的财政行为。合法的财政行为是有效的，而违法的财政行为则是无效的。

（3）依据行为客体的不同，可将财政行为分为财政权分配行为（简称财政分权行为）和财政资金收支行为（简称财政收支行为）。财政分权行为，即在相关国家机关之间分配财政权的活动，其行为目标是建立合理的财政体制，实现财政权的有效分配；而财政收支行为，则是在征收主体与缴纳主体、支出主体与收益主体之间展开的财政收入与财政支出活动，其直接目标是实现财政资金在相关主体之间的分配。

此外，依据其他标准，还可以有另外一些分类。例如，基于国家从事财政行为的目的，可以将财政行为分为财政分配行为和财政调控行为，前者主要涉及财政资金的收支分配，而后者则侧重于在分配过程中实现宏观调控。又如，基于财政活动的具体领域，财政行为可具体分为预算行为、收费行为、国债行为、政府采购行为、转移支付行为，等等。对每类行为还可以作具体细分，如预算行为可分为预算收入行为和预算支出行为，国债行为可分为国债发行行为、使用行为、偿还行为、管理行为，等等。

五、财政行为的有效条件

由于财政主体的财政行为只有合法有效，才能对相关主体产生具体的效力，才能具有公定力、确定力、拘束力和执行力，才能获得相应的法律保护，因此，财政行为是否有效、是否具有合法性，对于财政法的有效调整和相关主体的权益保护都非常重要。

一般说来，财政行为有效成立，需符合以下条件：

（1）主体合格。从事财政行为的主体，必须是法定的财政法主体，且该主体享有财政权。例如，财政分权行为的主体，至少应在宪法上享有概括的财政权；同时，它们可能与财政权的具体确定、行使、限定和保障等行为有关。

（2）内容合法。财政行为的具体内容应当合法。从权力依据上说，财政主体必须在法定的范围内，正确地分配、行使、限定或保障财政权；从具体内容上说，具有财政权的财政法主体必须是为了合法的财政利益而从事相关的行为。如果是为了规避财政法规范，从事非合法的财政行为，或者超越财政法的规定，谋求非合法的财政利益，则无论是哪类财政行为，都是无效的。

（3）形式合法。相关主体必须遵循应有的法律形式，必须遵循法定的程序。形式合法是指财政征收行为和财政缴纳行为都要合乎应有的形式。在某些财政主体以合法形式掩盖非法目的的情况下，可以依法适用“实质高于形式”的原则，对其行为予以规制。

六、财政行为的目的以及其结果评价

（一）财政行为的目的

财政行为的目的，是财政主体力求实现的目标。无论是财政调控主体从事调控行为，抑或财政调控受体从事相应的对策行为，都会将其追求的目标融入行动之中。例如，财政调控主体在其调控行为中，首先要实现一定的经济目标，并进而实现一定的社会目标；同时，不仅要实现基础性的目标，还要实现高层次的目标。这些目标与财政法的调整目标是一致的。又如，财政调控受体从事对策行为的目标，主要是实现剩余财政利益的最大化。其实，不同财政主体对各自的财政利益或剩余财政利益的追求，正是其进行相关财政行为的重要动因。

为了实现财政行为的目的，各类财政主体要具体运用相应的财政手段，努力追求与财政行为目标相一致或相接近的结果。从国家的角度看，预算手段、税收手段、国债手段、政府采购手段、转移支付手段等，都是其实现财政行为目的的重要手段。

此外，如前所述，行为目的也是行为分类的重要标准，它使财政行为体现出一定的层级性。这是因为财政法具有多元的宗旨和职能，要有多种类型、多种层次的行为组合与之相适应。例如，预算的收支行为等都是基础性的行为，而蕴含于其中的调控行为则是高层次的行为。预算调控行为的目标必须通过预算收支行为等基础性行为来实现。

财政行为的目的不同，对行为结果的评价也会有所不同。

（二）财政行为的结果评价

由于财政主体从事各类财政行为都是为了实现一定的目标，因而需要对财政行为的结果作出评价。在评价标准方面，可以有政治标准、经济标准、法律标准等，但从财政法的角度来看，法律评价是非常重要的。

例如，财政调控行为是负有调控职能的财政主体作出的，这些行为所体现的经济目标和社会目标，与国家利益和社会公益直接相关，也与政府的合法化能力直接相关，因而不可避免地会涉及政治评价问题。此外，财政主体的行为，还往往会涉及经济评价。例如，经济增长率、宏观税负、财政赤字率、债务依存度的高低和多少，都与财政调控行为相关。因此，可以从政治、经济的角度来评价财政调控行为或其他财政行为的成败得失。

当然，对各类财政行为都可以进行法律评价。法律评价是综合性的，对财政行为合法性的评价尤为重要。无论是哪类财政行为，都既涉及形式上的合法性，又涉及实质上的合法性。例如，财政调控行为虽然由行使调控权的财政主体作出，但并不能保证财政调控行为都具有合法性。如果财政调控行为违法，其造成的危害可能更大，因而对此类财政行为的法律评价更重要。

对财政行为进行法律评价，是为了更好地对其予以规范，以使相关主体能够更好地把握可为、当为、必为和禁为的事项及程序，从而可以依法作为或不作为。由于合法的肯定性评价与违法的否定性评价所产生的限禁效用不同，因而在财政法上，应当有效利用法律的评价，去约束、引导财政主体的行为。

第五节　财政权义与财政责任

权利与义务，历来是部门法研究的核心问题。财政法上的权利与义务较为复杂，由于财政主体在法律上的地位不同，生发存续的依据或基础不同，其享有的权利和承担的义务也各不相同，从而导致财政主体在享有的权利和承担的义务方面存在差异，并由此使各类财政主体违反法定义务所承担的法律责任也会有所不同。对此，在学习和研究财政权义与财政责任问题时，需要特别注意。

一、财政权义的界定

财政权义，是财政法主体依法享有的权力和权利，以及承担的职责和义务的总称。可见，财政权义是一种广义上的说法，其中不仅包括财政主体一般意义上的权利和义务，也包括某些财政主体享有的职权和应当履行的职责。财政法作为公法，对公权力的行使和公共利益的保障更为关注，因此，对财政主体的职权和职责问题往往更为重视。同时，由于职权与职责、权利与义务是相对应的范畴，在具体的制度设计上也有一定的对应关系，因而人们往往通过强调一类主体的职权或权利，来揭示相关主体的职责或义务，从而使界定财政主体的职权或权利显得更为重要。

从广义上说，各类财政主体依法享有的财政方面的权力或权利，可以统称为财政权。广义的财政权的具体内容因主体的不同而不同，并由此形成了财政权的不同类别。例如，国家（或广义的政府）享有的财政收入权、财政支出权、财政管理权，以及国民享有的财政监督权、财政知情权、财政救济权，等等，都属于广义上的财政权。可见，广义的财政权的主体，不仅包括国家，也包括国民。

此外，从狭义上说，财政权是国家在财政方面所享有的权力或权利的统称。在许多情况下，人们谈及财政权时，往往是在狭义上使用，有时也简称为财权。由于财政法是典型的公法，国家财政权在整个财政法规定的权力或权利体系中处于主导地位，因而本书也将着重介绍和研讨国家的财政权问题。

二、国家的财政权

国家的财政权是与国民的财政权相对应的概念。由于一切权力属于人民，来源于人民，因此，国家的财政权也应当是来源于人民。事实上，国民在整体上是享有财政权的，如财政审批权或财政同意权、财政监督权等，都属于国民的财政权，这些权力往往在宪法层面更受关注。此外，在国家与国民的二元结构之下，国家的财政权也是同国民的财产权相对应的概念，因而可以从财政权与财产权的“两权分离”的角度来理解国家的财政权问题。

根据前面的探讨，国家财政权实质上就是国家获取财政收入、进行财政支出的权力和权利。据此，财政权又可以分为财政收入权和财政支出权。其中，财政收入权包括征税权、收费权、国资收益权等；财政支出权包括政府采购权、转移支付权等。财政权是国家从国民手中获取财富的依据，它对于国家的存续和发展，对于公共需要的满足，都甚为重要。

国家财政权通常直接体现为一种“权力”，它是政治权力和经济权力的集中体现。与此同时，国家财政权也包含一定的“经济性权利”，它与国家利益或国库利益直接相关。随着国家财政收支形式的多样化，不同级次国家机关地位的不同，以及国家与国民之间财政关系的变化（如国债关系、政府采购关系的变化），经济性权利在国家财政权中的地位也不容忽视。尽管如此，国家财政权的强制性等公权力属性却更受关注。一般认为，对于国家财政权的主体而言，财政权的行使，既是其职权，又是其职责，或者说，财政权是其必须依法行使且不可放弃的。同时，法定的财政权是相关财政主体从事合法行为的依据，没有相应的职权或权利，其相关行为就可能得不到肯定的法律评价。这体现了财政法定原则的要求。其实，财政法定原则的核心，就是财政权法定。为此，必须在法治建设中着重强调和体现财政权法定原则。

三、财政权法定原则的体现

财政权的确立和行使，必须强调财政法定或财政权法定。在具体的法律制度中，财政权法定原则有多方面的体现。

首先，国家财政权与宪法密切相关。宪法作为分权的法，其分权体现在多个方面。其中，在国家与国民之间界分国家的财政权和国民的财产权尤为重要。因此，在许多国家的宪法中，一般都要规定一系列重要的国家财政权，如预算收支权、税款征收权、国债发行权，等等，有时还可能进一步规定预算、税收、国债等方面的立法主体、执法主体等。这些对于保障国家财政权的有效行使是非常重要的。

其次，国家财政权法定，还体现在大量法律和法规等规范性文件之中。例如，在经济法领域里，宏观调控权可分为财政调控权、金融调控权、计划调控权等。其中，财政调控权又可分为财政收入权和财政支出权，前者包括征税权、发债权等；后者包括预算支出权、转移支付权等。这些具体的财政权，会被规定在相应的预算法、税法、国债法、转移支付法等形式意义上的立法之中。

上述财政权的种类各异，各财政主体作为负有特定职能的部门，其所享有的职权也各不相同，由此形成了财政权的“特定化”“专属化”的问题。其中，在采行“独享模式”的情况下，财政立法权主要由立法机关行使；在采行“分享模式”的情况下，财政立法权一般可由国家的立法机关和行政机关等来分享。此外，在财政执法权方面，往往也是采取较为集中的模式，主要由政府的相关职能部门来分别行使。

目前，我国在财政立法权方面，实际上实行的是“分享模式”。不仅全国人大享有立法权，而且国务院也可以依法制定行政法规，甚至国务院的某些职能部门都可能在事实上进行相关的立法。例如，财政部、国家税务总局等都在一定程度上享有财税立法权，这在相关的部门规章甚至相关部委局署的一些“通知”“批复”中，都有一定的体现。

在财政执法权方面，一般由相关职能部门行使专属的财政权，并在相关的制度中作出规定。例如，财政部、国家税务总局、海关总署等职能部门在财政执法方面不同程度地负有重要职责。

四、财政主体的职责

财政主体在享有国家财政权的同时，也负有重要职责。这些职责主要包括贯彻财政法定原则，依法从事财政行为，不滥用或超越财政权，不得弃权，等等。

财政法定原则是财政法的基本原则，贯彻该原则是财政主体的基本职责。在财政立法权的行使方面，法定原则是非常重要的。事实上，从财政权的重要性，特别是对国民财产权等基本权利的影响来看，有关财政权的规定应当严格贯彻“法律保留原则”和“议会保留原则”，这在《立法法》上已经有所体现。① 但目前存在的突出问题，恰恰是财政法定原则未能有效贯彻，财政立法主体未能有效履行相应的职责。如何对财政权进行法律上的限定，防止财政立法对国民的财产权利造成损害，确保财政主体全面履行职责，始终都是应予关注的重要问题。

按照财政法定原则的要求，财政主体的重要职责就是依法行使财政权，而不是与其相反地滥用或超越自己的财政权。虽然为了解决现实经济活动中不断出现的诸多复杂性问题，在财政法的立法技术上可以给相关财政主体一定的空间，以供其依据具体情况和法律精神作出裁量，但财政主体绝不能滥用或超越财政权，从事与法治精神不相符合的行为。

另外，财政主体的职责在广义上也包括适当行使财政权，以及不能放弃财政权。财政主体必须审时度势，根据具体情况，基于财政收支，选择财政调控的方向、力度等，以实现灵活调控。由于财政权直接关系到国家的基本利益和国民的基本权利，因此，在财政调控方面，财政主体不能违法地不作为，或者消极等待，因为财政权的行使不仅是其重要职权，同时也是其职责，是不能放弃的。

五、财政责任

财政责任，或称财政法责任，是指财政主体违反财政法规定的义务所应承担的法律后果，或者说，是因实施了违法行为，侵害了财政法所保护的法益，而应受到的财政法上的制裁。

（一）财政责任的分类

对财政主体的法律责任，可以依据不同的标准，作出不同的分类。例如，依据违反的财政法的具体门类的不同，可以分为违反财政收入法的责任和违反财政支出法的责任两类；依据违法主体的不同，可以分为国家的财政责任和国民的财政责任；等等。

对上述财政责任，当然又可以作进一步划分。从财政法各个部门法的角度，财政责任可以分为预算法律责任、国债法律责任、政府采购法律责任、转移支付法律责任，等等，同时，每类责任又可以再作出进一步的细分，例如，预算法律责任，可以再分为预算收入责任、预算支出责任等，而国债法律责任，则可以再分为国债发行责任、国债偿还责任等。上述各类责任是违反财政法的各个部门法制度而应承担的违法后果，在各类具体的法律、法规中，还会有更为具体的法律责任形式的规定。

除上述分类以外，基于一般的责任理论，还可依据其他标准对财政责任作出分类。

例如，按照追究责任的目的，可以把财政责任分为赔偿性责任和惩罚性责任。如对于超期占用财政资金所征收的滞纳金等，就属于赔偿性或称补偿性责任的形式；而财政领域的财产罚、自由罚、声誉罚等，无论是侧重于物质还是侧重于精神，都属于惩罚性责任的形式。

又如，依据责任的性质，还可以把财政责任分为经济性责任和非经济性责任。由于明确责

---

① 我国《立法法》第 8 条所规定的相关法律保留的事项，实际上主要涉及的是经济法所调整的领域。但恰恰是这些领域，问题非常突出：或者立法尚付阙如，或者立法权旁落于政府，或者政府职能部门以解释代替立法，等等。这些问题在经济法的各个部门法领域几乎都存在。

任的重要目的在于“定分止争”，而各类纷争都与一定的利益相关联，因而，要使法律保护的法益不受侵害，就必须注意经济上的补偿或惩处，从而使罚款、追缴国库等经济性责任的追究较为普遍。但除此之外，非经济性责任也很重要，如记过、开除等形式已经普遍适用；其他诸如政治性责任、道义性责任等非经济性责任，同样属财政法学研究需予以关注的重要责任类型。

值得注意的是，各类财政主体所承担的法律责任，既会因其主体角色的差别而不同，也会因各种具体立法中对具体义务及责任规定的差别而不同。财政法责任不仅是角色责任，也是法定责任。对于各类财政主体的财政责任的具体分类和界定，还需要作具体分析。

（二）财政责任方面的几个特殊问题

1. 财政责任的经济性更为突出

财政本身就属于公共经济的范畴，现代的财政法是经济法的重要部门法，具有突出的经济性，从而使违反财政法所要承担的财政责任也具有突出的经济性。从传统的法律制度来看，经济性责任往往被分散到民事、行政和刑事责任中，但其共有的经济性往往被忽视。在财政法乃至整个经济法领域，尤其应当关注法律责任的经济性，因为整个经济法都是通过引导人们从事趋利避害的行为来实现其调整目标的。从现实情况来看，财政权义中包含着丰富的经济内容，这也使财政权义具有突出的经济性。在这种情况下，追究违法者的财政责任，使其承担经济上的不利后果，对于规范相关主体的行为，确保财政法的有效实施具有重要作用。

2. 财政责任的承担主体的特殊性

由于诸多原因，履行国家财政职责的财政主体往往并不直接承担财政违法责任，在现时的立法中一般是通过对财政主体的相关工作人员的行政责任，甚至刑事责任的规定，来体现对财政责任的追究。目前，由于财政法领域的某些行为，如财政调控行为，一般更具有抽象行为的特征；同时，履行财政职责的国家机关作为非营利性组织，在保障公共利益方面负有连续的责任，需要持续地对社会公众负责，因而往往很难直接追究相关机关的责任，特别是民事的或刑事的责任。于是，其工作人员承担行政责任，就往往成了代其承担责任的具体形式。但履行财政职责的国家机关仍然要承担道义上的、政治上的责任。随着责任制度的发展，财政责任的承担主体也会发生新的变化。

3. 财政责任的追究更强调对社会公益的保护

财政法上的法律责任制度与其所保护的社会公益密切相关。由于财政法的调整直接关系到社会分配、宏观调控和经济社会的稳定，关系到基本人权的保障等，因此，对财政违法行为的制裁，更强调对社会公益的保护。追究财政责任的目标、内容、方式等，不仅有经济性的，而且有社会性的；不仅有补偿性的，而且还有惩罚性的。这样才能更好地保护社会公益，保障基本人权。

第六节　财政法的历史与现状

一、财政法的历史发展

了解财政法的历史发展，有助于更好地认识现实中的财政法，促进当代财政法的完善。下面将依循国外与国内两条线索，分别介绍财政法的发展简史。

（一）国外财政法的历史发展

财政法是与国家相伴而生的，它是保障实现国家职能的重要工具，因此，世界各国均十分重视财政立法。在迄今发现的世界上制定最早的《汉穆拉比法典》中，就已经有了财政法方面的规定。但是，在“朕即国家”“法自君出”的时代，国家财政与私人家计往往被混为一体，因而不可能有体现民意、融入法治精神的财政法，财政法很难得到独立发展。

只是在进入资本主义社会以后，近现代意义上的财政法才得到了较大发展。在英国，体现近现代法治精神的财政法得到了最早发展。例如，在1215年的《大宪章》体现“无代表则无税”的精神的基础上，英国在其1628年的《权利请愿书》中进一步强调，非经国会同意，臣民有不被强迫缴纳任何赋税、特种地产税、捐献及其他各种非法捐税之自由，而国王非经国会法案同意，不宜强迫任何人征收或缴付任何负担。这往往被认为是对国王的财政收支权力予以限制的开端。此后，英国1689年的《权利法案》明确规定，凡未经国会准许，借口国王特权，为国王而征收，或供国王使用而征收金钱，超出国会准许之时限或方式者，皆为非法。

继英国之后，美国在1787年的《美利坚合众国宪法》中规定了国会在税收、国债等方面的权力，并赋予国会制定违反财政法规的罚则之权。在法国，其财政立法是在18世纪的大革命中逐渐系统化的。法国1789年的《人权与公民权宣言》在宣布自由、财产安全是不可剥夺的“天赋人权”的同时，还规定了财政收支和税务方面的专门条款。上述财政法方面的规定，为现代财政法的发展奠定了十分重要的基础。

在现代市场经济条件下，财政政策是极为重要的宏观调控手段，相应地，财政立法也得到了很大发展，内容更为丰富和完善。例如，德国1919年的《魏玛宪法》，就规定了许多财政法方面的条款。该法规定，联邦对于各邦赋税之征收及赋税的种类，在必要时得以立法手续，以章则规定其性质及征收方法；联邦对于关税制度、公用征收法、税法及其他全部或一部为充实国库而取得之收入享有立法权。此外，关于各邦财政机关之组织、税法监督机关之组织及职权、与各邦的清算、联邦的收支及其用途等，均由联邦法律规定。

又如，日本1947年施行的宪法有许多财政方面的规定，它不仅规定了预算的程序，还对财政予以专章规定，其中涉及国家财政体制、新征税收、收支决算、国家债务以及为补充难以预见的预算不足而设置的预备费等内容。为了贯彻上述宪法中有关财政的规定，日本还于1947年颁行《财政法》。这是日本财政的基本法，它由总则、会计预算的划分、预算、决算和杂则五章构成。其后，日本于1948年颁布了《地方财政法》，并辅之以大量的财政单行法规，从而构成了日本较为完备的财政立法体系。

（二）中国财政法的历史发展

中国早在夏商周时期就有了财政制度，主要是以贡赋或贡、彻、助为表现形式的租赋制度。在奴隶社会阶段，财政制度还比较简单，这与当时的国家职能和经济社会发展水平是相适应的。

进入封建社会阶段以后，中国的财政制度有了进一步的发展。例如，在战国时期，秦国通过商鞅变法，开征了田赋和人头税；在汉朝时武帝实行盐铁官营和酒的专卖制度，重视运用法律手段加强对财政的管理。这些都是我国财政法史上的重大变革。此外，秦汉时期在国家机构中已设立了执掌财政的专门机关和官吏。

此后，在北魏时期，孝文帝曾实行均田制，使土地占有规范化，税收负担均平化。降至唐初，沿用均田制，实行租庸调法；在唐朝后期，废除租庸调法，实行两税法，每年分夏秋两季征税。两税法影响较大，一直沿用到明代。

在明朝中后期，社会矛盾尖锐，1581年，大学士张居正实行赋税合一的“一条鞭法”，一改近两千年来赋役平行征收的惯例，由征收实物税转向征收货币税。这是我国财政法发展史上的又一次重大改革。

清朝末年的《宪法重大信条十九条》（1911年）曾规定预算要经国会议决，体现了现代财政法的精神，但《宪法重大信条十九条》未能得到有效实行。

中华民国时期的财政立法受西方影响较大。1912 年的《中华民国临时约法》规定，参议院有权议决临时政府的预算、决算，有权议决全国的税法及公债筹集等事项，在 1949 年以前，除 1947 年实施的《中华民国宪法》中有财政法规范外，还颁行了预算法、决算法、公库法和各类税法。

中华人民共和国成立以后，财政立法经历了曲折的发展历程，大略可分为如下几个阶段：(1) 1949 年至 1956 年，是财政立法的创建和发展时期。这一时期财政立法从无到有，在新政权建立初期发挥了重要作用。(2) 1956 年至 1966 年，是财政立法相对停滞时期。在这一时期，由于财政体制变动频繁，因而财政立法相对滞缓。(3) 1966 年至 1976 年，财政立法像其他领域的立法一样受到了严重破坏。(4) 1977 年至 1993 年，是财政立法恢复和迅速发展时期。在这一时期有大量法律、法规出台，对经济与社会的发展起到了巨大的推动作用。(5) 1994 年至 2014 年，是建立适应市场经济体制要求的财政法体系的时期。在这一时期有大量以市场经济为基础的财政法律、法规出台，对于市场经济体制的建立和发展起到了巨大的推动作用。(6) 2014 年至今，开启了建设现代财政制度的新时期，财政法治建设进入新的发展阶段，需要更好地回应市场化、信息化、全球化、法治化发展的新要求。

二、财政法的现状

在现代市场经济条件下，宏观调控是不可缺少的，而财政政策在各国都是十分重要的宏观调控手段，其法律化即为财政法的重要组成部分。从广义的财政法体系来看，各主要市场经济国家的财政立法均较为完备，其预算法、税法、国债法、政府采购法、转移支付法等均较为发达。

我国的财政法体系正日臻完善。近几年来，我国在税法方面，出台了大量法律、法规，对于推动经济体制改革、扩大对外开放起到了重要的推动作用。

此外，我国还修改了《预算法》和《政府采购法》等重要法律，但在国债法和转移支付法方面，立法进程较为缓慢，至今仍停留在零星的条例或规范性文件阶段。因此，我国的财税立法仍有待大力加强。

当前，我国正处于新发展阶段，要实现建设社会主义现代化强国的目标，就必须切实落实新发展理念，构建新发展格局，推动高质量发展。为此，必须坚持习近平法治思想指导，建设中国特色社会主义法治体系，财政立法应是重中之重。

财政是国家治理的基础和重要支柱，财政立法事关国家治理体系和治理能力的现代化，因此，必须从更高的站位，理解财政立法的重要性，并切实提升财政立法的质量。

学习拓展：

比较古今中外的财政立法，应当深刻认识到坚持中国特色社会主义法治道路的重要性。习近平总书记强调：既要立足当前，运用法治思维和法治方式解决经济社会发展面临的深层次问题；又要着眼长远，筑法治之基、行法治之力、积法治之势，促进各方面制度更加成熟更加定型。这对于加强财政法治建设非常有指导意义。

在财政法领域，涉及国家与国民、中央与地方、政府与市场等多种复杂关系的法律调整，运用法治思维和法治方式，会更有助于相关复杂问题的解决。同时，我国的财税法治建设确实任重而道远，需要通过深化财政体制改革以及相关领域的改革，不断推进制度的完善，从而构建着眼长远的更加稳定成熟的制度体系。

为了推动财政法治建设，确实需要传承中华优秀传统法律文化，注重从我国革命、建设、改革的实践中探索适合自己的财政法治道路，同时应借鉴国外法治有益成果。这样，才能为全面建设社会主义现代化国家夯实财政法治基础。

延伸思考：

1. 财政法与传统的公法或私法有哪些不同？
2. 我国为什么越来越重视发挥财政法的作用？
3. 如何认识财政法与其他部门法的关系？
4. 我国财政立法还存在哪些不足？
5. 我国在贯彻财政法的基本原则方面存在哪些现实问题？
6. 如何从财政主体能力的角度理解某些国家的债务危机？
7. 对财政行为进行法律评价有什么价值？
8. 如何加强对国家财政权的法律限定？
9. 财政责任有哪些特殊性？

第三章　预算法律制度

在前面介绍财政原理与财政法原理的基础上，从本章开始，将着重从狭义的财政法的角度，分章介绍具体的财政法律制度，包括预算法律制度、国债法律制度、政府采购法律制度和转移支付法律制度等。

第一节　预算法概述

一、预算法的概念

（一）预算的概念

所谓预算，通常是指相关主体对其经济活动的预先盘算。预算的实质，是在需要与可能之间进行权衡和评估，以决定是否和如何进行某种资源配置的过程。在这个意义上，预算的主体非常广泛，预算也由此可以分为公共预算和私人预算，国家预算（政府预算）、企业预算和个人预算，等等。

预算法上所称的预算，是指国家预算，即国家对会计年度内的收入和支出的预先估算。在对政府作广义理解的情况下，预算就是政府的财政收支计划。由于会计年度通常为一年，因而预算的收入和支出也称为岁入和岁出。

国家预算在形式上体现为依一定标准将财政收支分类列出所形成的特定表格，因而它又被称为财政活动的数字估算表。但在实质上，它反映的是国家进行预算的编制、议定和执行的一系列活动。由于预算的编制是政府对财政收支的计划安排，预算的执行是财政收入的取得和财政支出的使用过程，决算则是对国家预算执行情况的总结，因而预算反映了政府活动的范围、方向和政策。

此外，预算还体现了财富的分配、政府活动的透明度，以及政府对公众的责任等，它与各类主体利益攸关，同现代国家的民主和法治关联紧密。另外，由于预算文件要经过国家权力机关的审批才能生效，因此它又是一种立法文件，体现了对政府财政活动的监督。

上述预算活动必须按一定的规则进行，这些规则即构成了预算制度。预算制度通常包括预算体制、预算体系、预算收支、预算编制、预算议定、预算执行等内容，它们由各国的预算法加以规定。

（二）预算法的概念

预算法，是调整在国家进行预算资金的筹集、分配、使用和管理过程中所发生的社会关系的法律规范的总称。

预算法的调整对象是在国家依法定程序进行预算资金的筹集、分配、使用和管理过程中发生的社会关系，简称预算关系。预算关系可分为两类，即预算实体关系和预算程序关系。其中，在筹集、分配、使用和管理预算资金过程中发生的社会关系为预算实体关系，而在遵循预算的编制、议定、执行等程序过程中发生的社会关系则为预算程序关系。这两类关系是紧密地联系在一起的。

（三）预算与预算法的关系

预算作为一种活动，它是国家财政活动的重要内容，是国家筹集和分配财政资金的重要手段；而预算法则是调整预算关系、规范预算活动的法律规范的总称。预算活动是预算法规范的对象，没有预算活动，预算法便失去了存在的意义和价值；同时，预算活动必须依循预算法的规定来进行。

此外，预算作为一种法律文件，是指经过国家权力机关批准的预算，或称预算文件，它是具有法律约束力的，是一种广义上的预算法，但它只是在特定时期内具有法律效力，因而与狭义的预算法是不同的。预算文件是一般的预算法原则和精神的具体化，国家每年通过对预算文件的改动，可以对经济与社会运行进行宏观调控。

二、预算法的地位

由于财政活动的主要内容是进行预算资金的筹集、分配、使用和管理，因而，可以说，没有预算就没有财政，由此使调整预算关系的预算法必然成为财政法的核心。正因为预算法极为重要，直接影响着财政法基本原理的提炼和基本制度的构成，所以，必须加强和完善预算立法。

我国在实行市场经济体制以后，为了强化预算的分配和监督职能，健全国家对预算的管理，加强国家宏观调控，保障经济和社会的健康发展，依据宪法，第八届全国人民代表大会第二次会议于1994年3月22日通过了《中华人民共和国预算法》（以下简称《预算法》），该法自1995年1月1日起施行。此后，全国人大常委会于2014年、2018年对《预算法》作出了修正。另外，《中华人民共和国预算法实施条例》（以下简称《实施条例》）于1995年11月22日由国务院发布，并于2020年8月3日修订。

《预算法》是我国财政法领域一部至为重要的法律，其中蕴含的基本原理和基本制度是相对稳定的。因此，后面将主要介绍《预算法》《实施条例》的相关法律规定，同时，也将相关的预算法原理穿插其中予以介绍。

三、预算体系的结构

（一）预算体系的横向结构

从横向结构上看，预算体系由预算收入和预算支出组成。国家通过预算收入和支出的有效安排，可以更好地进行宏观调控。为了全面规范政府的收支行为，加强对预算的管理和监督，我国强调实行"全口径预算"，即政府的全部收入和支出都应当纳入预算。据此，《预算法》规定，我国的预算包括一般公共预算、政府性基金预算、国有资本经营预算、社会保险基金预算。上述各类预算应当保持完整、独立。其中，政府性基金预算、国有资本经营预算、社会保险基金预算应当与一般公共预算相衔接。

1. 一般公共预算

一般公共预算是对以税收为主体的财政收入，安排用于保障和改善民生、推动经济社会发展、维护国家安全、维持国家机构正常运转等方面的收支预算。它分为中央和地方两个层次。

中央一般公共预算包括中央各部门（含直属单位，下同）的预算和中央对地方的税收返还、转移支付预算。其预算收入包括中央本级收入和地方向中央的上解收入。其预算支出包括中央本级支出、中央对地方的税收返还和转移支付。

地方各级一般公共预算包括本级各部门（含直属单位，下同）的预算和税收返还、转移支付预算。其预算收入包括地方本级收入、上级政府对本级政府的税收返还和转移支付、下级政府的上解收入。其预算支出包括地方本级支出、对上级政府的上解支出、对下级政府的税收返还和转移支付。

上述中央和地方各级一般公共预算中所包含的本级各部门预算，由本部门及其所属各单位预算组成。上述的各部门，是指与本级政府财政部门直接发生预算缴拨款关系的国家机关、军队、政党组织、事业单位、社会团体和其他单位。

2. 其他类型的预算

政府性基金预算是对依照法律、行政法规的规定在一定期限内向特定对象征收、收取或者以其他方式筹集的资金，专项用于特定公共事业发展的收支预算。此类预算应当根据基金项目收入情况和实际支出需要，按基金项目编制，做到以收定支。

国有资本经营预算是对国有资本收益作出支出安排的收支预算。此类预算应当按照收支平衡的原则编制，不列赤字，并安排资金调入一般公共预算。

社会保险基金预算是对社会保险缴款、一般公共预算安排和其他方式筹集的资金，专项用于社会保险的收支预算。此类预算应当按照统筹层次和社会保险项目分别编制，做到收支平衡。此外，社会保险基金预算应当在精算平衡的基础上实现可持续运行，一般公共预算可以根据需要和财力适当安排资金补充社会保险基金预算。

（二）预算体系的纵向结构

从纵向结构看，预算体系是依据国家的政权结构形成的国家预算的协调统一的整体。预算是保证各级政权实现国家职能、在各自的职权范围内提供公共物品的物质基础；依据政权结构所形成的预算体系，则是划分各级预算管理权限和收支范围的前提条件，同时，它也为进行预算管理、实施宏观调控提供了组织保证。

依据财政法原理中的“一级政权，一级财政”原则，我国《预算法》规定，国家实行一级政府一级预算。据此，与我国的政权结构相对应，我国的预算共分为五级：(1) 中央预算；(2) 省、自治区、直辖市预算；(3) 设区的市、自治州预算；(4) 县、自治县、不设区的市、市辖区预算；(5) 乡、民族乡、镇预算。上述各级各类政府预算包含本级各部门预算，各部门预算则包含所属各单位预算；而各单位预算则是指列入部门预算的国家机关、社会团体和其他单位的收支预算。

全国预算由中央预算和地方预算组成。地方预算由各省、自治区、直辖市总预算组成。地方各级总预算由本级预算和汇总的下一级总预算组成；下一级只有本级预算的，下一级总预算即指下一级的本级预算。没有下一级预算的，总预算即指本级预算。由于乡级预算没有下一级预算，其总预算就是指本级预算。

上述预算体系的纵向结构与宏观调控直接相关。中央预算和地方预算的状况如何，直接影响着中央与地方的关系，也影响着宏观调控的力度和广度。预算体系是运用预算法进行宏观调控的前提，是预算法调整预算关系、保障宏观调控的现实基础。

我国的国家制度和政权结构决定了我国预算体系的纵向结构；而我国预算体系的确立又决定了各预算主体的预算地位、职责划分、权利义务及预算活动程序，从而为预算宏观调控提供了重要的制度基础和保障。

总之，上述预算的横向结构和纵向结构，为政府的预算活动提供了基本的框架。事实上，预算法确定的各类预算主体的地位及其职权与职责、权利与义务，以及预算活动的程序等各项制度，均与预算体系的结构直接相关。

此外，在一定的预算体系下，还会形成相应的预算管理体制。所谓预算管理体制，通常是指国家机关之间、中央政府和地方政府之间在预算管理方面的职权划分。预算管理体制作为财政管理体制的重要组成部分，其核心是预算权的分配。为此，在理解预算体系的结构的基础上，还需要进一步了解预算权的分配。

第二节 预算权的分配

所谓预算权，简单地说，就是国家在预算方面的职权，包括预算的编制权、审批权、执行权、调整权等。依据财政法定原则，对各类主体的财政权都要依法作出规定，并应依法进行分配。上述预算权作为财政权的一种重要形式，也需要依法进行分配。

预算权的分配，包括横向分配和纵向分配两个方面。预算权的横向分配，是指预算权在相同级次的国家机关之间的分割和配置。如全国人大与国务院之间的预算权分配，就属于横向分配。预算权的纵向分配，是指预算权在不同级次的国家机关之间的分割和配置。如预算权在中央国家机关和地方国家机关之间的分配，就属于纵向分配。对于上述预算权的横向分配和纵向分配，我国的《预算法》都有规定，并主要体现为在权力机关与行政机关之间，以及不同级次的权力机关与行政机关之间的预算权分配。

通常，全国人大和地方各级人大及其常委会的预算权主要是预算审批权，包括对政府预算报告的审查权，对政府不同阶段、不同形式的预算的批准权；同时，人民代表大会及其常委会还享有对预算违法或失当决策的撤销权。而国务院及地方各级政府所享有的预算权，则主要是预算的编报执行权，包括预、决算草案的编制权、报告权，以及预算的具体执行权等。上述各类预算权的分配，形成了我国基本的预算管理体制。

一、各级权力的预算权

（一）全国人大及其常委会的预算权

1. 全国人大的预算权

全国人民代表大会的预算权包括：（1）审查权，即有权审查中央和地方预算草案及中央和地方预算执行情况的报告。（2）批准权，即有权批准中央预算和中央预算执行情况的报告。（3）变更、撤销权，即有权改变或者撤销全国人大常委会关于预算、决算的不适当的决议。

2. 全国人大常委会的预算权

全国人大常委会的预算权包括：（1）监督权，即有权监督中央和地方预算的执行。（2）审批权，即有权审查和批准中央预算的调整方案；有权审查和批准中央决算。（3）撤销权，即有权撤销国务院制定的同宪法、法律相抵触的关于预算、决算的行政法规、决定和命令；有权撤销省、自治区、直辖市人民代表大会及其常务委员会制定的同宪法、法律和行政法规相抵触的关于预算、决算的地方性法规和决议。

（二）地方各级人大及其常委会的预算权

1. 县级以上地方各级人大的预算权

县级以上地方各级人大的预算权包括：（1）审查权，即有权审查本级总预算草案及本级总预算执行情况的报告。（2）批准权，即有权批准本级预算和本级预算执行情况的报告。（3）改变、撤销权，即有权改变或者撤销本级人民代表大会常务委员会关于预算、决算的不适当的决议；有权撤销本级政府关于预算、决算的不适当的决定和命令。

2. 县级以上地方各级人大常委会的预算权

县级以上地方各级人大常委会的预算权包括：（1）监督权，即有权监督本级总预算的执行。（2）审批权，即有权审查和批准本级预算的调整方案；有权审查和批准本级政府决算。

(3) 撤销权，即有权撤销本级政府和下一级人民代表大会及其常务委员会关于预算、决算的不适当的决定、命令和决议。

3. 乡级人民代表大会的预算权

设立预算的乡、民族乡、镇的人民代表大会的预算权包括：(1) 审批权，即有权审查和批准本级预算及本级预算执行情况的报告，有权审查和批准本级预算的调整方案及本级决算。(2) 监督权，即有权监督本级预算的执行。(3) 撤销权，即有权撤销本级政府关于预算、决算的不适当的决定和命令。

二、各级政府的预算权

(一) 国务院的预算权

国务院的预算权包括：(1) 编制权，即有权编制中央预算、决算草案，有权编制中央预算调整方案。(2) 报告权，即有权向全国人大作关于中央和地方预算草案的报告，有权将省、自治区、直辖市政府报送备案的预算汇总后报全国人大常委会备案，有权向全国人大、全国人大常委会报告中央和地方预算的执行情况。(3) 执行权，即有权组织中央和地方预算的执行。(4) 决定权，即有权决定中央预算预备费的动用。(5) 监督权，即有权监督中央各部门和地方政府的预算执行。(6) 变更、撤销权，即有权改变或者撤销中央各部门和地方政府关于预算、决算的不适当的决定、命令。

(二) 县级以上地方各级政府的预算权

县级以上地方各级政府的预算权包括：(1) 编制权，即有权编制本级预算、决算草案，有权编制本级预算的调整方案。(2) 报告权，即有权向本级人大作关于本级总预算草案的报告，有权将下一级政府报送备案的预算汇总后报本级人大常委会备案，有权向本级人大、本级人大常委会报告本级总预算的执行情况。(3) 执行权，即有权组织本级总预算的执行。(4) 决定权，即有权决定本级预算预备费的动用。(5) 监督权，即有权监督本级各部门和下级政府的预算执行。(6) 变更、撤销权，即有权改变或撤销本级各部门和下级政府关于预算、决算的不适当的决定、命令。

(三) 乡级政府的预算权

乡、民族乡、镇政府的预算权包括：(1) 编制权，即有权编制本级预算、决算草案，有权编制本级预算的调整方案。(2) 报告权，即有权向本级人大作关于本级预算草案的报告，有权向本级人大报告本级预算的执行情况。(3) 执行权，即有权组织本级预算的执行。(4) 决定权。即有权决定本级预算预备费的动用。

三、各级财政部门的预算权

各级财政部门是各级政府具体负责财政工作的专门机构，它们的预算权是各级政府的预算权的具体化。

(一) 国务院财政部门的预算权

国务院财政部门的预算权包括：(1) 编制权，即有权具体编制中央预算、决算草案，有权具体编制中央预算的调整方案。(2) 执行权，即有权具体组织中央和地方预算的执行。(3) 提案权，即有权提出中央预算预备费动用方案。(4) 报告权，即有权定期向国务院报告中央和地方预算的执行情况。

(二) 地方各级政府财政部门的预算权

地方各级政府财政部门的预算权包括：(1) 编制权，即有权具体编制本级预算、决算草案，有权具体编制本级预算的调整方案。（2）执行权，即有权具体组织本级总预算的执行。（3）提案权，即有权提出本级预算预备费动用方案。（4）报告权，即有权定期向本级政府和上一级政府财政部门报告本级总预算的执行情况。

以上分别介绍了各级权力机关、政府及其财政部门的预算权。从横向上看，不同国家机关的预算权各不相同。其中，各级权力机关最主要的预算权是预算审批权，而各级政府最主要的预算权则是预算的编报权和执行权。这同权力机关的职权与政府的职权的差别是一致的。从纵向上看，每一类国家机关，因其性质相同，其在预算管理方面的职权也是类似的，只是由于各自的权限范围不一，因而在预算权的行使范围、作用对象等方面亦不尽相同。

此外，为了确保上述预算权的有效行使，我国《预算法》还规定，各部门编制本部门预算、决算草案，组织和监督本部门预算的执行，定期向本级政府财政部门报告预算的执行情况。各单位编制本单位预算、决算草案，按照国家规定上缴预算收入，安排预算支出，并接受国家有关部门的监督。

上述各级各类国家机关的预算权，都是由《预算法》明确加以规定的，这是进行预算收支活动的前提。在此基础上，还需进一步明晰预算收支的具体范围。

第三节 预算收支范围

如前所述，一国的预算管理体制是对预算管理权限划分的安排；而预算收支范围的划分则是预算主体实体权限的具体化。预算的收支范围，与各级政府的财权、事权的划分，以及相关的收入能力和支出能力都密切相关。

我国《预算法》规定，国家实行中央与地方分税制。所谓分税制，是指在划分中央与地方事权的基础上，确定中央与地方财政支出范围，并按税种划分中央与地方预算收入的财政管理体制。县级以上地方各级政府应当根据中央和地方分税制的原则和上级政府的有关规定，确定本级政府对下级政府的财政管理体制。

实行分税制的财政管理体制，有利于稳定中央与地方各级预算收入来源，明确各级预算管理的职责权限；有利于充分调动各级政府加强预算管理的积极性，增强中央财政的宏观调控能力，克服条块分割、地区封锁、重复建设和盲目建设等问题，促进全国统一市场的形成。为此，我国从1994财政年度起实行中央和地方分税制，并在《预算法》中确定了预算收入和预算支出的范围。

依据《预算法》的规定，预算由预算收入和预算支出组成。鉴于各类预算的收支范围不同，《预算法》着重对一般公共预算的收支范围作出了规定，并强调政府性基金预算、国有资本经营预算和社会保险基金预算的收支范围，按照法律、行政法规和国务院的规定执行。

学习拓展：

2013年11月，党的十八届三中全会通过了《中共中央关于全面深化改革若干重大问题的决定》（以下简称《决定》），习近平总书记就《决定》向全会作了说明。

习近平强调，财政是国家治理的基础和重要支柱，科学的财税体制是优化资源配置、维护市场统一、促进社会公平、实现国家长治久安的制度保障。现行财税体制是在1994年分税制改革的基础上逐步完善形成的，对实现政府财力增强和经济快速发展的双赢目标发挥了重要作用。

随着形势发展变化，现行财税体制已经不完全适应合理划分中央和地方事权、完善国家治理的客观要求，不完全适应转变经济发展方式、促进经济社会持续健康发展的现实需要，我国经济社会发展中的一些突出矛盾和问题也与财税体制不健全有关。

这次全面深化改革，财税体制改革是重点之一。主要涉及改进预算管理制度，完善税收制度，建立事权和支出责任相适应的制度等。

为此，《决定》提出，要实施全面规范、公开透明的预算制度，适度加强中央事权和支出责任，国防、外交、国家安全、关系全国统一市场规则和管理等作为中央事权；部分社会保障、跨区域重大项目建设维护等作为中央和地方共同事权，逐步理顺事权关系；中央可通过安排转移支付将部分事权支出责任委托地方承担；对于跨区域且对其他地区影响较大的公共服务，中央通过转移支付承担一部分地方事权支出责任。

这些改革举措的主要目的是明确事权、改革税制、稳定税负、透明预算、提高效率，加快形成有利于转变经济发展方式、有利于建立公平统一市场、有利于推进基本公共服务均等化的现代财政制度，形成中央和地方财力与事权相匹配的财税体制，更好发挥中央和地方两个积极性。

一、一般公共预算的收支范围

（一）一般公共预算收入的范围

我国《预算法》规定，一般公共预算收入包括各项税收收入、行政事业性收费收入、国有资源（资产）有偿使用收入、转移性收入和其他收入。

上述行政事业性收费收入，是指国家机关、事业单位等依照法律法规规定，按照国务院规定的程序批准，在实施社会公共管理以及在向自然人、法人和非法人组织提供特定公共服务过程中，按照规定标准向特定对象收取费用形成的收入。

上述国有资源（资产）有偿使用收入，是指矿藏、水流、海域、无居民海岛以及法律规定属于国家所有的森林、草原等国有资源有偿使用收入，按照规定纳入一般公共预算管理的国有资产收入等。

上述转移性收入，是指上级税收返还和转移支付、下级上解收入、调入资金以及按照财政部规定列入转移性收入的无隶属关系政府的无偿援助。

在被纳入预算收入范围的各类收入中，税收收入是预算收入最主要的部分，在各国预算收入中的占比都较高，我国亦然。由于税收对于国家极为重要，因而调整税收关系的税法也备受重视。此外，国有资源（资产）有偿使用收入，是国家依据其所有者的地位而获得的收益。它与行政事业性收费收入在取得依据上不同，但都属于“非税收入”。

（二）一般公共预算支出的范围

预算支出，从动态的角度看，是指将取得的预算资金进行分配和使用的活动，亦即支出预算资金的行为；从静态的角度看，是指通过国家预算支出的预算资金。

依据不同的标准，对预算支出可以作不同的分类。例如，按预算支出的性质，可将其分为经济建设支出、事业发展支出、国家管理支出、国防建设支出、财政补贴支出、其他财政支出；按预算支出的经济内容，可将其分为生产性支出和非生产性支出；按预算支出的用途，可将其分为购买支出和转移支出；等等。

依据《预算法》规定，一般公共预算支出按照其功能分类，包括：(1) 一般公共服务支出；(2) 外交、公共安全、国防支出；(3) 农业、环境保护支出；(4) 教育、科技、文化、卫生、体育支出；(5) 社会保障及就业支出；(6) 其他支出。此外，一般公共预算支出按照其经济性质分类，还可以分为：(1) 工资福利支出；(2) 商品和服务支出；(3) 资本性支出；(4) 其他支出。

二、政府性基金预算的收支范围

政府性基金，是我国非税收入的重要形式，有必要将其置于“非税收入的体系”中来理解。所谓非税收入，是指政府所取得的税收以外的各类收入。按照财政部给出的定义，“政府非税收入是指除税收以外，由各级政府、国家机关、事业单位、代行政府职能的社会团体及其他组织依法利用政府权力、政府信誉、国家资源、国有资产或提供特定公共服务、准公共服务取得并用于满足社会公共需要或准公共需要的财政资金，是政府财政收入的重要组成部分，是政府参与国民收入分配和再分配的一种形式”①。

目前，我国政府的非税收入主要包括：行政事业性收费、政府性基金、国有资源有偿使用收入、国有资产有偿使用收入、国有资本经营收益、彩票公益金、罚没收入、以政府名义接受的捐赠收入、主管部门集中收入，以及政府财政资金产生的利息收入等。

政府性基金具有无偿征收性和公益性，因而类似于税收，只是在名称和用途的专门性上与税收不同，大体上可以被视为一种“准税收”。征收政府性基金必须按照国务院规定统一报财政部审批，重要的政府性基金项目由财政部报国务院审批。严禁各地区、各部门越权审批行政事业性收费和政府性基金项目、扩大征收范围、提高征收标准，禁止以行政事业性收费的名义变相批准征收政府性基金。

对于政府性基金的收支范围，《实施条例》规定：政府性基金预算收入包括政府性基金各项目收入和转移性收入。政府性基金预算支出包括与政府性基金预算收入相对应的各项目支出和转移性支出。

三、国有资本经营预算的收支范围

国有企业在我国经济体系中占有重要地位，将国有资本经营收益纳入预算管理非常必要。随着国有资本经营预算体系的建立，明确国有资本经营预算的收支范围，强化相关预算管理，有助于确保国有资本经营收益的安全和有效使用，促进国有经济结构调整和国有企业健康发展。

为此，《实施条例》规定：国有资本经营预算收入包括依照法律、行政法规和国务院规定应当纳入国有资本经营预算的国有独资企业和国有独资公司按照规定上缴国家的利润收入、从国有资本控股和参股公司获得的股息红利收入、国有产权转让收入、清算收入和其他收入。国有资本经营预算支出包括资本性支出、费用性支出、向一般公共预算调出资金等转移性支出和其他支出。

四、社会保险基金预算的收支范围

社会保险基金对于保障我国经济社会的稳定发展具有十分重要的作用，将其纳入预算管理，对于保障其安全运行非常重要，因此，尽管社会保险基金预算与前述三类预算有较大差异，我国预算法仍将其作为重要预算形式加以规定。

依据《实施条例》，社会保险基金预算收入包括各项社会保险费收入、利息收入、投资收益、一般公共预算补助收入、集体补助收入、转移收入、上级补助收入、下级上解收入和其他收入；社会保险基金预算支出包括各项社会保险待遇支出、转移支出、补助下级支出、上解上级支出和其他支出。

以上分别简要介绍了四类预算的收支范围。基于上述收支范围，还需要进行具体的收支项目划分。为此，我国《预算法》规定，中央预算与地方预算有关收入和支出项目的划分、地方向中央上解收入、中央对地方税收返还或者转移支付的具体办法，由国务院规定，报全国人大

① 《财政部关于加强政府非税收入管理的通知》（财综［2004］53号）。

常委会备案。

此外,《实施条例》规定：地方各级预算上下级之间有关收入和支出项目的划分以及上解、返还或者转移支付的具体办法，由上级地方政府规定，报本级人大常委会备案。地方各级社会保险基金预算上下级之间有关收入和支出项目的划分以及上解、补助的具体办法，按照统筹层次由上级地方政府规定，报本级人大常委会备案。

另外，从预算层级的角度，预算支出还可分为中央预算支出和地方预算支出。前者主要用于提供中央级次的公共物品，包括有关国家安全、外交和主要国家机关运转所需经费，调整国民经济结构、协调地区发展、实施宏观调控所需支出，以及中央直接管理的事业发展支出。后者主要用于提供地方层级的公共物品，包括本地区政权机关运转所需支出及本地区经济、事业发展支出等。基于"一级政府一级预算"的原则,《预算法》规定，上级政府不得在预算之外调用下级政府预算的资金，下级政府不得挤占或者截留属于上级政府预算的资金。

总之，在法律上明确预算收支范围非常重要。在预算收入方面，通过在上述预算收入范围内安排相关收入，有助于进一步提高国家的财力。财力或汲取财政收入的能力，是国家有效实施宏观调控的基础，因此，规范预算收入，减小预算外收入的规模，增强国家的财政实力，特别是增强中央的可支配财力，对于在一个大国全面进行宏观调控是非常重要的。此外，在预算支出方面，预算的支出范围关乎国家的宏观调控范围，直接影响调控的深度和广度；预算支出的投向，直接影响着市场主体的行为，本身就是一种重要的调控，因此，预算收支范围的确定，对相关主体的实体权益和国家的宏观调控均有重要影响。

[资料] **预算支出的功能分类和经济分类**

1. 预算支出的功能分类

预算支出的功能分类，主要反映的是政府各项职能活动及政策目标。国际货币基金组织所确定的政府支出功能包括一般公共服务，国防，公共秩序和安全，经济事务，环境保护，住房和社会福利设施，医疗保障，娱乐、文化和宗教，教育，社会保护等。这种分类的方法有一定的合理性，值得参考。

从 2007 年起，我国将政府支出分为类、款、项三级，其中，类的科目包括一般公共服务、外交、公共安全、教育、科学技术、文化体育与传媒、社会保障和就业、社会保险基金支出、医疗卫生、环境保护、转移性支出等共计 17 类。

2. 预算支出的经济分类

预算支出的经济分类，主要反映的是政府支出的经济性质和具体用途。国际货币基金组织按照经济性质将政府支出分为雇员补偿、商品和服务的使用、固定资产的消耗、利息、补贴、赠与、社会福利、其他收支等，对我国有一定的借鉴意义。

从 2007 年起，我国将预算支出按照经济分类设类、款两级。在类别上包括工资福利支出、商品和服务支出、对个人和家庭的补助、对企事业单位的补助、转移性支出、赠与、债务利息支出、基本建设支出等共计 12 类。

第四节 预算编审制度

前面着重介绍了与预算管理体制密切相关的预算权和预算收支范围，下面将主要介绍预算管理程序方面的法律制度。

预算管理程序是指预算主体在预算管理活动中按一定程式展开的顺序，体现为预算管理活动的一系列重要环节及过程。它主要包括四个环节的程序，即预算的编制程序、预算的审查和批准程序、预算的执行和调整程序、决算的编制和批准程序。这四个环节的相关程序是连续的，同时，它们又各有其在一定期限内必须完成的固定内容和形式的工作。

同预算管理体制一样，预算管理程序也是预算法的重要组成部分。在预算管理体制中，各主体的实体预算管理职权必须通过预算管理程序才能实现，同时，预算管理程序的内容也要受预算管理体制的制约。

本节主要介绍预算管理程序中最初的两个环节，即预算的编制与预算的审批与备案，简称预算的编审。

一、预算的编制

预算编制，是指制定取得和分配、使用预算资金的年度计划的活动。它是预算管理程序中的第一个环节和步骤，是一种基础性的程序。

预算编制的对象是预算草案。所谓预算草案，是指各级政府、各部门、各单位编制的未经法定程序审查和批准的预算。预算草案在经权力机关批准之前，仍仅是一种草案，还不是具有法律效力的国家预算。

编制预算草案，就是制订基本的财政收支计划，这一计划反映着国家政策，体现着政府活动的范围和方向。同时，这一计划一经审查批准，便成为人们进行预算活动的重要依据。因此，预算的编制必须具有科学性和严肃性，即预算的编制要在大量调研的基础上进行科学预测和可行性分析，力求反映客观规律的要求，同时，要严格依法定程序进行编制。

（一）预算编制原则

依据我国《预算法》的规定，各级预算应当遵循统筹兼顾、勤俭节约、量力而行、讲求绩效和收支平衡的原则，同时，各级政府应当建立跨年度预算平衡机制。这些原则，作为共通的总体原则，当然也适用于预算的编制。此外，在预算编制方面，还必须遵循以下具体原则。

1. 真实合法原则

各级预算收入的编制，应当与经济社会发展水平相适应，与财政政策相衔接。同时，各级政府、各部门、各单位应当依照预算法规定，将所有政府收入全部列入预算，不得隐瞒、少列，以体现预算的完整性。

2. 节约统筹原则

各级预算支出应当依照预算法规定，按其功能和经济性质分类编制。同时，各级预算支出的编制，应当贯彻勤俭节约的原则，严格控制各部门、各单位的机关运行经费和楼堂馆所等基本建设支出。此外，各级一般公共预算支出的编制，应当统筹兼顾，在保证基本公共服务合理需要的前提下，优先安排国家确定的重点支出。

3. 控制债务原则

中央一般公共预算中必需的部分资金，可以通过举借国内和国外债务等方式筹措，举借债务应当控制适当的规模，保持合理的结构。对上述举借的债务实行余额管理，余额的规模不得超过全国人大批准的限额。国务院财政部门具体负责对中央政府债务的统一管理。

地方各级预算按照量入为出、收支平衡的原则编制。只有经国务院批准的省、自治区、直辖市的预算中必需的建设投资的部分资金，可以在国务院确定的限额内，通过发行地方政府债券举借债务的方式筹措。举借债务的规模，由国务院报全国人大或者全国人大常委会批准。省、自治区、直辖市依照国务院下达的限额举借的债务，列入本级预算调整方案，报本级人大常委会批准。举借的债务应当有偿还计划和稳定的偿还资金来源，只能用于公益性资本支出，不得用于经常性支出。除上述情况外，地方政府及其所属部门不得以任何方式举借债务。

此外，国务院建立地方政府债务风险评估和预警机制、应急处置机制以及责任追究制度，由国务院财政部门对地方政府债务实施监督。除法律另有规定外，地方政府及其所属部门不得为任何单位和个人的债务以任何方式提供担保。

与上述原则相关联，我国在其他各类预算编制中，也有相关要求。如前所述，《预算法》规定：政府性基金预算应当根据基金项目收入情况和实际支出需要，按基金项目编制，做到以收定支；国有资本经营预算应当按照收支平衡的原则编制，不列赤字；社会保险基金预算应当按照统筹层次和社会保险项目分别编制，做到收支平衡。

（二）预算编制的流程

依据上述原则，各级各类预算应按照法定时间编制。为此，《预算法》规定：国务院应当及时下达关于编制下一年预算草案的通知。编制预算草案的具体事项由国务院财政部门部署。

各级政府、各部门、各单位应当按照国务院规定的时间编制预算草案。各部门、各单位应当按照国务院财政部门制定的政府收支分类科目（其中，收入分为类、款、项、目；支出按其功能分类分为类、款、项，按其经济性质分类分为类、款）、预算支出标准和要求，以及绩效目标管理等预算编制规定，根据其依法履行职能和事业发展的需要以及存量资产情况，编制本部门、本单位预算草案。省、自治区、直辖市政府应当按照国务院规定的时间，将本级总预算草案报国务院审核汇总。

1. 中央预算草案的编制流程

财政部于每年 6 月 15 日前部署编制下一年度预算草案的具体事项，规定报表格式、编报方法、报送期限等。

中央各部门应当按照国务院的要求和财政部的部署，结合本部门的具体情况，组织编制本部门及其所属各单位的预算草案。同时，中央各部门负责本部门所属各单位预算草案的审核，并汇总编制本部门的预算草案，按照规定报财政部审核。

财政部审核中央各部门的预算草案，具体编制中央预算草案；汇总地方预算草案或者地方预算，汇编中央和地方预算草案。

2. 地方预算草案的编制流程

省、自治区、直辖市政府按照国务院的要求和财政部的部署，结合本地区的具体情况，提出本行政区域编制预算草案的要求。

县级以上地方各级政府财政部门，应当于每年 6 月 30 日前部署本行政区域编制下一年度预算草案的具体事项，规定有关报表格式、编报方法、报送期限等；同时，还应当根据本级政府的要求和本级政府财政部门的部署，结合本部门的具体情况，组织编制本部门及其所属各单位的预算草案，按照规定报本级政府财政部门审核。

县级以上地方各级政府财政部门，负责审核本级各部门的预算草案，具体编制本级预算草案，汇编本级总预算草案，经本级政府审定后，按照规定期限报上一级政府财政部门。

省、自治区、直辖市政府财政部门汇总的本级总预算草案或者本级总预算，应当于下一年度 1 月 10 日前报财政部。

（三）预算编制的注意事项

县级以上各级政府财政部门审核本级各部门的预算草案时，发现不符合编制预算要求的，应当予以纠正；汇编本级总预算草案时，发现下级预算草案不符合上级政府或者本级政府编制预算要求的，应当及时向本级政府报告，由本级政府予以纠正。

各级政府财政部门编制收入预算草案时，应当征求税务、海关等预算收入征收部门和单位的意见。同时，上述预算收入征收部门和单位应当按照财政部门的要求提供下一年度预算收入征收预测情况。

（四）社会保险基金预算编制的特殊情况

财政部门会同社会保险行政部门部署编制下一年度社会保险基金预算草案的具体事项。社会保险经办机构具体编制下一年度社会保险基金预算草案，报本级社会保险行政部门审核汇总。社会保险基金收入预算草案由社会保险经办机构会同社会保险费征收机构具体编制。财政部门负责审核并汇总编制社会保险基金预算草案。

［资料］ **复式预算**

所谓复式预算，是单式预算的对称。我国在实行复式预算以前一直采取单式预算编制方法，即把全部财政收支汇编在一个统一的预算表中，这种方法虽有结构简单、编制简便等优点，但不能直观地反映各项财政收支的性质、赤字的成因及弥补赤字的资金来源。而复式预算则能较好地解决这些问题。

按照复式预算编制国家预算，至少应将各项财政收支按其性质划分为经常性预算（或称公共预算）和建设性预算（或称资本预算），并且应先列经常性预算，后列建设性预算。经常性预算要坚持收支平衡，以便有较多的结余用于经济建设；而建设性预算，则应坚持量力而行的原则，如出现资金收入不足，则可通过适度发行国债的方式来加以弥补。

目前，我国财政部门将预算分为一般公共预算、政府性基金预算、国有资本经营预算、社会保险基金预算，以建立全口径预算制度。从一般的意义上说，实行复式预算，在预算收支项目之间建立较稳定的对应关系，有利于分析各种资金的使用效益，加强预算管理和监督，提高资金的使用效益；有利于清楚地反映预算的平衡情况，找到赤字的成因，从而更好地为国家实施宏观调控提供依据。

（五）预算编制的依据

依据《预算法》的规定，各级预算应当根据年度经济社会发展目标、国家宏观调控总体要求和跨年度预算平衡的需要，参考上一年预算执行情况、有关支出绩效评价结果和本年度收支预测，按照规定程序征求各方面意见后，进行编制。

上述的绩效评价，是指根据设定的绩效目标，依据规范的程序，对预算资金的投入、使用过程、产出与效果进行系统和客观的评价。绩效评价结果应当按照规定作为改进管理和编制以后年度预算的依据。

另外，各部门、各单位应当按照国务院财政部门制定的政府收支分类科目、预算支出标准和要求，以及绩效目标管理等预算编制规定，根据其依法履行职能和事业发展的需要以及存量资产情况，编制本部门、本单位预算草案。

上述的预算支出标准，是指对预算事项合理分类并分别规定的支出预算编制标准，包括基本支出标准和项目支出标准。地方各级政府财政部门应当根据财政部制定的预算支出标准，结合本地区经济社会发展水平、财力状况等，制定本地区或者本级的预算支出标准。

（六）预算编制的内容

除《预算法》对中央预算和地方各级政府预算编制的内容作出基本规定外，《实施条例》还分别对四类预算的编制内容以及各部门、各单位预算的编制内容作出了具体规定。

1. 一般公共预算的编制内容

中央一般公共预算收入编制内容，包括本级一般公共预算收入、从国有资本经营预算调入资金、地方上解收入、从预算稳定调节基金调入资金、其他调入资金；中央一般公共预算支出编制内容，包括本级一般公共预算支出、对地方的税收返还和转移支付、补充预算稳定调节基金。此外，中央政府债务余额的限额应当在本级预算中单独列示。

地方各级一般公共预算收入编制内容，包括本级一般公共预算收入、从国有资本经营预算调入资金、上级税收返还和转移支付、下级上解收入、从预算稳定调节基金调入资金、其他调入资金。地方各级一般公共预算支出编制内容，包括本级一般公共预算支出、上解上级支出、对下级的税收返还和转移支付、补充预算稳定调节基金。

2. 政府性基金预算的编制内容

中央政府性基金预算收入编制内容，包括本级政府性基金各项目收入、上一年度结余、地方上解收入；中央政府性基金预算支出编制内容，包括本级政府性基金各项目支出、对地方的转移支付、调出资金。

地方政府性基金预算收入编制内容，包括本级政府性基金各项目收入、上一年度结余、下级上解收入、上级转移支付；地方政府性基金预算支出编制内容，包括本级政府性基金各项目支出、上解上级支出、对下级的转移支付、调出资金。

3. 国有资本经营预算的编制内容

中央国有资本经营预算收入编制内容，包括本级收入、上一年度结余、地方上解收入；中央国有资本经营预算支出编制内容，包括本级支出、向一般公共预算调出资金、对地方特定事项的转移支付。

地方国有资本经营预算收入编制内容，包括本级收入、上一年度结余、上级对特定事项的转移支付、下级上解收入；地方国有资本经营预算支出编制内容包括本级支出、向一般公共预算调出资金、对下级特定事项的转移支付、上解上级支出。

4. 社会保险基金预算的编制内容

中央和地方社会保险基金预算收入编制内容，包括各项社会保险费收入、利息收入、投资收益、一般公共预算补助收入、集体补助收入、转移收入、上级补助收入、下级上解收入和其他收入；中央和地方社会保险基金预算支出编制内容，包括各项社会保险待遇支出、转移支出、补助下级支出、上解上级支出和其他支出。

5. 各部门、各单位预算的编制内容

各部门、各单位预算收入编制内容，包括本级预算拨款收入、预算拨款结转和其他收入；各部门、各单位预算支出编制内容，包括基本支出和项目支出。

此外，各部门、各单位的预算支出，按其功能分类应当编列到项，按其经济性质分类应当编列到款。

（七）预算编制中的特殊安排

1. 特殊区域扶助资金安排

中央预算和有关地方预算中应当安排必要的资金，用于扶助革命老区、民族地区、边疆地区、贫困地区发展经济社会建设事业。

2. 预备费的设置

各级一般公共预算应当按照本级一般公共预算支出额的1%～3%设置预备费，用于当年预算执行中的自然灾害等突发事件处理增加的支出及其他难以预见的开支。

3. 预算周转金的设置

各级一般公共预算按照国务院的规定可以设置预算周转金，用于本级政府调剂预算年度内季节性收支差额。经本级政府批准，各级政府财政部门设置预算周转金的额度不得超过本级一般公共预算支出总额的1%。年度终了时，各级政府财政部门可以将预算周转金收回并用于补充预算稳定调节基金。

4. 预算稳定调节基金的设置

各级一般公共预算按照国务院的规定可以设置预算稳定调节基金，用于弥补以后年度预算资金的不足。

二、预算的审批与备案

预算的审批，是指国家各级权力机关对同级政府所提出的预算草案进行审查和批准的活动。预算的审批是使预算草案转变为正式预算的关键阶段，只有经过审批的预算才是具有法律效力的、相关预算主体必须遵守的正式预算。为此，我国《预算法》专门规定：经人民代表大会批准的预算，非经法定程序，不得调整。各级政府、各部门、各单位的支出必须以经批准的预算为依据，未列入预算的不得支出。

（一）预算草案的初审

1. 初审主体

全国人大财政经济委员会，设区的市、自治州以上各级人大有关专门委员会，对本级预算草案初步方案及上一年预算执行情况、本级预算调整初步方案进行初步审查，提出初步审查意见；未设立专门委员会的，由本级人大常委会有关工作机构研究提出意见。

县、自治县、不设区的市、市辖区人民代表大会常务委员会对本级预算草案初步方案及上一年预算执行情况进行初步审查，提出初步审查意见。县、自治县、不设区的市、市辖区人民代表大会常务委员会有关工作机构对本级预算调整初步方案研究提出意见。

2. 初审时间

国务院财政部门应当在每年全国人民代表大会会议举行的45日前，将中央预算草案的初步方案提交全国人民代表大会财政经济委员会进行初步审查。

设区的市、自治州以上的政府财政部门应当在本级人民代表大会会议举行的30日前，依法将本级预算草案的初步方案提交本级人民代表大会有关专门委员会进行初步审查，或者送交本级人民代表大会常务委员会有关工作机构征求意见。

县、自治县、不设区的市、市辖区政府应当在本级人民代表大会会议举行的30日前，将本级预算草案的初步方案提交本级人民代表大会常务委员会进行初步审查。

报送各级人民代表大会审查和批准的预算草案应当细化。本级一般公共预算支出，按其功能分类应当编列到项；按其经济性质分类，基本支出应当编列到款。本级政府性基金预算、国有资本经营预算、社会保险基金预算支出，按其功能分类应当编列到项。

（二）预算的审批

中央预算由全国人大审查和批准。地方各级预算由本级人大审查和批准。

1. 各级人大的审查

国务院在全国人大举行会议时，向大会作关于中央和地方预算草案以及中央和地方预算执行情况的报告。地方各级政府在本级人大举行会议时，向大会作关于总预算草案和总预算执行情况的报告。

全国人大和地方各级人大对预算草案及其报告、预算执行情况的报告重点审查下列内容：(1) 上一年预算执行情况是否符合本级人大预算决议的要求；(2) 预算安排是否符合预算法的规定；(3) 预算安排是否贯彻国民经济和社会发展的方针政策，收支政策是否切实可行；(4) 重点支出和重大投资项目的预算安排是否适当；(5) 预算的编制是否完整，是否符合预算法的规定；(6) 对下级政府的转移性支出预算是否规范、适当；(7) 预算安排举借的债务是否合法、合理，是否有偿还计划和稳定的偿还资金来源；(8) 与预算有关重要事项的说明是否清晰。

2. 各级人大专门委员会的审查结果报告

全国人大财政经济委员会向全国人大主席团提出关于中央和地方预算草案及中央和地方预

算执行情况的审查结果报告。设区的市以上人大有关专门委员会、县级人大常委会，向本级人大主席团提出关于总预算草案及上一年总预算执行情况的审查结果报告。

上述审查结果报告应当包括下列内容：（1）对上一年预算执行和落实本级人大预算决议的情况作出评价；（2）对本年度预算草案是否符合预算法的规定，是否可行作出评价；（3）对本级人大批准预算草案和预算报告提出建议；（4）对执行年度预算、改进预算管理、提高预算绩效、加强预算监督等提出意见和建议。

（三）预算的批复与公开

各级预算经本级人大批准后，本级政府财政部门应当在20日内向本级各部门批复预算。各部门应当在接到本级政府财政部门批复的本部门预算后15日内向所属各单位批复预算。

县级以上各级政府财政部门应当将批复本级各部门的预算和批复下级政府的转移支付预算，抄送本级人大财政经济委员会、有关专门委员会和常务委员会有关工作机构。

与上述预算批复密切相关的是预算公开。为了提高财政透明度，我国《预算法》规定，除涉及国家秘密的以外，经本级人民代表大会或者本级人民代表大会常务委员会批准的预算、预算调整、决算、预算执行情况的报告及报表，应当在批准后20日内由本级政府财政部门向社会公开，并对本级政府财政转移支付安排、执行的情况以及举借债务的情况等重要事项作出说明。

此外，经本级政府财政部门批复的部门预算、决算及报表，应当在批复后20日内由各部门向社会公开，并对部门预算、决算中机关运行经费的安排、使用情况等重要事项作出说明。另外，各级政府、各部门、各单位应当将政府采购的情况及时向社会公开。

（四）预算的备案

预算的备案制度是与预算的审批密切相关的一种制度，它是指各级政府预算被批准后，必须依法向相应的国家机关备案，以加强预算监督的制度。我国的《预算法》对预算备案制度有如下规定：

乡级政府应当及时将经本级人大批准的本级预算报上一级政府备案。县级以上地方各级政府应当及时将经本级人大批准的本级预算及下一级政府报送备案的预算汇总，报上一级政府备案。

县级以上地方各级政府将下一级政府依照规定报送备案的预算汇总后，报本级人大常委会备案。国务院将省级政府依照规定报送备案的预算汇总后，报全国人大常委会备案。

国务院和县级以上地方各级政府对下一级政府报送备案的预算，认为有同法律、行政法规相抵触或者有其他不适当之处，需要撤销批准预算的决议的，应当提请本级人大常委会审议决定。

可见，预算的审批是自上而下层层展开的，而预算的备案则是自下而上地层层递进的。一方面，报送备案的预算是预算审批的结果，即先有预算审批，后有经批准的预算的备案；但另一方面，报送备案的预算又是下一年度进行预算审批的基础和参照，同时它也反映了预算审批的进展情况和下级政府预算的落实情况。可见，预算备案同预算审批的关系十分密切。

第五节　预算执行制度

在预算的编制、审批环节之后，是预算的执行环节。在这一环节，相关的预算主体要进行预算收支的组织执行，国库在预算资金的收付方面要发挥重要作用，各类预算主体在预算执行过程中都必须履行其基本的法定义务。此外，在遇到情势变更时，还可以依法在预算执行过程中进行预算调整。

一、预算收支的组织执行

预算执行，是指各级财政部门和其他预算主体组织预算收入和划拨预算支出的活动。它是整个预算管理程序中的重要环节，是将经过批准的预算付诸实施的重要阶段。

国家预算被批准后，各预算主体均须严格执行。我国《预算法》明确规定：各级预算由本级政府组织执行，具体工作由本级政府财政部门负责。各部门、各单位是本部门、本单位的预算执行主体，负责本部门、本单位的预算执行，并对执行结果负责。在预算收支的执行方面，需要明确以下制度。

（一）预算执行的依据

预算执行当然要以经过权力机关依法定程序批准的预算为依据，对此固无疑义，但由于我国法律规定预算年度为历年制，即自公历1月1日起至12月31日止，而我国的全国人大会议一般都是在每年3月召开，这就会造成有一段时间的“预算空白”。

为了解决这一问题，《预算法》规定，预算年度开始后，各级预算草案在本级人民代表大会批准前，可以安排下列支出：（1）上一年度结转的支出；（2）参照上一年同期的预算支出数额安排必须支付的本年度部门基本支出、项目支出，以及对下级政府的转移性支出；（3）法律规定必须履行支付义务的支出，以及用于自然灾害等突发事件处理的支出。

上述安排支出的情况，应当在预算草案的报告中作出说明。在预算经本级人民代表大会批准后，则应按照批准的预算执行。

（二）预算收入的组织执行

国家预算由预算收入和预算支出两部分组成，因而预算收入与预算支出的组织执行均为预算执行的重要内容。在预算收入的组织执行方面，最基本的要求是预算收入的取得必须“及时、足额”。为此，我国《预算法》规定了不同预算主体在预算收入的组织执行方面的如下义务：

（1）预算收入征收部门和单位必须依照法律、行政法规的规定，及时、足额征收应征的预算收入。不得违反法律、行政法规规定，多征、提前征收或者减征、免征、缓征应征的预算收入，不得截留、占用或者挪用预算收入。

（2）各级政府不得向预算收入征收部门和单位下达预算收入指标。

（3）政府的全部收入应当上缴国家金库（以下简称国库），任何部门、单位和个人不得截留、占用、挪用或者拖欠。此外，对于法律有明确规定或者经国务院批准的特定专用资金，可以依照国务院的规定设立财政专户。

上述的财政专户，是指财政部门为履行财政管理职能，根据法律规定或者经国务院批准开设的用于管理核算特定专用资金的银行结算账户；上述的特定专用资金，包括法律规定可以设立财政专户的资金，外国政府和国际经济组织的贷款、赠款，按照规定存储的人民币以外的货币，财政部会同有关部门报国务院批准的其他特定专用资金。

（三）预算支出的组织执行

预算支出的组织执行是预算执行的又一重要组成部分。在预算支出的组织执行方面，最基本的要求是严格依照预算，依法及时、足额地拨付预算支出资金。在预算支出的组织执行过程中，各级政府、各部门和各单位，均应贯彻厉行节约、勤俭建国的方针，提高资金的使用效益，加强对预算支出资金的管理和监督。

在预算支出的组织执行方面，我国《预算法》有明确规定。

（1）各级政府财政部门必须依照法律、行政法规和国务院财政部门的规定，及时、足额地拨付预算支出资金，加强对预算支出的管理和监督。

(2) 各级政府、各部门、各单位的支出必须按照预算执行，不得虚假列支。同时，应当对预算支出情况开展绩效评价。各部门、各单位的预算支出应当按照预算科目执行。严格控制不同预算科目、预算级次或者项目间的预算资金的调剂，确需调剂使用的，按照国务院财政部门的规定办理。

(3) 各级政府应当加强对预算执行的领导，支持政府财政、税务、海关等预算收入的征收部门依法组织预算收入，支持政府财政部门严格管理预算支出。此外，上述征收部门在预算执行中，应当加强对预算执行的分析；发现问题时应当及时建议本级政府采取措施予以解决。另外，各部门、各单位应当加强对预算收入和支出的管理，不得截留或者动用应当上缴的预算收入，不得擅自改变预算支出的用途。

此外，《实施条例》规定：各级政府财政部门应当每月向本级政府报告预算执行情况。地方各级政府财政部门应当定期向上一级政府财政部门报送本行政区域预算执行情况，包括预算执行旬报、月报、季报，政府债务余额统计报告，国库库款报告以及相关文字说明材料。

另外，各部门、各单位在预算执行过程中负有如下主要职责：(1) 制定本部门、本单位预算执行制度，建立健全内部控制机制；(2) 依法组织收入，严格支出管理，实施绩效监控，开展绩效评价，提高资金使用效益；(3) 对单位的各项经济业务进行会计核算；(4) 汇总本部门、本单位的预算执行情况，定期向本级政府财政部门报送预算执行情况报告和绩效评价报告。

(四) 预算执行中的余缺调剂

(1) 预备费的动用。各级预算预备费的动用方案，由本级政府财政部门提出，报本级政府决定。

(2) 预算周转金的使用。各级预算周转金由本级政府财政部门管理，不得挪作他用。

(3) 预算稳定调节基金。预算稳定调节基金用于弥补以后年度预算资金的不足。各级一般公共预算年度执行中有超收收入的，只能用于冲减赤字或者补充预算稳定调节基金。

上述的超收收入，是指年度本级一般公共预算收入的实际完成数超过经本级人民代表大会或者其常务委员会批准的预算收入数的部分。

(4) 资金的结转、结余与短收调整。各级政府上一年预算的结转资金，应当在下一年用于结转项目的支出；连续两年未用完的结转资金，应当作为结余资金管理。各级一般公共预算的结余资金，应当补充预算稳定调节基金。各部门、各单位上一年预算的结转、结余资金按照国务院财政部门的规定办理。

省级一般公共预算年度执行中出现短收，通过调入预算稳定调节基金、减少支出等方式仍不能实现收支平衡的，省级政府报本级人民代表大会或者其常务委员会批准，可以增列赤字，报国务院财政部门备案，并应当在下一年度预算中予以弥补。

上述的短收，是指年度本级一般公共预算收入的实际完成数小于经本级人民代表大会或者其常务委员会批准的预算收入数的情形。

二、国库制度

在预算执行的过程中，国库具有非常重要的作用。所谓国库，就是指办理预算收入的收纳、划分、留解、退付和库款支拨的专门机构。国库分为中央国库和地方国库。国库是预算执行的中介环节，无论是预算收入还是预算支出，均必须通过国库进行。国库作为进行预算收支活动的出纳机关，直接关系到预算执行的效果。为此，我国《预算法》及《实施条例》专门规定了国库制度。

根据《预算法》及《实施条例》的规定，我国的国库制度主要包括以下内容。

1. 国库的设立

县级以上各级预算必须设立国库；具备条件的乡、民族乡、镇也应当设立国库。这样，国库便能够和预算一一对应，即有一级预算便有一级国库。

2. 国库的业务

中国人民银行是我国的中央银行，其重要职能和业务之一就是经理国库，由此使中央银行成为全国的总出纳。

在我国，中央国库业务由中国人民银行经理。未设中国人民银行分支机构的地区，由中国人民银行商财政部后，委托有关银行业金融机构办理。中央国库业务应当接受财政部的指导和监督，对中央财政负责。

地方国库业务由中国人民银行分支机构经理。未设中国人民银行分支机构的地区，由上级中国人民银行分支机构商有关地方政府财政部门后，委托有关银行业金融机构办理。地方国库业务应当接受本级政府财政部门的指导和监督，对地方财政负责。

国家实行国库集中收缴和集中支付制度，对政府全部收入和支出实行国库集中收付管理。各级政府应当加强对本级国库的管理和监督，按照国务院的规定完善国库现金管理，合理调节国库资金余额。

各级国库应当依照有关法律、行政法规、国务院以及财政部、中国人民银行的有关规定，加强对国库业务的管理，及时准确地办理预算收入的收纳、划分、留解、退付和预算支出的拨付。

已经缴入国库的资金，依照法律、行政法规的规定或者国务院的决定需要退付的，各级政府财政部门或者其授权的机构应当及时办理退付。按照规定应当由财政支出安排的事项，不得用退库处理。

3. 收入及时、足额缴入国库

各级政府财政部门和税务、海关等预算收入征收部门和单位必须依法组织预算收入，按照财政管理体制、征收管理制度和国库集中收缴制度的规定征收预算收入，除依法缴入财政专户的社会保险基金等预算收入外，应当及时将预算收入缴入国库。

除依法缴入财政专户的社会保险基金等预算收入外，一切有预算收入上缴义务的部门和单位，必须将应当上缴的预算收入，按照规定的预算级次、政府收支分类科目、缴库方式和期限缴入国库，任何部门、单位和个人不得截留、占用、挪用或者拖欠。

4. 库款的支配

各级国库库款的支配权属于本级政府财政部门，而不属于其他国家机关或银行。除法律、行政法规另有规定外，未经本级政府财政部门同意，任何部门、单位和个人均无权冻结、动用国库库款或者以其他方式支配已入国库的库款。为了保障国库的有效运作，保证预算收支活动的顺利进行，各级政府均应当加强对本级国库的管理和监督。

[资料] **国库集中收付制度**

我国传统的财政性资金缴库和拨付，是通过征收机关和预算单位设立多重账户分散进行的，其主要弊端是：(1) 重复和分散设置账户，导致财政资金活动透明度不高，不利于对其实施有效管理和全面监督；(2) 财政收支信息反馈迟缓，难以及时为预算编制、执行分析和宏观经济调控提供准确依据；(3) 财政资金入库时间延滞，收入退库不规范，大量资金经常滞留在预算单位，降低了使用效率；(4) 财政资金使用缺乏事前监督，截留、挤占、挪用等问题时有发生，甚至出现腐败现象。因此，必须对现行财政国库管理制度进行改革。

基于上述考虑，早在2001年3月16日，财政部、中国人民银行就印发了《财政国库管理制度改革试点方案》，以推进我国的国库管理制度改革。此次改革的目标是：按照公共财政的发展要求，借鉴国际通行做法和成功经验，结合我国具体国情，建立和完善以国库单一账户体系为基础、资金缴拨以国库集中收付为主要形式的财政国库管理制度，做到所有财政性资金都纳入国库单一账户体系管理，收入直接缴入国库或财政专户，支出通过国库单一账户体系支付给商品和劳务供应者或用款单位。

可见，我国国库制度改革的核心，是建立国库集中收付制度。这一制度与部门预算改革、"收支两条线"改革等密切相关，对于我国建立与市场经济相适应的现代公共财政制度，至关重要。

通过这个资料，你对国库的功能有哪些进一步的理解?

以上简要介绍了我国《预算法》在预算执行方面的一般规定，这些规定确立了预算执行的基本制度。之所以穿插有关国库制度改革等问题的介绍，意在说明我国现行预算执行制度还存在不少问题，需要通过加强法治建设等手段予以解决。此外，在预算执行中还有一种特殊情况，即预算调整，需要特别注意，下面单独予以介绍。

三、预算的调整

预算调整是因特殊情况而在预算执行中对原来收支平衡的预算作部分调整和变更。由于国家预算的编制、审批是在特定期限内完成的，而预算执行则是在预算年度内连续进行的，并且客观情况经常发生变化，因此在发生重大事件、进行方针政策调整或者经济情况发生重大变化，从而对预算执行产生较大影响时，就需要依据情势变更原则，进行预算调整。

我国《预算法》等法律对预算调整有较为具体的规定，主要内容如下。

（一）应当进行预算调整的情况

《预算法》规定，经全国人大批准的中央预算和经地方各级人大批准的地方各级预算，在执行中出现下列情况之一的，应当进行预算调整：（1）需要增加或者减少预算总支出的；（2）需要调入预算稳定调节基金的；（3）需要调减预算安排的重点支出数额的；（4）需要增加举借债务数额的。

各级政府对于必须进行的预算调整，应当编制预算调整方案。预算调整方案应当说明预算调整的理由、项目和数额。在预算执行中，由于发生自然灾害等突发事件，必须及时增加预算支出的，应当先动支预备费；预备费不足支出的，各级政府可以先安排支出，属于预算调整的，列入预算调整方案。

此外，各级一般公共预算年度执行中厉行节约、节约开支，造成本级预算支出实际执行数小于预算总支出的，不属于预算调整的情形。

（二）预算调整方案的初审

国务院财政部门应当在全国人大常委会举行会议审查和批准预算调整方案的30日前，将初步方案送交全国人大财政经济委员会进行初审。

设区的市以上政府财政部门应当在本级人大常委会举行会议审批预算调整方案的30日前，将初步方案送交本级人大有关专门委员会进行初审，或者送交本级人大常委会有关工作机构征求意见。

县级政府财政部门应当在本级人大常委会举行会议审批预算调整方案的30日前，将初步方案送交本级人大常委会有关工作机构征求意见。

（三）预算调整方案的审批和执行

在行使审批权的主体方面，由于预算调整发生在人大闭会期间，因而预算调整方案只能由同级的人大常委会审批。为此，《预算法》对预算调整的审批作出如下规定：

中央预算的调整方案应当提请全国人大常委会审批。县级以上地方各级预算的调整方案应当提请本级人大常委会审批；乡级预算的调整方案应当提请本级人大审批。未经批准，不得调整预算。

经批准的预算调整方案，各级政府应当严格执行。未经法定程序，各级政府不得作出预算调整的决定，否则，本级人大及其常委会或者上级政府应当责令其改变或者撤销。

地方各级政府在预算执行中因上级政府增加不需要本级政府提供配套资金的专项转移支付而引起的预算支出变化，不属于预算调整。地方各级预算的调整方案经批准后，由本级政府报上一级政府备案。

另外，对于预算调整，其他相关法律也有规定。例如，《中华人民共和国各级人民代表大会常务委员会监督法》[①]（以下简称《监督法》）第 17 条规定，预算经人民代表大会批准后，在执行过程中需要作部分调整的，国务院和县级以上地方各级人民政府应当将调整方案提请本级人民代表大会常务委员会审查和批准。该法还规定，要严格控制不同预算科目之间的资金调整。预算安排的农业、教育、科技、文化、卫生、社会保障等资金需要调减的，国务院和县级以上地方各级人民政府应当提请本级人民代表大会常务委员会审查和批准。另外，国务院和县级以上地方各级人民政府有关主管部门应当在本级人民代表大会常务委员会举行会议审查和批准预算调整方案的一个月前，将预算调整初步方案送交本级人民代表大会财政经济委员会进行初步审查，或者送交本级人民代表大会常务委员会有关工作机构征求意见。

此外，《预算法》还规定，各部门、各单位的预算支出应当按照预算科目执行。严格控制不同预算科目、预算级次或者项目间的预算资金的调剂，确需调剂使用的，按照国务院财政部门的规定办理。

［案例］　**2008 年中央预算调整**

1. 国务院提出调整方案

在 2008 年 6 月 24 日召开的第十一届全国人民代表大会常务委员会第三次会议上，财政部部长受国务院委托，向全国人民代表大会常务委员会作《关于提请审议 2008 年中央预算调整方案（草案）的议案的说明》，节选如下。

5 月 12 日，四川省汶川县发生 8.0 级特大地震。为及早谋划和适时开展恢复生产和灾后重建工作，切实保障灾后恢复重建资金需要，中央财政拟调整 2008 年中央预算，并从 2008 年起建立地震灾后恢复重建基金。调整 2008 年中央预算建立地震灾后恢复重建基金的必要性主要是：

第一，汶川地震震级和最大烈度均超过唐山大地震，恢复重建任务十分艰巨。适当调整 2008 年中央预算，安排资金用于灾后恢复重建，能够尽快恢复受灾地区正常的生产和生活秩序，促进灾区经济社会恢复和发展。

第二，受国内外经济形势发展的不确定性、南方罕见低温雨雪冰冻灾害、汶川地震及调低证券交易印花税税率等因素影响，财政能否超收尚不能确定，难以从中安排资金用于灾后恢复重建。

---

① 该法由第十届全国人民代表大会常务委员会第二十三次会议于 2006 年 8 月 27 日通过，自 2007 年 1 月 1 日起施行。

第三，建立地震灾后恢复重建基金有利于统筹安排，发挥资金使用效益。中央财政除调用中央预算稳定调节基金外，还将对今年预算支出作相应调整，通过车辆购置税、彩票公益金、中央国有资本经营预算安排部分资金用于灾后恢复重建。

（有关2008年中央预算调整的具体办法和地震灾后恢复重建基金预算编制和资金的安排，此处从略。）

2. 全国人大财政经济委员会的审查报告

全国人民代表大会财政经济委员会作关于《国务院关于提请审议2008年中央预算调整方案（草案）的议案》的审查报告，节选如下：

“全国人大财政经济委员会收到《国务院关于提请审议2008年中央预算调整方案（草案）的议案》后，在全国人大常委会预算工作委员会进行预先审查的基础上，召开财政经济委员会全体会议，听取财政部对议案所作的说明，并对议案进行了审查。现将审查结果报告如下：

“四川省汶川县发生8.0级特大地震后，为及早谋划和适时开展灾区恢复生产和灾后重建工作，切实保障灾区恢复重建资金需要，中央财政拟建立灾后恢复重建基金，专项用于四川及周边省份受灾地区恢复重建。灾后恢复重建基金收入预算2008年拟安排700亿元，其中，从中央预算稳定调节基金中调入600亿元，通过调整年初预算中车辆购置税、彩票公益金和国有资本经营预算的支出结构安排100亿元；支出预算拟按基金用途和实际使用情况编制，基金结余结转以后年度继续用于灾后恢复重建。”

财政经济委员会认为，国务院提出从中央预算稳定调节基金中调入600亿元，用于建立灾后恢复重建基金，为此调整2008年中央预算是必要的，这有利于集中财力用于支持灾区恢复重建，对尽快恢复受灾地区正常的生产和生活秩序，保持灾区社会稳定，具有重要意义。财政经济委员会建议本次全国人大常委会会议批准国务院提出的2008年中央预算调整方案（草案）。

3. 全国人大常委会关于批准预算调整方案的决议

2008年6月26日，第十一届全国人民代表大会常务委员会第三次会议通过了《全国人民代表大会常务委员会关于批准2008年中央预算调整方案的决议》，内容如下：

“第十一届全国人民代表大会常务委员会第三次会议听取了财政部部长谢旭人代表国务院对《国务院关于提请审议2008年中央预算调整方案（草案）的议案》所作的说明，审查了国务院提出的2008年中央预算调整方案，同意全国人民代表大会财政经济委员会在审查报告中提出的建议。会议决定，批准2008年中央预算调整方案。”

通过这个案例，你对预算调整制度的实施有哪些进一步的理解？

第六节 决算法律制度

决算，在形式上是对年度预算收支执行结果的报告，在实质上则是对年度预算执行结果的总结。决算是预算管理程序中的最后一个环节，其内容复杂、工作量大，属于具有监督性质的一种基础程序。

决算是国家经济活动在财政上的综合反映，从中亦可考察国家政策和法律的实效。进行决算的编制和审批，有利于发现问题、纠偏匡谬、减少损失，也有利于总结经验、扬长避短，为今后的工作提供指导、参考，还有利于加强财政监督，完善财政法治。

决算制度主要包括决算草案的编制、决算草案的审查和批准这两个方面的内容，分别简介如下。

一、决算草案的编制

《预算法》《实施条例》对决算草案的编制有较为具体的规定，可概括为以下几个方面。

（一）决算草案的编制主体和编制时间

决算草案，是指各级政府、各部门、各单位编制的未经法定程序审查和批准的预算收支和结余的年度执行结果。决算草案的编制主体是各级政府、各部门和各单位，上述编制主体应在每一预算年度终了后按照国务院规定的时间编制决算草案。

在编制时间方面，只有限定于每一预算年度终了以后，才能对预算年度内的预算执行情况进行总结；同时，编制主体必须按国务院规定的时间编制，不能无限期延长。

财政部应当在每年第四季度部署编制决算草案的原则、要求、方法和报送期限，制发中央各部门决算、地方决算以及其他有关决算的报表格式。县级以上地方政府财政部门根据财政部的部署和省、自治区、直辖市政府的要求，部署编制本级政府各部门和下级政府决算草案的原则、要求、方法和报送期限，制发本级政府各部门决算、下级政府决算以及其他有关决算的报表格式。

（二）决算草案的编制原则

依《预算法》的规定，编制决算草案的具体事项，由国务院财政部门部署，必须符合法律、行政法规，做到收支真实、数额准确、内容完整、报送及时。据此，决算草案的编制原则主要包括：（1）合法原则。决算草案的编制必须符合法律和行政法规，而不得与之相抵触，否则，相关的机关有权撤销该决算草案。（2）准确完整原则。所谓准确，即决算草案中所涉及的收支数额必须准确；所谓完整，是指决算草案的内容必须完整，应有的项目没有缺漏。（3）报送及时原则。由于决算草案的编制亦有时间的限制，同时，各主体的决算草案编制是互相衔接、紧密相连的，因此，必须及时报送，才能更好地完成整个决算草案的编制工作。

决算草案应当与预算相对应，按预算数、调整预算数、决算数分别列出。一般公共预算支出应当按其功能分类编列到项，按其经济性质分类编列到款。

各级政府财政部门、各部门、各单位在每一预算年度终了时，应当清理核实全年预算收入、支出数据和往来款项，做好决算数据对账工作。决算各项数据应当以经核实的各级政府、各部门、各单位会计数据为准，不得以估计数据替代，不得弄虚作假。各部门、各单位决算应当列示结转、结余资金。

（三）决算草案的编制程序

决算草案的编制是一个自下而上、由部分到整体的过程。决算草案的编制程序为：（1）先由各单位编制其决算草案。（2）由各部门对所属各单位的决算草案进行审核，审核后汇总编制本部门的决算草案，并将本部门的决算草案在规定期限内报本级政府财政部门审核。（3）各级政府财政部门对本级各部门决算草案进行审核后汇总编制本级决算草案，报本级政府审定后，即可报本级权力机关审批。此外，各级政府财政部门对本级各部门决算草案审核后发现有不符合法律、行政法规规定的，有权予以纠正。

（四）各级政府决算草案的形成

《预算法》规定了各级政府决算草案的编制主体，即：（1）国务院财政部门编制中央决算草案；（2）县级以上地方各级政府财政部门编制本级决算草案；（3）乡、民族乡、镇政府编制本级决算草案。通过这些主体对本级各部门决算草案的审核和汇总，才能形成各级政府的决算草案。

二、决算草案的审查和批准

决算草案的审查和批准，是对国家预算执行情况作出评价的重要环节。只有经过权力机关依法审批决算草案，政府在预算年度内的预算执行责任才能免除。因此，决算草案的审批，是整个决算制度非常重要的组成部分。

《预算法》《监督法》对决算草案的审查和批准亦有专门规定，其主要内容可以概括为以下几个方面。

（一）决算草案的初审

根据《预算法》的规定，决算草案需要先进行初步审查。

（1）国务院财政部门应当在全国人民代表大会常务委员会举行会议审查和批准中央决算草案的30日前，将上一年度中央决算草案提交全国人民代表大会财政经济委员会进行初步审查。

（2）省、自治区、直辖市政府财政部门应当在本级人民代表大会常务委员会举行会议审查和批准本级决算草案的30日前，将上一年度本级决算草案提交本级人民代表大会有关专门委员会进行初步审查。

（3）设区的市、自治州政府财政部门应当在本级人民代表大会常务委员会举行会议审查和批准本级决算草案的30日前，将上一年度本级决算草案提交本级人民代表大会有关专门委员会进行初步审查，或者送交本级人民代表大会常务委员会有关工作机构征求意见。

（4）县、自治县、不设区的市、市辖区政府财政部门应当在本级人民代表大会常务委员会举行会议审查和批准本级决算草案的30日前，将上一年度本级决算草案送交本级人民代表大会常务委员会有关工作机构征求意见。

全国人民代表大会财政经济委员会和省、自治区、直辖市、设区的市、自治州人民代表大会有关专门委员会，向本级人民代表大会常务委员会提出关于本级决算草案的审查结果报告。

（二）决算草案的审批

1. 审批主体

根据《预算法》的规定，各级政府财政部门在编制本级决算草案后，报本级政府审定，经审定后的决算草案，再由本级政府提请本级权力机关审查和批准，因此，决算草案的审批主体是各级权力机关。具体说来，有以下几种法定情形。

（1）国务院财政部门编制中央决算草案，经国务院审计部门审计后，报国务院审定，由国务院提请全国人民代表大会常务委员会审查和批准。

（2）县级以上地方各级政府财政部门编制本级决算草案，经本级政府审计部门审计后，报本级政府审定，由本级政府提请本级人民代表大会常务委员会审查和批准。

（3）乡、民族乡、镇政府编制本级决算草案，提请本级人民代表大会审查和批准。

可见，决算草案的审批主体一般为各级人大常委会，只是乡级政府决算草案的审批有特殊性：由于乡级人民代表大会不设常务委员会，故只能由乡级人民代表大会进行审批。

2. 审查内容

根据《预算法》的规定，县级以上各级人民代表大会常务委员会和乡、民族乡、镇人民代表大会对本级决算草案，重点审查下列内容：（1）预算收入情况；（2）支出政策实施情况和重点支出、重大投资项目资金的使用及绩效情况；（3）结转资金的使用情况；（4）资金结余情况；（5）本级预算调整及执行情况；（6）财政转移支付安排执行情况；（7）经批准举借债务的规模、结构、使用、偿还等情况；（8）本级预算周转金规模和使用情况；（9）本级预备费使用情况；（10）超收收入安排情况，预算稳定调节基金的规模和使用情况；（11）本级人民代表大会批准的预算决议落实情况；（12）其他与决算有关的重要情况。

县级以上各级人民代表大会常务委员会应当结合本级政府提出的上一年度预算执行和其他财政收支的审计工作报告，对本级决算草案进行审查。

3. 时间安排

在时间安排方面，《监督法》对决算草案的审批作出了进一步的规定。该法第 15 条规定，国务院应当在每年 6 月，将上一年度的中央决算草案提请全国人民代表大会常务委员会审查和批准。县级以上地方各级人民政府应当在每年 6 月至 9 月期间，将上一年度的本级决算草案提请本级人民代表大会常务委员会审查和批准。决算草案应当按照本级人民代表大会批准的预算所列科目编制，按预算数、调整数或者变更数以及实际执行数分别列出，并作出说明。

（三）决算的批复与备案

根据《预算法》的规定，各级决算经批准后，财政部门应当在 20 日内向本级各部门批复决算。各部门应当在接到本级政府财政部门批复的本部门决算后 15 日内向所属单位批复决算。

此外，地方各级政府应当将经批准的决算及下一级政府上报备案的决算汇总，报上一级政府备案。县级以上各级政府应当将下一级政府报送备案的决算汇总后，报本级人民代表大会常务委员会备案。

国务院和县级以上地方各级政府对下一级政府报送备案的决算，认为有同法律、行政法规相抵触或者有其他不适当之处，需要撤销批准该项决算的决议的，应当提请本级人民代表大会常务委员会审议决定；经审议决定撤销的，该下级人民代表大会常务委员会应当责成本级政府依照本法规定重新编制决算草案，提请本级人民代表大会常务委员会审查和批准。

第七节　预算监督制度

一、预算监督的概念

预算监督是指各级国家机关依法对全部预算活动的监督。预算监督贯穿于预算管理活动的各个环节，因而它是涉及面很广的一项重要法律制度。

上述的预算监督概念是在广义上来理解的，即它是对预算的编制、审批、执行与调整、决算等各个环节的监督，但由于决算是对预算执行的总结，它已不是预算的编审和执行，只是因其与预算年度的预算执行相联系，并具有事后总结监督的性质，才把它作为一个完整的预算活动系统中的组成部分，而在事实上它是相对独立的，因此，可以把对决算的监督独立出来，称为决算监督。

可见，上述广义的预算监督可以分为两部分，即狭义上的预算监督和决算监督：前者也称纯预算监督，它是指对预算的编制、预算的审查和批准、预算的执行与调整这几个环节的监督；而后者则是指对决算的编制、决算的审批的监督。

预算本身的特点及重要性决定了必须有相应的预算监督制度，同时预算监督制度本身也是预算法治建设的一个重要环节，没有预算监督制度，预算法制建设就存在缺失，因此，在一国的预算法中，有必要规定相应的预算监督制度。

二、《预算法》规定的预算监督制度

《预算法》专设一章规定预算监督制度，其主要内容包括如下几个方面。

（一）权力机关的监督

立法机关的监督，即各级权力机关对预算和决算的监督。《预算法》对权力机关的监督有如下规定。

1. 权力机关监督的对象

与预算权的分配直接相关，权力机关监督的对象主要有如下几个层次：（1）全国人大及其

常委会对中央和地方预算、决算进行监督。(2) 县级以上地方各级人大及其常委会对本级和下级政府预算、决算进行监督。(3) 乡、民族乡、镇人民代表大会对本级预算、决算进行监督。

在各级人大及其常委会对相关政府的监督方面，县级以上各级政府应当接受本级和上级人民代表大会及其常务委员会对预算执行情况和决算的监督，乡、民族乡、镇政府应当接受本级人民代表大会和上级人民代表大会及其常务委员会对预算执行情况和决算的监督；按照本级人民代表大会或者其常务委员会的要求，报告预算执行情况；认真研究处理本级人民代表大会代表或者其常务委员会组成人员有关改进预算管理的建议、批评和意见，并及时答复。

2. 各级权力机关的监督职权

各级权力机关的职权主要有两类，即组织调查权和询问质询权。

(1) 组织调查权。各级人大和县级以上各级人大常委会有权就预算、决算中的重大事项或者特定问题组织调查，有关的政府、部门、单位和个人应当如实反映情况和提供必要的材料。

(2) 询问质询权，即提出询问或者质询的权力。各级人大和县级以上各级人大常委会举行会议时，人大代表或者常委会组成人员，有权依照法律规定程序就预算、决算中的有关问题提出询问或者质询，受询问或者受质询的有关政府或者财政部门必须及时给予答复。

(二) 政府机关的监督

政府机关的监督，即各级行政机关对预算和决算的监督。对此，《预算法》有如下规定。

1. 行政机关在监督中的义务

国务院和县级以上地方各级政府应当在每年6月至9月期间向本级人民代表大会常务委员会报告预算执行情况。由于政府是预算执行的主体，因此其预算执行活动必须置于权力机关的监督之下。

2. 行政机关的监督职权

各级政府有权监督下级政府的预算执行。由于各级政府均为预算执行的主体，因而在预算执行方面，上级政府对下级政府有监督权，下级政府应当定期向上一级政府报告预算执行情况。

政府各部门负责监督检查所属各单位的预算执行，及时向本级政府财政部门反映本部门预算执行情况，依法纠正违反预算的行为。

各级政府应当加强对下级政府预算执行情况的监督，对下级政府在预算执行中违反《预算法》及《实施条例》和国家方针政策的行为，依法予以制止和纠正；对本级预算执行中出现的问题，及时采取处理措施。下级政府应当接受上级政府对预算执行情况的监督；根据上级政府的要求，及时提供资料，如实反映情况，不得隐瞒、虚报；严格执行上级政府作出的有关决定，并将执行结果及时上报。

(三) 各级政府专门机构的监督

各级政府专门机构，在此指各级政府的财政部门和审计部门。这两类部门对预算和决算均依法负有监督职能。

各级政府的财政部门的监督，简称财政监督。由于财政部门在整个预算活动中处于核心地位，能够对其所属预算主体的预算活动起到较大的指导作用，因而财政部门的监督便更加重要。有鉴于此，《预算法》专门规定了财政部门对预算执行的监督权，即各级政府财政部门负责监督检查本级各部门及其所属各单位预算管理有关工作；并向本级政府和上一级政府财政部门报告预算执行情况。据此，各部门及其所属各单位应当接受本级政府财政部门对预算管理有关工作的监督。财政部派出机构根据职责和财政部的授权，依法开展工作。

各级政府审计部门的监督，简称审计监督，是一种专门的监督。审计部门独立于财政部门之外，处于超然的监督地位，因而它能够更好地行使其监督权。审计部门监督与财政部门监督的范围是不同的，它不只局限于对预算执行的监督，而是对预算执行和决算均有权进行监督。

有鉴于此，《预算法》特别规定：县级以上政府审计部门依法对预算执行、决算实行审计监督。对预算执行和其他财政收支的审计工作报告应当向社会公开。此外，《审计法》为了体现宪法中有关规定的精神，也规定审计部门有权对财政预算的执行情况和决算进行审查，以对预算活动进行监督。

三、《审计法》规定的审计监督

为了加强国家的审计监督，维护国家财政经济秩序，提高财政资金使用效益，促进廉政建设，保障国民经济和社会健康发展，我国专门制定了《审计法》。该法明确规定审计监督的范围包括国务院各部门和地方各级人民政府及其各部门的财政收支，国有的金融机构和企业事业组织的财务收支，以及其他依法应接受审计的财政收支、财务收支。上述财政收支和财务收支，同预算法乃至整个财政法的调整都密切相关，对这些收支的真实、合法和效益进行审计监督，同样是我国广义的预算监督制度的重要内容。

《审计法》对审计监督主要有以下规定：

（1）国务院和县级以上地方人民政府应当每年向本级人大常委会提出审计机关对预算执行和其他财政收支的审计工作报告。审计工作报告应当重点报告对预算执行及其绩效的审计情况。必要时，人大常委会可以对审计工作报告作出决议。

（2）审计机关对本级各部门（含直属单位）和下级政府预算的执行情况和决算以及其他财政收支情况，进行审计监督。其中，审计署在国务院总理领导下，对中央预算执行情况、决算草案以及其他财政收支情况进行审计监督，向国务院总理提出审计结果报告。地方各级审计机关分别在本级行政首长和上一级审计机关的领导下，对本级预算执行情况、决算草案以及其他财政收支情况进行审计监督，向本级人民政府和上一级审计机关提出审计结果报告。

（3）审计机关的审计监督对象，在微观层面包括国家的事业组织和使用财政资金的其他事业组织的财务收支；政府投资和以政府投资为主的建设项目的预算执行情况和决算；政府部门管理的和其他单位受政府委托管理的社会保险基金、全国社会保障基金、社会捐赠资金以及其他公共资金的财务收支；等等。由于上述方面都涉及财政资金的使用，因而加强审计监督非常必要。

四、《联合国反腐败公约》有关预算监督的规定

我国参加并已经生效的《联合国反腐败公约》（以下简称《公约》）对预算监督制度亦有规定。① 例如，《公约》第9条规定，各缔约国均应当根据本国法律制度的基本原则采取适当措施，促进公共财政管理的透明度和问责制。这些措施应主要包括下列方面：（1）国家预算的通过程序；（2）按时报告收入和支出情况；（3）由会计和审计标准及有关监督构成的制度；（4）迅速而有效的风险管理和内部控制制度。

此外，《公约》还规定，各缔约国均应当根据本国法律的基本原则，采取必要的民事和行政措施，以维持与公共开支和财政收入有关的账簿、记录、财务报表或者其他文件完整无缺，并防止在这类文件上作假。

---

① 《公约》由第58届联合国大会审议通过，于2005年12月14日生效。我国第十届全国人大常委会第十八次会议表决通过了《关于批准〈联合国反腐败公约〉的决定》。同时，中华人民共和国不受《公约》第66条第2款的约束。

上述规定，体现了《公约》对预算监督的重视。同时，这些规定，也是我国广义的预算监督制度的组成部分。

五、对预算监督制度的进一步认识

以上介绍了我国《预算法》《审计法》以及《公约》中有关对预算和决算进行监督的主要规定。事实上，在预算活动中的监督是处处存在的，并且在上述各节中已有体现。此外，预算管理程序中的四个环节本身就依次存在着相互监督的关系，即后一个环节是对前两个环节的监督。例如，国家的财政收支活动必须要有预算，为此必须先要编制预算，然后执行预算，进行预算收支活动，但是从预算编制到预算执行并不是必然的过渡，而是必须加入一个预算的审批环节，这一审批环节就是对预算编制的监督，也就是上述各级权力机关的预算监督。

另外，只有经过审批的预算，才能付诸执行。而预算的执行，并非执行完毕就了事，还必须对执行情况进行总结，为此就必须编制决算，而编制决算的目的是要接受原审批预算的权力机关的核实审批，因此决算环节又是对预算执行环节的监督，这也就是上述各级权力机关对决算的监督。

可见，预算的审批是对预算编制的监督，决算是对预算执行的监督，这两种监督的最高裁定者都是各级权力机关。从权力机关与行政机关的角度说，对预算和决算的监督实质上是权力机关对行政机关的预算编制行为及反映预算执行情况的决算编制行为的审批和监督，因此，对预算和决算进行监督实质上主要是对预算编制和预算执行进行监督。

依据《预算法》对政府及其专门机构的监督权的上述规定，还应看到，各级政府及其财政部门、审计部门的监督侧重于预算执行方面，这与行政机关作为预算编制和执行主体的身份是一致的。当然，审计部门对决算也可实行审计监督，这与审计机关的特殊性也是一致的。

但是，还应注意，广义的预算监督是无所不在的，因而在预算的审批环节和决算环节同样有监督，行政机关在这两个以权力机关为主导的环节同样可以进行监督，对此必须予以重视。其实，这些问题已体现在前几节的介绍中，只是未将其作为独立的问题加以说明而已。

例如，在预算的审批方面，《预算法》规定，国务院和县级以上地方各级政府对依法报送备案的经批准的预算，认为有同法律、行政法规相抵触或者有其他不适当之处，需要撤销批准预算的决议的，应当提请本级人民代表大会常务委员会审议决定。在这一规定中，体现了政府机关的监督。

又如，在决算方面，《预算法》规定，各部门应将本部门的决算草案在规定的期限内报本级政府财政部门审核，各级政府财政部门对本级各部门决算草案审核后发现有不符合法律、行政法规规定的，有权予以纠正。此外，国务院和县级以上地方各级政府对下一级政府依法报送备案的已批准的决算，认为有同法律、行政法规相抵触或者有其他不适当之处，需要撤销批准该项决算的决议的，应当提请本级人民代表大会常务委员会审议决定。这些规定体现了政府及其财政部门在决算方面的监督。

第八节 预算法律责任

违反预算法的法律责任，简称预算法律责任，它是指预算法主体违反了预算法规定的义务所应承担的法律后果，是财政法律责任的重要类型。对此，相关立法亦有具体规定，现简介如下。

一、《预算法》对法律责任的规定

我国《预算法》专设一章规定法律责任，这是依《预算法》追究预算法律责任的主要法律依据。其内容较为简单，可概括为以下几个方面。

1. 违反预算管理程序规范的法律责任

各级政府及有关部门有下列行为之一的，责令改正，对负有直接责任的主管人员和其他直接责任人员追究行政责任：（1）未依照预算法规定，编制、报送预算草案、预算调整方案、决算草案和部门预算、决算以及批复预算、决算的；（2）违反预算法规定，进行预算调整的；（3）未依照预算法规定对有关预算事项进行公开和说明的；（4）违反规定设立政府性基金项目和其他财政收入项目的；（5）违反法律、法规规定使用预算预备费、预算周转金、预算稳定调节基金、超收收入的；（6）违反《预算法》规定开设财政专户的。

2. 违反预算收支实体规范的法律责任

各级政府及有关部门、单位有下列行为之一的，责令改正，对负有直接责任的主管人员和其他直接责任人员依法给予降级、撤职、开除的处分：（1）未将所有政府收入和支出列入预算或者虚列收入和支出的；（2）违反法律、行政法规的规定，多征、提前征收或者减征、免征、缓征应征预算收入的；（3）截留、占用、挪用或者拖欠应当上缴国库的预算收入的；（4）违反《预算法》规定，改变预算支出用途的；（5）擅自改变上级政府专项转移支付资金用途的；（6）违反《预算法》规定拨付预算支出资金，办理预算收入收纳、划分、留解、退付，或者违反《预算法》规定冻结、动用国库库款或者以其他方式支配已入国库库款的。

上述第六项涉及的违法冻结、动用国库库款或者以其他方式支配已入国库库款的行为，是指：（1）未经有关政府财政部门同意，冻结、动用国库库款；（2）预算收入征收部门和单位违反规定将所收税款和其他预算收入存入国库之外的其他账户；（3）未经有关政府财政部门或者财政部门授权的机构同意，办理资金拨付和退付；（4）将国库库款挪作他用；（5）延解、占压国库库款；（6）占压政府财政部门拨付的预算资金。

此外，《实施条例》还规定，各级政府、有关部门和单位有下列行为之一的，责令改正；对负有直接责任的主管人员和其他直接责任人员，依法给予处分：（1）突破一般债务限额或者专项债务限额举借债务；（2）违反该条例规定下达转移支付预算或者拨付转移支付资金；（3）擅自开设、变更账户。

由于许多程序违法行为与实体违法行为密切相关，难以截然分开，因此上述的两大类法律责任的划分只是大致的分类。在上述对法律责任的一般性规定之外，《预算法》还对一些突出的违反法律规定行为的法律责任作出如下具体规定：

第一，各级政府、各部门、各单位违反该法规定举借债务或者为他人债务提供担保，或者挪用重点支出资金，或者在预算之外及超预算标准建设楼堂馆所的，责令改正，对负有直接责任的主管人员和其他直接责任人员给予撤职、开除的处分。

第二，各级政府有关部门、单位及其工作人员有下列行为之一的，责令改正，追回骗取、使用的资金，有违法所得的没收违法所得，对单位给予警告或者通报批评；对负有直接责任的主管人员和其他直接责任人员依法给予处分：（1）违反法律、法规的规定，改变预算收入上缴方式的；（2）以虚报、冒领等手段骗取预算资金的；（3）违反规定扩大开支范围、提高开支标准的；（4）其他违反财政管理规定的行为。

上述各类法律责任的承担主体，包括各级政府、各级政府的有关部门、各单位以及上述主体的工作人员等，其所涉违法行为是多种多样的，现行《预算法》对其违法行为的分类不甚明晰。此外，对于上述主体的违法行为，其他法律对其处理、处罚另有规定的，依照其规定。另外，违反《预算法》规定，构成犯罪的，应当依法追究刑事责任。

二、《审计法》对法律责任的相关规定

依据《审计法》规定，对本级各部门（含直属单位）和下级政府违反预算的行为或者其他违反国家规定的财政收支行为，审计机关、人民政府或者有关主管机关、单位在法定职权范围内，依照法律、行政法规的规定，区别情况采取下列处理措施：(1) 责令限期缴纳应当上缴的款项；(2) 责令限期退还被侵占的国有资产；(3) 责令限期退还违法所得；(4) 责令按照国家统一的财务、会计制度的有关规定进行处理；(5) 其他处理措施。

此外，被审计单位的财政收支、财务收支违反国家规定，审计机关认为对直接负责的主管人员和其他直接责任人员依法应当给予处分的，应当向被审计单位提出处理建议，或者移送监察机关和有关主管机关、单位处理，有关机关、单位应当将处理结果书面告知审计机关。

另外，被审计单位的财政收支、财务收支违反法律、行政法规的规定，构成犯罪的，依法追究刑事责任。

学习拓展：

预算法在财政法中居于核心地位，它是规范政府预算行为的基本法，涉及法治国家、法治政府建设的基本问题，对于依法治国、依法行政具有特殊意义。

习近平总书记强调，要坚持依法治国、依法执政、依法行政共同推进，法治国家、法治政府、法治社会一体建设。在此过程中，预算法以及整体财政法都要发挥重要作用。历史上许多国家发生的“治乱循环”，都与政府没有解决好分配问题密切相关。因此，在现代国家，在建设现代财政制度、现代预算制度的过程中，必须运用法治思维和法治方式，解决好国家参与社会产品分配与再分配的问题，必须有效规范政府的相关权力。

此外，习近平总书记还强调，全面依法治国是一个系统工程，要整体谋划，更加注重系统性、整体性、协同性。从系统分析的角度看，财政法治建设同样是一个系统工程，需要预算法与财政法的其他子部门法之间的内部协调，也需要财政法与外部各个部门法之间的协调。这样才能实现各类法律制度的协同效应，发挥整个法律系统的整体合力。

延伸思考：

1. 为什么要加强对预算的法律控制？
2. 我国 2009 年的 4 万亿元投资计划涉及哪些预算法问题？
3. 如何加强对非税收入的法律规制？
4. 我国在预算收入的法律规制方面存在哪些问题？
5. 我国在预算支出的法律规制方面存在哪些问题？
6. 我国的预算程序制度应如何进一步完善？
7. 我国的预算责任制度应如何进一步完善？
8. 请思考应对疫情等重大突发事件可能涉及的预算法问题。

第四章　国债法律制度

国债法律制度发展较为晚近，但已日益成为财政法律制度中的重要组成部分。在现代国家广泛举债，甚至被称为“债务国家”的情况下，国债法律制度的地位已日显重要。由于我国的相关立法尚不完善，本章将着重从原理的角度进行介绍。

第一节　国债法概述

一、国债的概念

国债，是指国家为满足公共欲望和实现其职能而负有的债务，故又称国家公债或公债。它是国家信用最主要、最典型的形式，是国家筹集财政收入的重要手段。

国债作为一种国家债务，其举借需遵守一般的诚信原则，因而具有偿还性；同时，它一般还具有认购的自愿性。这些特点使它不同于税收和罚没收入等财政收入形式。

国债作为国家的债务，其举借目的是满足公共欲望和实现国家职能，因而它不同于民间的一般私人债务。国债举借的特殊目的性使它不仅成为国家筹集财政收入、弥补财政赤字的重要手段，也成为国家进行宏观调控的重要手段。

国债作为国家信用最主要、最典型的形式，它符合国家信用的一切特征。所谓国家信用，或称财政信用，是指国家作为债务人或债权人，以信用形式来筹集财政收入和使用财政支出。国家信用作为一种特殊形式的信用，与商业信用、银行信用、消费信用的不同表现在：(1) 它是以国家（政府）为债务人或债权人的借贷关系；(2) 它以政府信誉作担保；(3) 它以信用形式取得财政收入、使用财政支出，在重视宏观经济效益的同时兼顾微观经济效益。

国债同银行发行的金融债、公司发行的企业债相比，还具有以下特点：

(1) 国债的信用度高。在市场上的各类债券中，国债的信用度是最高的，因为其发行主体是国家，国家有雄厚的经济实力，国债的投资者无须担忧或怀疑国家的清偿力。况且，国家即使缺少还本付息的能力，仍可以运用其垄断的货币发行权来增发货币。因此，国家在发行内债时，一般不存在无力清偿之虞。

(2) 国债的流动性高。流动性是与变现力联系在一起的。在证券市场上，由于国债的发行量大，信用度高，人们乐于购买，因而国债兑现容易，变现力强，这是一般的公司债券和金融债券所不可比拟的。

(3) 国债的融资能力强。国债作为一种有价证券，可以用作抵押物来进行融资。当国债的持有人需要现金，又不愿将所持国债售出兑现时，便可将债券作为抵押物，以取得借款。

事实上，在国家职能日渐扩大、经费支出日益增加的情况下，仅靠税收已不足以保障国家职能的实现，因此，国家不得不以举债方式来解决财政困难。但举债的前提是社会上有足够的闲暇游资，且商品经济和信用充分发展，而这些条件则是晚近才具备的。正因如此，国家信用才比其他信用形式出现得更晚，也比税收等财政收入形式出现得更晚。

二、国债法的概念

国债法是调整在国债的发行、使用、偿还和管理过程中发生的社会关系的法律规范的总称。

由上述定义可知，国债法调整的是在国债的发行、使用、偿还和管理过程中发生的社会关系；而国债的发行、使用、偿还和管理的主体都是国家，因此，国债法的主体有一方始终是国家。这与财政法的主体有一方始终是国家的特征是一致的。一般说来，当国家（政府）因发行国债而成为债务人时，作为债权人的另一方既可以是国内的自然人或法人、非法人组织，也可以是外国政府、国际组织、外国自然人或法人、非法人组织。

国债法是财政法的重要部门法，而财政法属于经济法，因此国债法亦属于经济法体系的组成部分。事实上，由于国债的发行主体是国家，发行国债的目的是满足公共欲望，实现国家职能，从而使发行国债成为国家非强制地取得财政收入的一种手段，因此，国债的发行同一般民事主体的举债、私人经济中各类主体间的相互借贷在主体、目的等方面都是不同的。此外，发行国债是国家取得财政收入的重要手段，通过国债的发行、使用、偿还和管理可以进行宏观调控，而普通民事主体之间的债务不具有上述功能。因此，国债同普通民事主体之间的债务具有质的差别，不能将国债法中的债权债务关系等同于民法上的债权债务关系，不能认为国债法是民法的部门法。由于国债是财政收入的重要组成部分，国债法在其特征、目的、功能、基本原则等方面均与财政法一致，且其调整对象是财政法调整对象的一部分，其宏观调控功能也是财政法的宏观调控功能的具体表现，因此，国债法是财政法的重要部门法。

三、国债法的调整对象

研究国债法的调整对象是为了进一步加深对国债法概念的认识。唯有进一步研究国债法的概念和调整对象，才能更好地解决国债法的调整范围、内容、体系、地位、功能等理论问题。

依据上述国债法的概念可知，国债法的调整对象是在国债的发行、使用、偿还和管理过程中发生的社会关系，此类社会关系可简称为国债关系。依据国债活动的四个环节，国债关系可以分为四类，即国债发行关系、国债使用关系、国债偿还关系和国债管理关系。

（一）国债发行关系

国债发行关系，是因国债发行而产生的国家与相关权利主体之间的社会关系。它是国债关系中的基础性关系，是其他国债关系产生的前提。

（二）国债使用关系

国债使用关系，是在国家将取得的国债收入投入使用的过程中产生的社会关系，以及在国债的权利主体行使其国债权利的过程中产生的社会关系。上述关系既是在实现国债的功能过程中产生的社会关系，也是在国家运用国债手段进行宏观调控的过程中产生的社会关系，因而是国债法的重要调整对象。

（三）国债偿还关系

国债偿还关系，是国家在偿还国债本息的过程中与相应的国债权利主体发生的社会关系。由于国债具有较好的流动性，国债偿还关系中的主体结构与国债发行关系中的主体结构极可能不同，因此，国债发行关系与国债偿还关系是相互独立的两种关系。

（四）国债管理关系

国债管理关系，是在对国债流动进行管理的过程中发生的社会关系。它与国家对经济运行的宏观调控密切相关，是国债法的重要调整对象，由此也使国债法律关系不同于民法上一般的债权债务关系。

对国债关系除可以作上述分类外，还可根据国债的发行地、使用币种和债权人的不同，将国债关系分为国家内债关系和国家外债关系，这与国债可分为内债与外债是一致的。例如，就我国情况而言，由国家在我国境内发行的、以我国的市场主体为发行对象的人民币债券，即为国家的内债；由国家在我国境外发行的，以外国政府、国际组织、外国自然人和法人为发行对象的外国币种债券，即为国家的外债。据此划分，凡调整国家内债关系的法律即为内债法，凡调整国家外债关系的法律即为外债法。

四、国债法律关系

国债关系是在国债的发行、使用、偿还和管理过程中发生的社会关系，当其由国债法调整时，便成为国债法律关系。所谓国债法律关系，是指国债关系的主体根据国债法而形成的法律上的权利义务关系。

同其他法律关系一样，国债法律关系也由主体、客体和内容三要素构成。所谓国债法律关系的主体，就是国债法律关系的参加者；所谓国债法律关系的客体，就是国债法律关系主体的权利、义务所共同指向的对象；所谓国债法律关系的内容，就是国债法律关系主体之间的权利、义务。

国债法律关系的主体，需要在具体的国债法律关系中确定。例如，在国债发行法律关系中，国债的发行主体主要是中央国债管理机关，一般为财政部，国债的承购主体主要是各类企业和居民；而在国债管理法律关系中，国债的管理主体可能是财政部、中央银行或其他证券监管机构，而被管理的主体主要是各类国债经营机构和参与国债购销活动的其他市场主体。

国债法律关系的客体是国债资金，这些资金可以是不同的来源和不同的币种。一般说来，凡由国家通过发行债券或借款所筹集的资金，均为国债法律关系的客体，因为它们都是国债法律关系主体的权利义务所共同指向的对象。

国债法律关系的内容即主体之间的权利义务，它由国债法律、法规加以确定。只有依据这些规定进行活动，才能在国债活动中明确各主体之间的权利和义务，因此，有关国债权利义务的规定，应是各类国债法的核心内容，各类主体必须据此正确行使法定权利，严格履行法定义务。对于违反国债法规定的义务，给国家利益、社会公共利益以及法律所保护的其他各类主体的利益造成损害的主体，必须严格依法追究其相应的法律责任。唯有如此，才能更好地实现国债法的宗旨。

依据法理，一定的法律事实会引起法律关系的产生、变更和消灭。事实上，通过国债法律行为而使国债法律关系产生、变更和消灭的情况是大量存在的。例如：（1）因发行国债而在国家与市场主体之间产生国债法律关系。（2）因在市场上行使国债权利而使国债法律关系的主体、客体或权利义务的某些方面发生变化，如国债的买卖、抵押、贴现、赠与等均为在市场上行使国债权利的行为，这些行为可能会引起债券持有人的变化，此即主体的变更；也可能引起债券种类、数额的变化，此即客体的变更；还可能引起偿债期限的变化，此即权利义务的变化；等等。（3）因国债的偿还或兑现而使国家与债券持有人之间的国债法律关系消灭等。

由于法律事实包括行为和事件两个方面，因此，国债法律关系也可以因某种不以人的意志为转移的客观事件的发生而产生、变更或消灭。例如，合法继承人可因被继承人死亡这一客观事件的发生而与政府发生国债法律关系；而在债券毁损灭失、被盗或丢失等客观事件发生，同时又不符合法定救济条件的情况下，国债法律关系便自行消灭；等等。

五、国债法律制度的历史发展

国债法律制度是随经济与社会的发展而逐渐发展起来的。成熟的国债法律制度是近现代社会经济发展的结果，但以国家名义向各类经济组织或个人借债的现象，却早在古代社会就已出现，只不过当时的国债关系尚缺乏相应的国债法调整而已。当时的君主往往以缺少约束的征税权作为偿债的保证。降至封建社会末期，在国家财政入不敷出的情况下，大量发行国债已成为缓解财政危机的一条重要途径，但此时国家的举债行为尚缺少法律的制约，国债的信誉和债权人的利益均难以保障。

只是在近代社会，在资产阶级取得政权以后，才在预算制度日益完备的过程中，建立了国债法律制度，以求用法律手段来调整国家同其他国债主体的关系，限制政府在国债的发行、使用和偿还过程中的各种不正当行为，把整个国债活动纳入法治的轨道。

现代成熟的国债法律制度是在近代国债法律制度的基础上逐步发展起来的。事实上，现代国家已经越来越重视国债立法。例如，美国早在 1917 年就颁布了《自由公债法》；日本在其《财政法》《特例公债法》等相关法律中，对国债的种类等亦有专门规定；韩国在 1979 年也颁布了《政府债券法》。

我国的国债法律制度建立较晚，至今仍不是很健全，一些领域的法律调整尚付阙如。早在 20 世纪 50 年代，我国政府曾先后数次发行国债，为国家经济的恢复重建集中了大量资金，发挥了重要作用。当时的国债发行、使用、偿还和管理尚能严格依有关法规进行，从而使国债的发行较为顺利，并享有较高信誉。在 20 世纪 60 年代和 70 年代，由于诸多原因，我国停止了国债的发行，相应的国债法治建设也便停滞不前。在 20 世纪 80 年代实行改革开放以后，我国重新开始发行国债，且国债的数量、种类等不断增加，国债的运用方式也日益多样化。与此相适应，国债法律制度也逐渐建立。

虽然自 1981 年到 1992 年，我国每年都颁布一个《国库券条例》，并且，我国还制定和颁布过几个《特种国债条例》，但从总体上看，国债的立法层次还比较低，且相对滞后，已经不能适应现实发展的要求，因此，国债领域的法治建设亟待加强。

六、国债法律制度的主要内容

既然国债法的调整对象是在国债的发行、使用、偿还和管理的过程中所发生的社会关系，因而与此相适应，国债法律制度也应包括四类基本制度，即国债发行制度、国债使用制度、国债偿还制度和国债管理制度。

在上述四类国债法律制度中，一般应包括以下主要内容：(1) 国债的分类与结构；(2) 国债的发行主体、发行对象与发行方式；(3) 国债发行的种类、规模或数额、利率；(4) 国债的用途、使用原则；(5) 国债市场与国债持券人在市场上行使国债权利的规定；(6) 国债还本付息的期限、偿还方式、方法；(7) 国债管理机构及其职权、职责；(8) 违反国债法的法律责任；(9) 争议的解决途径与救济手段。

上述国债法一般应规定的主要内容，应在国债立法上有所体现，尤其应当注意国债立法的体系化，不应只是将现有的规定进行简单归并。而要实现国债立法的体系化，就要关注各类国债关系的综合法律调整。

第二节　国债功能的法律保障

在现代国家，正由于国债具有重要功能，因而才需要在立法上加以体现，进而实现相应的国债法的功能。本节主要介绍国债的功能和国债法的功能，这对于加强国债法治建设也是很重要的。

一、国债的功能

在现代市场经济条件下，发行国债是国家取得财政收入的一种重要方式，国债收入由此也便成为财政收入的一种重要形式。国债活动既是整体财政活动的一部分，又具有自己的相对独立性，从而使国家可以通过国债活动来影响社会经济生活。上述认识不仅蕴含着对国债功能的认识，同时，也说明国债的功能在根本上应与财政的基本功能相一致，对国债具体功能的认识是建立在对财政基本功能之认识的基础之上的。

一般认为，国债具有两项最基本的功能，即弥补财政赤字和进行宏观调控，至于国债的其他功能，都不过是对这两项基本功能的引申和展开。

（一）弥补财政赤字的功能

用国债弥补赤字，是发行国债的最初动因。由于财政赤字是财政收不抵支的差额，因而用国债来弥补财政赤字，实质上是把原本不属于国家支配的资金在一定时期内让渡给国家使用，它是社会资金的单方面转移。一般说来，在实行复式预算的情况下，政府的经常性预算不能列赤字，但建设性预算中若存在资金的不足，则可通过发行国债的方式来加以解决，以补充建设资金的缺口，弥补财政赤字。对此，我国的《预算法》已有相关规定，这些规定体现了国债弥补财政赤字的功能。

一般认为，弥补财政赤字，还可以通过增加税收、增发货币等途径来实现。但若增加税收，则会增加纳税人的负担，也会受到经济发展水平的局限，并可能对经济发展产生不利影响；若增发货币，则会导致社会上的货币供应量增加，从而易引起物价上涨，导致通货膨胀，不利于经济和社会的稳定。而若发行国债，则不会产生上述的较为剧烈的影响。因此，人们多认为，要弥补财政赤字，发行国债的方式比增加税收、增发货币或财政透支的方式要好，它产生的副作用较小。这尤其表现为发行国债不会改变流通中的货币总量，因而一般不会导致通货膨胀；同时，它吸纳的是社会上的闲散游资，故对经济不会产生较大的不利影响。

尽管如此，通过发行国债来弥补财政赤字亦可产生副作用：如果财政赤字过大，则过多发行国债会因还本付息的巨大压力而进一步导致财政状况的恶化；另外，社会上的闲置资金毕竟有限，若大量被发行国债所吸取，则有时会使市场主体筹资困难，从而降低社会的投资和消费水平。

此外，国债的发行和管理方式也必须适当，否则，亦会产生不良影响。例如，在发行方面，若采取由中央银行统一认购的方式，则往往会使中央银行的货币发行增加，从而引发通货膨胀；在管理方面，若国债上市的比重过大，在流通上又缺少必要的限制，则可能会刺激物价上涨。为此，必须依法加强宏观调控，在国债法中对国债的发行和管理方式作出适当的规定。唯有如此，才能更加有效地实现国债的功能。

（二）进行宏观调控的功能

国债具有经济调节的功能，运用国债可以进行宏观调控，从而使国债具有宏观调控的功能。一般认为，国债的发行体现了社会资源的重新配置，它能够使政府可支配的财力增加，而使国债的权利人的即时可支配的财力减少；同时，国债收入的投放方向不同，对社会经济结构的影响也不同，它能够调节积累与消费的比例关系，从而有助于保障总供给与总需求的平衡。此外，在国债的具体使用、偿还和管理过程中，国家均可运用国债手段进行宏观调控，从而在整个国债运动过程中，处处体现着国债的宏观调控功能。

国债作为财政信用至为重要的形式，有别于银行信用：它是具有有偿性特征的财政调控手段，它融合了财政和金融的一些特征和功能，是联系财政与金融的纽带。一般认为，国债的宏观调控功能主要表现在以下方面。

1. 调节国民收入的使用结构，促进总供给与总需求的平衡

国家通过发行国债，可以吸取闲散游资，把消费基金转化为积累基金，从而有利于增加社会总供给。由于国债发行是国债活动的基础环节，因而它可以带动国债活动的其他环节，共同对经济运行进行调控，以求实现总量的平衡。

事实上，国债的发行、使用、偿还及管理等各环节在调节社会总需求与总供给方面均有其积极作用。例如，当总需求膨胀时，发行国债可以吸取居民个人和企业的收入，减少社会购买力，从而减少总需求膨胀的压力；与此同时，国家可以把国债收入投入生产领域，以增加总供给，从而有助于解决总供给与总需求失衡的矛盾。反之，当总需求不足时，国家可以购买国债，使居民个人和企业持有的资金增加，以提高社会购买力，从而解决总需求不足的问题，这实质上是国债的偿还过程；与此同时，由于国家偿还国债本息需一定数量的资金，因而国家用于投资的财政收入减少，总供给随之下降，从而有助于实现总供给与总需求的平衡。另外，上述过程同时也都是进行国债管理的过程，因此运用国债进行宏观调控与国债管理活动是分不开的。

2. 调节投资方向，促进经济结构合理化

一般的企业投资都倾向于利润较高的项目，因为企业是以利润最大化为目标的。银行企业也偏重于把资金投向微观效益高的项目。至于符合社会公共利益，但微观效益不高的项目，则主要由国家来投资。

一般说来，在正常财政收入有限的情况下，通过发行国债的方式来筹集资金，可以增加对微观效益低，但宏观效益高的项目的投资，这对于国计民生和国家的未来发展至关重要；同时，国家用国债进行的公共投资，对于调整经济结构，尤其是产业结构的合理化，也具有重要意义。通过国债的发行和使用、管理来调节投资的方向，尤其有助于优化经济结构。

基于上述国债的宏观调控功能，国家可以制定国债法，以运用法律化的国债手段对经济运行进行宏观调控，即调控投资方向，优化经济结构，促进总需求与总供给的平衡，以实现稳定物价、充分就业、经济增长、国际收支平衡等宏观经济目标。如果说弥补财政赤字是发行国债的早期动因，那么，进行宏观调控则是现代国家发行国债的又一重要动因。

（三）国债功能与财政功能的一致性

上述国债的基本功能与财政的基本功能是一致的。例如，财政具有分配收入的功能，而国债的发行实际上是企业和居民将其可支配资金在一定期限内让渡给国家，国家因举债而获得财政收入，弥补财政赤字和建设资金的不足，并可投资于公共领域。因此，国债的发行和使用同样是对各类主体收入的一种分配，亦即国债的弥补财政赤字、增加财政收入的功能，同财政分配收入的功能是一致的。

又如，财政具有配置资源和宏观调控的功能，而国债的发行、使用、偿还和管理的过程，就是进行资源配置和宏观调控的过程，因此，国债同样具有配置资源和宏观调控的功能。在这方面其功能与财政的功能也是一致的。

另外，财政还具有保障稳定的功能，它有利于保障经济与社会的稳定。而作为财政活动的重要组成部分的国债活动，在充分实现上述两项基本功能的基础上，对于保障总供给与总需求的平衡，实现宏观经济的四大目标，均具有积极的作用，因此运用国债手段同样有助于保障经济与社会的稳定。可见，在这方面，国债的功能与财政的功能也是一致的。

二、国债法的功能

国债的功能对于现代国家的经济治理非常重要，在国债立法中，应当将其体现在国债法的规范之中，并由此形成国债法的相应功能。由于法律的基本功能是保障功能和规范功能，因此，从总体上说，国债法的功能是保障国债的各项功能的实现，规范国债活动的有序进行。

首先，保障国债的弥补财政赤字功能的实现，是国债法的一项基本功能，它通常体现在相关的具体法律规定之中。例如，《预算法》第 34 条规定，中央一般公共预算中必需的部分资金，可以通过举借国内和国外债务等方式筹措。这一规定是运用国债手段弥补财政赤字的法律依据，它为国债功能的实现提供了法律保障。

其次，保障国债的宏观调控功能的实现，是国债法的又一基本功能。这一基本功能蕴含在国债法的法律规定之中，使国债法与财政法的其他部门法一样，成为经济法中的宏观调控法的不可分割的一个组成部分。事实上，国债的发行、使用、偿还、管理，都是国债活动的具体环节，同时，它们也都是国家用以进行宏观调控的国债手段。而国债调控手段的法律化，正是国债法的主要内容和重要任务，国债法能够为国债宏观调控功能的实现提供最直接的法律保障。

国债法实现了上述功能，有助于保障宏观经济目标的实现，保障总供给与总需求的平衡，从而有助于保障经济与社会的稳定，促进经济增长和社会进步，进而有助于保障经济与社会的良性运行和协调发展。

最后，国债功能的有效实现，要以国债活动的有效进行为前提，需要国债法能够有效规范国债活动。为此，国债法必然要对国债的发行、使用、偿还和管理等各个环节作出相应规定，以规范各类国债行为，从而体现国债法的规范功能。而整个国债活动依法、有序进行的过程，也就是国债法的规定有效实施的过程，同时也是国债法各项功能有效实现的过程。

第三节　国债的分类与结构

为了更好地实现国债和国债法的功能，需要明确国债的科学分类和合理结构。为此，下面有必要介绍国债的分类与结构，这也是关涉国债法制度建设的重要问题。

一、国债的分类

一般说来，国家可以根据不同时期的不同需要，发行不同种类的国债。对国债进行科学的分类，具有重要的理论和实践价值。各国在国债的形式和种类方面有许多共同之处，这是对各类国债加以科学分类的基础。一般说来，依据不同的标准，对国债可以作以下分类。

（一）短期国债、中期国债和长期国债

依发行期限的不同，国债可以分为短期国债、中期国债和长期国债。短期国债通常是指发行期限在 1 年以内的国债。由于其发行日期和偿还日期相距较近，故也称流动国债。由于发行短期国债具有较大的灵活性，国家可以根据需要随时发行，因而它是补充财政资金不足的经常性手段。此外，短期国债也是中央银行的公开市场业务的主要对象，如前所述，它是联系财政与金融的纽带，是执行国家的财政政策和货币政策的重要工具。

中期国债是指发行期限在 1 年以上、10 年以下的国债。由于发行中期国债可使国家在较长时间内使用国债资金，因而中期国债在各国均占有重要地位。中期国债比短期国债偿还期长，因此政府能把所筹得的资金用于弥补赤字和投资。同时，由于中期国债的偿还期限相对说来并非太长，债权人所承受的因货币贬值而带来的投资风险不是很大，因而它易为债权人接受和购买。

长期国债是指发行期限在10年以上的国债。发行长期国债，虽然可使国家更长时间地使用国债资金，但由于发行期限过长，持券人面临的货币贬值风险较大，使人们对其不太乐意接受，因而长期国债往往不易销售。

此外，还有一类无期国债或称永久国债，它是指发行国债时不标明偿还期限，债券持有人可以按期领取利息，但无权要求清偿本金的国债。对于无期国债，政府有权根据财政的状况随时收回债券，并且在收回债券时，不一定按债券面值还本，而是按市场利率的变动来决定国债价格。无期国债从一定意义上说已不属信用形式，只有少数国家曾为筹措备战费而发行过。对于无期国债，有人认为它应属于长期国债，也有人认为它是不同于长期国债的一种独立的国债形式。

上述关于国债期限和种类的划分，是一种通常的说法，它可以较好地反映国债期限对使用目的的影响，但上述划分并非绝对，在理论上和实践中，也有其他的分类方法，因其影响不大，故此处不赘述。

（二）国内债务和国外债务

依发行地域的不同，国债可以分为国内债务和国外债务，简称为内债和外债，亦可称为国家内债和国家外债。凡一国在本国境内发行的国债即为内债；凡一国在其本国境外发行的国债即为外债。

国家内债的债权人一般是本国的市场主体，其发行收入和还本付息均以本国货币交付。内债的发行会引起本国资源的重新配置，一般不会影响国际收支。但若内债发行过多，则会造成市场资金短缺，引起利率上升，因此内债的发行规模也必须适度。

国家外债的债权人一般为外国政府、国际组织或外国的市场主体，其发行收入和还本付息须以外币支付。外债的发行是利用了外国资源，对加快本国的经济发展是有利的。但外债发行过多，易造成经济的暂时过热，引发通货膨胀；同时，还本付息的巨大压力也会导致债务国国际收支的失衡，酿成经济和政治问题。

此外，在证券市场日益发达的情况下，在债券可自由流通的前提下，内债和外债在一定范围内可以互相转化。为了解决严重的经济困难，国家可以内债、外债并举，但必须注意保持适度的发行规模。

（三）普通国债和有奖国债

依国债本息的偿付方式的不同，国债可以分为普通国债和有奖国债两类。所谓普通国债，就是在国债期满时，除偿还本金外还要按规定利率支付一定利息的国债。这是国债的通常形态，各国发行的国债多属此类。普通国债的利息支付方式有两种，一种是将利息和本金分开，定期支付利息，待国债期满时再偿还本金；另一种是本金和利息不分开，在国债期满偿还本金时一并支付利息。

有奖国债是在国债期满偿还本金时通过一定的方式给予奖励的国债。它分为有奖无息国债和有奖有息国债两类。有奖无息国债在期满时，采用抽签方式，中签者可以得到一定数额的奖金，而未中签者仅能收回本金。有奖有息国债在期满时，除抽签的中签者可得到奖金外，未中签者亦可得到低利率的利息。有奖国债是采用有奖方式来推销国债，它利用了人们的投机侥幸心理。在国债发展的成熟阶段，一般不发行有奖国债。

（四）强制国债和任意国债

依推销方式的不同，国债可以分为强制国债和任意国债。强制国债是指国家规定凡符合条件的团体或个人都必须购买的国债。随着市场经济和社会信用的发展，国债已成为人们自愿投资的对象，因此强制国债在各国都已停止发行。

任意国债，又称自由国债，是指在发行时不附带任何条件，企业和居民可自由购买的国债。任意国债是当代各国发行国债时普遍采用的形式，由于它体现了当事人的意思自治原则，因而易于为购买者所接受。但是，若发行条件确定不当，也可能影响政府发行计划的完成。因此，在发行任意国债时，应研究宏观经济条件和购买者的主观心理，确定适当的国债利率、偿还期限和偿还办法等，以保证国债发行的顺利进行。

（五）上市国债和非上市国债

以能否上市为标准，国债可分为上市国债和非上市国债。上市国债是依法在证券市场上可自由买卖的国债。投资者在证券交易所可自由买卖上市国债，该国债的价格取决于市场供求。非上市国债是依法在证券市场上不能自由买卖的国债。该国债一般期限较长、利率较高，因其不能在证券市场上自由买卖，故只能由政府以现金偿还或转变为其他国债。

（六）无记名国债、凭证式国债和记账式国债

依载体和发行方式的不同，国债可以分为无记名国债、凭证式国债和记账式国债（后两类为记名国债）。这也是我国近年来发行较多的三种形式的国债。

无记名国债，是一种票面上不记载债权人姓名或单位名称，只是以实物券形式记录债权，券面具有标准格式的国债。其特点是不记名、不挂失，可以上市流通。我国在 20 世纪 50 年代发行的国债，以及从 1981 年起发行的国债，主要是无记名的国库券，都属于无记名国债。

凭证式国债，是指国家采取不印刷实物券，而用填制“国库券收款凭证”的方式发行的国债。此类国债可记名、可挂失，不能上市流通。凭证式国债具有类似储蓄、又优于储蓄的特点，通常被称为“储蓄式国债”。我国从 1994 年开始发行凭证式国债，2017 年改称储蓄国债（凭证式）。

记账式国债，是指在电脑账户中记录债权，没有实物形态，通过证券交易所系统发行和交易的国债。其特点是可记名、可挂失、无纸化、成本低。我国近年来已通过沪、深证券交易所的交易系统进行过记账式国债的发行和交易。

除了上述的分类以外，也有学者依举债形式的不同，将国债分为国家借款和发行债券。一般说来，国家在举借外债和向本国中央银行借款时，主要采取国家借款的形式；而对市场主体借债则主要采取发行债券的形式。

另外，也有学者按使用途径的不同，将国债分为赤字国债、建设国债、特种国债。其中，赤字国债是用于弥补财政赤字的国债；建设国债是用于国家经济建设的国债；特种国债是在特定范围内为满足特定需要而发行的国债。

上述国债的各种分类，体现了国债的不同形式，它们均与国债的宏观调控功能相关。宏观调控要求有多样化的、适当的国债形式，这些都需要由国债法加以规定，并且，有关国债形式的规定正是国债法的重要内容，因为它关系到各类国债法主体的权利义务及法律责任。

二、国债的结构

国债的结构与国债的分类联系非常密切，它是在一定的国债分类的基础上形成的。所谓国债的结构，是指国家各种类型的国债的相互搭配以及各类国债收入来源的有机组合。它涉及各类国债在国债体系中的地位、相互关系等问题，其中最为重要的是关于长、中、短期国债的搭配以及国债持有者结构的选择，因为它们直接影响发行国债进行宏观调控，关系到国债法的宗旨和任务的实现。

一般认为，在国债的结构方面主要存在以下问题：

第一，国家举债使国家同债权人在利益上存在着相反的意向。一方面，国家在国债发行上

更倾向于长期化的国债期限结构，因为发行长期国债，或者长期国债比重较大，可以使政府在较长时间内掌握大量资金，以便不断地调整经济结构，调控经济运行；而发行中短期债券则主要起弥补赤字的作用，它在资金投向上易受到期限限制，不便于国家进行宏观调控。另一方面，由于中短期国债的流动性和变现能力强，投资风险小，交易灵活，因而国债的债权人更愿意认购中短期国债，而不愿意持有不具有上述优点的长期国债。可见，在国债结构的选择方面，必须协调各方愿望的冲突，兼顾需要与可能，根据实际情况，确定各类不同期限的国债的比重及发行规模。

第二，发行长期国债还要受到经济的景气变动或称经济波动的影响，只有在经济形势较好的情况下，才可能发行长期国债，因此，世界各国的国债的结构普遍趋向于中短期化。这种选择考虑到了上述投资者的愿望，有利于提高投资者的认购热情，增强国债筹资能力，也有利于减缓通货膨胀的冲击。它更能适应现代市场经济发展的要求，体现各国在国债结构方面的共识。

总之，国债的结构像税制结构一样，都是非常重要的。一国的税法应确立合理的税制结构，同样，一国的国债法也应确立合理的国债的结构。唯有如此，才能更好地发挥国债和国债法的功能。

［资料］ **我国财政部发行的国债类型**

目前，我国财政部发行的国债主要有两大品种，即储蓄式国债（或称储蓄国债）和记账式国债。其中，储蓄式国债包括1994年开始发行的凭证式国债，以及1996年开始发行的储蓄国债（电子式）；而记账式国债则包括记账式附息国债和记账式贴现国债两类。

1. 储蓄式国债与记账式国债的区别

储蓄式国债和记账式国债均为财政部发行并还本付息的人民币国债，两者的主要不同之处是：

（1）发行对象不同。储蓄式国债面向个人投资者发行；记账式国债面向全社会发行，个人投资者可以通过记账式柜台交易试点商业银行和证券交易所市场购买部分期次记账式国债。

（2）利率确定方式不同。当前，储蓄式国债利率由财政部和中国人民银行比照储蓄式存款基准利率，结合金融市场情况确定；记账式国债利率通过记账式国债承销团成员招投标确定。近年来，同期限记账式国债利率一般低于储蓄国债利率。

（3）流通属性不同。储蓄式国债不可以上市流通，记账式国债可以上市流通。

（4）变现方式不同。储蓄式国债可以按照有关规定，通过提前兑取、质押贷款等方式变现；记账式国债可通过上市交易、回购等方式变现，交易价格随市场变化而波动。

（5）到期前终止投资的收益预知程度不同。储蓄式国债投资者可通过提前兑取方式提前终止投资。储蓄式国债提前兑取条件在发行时就已明确规定，因此投资者提前兑取所能获得的收益是可以预知的，不承担因市场利率变动带来的价格风险。记账式国债投资者可通过二级市场卖出的方式提前终止投资，但二级市场的交易价格跟随金融市场的变化而波动，有可能高于或低于发行面值。因此，购买记账式国债于到期前卖出，收益是不能预知的，投资者要承担市场利率变动带来的价格风险。

2. 电子式储蓄国债与凭证式国债的区别

储蓄国债（电子式）和凭证式国债均为储蓄式国债，实行实名制，相同期限品种的发行利率基本相当。两者的主要不同之处是：

（1）认购手续不同。投资者购买储蓄国债（电子式），需开立个人国债账户并指定对应的资金账户后，使用资金账户中的存款购买。投资者购买凭证式国债或称储蓄国债（凭证式），不需开立个人国债账户，可使用现金或银行存款直接购买。

（2）购买情况记录方式不同。储蓄国债（电子式）以电子记账方式记录投资者购买情况。凭证式国债以开立“中华人民共和国凭证式国债收款凭证”方式记录投资者购买情况。

（3）投资者起息日不同。储蓄国债（电子式）从发行公告中规定的发行期开始日起息，即无论投资者在发行期中的哪一天购买，起息日统一为发行期开始日。凭证式国债从投资者购买当日开始起息。

（4）付息周期和方式不同。储蓄国债（电子式）按年付息。财政部通过储蓄国债承销团成员，于付息日营业时间开始前向投资者资金清算账户足额支付当期利息。凭证式国债到期后一次性还本付息，利息在投资者办理兑付时支付；投资者于到期日后兑付凭证式国债的，利息计算至到期日前一日止，逾期不加计利息。

（5）到期兑付方式不同。储蓄国债（电子式）到期时，财政部通过储蓄国债承销团成员于还本日营业时间开始前将本金和最后一次利息转入投资者资金账户。凭证式国债到期后，投资者需前往储蓄国债承销团成员网点办理兑付。

第四节　国债管理原则与内容

国债的发行、使用、偿还，都与国债管理直接相关。其中，国债的发行是国债售出或国债被市场主体认购的过程，直接影响国债的规模、结构和利率，是国债管理的重点领域；而国债的使用和偿还，则涉及国债资金的安全、效率，涉及相关主体的权益和金融市场乃至宏观经济的良性运行，也都是国债管理的重点。因此，从法律的角度看，加强国债管理非常重要。

国债管理是指一国政府通过国债的发行、使用、偿还等活动，对国债的总额增减、结构变化、利率升降等方面制定适当方针，采取有效措施，以达到筹措财政资金与稳定经济的目的。

一、国债管理的原则

国债管理贯穿于国债活动的全过程，这使国债管理实际上无所不在。一般说来，国债管理应遵循以下原则。

1. 促进经济的稳定增长

进行国债管理，其目的无疑是更好地实施国家的财政政策，有效进行宏观调控，而运用财政政策进行宏观调控的一个重要的、根本的目标，则是促进经济的稳定增长，因此，国债管理也必须为实现这一根本目标服务。

2. 兼顾投资者的利益与需要

在任何自愿的交易中，双方均应互惠互利，否则交易就难以进行。在国债活动中，既然政府不采取强制交易的手段，那么政府就必须在国债活动中兼顾投资者的利益与需要。为此，在国债类型的选择和利率、期限的确定等方面，亦应兼顾投资者的利益和需要，以求做到互利互惠。

3. 力争利息成本最小化

在同国家的财政政策、货币政策等经济政策相一致的前提下，应力争使国债的利息总额尽可能低，因为用以支付国债利息的资金一般是源于税收，使国债利息成本最小化同降低税收负担的效果是一致的。正因如此，在国债管理方面，只要不与其他经济政策目标相矛盾，就应遵循力争利息成本最小化的原则。

4. 减少国债的流动性

国债的流动性是指国债兑现的方便程度，即国债持有者将国债转变为现金的难易和迅捷程度。一般说来，短期国债的流动性大、变现力强，而长期国债的流动性小、变现力弱。为了使政府能长期使用国债资金，以更好地实现财政政策和宏观调控的目标，应当尽可能地减少国债的流动性，避免大量国债集中于短期市场。

二、国债管理的主要内容

1. 国债规模管理

对国债规模的管理，主要体现为对国债总额的调控。所谓国债总额，是指当年新债数额与历年积累额的总和，即截至某日现存的、尚未清偿的债务总额。

一般说来，国债的当年发行取决于政府的需要，即取决于政府预算收支的差额，它主要用于公益事业的建设和弥补财政赤字。但年度发行规模的大小，会直接影响国债总额，因此需要进行系统调控。

国债总额的调控是国债管理的重要内容，它是指国家的国债管理部门为实现一定的经济和社会目标而对国债总额进行的调节和控制。通常，政府通过其财政部或中央银行在市场上买卖国债，就能够实现对国债总额的调节。在国债总额的控制方面，有的国家还规定了国债上限，财政部不得逾越，以此来控制国债的总额。

近些年来，随着人们对债务负担、财政危机等问题的关注度的提高，国债规模管理问题也越来越受到重视。通常，衡量国债规模的相对指标主要是国债的依存度（国债发行额与国家财政支出之比）、国债的负担率（国债余额与 GDP 之比）、国债的偿债率（国债还本付息额与国家财政收入之比）等。对于这些基本指标，是否要在立法中规定一个基本的幅度，以确定一个大致的警戒线，已经引起了人们的关注。

基于我国的赤字总量较大，中央债和地方债的规模不断扩大的现实，《预算法》及《实施条例》对政府举债的规模、结构等也作出了相应的规定，其主要内容如下。

（1）中央一般公共预算中必需的部分资金，可以通过举借国内和国外债务等方式筹措，但举借债务应当控制适当的规模，保持合理的结构。

对上述举借的债务实行余额管理，余额的规模不得超过全国人大批准的限额。所谓余额管理，是指国务院在全国人民代表大会批准的中央一般公共预算债务的余额限额内，决定发债规模、品种、期限和时点的管理方式；所谓余额，是指中央一般公共预算中举借债务未偿还的本金。

（2）经国务院批准的省级预算中必需的建设投资的部分资金，可以在国务院确定的限额内，通过发行地方政府债券举借债务的方式筹措。举借债务的规模，由国务院报全国人大或者全国人大常委会批准。所谓举借债务的规模，是指各地方政府债务余额限额的总和，包括一般债务限额和专项债务限额。上述的一般债务是指列入一般公共预算用于公益性事业发展的一般债券、地方政府负有偿还责任的外国政府和国际经济组织贷款转贷债务，上述的专项债务是指列入政府性基金预算用于有收益的公益性事业发展的专项债券。

省、自治区、直辖市依照国务院下达的限额举借的债务，列入本级预算调整方案，报本级人大常委会批准。举借的债务应当有偿还计划和稳定的偿还资金来源，只能用于公益性资本支出，不得用于经常性支出。除上述情况外，地方政府及其所属部门不得以何方式举借债务。

（3）国务院建立地方政府债务风险评估和预警机制、应急处置机制以及责任追究制度，由国务院财政部门对地方政府债务实施监督。除法律另有规定外，地方政府及其所属部门不得为任何单位和个人的债务以任何方式提供担保。财政部和省、自治区、直辖市政府财政部门应当建立健全地方政府债务风险评估指标体系，组织评估地方政府债务风险状况，对债务高风险地区提出预警，并监督化解债务风险。

（4）为了防范债务风险，全国人大和地方各级人大对预算草案及其报告、预算执行情况的报告需要重点审查的内容是：预算安排举借的债务是否合法、合理，是否有偿还计划和稳定的偿还资金来源。

此外，县级以上各级人大常委会和乡级人大对本级决算草案需要重点审查的内容是：经批准举借债务的规模、结构、使用、偿还等情况。

（5）各级政府、各部门、各单位违反该法规定举借债务或者为他人债务提供担保的，责令改正，对负有直接责任的主管人员和其他直接责任人员给予撤职、开除的处分。

2. 国债结构管理

国债结构包括国债的类型结构、所有权结构和期限结构三个方面，国家可以在经济周期的不同阶段采取不同的措施，以通过改变国债的结构来达到稳定经济的目的。

国债可分为多种类型，不同类型的国债必然有不同的所有者和不同的期限，从而形成国债的所有权结构和期限结构。通常，在国债管理方面，通过改变国债的类型结构和期限结构，都能够影响所有权结构的改变，而所有权结构的变化，则会直接关系到社会经济的运行和稳定。在国债结构管理方面，期限结构、所有权结构（或称所有者结构）都是很重要的，它们直接影响着国债的类型结构（或称品种结构）。而对类型结构有着重要影响的，还有国债的利率结构，因而还涉及国债利率管理。

3. 国债利率管理

国债的利率管理，主要涉及对国债利息率的调控，本来也属于广义的国债结构管理的内容，只是因其较为重要，才予以单列。国债利率是调控经济运行的重要杠杆，故对于国债利率的确定，主要有两种观点：一种观点认为国债的利率不应太高，因为如果国债利率较高，不仅会增加国家付息的压力，也会使人们把用于投资的资本用于购买国债，从而出现国家和私人的借债竞争现象，导致市场利率上升，不利于生产投资，不利于经济发展和充分就业的实现。另一种观点认为，国债的高利率对经济的发展是有利的，因为它能够给资本的拥有者带来较高的利息收入。但人们一般认为，上述第一种观点是较为可取的，即国债的利率不应定得太高。

以上是国债管理的主要内容，这些内容同样是整个国债法不可分割的重要组成部分，加强这些方面的制度建设尤其具有现实意义。

[案例]　　特别国债发行中的法律问题

为应对新冠肺炎疫情，我国于2020年发行抗疫特别国债1万亿元，主要用于地方公共卫生等基础设施建设和抗疫相关支出。此前，我国也曾发行特别国债，以体现其宏观调控功能，其中以2007年的案例有典型性。

第一部分

2007年6月27日在第十届全国人民代表大会常务委员会第二十八次会议上，财政部部长受国务院委托，作《关于提请审议财政部发行特别国债购买外汇及调整2007年末国债余额限额议案的说明》，概要介绍如下。

1. 财政发行特别国债购买外汇的必要性

（1）有利于抑制货币流动性，缓解人民银行对冲压力。近年来，外汇资金大量流入，流动性偏多问题仍然突出，带来了一定的通货膨胀压力。财政发行特别国债购买外汇，可从货币市场回笼货币，同时，为中国人民银行提供有效的货币政策操作工具。

（2）有利于促进财政政策和货币政策的协调配合，改善宏观调控。当流动性偏多时，人民银行可卖出国债回笼货币，否则，中国人民银行则可买入国债投放货币，这为财政政策和货币政策更好地进行协调配合创造了条件。

(3) 有利于降低外汇储备规模，提高外汇经营收益水平。

(4) 有利于支持国内企业“走出去”，提升国家经济竞争力。

2. 发行特别国债购买外汇的具体做法

(1) 国债类型。与发行普通国债筹集资金的用途不同，财政发债购买的外汇以提高收益为主要目标。按照全国人大常委会批准的《国务院关于实行国债余额管理的报告》(国函［2005］93号) 的有关规定，财政为购买外汇发行的国债属于特别国债。

(2) 国债规模。建议将特别国债的发行规模确定为15 500亿元人民币，购买约2 000亿美元外汇。

(3) 国债品种。拟发行的国债为可流通记账式国债，以便具有较好的流通性、变现性。

(4) 国债期限结构和利率。目前我国发行的国债以3至7年中长期国债为主，10年期以上长期国债较少，拟发行的特别国债期限为10年期以上。同时，票面利率根据市场情况决定。

3. 发行特别国债的预算编列问题

发行的特别国债纳入国债余额管理，需要相应调整2007年年末国债余额限额，限额由2007年年初预算的37 865.53亿元人民币，增加到53 365.53亿元人民币。根据《中华人民共和国预算法》《中华人民共和国各级人民代表大会常务委员会监督法》，以及国债余额管理的相关规定，国务院提出财政部发行特别国债购买外汇及调整2007年年末国债余额限额的议案。

第二部分：全国人大财政经济委员会的审查报告

全国人大财政经济委员会对于国务院提出的议案，向全国人大常委会作审查报告，节选如下。

全国人大财政经济委员会收到《国务院关于提请审议财政部发行特别国债购买外汇及调整2007年末国债余额限额的议案》后，会同全国人大常委会预算工作委员会听取了财政部的汇报，召开全体会议对议案进行了审查。现将审查结果报告如下。

近年来，我国外汇资金大量增加，带来了一定的通货膨胀压力。为改善宏观调控，增加货币政策操作工具，适度降低外汇储备规模，国务院提出拟由财政部发行15 500亿元的特别国债，用于购买约2 000亿美元的外汇，作为即将成立的国家外汇投资公司的资本金。本次发行的特别国债全部纳入国债余额管理，相应追加2007年末国债余额限额。

财政经济委员会认为，国务院提出发行特别国债购买外汇，用于向国家外汇投资公司注资，是必要的。建议全国人大常委会批准发行15 500亿元特别国债购买外汇，批准2007年末国债余额限额调整为53 365.53亿元。

第三部分：全国人大的批准决议

2007年6月29日，第十届全国人民代表大会常务委员会第二十八次会议通过了《全国人民代表大会常务委员会关于批准财政部发行特别国债购买外汇及调整2007年末国债余额限额的决议》，内容如下。

第十届全国人民代表大会常务委员会第二十八次会议，听取了财政部部长金人庆代表国务院对《国务院关于提请审议财政部发行特别国债购买外汇及调整2007年末国债余额限额的议案》作的说明，并对议案进行了审议。会议同意国务院提出的议案，同意全国人民代表大会财政经济委员会在议案审查报告中提出的建议。会议决定：批准发行15 500亿元特别国债购买外汇，批准2007年末国债余额限额调整为53 365.53亿元。

通过这个案例，你对国债发行的审批程序、对全国人大常委会的重要地位是否有了进一步的认识？对国债的宏观调控功能，以及国债管理方面的法律问题，是否有了进一步的理解？此外，通过这个案例中，你是否还能发现国债法与预算法，以及国债法与金融法之间的密切关系？等等。

延伸思考：

1. 加强国债立法有何现实意义？
2. 国债法与预算法有哪些关联？
3. 从欧债危机、美债风波中可以吸取哪些经验或教训？
4. 我国应如何更好地发挥国债的功能？
5. 我国的国债立法存在哪些不足？
6. 我国国债立法的重点有哪些？
7. 如何理解我国的地方债务问题？

第五章　政府采购法律制度

从本章开始，将着重从财政支出的角度来介绍相关的财政法律制度，其中最重要的是政府采购制度和转移支付制度。考虑到政府采购制度在立法上相对完善，且在实践中广受重视，本章先介绍政府采购制度。

第一节　政府采购法律制度概述

依据不同的标准，对财政支出可以作不同的分类，其中，依财政支出在经济上是否能直接获得等价补偿这一标准，可将财政支出分为购买支出和转移支出两大类。这是对财政支出的一个基本的、重要的分类。

在上述两类财政支出中，购买支出又称消耗支出或有偿支出，它是指政府以购买者的身份在商品或劳务市场上购进商品或劳务时所发生的支出，它以所获得的等价的商品或劳务作为直接的补偿。一般说来，发生购买支出的主要途径就是政府采购。

一、政府采购的概念及制度价值

所谓政府采购，也称公共采购，是指政府为了实现公共目的，按照法定的方式和程序，以购买者身份购进货物、工程和服务的行为。

政府采购是政府财政支出的非常重要的形式，因而各国都非常注意加强制度建设，通过规范政府采购行为，来规范相关的财政支出行为。政府采购制度在西方国家久已确立，随着经济全球化的发展，在国际经济领域亦有重要影响。政府采购不仅涉及公共经济，也涉及私人经济，不仅涉及国内经济，也涉及世界经济，因此，政府采购制度涉及多种法律规范，其中也涉及大量的财政法规范。

事实上，各国之所以纷纷建立政府采购制度，并从各个部门法的角度对其展开研究，是因为在市场经济条件下，政府是最大的消费者，其采购支出的数额十分巨大，并由此会给多个领域带来重要影响。一般说来，政府采购制度至少有以下如下价值：(1) 它有助于强化对财政支出的管理，提高财政资金的透明度和使用效率。(2) 它同相关的经济政策和社会政策相配合，有助于调节宏观经济的运行，影响经济结构的调整和经济总量的平衡；有助于通过存货吞吐来弥补市场缺陷，促进充分就业和环境保护，维护企业和消费者的合法权益，保护民族经济，提高国际竞争力。(3) 它有助于加强财政监督，促进反腐倡廉。政府采购制度的上述重要价值，使各国都越来越关注对政府采购的制度建设和法学研究。

二、政府采购法的概念

政府采购法，简单地说，就是调整在政府采购过程中发生的社会关系的法律规范的总称。

上述在政府采购过程中发生的社会关系，可以简称为政府采购关系。作为政府采购法的调整对象，政府采购关系相对较为复杂。从财政法的角度来看，它至少包括以下几类关系：

（1）政府采购体制关系，涉及政府采购由哪些国家机关去管理，相关国家机关如何分权、如何制衡等问题。

（2）政府采购支出关系，涉及政府采购这种重要的财政支出由谁支付、依据什么支付、支付多少等问题。

（3）政府采购管理关系，涉及对相关的财政支出主体、采购受益主体以及其他相关主体的管理等问题。

上述三类政府采购关系及其所涉及的问题，同整个财政法的调整对象所包括的三大类关系及其所涉及的问题，在根本性质、类别、特征等方面具有一致性。从上述的政府采购的制度价值来看，政府采购法的出发点和归宿，毕竟是有效规范财政支出行为，提高财政支出效率，这同财政法保障分配的功能是一致的；同时，由于在规范政府采购行为的过程中，还涉及宏观调控和市场失灵问题的解决，以及国家利益和社会公共利益的保护、财政监督等，因而政府采购法，同财政法的宗旨和功能等，也都是一致的。从这个意义上说，尽管在具体的政府采购法中涉及其他部门法规范，但财政法规范具有重要地位。

从当代法律的发展来看，为了有效解决问题，需要多类法律规范进行综合调整，因此，在具体的立法中，可能会有多种法律规范杂陈其间，但这并不影响对法律规范进行整体的提炼和归类。从政府采购法的名称上看，既然涉及“政府”，既然政府作为一方主体，那么，政府采购法的公法性质就会存在；同时，由于涉及“采购”，就必然会涉及一些平等主体之间的关系的调整，而这恰恰是公法调整目标的实现途径，恰恰是现代法律“复合调整”的体现。唯有如此，才能更好地解决现代社会的复杂问题。

三、政府采购法在国际层面的发展

对于政府采购法，不仅可以从财政法或其他国内法的角度进行研究，还可以从国际法的角度进行研究，因为它对国际层面的经济、政治、法律等方面，同样具有重要影响。

从国际层面来看，政府采购制度在各国实行越来越普遍，并且已成为国际经济协调的重要内容。1979 年，在关税与贸易总协定（GATT）的“东京回合”谈判中，就缔结了国际上最早的《政府采购协议》，并已经把 GATT 的最惠国待遇原则、国民待遇原则等基本原则引入了政府采购领域。此后，一些国家和国际经济组织相继建立了相应的政府采购制度或订立协议，强调推进政府采购领域的市场准入，建立公平的、非歧视的政府采购制度。联合国国际贸易法委员会还在 1994 年第 27 届年会上通过了《关于货物、工程及服务采购的示范法》。

在区域经济一体化的过程中，政府采购制度早已受到重视。例如，欧共体早在 1966 年就在欧共体条约中对政府采购作出了专门规定。后来欧盟又相继颁布了关于公共采购各领域的“指令”，包括 1992 年的《关于协调授予公共服务合同的程序的指令》、1993 年的《关于协调授予公共供应品合同的程序指令》以及《公用事业指令》，等等。

此外，政府采购同反腐败也密切相关，因此，我国参加并已经生效的《联合国反腐败公约》第 9 条规定，各缔约国均应当根据本国法律制度的基本原则采取必要步骤，建立对预防腐败特别有效的以透明度、竞争和按客观标准决定为基础的适当的采购制度。这类制度可以在适用时考虑到适当的最低限值，所涉及的方面应当包括：（1）公开分发关于采购程序及合同的资料，包括招标的资料及与招标相关的资料，使潜在投标人有充分时间准备和提交标书；（2）事先确定参加的条件，包括甄选和授标标准以及投标规则，并予以公布；（3）采用客观和事先确定的标准作出公共采购决定，以便于随后核查各项规则或者程序是否得到正确适用；（4）建立有效的国内复审制度，包括有效的申诉制度，以确保在依照本款制定的规则未得到遵守时可以诉诸法律和进行法律救济；(5) 酌情采取措施，规范采购的负责人员的相关事项，例如特定公共采购中的利益关系申明、筛选程序和培训要求。

上述公约的规定无疑有助于相关国家完善政府采购制度。从总体上看，经济全球化的迅速发展，以及各国政府采购市场的相互开放，都要求尽快建立和完善政府采购制度。

四、政府采购法的基本内容

由于诸多原因，各个国家或国际组织的政府采购立法必然会有诸多差别。但从共通性来看，政府采购法至少应涉及以下内容。

1. 政府采购模式的选择

政府采购模式可分为由主管机构或其授权机构统一采购的“集中采购模式”，以及由使用单位自行采购的“分散采购模式”或称“自行采购模式”。选择哪种模式，关系到政府采购法中各类主体的权利、采购管理体制，也关系到政府采购法的实效。

2. 政府采购法的主体

政府采购法的主体一般包括采购主管机构、采购受益机构、采购中介机构、供应商或者承包商等。其中，采购主管机构通常是财政机关；采购受益机构是需要所购对象的国家机关、事业单位、社会团体等；采购中介机构是招标代理机构、采购代理机构等。我国法律规定的政府采购当事人包括采购人、供应商和采购代理机构。

3. 政府采购的资金

政府采购的资金一般是财政性资金，包括财政拨款等；而政府采购的对象一般包括三大类，即货物、工程和服务。政府采购的方式包括招标和谈判等。

上述对政府采购法应包含的基本内容的看法，对于我国的立法也是有借鉴意义的。下面就着重介绍《中华人民共和国政府采购法》的基本内容。

第二节　我国的政府采购制度

随着市场经济的发展和财政体制改革的深化，我国对政府采购立法日益重视。在 20 世纪 90 年代，一些地方政府“先行先试”，制定了一系列政府采购方面的地方性法规，财政部也制定了《政府采购管理暂行办法》，这些分散的、立法级次相对较低的立法活动，对于推动国家的政府采购立法起到了积极的作用。在“入世”的大背景之下，在有关方面的积极推动之下，全国人大常委会于 2002 年 6 月 29 日通过了《中华人民共和国政府采购法》(2014 年 8 月 31 日修改，以下简称《政府采购法》)，该法自 2003 年 1 月 1 日起施行。此后，财政部又发布了《政府采购信息公告管理办法》(自 2004 年 9 月 11 日起施行)、《中央单位政府采购管理实施办法》(自 2004 年 9 月 1 日起施行)、《政府采购非招标采购方式管理办法》(自 2014 年 2 月 1 日起施行) 等配套规章。2014 年 12 月 31 日，国务院通过了《中华人民共和国政府采购法实施条例》，自 2015 年 3 月 1 日起实施。上述各个层次的立法，共同构成了我国的政府采购法律制度。下面将着重结合《政府采购法》的相关内容，从财政法的角度，对我国的政府采购制度予以介绍。

一、政府采购法的立法宗旨

根据《政府采购法》的规定，其立法宗旨包括五个方面：(1) 规范政府采购行为；(2) 提高政府采购资金的使用效益；(3) 维护国家利益和社会公共利益；(4) 保护政府采购当事人的合法权益；(5) 促进廉政建设。

上述立法宗旨的五个方面密切相关。其中，规范政府采购行为，是该法最为直接的调整目标。理由如下：第一，只有有效规范政府采购行为，才可能有效避免在财政支出方面存在的各种问题，提高政府采购资金的使用效益；在此基础上，才能更好地维护国家利益，有效提供公共物品，从而更好地维护社会公共利益。第二，只有有效规范政府采购行为，才能更好地保护政府采购活动中各方当事人的合法权益，实现各方利益的均衡保护。第三，只有有效规范政府采购行为，才能使政府采购更加公开、公平和公正，从而有效防止和避免大量存在的寻租或腐败问题，促进廉政建设。

此外，从一般的法理上说，法的宗旨应当体现法的价值，因此，政府采购法的立法宗旨，也应当体现前述政府采购法的制度价值，进而影响政府采购法的基本原则的确立。

二、政府采购的法律定义

根据《政府采购法》的规定，所谓政府采购，是指各级国家机关、事业单位和团体组织，使用财政性资金采购依法制定的集中采购目录以内的或者采购限额标准以上的货物、工程和服务的行为。

上述定义中所说的“采购”，是指以合同方式有偿取得货物、工程和服务的行为，包括购买、租赁、委托、雇用等。

从上述定义可以看出，政府采购的标的包括货物、工程和服务三大类。所谓货物，是指各种形态和种类的物品，包括原材料、燃料、设备、产品等；所谓工程，是指建设工程，包括建筑物和构筑物的新建、改建、扩建、装修、拆除、修缮等；所谓服务，是指除货物和工程以外的其他政府采购对象，包括政府自身需要的服务和政府向社会公众提供的公共服务。此外，财政性资金是指纳入预算管理的资金。以财政性资金作为还款来源的借贷资金，视同财政性资金。①

上述政府采购的法律定义，比前述理论上的定义更加具体。政府采购的法律定义，涉及政府采购制度的一些基本要素，包括政府采购的主体（各级国家机关、事业单位和团体组织）、政府采购的客体（货物、工程和服务）、政府采购的资金来源（财政性资金）、政府采购的范围（一是依法制定的集中采购目录以内的采购标的，二是采购限额标准以上的标的），而这些方面，恰恰是政府采购制度应重点规定的内容。

三、政府采购法的基本原则

政府采购法的基本原则，是整个政府采购法的立法、执法等各个环节都应遵循的基本准则。基本原则是对立法宗旨的具体化，同时，又是对具体制度或具体规范的提炼，因此，把握基本原则，有助于从整体上理解政府采购制度以及各类具体规范之间的内在关联。

政府采购法的基本原则，在总体上同财政法的基本原则是一致的，也要强调法定原则、适度原则和绩效原则。例如，政府采购范围的确定、政府采购规模的大小、政府采购市场的开放度等，都要符合适度原则的要求；同时，政府采购法的一个重要调整目标，就是提高财政资金的使用效益，这与绩效原则的要求也是一致的。此外，如果从法律的具体规范出发，则对政府采购法的基本原则还可以从另外的角度进行概括，并形成如下基本原则。

（一）采购法定原则

采购法定原则要求政府采购的各项实体要素和程序要素都严格法定。因此，采购法定原则

① 此种分类可参见财政部发布并于2004年9月1日起实施的《中央单位政府采购管理实施办法》。

包括实体要素法定和程序要素法定两个方面。其中，实体要素法定主要包括主体法定、客体法定、资金法定等几个方面；程序要素法定主要是指采购程序法定，具体包括招投标程序法定等。

实体要素法定原则强调，对主体范围、客体范围和资金范围，都要依法作出规定，而且只要是在法定范围内的主体的行为，就要受政府采购法的拘束。据此，只要是各级国家机关、事业单位和团体组织（主体范围）使用财政性资金（资金范围）采购货物、工程和服务（客体的一般范围），且采购对象在依法制定的集中采购目录以内，或者在采购限额标准以上的（客体的具体范围），就要受政府采购法规范。当然，如果是上述规定范围以外的主体的采购行为，因其不属于政府采购，则不受政府采购法的调整。

程序要素法定原则强调，政府采购活动所依据的基本程序都要有法律规定，且要严格依据法定程序进行。据此，从政府采购预算的确定、具体预算支出，到采购目录、采购方式的确定，从具体的招标投标活动，到政府采购合同的签订等各个方面，都要严格依据法定程序进行。

与一般的私人采购不同，政府采购之所以更强调“法定”原则，是因为它具有政府性、公共性、公益性的特点，并由此更加要求将实体要素与程序要素紧密结合，从而使政府采购法具有突出的“现代法”特征。

上述采购法定原则在《政府采购法》中有多个具体条款加以体现。例如，在采购资金的使用方面，该法第 6 条规定，政府采购应当严格按照批准的预算执行。在采购范围方面，该法第 7 条规定，政府采购实行集中采购和分散采购相结合。属于中央预算的政府采购项目，其集中采购目录由国务院确定并公布；属于地方预算的政府采购项目，其集中采购目录由省级人民政府或者其授权的机构确定并公布。纳入集中采购目录的政府采购项目，应当实行集中采购。

上述的集中采购，是指采购人将列入集中采购目录的项目委托集中采购机构代理采购或者进行部门集中采购的行为；上述的分散采购，是指采购人将采购限额标准以上的未列入集中采购目录的项目自行采购或者委托采购代理机构代理采购的行为。

又如，该法第 64 条规定，采购人必须按照该法规定的采购方式和采购程序进行采购。此外，该法第 45 条还规定，国务院政府采购监督管理部门应当会同国务院有关部门，规定政府采购合同必须具备的条款。上述条款都是采购法定原则的具体体现。

（二）保障公益原则

政府采购又被称为公共采购，其不同于私人采购的重要特点，就是它具有突出的公共性、公益性，要保障国家利益和社会公共利益，促进经济、社会的良性运行和协调发展。对此，《政府采购法》的相关条款亦有诸多体现。

例如，该法第 25 条规定，政府采购当事人不得相互串通损害国家利益、社会公共利益和其他当事人的合法权益。该法第 9 条规定，政府采购应当有助于实现国家的经济和社会发展政策目标，包括环境保护、扶持不发达地区和少数民族地区、促进中小型企业发展等。为此，国务院财政部门应当根据国家的经济和社会发展政策，会同国务院有关部门制定政府采购政策，通过制定采购需求标准、预留采购份额、价格评审优惠、优先采购等措施，实现节约能源、保护环境、扶持不发达地区和少数民族地区、促进中小企业发展等目标。

又如，该法第 50 条第 2 款规定，政府采购合同继续履行将损害国家利益和社会公共利益的，双方当事人应当变更、中止或者终止合同。该法第 84 条还规定，使用国际组织和外国政府贷款进行的政府采购，贷款方、资金提供方与中方达成的协议对采购的具体条件另有规定的，可以适用其规定，但不得损害国家利益和社会公共利益。

此外，该法的适用除外规定，也从另一个侧面体现了保障公益的原则。例如，依据该法第85条、第86条的规定，对于因严重自然灾害和其他不可抗力事件所实施的紧急采购，涉及国家安全和秘密的采购，以及军事采购，均不适用该法。

另外，政府采购所适用的“本国优先”的原则，也体现了保障公益的原则。该法第10条规定，政府采购应当采购本国货物、工程和服务。但有下列情况之一的除外：（1）需要采购的货物、工程或者服务在中国境内无法获取或者无法以合理的商业条件获取的；（2）为在中国境外使用而进行采购的；（3）其他法律、行政法规另有规定的。

（三）公平交易原则

公平交易原则，是微观的具体的采购活动所需要遵循的原则。它具体又包括公开透明原则、公平竞争原则、公正原则和诚实信用原则等几个原则。

1. 公开透明原则

政府采购应当遵循公开透明原则，这对于提高财政支出透明度和保障财政资金使用效益，确保社会公众及时地获取与采购相关的信息，包括采购的标准和结果等方面的信息，都非常重要。为了确保政府采购的公开透明，在《政府采购法》中也有多个条款对此作出规定。

例如，该法第11条规定，除涉及商业秘密的以外，政府采购的信息应当在政府采购监督管理部门指定的媒体上及时向社会公开发布。该法第63条还规定，政府采购项目的采购标准应当公开。采用该法规定的采购方式的，采购人在采购活动完成后，应当将采购结果予以公布。

2. 公平竞争原则

政府是最大的消费者，因此，政府采购领域也是厂商展开竞争的重要领域。只有确保厂商之间的公平竞争，才能取得价廉物美的货物、工程和服务，提高财政资金的使用效益。

为此，《政府采购法》第5条规定，任何单位和个人不得采用任何方式，阻挠和限制供应商自由进入本地区和本行业的政府采购市场。此外，该法第25条第1款规定，政府采购当事人不得以任何手段排斥其他供应商参与竞争。另外，该法第64条第2款还规定，任何单位和个人不得违反该法规定，要求采购人或者采购工作人员向其指定的供应商进行采购。

3. 公正原则

在政府采购领域，公正是非常重要的，不仅要有厂商之间的公平竞争，还要在程序或实体制度上作出保障。因此，既要建立相应的回避制度，又需要确保采购代理机构的独立性。

根据《政府采购法》第12条规定，在政府采购活动中，采购人员及相关人员与供应商有利害关系的，必须回避。供应商认为采购人员及相关人员与其他供应商有利害关系的，可以申请其回避。上述的相关人员，包括招标采购中评标委员会的组成人员、竞争性谈判采购中谈判小组的组成人员、询价采购中询价小组的组成人员等。如此规定对于确保政府采购的公正性无疑非常重要。

此外，在采购代理机构的设置及活动方面，该法第16条规定，集中采购机构为采购代理机构。设区的市、自治州以上人民政府根据本级政府采购项目组织集中采购的需要设立集中采购机构。集中采购机构是非营利事业法人，根据采购人的委托办理采购事宜。同时，该法第19条还规定，采购人有权自行选择采购代理机构，任何单位和个人不得以任何方式为采购人指定采购代理机构。

另外，该法第60条还规定，政府采购监督管理部门不得设置集中采购机构，不得参与政府采购项目的采购活动。采购代理机构与行政机关不得存在隶属关系或者其他利益关系。应当说，采购代理机构独立于相关的财政机关，对于确保政府采购的公正性也很重要。

4. 诚实信用原则

诚实信用原则是公法与私法共通的原则。只要涉及不同的利益主体，涉及在不同利益主体之间的信息传递，就会涉及诚实信用原则的适用问题。在经济法领域里，在税法、反不正当竞争法等领域，人们对诚实信用原则都给予了一定的关注，但在政府采购法中是否要适用诚实信用原则，人们的研究相对较少。

事实上，政府采购既然涉及采购，当然就会涉及基本的买方和卖方的利益，同时，也会涉及其他相关主体的利益。在这个过程中，同在私法领域里一样，当然也涉及相关主体的诚实信用问题，因此，当然也可以适用诚实信用原则。

为此，《政府采购法》第 3 条规定，政府采购应当遵循公开透明原则、公平竞争原则、公正原则和诚实信用原则。从而把诚实信用原则规定为政府采购活动应当遵循的一个准则。从反不正当竞争法的法理来看，诚实信用应当是竞争者的基本商业道德；从诚实信用原则的要求来看，各类市场主体都应当从事正当的市场竞争，而不应从事诸如商业贿赂、不当竞标等违反诚实信用原则的不正当竞争行为。

为了体现诚实信用原则的要求，《政府采购法》第 25 条还专门规定，供应商不得以向采购人、采购代理机构、评标委员会的组成人员、竞争性谈判小组的组成人员、询价小组的组成人员行贿或者采取其他不正当手段谋取中标或者成交。采购代理机构不得以向采购人行贿或者采取其他不正当手段谋取非法利益，不得与采购人、供应商恶意串通操纵政府采购活动。

四、政府采购法的主体

政府采购法的主体可以分为两类：一类是从事政府采购活动的主体，另一类是监管政府采购活动的主体。

（一）从事政府采购活动的主体

对于从事政府采购活动的主体，在介绍政府采购法的基本原则的过程中，已经有所涉及。

根据《政府采购法》第 14 条的规定，所谓从事政府采购活动的主体，又称政府采购当事人，是指在政府采购活动中享有权利和承担义务的各类主体，包括采购人、供应商和采购代理机构等。

上述的采购人，是指依法进行政府采购的国家机关、事业单位、团体组织。上述的采购代理机构，是根据采购人的委托办理采购事宜的非营利事业法人。上述的供应商，是指向采购人提供货物、工程或者服务的法人、非法人组织或者自然人。

采购人采购纳入集中采购目录的政府采购项目，必须委托集中采购机构代理采购；采购未纳入集中采购目录的政府采购项目，可以自行采购，也可以委托集中采购机构在委托的范围内代理采购。

此外，纳入集中采购目录属于通用的政府采购项目的，应当委托集中采购机构代理采购；属于本部门、本系统有特殊要求的项目，应当实行部门集中采购；属于本单位有特殊要求的项目，经省级以上人民政府批准，可以自行采购。

另外，作为政府采购活动的重要主体的供应商，应当具备下列法定条件：（1）具有独立承担民事责任的能力；（2）具有良好的商业信誉和健全的财务会计制度；（3）具有履行合同所必需的设备和专业技术能力；（4）有依法缴纳税收和社会保障资金的良好记录；（5）参加政府采购活动前三年内，在经营活动中没有重大违法记录；（6）法律、行政法规规定的其他条件。

（二）监管政府采购活动的主体

政府采购活动必须有专门的监管，这是其与私人采购的一个重要不同。由于政府采购活动主要涉及财政支出或财政资金的使用，关系到纳税人的钱怎么花的问题，因此，其监管主体以财政部门最为适宜。此外，涉及其他政府部门的，其他政府部门也应依法进行监管。

为此，《政府采购法》第13条规定，各级人民政府财政部门是负责政府采购监督管理的部门，依法履行对政府采购活动的监督管理职责。各级人民政府其他有关部门依法履行与政府采购活动有关的监督管理职责。

《政府采购法》第59条规定，政府采购监督管理部门应当加强对政府采购活动及集中采购机构的监督检查。其主要内容是：（1）有关政府采购的法律、行政法规和规章的执行情况；（2）采购范围、采购方式和采购程序的执行情况；（3）政府采购人员的职业素质和专业技能。

此外，政府采购监督管理部门应当对集中采购机构的采购价格、节约资金效果、服务质量、信誉情况、有无违法行为等事项进行考核，并定期如实公布考核结果。

另外，依照法律、行政法规的规定对政府采购负有行政监督职责的政府有关部门，应当按照其职责分工，加强对政府采购活动的监督。其中，审计机关应当对政府采购进行审计监督，监察机关应当加强对参与政府采购活动的国家机关、国家公务员和国家行政机关任命的其他人员实施监督。

五、政府采购的方式、程序

（一）政府采购的基本方式

根据《政府采购法》的规定，政府采购采用以下方式：（1）公开招标；（2）邀请招标；（3）竞争性谈判；（4）单一来源采购；（5）询价；（6）国务院政府采购监督管理部门认定的其他采购方式。其中，公开招标是政府采购的主要采购方式。采购人不得将应当以公开招标方式采购的货物或者服务化整为零或者以其他任何方式规避公开招标采购。此外，还应注意以下几种情况。

（1）符合下列情形之一的货物或者服务，可以依法采用邀请招标方式采购：1）具有特殊性，只能从有限范围的供应商处采购的；2）采用公开招标方式的费用占政府采购项目总价值的比例过大的。

（2）符合下列情形之一的货物或者服务，可以依法采用竞争性谈判方式采购：1）招标后没有供应商投标或者没有合格标的或者重新招标未能成立的；2）技术复杂或者性质特殊，不能确定详细规格或者具体要求的；3）采用招标所需时间不能满足用户紧急需要的；4）不能事先计算出价格总额的。

（3）符合下列情形之一的货物或者服务，可以依照该法采用单一来源方式采购：1）只能从唯一供应商处采购的；2）发生了不可预见的紧急情况不能从其他供应商处采购的；3）必须保证原有采购项目一致性或者服务配套的要求，需要继续从原供应商处添购，且添购资金总额不超过原合同采购金额10%的。

（4）采购的货物规格、标准统一、现货货源充足且价格变化幅度小的政府采购项目，可以依照该法采用询价方式采购。

（二）政府采购的程序

政府采购涉及的程序较多，例如，从政府采购预算的编制、审批、执行，到各类政府采购方式，都有自己的一套程序，应当依据程序要素法定原则，严格按各类程序的规定办事。

在《政府采购法》中，对不同类型的政府采购方式所涉及的程序问题，都有一定的规定。例如，该法对于实行招标方式和邀请招标方式采购所涉及的一些程序问题作出了专门的规定；此外，对于采用竞争性谈判方式采购所应当依循的谈判程序，采用询价方式采购所应当依循的询价程序，等等，都作出了较为细致的规定。

另外，采购人、采购代理机构对政府采购项目每项采购活动的采购文件应当妥善保管，不得伪造、变造、隐匿或者销毁。采购文件的保存期限为从采购结束之日起至少保存15年。上述的采购文件包括采购活动记录、采购预算、招标文件、投标文件、评标标准、评估报告、定标文件、合同文本、验收证明、质疑答复、投诉处理决定及其他有关文件、资料。

六、政府采购制度中的财政法规范

如前所述，由于政府采购制度的出发点和归宿都与财政支出管理直接相关，因此，在政府采购制度中，必然会包含大量的财政法规范。从《政府采购法》的直接规定来看，下列几个方面的财政法规范是很值得注意的。

（1）在规范预算行为方面，负有编制部门预算职责的部门在编制下一财政年度部门预算时，应当将财政年度政府采购的项目及资金预算列出，报本级财政部门汇总。部门预算的审批，按预算管理权限和程序进行。政府采购应当严格按照批准的预算执行。

（2）在采购目录确定方面，政府采购实行集中采购和分散采购相结合。其中，属于中央预算的政府采购项目，其集中采购目录由国务院确定并公布；属于地方预算的政府采购项目，其集中采购目录由省级人民政府或者其授权的机构确定并公布。纳入集中采购目录的政府采购项目，应当实行集中采购。

（3）在限额标准确定方面，属于中央预算的政府采购项目，由国务院确定并公布；属于地方预算的政府采购项目，由省、自治区、直辖市人民政府或者其授权的机构确定并公布。

（4）在招标数额的确定方面，公开招标应作为政府采购的主要采购方式。采购人采购货物或者服务应当采用公开招标方式的，其具体数额标准，属于中央预算的政府采购项目，由国务院规定；属于地方预算的政府采购项目，由省、自治区、直辖市人民政府规定；因特殊情况需要采用公开招标以外的采购方式的，应当在采购活动开始前获得设区的市、自治州以上人民政府采购监督管理部门的批准。

（5）在法律责任方面，由于采购人既是预算法主体，同时也是政府采购法主体，因此，对于采购人的责任追究，就是使其承担违反财政法的法律责任。对此《政府采购法》的规定较多，例如，采购人对应当实行集中采购的政府采购项目，不委托集中采购机构实行集中采购的，由政府采购监督管理部门责令改正；拒不改正的，停止按预算向其支付资金，由其上级行政主管部门或者有关机关依法给予其直接负责的主管人员和其他直接责任人员处分。此外，对于供应商的责任追究，已经出现了“列入不良行为记录名单”，以及“取消相关业务资格”等新的责任形式。这也是经济法责任形式的新发展。

［案例］ “中国政府采购第一案”

2003年1月1日，我国《政府采购法》实施；同年春季，我国发生了非常严重的“非典”疫情。2003年9月，国务院批准了国家发改委、卫生部编制的《突发公共卫生事件医疗救治体系建设规划》；同年10月，国家发改委、卫生部委托两家采购代理机构分别对医疗救治体系项目进行公开招标，采购相关仪器设备，价值高达114亿元人民币。

2004年10月和11月，W公司两次参加投标，虽然报价均为最低，却未能中标。W公司认为中标公司报价比自己高，且两次均为同一家公司中标，因此招标过程存在“暗箱操作”。随即它向国家发改委、卫生部以及担任中介的招投标公司多次提出质疑。依据《政府采购法》规定，各级人民政府财政部门是负责政府采购监督管理的部门，依法履行对政府采购活动的监督管理职责。由于没有得到国家发改委、卫生部的满意答复，W公司就向财政部书面投诉。

2005年3月23日W公司以财政部在法定30天时间内未能作出处理决定，也没有给予答复为由将财政部诉至法院。

这是我国《政府采购法》颁布实施后，首例由政府采购引发的行政诉讼案，被称作“政府采购第一案”。

北京市第一中级人民法院一审认定财政部没有在收到投诉后30个工作日内对投诉事项作出决定，并以书面形式通知投诉人，于是判其败诉，要求财政部履行法定监管职责，对W公司的投诉予以处理和答复。

对于本案涉及的实体与程序问题，各界已有诸多讨论，其中涉及的《政府采购法》与《招标投标法》之间的冲突，引发了很多关注。财政部认为，本案涉及的采购项目是国家医疗救助体系项目的一个组成部分，属于国家重大建设项目，按照国务院有关规定应该由国家发改委来处理有关投诉；同时，《政府采购法》规定“政府采购工程进行招标投标的，适用招标投标法”，依据《招标投标法》，国家发改委承担着制定细则、审核代理机构等大部分职责。据此，不应当追究财政部的责任。

本案最终结果是二审法院维持了一审法院判决。对于其中所涉及的法律问题，你怎么看？

延伸思考：

1. 我国为什么要实行政府采购制度？
2. 我国在贯彻政府采购法的基本原则方面存在哪些突出问题？
3. 政府采购法与预算法有哪些关联？
4. 如何进一步完善对政府采购的法律控制？
5. 如何理解政府采购的调控功能？
6. 如何理解在《政府采购法》中存在的多种类型的法律规范？

第六章　转移支付法律制度

转移支付法律制度是财政法中的一类重要制度，但我国的相关立法相当不完善。因此，本章将着重从一般原理的角度，对转移支付法律制度的基本原理和基本内容予以介绍。

第一节　转移支付法概述

一、转移支付的界定

（一）转移支付的概念

如前所述，财政支出主要可以分为两大类，即购买支出和转移支出。其中，转移支出或称转移支付（transfer payments），又称无偿支出，它是政府通过一定的形式和途径，把一部分财政资金无偿地转移给相关主体所发生的支出。政府通过转移支出并不能在经济上直接地获得补偿。

依据上述的一般认识，广义上的转移支付，是指中央政府或地方政府将部分财政收入无偿让渡给其他各级政府、企业和居民时所发生的财政支出，它是进行宏观调控的一种重要手段。狭义上的转移支付，是指政府间的财政转移支付，包括中央政府对地方政府的转移支付，以及地方上级政府对下级政府的转移支付。

（二）转移支付的特征

为了进一步理解转移支付的概念，应当注意转移支付的如下几个特征。

1. 规制性

在分税制的条件下，财政转移支付是强化财政的功能和用以进行宏观调控的重要手段，具有明显的规制性的特征。它能够配合其他财政政策、货币政策等经济政策，运用激励机制，实现鼓励或者限制主体行为或地域发展的目标。

2. 无偿性

转移支付又称无偿支出，通常表现为资金无偿的、单方面的转移，支出者得不到直接的经济补偿，因此，它具有无偿性的特征。

3. 多层次性

转移支付的主体是多层次的，从广义上说，在中央政府与地方政府之间、相同或不同级次的地方政府之间，都存在转移支付；同时，各级政府对企业和居民个人的转移支付，在各级财政也都存在，因此，转移支付具有多层次性的特征。

（三）转移支付的类型

依据转移支付的主体、转移支付的资金用途等不同的标准，对转移支付可以作出不同的分类。

从转移支付的主体来看，它可以分为政府间的转移支付，以及政府对国民的转移支付。其中，政府间的转移支付是最基本、最重要的。从理论上说，它包括上级政府对下级政府的转移支付、下级政府对上级政府的转移支付以及同级政府之间的转移支付，因而转移支付又可以分为纵向转移支付和横向转移支付。但通常最受关注的，是上级政府对下级政府的纵向转移支付，特别是中央政府对地方政府的转移支付。此类狭义的转移支付，也是财政法理论研究和制度建设的重点。

此外，政府对国民的转移支付，一般是通过政府间的转移支付来实现的，因此是较为间接的。政府对国民（居民、企业）的转移支付，主要体现在社会保障、教育等方面的支出或补贴等方面。与上述的分类相关，也有学者从静态的支出形式和最终的支出用途出发，将转移支付分为补助支出、捐赠支出和债务利息支出等。其中，补助支出所占份额最多，对经济影响最大，是转移支付最主要的形式。补助支出主要包括社会保障支出和财政补贴支出两大类，因此，相关的支出行为是转移支付法规制的重点。

考虑到狭义的转移支付最为基础、最为重要、最受关注，相应的转移支付制度也是财政法的重要组成部分，在后面将着重从狭义的转移支付的角度，来介绍转移支付法律制度的相关内容。

二、转移支付法的概念

转移支付法是调整在财政转移支付的过程中所发生的社会关系的法律规范的总称，它是财政法的重要部门法。

转移支付法与国家的财政体制、经济社会政策等联系至为密切，具有特殊性，它是连接财政法与社会保障法、经济法与社会法的纽带。

从上述转移支付法的概念可以看到，转移支付法的调整对象是在转移支付过程中所发生的社会关系，而依转移支付法的规定在转移支付主体之间发生的权利义务关系即为转移支付法律关系，这种法律关系是转移支付法着力加以保护的。

此外，还应对转移支付法中的各类法律主体作进一步的认识。一般说来，转移支付法的主体可分为两类，即发动转移支付的主体和接受转移支付的主体，前者是指中央政府和上级地方政府；后者是指下级地方政府、企业和居民。同时，还应看到，由于转移支付具有无偿性的特征，因而主体之间的权利义务是不对等的，更不是双务有偿的。一般说来，在法定条件存在的情况下，发动转移支付的主体主要负有无偿转移支付财政资金的义务，而接受转移支付的主体主要享有取得转移支付的财政资金的权利。可见，转移支付法同其他财政法的部门法一样，都具有较强的目的性，即保障公共欲望的满足和公共需要的实现，为实现财政的各项功能服务，而不是以营利为目的。

三、转移支付法产生的经济基础

财政支出的划分历来是各国各级政府之间财政关系中诸多问题的焦点，它反映的是各级政府间的权责关系。一般说来，依据经济效率的要求，应该由中央和地方各级政府根据居民的偏好，以尽可能低的资源耗费，分别提供不同层次的公共物品。事实上，由于各个地区的居民对一定的区域性公共物品的偏好程度和需求量各不相同，因此，地方政府是地方性公共物品的最佳提供者。

中央政府及地方政府提供公共物品，均需要相应的财力支持，但是，由于诸多方面的原因，一个国家的各个地区的发展是不均衡的，其经济状况也都各不相同，因而必然会存在“财政失衡”的问题。财政失衡包括两个方面，即纵向失衡和横向失衡。所谓纵向失衡，是指上下级政府间的财政收支状况的不平衡，例如，当一级政府存在财政赤字，而其他级次政府存在财政盈余时，即为纵向失衡。所谓横向失衡，是指同级政府之间的财政收支状况的不平衡。例如，当较富足的省、市出现财政盈余，而较贫困的省、市出现财政赤字时，即为横向失衡。

在存在财政纵向失衡的情况下，各级政府所能提供的公共物品是不同的，依据其所掌握的财力来配置资源的能力也是不同的；在存在财政横向失衡的情况下，各同级地方政府所能提供的公共物品的质与量也是不同的，从而使各区域的经济和社会发展水平亦存在差异。

一般认为，过度的财政失衡是有害的，它不仅是严重的经济问题，而且会引发严重的社会问题乃至政治问题，会严重地影响经济与社会的良性运行和协调发展，并进而影响国家与社会的安全与稳定。为此，必须通过财政转移支付制度来解决财政失衡问题，以使各级政府在自然资源禀赋、人口密度、历史文化、经济结构和经济发展程度存在诸多差异的情况下，能够依其级次提供相应的、差别不大的公共物品，即在基本公共物品的提供方面要大略实现"均等化"。

各国的实践表明，在经济发展不平衡、财政失衡现象普遍存在的情况下，必须建立转移支付制度；而建立转移支付制度，就必须制定相应的转移支付法。可见，转移支付法的产生是与经济发展的要求相适应的，有其深厚的经济基础。

四、转移支付法的作用

转移支付法是与分税制的财政管理体制紧密相关的，在现代市场经济条件下，它主要具有以下重要作用。

（一）强化财政的功能

如前所述，财政具有分配收入、宏观调控和保障稳定的功能，转移支付作为一种重要的财政手段，对实现财政的上述功能具有重要作用。相应地，转移支付法在保障和强化财政的功能方面，也具有重要的工具价值。事实上，依法进行转移支付，本身就是将财政收入在各级政府及相关主体之间进行再次分配。从中央财政的角度说，通过各种形式的转移支付，可以进一步优化经济结构，提升民族地区和落后地区的发展能力。这本身就是在进行宏观调控。此外，从地方财政的角度说，依法由上级财政进行转移支付，不仅可以使相对贫穷落后的地方直接受益，而且在全国区域经济发展趋于协调、产业结构和资源配置合理化的情况下，经济相对发达的地方也可从中获益。可见，转移支付法在强化财政的功能方面，尤其具有重要作用。

（二）解决财政失衡

如前所述，各级政府均应依其功能提供相应的公共物品，同级政府所提供的基本公共物品在品质与人均占有量上应当是接近的，这有助于人民平等地实现基本人权。但由于诸多因素的影响，存在着财政的纵向失衡和横向失衡问题，客观上要求各级政府在初次分配的基础上，通过依法转移支付进行再分配，以增强那些不能有效提供公共物品的地方政府的财力。有鉴于此，依据事实和法律规定，在依法应当进行财政转移支付时，相关级次的政府就必须发动转移支付，由此使转移支付法成为规范政府间财政分配关系、解决财政失衡问题的重要准则。

（三）维护国家安定

中央政府并不只是单方面地集中财力，它通常要以各种形式的转移支付来支持地方政府，做政府的坚强后盾。通过依法进行转移支付，既可在有关国家统一和安全等政治问题上保证中央政府的权威，又可为地方政府的有效行政提供必要的财力支持，避免因财力不足而带来的履行国家管理职能的困难。这样，既有利于维护国家的统一，也有利于保障社会的安定，更具有深刻的政治和社会意义。

（四）保障法律实施

转移支付法与财政法领域的其他法律密切相关，它在保障其他财政法律的实施方面亦具有重要作用。例如，依据预算法和税法的规定，中央税必须足额上缴中央财政，地方政府不得随意减免、抵扣和截留，地方政府财力不足的部分，可依转移支付法的规定由上级政府予以适当补充。这样，就使几类法律规定相衔接并互为补充，从而使转移支付法为预算法和税法的实施提供了又一个层次的保障。又如，依据国债法的要求，地方政府不得自行对外发行债券，其财力不足的部分，亦需通过上级政府的转移支付等来加以弥补。可见，转移支付法也为国债法的实施提供了一层重要的保障。因此，转移支付法对于保障其他财政法律的有效实施具有重要作用。

第二节　转移支付法的基本内容

由于经济体制转轨，财政体制改革滞缓，以及财政法治建设相对滞后，我国的转移支付制度相当不健全。由于我国没有关于财政收支划分的法律，对财政支出行为的法律规范还存在诸多欠缺，不同级次政府的财权、事权尚缺少清晰的划分，再加上历史、文化等原因，我国的转移支付法的立法级次始终不高。尽管一些省份曾经在20世纪90年代国家实行分税制的财政体制改革以后，制定了一些转移支付方面的地方性法规，财政部也在后来制定和发布了《过渡期财政转移支付办法》等，但在转移支付立法方面，并未像政府采购立法那样迅速。这已经在相当大的程度上影响了转移支付制度的建设和发展。2014年修订的《预算法》，增加了转移支付方面的内容，国务院于2014年12月发布了《关于改革和完善中央对地方转移支付制度的意见》，财政部也于2015年制定了《中央对地方专项转移支付管理办法》等多个规范性文件，这在一定程度上为未来的“转移支付法”的立法奠定了基础。

转移支付法律制度的构建，应当以“转移支付法”为基础和核心，再辅之以配套的制度。但是，由于我国至今仍无“转移支付法”，因此，下面先结合“转移支付法”应有的规范，就转移支付法律制度的基本内容，作一般性的介绍，然后再结合《预算法》及《实施条例》等规定，介绍现行转移支付制度的基本内容

一般说来，转移支付法应主要包括以下基本内容：(1) 立法宗旨；(2) 法律的适用范围；(3) 法律的基本原则；(4) 转移支付的主体及其权利义务；(5) 转移支付的形式、方式和条件；(6) 转移支付数额的确定；(7) 转移支付的监督管理；(8) 违反法律规定应承担的法律责任。

在立法宗旨方面，转移支付法的宗旨同财政法乃至整个经济法的宗旨都是一致的，即通过各种形式的转移支付来满足不同层次的公共需要，以在整体上实现财政的功能，保障效率与公平，保障社会公共利益和基本人权，进而促进经济与社会的良性运行和协调发展。

在适用范围方面，转移支付法同其他法律一样，均在法定的时空范围内对法定主体的相关行为适用。

在基本原则方面，转移支付法同财政法乃至整个经济法一样，也都要强调法定原则、适度原则和绩效原则。例如，转移支付法定原则，就要求转移支付的主体、转移支付权等都要法定，在转移支付过程中，要严格依照法定程序办事，不可逾越；又如，转移支付适度原则，就要求转移支付的规模、方向、级次等都要适度；而转移支付绩效原则，就要求转移支付应当有助于实现财政的均衡，应当有助于实现同级政府在基本公共物品提供上大体无差别。

上述内容，应当规定在“转移支付法”的总则部分。下面主要介绍转移支付法的一些具体制度，它们更具有特殊性。

一、转移支付法的主体

如前所述，转移支付的主体包括两类，即：(1) 发动转移支付的主体，包括中央政府和上

级地方政府；(2) 接受转移支付的主体，通常为下级地方政府，在广义上还包括企业和居民。上述两类主体，同样都是转移支付法的主体，即从广义上说，转移支付法的主体同转移支付的主体在分类上是一致的。此外，还应看到，如果不从转移支付的资金的给予与接受的角度加以区分，则转移支付的主体亦可从更高的层次概括为政府、企业和居民三类，这与经济学和经济法学上对主体的分类也是一致的。

上述各类主体所参加的转移支付法律关系是十分广泛的，由此转移支付也呈现出多层次的格局。财政转移支付在广义上不仅包括中央财政对地方财政和上级地方财政对下级地方财政的转移支付，也包括各级财政对企业和居民的转移支付，如对国有企业的亏损补贴和对居民个人提供的社会保障支出、物价补贴等均属于广义的转移支付法调整的领域。

如前所述，依据转移支付主体的不同，可以将转移支付分为以下三类，即政府间的转移支付，政府与企业间的转移支付以及政府与居民之间的转移支付。这种广义的分类，反映了转移支付的不同层次和范围，也体现了广义的转移支付法调整的领域。但从目前的情况来看，一般说来，人们更为关注政府间的转移支付，特别是中央政府对地方政府的转移支付。

二、转移支付的类型

对于转移支付的形式，转移支付法一般亦应有所规定或体现。政府集中财力是为了满足公共需要，为企业和居民服务，因此，通过转移支付所获得的财力实质上最终都是直接或间接地用在企业和居民身上，相应地，转移支付也就会体现为社会保障支出、财政补贴支出等形式。

尽管如此，如前所述，在上下级政府之间的转移支付，特别是中央政府对地方政府的转移支付至为重要，它是各级政府向下级政府及企业、居民进行转移支付的基础，因而下面将着重介绍政府之间的转移支付。一般认为，中央政府对地方政府的转移支付的类型可归纳为一般性转移支付和专项转移支付两类。

(一) 一般性转移支付

一般性转移支付，即按照现行的财政体制所实施的通常的无条件拨款。由于各地区的财力、经济、社会发展水平差异较大，各地政府提供的公共物品或基本的公共服务都是不尽相同的。为了保证各地各级政府的顺利运转和保证它们具有大体一致的社会服务功能，中央政府必须发挥财政的分配功能，对各地区的可支配财力予以适当的调节，调剂余缺，从而形成一般性的或称体制性的转移支付。它是政府间转移支付的最基本和最主要的形式。

(二) 专项转移支付

专项转移支付，是指为了实现某一特定的政治、经济目标或专项任务，而由中央财政向地方财政进行的专案拨款，或支付的相应配套的财政资金。由于我国地域辽阔，人口众多，地方担负的任务繁杂，因而专项转移支付的情况亦经常发生。在遭遇自然灾害、重大疫情等非常状况，以及国家的重大政策调整影响地方财政利益，或者地方担负了本应由中央承担的事务的情况下，由中央政府向地方政府进行专项拨款，确实是非常必要的。

此外，对于上述的一般性转移支付和专项转移支付，也有人从拨款的角度，将其分别称为均衡拨款和专项拨款。从国际经验看，均衡拨款由接受拨款的政府自主使用，上级政府不对其规定具体用途，所以是无条件的转移支付，其目的是实现基本公共服务均等化。而专项拨款则是附条件的、有特定使用范围的，因此又称为附条件转移支付。专项拨款可具体分为委托事务拨款、共同事务拨款和鼓励或扶持性拨款。从拨款的目的、条件、用途方面，可以进一步理解两类转移支付的差别。

三、现行法律制度有关转移支付制度的基本规定

基于《预算法》《实施条例》的明确规定，我国已在法律层面形成了转移支付制度的基本架构，这些规定为未来制定“转移支付法”奠定了重要基础。

依据《预算法》的规定，国家实行财政转移支付制度，财政转移支付应当规范、公平、公开，以推进地区间基本公共服务均等化为主要目标。

财政转移支付包括中央对地方的转移支付和地方上级政府对下级政府的转移支付。其中，以为均衡地区间基本财力、由下级政府统筹安排使用的一般性转移支付为主体。同时，按照法律、行政法规和国务院的规定可以设立专项转移支付，用于办理特定事项。凡是市场竞争机制能够有效调节的事项不得设立专项转移支付，应建立健全专项转移支付定期评估和退出机制。另外，上级政府在安排专项转移支付时，不得要求下级政府承担配套资金。但是，按照国务院的规定应当由上下级政府共同承担的事项除外。

依据《实施条例》的规定，上述的一般性转移支付，包括：(1) 均衡性转移支付；(2) 对革命老区、民族地区、边疆地区、贫困地区的财力补助；(3) 其他一般性转移支付。上述的专项转移支付，是指上级政府为了实现特定的经济和社会发展目标给予下级政府，并由下级政府按照上级政府规定的用途安排使用的预算资金。

基于上述法律、法规的规定以及国务院《关于改革和完善中央对地方转移支付制度的意见》的要求，近年来我国在持续推动转移支付制度的完善。例如，在一般性转移支付方面，制定了均衡性转移支付、县级基本财力保障机制奖补等方面的资金管理办法；在专项转移支付方面，制定了《中央对地方专项转移支付管理办法》等。

此外，在转移支付结构方面，按照《预算法》规定的要求，国家稳步增加一般性转移支付规模，目前占全部转移支付的比重已达60%以上，并确保均衡性转移支付增幅高于转移支付的总体增幅，同时，加大对革命老区、民族地区、边疆地区、贫困地区的转移支付力度；在专项转移支付方面，不断优化内部结构，加大对教科文卫、社会保障、节能环保、农林水等重点民生领域的投入。

尽管如此，由于我国经济社会发展不平衡，政府职能转变以及中央与地方财政事权和支出责任划分改革不到位，地方税体系尚未建立，现行转移支付制度还存在一些差距和不足，主要表现在：与财政事权和支出责任划分改革衔接不够，资金统筹力度有待加强，专项转移支付清理整合没有到位等。因此，必须针对上述问题，不断完善转移支付制度，进一步提高转移支付制度的透明度，以更好地发挥其宏观调控作用，实现其推进基本公共物品均等化的功能。

四、均衡性转移支付制度

在转移支付制度中，一般性转移支付制度占据重要地位；而在一般性转移支付制度中，均衡性转移支付制度占据重要地位。因此，下面有必要对均衡性转移支付制度略加介绍。

习近平总书记指出，要“加快建立现代财政制度，建立权责清晰、财力协调、区域均衡的中央和地方财政关系。”① 国家设立均衡性转移支付制度的目的，是建立现代财政制度，增强地方财政积极性，缩小地区间财力差距，逐步实现基本公共服务均等化。因此，均衡性转移支付制度对于实现不同区域的协调发展，促进经济、政治、社会等多个领域的和谐，具有多方面

---

① 习近平：《决胜全面建成小康社会 夺取新时代中国特色社会主义伟大胜利——在中国共产党第十九次全国代表大会上的报告》。

的重要意义。

依据均衡性转移支付制度的要求，中央对地方均衡性转移支付不规定具体用途，由各省级政府根据本地区实际情况统筹安排。这有助于调动地方的财政积极性和发展的自主性。

均衡性转移支付的资金分配，需选取影响财政收支的客观因素，按照各地标准财政收入和标准财政支出差额及转移支付系数计算确定。其中，上述的标准财政收入根据工业增加值等客观因素及全国平均有效税率计算确定，用以反映地方收入能力；而上述的标准财政支出则要考虑人口规模、人口密度、海拔、温度、少数民族等成本差异计算确定，旨在衡量地方支出需求。

各地享受的均衡性转移支付用公式表示为：

某地区均衡性转移支付＝(该地区标准财政支出－该地区标准财政收入)×该地区转移支付系数＋增幅控制调整＋奖励资金＋农业转移人口市民化奖补资金

上述的均衡性转移支付系数按照均衡性转移支付总额、各地区标准财政收支差额以及各地区财政困难程度等因素确定。其中，困难程度系数根据地方“保工资、保运转、保民生”支出占标准财政收入比重及缺口率计算确定。

在调整机制方面，为保障各地财政运行的稳定性，以中央对地方均衡性转移支付平均增长率为基准，对超过（或低于）基准增长率一定幅度的地方适当调减（或调增）转移支付额。调减（或调增）相关地区转移支付所余（或所需）资金，中央财政不调剂他用（或另行安排），在保持转移支付总规模稳定的基础上，通过同比例放大（或压缩）享受转移支付地区转移支付的办法处理。

此外，为健全财政转移支付同农业转移人口市民化挂钩机制，促进地区间公共服务均等化，中央财政在均衡性转移支付资金中还设立了农业转移人口市民化奖补资金。

均衡性转移支付必须纳入地方政府预算管理，按规定向同级人民代表大会或其常委会报告。财政部每年对地方的均衡性转移支付预计数提前下达地方，地方应当将其编入本级预算。按照分级管理的财政体制，各省要根据本地实际情况，统筹安排，加大对财政困难县乡的支持力度。基层财政部门要将上级下达的均衡性转移支付资金，重点用于基本公共服务领域，推进民生改善，促进社会和谐。

[资料] **我国的专项转移支付制度**

我国的专项转移支付过去一直被认为问题颇多，为进一步加强中央对地方专项转移支付管理，提高财政资金使用的规范性、安全性和有效性，促进经济社会协调发展，财政部依据《预算法》等法律法规和国务院规定，于 2015 年 12 月 30 日发布了《中央对地方专项转移支付管理办法》，其中涉及的如下内容值得关注。

一、专项转移支付的类型与管理主体

中央对地方专项转移支付（以下简称专项转移支付），其资金来源包括一般公共预算、政府性基金预算和国有资本经营预算。

按照事权和支出责任划分，专项转移支付分为委托类、共担类、引导类、救济类、应急类等五类。

委托类专项是指按照事权和支出责任划分属于中央事权，中央委托地方实施而相应设立的专项转移支付。

共担类专项是指按照事权和支出责任划分属于中央与地方共同事权，中央将应分担部分委托地方实施而设立的专项转移支付。

引导类专项是指按照事权和支出责任划分属于地方事权，中央为鼓励和引导地方按照中央的政策意图办理事务而设立的专项转移支付。

救济类专项是指按照事权和支出责任划分属于地方事权，中央为帮助地方应对因自然灾害等发生的增支而设立的专项转移支付。

应急类专项是指按照事权和支出责任划分属于地方事权，中央为帮助地方应对和处理影响区域大、影响面广的突发事件而设立的专项转移支付。

在管理主体方面，财政部负责拟定专项转移支付总体管理制度，制定或者会同中央主管部门制定具体专项转移支付的资金管理办法；审核专项转移支付设立、调整事项；组织实施专项转移支付预算编制及执行；组织开展专项转移支付绩效管理和监督检查等工作。上述的各类管理应当遵循规范、公平、公开、公正的原则。

二、专项转移支付的设立

设立专项转移支付应当同时符合以下条件：(1) 有明确的法律、行政法规或者国务院规定作为依据；(2) 有明确的绩效目标、资金需求、资金用途、主管部门和职责分工；(3) 有明确的实施期限，且实施期限一般不超过5年，拟长期实施的委托类和共担类专项除外；(4) 不属于市场竞争机制能够有效调节的事项。

设立专项转移支付，应当由中央主管部门或者省级政府向财政部提出申请，由财政部审核后报国务院批准；或者由财政部直接提出申请，报国务院批准。在各类专项转移支付中，引导类、救济类、应急类专项的设立要从严控制，不得重复设立绩效目标相近或资金用途类似的专项转移支付。专项转移支付到期后自动终止。确需延续的，应当按照规定的程序重新申请设立。

专项转移支付经批准设立后，财政部应当制定或者会同中央主管部门制定资金管理办法，做到每一个专项转移支付对应一个资金管理办法。中央基建投资专项应当根据具体项目制定资金管理办法。

上述的资金管理办法应当明确规定政策目标，部门职责分工，资金用途，补助对象，分配方法，资金申报条件，资金申报、审批和下达程序，实施期限，绩效管理，监督检查等内容，做到政策目标明确、分配主体统一、分配办法一致、审批程序唯一、资金投向协调。需要发布申报指南或者其他与资金申报有关文件的，应当在资金管理办法中予以明确。

三、专项转移支付的评估与退出

财政部每年编制年度预算前，会同中央主管部门对专项转移支付项目进行评估。评估重点事项主要包括：(1) 是否符合法律、行政法规和国务院有关规定；(2) 政策是否到期或者调整；(3) 绩效目标是否已经实现或需要调整、取消；(4) 资金用途是否合理，是否用于市场竞争机制能够有效调节的领域；(5) 是否按要求制定资金管理办法。

在退出机制方面，财政部根据专项转移支付评估结果，区分情形分别处理：(1) 不符合法律、行政法规和国务院有关规定的，予以取消。(2) 因政策到期、政策调整、客观条件发生变化等已无必要继续实施的，予以取消。(3) 市场竞争机制能够有效调节的，予以取消；可由市场竞争机制逐步调节的，规定一定实施期限实行退坡政策，到期予以取消。(4) 绩效目标已经实现、绩效低下、绩效目标发生变动或者实际绩效与目标差距较大的，予以取消或者调整。(5) 委托类专项具备由中央直接实施条件的，调整列入中央本级支出。(6) 属于地方事权的专项转移支付，可以列入一般性转移支付由地方统筹安排的，适时调整列入中央一般性转移支付。(7) 政策目标接近、资金投入方向类同、资金管理方式相近的，予以整合。

四、预算编制

财政部于每年6月15日前部署编制下一年度中央对地方转移支付预算草案的具体事项，

规定具体要求和报送期限等。

专项转移支付实行中期财政规划管理。财政部会同中央主管部门根据中长期经济社会发展目标、国家宏观调控总体要求和跨年度预算平衡的需要，编制专项转移支付三年滚动规划。专项转移支付预算总体增长幅度应当低于中央对地方一般性转移支付预算总体增长幅度。

专项转移支付预算应当分地区、分项目编制，并遵循统筹兼顾、量力而行、保障重点、讲求绩效的原则。(1) 属于委托类专项的，中央应当足额安排预算，不得要求地方安排配套资金。(2) 属于共担类专项的，应当依据公益性、外部性等因素明确分担标准或者比例，由中央和地方按各自应分担数额安排资金。根据各地财政状况，同一专项转移支付对不同地区可以采取有区别的分担比例，但不同专项转移支付对同一地区的分担比例应当逐步统一规范。(3) 属于引导类、救济类、应急类专项的，应当严格控制资金规模。

五、资金分配方法

专项转移支付资金分配可以采取因素法、项目法、因素法与项目法相结合等方法。

因素法是指根据与支出相关的因素并赋予相应的权重或标准，对专项转移支付资金进行分配的方法。采取因素法时，应当主要选取自然、经济、社会、绩效等客观因素，并在资金管理办法中明确相应的权重或标准。中央向省级分配专项转移支付资金应当以因素法为主，涉及国家重大工程、跨地区跨流域的投资项目以及外部性强的重点项目除外。

项目法是指根据相关规划、竞争性评审等方式将专项转移支付资金分配到特定项目的方法。采取项目法时，应当主要采取竞争性评审的方式，通过发布公告、第三方评审、集体决策等程序择优分配资金。

六、预算绩效管理

加强专项转移支付预算绩效管理，建立健全全过程预算绩效管理机制，对于提高财政资金使用效益非常重要，也是经济法的调制绩效原则的体现。

为此，各级政府财政部门和主管部门应当加强专项转移支付绩效目标管理，逐步推动绩效目标信息公开，接受社会公众监督；同时，应当加强对绩效目标的审核，将其作为预算编制和资金分配的重要依据；此外，还应当加强专项转移支付预算执行中的绩效监控，重点监控是否符合既定的绩效目标。

五、转移支付的监督管理

转移支付的资金来源是上级财政，因此，上级政府的财政部门是转移支付的最主要、最经常的监管主体。对此转移支付法应当加以明确。

在监管方式上，不同形式的转移支付可以有不同的监管方式。一般性转移支付因其可以就地抵留，成为地方固有财力的组成部分，地方财政可以独立地安排使用，因而对一般性转移支付的监管只能依据《预算法》，通过同级人大和上级财政部门对预、决算的审查和对预算执行的监督来实现。至于专项转移支付，则可由上级财政部门采取跟踪检查、验收项目、考核效益等办法进行监管。对于各种转移支付形式的具体监管办法，均可由转移支付法作出规定。

此外，应明确与监管密切相关的是责任追究问题。在法律责任方面，转移支付法亦应从严作出规定，对于违法进行转移支付、不如期足额拨付转移支付资金、不按规定用途使用转移支付资金、骗取转移支付资金等行为均应严惩，并追究相关的单位和个人的法律责任。

六、《预算法》中有关转移支付的程序要求

转移支付作为预算支出的重要形式，同样是预算法需要规制的财政行为。《预算法》对转

移支付作出了如下程序要求。

中央对地方的一般性转移支付应当在全国人民代表大会批准预算后30日内正式下达。中央对地方的专项转移支付应当在全国人民代表大会批准预算后90日内正式下达。

省、自治区、直辖市政府接到中央一般性转移支付和专项转移支付后，应当在30日内正式下达到本行政区域县级以上各级政府。

县级以上地方各级预算安排对下级政府的一般性转移支付和专项转移支付，应当分别在本级人民代表大会批准预算后的30日和60日内正式下达。

对自然灾害等突发事件处理的转移支付，应当及时下达预算；对据实结算等特殊项目的转移支付，可以分期下达预算，或者先预付后结算。

县级以上各级政府财政部门应当将批复本级各部门的预算和批复下级政府的转移支付预算，抄送本级人民代表大会财政经济委员会、有关专门委员会和常务委员会有关工作机构。

接受增加专项转移支付的县级以上地方各级政府应当向本级人民代表大会常务委员会报告有关情况；接受增加专项转移支付的乡、民族乡、镇政府应当向本级人民代表大会报告有关情况。

［资料］　**中央对地方的转移支付制度的改革和完善（摘选）**

一、成就与问题

1994年实行分税制财政管理体制以来，我国逐步建立了财政转移支付制度。中央财政集中的财力主要用于增加对地方特别是中西部地区的转移支付，有力促进了地区间基本公共服务的均等化，推动了国家宏观调控政策目标的贯彻落实，保障和改善了民生，支持了经济社会持续健康发展。

但与建立现代财政制度的要求相比，现行制度存在的问题和不足也日益凸显，突出表现在：受中央和地方事权和支出责任划分不清晰的影响，转移支付结构不够合理；一般性转移支付项目种类多、目标多元，均等化功能弱化；专项转移支付涉及领域过宽，分配使用不够科学；一些项目行政审批色彩较重，与简政放权改革的要求不符；地方配套压力较大，财政统筹能力较弱；转移支付管理漏洞较多、信息不够公开透明等。对上述问题，有必要通过深化改革和完善制度，尽快加以解决。

二、改革和完善现行制度的总体要求

（一）指导思想

围绕建立现代财政制度，以推进地区间基本公共服务均等化为主要目标，以一般性转移支付为主体，完善一般性转移支付增长机制，清理、整合、规范专项转移支付，严肃财经纪律，加强转移支付管理，充分发挥中央和地方两个积极性，促进经济社会持续健康发展。

（二）基本原则

加强顶层设计，做好分步实施。坚持问题导向，借鉴国际经验，注重顶层设计，使转移支付制度与事权和支出责任划分相衔接，增强改革的整体性和系统性；同时充分考虑实际情况，逐步推进转移支付制度改革，先行解决紧迫问题和有关方面认识比较一致的问题。

合理划分事权，明确支出责任。合理划分中央事权、中央地方共同事权和地方事权，强化中央在国防、外交、国家安全、全国统一市场等领域的职责，强化省级政府统筹推进区域内基本公共服务均等化的职责，建立事权与支出责任相适应的制度。

清理整合规范，增强统筹能力。在完善一般性转移支付制度的同时，着力清理、整合、规范专项转移支付，严格控制专项转移支付项目和资金规模，增强地方财政的统筹能力。

市场调节为主，促进公平竞争。妥善处理政府与市场的关系，使市场在资源配置中起决定性作用，逐步减少竞争性领域投入专项，市场竞争机制能够有效调节的事项原则上不得新设专项转移支付，维护公平竞争的市场环境。

规范资金管理，提高资金效率。既要严格转移支付资金管理，规范分配使用，加强指导和监督，做到公平、公开、公正；又要加快资金拨付，避免大量结转结余，注重提高资金使用效率。

三、转移支付结构的优化

合理划分中央和地方事权与支出责任，逐步推进转移支付制度改革，形成以均衡地区间基本财力、由地方政府统筹安排使用的一般性转移支付为主体，一般性转移支付和专项转移支付相结合的转移支付制度。属于中央事权的，由中央全额承担支出责任，原则上应通过中央本级支出安排，由中央直接实施；随着中央委托事权和支出责任的上收，应提高中央直接履行事权安排支出的比重，相应减少委托地方实施的专项转移支付。属于中央地方共同事权的，由中央和地方共同分担支出责任，中央分担部分通过专项转移支付委托地方实施。属于地方事权的，由地方承担支出责任，中央主要通过一般性转移支付给予支持，少量的引导类、救济类、应急类事务通过专项转移支付予以支持，以实现特定政策目标。

四、一般性转移支付制度的完善

第一，清理整合一般性转移支付。逐步将一般性转移支付中属于中央委托事权或中央地方共同事权的项目转列专项转移支付，属于地方事权的项目归并到均衡性转移支付，建立以均衡性转移支付为主体、以老少边穷地区转移支付为补充并辅以少量体制结算补助的一般性转移支付体系。

第二，建立一般性转移支付稳定增长机制。增加一般性转移支付规模和比例，逐步将一般性转移支付占比提高到60%以上。改变均衡性转移支付与所得税增量挂钩的方式，确保均衡性转移支付增幅高于转移支付的总体增幅。大幅度增加对老少边穷地区的转移支付。中央出台增支政策形成的地方财力缺口，原则上通过一般性转移支付调节。

第三，加强一般性转移支付管理。一般性转移支付按照国务院规定的基本标准和计算方法编制。科学设置均衡性转移支付测算因素、权重，充分考虑老少边穷地区底子薄、发展慢的特殊情况，真实反映各地的支出成本差异，建立财政转移支付同农业转移人口市民化挂钩机制，促进地区间基本公共服务均等化。规范老少边穷地区转移支付分配，促进区域协调发展。建立激励约束机制，采取适当奖惩等方式，引导地方将一般性转移支付资金投入到民生等中央确定的重点领域。

五、从严控制专项转移支付

第一，清理整合专项转移支付。清理整合要充分考虑公共服务提供的有效性、受益范围的外部性、信息获取的及时性和便利性，以及地方自主性、积极性等因素。取消专项转移支付中政策到期、政策调整、绩效低下等已无必要继续实施的项目。属于中央委托事权的项目，可由中央直接实施的，原则上调整列入中央本级支出。属于地方事权的项目，划入一般性转移支付。确需保留的中央地方共同事权项目，以及少量的中央委托事权项目及引导类、救济类、应急类项目，要建立健全定期评估和退出机制，对其中目标接近、资金投入方向类同、资金管理方式相近的项目予以整合，严格控制同一方向或领域的专项数量。

第二，逐步改变以收定支专项管理办法。结合税费制度改革，完善相关法律法规，逐步取消城市维护建设税、排污费、探矿权和采矿权价款、矿产资源补偿费等专款专用的规定，统筹安排这些领域的经费。

第三，严格控制新设专项。专项转移支付项目应当依据法律、行政法规和国务院的规定设立。新设立的专项应有明确的政策依据、政策目标、资金需求、资金用途、主管部门和职责分工。

第四，规范专项资金管理办法。做到每一个专项转移支付都有且只有一个资金管理办法。对一个专项有多个资金管理办法的，要进行整合归并，不得变相增设专项。资金管理办法要明确政策目标、部门职责分工、资金补助对象、资金使用范围、资金分配办法等内容，逐步达到分配主体统一、分配办法一致、申报审批程序唯一等要求。需要发布项目申报指南的，应在资金管理办法中进行明确。补助对象应按照政策目标设定，并按政府机构、事业单位、个人、企业等进行分类，便于监督检查和绩效评价。

学习拓展：

前面多次提及建立现代财政制度，对此，《中华人民共和国国民经济和社会发展第十四个五年规划和2035年远景目标纲要》提出了"加快建立现代财政制度"的具体目标，主要是：

深化预算管理制度改革，强化对预算编制的宏观指导和审查监督。加强财政资源统筹，推进财政支出标准化，强化预算约束和绩效管理。完善跨年度预算平衡机制，加强中期财政规划管理，增强国家重大战略任务财力保障。建立权责清晰、财力协调、区域均衡的中央和地方财政关系，适当加强中央在知识产权保护、养老保险、跨区域生态环境保护等方面事权，减少并规范中央和地方共同事权。健全省以下财政体制，增强基层公共服务保障能力。完善财政转移支付制度，优化转移支付结构，规范转移支付项目。完善权责发生制政府综合财务报告制度。建立健全规范的政府举债融资机制。

延伸思考：

1. 我国为什么要实行转移支付制度？
2. 转移支付制度与基本权利保障有何关联？
3. 转移支付法与其他法律有何联系？
4. 我国在转移支付制度建设方面存在哪些问题？
5. 如何通过转移支付制度促进区域协调发展？

下篇 税法

第七章　税收原理

从本章开始，将分别介绍税收与税法的原理和制度。其中，税收原理是税法研究的重要理论基础，也是在深入学习税法之前应掌握的基础知识。本章将着重介绍税收的概念与特征、税收的依据与功能、税收的分类与结构、税收原则与税收政策等内容，以为后面的税法理论的展开奠定基础。

第一节　税收的概念和特征

一、关于税收的多种定义

税收或称租税、赋税、捐税、税金等，简称税，因其历史悠久、演变复杂、形式纷繁，故而形成了人们认识上的诸多分歧。由此也导致在税收原理和税法原理的许多问题上都莫衷一是。

在税收的定义上，学者历来各推其说，现择其有代表性者列举如下：美国学者塞利格曼认为，税收是政府为满足公共利益的需要而向人民强制征收的费用，它与被征收者能否因其而得到特殊利益无关。英国学者道尔顿认为，税收是公共团体强制课征的捐输，不论是否对纳税人予以报偿，都无关紧要。① 日本学者金子宏认为，税收是国家为了取得用以满足公共需求的资金，基于法律的规定，无偿地向私人课征的金钱给付。② 德国学者海因里希·劳认为，税收是政府根据一般市民的标准而向其课征的资财，它并不是市民对政府的回报。日本学者汐见三郎认为，税收是国家及公共团体为了支付其一般经费，依财政权向纳税人强制征收之资财。③

上述各位学者所处时代和国家以及研究领域都不尽相同，对税收概念的认识也不尽一致，但目前国内外学者对税收概念的基本共识已经达成。经济学家一般都认为：税收是国家或公共团体为实现其公共职能，而按照预定的标准，强制地、无偿地从私人部门向公共部门转移的资源。它是国家参与社会产品分配和再分配的重要手段，是财政收入的主要形式。这是经济学界对税收概念的较为普遍的认识。

二、税收的特征

与税收的多种定义相联系，人们对税收的特征也有多种不同的概括。由于税收的特征反映税收与其他事物相区别的本质特点，是对税收概念的解析和深化并能使人们更好地理解和概括税收的定义，因而学术界非常重视对税收特征的研究，并取得了一些共识。

一般认为，税收具有如下特殊性：（1）税收的征收依据是国家的课税权，具有强制性；（2）税收不具有直接返还性；（3）税收以取得财政收入为主要目的，以经济调节为次要目的；

---

① 参见高培勇：《西方税收——理论与政策》，10页，北京，中国财政经济出版社，1993。

② 参见［日］金子宏著，刘多田等译：《日本税法原理》，5页，北京，中国财政经济出版社，1989。

③ 参见国家税务总局税收科学研究所编著：《西方税收理论》，60页，北京，中国财政经济出版社，1997。

（4）税收的负担应与国民的承受能力相适应；（5）税收一般采取货币税的形式课征。

基于上述特殊性，我国学者往往将税收的特征概括为“三性”，即强制性、固定性和无偿性。对此在后面还将谈到。但这“三性”必须同时具备才能在一定程度上反映税收的特征，并且，这种“三性”的概括也并不绝对，因为其中的某些特征并非税收所独有，且有时体现得并不十分明显。

税收是国家取得财政收入的主要形式，探寻税收的特征主要应研究税收与其他社会收入，尤其是财政收入的其他形式相区别的本质特点。对此，美国学者塞利格曼曾作过具体分析。①如前所述，塞利格曼将社会收入分为奉献性收入、契约性收入和强制性收入三类。其中，奉献性收入是依据单方的自愿奉献取得的收入，如捐赠收入；契约性收入是依据某种契约取得的收入，如公共财产及事业收入；强制性收入是依据征税权、处罚权而取得的收入，如税收收入、罚没收入等。

上述几类收入均可成为财政收入的形式，但从中亦可看出税收收入与其他收入的不同，这有助于分析税收的特征。

基于前述对税收概念的一般理解，比较税收与其他财政收入形式的差异，可以将税收的特征概括为以下几个方面。

（1）国家主体性。在税收的主体方面，国家是税收的主体，征税权只属于国家，并由中央政府和地方政府来具体行使。国家或政府在税收活动中居于绝对的主导地位。税收的国家主体性特征非常重要，它使税收具有自己的性质、目的、手段、权力依据、法理依据等，从而形成了税收的其他特征。

（2）公共目的性。在税收的目的方面，税收作为提供公共物品的最主要的资金来源，以满足公共欲望、实现国家的公共职能为直接目的。为此，税收必须根据纳税主体的负担能力依法普遍课征，并不具有惩罚性，从而可以使税收同因处罚违法行为所获得的罚没收入区别开来。

（3）政权依托性。在权力依据方面，税收须以政权为依托，它所依据的是政治权力而不是财产权利或称所有者权利。这也是与国家主体性密切相关的。征税权是国家主权的一部分，税收作为把私人部门的部分收入转为国家财政收入的一种手段，只有以政权为依托才能有效行使。税收的政权依托性使其与各类非强制性收入具有明显的不同。

（4）单方强制性。在主体意志方面，税收并不取决于纳税主体的主观意愿或征纳双方的意思表示，而只取决于征税主体的认识和意愿，因而具有单方强制性。这一特征是与前述的国家主体性、政权依托性密切相关的，也是与国有资产收入等非强制性财政收入形式的重要区别之一。由于税收的单方强制性可能会使纳税人的利益受到损害，因而征税必须依法进行，实行税收法定原则。

（5）无偿征收性。在征收代价方面，税收是无偿征收的。即国家征税既不需要事先支付对价，也不需要事后直接偿还或给各个具体的纳税人以相应的资金回报。在国家与纳税人之间不存在等价有偿的交换关系，同时，纳税人缴纳税款的多少与其可能消费的公共物品数量亦无直接关系。因此，税收并不具有对特别给付的反给付性质，就具体的时空而言，税款的征收是无偿的。税收的这一特征使其与因国家机关提供特殊服务而收取相关费用的规费收入等可以区别开来。

（6）标准确定性。在征收标准或限度方面，税收的征收标准是相对明确、稳定的，并体现在税法有关课税要素的规定之中，从而使税收具有标准确定性（也有学者称之为固定性）的特

① 参见国家税务总局税收科学研究所编著：《西方税收理论》，60～62页，北京，中国财政经济出版社，1997。

征。这一特征是同现代税收与税法的一一对应关系、税收法定原则的普遍采用、防止征税权的滥用和保护纳税人的合法权利等密切相关的。

以上从不同方面分析了税收的特征，这些特征是税收区别于其他财政收入形式的重要标志，综合反映了税收的本质特点，有助于更好地理解税收的概念和其他相关的理论问题。事实上，前面关于税收概念的普遍认识已经包含了税收的上述特征，只不过这种认识更侧重于经济学角度而已。为此，有必要结合上述对税收特征的认识，给税收下一个定义。

三、本书对税收概念的认识

综合上述税收的特征，可以对税收作如下定义：税收是国家为实现其公共职能而凭借其政治权力，依法强制、无偿地取得财政收入的一种活动或手段。

这一定义说明，税收的征收主体是国家；征税的目的是提供公共物品、实现公共职能；税收的权力依据是国家的政治权力；税收的实现必须依法进行，而依法征税必须有确定的征收标准，同时又必然带有强制性；税收活动是国家取得财政收入的一种活动或手段，税收收入是财政收入的一种形式，国家取得税收收入是无偿的。

可见，上述定义实际上已经包括了税收的各个方面的特征，并且，这一定义不仅注意到了税收与经济、政治、社会的密切关系，也注意到了税收与法律的内在联系，从而为税收与税法的综合研究提供了前提和基础。

第二节　税收的依据和功能

一、税收的依据

所谓税收的依据，又称课税的依据，是指纳税人必须据以缴纳税款的原因和国家可以据以征收税款的理由。国家征税若无据，则构成侵权行为，国家应承担相应的法律责任。因此，课税依据问题是税收理论中的一个重要问题。

课税依据问题与税收存在的必要性、税收的功能以及其他税收和税法理论中的相关问题均密切相关，因而引起了学者的广泛兴趣，形成了一系列重要的学说，现择要略述如下。

（一）公需说

公需说，也称公共福利说，流行于17世纪。其代表人物是法国的博丹和德国的克拉克。该学说认为，国家的职能是满足公共需要，增进公共福利，为此需要通过征税来取得用以实现国家职能的费用。该学说在由封建主义向资本主义过渡的当时，具有一定的进步意义。

（二）交换说

交换说，也称利益说、代价说等，发端于18世纪初，始由卢梭力倡，后为法国重农学派所接受，并经亚当·斯密发展成英国古典学派的主张。该学说以社会契约论和自由主义的国家观为基础，认为国家和个人是各自独立平等的实体，国民因国家的活动而得到利益，理应向国家纳税以作为报偿，因而税收体现的是国家与国民之间的一种交换关系。该学说在资本主义的发展初期曾起到了一定的积极作用。

（三）保险说

保险说，也称保险费说，是交换说的变形，两者实际上属同一个理论体系。该学说认为国家保护了人民财产和社会公共秩序，人民因此就应向国家支付报酬；国家与国民之间的关系如同保险公司与投保者的关系，税收便是国民向国家交纳的保险费。由梯埃尔首创的保险说因其特殊的保险观念而在税收学说史上占有一定的地位。

（四）义务说

义务说，也称牺牲说，起源于19世纪英国的税收牺牲说，后经由德国的瓦格纳加以完善。该学说以黑格尔的国家有机体说为基础，认为：个人生活必须依赖于国家的生存，为了维持国家生存而纳税，是每个公民当然的义务。纳税不是对接受国家利益的一种返还，而完全是无偿的、牺牲性的支付。该学说明确提出了税收的强制性和无偿性，具有一定的积极意义。

（五）新利益说

新利益说，也称税收价格论。与上述的利益说或交换说不同，该说认为国家可以分解为构成国家的个人，国家满足公共需要就是满足每个人共同的私人欲望，因此，个人纳税就像为满足私人欲望而购物时所支付的价款。此学说的代表人物是维克塞尔、格伦采尔和林达尔。

（六）经济调节说

经济调节说，也称市场失灵说，是资本主义发展到垄断阶段以后出现的凯恩斯理论的重要观点。该学说认为：由于存在市场失灵，市场机制不能进行资源的有效配置和公平分配社会财富，因而需要社会经济政策予以调节和矫正。而税收正是完善市场机制、调节国民经济运行和社会分配的重要手段，这便是国家课税的依据。

在上述有关课税依据的各种学说中，义务说是较为重要的，新利益说和经济调节说也越来越显示出其重要性。① 由于它们都是较为晚近的学说，因而与当今人们的普遍认识也比较接近。这些学说不仅在一定程度上影响国家的课税努力、国民的纳税意识和国家的税制建设，也会在一定程度上影响国家税法的基本理念。

在现代市场经济国家，学者较为普遍地认为，国家课税的依据主要是市场失灵的存在和对公共物品的需要，这实际上是对美国学者马斯格雷夫的观点的普遍认同。马斯格雷夫的观点融合了上述经济调节说、新利益说和公需说的一些合理成分，与上述几种学说之间存在着一定的内在联系。

二、税收存在的必要性

与上述税收的依据问题密切相关的问题是：税收为什么会存在？国家为什么要征税？税收存在的必要性究竟是什么？对税收学上的这一基本问题，曾长期存在着认识上的分歧，但随着市场经济体制的普遍实行，人们的认识业已日渐趋同。

一般认为，税收存在的必要性在于它是满足公共欲望、提供公共物品的最有效、最重要的手段，它能够在一定程度上缓解在公共物品领域存在的市场失灵问题，对社会收入进行分配和再分配，进而可以成为宏观调控和保障经济与社会稳定的政策工具。

国家享有的课税权同国家的公共职能是直接相关的。众所周知，国家或政府要提供公共物品、满足公共欲望，以实现其公共职能，就必须有足够的财力。而国家或政府作为非营利性的组织，其本身是不创造利润的。因此，为了维持国家或政府的存续及有效运作，实现其提供公共物品的职能，国家或政府就必须依据政治权力和经济权力来获取财政收入。而在当代各国的财政收入中，税收始终是最主要的部分。并且，各国征税的直接目的就是用于提供公共物品。

税收之所以会在各国的财政收入中占有较大比重，并成为提供公共物品的主要资金来源，是因为税收具有其自身的优点，可以弥补其他财政收入取得形式的缺陷。比较税收与其他财政收入取得形式的优劣得失，对于理解税收存在的必要性及相关税收原理是甚有裨益的，但由于在实践中各国获取财政收入的形式不尽相同，因而学者往往提取以下几种获取财政收入的形式

---

① 参见［日］井手文雄著，陈秉良译：《日本现代财政学》，263页，北京，中国财政经济出版社，1990。

来与税收相比较：

（1）增发货币。政府享有货币发行权，在理论上可以通过增发货币来取得财政收入。但由于无经济根据地凭空增发货币会导致通货膨胀，往往不利于经济的稳定增长，甚至可能会酿成金融恐慌和社会动乱，因而各国政府一般都不以增发货币作为现实中获取财政收入的主要手段，从而使增发货币难以成为提供公共物品的主要途径。

（2）发行国债。政府可以以国家信用作担保，通过向国内外发行债券来取得相应的财政资金。但举债是有偿的，政府要向债权人还本付息，并且，举债规模越大，偿债的规模也越大。因此，发行国债作为取得财政收入的一种手段虽然是可行的，但其规模必须适度，因而国债收入不可能在财政收入中占有较大比重，即国债收入也不能成为提供公共物品的主要资金来源。

（3）收取费用。政府可以依据“谁受益，谁付费”的原则，向公共物品的使用者和受益者收取费用，以满足财政之需。但这在具体操作上存在诸多困难，而且收取的金额也不可能很大。因此，收费的形式不能成为财政收入的主要形式，它同罚没收入等辅助形式一样，都不能作为提供公共物品的主要资金来源。

可见，上述几种获取财政收入的形式各有其缺陷，因而都不能成为提供公共物品的主要资金来源。而税收则不同：它可以弥补上述几种形式的缺陷，因为政府通过税收形式取得财政收入，只是一种购买力的转移，它不会引发无度的通货膨胀；同时，政府取得税收收入是无偿的，无须像发行国债那样承担还本付息的压力，不会增加远期的财政负担；此外，依法强制、无偿征收的税收收入数额巨大且相对稳定，因而可以为财政支出提供稳定、充足的资金来源，从而也使其成为提供公共物品的最主要的资金来源。

总之，税收的存在是十分必要的，它是国家或政府提供公共物品的最主要的资金来源，对于满足公共欲望、实现国家的公共职能、保障公共物品（政府的宏观调控和对经济、社会稳定的保障等亦属之）的有效提供，具有十分重要的作用。

三、税收的功能

课税的依据同税收的功能联系甚为密切。正由于税收存在着特有的功能，国家才需要征税，人民才需要纳税，国家课税才有依据。上述有关课税依据的学说实际上已在一定程度上揭示了税收的功能。

与财政的功能类似，税收的功能主要有三种，即分配收入、配置资源和保障稳定。

（一）分配收入的功能

税收是国家参与社会收入分配的重要手段，它与各类主体的利益攸关，直接影响公共经济部门与私人经济主体之间的收入分配。税收分配收入的职能包括两个方面，即获取财政收入和收入的再分配。税收是财政收入的主要形式，是国家获取财政收入的主要手段。当代各国主要是通过征税来筹集财政资金，以提供公共物品，满足公共需求。自 20 世纪初以来，各国通过税收形式从社会收入中分得的财政收入在整个财政收入中所占的比重日渐提高，在许多国家高达 90%左右，因而有学者将现代国家称为“税收国家”或“租税国家”。

获取财政收入是税收最原始、最基本的职能，但税收不仅是参与国民收入初次分配的手段，它同样可以用于社会收入的再分配。由于存在市场失灵、社会分配不公等问题，国家适度介入经济生活，对社会收入进行再分配甚为必要。虽然再分配的方法有很多，如最低工资制度、农产品价格维持制度等，但税收被公认为是最好的方法，因为税收通过各种课税要素的调节，不仅可以对市场经济进行有效调控，也能使再分配的效果及于全体社会成员。由于再分配的职能同经济、社会政策联系密切，因而它不仅在税收分配收入的职能中占有重要地位，而且与税收宏观调控的职能亦有内在联系。

（二）配置资源的职能

税收配置资源的职能，也称宏观调控的职能。税收作为调节经济运行的重要经济杠杆，在宏观调控方面具有十分重要的作用，已成为影响当代经济生活的经常性因素。国家通过征税，参与社会收入的再分配，可以对各类主体的实际收入及其运用发生重大影响，从而影响投资与储蓄，影响资产结构和产业结构的调整，以及各类资源的配置。

国家运用税收进行宏观调控的过程也就是资源配置的过程。税收本身具有“内在稳定器”的功能，即可以对经济波动进行逆向调节，降低国民收入增减对经济波动反应的灵敏程度。

与此相联系，国家还可以通过采取增税和减税措施来防止经济过热或过冷，从而有助于熨平经济周期，平衡经济波动。此外，国家还可以通过税种的设置、征税范围和税率的调节、税收优惠政策的调整等进行宏观调控，从而实现税收配置资源的职能。

（三）保障稳定的职能

税收因其具有分配收入和宏观调控的职能，能够在一定程度上解决公共物品的提供、市场失灵及社会分配不公等问题，因而它不仅有助于提高经济运行的效率，也有助于促进经济公平和社会公平，进而有助于保障经济和社会的稳定。

在保障经济稳定方面，由于税收具有“内在稳定器”的功能，加之各种税收手段可以综合运用，因而税收具有明显的“反周期”的作用，这会在很大程度上促进经济的稳定。此外，由于税收是调节各类主体收入再分配的重要工具，在实行累进税制和开征所得税、社会保障税、遗产税与赠与税的情况下，在税收收入被用于转移支付和其他公共物品支出的情况下，税收亦有助于促进社会分配公平，从而有助于保障社会稳定。

在税收的上述三类职能中，分配收入的职能是最为基本的，配置资源的职能次之，保障稳定的职能是以前两项职能为基础的。这三项职能密切相关，每一项排位在前的职能都是排位在后的职能的基础；而排位在后的职能则能够体现税收的更高层次的价值目标。认识税收的职能，不仅有助于更好地理解课税的依据，也有助于更好地认识税法的宗旨或调整目标。

第三节　税收的分类和结构

税收体系，是由各个税种所构成的统一整体。要研究一国的税收体系，就必须关注其税收的分类和结构。

一国现行的税收体系是由该国现行的税种构成的。在理论上说，税收体系应当是由各个税种构成的内在和谐、统一的整体，其内在结构和税种的分类应是科学、合理的。研究税种的分类和税收体系的结构，有助于从整体上把握税收体系和税法体系。

一、税收的分类

税收的分类，其核心问题是税收可以分为哪些种类，各个税种如何归类。由于此类问题甚为重要，因而自亚当·斯密创立古典经济学派以来一直深受经济学家重视，并形成了“税系理论”。学者依据不同的标准对税种作了多种分类，对后世的税收和税法研究产生了较大影响。现对税收的各种分类简介如下。

（一）直接税与间接税

依据税负能否转嫁，税收可以分为直接税和间接税。凡税负不能转嫁于他人，需由纳税人直接承担税负的税种，即为直接税，如各类所得税和一般财产税。凡税负可以转嫁于他人，纳税人只是间接承担税负的税种，即为间接税，如各类商品税。这种分类方法最早由法国重农学派的代表人物魁奈（F. Quesnay）提出，后由英国著名学者穆勒（James Mill）加以完善。

上述分类对于研究税收归宿、税法实效等问题具有重要意义，在税种分类中占有重要地位。但税负转嫁是复杂的、有条件的。对此，美国学者塞利格曼有专门研究，奠定了税负转嫁理论的基础。

（二）从量税与从价税

依据税收计征标准的不同，税收可分为从量税和从价税。凡以征税对象的数量、重量、容量等为标准从量计征的税种，为从量税，也称单位税或“从量计征”；凡以征税对象的价格为标准从价计征的税种，为从价税，也称“从价计征”。从量税不受征税对象价格变动的影响，计算简便，税负水平较为固定，如资源税。从价税直接受价格变动影响，有利于体现国家的经济政策，多数税种为从价税。

（三）商品税、所得税和财产税

依据征税对象的不同，税收可以分为商品税、所得税和财产税。这通常被认为是税收的最重要、最基本的分类。由于征税对象可以分为商品（包括劳务）、所得和财产，因而对税收也可以相应作出上述的基本分类。

上述分类之所以重要，是因为征税对象是税制的核心要素，是区分不同税种的主要标准，据此便于揭示和把握各税种的特征，同时，也便于发挥各税种的不同作用，完善其征管方法。因此，学者在理论上多重视此种分类，各国和有关国际组织在实践中也主要采用此种分类。本书在后面也以此种分类为基础对相关的税收法律制度加以介绍。

（四）对人税和对物税

依据税收的侧重点或着眼点的不同，税收可以分为对人税和对物税。这是西方国家对税收的最早分类。凡主要着眼于人身因素而课征的税为对人税。早期的对人税一般按人口或按户征收，如人头税、人丁税、户捐等。凡着眼于物的因素而课征的税为对物税，如对商品、财产的征税。

在现代国家，人已成为税收主体而非客体，因而人头税等多被废除。一般认为以作为主体的“人”为基础并考虑个人具体情况而征收的税为对人税，如所得税；以作为客体的“物”为基础且不考虑个人具体情况而征收的税为对物税，如商品税。

（五）中央税和地方税

依据税权归属的不同，税收可分为中央税和地方税。凡税收立法权、税收管理权和收入支配权归属于中央政府的税收，为中央税，或称国税；凡上述税权归属于地方政府的税收，为地方税，简称地税。在税收立法权高度上收中央政府的情况下，中央税和地方税的划分主要以税收征管权和税收收益权的归属为标准。此外，有时某些税种的税收收入由中央政府和地方政府按分成比例共同享有，这些税种便统称为中央与地方共享税，简称共享税。

（六）价内税和价外税

依据税收与价格的关系，税收可分为价内税和价外税。凡在征税对象的价格之中包含税款的税，为价内税，如消费税；凡税款独立于征税对象的价格之外的税，为价外税，如增值税。

价内税的税款是作为征税对象的商品或劳务的价格的有机组成部分，该税款需随商品交换价值的实现方可收回，并且，随着商品的流转会出现“税上加税”的重复征税问题。而价外税比价内税更容易转嫁，且一般不存在重复征税问题。

（七）经常税和临时税

依据税收的征收期限和连续性，税收可分为经常税和临时税。凡为保证国家经常性的费用支出而依法长期、连续课征的税，为经常税；凡为实现某种特殊目的，或因国家处于非常时期而在一个或几个财政年度内临时特别征收的税，为临时税。各国现行的税种绝大多数为经常税，但经常税一般是由临时税演变而来的。

（八）独立税和附加税

依据课税标准是否具有依附性，税收可分为独立税和附加税。凡不需依附于其他税种而仅依自己的课税标准独立课征的税，为独立税，也称主税。多数税种均为独立税。凡需附加于其他税种之上课征的税为附加税。狭义上的附加税仅指以其他税种的课税额作为自己的课税标准的税；广义上的附加税还包括直接以其他税种的课税标准作为自己的课税标准的税。我国的附加税主要有城市维护建设税、教育费附加等。

（九）实物税和货币税

依据税收收入形态的不同，税收可以分为实物税和货币税。凡以实物形式缴纳的税，为实物税；凡以货币形式缴纳的税，为货币税。实物税主要存在于商品经济不发达的时代和国家；货币税则是今天市场经济国家采取的最普遍、最基本的税收形式。

（十）财政税与调控税

依据课税目的的不同，税收可分为财政税与调控税。凡侧重于以取得财政收入为目的而课征的税，为财政税；凡侧重于以实现经济和社会政策、加强宏观调控为目的而课征的税，为调控税。这种分类体现了税收的主要职能。

除上述分类以外，还有其他一些分类，如依据税收用途的不同，税收还可分为一般税和特别税：凡仅用于满足一般财政需要的税收即为一般税，也称普通税；凡用于满足特定经费需要的税收，即为特别税，也称目的税。此外，还有学者将税收分为国内税收与国际税收，工商税收、农业税收与关税税收，累进税与累退税，等等。限于篇幅，在此不再逐一介绍。

除上述理论上的分类以外，经济合作与发展组织（OECD）还曾以征税对象为分类标准，将其成员的税收分为六类：（1）所得税，包括对所得、利润和资本利得的课税；（2）社会保险税，包括对雇员、雇主及自营人员的课税；（3）薪金及人员税；（4）财产税，包括对不动产、财富、遗产和赠与的课税；（5）商品与劳务税，包括产品税、增值税、销售税、消费税和进出口关税；（6）其他税。上述分类亦可进一步概括为所得税、商品税和财产税三个主要的税类。

二、税收体系的结构

税收体系的结构，简称税系结构或税制结构，与税种的分类联系甚为密切。一国的税收体系由哪些税种或税类构成，各税种或税类之间的数量比例关系及协调性、互补性如何等，都是税制结构方面的问题，它们直接影响着整个税收体系内在功能的有效实现。正因如此，对于税制结构问题，学者历来非常重视，并对税制模式与税制的具体结构进行了深入的研讨。

（一）结构模式的选择

依据税收体系构成即税种的数量和地位的不同，税制结构在理论上可分为两种模式，即单一税制和复合税制。

1. 单一税制

单一税制是指税收体系仅由一个税种构成，或以一个税种为主并辅以其他个别税种的制度模式。在历史上，曾有一些学者积极主张实行单一税制，如英国重商主义学者霍布斯主张实行单一消费税制，法国重农学派的魁奈主张实行单一土地税制，法国学者博丹主张实行单一所得税制，法国学者日拉丹等主张实行单一资本税制，等等。

单一税制的优点是一次课征且征收范围小，对生产和流通影响小，有利于减轻人民负担和促进经济发展；同时，由于征收范围明确，手续简便，征收费用小，因而有利于提高税收的经济效率和行政效率。

单一税制的缺点是：(1) 从财政角度看，不利于足额获取财政收入，且收入弹性小，不能适应国家经费变动的需要。(2) 从经济角度看，易引起某一方面的经济变动，不利于资源的全面有效配置，会影响国民经济的均衡发展。(3) 从社会角度看，单一税制不符合税收的普遍课征原则和平等原则，易导致税负不公和社会矛盾激化。

有关单一税制的各种观点仅存在于理论层面，各国并未真正实施过。各国实际实行的均为复合税制，这种税制能够弥补单一税制的不足。

2. 复合税制

复合税制是指税收体系由多个不同税种构成、内在协调互补的制度模式。复合税制之所以被各国普遍采用，是因其具有以下优点：(1) 税源充裕，弹性较大，能保证财政需要并适应其变化；(2) 各税种互为补充，能全面发挥税制的功能、捕捉各种税源；(3) 符合各项税收原则，能够涵养税源，促进经济与社会的协调发展。

但是，复合税制亦有其缺点，主要是税种设置过多、税负分布不均、征收复杂等。为了弥补上述不足，需要对复合税制不断进行改革，以使税种构成更为合理，从而形成各税种协调互补的税收体系。

在建立完善、合理的复合税制方面，尤其需要注意以下几个问题：

第一，合理选择税种。选择税种要符合各项税收原则，即要符合财政原则、经济原则和社会原则，以弥补单一税制的上述缺点。同时，选择税种也要考虑到税负转嫁的因素。此外，还要注意税制构成的数量比例关系，并非税种越多越好。

第二，正确选择税源。税源是税收的源泉，它来自税本所产生的收益，而税本则是产生税源的基础和根本。有税本才有税源，有税源才有税收。课税只能触及税源，但不可侵及税本。税源通常可以是所得、收益和财产，但最适宜作税源的只有所得和收益。

第三，适当确定税负。课税是有限度的，税负应当适当。为此应注意掌握税收占国内生产总值（GDP）的比例，以及税收收入占国民收入的比例等，以使宏观税负限定在合理的范围之内。

[资料] **复合税制的具体结构**

由于各国均选择复合税制，因而学者都很重视复合税制的具体结构，并提出了两大税系论和三大税系论的主张。其中，两大税系论强调税制主要由直接税和间接税构成，三大税系论的观点则不尽一致，例如，同是主张三大税系论的学者，德国学者施泰因认为税制应包括直接税、间接税和所得税三个税系，而另一位德国学者瓦格纳则主张包括所得税、所有税和消费税三个税系，日本学者小川乡太郎则认为应包括所得税、消费税、流通税三个税系。

美国学者马斯格雷夫认为，税收体系包含两大部分，即对货币资金运动过程的课税和对财产的持有及转让的课税。前者主要包括所得课税和商品课税，后者主要是财产课税。马斯格雷夫提出的所得税、商品税和财产税“三大税系论”得到了较为广泛的赞同，产生了深远的影响。

现代各国的税制是不尽相同的。结合上述的税系理论，综合分析各国现行的主要税种及其性质，学者一般认为现代税收体系在具体结构上由三大课税体系构成，即所得税系、商品税系和财产税系，并且，三大税系各自包含一系列的税种。其中，所得税系包括：(1) 所得税，如个人所得税、公司所得税、社会保险税；(2) 利得税，如资本利得税和其他利得税；(3) 收益税，如房地产收益税、土地收益税等。商品税系包括：(1) 营业税（销售税）；(2) 增值税；(3) 消费税；(4) 国内产品税；(5) 关税。财产税系包括：(1) 一般财产税，如财产净值税等；（2）特种财产税，或称个别财产税，如土地税、房产税、不动产税、车船税等；（3）财产转让税，如继承税、遗产税与赠与税等。

除上述三大税系以外，有的学者认为税制中还应包括流通税系，即以经济流通行为为征税对象的一类税。该税系主要包括财产流通税和价格流通税。前者对发生财产转移的行为（如产权的发生、变更、转移、消灭等行为）课征，其中，对发生财产转移效果的行为课征的税也称为行为税或交易税；后者主要对附属于经济流通的权利转移行为课征，如登录税、文书税（印花税）等。由于流通税系的税种及各国可能存在的其他零星税种的征税数额较小，影响不大，在财政收入中所占的比重和在宏观调控中的地位微乎其微，因而学者对流通税系一般都不单列，而是把该税系中的税种并入财产税或者其他税类中附带加以研究。

（二）直接税与间接税的比重

无论主张何种税系理论，在具体的税制结构方面，都会涉及直接税与间接税的比重问题。事实上，现代税制的发展经历了一个漫长的发展过程，其内在结构和主体税种也几经变化。古代税制主要由人头税、土地税、灶税、户税等构成，以简单、原始的直接税为主体税种；近代税制主要由关税等商品税构成，以间接税为主体税种；现代税制由直接税、间接税的各税种构成，以强调直接税的主体地位为重要趋势。由于财产税在现代税制中仅处于辅助地位，因而各国一般仅在所得税和商品税之间选择其主体税种。

在进行国际税制比较时，有的学者按主体税种的不同将税制模式划分为三种类型：（1）盎格鲁-撒克逊型，以英国、美国为代表，以所得税等直接税为主体税种；（2）拉丁-欧洲型，以法国、意大利为代表，以间接税为主体税种；（3）中间型，以德国为代表，其税制是直接税与间接税并重。① 但由于一些国家的税收立法会发生变化，因而上述类型划分并不绝对。

此外，在发达国家因其企业、居民收入较高，故所得税往往占有较大比重；在发展中国家因其经济欠发达且急需大量财政收入，故往往商品税为主体税种，或者商品税与所得税并重。但上述概括亦非绝对。例如，欧盟国家均较为发达，但以增值税为主体的商品税所占比重也是较大的。因此，上述概括仅在于说明一般的趋势和状况。

第四节　税收的原则和政策

税收原则是在税制的设计和实施方面应遵循的基本准则，也是评价税制优劣和考核税务行政管理状况的基本标准。此外，税收原则在税法的制定和实施过程中应予遵循。正因为如此，税收原则不仅是税收理论中的重要内容，而且对于税收和税法实践亦具有重要意义，它是影响税收政策的重要因素。对于税收原则，历代学者曾有过多种概括。而当代税收原则一般被概括为两大原则，即税收公平原则和税收效率原则。

[资料]　　历代学者所概括的税收原则

历代学者曾对税收原则作过不尽相同的概括，对后世产生了程度不同的影响，现择要介绍如下。

1. 威廉·配第的观点

一般认为，英国古典政治经济学的创始人威廉·配第（W. Petty）是税收原则的最早提出者。他认为，税收原则有三项：（1）公平原则，即税收对各类主体和对象要一视同仁，且税负不能过重。（2）简便原则，即征税手续要简便，方法要简明，以尽量方便纳税人。（3）节省原

① 参见国家税务总局税收科学研究所编著：《西方税收理论》，228页，北京，中国财政经济出版社，1997。

则，即征税费用不能过多，应尽量做到节约。上述三原则的中心是公平原则。

2. 攸士第的观点

攸士第（J. H. G. V. Justi）是德国新官房学派的代表人物，他认为税收原则有六项：（1）自愿纳税原则，即税收应自愿缴纳，在征税方法上应促使纳税人自发纳税。（2）合理征税原则，即征税要以不危害人民生活和经济发展为限度，不得非正当地限制人民的自由。（3）平等征税原则，即征税应当公平、公正，一视同仁。（4）依法征税原则，即征税要有明确的法律依据，税收要确实、准确。（5）低费征收原则，即要选择征收费用最低的货物来课税。（6）便捷征税原则，即纳税手续应当简便，税款应合理地分期缴纳。攸士第的税收原则理论反映了新兴资产阶级的利益要求，对后世税收原则理论的发展产生了重要影响。他所提出的六项原则除第一项外，均为亚当·斯密所接受。

3. 亚当·斯密的观点

亚当·斯密（A. Smith）是英国古典经济学的奠基人。他首次对税收原则作出了系统阐述，并与德国学者瓦格纳一起分别成为各自所在历史时期的税收原则理论的集大成者。斯密提出了著名的税收四原则，即平等原则、确实原则、便利原则和节约原则。

所谓平等原则，即国民应根据其纳税能力来承担政府的经费开支，纳税额度需依国民在国家保护下所获收入的多少来确定；国民在纳税上一律平等，不得有免税特权；征税应尽量不使经济发展受到影响。

所谓确实原则，即课税的条件必须确定、翔实，不得随意变更；有关纳税的时间、方法、数额等，都必须让一切纳税人明了。

所谓便利原则，即税收的征纳手续应尽量简便，尤其在纳税的时间、地点、方式等方面都应尽量简便易行，以求最大限度地为纳税人提供便利。

所谓节约原则，也称征收费用最少原则，即征税费用应尽量减少，以使其降至最低，从而使国家能够最大限度地获取有效的税收。为此应提高税收行政效率和税收经济效率，处罚腐败和规避税法的行为。

4. 萨伊的观点

萨伊（J. B. Say）是法国著名的经济学家，他将税收原则概括为税负适度、节约费用、税负公平、最小妨碍和增进道德五大原则。

所谓税负适度原则，即由于征税是对纳税人用于个人需要或用于再生产的财富的剥夺，因而税负必须适度，征税越少，对经济的破坏作用就越小。

所谓节约费用原则，即由于税收的征收费用是人民的负担，对国家亦无益处，因而必须节约征收费用，以减轻纳税人的负担，增加国库的实际收入。

所谓税负公平原则，即由于全体纳税人公平承担税负时，每个人的税负才最轻，因而税负应力求公平，否则对纳税人和国库均不利。

所谓最小妨碍原则，即由于各类税收均有害于再生产，因而必须把税收对生产的妨碍减到最小，尤其对资本的课税应更轻。

所谓增进道德原则，即由于税收是影响人民的勤劳与懒惰、节约与奢侈的有力工具，从而会影响社会道德，因此，国家征税应努力增进国民的道德。

5. 瓦格纳的观点

阿道夫·瓦格纳（A. Wagner）是德国新历史学派的代表人物和西方财政学的创建者。作为财税理论方面的集大成者，瓦格纳结合当时自由资本主义向垄断阶段发展的实际，将税收原则概括为四大项九小点，此即著名的“四项九端原则”。其具体内容为：

（1）财政政策原则。该原则也称财政收入原则，即税收要以满足财政支出、实现国家公共职能为主要目的。该原则具体包括以下原则：1）收入充分原则，即在其他非税收入不能充分满足财政需要时，可依靠税收提供充足的财政收入，以避免发生财政赤字。2）收入弹性原则，即税收必须能随财政需要的变动而相应增减。

（2）国民经济原则，即国家征税不应妨碍国民经济的发展，不得危及税源，而应尽可能促进资本的形成，从而促进国民经济的发展。该原则具体包括以下原则：1）慎选税源原则，即要选择有利于保护税本的税源，以更好地发展国民经济。税源以所得为最优，但为实现一定的政策目标，也可选择某些资产或财产作税源。2）慎选税种原则，即选择税种要慎重，必须考虑税负的转嫁问题，因为它关系到国民收入的分配和税负的公平。

（3）社会正义原则，即应通过征税来矫正社会财富分配不均、贫富分化的弊端，以实现社会正义，达到用税收政策进行社会改革的目的。该原则具体包括以下原则：1）普遍原则，即税负应遍及社会上的每个成员，每个国民均负有纳税义务，不得因身份或社会地位特殊而予以免税。2）平等原则，即应根据纳税能力的大小来征税，以使纳税人的税收负担与其纳税能力相适应。

（4）税务行政原则。这是从事税务行政管理必须遵循的准则。它具体包括以下原则：1）确实原则，即税法规定必须明确、翔实，税务机关及官吏不得任意妄为；纳税的时间、地点、方式、数量等均须事先规定清楚，以使纳税人有所遵循。2）便利原则，即在纳税的时间、地点、方式等方面应尽量给纳税人以便利，使之便于纳税。3）节约原则，即税收的征管费用应尽量节约，以尽量增加国库的实际收入。同时，还应减少纳税人的奉行费用。

6. 马斯格雷夫的观点

马斯格雷夫是美国杰出的经济学家，对当代财税理论的发展贡献尤其巨大。他将税收原则概括为以下几点：（1）公平分配税负；（2）税收应尽量不干预有效的市场决策；（3）税收被用于其他目的时，应尽量不影响税收的公平性；（4）税收的结构应有利于财政政策的实现；（5）税收应明确、翔实且便于纳税人理解；（6）税收的征收管理费用应在实现其他政策目标的基础上尽量降低。

上述各位学者有关税收原则的观点在其各自的历史时期以及对后世均产生了较大的影响。尽管其认识不尽相同，但仍有很多共同点。正是在此基础上，人们又进一步总结出了当代税收的基本原则。

一、当代税收的基本原则

一般认为，当代税收的基本原则有两个，即税收公平原则和税收效率原则。

（一）税收公平原则

1. 税收公平原则的含义

税收公平原则是指国家征税应使各个纳税人的税负与其负担能力相适应，并使纳税人之间的负担水平保持平衡。税收公平包括横向公平和纵向公平两个方面。

所谓税收的横向公平，是指经济能力或纳税能力相同的人应当缴纳数额相同的税收，亦即应以同等的课税标准对待经济条件相同的人；所谓税收的纵向公平，是指经济能力或纳税能力不同的人应当缴纳数额不同的税收，亦即应以不同的课税标准对待经济条件不同的人。这样，才能实现“量能课税”。

税收公平原则要求税收必须普遍课征和平等课征，唯有如此，才能更好地实现税收的横向公平和纵向公平，解决收入分配不公等社会问题，促进经济与社会的稳定。正因如此，税收公平原则通常被认为是税制设计和实施的首要原则，并被推为当代税收的基本原则。

2. 衡量税收公平的标准

一般说来，衡量税收公平与否，主要依据两种原则，即受益原则和能力原则。

(1) 受益原则。

所谓受益原则，即根据纳税人从政府提供的公共物品中受益的多少，判定其应纳税的多少和税负是否公平，受益多者即应多纳税，反之则相反。由于该原则侧重于把纳税多少、税负是否公平同享受利益多少相结合，因而也有人称之为“利益说”。

受益原则把纳税类同于一般的市场交换，它仅能在某些特定的情况下对税收的公平性予以说明，但并不能在各种情况下都作为衡量税收是否公平的普遍性原则。

(2) 能力原则。

所谓能力原则，即根据纳税人的纳税能力来判定其应纳税额的多少和税负是否公平，纳税能力强者即应多纳税，反之则相反。由于该原则侧重于把纳税能力的强弱同纳税多少、税负是否公平相结合，因而也有人称之为“能力说”。

在税收公平与否的衡量方面，能力原则一般被认为较为合理且易于实行。但在如何测度纳税能力上亦存在不同观点。一种观点认为，应以纳税人所拥有的财富的多少作为测度其纳税能力的标准，即应综合运用财产、收入、支出这三种表示财富数量的尺度来衡量纳税能力之强弱。这种观点也称“客观说”。另一种观点认为，应以纳税人因纳税而感受到的牺牲程度的大小作为测度其纳税能力的标准。这种观点也称“主观说”。一般认为，“客观说”是更为可取的，它与人们通常对征税客体的认识也是一致的。

(二) 税收效率原则

所谓税收效率原则，即国家征税必须有利于资源的有效配置和经济机制的有效运行，必须有利于提高税务行政的效率。它具体包括税收的经济效率原则和税收的行政效率原则两个方面。

1. 税收的经济效率原则

税收的经济效率原则，即国家征税应有助于提高经济效率，保障经济的良性、有序运行，实现资源的有效配置。

税收的经济效率原则侧重于考察税收对经济的影响。一般认为，税收既然是从私人经济部门向公共经济部门转移资源，就必然会对经济发生影响。若该影响仅限于征税本身所产生的负担，则属正常；若除此之外又产生了外部效应，则可能会存在额外负担和额外收益两种情况。

税收的额外负担，对于资源配置或经济运行，均会产生降低经济效率的负面影响。为了尽量减少税收的额外负担，著名经济学家马歇尔等许多学者主张税收中性原则。该原则的基本内涵是，国家征税除使人民因纳税而发生负担以外，最好不要再使人民承受其他额外负担或经济上的损失；国家征税应尽量不影响市场对资源的配置，应将税收对经济活动产生的不良影响降至最低。

此外，由于通过税收的宏观调控来配置资源，有助于弥补市场调节的不足，保障经济的稳定增长，因而亦会产生税收的额外收益。如果从全社会看，宏观上的所得大于所失，总的额外收益大于额外负担，即可认为税收对经济的影响是良性的、积极的，是符合税收的经济效率原则的。

2. 税收的行政效率原则

税收的行政效率原则，是指国家征税应以最小的税收成本去获取最大的税收收入，以使税收的名义收入与实际收入的差额最小。该原则侧重于对税务行政管理方面的效率的考察。

所谓税收成本，是指在税收征纳过程中所发生的各类费用支出。狭义的税收成本专指征税机关为征税而花费的行政管理费用，因而也称税收征收费用，如税务机关的办公费用、税务人员的工薪支出等。广义的税收成本还包括纳税人因纳税所支出的各种费用，如税务代理费、申报纳税的机会成本、交通费用，为逃税、避税而花费的时间、精力、交际费，以及因逃税、避税未遂而受到的惩罚及精神损害等。纳税人因纳税而支出的上述费用也称税收奉行费用。

由于税收征收费用比税收奉行费用更容易确定和计算，因而一般通过税收征收费用占全部税收收入的比例来考察税收的行政效率。

为了提高税收的行政效率，应注意做好以下几个方面的工作：(1) 简化税制，使税收征纳易于执行，从而降低税收的奉行费用或称执行费用；(2) 加强税务行政管理的科学性，防止税务人员腐败，节约征收费用；(3) 增加税务支出的透明度，加大社会公众的监督力度；(4) 加强税收法治建设，切实贯彻税收法定原则。

二、税收政策的概念与分类

（一）税收政策的概念

税收政策是国家为了实现税收的职能以及相关的经济、社会目标而制定和实施的各类策略和措施。税收政策不仅是经济政策的重要组成部分，而且在整个公共政策中也具有重要的地位。

税收政策与税收原则、税收职能等都密切相关。其中，税收原则更具有理念上的意义，对税收活动有着根本上的指导作用；税收政策在很大程度上要受到税收原则的影响，并对税收活动有着具体的指导作用；而无论是税收原则还是税收政策，其遵行和实施，都是为了更好地实现税收的职能。

（二）税收政策的分类

税收政策依据不同的标准，可作出多种分类，其中，以下几种分类较为重要。

1. 税收总体政策与税收具体政策

税收总体政策，也称税收总政策，是覆盖全国的各类税种的宏观税收政策。税收具体政策，是局限于某一个或某几个税种的微观税收政策。

税收总体政策对于税收具体政策的形成具有指导作用，特别是对于一国的整体税制的形成，对于宏观税负以及相关经济政策之间的配合，具有重要的作用。而税收具体政策则对于某个税种的课税要素的确定，对于对某个领域或某类主体的利益调整，以及对于税种之间的协调和配合等，具有重要意义。

2. 税收收入政策与税收调控政策

税收收入政策，是旨在有效获取财政收入，以提高国家提供公共物品的能力的各类策略和措施的总称。税收调控政策，是旨在调控经济运行和资源配置，以促进经济与社会稳定发展的各类策略和措施的总称。在现代国家，税收政策的目标并不总是单一的，而往往是把上述两类政策尽量融为一体。

上述的税收调控政策，还可进一步分为总量调控政策和结构调控政策。税收的总量调控政策，主要是指通过调节宏观税负来影响经济总量的各类政策。它包括：(1) 重税政策与轻税政策；(2) 增税政策与减税政策；(3) 扩张性税收政策、紧缩性税收政策和中性税收政策。税收的结构调控政策，主要是通过有条件的税负差别来引导市场主体的行为，从而实现结构调整的各类政策。它主要体现为各个税种中的税收优惠政策和税收重课政策，并以税收优惠政策为主体。

此外，由于税收调控政策存在上述区别，因而在政策的制定和实施方面，税收的总量调控政策更具有全局性和统一性，而结构调控政策则更具有局部性和差异性。

3. 对内税收政策和涉外税收政策

对内税收政策，是对本国领域和/或本国居民所制定和实施的税收政策；涉外税收政策，是对具有涉外因素的领域和/或非本国居民所制定和实施的税收政策。尽管随着各国开放的深入，对内税收政策与涉外税收政策会出现一些融合的趋势，但在主权国家存在的情况下，在体现国家主权的税收领域，捍卫本国主权与尊重他国主权的要求同时存在，因而即使强调国民待遇或最惠国待遇，这两类政策也不可能完全相同或迅速统一。

涉外税收政策的制定和实施对于发展中国家尤其重要。通常，涉外税收政策主要包括涉外商品税政策、涉外所得税政策和涉外财产税政策等。其中，涉外商品税政策，也称进出口税收政策，包括关税政策（含反倾销、反补贴、保税区政策等）、出口退税政策等，对进出口贸易乃至整个宏观经济都会产生重要影响。

三、税收政策与其他政策的协调

税收政策是国家经济政策的重要组成部分，其制定和实施都会与其他经济政策发生关联。为了发挥各类经济政策的总体效应，以形成合力，必须注意税收政策与其他政策的协调配合，这样才能更好地实现税收政策的预期目标和税收的职能。

由于世界各国主要运用财政政策和货币政策来调节经济，因而下面也主要介绍税收政策与财政政策、货币政策的协调配合问题。

（一）税收政策与财政政策的协调

税收与财政联系十分密切。由于税收收入通常是一国获取财政收入最主要的手段，因而税收有时被视为“大财政”的一部分，相应地，税收政策有时也被看作是财政政策的一部分。但是，随着对税收职能的认识的深化，人们越来越认为税收具有相对的独立性，由此产生了不同于狭义财政政策的税收政策，以及同财政收入政策、财政支出政策等具体财政政策如何协调配合的问题。

应当说，税收政策中包含着税收收入政策，因而同财政收入政策存在着一致性；同时，由于在税收政策中还包含着税收调控政策，因而有时可能与纯粹的财政收入政策并不一致。由此就需要在近期目标与远期目标、实现收入的手段和收入结构等方面进行协调。

此外，对税收政策与财政支出政策进行协调，通常是最突出、最需要的。财政支出政策主要是通过财政支出规模和结构的调节来影响经济运行，其对社会总需求的影响，与税收政策的效应正好相反。此外，财政支出政策主要用于短期的、临时性的调节，而税收政策则一般用于中长期的调节。因此，如果两者的方向不一致、作用不协调，就可能产生政策效应相互抵消的效果。

在两者的配合方面，通常，在税收领域实行“减税”政策时，需要有旨在“增支”的扩张性的财政支出政策与之相配合；反之，当税收领域实行“增税”的政策时，则应有“减支”的紧缩性的财政支出政策与之相配合。如果一方面实行扩张性的财政政策，另一方面又大量地“增税”，则这两类政策的协调就会存在一定的问题。

（二）税收政策与货币政策的协调

税收政策主要是通过税负的调整来引导市场行为和调控经济运行，而货币政策则主要是通过影响货币供应量来调节经济运行，因而这两类政策的作用机理是不同的。通常，货币政策主要是对经济总量发生影响，其作用也较为间接，在结构调节方面较为乏力；而税收政策则不仅能够对总量产生影响，也能够通过其较为直接的作用，对结构调节产生较大影响。

由于这两类政策具有不同的特点，因此，就必须在制定和运用上述政策时，使其能够协调互补。一般说来，当经济过热，出现通货膨胀时，由于采取“增税”或压缩财政支出的手段会受到法律以及心理上的诸多限制，因而各国主要运用货币政策来解决这些问题；当经济过冷，出现通货紧缩时，则主要采取更为直接有效的“减税”和扩大财政支出规模、增发国债等手段。[①] 这也是多年来许多国家普遍采行的做法。

四、税收政策与税法的关系

税收政策与税法的关系非常密切。从总体上说，税收政策为税法的制定提供了重要的前提和基础；而税法则是重要的、稳定的税收政策的法律化，并且，它为税收政策的制定和实施提供了进一步的保障。

现代税法具有突出的现代性。这种现代性的一个重要表现，就是税法与经济政策、社会政策存在着内在的密切关联，特别是它与税收政策存在着紧密的联系。正是由于这种内在的联系，税收职能的实现有了法律的保障，税收的原则才能够得到更加有力的贯彻。同时，把经过实践检验具有合理性和广义合法性的税收政策上升为法律，不仅为税法制度的形成提供了重要的源泉，而且对于确保税法的稳定，提高税法的遵从度和法律实效，都甚有裨益。

延伸思考：

1. 税收与财政收入的其他形式有何不同？
2. 当代国家为什么会成为“税收国家”？
3. 在我国应如何更好地发挥税收的职能？
4. 我国的税收体系是怎样的？
5. 我国在贯彻税收的基本原则方面存在哪些问题？
6. 如何更好地实现税收政策与其他政策的协调？
7. 如何理解我国近年来实施的“减税降费”政策？

---

① 参见金人庆主编：《领导干部税收知识读本》，27、176 页，北京，中国财政经济出版社，2000。

第八章　税法总论

税法总论是整个税法在总体上共通的基本理论，它以税收的基本原理和法学的基本理论为基础，因而也称税法基础理论或税法基本原理。税法总论是学习和研究税法的基础，在税法学中居于十分重要的地位。下面分节介绍税法总论的主要内容。

第一节　税法的概念和特征

一、税法的概念

税法是调整在税收活动中发生的社会关系的法律规范的总称，它是经济法的重要部门法，在经济法的宏观调控法中居于重要地位。

税法在现代各国法律体系中的重要地位以及在现实中的重要作用早已尽人皆知。为了更好地理解税法的概念，有必要分析税法与税收的关系、税法的调整对象，以及依税法形成的税收法律关系的性质这三个问题。

（一）税法与税收的关系

税法与税收既有联系，又有区别。二者之间的联系表现在，税收活动必须严格依税法的有关规定进行，税法是税收的法律依据和法律保障。在现代法治国家，税收与税法是一一对应的，即有税收必有税法，有税法亦必有税收。亦即税收必须以税法为其依据和保障，而税法又必须以保障税收活动为其存在的理由和依据。

此外，税法与税收亦有区别，主要表现在：税收是一种经济活动，属经济基础范畴；而税法则是一种法律制度，属上层建筑范畴。国家和社会对税收收入与税收活动的客观需要，决定了与税收相对应的税法的存在；而税法则对税收活动的有序进行和税收目的的有效实现发挥着极为重要的保障作用。

（二）税法的调整对象

由前述税法的概念可知，税法的调整对象是在税收活动中发生的社会关系，这种社会关系简称税收关系。正因税法与税收存在上述联系和区别，税收关系才成为税法的调整对象。

税收关系可以分为两大类，即税收体制关系和税收征纳关系。前者是指各相关国家机关因税收方面的权限划分而发生的社会关系，实质上是一种权力分配关系；后者是指在税收征纳过程中发生的社会关系，主要体现为税收征纳双方之间的关系。此外，税收征纳关系还可进一步分为税收征纳实体关系和税收征纳程序关系。上述税收关系的具体划分直接影响着税法体系的结构，也影响着对税法概念的认识。

（三）税收法律关系及其性质

上述的税收关系需经税法调整，方能成为税收法律关系。税收法律关系，包括税法主体依税法规定形成的税收体制关系与税收征纳关系，虽然同样包括主体、客体和内容三个方面的构成要素，但具体构成较为复杂。对此后面的有关部分还将作具体介绍。

税收法律关系是与税法紧密相关的。没有税法，就没有税收法律关系。对于税收法律关系的性质，曾长期存在“权力关系说”与“债务关系说”的争论，这场争论对税法理论的发展产生了深远的影响。

权力关系说以德国著名学者奥托·梅耶（O. Mayer）为代表，主张：税收法律关系是国民对国家的一种权力服从关系，国家是权力意志的主体，纳税义务需经过“查定处分”这一行政行为才能创设，因此，整个税收法律关系就是以课税处分为中心的权力服从关系。

债务关系说以另一位德国学者阿尔伯特·亨泽尔（A. Hensel）为代表，主张：税收法律关系是国家请求纳税人履行税收债务的一种公法上的债务关系，纳税义务只需满足税法规定的课税要素即可成立，而并非依行政机关的课税处分来创设。这种观点在德国的《税法通则》中亦得到了体现。

上述两种观点分析问题的角度是不同的：权力关系说更侧重于税收的征收权和征收程序，债务关系说更侧重于强调纳税人对国家负有的税收债务。但是，仅从上述任何一个角度都很难对全部税收法律关系的性质作出全面的概括。因此，对不同的税收法律关系应区别对待。目前，已有越来越多的学者认为，税收征纳实体法律关系是一种公法上的债权债务关系。

二、税法的特征

税法所具有的特征是税法区别于其他部门法的本质特点，深入研究税法的特征有助于加深对税法的概念的理解。一般说来，税法的特征可以分为基本特征和引申特征两大类，现分述如下。

（一）税法的基本特征

税法的基本特征有两个，即经济性与规制性。这与经济法的基本特征是内在一致的，只不过税法的上述特征表现得更为突出。

税法的经济性特征体现在：(1) 税法作用于市场经济，直接调整经济领域的特定经济关系，即税收关系。税法的适度调整有助于弥补市场缺陷，节约交易成本，提高经济效率。(2) 税法能反映经济规律，从而能够引导市场主体从事经济合理的市场行为，不断地解决效率与公平的矛盾。(3) 税法是对经济政策的法律化，它通过保障税收杠杆的有效利用，能够引导经济主体趋利避害。

税法的规制性特征体现在，税法能够把积极的鼓励、保护与消极的限制、禁止相结合，审时度势，灵活规制，力求实现一定的经济、社会和法律目标。

税法的经济性特征与规制性特征是密切相关的，并且，在经济法的各部门法中表现得十分突出。税法的两大基本特征，源于税法调整对象的特殊性。没有税法所调整的特定的税收关系，税法便不可能凸显经济性与规制性的基本特征。

（二）税法的引申特征

在税法的基本特征的基础上，还有学者总结了税法的一些引申特征，主要包括：

(1) 成文性。由于税法是规定国民纳税义务的法，是一种“侵权性规范”，因而税法必须采取成文法形式，以对课税要素作出明确规定。这使税法具有成文性的特征。

(2) 强制性。由于税收具有单方强制性，税法是公法、强行法，因而税法具有突出的强制性的特征。基于税法的强制性，任何机关和个人均不得无法律依据地擅自减免税，也不得任意排除税法的适用。

(3) 技术性。由于税法的规定既要确保税收收入，又要与私法秩序相协调；既要尽量减少对经济的不良影响，又要体现出适度的调控，因而税法具有较强的技术性。这种技术性特征在税法构成要素设计及税法实施方面体现得尤为突出。

第二节　税法的地位和体系

一、税法的地位

税法在法律体系中是否具有自己独立的地位，取决于它是否能够成为一个独立的法律部门、具有不可替代的独立存在的理由和价值。

依据一般的法理，一国的法律体系由多层次的部门法组成，而部门法则由具有共同调整对象的法律规范组成。税法因其具有自己独立的调整对象，即税收关系，因而所有的调整税收关系的法律规范就可以组成税法这一独立的法律部门，并且，该法律部门能够与其他法律部门相区别，从而使税法在法律体系中具有独立的不可替代的地位。

关于税法在法律体系中的具体位阶，过去曾存在不同认识，但这并不影响其独立的部门法地位。在把经济法分为宏观调控法和市场规制法两大类，并且宏观调控法包括财政法、税法、金融法和计划法的情况下，税法便是经济法的一个部门法，并且是经济法的宏观调控法中的重要组成部分。在这种认识下，税法不能成为行政法的部门法。

二、税法的外部关系

税法的外部关系，是指税法作为一个部门法同与其密切相关的其他部门法之间存在的区别和联系。研究税法的外部关系，有助于进一步加深对税法地位的认识，并增进对税法概念和特征的理解。

由于税收涉及的领域十分广阔，因而以税收关系为调整对象的税法与几乎所有的部门法均密切相关。现仅对税法与几个主要部门法的关系略作阐述。

（一）与宪法的关系

由于宪法是根本法，是制定法律的依据，因而宪法中有关税权分配、公民纳税义务等方面的规定，是制定税法的重要基础。正因为如此，税法的内容不得与宪法相抵触，税法的执行也要符合宪法。此外，现代税法还必须体现宪法的保障公平正义、提高经济效率、增进社会福利的基本精神。

（二）与经济法的关系

税法与经济法的联系至为密切。作为经济法的重要组成部分，税法在宗旨、本质、调整方式等许多方面与经济法在整体上都是一致的。但同时，税法作为经济法的一个具体部门法，在调整对象、特征、体系等许多方面又有其特殊性。因此，经济法与税法是共性与个性、整体与部分、普遍性与特殊性的关系。

（三）与行政法的关系

税法与行政法的联系亦甚为密切。由于在形式意义上的税法中，特别是有关税收征管程序方面，存在着许多行政法规范，并且，税法的执行主体主要是行政机关，税务诉讼多被归入行政诉讼，因而过去亦有人认为税法即税收行政法，是行政法的一部分。由此足见两者联系之密切。尽管如此，两者仍有较大区别，尤其在调整对象、宗旨、职能、法域等方面，税法与行政法存在诸多不同。

（四）与民商法的关系

税法与民商法的区别是明显的，前者属于公法，后者属于私法。但两者同样存在着密切的联系：税法的调整通常以民商法调整为基础，经由民商法调整所确立的私法秩序对税法的有效调整具有重要作用；同时，私法秩序的形成也越来越多地受到了税法中的强行法规范的影响，这与税法对市场经济活动的影响日益深入有关。如果说税法与行政法、经济法存在交叉关系，甚至是包含与被包含的关系，那么，在税法与民商法之间则存在着法律调整上的互补关系。

（五）与社会法的关系

税法是与社会法并列的经济法的部门法，因而税法与社会法有着明显的区别。但由于税法直接影响收入分配及其公平性，因而税法也具有一定的社会性，与社会法的关系也很密切。税法不仅要保障经济公平，还要保障社会公平，并通过社会保障税、所得税、遗产税和赠与税等税种来实现这些目标。税法与社会法一样，都是实现社会政策目标的重要工具。

（六）与刑法的关系

税法与刑法属于不同的法域，其区别是显见的。但两者同属“侵权性规范”，都是影响国民财产权利的公法，因而两者在法理方面有许多共通之处。此外，由于严重违反税法的行为构成犯罪，因而在形式意义上的税法和刑法中均有关于涉税犯罪的规定。在惩治税收领域的犯罪方面，税法与刑法的联系甚为密切。

（七）与诉讼法的关系

税法与诉讼法之间的区别是显见的，但两者同样存在紧密关联：一方面，税法主体的实体权利，可能需要通过诉讼法加以保障；另一方面，诉讼法是典型的程序法，而在税法规范中也包含一定的程序法规范，在涉及程序的原理和原则方面两者存在相通性。在现实的行政诉讼中，税务诉讼往往占有较高的比重，并且，在一些国家还存在税务公益诉讼或独立的税务诉讼，这使税法与诉讼法的联系更为紧密。

以上主要简要介绍了税法与一国法律体系中的七个主要部门法之间的关系。此外，随着经济全球化的发展和全球经济治理的强化，还有必要了解税法与国际法的关系。

税法可分为国内税法与国际税法，国际税法是国际法与税法紧密联系的结合部。随着经济活动的日益国际化，加强税收领域的国际协调甚为必要。习近平总书记指出，要坚持统筹推进国内法治和涉外法治，协调推进国内治理和国际治理，要积极参与国际规则制定，提出改革方案，推动全球治理变革，推动构建人类命运共同体。

与此相关，当代各国普遍尊重相关国家的征税权，在关税减让、避免国际双重征税和偷漏税等领域，展开了卓有成效的国际合作，缔结了大量的税收条约、协定等，从而既促进了税法在国际层面的发展，也丰富了国际法的内容。

三、税法的体系

税法的体系是各类税法规范所构成的协调统一的整体，其具体的结构及规范构成，取决于税法的调整对象。

依据前述对税法对象的认识，税法所调整的税收关系可分为两类，即税收体制关系与税收征纳关系。与此相对应，调整上述税收关系的税法规范也可分为两类，即税收体制法与税收征纳法。此外，由于税收征纳关系还可分为税收征纳实体关系与税收征纳程序关系，所以税收征纳法相应地还可分为税收征纳实体法与税收征纳程序法。

上述的税收征纳实体法依其所涉税种及税种的征税对象的不同，还可进一步分为商品税法、所得税法和财产税法，它们在整个税法体系中居于十分重要的地位，需要适时、适度变动，以保障宏观调控的有效实施，因此，税收征纳实体法是税法体系中最具活力的部分。

由上述分析可知，税法体系在结构上包括税收体制法和税收征纳法两大部分，并且，后者还包括税收征纳实体法和税收征纳程序法。其中，税收征纳实体法还包括商品税法、所得税法和财产税法。正是这些不同层次的税法规范的集合，构成了税法体系的整体。

在税法体系的各个组成部分中，税收体制法是规定有关税收权力分配的法律规范的总称，它在税法体系中居于基础和主导地位，没有税收体制法就不可能有税收征纳法。税收征纳实体法作为规定征纳双方实体权利义务的法律规范的集合，在税法体系中居于主体地位。税收征纳程序法作为规定税收征管程序及相关主体程序权利义务的法律规范的集合，对于保障税法主体的实体权利的实现具有重要意义，在税法体系中居于保障地位。

可见，上述三个方面的法律规范各有其明确的定位，它们相互补充、相辅相成，并且，在数量比例关系和各自的定位上也是合理的，从而使整个税法体系在理论上能够成为一个和谐统一的整体。

此外，税法体系同前述的税收体系也是密切相关的：税法体系是税收体系在法律上的表现，集中反映了人们对税收体系的法律理解。

有关税法的上述三个组成部分的具体内容，本书在后面的税法分论部分还将作具体介绍。

第三节 税法的宗旨和原则

税法的宗旨与原则是税法理论中的重要问题。对其进行深入研究，有助于更好地理解税法的概念、特征、地位与体系等理论问题，同时，也有助于提高税法的立法质量和执法水平，因而研究税法的宗旨和原则具有重要的理论价值和实践意义。

一、税法的宗旨

税法的宗旨，或称税法的目的，通常是指税法调整所欲实现的目标。它是税法的制定和执行的基点和出发点。

税法作为经济法的部门法，其宗旨与经济法的整体宗旨是一致的。从经济与法律结合的角度看，经济法作为直接作用于市场经济的法律，既应促进经济效率的提高，以推动经济主体各自利益最大化目标的普遍实现，也应保障经济公平和社会公平，以维护社会公共利益。

有鉴于此，经济法的宗旨可以概括为：通过协调运用各种调整手段来弥补传统民商法调整的缺陷，以不断解决个体营利性与社会公益性的矛盾，兼顾效率与公平，从而促进经济的稳定增长，保障社会公共利益和基本人权，调控和促进经济与社会的良性运行和协调发展。

税法的宗旨与上述经济法的宗旨是完全一致的，对此可作如下分析：民商法是与私人经济相对应的，其调整无力解决在提供公共物品等方面存在的市场失灵等问题，而税法的调整可以弥补民商法调整的上述缺陷。税法的直接目标是保障税收职能的有效实现，即通过获取财政收入和提供公共物品，不断解决个体营利性与社会公益性的矛盾；通过有效实施再分配和配置资源，实现宏观调控和增进社会福利的目标，以求兼顾效率与公平；通过保障经济公平与社会公平，来促进经济的稳定增长，增进社会公益，保障基本人权。在实现上述目标的基础上，税法的最高目标是调控和促进经济与社会的良性运行和协调发展。

由上述分析可知，税法的宗旨与整个经济法的宗旨在根本上是完全一致的，它包括税法的直接目标和最高目标两个方面。其中，税法的直接目标通常体现在税法的规定之中，并往往被理解为税法自身的宗旨，主要是保障税收三大职能的有效实现，具体体现为保障有效获取财政收入、保障有效实施宏观调控和保障经济与社会的稳定三个目标。税法的最高目标，是在实现上述直接目标的基础上，税法调整力求达到的更高层次的目标。

税法的宗旨在税收法治建设方面亦非常重要。在立法方面，税法的宗旨应是各种税收法律、法规的首要条款，税法中的其他条款均不得与之相违背。在税法的实施方面，执法者在具体适用税法时，亦须体现税法的宗旨。

［资料］ 税法的多元目标：以房产税立法为例

2021年10月23日，全国人大常委会授权国务院在部分地区开展房地产税改革试点工作，对非居住用房地产继续按照《房产税暂行条例》等征税。如何认识房产税立法的目的，事关对整体税法多元目标的理解。

基于税收的多元职能和税法的多重功用，房产税的立法目的尤其需要明确：国家制定和实施房产税制度究竟旨在获取税收收入，还是为了加强宏观调控？是意在调节社会分配，还是为了保障经济稳定？无论是主张选取上述的单一目标，还是强调综合的组合目标，都需要结合税法的现实功用作具体分析。

首先，如果将房产税的立法目的定位为获取财政收入，那么，是为了获取中央收入，还是为了获取地方收入？如果与地方收入挂钩，则是否将房产税作为地方的主体税种？它在当前能否成为主体税种，从而解决“土地财政”问题，填补地方财政收入的不足？对此需要先达成基本共识。

基于税权理论以及现行分税制的制度规定，房产税作为财产税，其收益分配权归属于地方。但在“房地分离”的制度框架下，政府的房产税收入远不及土地收益，在现行体制和制度约束不变的条件下，房产税很难成为主体税种；同时，排除土地因素的单一房产税制度，也难以弥补地方财政收入的不足，无法从根本上解决“土地财政”问题。对此，我国已经进行的房产税改革试点，从一个侧面提供了佐证。①

其次，如果将房产税的立法目的定位为加强宏观调控，那么，房产税是否可以成为调控整体经济运行的重要工具，能否有效发挥调控功能？本来，财产是静态的财富，通过对财产征税来影响经济运行，其调控功能是较为间接的。基于财产税的调控局限，我国长期以来并未将房产税作为调控的重要工具，只是近些年来，随着房地产业以及相关产业的飞速发展与扩张，随着房地产市场的过热，房产税以及土地增值税等税种才担负起调控的使命②，才被作为调控房地产市场的重要工具。

但是，宏观调控并非单一向度的，它不仅适用于市场过热时压抑房价，也适用于市场过冷时激活市场，这样才能体现把鼓励、促进与限制、禁止相结合的“规制性”，才符合宏观调控的应有之义。此外，房产税调控只能在一定程度上间接地起作用，对其效果不能高估，毕竟它不同于“限购”等作用更为直接的行政措施。因此，无论是对于房产税对房价的影响，还是其对房地产市场的调控功能，都不能过高地看重或依赖。

最后，如果把房产税的立法目的定位为调节社会分配，或者保障经济稳定，那么，必须看到，上述经济目标或社会目标的实现，是以上述的收入目标、调控目标的实现为前提的。如果房产税不能有效调节不同主体的收入分配，不能在制度设计上缓解不同类型的房产产权拥有者之间的差距，则调节社会分配的目标就很难实现；同时，如果调控目标不能有效实现，则经济的稳定目标也很难实现。毕竟在宏观经济的四大目标中，稳定物价（特别是房价）是直接影响宏观经济稳定的重要目标。

综上不难发现，虽然房产税的立法目的可能也可以是多元的，但房产税的征收对于实现这些目的作用有限，不可过于倚重。事实上，房产税只是财产税中的一个税种，加强房产税立法，最直接的意义是促进税法体系的合理和完善。房产税立法只是地方税立法的一部分，要全面解决地方税的问题，实现上述的分配、调控等经济目标和社会目标，仅靠房产税制度是远远

---

① 我国在上海、重庆两地进行的房产税制度改革试点表明，两种不同模式所获取的税收收入都非常有限。

② 我国曾通过调整土地增值税等制度安排和征收管理，来影响房地产市场，从而使土地增值税等也担负起了影响产业发展和市场稳定的使命。

不够的，需要各类税法制度之间、税法制度与其他法律制度之间的紧密配合。唯此才可能促进上述多元目标的有效实现。

二、税法的原则

税法的原则是上述税法宗旨的进一步具体化，要实现税法的调整目标，就必须认真贯彻税法的原则。税法的原则主要包括基本原则和适用原则两大方面。

（一）税法的基本原则

税法的基本原则是在有关税收的立法、执法、司法等各个环节都必须遵循的基本准则，主要包括税收法定原则、税收公平原则和税收效率原则。

1. 税收法定原则

税收法定原则，是指税法主体的权利义务必须由法律加以规定，税法的各类构成要素都必须且只能由法律予以明确规定；征纳主体的权利义务只以法律规定为依据，没有法律依据，任何主体不得征税或减免税收。

税收法定原则始于英国，它发端于对封建君主恣意征税的限制，并与“无代表则无税”的思潮和“议会保留原则”密切相关。税收法定原则具体包括以下三个原则，即课税要素法定原则、课税要素明确原则和依法稽征原则。

依据课税要素法定原则，税收实体法要素必须由法律加以规定，税法主体、征税客体、计税依据、税率等课税要素以及与此相关的征纳程序的立法权应由立法机关行使，行政机关未经授权，无权在行政法规中对课税要素作出规定。

依据课税要素明确原则，课税要素必须由法律尽量作出明确规定，以避免出现歧义。为此，有关创设税收权利义务的规范在内容、宗旨、范围等方面必须确定，以使纳税义务人可以预测其负担。

依据依法稽征原则，税收行政机关必须严格依据法律的规定征收，不得擅自变动法定课税要素和法定征收程序，因而该原则也称合法性原则。该原则尤其强调，没有法律依据，税收行政机关无权决定开征、停征、减税、免税、退税、补税。

上述的税收法定原则在法理上与刑法上的罪刑法定原则是一致的，它在税法的基本原则中占有至为重要的地位。由此使税收法定主义也成为税法理论中的重要思想。

2. 税收公平原则和税收效率原则

如前所述，税收公平原则和税收效率原则是当代税收的两大基本原则，在税收的立法、执法、司法等各个环节必须体现其基本精神，因而这两大原则同样被确定为税法的基本原则。

依据税收公平原则，税收负担必须在依法负有纳税义务的主体之间进行公平分配，在各种税收法律关系中，纳税主体的地位必须平等，因此，必须普遍征税、平等征税、量能课税。

依据税收效率原则，税法的制定和执行必须有利于提高经济运行的效率和税收行政的效率，税法的调整必须有利于减少纳税主体的奉行成本和额外负担，以降低社会成本。在法律的经济分析日渐受到重视的情况下，该原则的地位也在日益提高。

[资料]　　从税法原则看房产税的立法依据①

房产税的立法依据，直接涉及立法的基础和制度的合法性，与立法主体、立法权、授权立法、税收法定原则等直接相关。它与上述的立法目的一样，也需要在进行具体立法之前加以

① 我国目前拟进行房地产税的立法，但需要先理清房产税立法的相关问题。

明晰。

不同的立法主体进行立法的依据各不相同，房产税的立法依据与立法主体及其立法权（如开征权、立法修改权等）直接相关。我国现行的《房产税暂行条例》在其第1条中既未规定立法目的，也未明确立法依据。这是各类“税收暂行条例”的通例，主要与全国人大及其常委会在20世纪80年代的立法授权有关。

1984年9月7日，国务院曾向全国人大常委会提出《关于提请授权国务院改革工商税制和发布试行有关税收条例（草案）的议案》[(84)国函字126号]，同年9月18日，全国人民代表大会常务委员会通过了《关于授权国务院改革工商税制发布有关税收条例草案试行的决定》，主要内容是：“决定授权国务院在实施国营企业利改税和改革工商税制的过程中，拟定有关税收条例，以草案形式发布试行，再根据试行的经验加以修订，提请全国人民代表大会常务委员会审议。”这就是著名的“1984年的授权决定”，它是专门针对税收立法作出的，旨在解决经济体制改革初期国营企业利改税和改革工商税制的问题。① 由于当时国务院在议案中已提出将房产税作为地方税的税种②，因此，“1984年的授权决定”往往被认为就是1986年国务院通过的《房产税暂行条例》的立法依据。但上述决定作为“法律”，已于2009年被废止。③ 在此情况下，《房产税暂行条例》是否已成“无本之木”，其立法依据是否已不复存在？与此同时，下一步推进房产税立法的立法依据又是什么？这些问题都需要作出回答。

值得注意的是，在作出上述授权决定后不到一年，1985年4月10日，全国人大就通过了《关于授权国务院在经济体制改革和对外开放方面可以制定暂行的规定或者条例的决定》，这个由“全国人大”直接作出的授权立法决定，其适用范围已不限于“税收”方面，而是扩大到整个改革和开放领域；同时，在立法形式和立法技术上已开始强调制定“暂行条例”，而不是“以草案形式发布试行”，比1984年的授权决定有一定进步。

考虑到“1984年的授权决定”已被1985年的授权决定“覆盖”，且相关的税收立法已经完成，全国人大常委会于2009年废止了“1984年的授权决定”。在1985年的授权决定至今仍有效的情况下，可以认为，现行的国务院层面的税收立法，应以1985年的授权决定为立法依据，因为该授权立法的范围更广，包括了税法修改或税制改革的领域；并且，《房产税暂行条例》没有加“草案”和“试行”字样，似乎也说明是以此为立法依据的。

但是，由于在改革开放过程中所涉及的问题繁多，领域十分广阔，因而1985年的授权其实近乎“空白授权”。依据1985年的授权决定，如果认为房产税立法或房产税制度修改也属于改革的事项，如果强调与改革相关的各类事项都应当算作或定性为“改革”，那么，国务院就可以随着改革的不断深入，持续地享有相关事项的立法权。

房产事关民生，关涉国民的基本权利，对房产征税，直接影响国民的财产权。对于此类税收立法，一般不应长期、普遍地、宽泛地进行授权立法，而应当实行“法律保留”，这是严格的税收法定原则的要求。对此，《立法法》不仅在第8条规定了“法律保留”的事项，还在第11条规定“……制定法律的条件成熟时，由全国人民代表大会及其常务委员会及时制定法律”。此时，行政机关应当还立法权于立法机关。

因此，在我国不仅应关注大量存在的授权立法的合理性问题，更要关注违反授权立法要求

① 根据该决定，国务院曾先后发布了产品税、增值税、盐税、营业税、资源税、国营企业所得税的6个税收条例草案予以试行，到1993年，国务院发布增值税等税收暂行条例，已明确将上述6个税收条例草案废止。

② 其中提到财政部已经拟定了“城市维护建设税、房产税、土地使用税、车船使用税四个地方税条例（草案）”“四个地方税拟暂保留税种，将来开征”。

③ 参见2009年6月27日《全国人民代表大会常务委员会关于废止部分法律的决定》。

的“空白授权”“转授权”等问题，因其不仅违反《立法法》第10条的规定①，也会导致税收立法的基础不固、依据不足，这在地方税收立法领域体现得更为突出。尽管《房产税暂行条例》在税基确定方面为地方行使税收立法权留有一定空间②，但是否应当允许地方政府进行房产税改革试点，是否可以在试点过程中对课税要素作出规定，涉及地方政府是否有权调整纳税主体和征税范围（如对非营利性自用房产的所有人能否征税），以及是否有权调整税基、税率（这已构成“转授权”）等问题。如果严格遵循税收法定原则，在没有授权的情况下，即使中央政府也不宜或不能对课税要素作出规定，更遑论地方政府。可见，房产税的立法依据非常重要，直接关系到立法的合法性。在我国，尤其要关注房产税领域的授权立法、地方试点的合法性。

为了探索房产税立法的变革，我国在沪、渝两地进行了房产税制度改革试点，对两地的立法依据问题，已有许多学者予以关注。事实上，在不同区域进行房产税立法的不同试点，在试点地区与非试点地区之间、试点内容不同的地区之间，已经影响了原本统一的法律适用，在实施方面有悖于税收公平原则；同时，从税收法定原则的角度，已有学者对房产税试点的合法性提出质疑，认为试点的立法依据不足，国务院不能在房产税立法上进行转授权。应当说，上述观点是值得重视的，房产涉及国民的基本权利，对房产征税进行试点应特别慎重，至少不应一直进行或经常进行试点，保持基本规则的稳定和统一非常重要。

正是为了落实税收法定原则，2021年10月23日，全国人大常委会作出了《关于授权国务院在部分地区开展房地产税改革试点工作的决定》，明确了征税对象和试点期限，这是对历史经验的总结，有助于弥补立法依据方面的缺失。

（二）税法适用的原则

税法适用的原则是在税法解释、税收征纳等具体适用税法的过程中应遵循的准则。税法适用的原则主要有以下几个。

1. 实质课税原则

实质课税原则是指对于某种情况不能仅根据其外观和形式确定是否应予课税，而应根据实际情况，尤其应当注意根据其经济目的和经济生活的实质，判断是否符合课税要素，以求公平、合理、有效进行课税。

对于实质课税原则，许多国家的税法均有规定。例如，德国《税收调整法》规定：不得借民法上的形式及其形成可能性之滥用而减少纳税义务。如有滥用情形，应依相当于该经济事件、经济事实及经济关系的法律状态，课征相同的税收。此外，日本、韩国等国家的税法也都有关于实质课税原则的规定。

依据实质课税原则，课税的具体对象如果仅在名义上归属于某主体而在事实上归属于其他主体时，则应以实质的归属人为纳税人并适用税法；同时，在计税标准上也不应拘泥于税法上关于所得、财产、收益等各类课税对象名称或形式的规定，而应按其实质内容适用税法。③

税法的适用具有一定的外观性和形式性的特征，即着重强调基于某种事实或法律关系的外观状况是否符合课税要件，来判定是否予以征税，从而形成了广泛适用的“形式课税原则”。这是税收法定原则的基本表现形式。但若对税收法定原则作广义和深刻的理解，则基于税法要

---

① 《立法法》第10条规定，“授权决定应当明确授权的目的、事项、范围……”，即不得进行空白授权；同时《立法法》第12条要求“被授权机关不得将被授予的权力转授给其他机关”，即不得转授权。

② 《房产税暂行条例》第3条规定省级人民政府有权确定房产余值的减除幅度，从而使地方政府在确定具体税基方面享有了实质上的立法权。

③ 参见韩国《国税基本法》第14条。

体现公平、正义的精神，可以认为，税收法定原则中同样应包含实质课税原则。实质课税原则的适用有助于弥补僵化地理解和机械地适用税收法定原则所造成的缺失，从而可以防止对法律的固定的形式上的理解而给量能课税造成的损害。因此，实质课税原则能够在一定程度上对形式课税原则起到补充作用，但这种补充也是有限的。① 在税收规避、虚伪行为等情况下，适用实质课税原则对于有效征税具有重要作用。

2. 诚实信用原则

诚实信用原则是公法与私法共通的一般法律原则，而并不仅仅是民法或私法上的基本原则，因而它同样可以适用于税收法律关系。

依据诚实信用原则，征纳双方在履行各自的义务时，都应讲信用，诚实地履行义务，而不得违背对方的合理期待和信赖，也不得以许诺错误为由而反悔。因此，这一大陆法系的重要原则在英美法系也称“禁反言原则”或“禁止反悔原则”。

诚信原则的适用有利于保护当事人的信赖利益，是对税收法定原则的形式上的适用的补充。但是，该原则的适用亦须受到严格限制，且应满足下列条件：（1）税收行政机关对纳税人提出了构成信赖对象的正式主张；（2）纳税人的信赖值得保护；（3）纳税人已信赖税收行政机关的表示并据此已为某种行为。②

3. 禁止类推适用原则

凡税法皆有漏洞，是否可以适用类推以弥补漏洞？一般认为，依据税收法定原则，在税法上应禁止类推适用，这同样是税法适用的一项原则。因为税法作为侵权性规范，必须保持其稳定性，因而应依文义解释，或参照税法的宗旨进行解释，而不得作任意的扩张或类推解释；同时，类推也未必合于立法原意，立法的缺陷应由立法机关解决，不应由类推来解决，否则即有悖于税收法定原则这一基本原则。③

4. 禁止溯及课税原则

在税法的解释和适用上，应考虑课税的平衡和税法条款的制定目的，不应使纳税人的财产受到不当的侵害。在对某事实是否已符合课税要件存有疑义时，一般要作出有利于纳税人的推定。在这种思想的指导下，自应实行禁止溯及课税的原则。

禁止溯及课税原则要求新颁布实施的税收实体法仅对其生效后发生的应税事实或经济关系产生效力，而不能对其生效之前所发生的应税事实或经济关系溯及课税。这是对纳税主体的实体权利的保障，有助于防止纳税人的财产受到不当侵害。

禁止溯及课税的原则在税法上往往表现为“实体从旧，程序从新”的原则，即纳税人的实体权利义务存在于新税法生效之前的，依从旧税法的规定；纳税人程序上的权利义务存续期间发生税收程序法更新情况的，依从新税法的规定。

第四节 税法的渊源和效力

一、税法的渊源

从形式意义上说，税法的渊源是指税法规范的存在和表现形式。它包括国内法渊源和国际法渊源两个方面。前者如宪法、法律等，后者如国际条约、协定等。

税法的渊源直接影响税法的效力和具体适用，因而它也是税法的效力得以产生的源泉。一

① 参见陈清秀：《税捐法定主义》，载《当代公法理论》，607页，台北，月旦出版公司，1993。

② 参见［日］金子宏著，刘多田等译：《日本税法原理》，86页，北京，中国财政经济出版社，1989。

③ 参见［日］金子宏著，刘多田等译：《日本税法原理》，76页，北京，中国财政经济出版社，1989。

般认为，税法的渊源主要包括以下几类。

（一）宪法

宪法作为国家的根本大法，包含着有关税收和税法的规范，是各国制定税法的最重要的基础。具体的税法必须与宪法的精神相一致，不得含有与宪法不符的条款，否则将导致具体的税法规定无效。

（二）法律

由于税收法定原则是税法至为重要的基本原则，因而法律应是税法最主要的渊源。事实上，许多国家和地区都非常注意税收法律的制定，从而使法律在实际上真正成为税法最主要的渊源。

在税法的立法体例上，主要存在综合立法和分税立法两种模式。前者是把各税种征管方面的共通事项全部纳入一部法律中加以规定，如美国的《国内税收法典》和法国的《税收总法典》；后者是将各个税种加以区分并分别单独制定相应的税法，我国属于此模式。后一模式虽然便于法律的修补，但在立法上容易造成重复和矛盾的情况。因此，借鉴某些国家的立法经验，加强税收统合立法，制定一部“税法总则”，也是较为必要的。

（三）行政法规

根据国家立法机关的授权，国家的最高行政机关可以制定税收方面的行政法规。我国国务院就曾经在 1984 年和 1994 年的税制改革中，制定了大量的税收方面的条例。因此，行政法规在我国实际上是非常大量、非常重要的税法渊源。目前，国家的有关立法机关已经认识到，基于税收法定原则的要求，应当尽快把一些税收行政法规完善和“升格”为税收法律。

（四）部门规章

部门规章的制定主体是国务院的各个职能部门。有关税收的部门规章主要是由财政部、国家税务总局和海关总署为税收法律、法规制定的实施细则或实施办法等，它们对税收法律、法规中规定的课税要素和征管程序具有明确、补充说明的作用，因而一般也将其归入税法的渊源。并且，在很长的一段历史时期，部门规章都是非常重要的税法渊源。

（五）地方性法规

在实行分税制的情况下，地方立法机关可以依法就某些地方税制定地方性法规。我国地方税的立法权如果下放到省级，则省级立法机关即可制定税收方面的地方性法规，从而使地方性法规亦可成为税法的渊源。目前，我国规定在某些幅度比例税率的确定方面，地方有一定的调整权，这使地方税收立法成为可能。

（六）国际条约

随着经济全球化的发展和国际税收协调的日益加强，国家间的税收条约（包括协定）的数量也呈迅速上升趋势，从而使条约也成为税法的重要渊源。在广义的税收条约中，税收协定占有相当大的比例，而避免对所得（财产）进行双重征税和防止偷漏税的协定，数量更大。至于关税与贸易总协定（GATT）及后来的世界贸易组织规则，更是税收方面国际协调的杰作。随着市场化、信息化和全球化的发展，条约（包括协定等）作为税法渊源的地位必将越来越重要。

对于上述几类税法渊源，人们是普遍认同的。此外，对于习惯或惯例、学说等能否成为税法的渊源，人们尚有不同看法，还需进一步研究。

[资料] **重要的国际税制协调**

1.《多边税收征管互助公约》

在国际税收协调规制方面，非常重要的是《多边税收征管互助公约》的签署和实施。作为一项旨在通过开展国际税收征管协作，打击跨境逃避税行为，维护公平税收秩序的多边条约，该公约自1988年由OECD与欧洲委员会共同发起并向成员方开放签署，1995年4月1日生效。2010年5月，OECD与欧洲委员会响应“二十国集团”号召，按照税收情报交换的国际标准，通过议定书形式对《多边税收征管互助公约》进行了修订，并向全球所有国家开放。该公约修订后，于2011年6月1日生效。

中国政府于2013年8月27日签署了《多边税收征管互助公约》，成为该公约的第56个签约方。自此，“二十国集团”成员全部加入了该公约。我国的全国人大常委会已于2015年7月1日作出批准加入该公约的决定，并作出了相关保留声明。

2.《实施税收协定相关措施以防止税基侵蚀和利润转移的多边公约》

在经济全球化的背景下，由于各国和地区（各个税收管辖区）存在着税法差异和规则错配，跨国纳税人便利用相关国家和地区之间存在的征管漏洞，进行税收逃避，由此形成了广受关注的“税基侵蚀与利润转移”（Base Erosion and Profit Shifting，BEPS）问题。这是规制国际税收逃避行为时需要解决的重点问题，尤其需要加强国际合作。

2012年6月，二十国集团（“G20”）财长和央行行长会议同意通过国际合作应对BEPS问题。2013年，“G20”领导人在圣彼得堡峰会上委托OECD启动实施BEPS项目，以通过修改国际税收规则，遏制跨国企业规避全球纳税义务、侵蚀各国税基的行为。

2013年7月，OECD发布了《关于税基侵蚀和利润转移的行动计划》，该行动计划强调，BEPS破坏了税制的整体性，对政府、普通纳税人和企业都造成了损害，因此，必须针对BEPS问题采取联合行动，加强国际税收合作。

我国于2017年6月7日，与其他66个国家一起，联合签署了《实施税收协定相关措施以防止税基侵蚀和利润转移的多边公约》。这尤其有助于有效防止协定滥用，改进争议解决机制，更好地解决税收逃避的规制难题。

在此基础上，自2021年7月以来，OECD与“G20”还在推动“双支柱”方案的落实，以通过全球征税权的重新分配问题和确立全球最低税规则，解决跨国企业利润转移和税基侵蚀问题。

二、税法的效力

税法的效力是指税法对一定时空范围内的主体适用时所产生的法律上的约束力和强制力。税法的效力与税法的渊源直接相关。税法在时间、空间和主体这三个维度的效力最受关注，因此，下面分别介绍税法的时间效力、空间效力和主体效力。

（一）税法的时间效力

研究税法的时间效力，需要关注税法效力的存续期间。由于具体的税法规范存在着立、改、废，因而其从生效至废止的这段时间，即为税法在时间上的效力范围。

税法的时间效力还涉及税法的溯及力问题。由于法律一般不能适用于生效前的事实和关系，因此如前所述，不溯及既往原则或禁止溯及课税原则也是税法适用上的一般原则。尤其当法律变更可能使已发生的纳税义务更为加重时，会对纳税人更为不利，且违反了税收法定原则，妨害了税法的可预测性和稳定性，从而可能造成对国民权利的不当侵害，因而一般都主张不能溯及适用。

不溯及既往原则往往用于实体方面，在程序方面则可不受该原则约束。如前所述，许多学者在税法适用上主张“实体从旧，程序从新”原则。所谓实体从旧，是指在税法变更前已经发生的实体法上的纳税义务，仍应适用纳税义务发生时的税收实体法，而不应适用新的税收实体法。所谓程序从新，是指不论纳税义务是发生在旧法时期还是新法时期，在执行程序上均应适用执行当时的新的税收程序法。当然，在各个国家的不同历史时期，上述原则的适用也会有所不同。

（二）税法的空间效力

研究税法的空间效力，需要关注税法发生效力的地域范围。一般说来，一国的税法在空间上的效力范围仅限于该国主权所及的全部领域，在某些情况下也会产生税法的“域外适用”问题。

在通常情况下，由国家立法机关和行政机关制定的税收法律、法规统一适用于全国，由地方立法机关制定的税收地方性法规仅适用于该地方所辖领域。但由于各国情况千差万别，因而在税法的空间效力上也不尽相同。这往往与各国具体的政治体制、分税制的财政体制、历史传统、民族区域自治等因素密切相关。

例如，香港特别行政区的存在，就使中国税法在地域上没有及于主权领域的全部，从而形成了特殊的税法法域（澳门特别行政区的情况亦与其相似）。根据《香港特别行政区基本法》的规定，所有于1997年6月30日依然生效的香港法律，包括普通法、衡平法、条例、附属立法和习惯法，除与基本法相抵触或经香港特别行政区的立法机关作出修改者外，均予以保留。① 香港特别行政区保持财政独立。香港特别行政区的财政收入全部用于自身需要，不上缴中央人民政府。中央人民政府不在香港特别行政区征税。② 香港特别行政区实行独立的税收制度，自行立法规定税种、税率、税收宽免和其他税务事项。③

依据上述规定，在中国内地普遍适用的税法在香港是不适用的，同时，在1997年6月30日依然生效的税务条例、税务规则及判例法在1997年7月1日后仍会继续适用，而基本的税收政策亦会维持不变。④ 不仅如此，由于香港可以“中国香港”名义单独同世界各国、各地区及有关国际组织签订和履行税收协定，保持和发展税务关系，加之中国目前已同外国签订的税收协定所列税种仅适用于内地，因而内地已执行和即将执行的税收协定也不能适用于香港特别行政区。

（三）税法的主体效力

研究税法的主体效力，需要关注税法发生效力的主体范围。税法依其渊源的不同，不仅有一定的地域或空间上的适用范围，也有一定的主体适用范围。税法的主体适用范围取决于一国的税收管辖权，而在税收管辖权方面，各国较为普遍地采用的是属人主义和属地主义。其中，属人主义或称属人原则，依据该原则，只要纳税主体是本国居民，则不论其在境内抑或境外，本国税法均对其适用。属地主义或称属地原则，依据该原则，不论是本国人、外国人或无国籍人，不论是本国企业或外国企业，只要其经济活动或财产位于本国境内，或者有源于本国境内的所得，本国税法即对其予以适用。

上述的属人原则和属地原则，是各国行使税收管辖权通常遵行的基本原则。在相关国家均同时采用上述两个原则的情况下，就会发生税收管辖权的冲突。这种冲突往往需要通过签订税收协定或进行国际税收协调来加以解决。

此外，在采用属人原则的情况下可能会导致一国税法的域外适用。但是，有时也存在税法

① 参见《香港特别行政区基本法》第8条。

② 参见《香港特别行政区基本法》第106条。

③ 参见《香港特别行政区基本法》第108条。

④ 参见［英］大卫·弗拉克斯著，谢孝衍译：《香港税务：法例与实施说明1996—1997》，21～22页，香港，香港中文大学出版社，1996。

适用除外的情况。例如，一国税法对外国的国家元首、外交使节、国际组织的官员就是不适用的，这也是1961年《维也纳外交关系公约》等国际公约的规定。①

第五节 税法上的课税要素

一、课税要素的概念和价值

课税要素是税法理论中至为重要的一个概念。课税要素理论对于学习和研究税法的具体制度有重要的指导作用。课税要素的制度化是一国税收法治建设的重要内容。

所谓课税要素，或称课税要件，就是国家征税必不可少的要素，或者说，是国家有效征税必须具备的条件。只有在符合课税要素的情况下，国家才可以征税。

课税要素的概念具有重要的理论和实践价值，对于税收法治建设和税法研究意义重大。从税收法治建设看，课税要素的确立是税收立法的核心内容，缺少课税要素的税收立法一定是存在缺欠的制度设计。此外，税收执法的过程就是按照法定的课税要素来进行征税活动的过程，如果不满足课税要素，征税机关就不能征税，从而为税收司法、法律监督以及保护纳税人的合法权益提供了准绳。

从税法理论研究看，课税要素作为税法理论中的一个重要范畴，它使税法与传统民法和行政法都有了很大的不同。在民事法律行为是否成立方面，传统的民法是以意思要素为核心的，意思表示是否真实，在相当大的程度上决定着民事法律行为是否有效；而税收债权作为一种公法上的债权，却并不以双方意思表示的真实为其成立要素。在税法上，相关主体的纳税义务是否成立，国家是否有权对其征税，不能以征纳双方的意思表示为准，也不能仅以国家的单方面的意思表示为准，而是要看是否符合法定的课税要素。只有符合法定的课税要素，才是可以征税的，才具有“可税性”。

此外，课税要素理论也否定了“权力关系说”强调的依据行政机关的“课税处分”来确定纳税义务是否成立的观点。这对于摆脱行政机关的恣意妄为，保护相关主体的合法权益，非常必要。从民主与法治的角度说，这无疑也是一个进步。

总之，像许多部门法理论上所涉及的“构成要件”理论一样，课税要素理论作为税法理论中颇具特色的组成部分，有其重要的价值。这突出地表现为课税要素是判定相关主体的纳税义务是否成立，以及国家是否有权征税的标准。只有满足了税法上事先规定的课税要素，相关主体才能成为税法上的纳税人，才负有依法纳税的义务，国家才能依法对其征税。

二、课税要素与权利保护

税法作为一种“分配法”，必须兼顾各类主体的利益，在国家与相关主体之间公平、有效、合理地进行利益分配。而课税要素则对于保护各类主体的合法权利具有重要作用。

从国家的角度说，税法要保障税收的三大职能的实现。如果相关主体的行为或事实符合税法规定的课税要素，则该主体就应负有税法上的纳税义务，成为纳税人。在因符合课税要素而使抽象的纳税义务成立的情况下，如果纳税人不具体地去履行其纳税义务，或者采取各种手段来减低或免除自己的纳税义务，则国家的税收债权就会受到侵害，为此，就应依法保护国家的税收权利，并赋予其相应的征管权，如税额确定权、税额调整权、强制执行权、依法追征权、

---

① 参见1961年《维也纳外交关系公约》第23、28、34、36、37、39条，1963年《维也纳领事关系公约》第32、39、49、51、60、62条等。

限制离境权、税收检查权，等等，以求全面保护国家的税收债权。

从与国家相对应的相关主体的角度说，课税要素是决定其纳税义务是否成立，以及是否要具体地履行纳税义务的唯一依据。只要是征税机关违反了课税要素，不管是违反其中的某一类还是某几类，都会侵害相关主体的权利。为此，在税法上也必须赋予该主体一系列的权利，以保护自己的合法权益。其中，退税请求权、依法减免权、复议权、诉讼权等都是其重要的权利。

可见，无论是国家征税，还是相关主体是否纳税，都离不开法定课税要素的确定。因此，对于各类主体的权利保护来说，课税要素非常重要。实际上，按课税要素进行税收征纳活动，在一定意义上，也就是在依法征税。

三、课税要素的分类

对课税要素依据不同的标准，可以作出多种分类，如广义要素与狭义要素、一般要素与特别要素、实体要素与程序要素，等等。下面分别作以简要介绍。

（一）广义要素与狭义要素

所谓广义要素，即国家征税通常所需具备的各种要件。由于国家征税不仅要符合实体法，而且要符合程序法，因此，广义的课税要素包括实体要素和程序要素；同时，由于有关这些要素的规定与整个税法的主要内容大体相当，因而广义的课税要素也被称为“税法的构成要素”。我国的许多税法著述都专门论及“税法的构成要素”，这实际上是在广义上探讨课税要素问题。

所谓狭义要素，仅指确定相关主体的实体纳税义务成立所需具备的要件，因而它仅是指课税的实体要素，而不包含程序要素。应当说，实体的纳税义务是否成立是最重要的，因为没有实体的纳税义务，也无从涉及程序要素，因而在现实中大量的税收立法主要是确定狭义的课税要素，从而使狭义的课税要素始终是税法研究的一个重点。

（二）一般要素与特别要素

所谓一般要素，是在各类税法中都需要加以规定的、具有普遍意义的共通要件。对于此类要素，人们的认识亦不尽相同，但大略可以分为人的要素、物的要素和关系要素三类。其中，人的要素也称主体要素，包括征税主体和纳税主体两个方面；物的要素是同征税客体相关的各类要件，包括征税对象、计税依据和税率；关系要素体现的是主体之间以及主体与客体之间的关系，包括征税主体对纳税主体的管辖关系，以及征税对象对纳税主体的归属关系。此外，有的学者将上述的关系要素融入实体要素或程序要素中，从而并不将关系要素独立出来；也有学者仅仅将“课税对象的归属”作为实体要素中的一个重要组成部分。

所谓特别要素，是不需要在各类税法中都加以规定的并不具有普遍意义的特殊要件。也就是说，特别要素仅是在个别的税种或税法上所必备的要件或内容。例如，课税环节、纳税方式、文书送达、处罚程序等，一般认为并不是每个税法都要对其作出规定，但对于某个或某些税法而言，却又是很重要且必不可少的，因而其属于“特别”要素。

区分一般要素和特别要素，有助于认识哪些要素是各类税法都要规定的、哪些只是个别税法需要规定的内容。这不仅对于税收立法和执法活动都甚有裨益，也能使税法研究更有针对性。

（三）实体要素与程序要素

所谓实体要素，就是税收实体法必须规定的内容，是确定相关主体实体纳税义务成立所必须具备的要件。实体要素是广义的课税要素的核心，也有学者认为课税要素就是指实体要素或称实体法要素。实体要素可进一步分为基本要素和例外要素。基本要素主要包括征纳主体、征税对象、计税依据、税率这几个要素，以揭示征纳主体和客体的范围，以及征税的广度和深度。例外要素是在上述基本要素之外的辅助性要素，是以纳税主体通常的基本负担为基础而对其税收负担的减轻或加重，主要包括税收优惠措施和税收重课措施。

所谓程序要素，就是税收程序法必须规定的内容，是纳税人具体履行纳税义务所必须具备的条件，也称程序法要素。在专门的税收程序法中必须规定的内容是很多的，但在各类税收立法中都规定的用以保障纳税人有效纳税的要件，主要是纳税时间和纳税地点。

在上述课税要素的诸多分类中，税收实体法要素和税收程序法要素是最为重要的，下面就分别介绍这两类要素。

四、税收实体法要素

税收实体法要素，是决定征税主体能否征税以及纳税主体的纳税义务能否成立的必要条件，也有学者径称之为“课税要件”或“课税要素”。在这种狭义的更直接的意义上的课税要素中，最为重要的是征纳主体（税法主体）、征税对象（征税客体）、计税依据和税率，而其他要素则为辅助性的要素。下面分别介绍各类重要实体法要素的具体内容。

（一）税法主体

税法主体是在税收法律关系中享有权利和承担义务的当事人，包括征税主体和纳税主体两类。

从理论上说，征税主体是国家。国家享有征税权，征税权是国家主权的一部分。在具体的征税活动中，国家授权有关政府机关来具体行使征税权。在我国，由各级税务机关和海关具体负责税收征管。其中，税务机关是最重要的、专门的税收征管机关，它负责最大量的、最广泛的工商税收的征管；海关负责征收关税、船舶吨税①，代征进口环节的增值税、消费税。

上述机关是代表国家行使征税权的具体的、形式上的征税主体。

纳税主体又称纳税义务人，简称纳税人，是指依照税法规定直接负有纳税义务的自然人、法人和非法人组织。对纳税主体依不同的标准可以作不同的分类。例如：在所得税法中，纳税主体可分为居民纳税人和非居民纳税人；在增值税法中，纳税主体可分为一般纳税人和小规模纳税人，等等。此外，在税收征管和税收负担方面，纳税主体还可分为单独纳税义务人和连带纳税义务人、实质上的纳税义务人和形式上的纳税义务人，等等。在各类具体税法制度中，对纳税主体的规定不尽相同，这会直接影响征税的范围，因而纳税主体是各税法制度必须首先加以明确的要素。对此，在后面有关税收法律制度的部分还将作具体介绍。

（二）征税客体

征税客体，也称征税对象或课税对象，是指征税的直接对象或称标的。它说明对什么征税的问题。

征税客体在税法的构成要素中居于十分重要的地位，它是各税种间相互区别的主要标志，也是进行税收分类和税法分类的最重要依据，同时，它还是确定征税范围的重要因素。

如前所述，依征税对象性质的不同，可以将其分为商品、所得和财产三大类。这种“三分法”也影响了整个税收征纳实体法的分类。此外，上述三类征税对象必须归属于具体的纳税义务人，才可能使纳税义务成立。这种征税对象与纳税主体的结合，即为“征税对象的归属”或“课税对象的归属”，对税法的具体适用有着直接的影响。

另外，上述三类征税对象是从性质和抽象的意义上所作的分类，在具体的税法中，它们还需要通过税目和计税依据来加以具体化，这样才能使税法得到有效实施。

（三）税目与计税依据

税目与计税依据是对征税对象在质与量的方面的具体化。所谓税目，就是税法规定的征税

---

① 《中华人民共和国船舶吨税法》经修正后自 2018 年 10 月 26 日起施行。

的具体项目。它是征税对象在质的方面的具体化，反映了征税的广度。

所谓计税依据，也称计税标准、计税基数，简称税基，是指根据税法规定所确定的用以计算应纳税额的依据，亦即据以计算应纳税额的基数。计税依据是征税对象在量的方面的具体化。由于征税对象只有在量化后才能据以计税，因此，确定计税依据是必不可少的重要环节，它直接影响纳税人的税负。

（四）税率

税率是应纳税额与计税基数之间的数量关系或比率。它是衡量税负高低的重要指标，是税法的核心要素；它反映了国家征税的深度和国家的经济政策，是极为重要的宏观调控手段。

税率可分为比例税率、累进税率和定额税率，这是税率的一种最重要的分类。其中，比例税率与累进税率，表现为应纳税额与计税基数之间的比率，适用于从价计征。定额税率也称固定税额，体现了应纳税额与计税基数之间的数量关系，适用于从量计征。

所谓比例税率，是指对同一征税对象，不论其数额大小，均按照同一比例计算应纳税额的税率。采用比例税率便于税款计算和征纳，有利于提高效率，但不利于保障公平。比例税率的应用较为普遍。

所谓累进税率，是指随着征税对象的数额由低到高逐级累进，适用的税率也随之逐级提高的税率，即按征税对象数额的大小划分若干等级，由低到高规定相应的税率，征税对象数额越大，适用的税率越高，反之则相反。累进税率可以分为全额累进税率和超额累进税率。前者是指对征税对象的全部数额都按照与之相对应的等级税率征税，纳税人的负担相对较重，且有时会出现税负增加超过征税对象数额增加的不合理现象。后者是指对不同等级的征税对象的数额，分别按照与之相对应的等级的税率来计税，然后再加总计算总税额。简言之，超额累进税率强调，仅对超过低等级征税对象数额的部分适用相应的高税率，相对于适用全额累进税率，纳税人的税负更轻，更有利于体现公平精神，因而应用较广。此外，累进税率还包括超率累进税率和超倍累进税率，其适用原理与超额累进税率类似，但以超额累进税率适用最为广泛。

所谓定额税率，是指按征税对象的一定计量单位直接规定的固定的税额，因而也称固定税额。定额税率不受价格变动影响，便于从量计征，因而多适用于从量税。适用定额税率有时也可能造成不公平的税负。

（五）税收特别措施

税收特别措施包括两类，一类是税收优惠措施，另一类是税收重课措施。前者以减轻纳税人的税负为主要内容，并往往与一定的政策诱导有关，因而也称税收诱因措施；后者是以加重税负为内容的税收特别措施，如税款的加成、加倍征收等。

税收特别措施在各类税法中规定得较为普遍。该类措施由于是在一般征税措施之外采取的特别措施，且直接影响具体纳税人的税负及其横向比较，因而历来很受关注。其中的税收优惠措施更是如此。

税收优惠在广义上包罗甚广，诸如优惠税率等亦可算作其中。这与税法的宏观调控职能是密切相关的。而狭义上的税收优惠措施则主要是指税收减免、税收抵免、亏损结转、出口退税等。这些税收优惠措施的实行会直接影响计税基数，从而影响纳税人的具体纳税义务，因而对征纳主体的利益和相关的经济、社会政策目标的实现，均会产生直接影响。

在上述各类税收优惠措施中，税收减免在税法中规定得最为普遍。但无论是减轻抑或免除纳税人的税负，在税法规定上都应慎重。从公平税负的角度来说，应防止不适当扩大减免税规模的情况。此外，税收减免以外的其他几种措施都属于特别要素。其中，税收抵免、亏损结转主要适用于所得税领域；而出口退税主要适用于商品税领域。另外，同税收优惠措施相比，税收重课措施的规定较少。至于各类税收特别措施的具体规定，将在相关的具体税收法律制度中予以介绍。

五、税收程序法要素

程序法要素是税收程序法的构成要素的简称，是保障税收实体法有效实施的必不可少的程序方面的要件。对于税收程序法要素，学者的认识历来不尽相同，公认的税收程序法方面的一般要素是纳税时间和纳税地点。

（一）纳税时间

所谓纳税时间，是指在纳税义务发生后，纳税人依法缴纳税款的期限，因而也称纳税期限。纳税期限可分为纳税计算期和税款缴库期两类。纳税计算期表明纳税人应多长时间计缴一次税款，反映了计税的频率。纳税计算期可分为按次计算和按期计算。按次计算是以纳税人从事应税行为的次数作为应纳税额的计算期限，一般较少适用。按期计算是以纳税人发生纳税义务的一定期限作为纳税计算期，通常可以日、月、季、年为期。按期计算适用较广。税款缴库期表明应在多长期限内将税款缴入国库，它是纳税人实际缴纳税款的期限。税款缴库期不仅关系到纳税义务的实际履行，而且关系到国家能否及时、稳定地获取财政收入。

此外，纳税期限与纳税义务的发生时间是不同的。前者是一定的期间，而后者是指一个时间点；并且，只有在纳税义务发生以后，才会有纳税期限的问题。

（二）纳税地点

纳税地点是纳税人依据税法规定向征税机关申报纳税的具体地点，它说明纳税人应向哪里的征税机关申报纳税以及哪里的征税机关可以实施管辖权的问题。

在税法中明确规定纳税地点，对于纳税人正确、有效履行纳税义务，确保国家有效取得财政收入，实现宏观经济调控以及保障社会公平的目标，均甚为重要。

一般说来，在税法上规定的纳税地点主要有以下几类：机构所在地、经济活动发生地、财产所在地、报关地，等等。

除上述的纳税时间和纳税地点外，有人认为纳税环节、纳税手续、计税方法、处罚程序等也属于程序法要素，但它们仅属于特别要素，在形式意义上的税法中体现得也并不普遍和明显。

第六节　税法的历史和现状

一、税法历史沿革的一般情况

税收的历史同国家的历史一样悠久。自从税收产生以来，税收的发展大体上经历了三个发展阶段，即古老的直接税阶段、间接税阶段和现代直接税阶段。① 与此相适应，税法的内容亦随之不断地发生变化，各类税收规范的比重自然也在不断变化。

在古代社会，无论是亚洲各国的田赋或土地税，还是欧洲各国的什一税，都是对农业收获物课征的直接税，都被称为古老的直接税。在那个“朕即国家”“法自君出”的时代，不可能存在体现现代民主、法治精神的税法。

在人类社会从古代社会进入近代社会的过程中，随着资本主义社会初期商品经济的发展，以商品为征税对象的间接税逐渐取代了古老的直接税，与此同时，近代税法也随之产生和发展。如前所述，英国1628年的《权利请愿书》体现了税收法定原则的基本精神，被视为近代税法的开端。此后，英国1689年的《权利法案》又重申了上述精神。继英国之后，1787年的

① 参见葛惟熹主编：《国际税收教程》，14页，北京，中国财政经济出版社，1987。

《美利坚合众国宪法》、法国1789年的《人权与公民权宣言》、德国1919年的《魏玛宪法》等，也规定了税收方面的专门条款。上述各国宪法及相关规范性文件有关税法规范的规定，较为充分地体现了近代税法的精神，为现代税法的发展奠定了重要的基础。

随着市场经济从自由竞争阶段发展到垄断阶段，现代税法应运而生。现代税法在秉承近代税法精神的同时，不仅强调对税收收入的保障功能，也强调对市场经济的宏观调控以及对经济与社会稳定的保障功能。随着现代市场经济的发展，税法的作用越来越重要。近些年来，各国均制定了大量税法，从而使税法在各国法律体系中均占有十分重要的地位。

二、我国税法的历史和现状

我国的税收制度历史甚为悠久。在漫长的古代社会，各朝代曾进行过多次“变法”或“改革”，几乎每一次改革都与税收制度密切相关。① 尽管这些“变法”与西方国家的近代税法不尽相同，但同样体现了法律在保障国家税收收入方面的重要作用。

自清末开始引进西方法律制度至1949年，尽管我国也曾制定或实施过一些税法规范，但由于种种原因，税法实效欠佳，现代税法的精神未能得到有效体现。

中华人民共和国成立以后，税收立法亦几经波折，直到改革开放以后，才进入一个新的发展时期，这突出地体现为从1984年开始的每十年一次的税制改革以及由此带来的税法体系的日渐完善。

1984年进行的税制改革主要是工商税制的改革。当时中国正在从计划经济体制向有计划的商品经济体制转轨，所得税制度的改革是此次改革的核心。而1994年进行的税改则是规模空前的，是为适应市场经济的发展而进行的改革。其改革内容涉及商品税、所得税、财产税等各个领域，其确立的改革目标至今仍有重要影响。2004年开始的税改主要以“结构性减税”为主。2014年以来，我国又开启了新一轮的税制改革，进一步加强税收立法，国家和相关部门制定和修订了一大批税收法律、法规，从而使我国的税收法治建设进入一个新的发展时期。

依据“一税一法”的原则，我国目前开征的税种均有相对应的税收法律或行政法规。从广义上说，大致上已经做到了有法可依。但若严格依据税收法定原则，大量的行政法规还应进一步上升为法律，尤其是各类税收暂行条例，更需在已取得的大量实践经验的基础上上升为法律。为此，自2014年以来，国家力推税收法定原则的落实，已通过税制平移的立法路径，将多个税收暂行条例上升为法律。

从税法体系的各个组成部分看，目前，我国的税收体制法尚有诸多需要完善之处。由于在宪法中对于相关国家机关的税收权力划分缺少明确规定，有关税收体制的法律规范主要体现在某些行政法规中，因此，应当在宪法及相关法律中增加有关税收体制的法律规范。

此外，我国的税收征纳实体法已初具规模。所得税领域的基本法律都已统一由国家立法机关来制定。但是，商品税和财产税领域的多个税收条例尚有待上升为法律。同时，各类税收征纳实体法的立法技术和立法质量尚需进一步提高。

另外，我国的税收征纳程序法已形成以《税收征收管理法》为骨干法的体系。但在有关程序的规定以及立法技术等方面，仍有待于进一步加强。如何强化税收征管，防止和制裁税收逃避等违法行为，更是这一领域法治建设的长期任务。

---

① 财政压力是国家改革的直接动因，它决定了改革的动因和路径，这是著名经济学家熊彼特、希克斯、诺斯等人的基本思想。由于财政收入的来源主要是税收，因而几乎每次改革都与税收制度密切相关。关于改革与财政压力的关系，可参见何帆：《为市场经济立宪：当代中国的财政问题》，34～39页，北京，今日中国出版社，1998。

学习拓展：

上述的税法渊源与效力、税法的课税要素、税法的历史与现状等内容，都与税收法治建设直接相关。习近平总书记指出，“要坚持全面推进科学立法、严格执法、公正司法、全民守法”。就税法而言，科学立法是基础，尤其是课税要素如何确定等，都需要科学立法、民主立法作为保障。只有在科学立法的基础上形成“良法”，才能通过严格执法、公正司法、全民守法形成“善治”，这样才能形成良好的税收法治体系。

此外，习近平总书记还指出，“要继续推进法治领域改革，解决好立法、执法、司法、守法等领域的突出矛盾和问题”。就税法而言，这些领域的突出矛盾和问题还非常多，例如：在落实税收法定原则方面，我国还有多部税收法律没有制定，有些税种的立法推进还较为缓慢；在守法方面，有些税收法律的遵从度还有待提升，税收逃避问题还有待解决，等等。因此，必须进一步推动税制改革，优化税制结构，提升税收立法质量，进一步形成税收领域的“良法善治”。

延伸思考：

1. 为什么税法与其他部门法都存在密切的关联？
2. 税法的宗旨与税法的原则有哪些内在关联？
3. 为什么国家特别重视“落实税收法定原则”？
4. 我国在落实税法适用原则方面存在哪些问题？
5. 税法的渊源与税法的体系存在什么关联？
6. 如何理解课税要素的法律价值？
7. 我国在课税要素的立法上存在哪些问题？

第九章 税权理论与体制

从本章开始，将依循在税法总论中谈到的税法体系，分别介绍税收体制法、税收征纳实体法和税收征纳程序法的基本内容，这有助于形成对整个税法制度的系统认识。在介绍这些制度的过程中，也将穿插相关的理论介绍，这有利于加深对相关制度的理解。

税收体制法是整个税法体系的重要组成部分，税收体制法律制度是税收法律制度中的基础性制度，它为税收征管活动提供了重要的制度前提。正因如此，在学习和研究税收征纳的具体制度之前，需要先了解税收体制方面的法律制度，然后再学习税收征纳的实体制度和程序制度。

在税收体制法律制度中，核心问题是税权问题，包括对税权如何界定、如何分类、如何分配，等等。事实上，税法作为分配法，就是要对各类主体之间的税收利益进行调整，而税收利益则是隐含在税权之后的利益。国家依据其税权而享有的利益，就是国家的税收利益；市场主体基于其税权，而享有的国家依法征税之后的剩余利益，就是市场主体的税收利益。要有效衡量税收利益的质与量，实现税法的任务和宗旨，就必须对各类主体的税权首先作出合理界定。因此，本章将着重介绍税权理论，并在此基础上，介绍我国的税收体制。

第一节 税权的多维解析

从一定意义上说，税权是税法学的重要范畴，也是整个税法研究的核心。税法学上的许多问题，都可以解释为各类不同意义上的税权如何有效配置的问题。因此，深入研究税权这个核心问题，将有助于进一步增进对税法的认识；同时，对财政法乃至整个经济法、公法的发展，也颇有助益。

税权的称谓自提出以来，人们往往在不同的意义上来使用，从而形成了税权一词的多重含义。例如，有的学者认为，税权（taxing power）是国家机关行使的涉及税收的权力的总称，是国家拥有的强制要求纳税人为或不为一定行为的资格和能力。① 但是，也有学者不赞同这种界定，认为税权还包括国家以外的主体的涉税权利，从而认为税权应当有更多层次的、更为丰富的内涵。对于诸多不同层面的含义展开多维解析，是税权理论研究首先需要解决的问题。

与法学的其他分支学科相比，税法学上的概念相对更为混乱和复杂②，以至于在展开具体的探讨之前往往需要先作出界定。“税权”一词近些年来使用频率颇高，体现了人们对税权的重视，也反映了税权问题的重要性。由于税权对税法的制度建设和学术研究有重要影响，因而确有对其深入探讨之必要。

---

① 参见许善达等：《中国税权研究》，3页，北京，中国税务出版社，2003。

② 这可能主要是因为税法学是一个发展晚近的新兴学科，专业性很强，且借用概念较多，而固有概念较少。不仅如此，从经济学或财政学、税收学中借用的一些概念本身仍在发展中，仍存在争议。这更加剧了税法学上的概念的纷乱和复杂。

权力或权利是在与其他的权力或权利的比较中存在的。从法律维度看，税权可能存在于不同层面，包括国际层面与国内层面、国家层面与国民层面、立法层面与执法层面等。下面将从各个层面逐层进行分析，以探寻税权的多重含义。

一、国际法上的税权

在国际层面上，税权的存在是与国家主权联系在一起的，并且，其本身就是国家主权的重要组成部分和体现，从而形成了一国税权同他国税权的平等并立。如同其他权力一样，一国的税权恰恰是在同他国税权的比较中存在的，因此，在世界各国（包括独立的税收管辖区①）的诸多独立的税权所构成的参照系中，一国的税权应当有其特定的位置。

从国际法上看，独立权、平等权、自保权和管辖权，是一国主权不可或缺的重要组成部分。上述的管辖权，是一国对其领域内的一切人和物行使国家主权的表现②，其中当然包括一国对税收事务的管辖权，即税收管辖权。

税收管辖权作为国家或政府在税收方面所拥有的各类权力的总称，是国家主权在税收领域的体现。税收管辖权具有独立性和排他性，它意味着一个国家在征税方面行使权力的完全自主性，以及在处理本国事务时所享有不受外来干涉和控制的权力。③ 经济学界的一些学者也认为，税收管辖权就是一国政府自行决定对哪些人征税、征收哪些税以及征收多少税的权力。④

可见，国际法上的税权，就是学者通常所称的税收管辖权。它作为管辖权的重要组成部分，与国家的存续密切相关，居于主权性权力的位阶。

税收管辖权被公认为国家主权的重要组成部分，它是主权国家在征税方面所拥有的不受约束的权力。当然，各国在具体行使税权时，也必须遵循经济规律，以及国际通行的惯例，政府在行使税权方面并不可以随意地确定课税要素。

二、国内法上的税权

在国内层面，税权因其参照系的不同，有着更为复杂的表现，可以分为广义的税权和狭义的税权两类。现分述之。

（一）从主体上界定的广义税权

税权属于哪个主体？从法律上说，能够享有税权的主体是较为广泛的。而税权主体的不同，又会影响税权的客体和内容。因此，下面有必要从不同的层面展开分析。

在国家与国民层面，国家与国民均可成为税权的主体。其中，国家的税权包括税收权力与税收权利。前者是国家的征税权，后者是国家的税收债权，并且，前者的行使是后者的保障。与此同时，国民也享有税权。从理论上说，在现代民主国家，一切权力属于人民，税权自然也不例外；并且，国家的税权也不过是代表人民来行使的。因此，这里所说的人民的税权或称国民的税权，是指国民整体所享有的一项权力，并不是国民个人所能独享的权力。当然，国民个人同样可以享有税权，即有关税收的权利，如税收知情权、税收筹划权等。可见，国民的税权同样包括权力和权利。并且，在把国民的概念推广到自然人以外的法人、非法人组织的情况

---

① 我国的某些特殊的地区，如香港、澳门特别行政区，在“一国两制”的框架下，是不同于内地的独立税收管辖区。在其他一些国家的某些特殊区域，也存在着实行特殊税收制度的独立税收管辖区。

② 参见王铁崖主编：《国际法》，92～94页，北京，法律出版社，1981。

③ 参见杨志清：《国际税收理论与实践》，32～34页，北京，北京出版社，1998。

④ 参见王传纶、朱青编著：《国际税收》，修订版，31页，北京，中国人民大学出版社，1997；杨志清：《国际税收理论与实践》，33页，北京，北京出版社，1998。

下，有些方面也是适用的。这些税权可被称为“纳税人共有的权利”。

与上述情况类似，在具体的税收征纳过程中，税权的主体还可以是征税主体与纳税主体。由于税收的具体征收权是由税务机关、海关等职能部门代表国家或政府来行使，因此，它们是税权的重要主体。与此同时，纳税主体因其享有一定的税收权利，因而也是税权的主体。由于这里的主体已被特定化于征纳过程中，与上述的国家主体、国民主体不尽相同，故其税权的内容也存在差异。其中，征税主体的税权主要是税收征管权和税收入库权；而纳税主体不仅享有上述一般国民所享有的税权，而且享有税收减免权、退税请求权等作为具体的纳税人才能享有的税法权利。

此外，上述征税主体在广义上不仅包括负责税款征收的主体，而且包括有权作出征税决策的主体，即税收立法机关。它们都是税权的主体，只不过行使的税权各不相同。其中，税收立法机关的税权是税收立法权，而税收执法机关的税权则主要是税收征管权和税收入库权。

（二）通常理解的狭义税权

狭义的税权，实际上已经体现在上述广义的税权之中，它就是国家或政府的征税权（课税权）或称税收管辖权。作为一种公权力，它是专属于国家或政府的权力。把税权等同于“国家的征税权”，是人们通常的理解。

尽管人们通常是在狭义上来使用税权的概念，但对税权的认识并不一致。根据前述对广义税权的分析，狭义税权的主体应当是国家或政府，其具体内容包括税收立法权、税收征管权和税收收益权（或称税收入库权）。其中，税收立法权是基本的、原创性的权力，税收征管权是最大量、最经常行使的税权，税收收益权是影响税收利益分配的重要权力。

税收立法权主要包括税法的初创权、税法的修改权和解释权、税法的废止权。其中尤为重要的是税种的开征权与停征权、税目的确定权和税率的调整权、税收优惠的确定权等。依据税收法定原则，税收立法权应主要由立法机关直接行使。目前，税法领域存在的大量问题，主要涉及税收立法权的分配和行使，以及如何贯彻税收法定原则及其他税法原则的问题。

税收征管权包括税收征收权和税收管理权，这些权力对于有效保障资源从私人部门向公共部门转移具有重要作用。税收收益权，也称税收入库权，是与税收征管权的实现密切相关的权力。它说明谁有权获取税收利益、谁有权将其缴入哪个国库等问题。从法律经济学以及公共选择的理论来说，国家或政府同样要考虑成本与效益，同样要进行“本益分析”，因而对其投入应当有收益权。这是对国家以及国家与纳税人之间关系的基本认识。从另一个角度说，对于作为收益的税款，应如何确定其归属，如何入库，如何分配，也是一项重要的税权，它涉及对国家及各级政府的税收利益的保障。

在上述三类税权中，税收立法权和税收收益权涉及相关国家机关之间的分权问题，而税收征管权则主要涉及征税主体同纳税主体的关系。上述对税权的分类以及对相关主体税收利益的解析，有助于更好地认识税法的调整对象，以及税法的体系、税法同其他部门法的关系等。例如，在集权型的税收管理体制下，税收立法权应由国家立法机关行使；而在分权型的税收管理体制之下，税收立法权则是中央（如联邦）政府与地方（如州）政府分享。又如，税收征管权在各国一般是由税务机关和海关分享，两类征税机关需依法代表国家具体行使税收征管权。

狭义上的税权对税收法治建设具有重要意义。广义上的税权同样需要关注。不管是哪个层面的税权，都涉及应在哪些主体之间进行分配，以及在分配中需遵循哪些原则等问题。下面集中探讨这些问题。

第二节　税权的分配模式

在上面多个层面和维度的探讨中，实际上已经同时分析了税权的主要种类，基于狭义上的国家税权的重要性，下面主要探讨国家税权的分配模式问题，这对于税收体制法的完善尤为重要。至于广义上的税权分配，如国家之间的税收竞争与税收协调、国内与国际层面的税收管辖权的冲突、征税主体与纳税主体的税权配置等问题，在后面的相关部分还将涉及。

一、税权分配的模式

国家税权的分配，是指国家税权在相关国家机关之间的分割与配置。税权作为十分重要的资源，必须得到有效的配置，以实现良好的税收效益。通常，国家税权的分配，包括纵向分配和横向分配两个方面。所谓税权的横向分配，是指税权在相同级次的不同国家机关之间的分割与配置。例如，在中央级次，税权至少要在议会与中央政府之间进行分配。所谓税权的纵向分配，是指不同级次的同类国家机关之间在税权方面的分割与配置。例如，税收立法权可能会在中央立法机关和地方立法机关之间进行分配。

在税权的横向分配方面，有两种模式，一种是独享模式，另一种是共享模式。由于税收征管权和税收收益权一般由行政机关及其职能部门专门行使，因此，税收立法权的横向分配更引人关注。在独享模式下，往往更强调严格的税收法定原则，即由立法机关独享税收立法权。当然，它也可能依法授权行政机关适量地行使税收立法权。在共享模式下，税收立法权主要由立法机关和行政机关共享，甚至法院也可能分享广义上的税收立法权。在税权的纵向分配方面，也有两种模式，即集权模式和分权模式。它主要涉及中央与地方的关系。其中，集权模式强调税收立法权要高度集中于中央政权；而分权模式则强调应按照分权的原则，将税收立法权在各级政权之间进行分配。从各国的实践来看，采用集权模式的主要有英国、法国等国家，而采用分权模式的主要有美国、德国等国家。

集权与分权，在历史上和法律上历来是一个重要问题。著名法学家凯尔森曾经指出，集权与分权的程度，依法律秩序中中央规范和地方规范的多少与轻重的相对比例而定。全部的集权与全部的分权只是理想的两极，因为法律社会中有一个集权的最低限度与一个分权的最高限度，国家才不致有瓦解的危险。① 这是很有道理的。事实上，无论是强调集权的国家，还是强调分权的国家，其集权与分权都是相对的。因此，集权模式也只是偏重于集权的模式，分权模式也只是偏重于分权的模式。

税权分配是税收体制法中最核心、最重要的内容。各国都是根据政治体制、法治水平及历史文化等具体国情来确定本国的税权分配模式，因而税收体制不可能完全相同。因此，一国在税法上规定有关税权分配的内容时，既要看到其他国家税权分配成功的一面，也要看到其税权分配的具体背景，以综合考虑影响税权分配的各种因素，发挥整个税制的整体效益。

二、我国税权分配模式存在的问题

国家税权作为一种宪法性权力，其分配是一个应在宪法上解决的问题。也正因如此，许多国家都是在宪法上规定税权的分配问题。由于诸多原因，我国现行宪法未对税权的分配作出明确而全面的规定；虽多次修宪，但都没有解决税权的分配问题。这说明我国的税收体制改革还远未到位和成熟，立法者对于此类问题的重要性和解决的迫切性还缺乏足够的认识，特别是对于影响社会分配的根本性法律问题还缺少深入的全面的认识。

事实上，由于缺乏宪法上的根据，加之税收体制法治建设的滞后，我国的税权分配存在诸多问题，并由此影响了依法治税的具体目标的实现，因此，应考虑通过立法来解决税权分配的

① 参见［美］凯尔森著，雷崧生译：《法律与国家》，378页，台北，正中书局，1976。

问题。事实上，我国整体的财税体制立法长期滞后，至今甚至连一部专门的行政法规都没有出台。这与依法治税的要求极不相称，必须在理论上和立法上解决这些问题。

我国的税权在纵向分配上属于集权模式，在横向分配上属于分享模式。对于这两类模式存在的问题，需要通过加强税收法治建设逐步解决。在税权分配方面，由于税收立法权是原初的权力，也是至为重要的权力，因此，下面着重对税收立法权的分权问题略作说明。

（一）集权模式及其问题

我国一直强调税收立法权高度上收中央政权，因此，我国税权分配实行的是集权模式。这当然同我国的国家结构、政治体制、财政压力、历史文化等都有密切关系。实行集权模式，对于我国这样实行单一制，并有着悠久的中央集权历史的国家，对于我国这样存在较大财政压力的发展中大国，当然是有其必要性的。尤其从提高国家能力（state capacity）的角度说，汲取财政的能力是最重要的国家能力，它是宏观调控能力、合法化能力和强制执行能力等国家能力的基础。① 而汲取财政的能力，主要体现为国家获取税收的能力。国家要有效实施宏观调控，全面提高国家能力，就必须集中财力。可见，我国实行集权模式有其客观的需要和必要性。

但是，值得注意的是，我国在税法和税收政策方面所实行的集权模式，同税权分散的现实是存在距离的。事实上，我国虽然长期强调集权，但税权在实践中被侵蚀和分解，这是导致财力分散的一个重要原因。

根据著名的“瓦格纳定律”（Wagner Law），随着政府职能的膨胀，财政支出将呈现上升趋势。② 我国在20世纪90年代曾存在财政的“两个比重”均偏低的问题，其中预算内收入占整个财政收入的比重一度徘徊在19%以下。财力分散的现实，一方面说明税权集中的预期目标并未有效实现，另一方面也说明诸多利益集团都在参与对社会财富的层层分割。这其中有地方保护主义、本位主义、腐败行为等问题，也包含各级政府合理的财政渴求。从公共物品理论来说，由于政府最主要的职能是提供公共物品，而公共物品是有层次的，从效率的角度说，应当由中央政府和地方政府分别提供不同层次的公共物品，这已为经济学理论和相关国家的制度实践所证明。③ 因此，从这个角度说，对税权进行有效的配置，合理界定各级政府的税权，实行“财政联邦主义”（fiscal federalism）所要求的分权，也有其必要性。

我国的经济和社会发展的现实表明，中国作为世界上最大的发展中国家，发展的不平衡、不协调问题普遍存在。在这种情况下，中央政权集中财力进行有效的宏观调控是非常必要的，这样才能有效解决财政的纵向失衡和横向失衡问题，保障各地政府有效履行自己的职责。可见，在我们这样一个经济社会发展不平衡的大国，需要中央政权统筹兼顾，因而需要集中税权；同时，也正因为发展不均衡，各地情况迥异，对不同层次的公共物品的偏好亦不相同，所以也确实存在着适当分权的必要。目前地方债务增加的现实更加表明，分权也是一种客观需要。事实上，正是由于各级预算主体不能得到足额的财政投入，才会存在通过其他途径参与社会财富分配的冲动。

总之，现行的集权模式的主要问题是，在集权与分权的合理性和合法性上存在矛盾：集中

① 参见王绍光、胡鞍钢：《中国国家能力报告》，6～9页，沈阳，辽宁人民出版社，1993。

② 著名的财税大师瓦格纳（A. Wagner）考察了在19世纪欧美等国家的公共支出的增长情况，根据大量的统计资料，得出了公共支出不断增长的结论。对于瓦格纳定律人们存在着不同的认识，例如，马斯格雷夫就认为，瓦格纳定律只是表明，随着人均收入的提高，公共部门的支出也会相应地提高。

③ 在这方面，施蒂格勒（G. Stigler）、奥茨（W. Oates）、布坎南（J. Buchanan）等著名的经济学家都曾作过重要的研究。此外，美国等许多国家的分权制度也作出了很好的诠释。对于有关的分权理论，可参见平新乔：《财政原理与比较财政制度》，338～356页，上海，上海三联书店、上海人民出版社，1995。

财力，解决分配秩序混乱和财力分散的问题，迫切要求实行集权模式；而地区发展的不平衡和保障公共物品的有效提供，以及各部门、单位的特殊性，则要求财力的相对分散。从总体上看，综合我国市场经济发展初期的各种因素，应在实行集权以后再实行适度分权。这在中国大概是一种较为适当的改进路径。

（二）分享模式及其问题

在横向分权方面，我国的税收立法权实行的是分享模式。而从既往实践看，恰恰是中央政府更多地行使了税收立法权，这与严格的税收法定原则和《立法法》的要求存在一定的背离，因为即使在实行分享模式的情况下，也必须强调立法机关作为税收立法主体的地位，而不能由政府及其职能部门越俎代庖，否则至少在理论上会造成对国民财产权的侵犯，与依法治国或依法治税的精神大异其趣。

不容否认，政府立法有其可取的一面，但从立法权的保留来看，国家立法机关应当保留在税收等重要领域的立法权。对此，我国的《立法法》已有明文规定。从该法的规定及各国的通例来看，国家立法机关应当是重要的税收立法主体，有关税收的立法权力一般是立法机关保留的权力。

从立法权的纵向分割来看，可以分为以下四类，即中央专门的立法权、地方专门的立法权、中央与地方共有的立法权，以及剩余立法权。① 在共有立法权方面，一般实行中央优位原则，即中央已有立法的，地方不得重复立法；地方先立法，中央后立法的，应取消地方立法。从立法权的横向分割来看，既包括立法机关专门的立法权，也包括行政机关的立法权，以及作为两者之间的连接的委托立法权。其中，对授权立法必须加强限制。这已是人们的普遍共识。

从中国未来税收立法权的横向分配来看，由于宪法规定全国人大及其常委会、国务院均享有立法权，因而分享模式很难改变。但由于税收立法存在着特殊性，全国人大及其常委会应逐渐成为税收立法最重要的主体，从而改变以往国务院及其职能部门作为税收立法的主要主体的局面。这既是税收法定原则的要求，也是依法治税、建立现代财税制度的要求，是未来一段时期需要继续努力的主要方向。

第三节　税权分配的原则

一、税权的分配原则概述

税权分配原则，即在税权分配方面应当遵循的基本准则。从总体上看，税权分配应当遵循一系列的基本原则，如法治原则、经济原则和社会原则等。为此，税权分配必须有法可依、依法进行；同时，也必须考虑各级财政收入、经济调控的需要，以及社会政策的需要等。此外，在税权分配方面，还必须遵循一系列具体的原则，例如，美国著名财税学家塞利格曼（R. A. Seligman）和迪尤（J. F. Due）都曾经提出过著名的税权划分原则，其后的一些学者也曾对相关税权的具体划分提出过自己的看法。这些原则虽然主要侧重于税收收入权的划分，但对于确保税权整体的恰当分配有一定的指导意义。

其实，学界所概括的原则可大略概括为两大原则，即效率原则与公平原则。基于上述原则，一般认为，应注意以下几个方面。

1. 在税收立法权的分配方面，以下几类税种应由中央行使税收立法权

（1）涉及国民基本生活条件、经济秩序的统一性、竞争的公平性的税种。例如，德国《基

① 参见吴大英、任允正等：《比较立法制度》，275～279页，北京，群众出版社，1992。

本法》第72条第2项即规定，基于维持法律秩序与经济秩序的统一性，特别是为了维持超过一个邦的地区的生活条件的统一性，而存在依联邦法律加以规定的必要时，联邦即享有税收立法权。

(2) 课税对象具有高度流动性的税种。如所得税、商品税等，即存在此种情况。如果由地方进行立法，而各地税率又不统一，则会产生各地税负不统一，甚至通过转让定价进行税收规避的情况，与 (1) 的精神相悖。

(3) 课税对象跨越多个行政区域的税种。例如，商品的流转可能涉及多个税收区域，如果各个区域所定税率不同，则会产生增值税的抵扣困难，因此由中央进行统一的税收立法更加合适。可见，统一性、流动性和广泛性都是影响因素。

此外，还应看到，地方的税收立法权也往往与中央的税收立法权存在紧密的关联，例如：在中央立法的允许范围内，地方可以确定适用于本地区的具体征收率；可以在法定范围内征收一定额度的附加税；可以依法决定是否开征或停征若干小税种或税目等。

2. 在税收征管权的分配方面，尤其应考虑税收的经济效率原则和行政效率原则

为了实现"中性原则"，确保法律秩序与经济秩序的统一，以维护征税的平等，保护公平竞争，应统一全国的征纳程序、救济程序；同时，在具体征管权的划分上应强调"两便原则"，即一方面，要便利于纳税人纳税，努力降低其奉行成本，减少征税给纳税人造成的额外负担；另一方面，也应便利于不同的征税机关征税。为此，涉及进出口的税收，应主要由海关来征收或代为征收；而其他税收则主要应由税务机关征收。在税务系统内部，为了使征税更加便利，征管权的划分也可以与税收收益权的划分不完全一致。例如，一些细小的、具有突出地方性特征的地方税，当然由地税机关征收更为合适；但一些税基广阔的共享税，则未必由地税机关征收，而是可以先由国税机关集中征收，而后再划分收入。我国目前就是采取这种方式。

3. 在税收收益权的划分方面，应强调公平与效率两个方面

从公平的角度说，为了确保基本人权，也为了能使政府的事权与财权相适应，各级政府的税收收入应当与其所提供的公共物品支出相一致；从效率的角度说，收入的分配应起到满足公共需要、激励"良性取予"的作用。基于这些考虑，下列税种的收入，应归属于中央政府：(1) 关系到国民经济稳定发展的税种，如所得税；(2) 涉及社会财富再分配的税种，如所得税、遗产与赠与税等；(3) 课税对象流动性大或分布不均，可能引发税收竞争的税种，如所得税；或因区位优势而导致税负分配不公的税种，如资源税。

上述各类税权的具体划分原则表明，在总体上坚持公平与效率原则是非常必要的，关键是找到"止于至善"的"黄金分割点"。在考虑更为基本的法治原则、经济原则和社会原则的情况下，如何兼顾各个方面，便更加不易。诚如科尔贝 (Jean-Batiste Colbert)"鹅毛理论"所示：税权的划分不是一般的科学，它在很大程度上更是一门艺术。①

我国的税权划分已在一定程度上体现了上述的原则精神。我国没有制定专门的"财政收支划分法"，甚至连实行分税制这样大的制度变迁，都没有一个正规的行政法规来加以确认，因而我国的税权划分还没有充分体现法治原则。目前，我国只是在一些规范性文件中强调：关系到国计民生、宏观调控的税种归中央，而其他的不重要或者税源不够丰沛的税种则归地方。这考虑的当然主要是财政收入，强调的是经济原则和具体的效率原则。相信随着实践的发展，对于法治原则和社会原则会有越来越多的考虑和关注。

---

① 国家征税应当适度，适度的征税曾被科尔贝比喻为从鹅的身上拔毛：既要拔下一定数量的毛，又不至于让鹅大叫，因而"拔毛"要讲究"艺术"。此即"鹅毛理论"。该理论在税权的划分上同样是适用的。

[资料] **确定税权分配原则的经济理论基础**

确定税权分配原则，首先要说明税权应否存续，其次要说明有必要存续的税权应如何划分。这就涉及税权存续与分配的理论基础问题。从经济学的角度说，其理论基础主要有两个方面，一个是公共物品理论，另一个是财政联邦主义。

1. 公共物品理论对于税权存续的重要价值

国家的税权为什么会存在？税收为什么能够存在和延续？对于这些问题，学者一般通过公共物品理论来进行解释。

对于公共物品理论，前面已有过介绍。自从萨缪尔森明确提出公共物品（或称公共品、公共商品）的概念以来，公共物品理论便成了解释财政和税收存在的必要性的重要理论。其实，公共物品是福利经济学研究的外部性问题的极端表现。如前所述，公共物品本身所具有的消费的非排他性和非竞争性的特征，使它不可能像私人物品那样具有产权的独占性、排他性和可转让性。因此，在公共物品领域不可避免地会出现“搭便车”的问题，导致公共物品成为大家都需要但每个市场主体又都不愿意投资、提供的领域。在这种情况下，为了满足社会公众的公共欲望，必须有一个在利益上处于超然地位的主体承担提供公共物品的重任，并且，这个主体需要具备两个重要的条件：不以营利为目的，并具有强大的经济实力。

从社会组织的结构来看，满足第一个条件，即不以营利为目的的，应当是市场主体以外的其他主体，如国家和第三部门。其中，第三部门作为非营利性的、非政府性的社会团体，其数量众多，但其不掌握国家机器，因而其动员能力以及其他各个方面的实力均无法同国家相比。从第二个条件来看，国家和第三部门作为非营利性组织体，从理论上说，其本身是不创造利润的，因而缺少提供公共物品应有的财力。在这种情况下，考虑到国家在各个方面的特殊地位，特别是社会公众对公共物品的迫切需要，必须赋予国家以特殊的垄断权力——征税权，国民也必须作出让步，将自己财产权的一部分让渡给国家，以使其积聚提供公共物品所需要的资财。

可见，公共物品理论有助于说明，人们为什么需要公共物品，为什么需要赋予非营利的国家以征税权，使其通过征税来为社会公众提供公共物品等。可以说，对于公共物品的需求和公共物品本身的特点，是国家税权得以形成的重要原因。

此外，无论基于经济的、政治的、社会的抑或法律的考虑，都要在确定国家税权的同时，相应确定国民的税权；在确定一类主体的税权的同时，确定其他相关主体的税权。可见，因人们对公共物品的需求所产生的国家职能，导致了相应的税权的产生；而国家税权产生后，又需要有国民的税权与之相对应，由此又衍生出征税主体与纳税主体的税权的对立，等等。正是在这些税权的对应和对立中，税权理论才能够得到展开和完善。

2. 财政联邦主义对于税权划分原则的重要价值

既然税权是重要的，那么，税权应如何配置？是全部由一类主体独享，还是进行适度的分权？这取决于各国的具体情况。基于财政联邦主义原理，国家应根据各种公共物品的不同特点，确定不同级次政府应提供的公共物品，以及所需要的资金收入和支出，从而确立现代的分税制。分税制作为一种分享税制，其核心是分税权，只有像明晰产权一样明确税权的分配，才能继而有效分税种、分机构、分收支。因此，财政联邦主义与分税制有着内在的联系。

如果对税权的分配作进一步延伸，就涉及税收收入如何支出的问题、收入和支出如何结合的问题。这也被看作是与税权分配相关联的问题。在税收收入的支出方面，与前述的公共物品理论等相联系，也有人提出了划分支出的原则。例如，巴斯太保就曾经提出了以下几个原则：(1) 受益原则，即如果政府提供公共物品的受益对象是全体国民，则该公共物品应由中央政府提供，反之则应由地方政府提供。(2) 行动原则。即公共物品的提供需要采取统一的规划和行动的领域，应由中央政府负责支出；反之，需要因地制宜的，则由地方政府支出。(3) 难度原则。如果政府提供的公共物品规模巨大、技术含量高，因而难度较大的，应由中央政府提供；反之，则应由地方政府提供。

上述原则虽然是侧重于支出的角度，但实际上可以看出它们对于收入的划分也是适用的。由于公共物品客观上存在着提供主体、层次、数量、质量、规模、难度、地域等方面的差别，因而巴斯太保的几项原则也可以看作是对上述的分权理论的进一步肯认和补充。

要使税权有效存续和发展，仅有经济理论的基础是不够的，还必须有相应的法律前提和保障。为此，下面有必要强调税收法定主义的原理。

二、税权存续和分配的重要法律前提

税权的存续和分配，不仅有其经济理论基础，也有其法律前提。没有法律前提，税权便无法存续，更谈不上有效分配。

税权的分配，同样应遵循税法的三大基本原则，即税收法定原则、税收公平原则、税收效率原则。这些原则是法治精神、经济和社会政策等在税法领域的体现，是实现税法宗旨的重要保障。其中，税收法定原则作为税收法定主义的体现，是更为核心、更为基本的原则，它是税权存续和分配的重要法律前提。

依据税收法定主义的基本要求，在税权领域，无论是国际层面的税收管辖权还是国内层面的税权，无论是广义的税权，还是狭义的税权，其存续和分配都需要依法确立和保障。

对于税收法定主义的一般原理，人们已有普遍共识。从英国 1215 年《大宪章》所确立的基本精神来看，有两个法定原则是最为重要的，即罪刑法定原则和税收法定原则。这些原则至今仍是刑法和税法最重要的原则。

对于税收法定原则，前面已作过介绍。从广义上说，税收法定原则是确定广义税权的存续和分配的重要原则。包括国家的税权的确立、分配，国家与国民之间、征税主体与纳税主体之间的税权配置，都应当有法律上的依据，都应当具有合理性和合法性。

在制度层面，基于税收法定原则，除了需要在宪法领域对税权分配问题作出规定外，也需要在《立法法》以及税收的基本法律中，对有关税权的确立和分配问题作出明确和具体化，这正是上述法律存在的重要理由和价值所在。

例如，根据我国《立法法》第 8 条的规定，只能制定法律的事项包括“……税种的设立、税率的确定和税收征收管理等税收基本制度”。该规定实际上也是税收法定原则的一个体现。据此，税收基本制度必须严格执行“法律保留”原则。这无疑有利于我国税收法治建设的加强。

我国曾经考虑制定“税收基本法”，目前学界在倡导制定“税法总则”。只有制定税收方面的基本制度，明确各类主体的税权分配，才能弥补宪法有关分权规定的不足。这也是税收法定原则的基本要求。

可见，《立法法》和相关税收基本法律对于确保税权的依法分配，对于税收法定原则的实现，都有着重要的意义；对于国家以及其他相关主体的利益分配，也都有重要的保障作用。

第四节　我国的税收体制

一、税收体制的含义

税收体制是指规定相关国家机关的税权分配的一系列制度。它主要包括税收的立法体制和税收的征管体制，在一国的税制中居于重要地位。

税收体制法律制度是税收体制的法律化，是税收体制在法律上的表现。税收体制只有法律化，才能体现民主、法治的精神。调整税收体制关系的诸多法律规范，总称为税收体制法。

税收体制法是税法体系的重要组成部分，是税收法律制度中的基础性制度，它为税收征管活动提供了重要的制度前提。正因为如此，在学习和研究税收征纳的具体制度之前，需要先了解税收体制方面的法律制度。

税收体制法规范主要散见于一国的宪法及税收法律、法规之中。其中，在宪法、有关征税主体的组织法，以及有关税收征管的基本法律中，都会涉及税收体制的规范。这些规范的核心内容就是在相同级次和不同级次的国家机关之间分配税权。

二、税收体制与分税制

在对财政体制作广义理解的情况下，财政体制包含了税收体制。如前所述，我国自 1994 年以来实行分税制，即按事权划分中央与地方的财政支出；依据事权与财权相结合的原则，按税种划分中央与地方的税收收入的制度。因此，分税制实际上是对财权、税权予以分配的制度。

税收体制与分税制密切相关，它是分税制的核心内容。在各个现代税收国家，税收收入是财政收入的主要来源，按税种来划分中央与地方的收入，既是税收体制的中心内容，也关系到整个分税制的存续和有效运作。正因税收体制是分税制至为重要的组成部分，各国在实行分税制时，都将税收体制作为分税制的核心部分，并注重税收体制的优化。同样，在我国的分税制中，也包含了税收体制的主要内容。

依据国务院《关于实行分税制财政管理体制的决定》，我国从 1994 年 1 月 1 日起废止了原来实行的地方财政包干体制，对各省、自治区、直辖市以及计划单列市实行分税制财政管理体制。实行分税制，是为了理顺中央与地方的财政分配关系，更好地发挥财政的职能作用，提高中央的宏观调控能力。

我国进行分税制改革的原则和主要内容是：按照中央与地方政府的事权划分，合理确定各级财政的支出范围；根据事权与财权相结合的原则，将税种统一划分为中央税、地方税和中央地方共享税，并建立中央税收和地方税收体系，分设中央与地方两套税务机构分别征管①；科学核定地方收支数额，逐步实行比较规范的中央财政对地方的税收返还和转移支付制度。

由上述分税制改革的主要内容不难发现，分税制的核心内容是在各级政权机关之间分配财权或税权。财权主要包括财政收入权和财政支出权，而在财政收入权中，税权是最为重要的。因此，分税制改革要把税权的分配作为其核心内容，明确在相关国家机关之间对税收立法权、税收征管权和税收入库权作出分割和配置，由此又涉及税收立法体制和税收征管体制的问题。

三、我国的税收立法体制

我国的税收立法体制是在税制改革实践中逐渐形成的。如前所述，我国在税收立法权的横向分配方面实行的是分享模式，国家立法机关和行政机关都在实际上享有税收立法权，并且，国务院以往制定的税收行政法规数量，远远超过全国人大及其常委会制定的税收法律的数量；财政部、国家税务总局等制定的部门规章，在实际的税收征纳活动中更是发挥着直接的重要作用。

随着税制改革的深化和法治观念的普遍提高，我国的税收立法将越来越转向以全国人大及

① 我国在 2018 年进行的机构改革过程中，已将省级和省级以下的国税机构和地税机构合并。

其常委会的立法为主；国务院主要负责制定有关税收法律的实施细则，在国家立法机关授权范围内对税法作出解释；作为国务院的职能部门的财政部、国家税务总局等，主要负责对税法适用过程中的一些具体问题作出解释和说明。

在税收立法权的纵向分配方面，我国实行的是集权模式。其中，中央税、共享税以及地方税的立法权都要集中在中央，以保证中央政令统一，维护全国统一市场和企业平等竞争。[①] 各地区、各部门都要依法治税，不得超越权限擅自制定、解释税收政策。民族自治区域内的税收政策，也要与全国保持一致。[②] 基于上述要求，地方的税收立法权微乎其微。近些年来，随着我国市场经济的发展和法治水平的提升，在税收立法权的纵向分配上日益重视适度分权，在多个税收法律中赋予地方课税要素调整权。从高度集权向适度分权的调整，是税收立法权分配上的重要变化。我国的香港、澳门特别行政区不适用上述集权模式。这两个特别行政区根据各自的基本法有权实行独立的税收制度。在"一国两制"的框架下，我国税收立法体制所包含的内容更为丰富，为我国税收立法体制的整体发展提供了内在的参照和借鉴。

四、我国的税收征管体制

我国的税收征管体制在整个税收体制中居于十分重要的地位。依据统一政策和分级管理相结合的原则，我国的税收立法权应高度集中，以保持法制和税制的统一；同时，对税收应实行分级征管，以体现分级管理的精神。

依据前述的税权分配原理，税收征管体制的核心内容是在相关国家机关之间进行税收征管权的分割与配置，同时，它还牵涉到税收收益权的分割与配置。税收收益权或称税收入库权，是独立于税收征管权的权力，两者关联紧密，其分配通常也被放到税收征管体制中统一考虑，从而使税收征管体制所包含的内容更为丰富。

自改革开放以来，我国的税收征管体制改革不断深入，其中，1994 年的分税制改革和 2018 年的机构改革，对税收征管体制影响较大，现分别简要介绍如下。

（一）1994 年至 2018 年的征管体制

我国在 1994 年实行分税制以后，对税收征管权的分配作出了较大调整。从税收征管机关负责的税种来看，税务机关主要负责内国税收的征管，海关主要负责关税及进口环节增值税、消费税等涉外税收的征管。

此外，由于税收被分成中央税、地方税和中央地方共享税，相应地，从 1994 年到 2018 年，我国在税务系统内部也分设中央与地方两套税务机构分别负责征管，从而使税收征管权在税务系统内部又作了进一步的划分。

根据国务院《关于实行分税制财政管理体制的决定》，中央税和共享税由中央税务机构即国家税务局（简称国税局）系统负责征收，地方税由地方税务机构即地方税务局（简称地税局）系统负责征收。在税收入库权的分配上，中央税收入和地方税收入分别由其征管机关划入中央金库和地方金库；共享税收入中属中央收入的部分划入中央金库，属地方分享的部分，由中央税务机构直接划入地方金库。

在中央税、地方税、共享税三种税收收入的划分方面，构成中央固定收入的税种主要包括关税、消费税、海关代征的增值税和消费税等，构成地方固定收入的税种主要包括城镇土地使用税、房产税、车船税、土地增值税、环境保护税等，构成中央与地方共享收入的税种是增值

---

① 参见国务院《关于实行分税制财政管理体制的决定》。

② 参见国务院于 1998 年 3 月下发的《关于加强依法治税严格税收管理权限的通知》。

税、企业所得税、个人所得税等。

（二）2018年以来的税收征管体制改革

随着财税体制改革的深化，以及地方税费收入体系的建立健全，迫切需要解决国税与地税、地税与其他部门的税费征管职责划分存在的职责交叉等问题。为此，在2018年的国务院机构改革过程中，省级和省级以下国税、地税机构合并，具体承担所辖区城内各项税收、非税收入征管等职责。国税、地税机构合并后，实行以国家税务总局为主与省（区、市）人民政府双重领导管理体制。

根据《国税地税征管体制改革方案》，改革国税地税征管体制的目标是，通过合并省级和省级以下国税地税机构，划转社会保险费和非税收入征管职责，构建优化高效统一的税收征管体系，为推进税收治理现代化、全面实现国家治理的现代化提供有力的制度保证。

为了实现上述目标，税收征管体制改革尤其应做到：(1）以纳税人和缴费人为中心，推进办税和缴费便利化改革；(2）优化税务机构职能和资源配置，增强政策透明度和执法统一性，统一税收、社会保险费、非税收入征管服务标准；(3）坚持改革与法治相统一、相促进，更好发挥中央和地方两个积极性。

通过此次征管体制改革，整个税务系统的征管职能进一步扩大，不仅依法负责税款征收，还负责社会保险费、非税收入的征收，即从2019年1月1日起，基本养老保险费、基本医疗保险费、失业保险费、工伤保险费、生育保险费等各项社会保险费由税务部门统一征收；此外，按照便民、高效的原则，合理确定非税收入征管职责划转到税务部门的范围，对依法保留、适宜划转的非税收入项目成熟一批划转一批。随着上述改革方案的逐步落实，统一的税务机关将成为我国最重要的税费征收主体。

学习拓展：

《中华人民共和国国民经济和社会发展第十四个五年规划和2035年远景目标纲要》提出，我国“完善现代税收制度”的主要目标是：第一，优化税制结构，健全直接税体系，适当提高直接税比重。第二，完善个人所得税制度，推进扩大综合征收范围，优化税率结构。第三，聚焦支持稳定制造业、巩固产业链供应链，进一步优化增值税制度。第四，调整优化消费税征收范围和税率，推进征收环节后移并稳步下划地方。第五，规范完善税收优惠。第六，推进房地产税立法，健全地方税体系，逐步扩大地方税政管理权。第七，深化税收征管制度改革，建设智慧税务，推动税收征管现代化。

上述目标，正在我国的税制改革和税收立法中逐步落实，在后续内容的学习中，可以结合这些目标理解和思考如何进一步完善我国的现代税收制度。

延伸思考：

1. 为什么说税权问题是税收体制法的核心问题？
2. 如何理解税权体系的内部结构及各类税权的内在关联？
3. 我国的税权分配存在哪些突出问题？
4. 如何从税权分配原则的角度分析我国的税收体制？
5. 应如何完善我国的税收体制？

第十章　征纳权义的理论

与前一章税权分配问题密切相关，征纳双方的权义分配问题也非常重要。事实上，有关征税主体和纳税主体的权利与义务的规定，是各国税法至为重要的内容，由此使税法权利与税法义务具有税法学基本范畴的地位。①

有关征纳双方权义的探讨，形成了征纳权义理论，该理论也是广义的税权理论的延伸。征纳双方权义的具体分配，实际上是广义的税权在不同主体之间进行分配的具体化。只有征纳双方明确和履行各自的权利与义务，才能更有效行使其税权，因此，征纳义务与有关税权的规定往往如影随形地共生并存。此外，征纳双方的权利义务，也是税收实体法和税收程序法的核心内容，因此，在具体介绍税收实体法和税收程序法的具体制度之前，也有必要介绍一下征纳权义的一般理论，特别是纳税义务的一般原理。

第一节　征税主体的权义

一、征税主体的权利

在把征税主体抽象地理解为国家的情况下，征税主体的广义权利（包括权力）是较为广泛的。这与对税权的广义理解有关。在把征税主体具体地理解为负责征税的政府职能部门的情况下，征税主体的权利范围会相对狭窄一些。由于在有关税权分配的部分已经探讨了各类征税主体之间的税权配置问题，因而在此主要探讨征税主体在税收征纳过程中对纳税主体的权利。

如前所述，各国具体的征税主体通常是税务机关和海关。它们作为征税机关，享有相应的征税权力；作为税收征纳关系中的债权人，又享有对纳税主体的权利。具体说来，征税主体的广义权利一般主要包括以下几个方面。

（1）税款征收权。这是征税主体诸多权利的核心，是与纳税主体的纳税义务相对应的权利。该项权利主要包括应纳税额的税款核定权和税基的调整权等。为了保障国家税收利益的有效实现，征税主体在行使上述权利的过程中，还可具体行使税负调整权、税收保全权、税款追补权等。

（2）税务管理权。这是为了保障税收征管权的有效实现而由法律赋予征税机关的权利，主要包括税务登记管理权、账簿凭证管理权和纳税申报管理权等。

（3）税务稽查权。在普遍实行纳税申报制度的情况下，加强税务稽查十分必要。税务稽查权主要包括税务稽核权和税务检查权等。

（4）获取信息权。即征税主体有权要求纳税主体提供一切与纳税有关的信息，也有权从其

---

① 法学界大都认为权利与义务是法学的基本范畴，甚至是基石范畴。这对于税法学基本上也是适用的。但对于究竟应强调权利本位（或认为权力本位）还是义务本位，抑或两者并重，则存在不同观点。这方面的重要著述有张文显：《法学基本范畴研究》，北京，中国政法大学出版社，1993；童之伟：《再论法理学的更新》，载《法学研究》，1999(2)；等等。

他的有关部门获得与纳税人纳税有关的信息。为了保障获取信息权，征税主体可以依法行使调查权，也有权要求相关部门依法予以协助。

（5）强制执行权。纳税人逾期不缴纳税款，经催告后在限期内仍不缴纳的，征税机关可依法行使其强制执行权，采取旨在保障税款入库的强制执行措施。

（6）违法处罚权。对于纳税主体违反税法规定的一般违法行为，征税机关有权依法予以处罚；若纳税主体的行为已构成犯罪，则应移交司法机关追究刑事责任。

二、征税主体的义务

所谓征税主体的义务，即征税主体依据税法规定所负有的各类义务。其中，征税义务是最重要的，其他义务都是辅助性的义务。由于征税主体有专属的征税职能，因而征税主体的法定义务，就是要依法征税，全面贯彻税收法定原则，特别是其中的依法稽征原则。这一义务可以具体地分解为许多方面，包括不得违法多征、少征；不得违法减税、免税；不得违法退税、缓税、补税；不得违反法定征税程序；不得擅自改变法定的课税要素；等等。总之，征税主体既不能违法作为，也不能违法不作为，而必须依法履行其法定职责，依法行事，行止合规，既不能越权，也不能滥用权力。

一般说来，征税主体负有下列义务：

（1）依法征税的义务。征税主体必须严格依据税收实体法和税收程序法的规定征税。没有法律依据，税务机关不得擅自开征、停征或多征、少征。因此，征税主体必须依税收法定原则从事征税活动，包括税收保全措施、强制执行措施等均必须依法实施。

（2）提供服务的义务。征税主体应当向纳税人宣传税法，为纳税人提供必要的信息资料和咨询，使纳税人在纳税过程中得到文明、高效的服务。

（3）保守秘密的义务。征税主体不得侵犯纳税主体的隐私权或商业秘密，纳税主体提供给税务机关的信息资料只能用于实现税收征管的目的，而不能被滥用于其他非征税的目的。除为了税收执法的需要外，征税主体不得披露纳税主体的有关信息。

（4）依法告知的义务。征税主体应依法进行催告或告知，以使纳税人知道其纳税义务的存在和不履行义务将受到的处罚；在处罚违法纳税人时，也应告知其享有的各项权利。征税主体的这一义务对保障纳税主体的程序权利和实体权利的实现，均具有重要意义。

征税主体的义务作为法定职责，主要规定于《宪法》《税收征收管理法》的相关规范中。而纳税主体的义务，则较为复杂，可能规定在各类税收实体法和税收程序法中。通常，较为复杂的纳税主体的义务往往会成为研究的重点。

第二节　纳税主体的权利和义务

一、纳税主体的权利

与征税主体的主要义务大略相对应，纳税主体一般主要享有以下几类权利①：

（1）限额纳税权。依法纳税是纳税人的主要义务，但在法定的限额内纳税，则是纳税人的权利。因此，税收征纳活动必须依法进行，纳税人有权拒绝一切没有法律依据的纳税要求，也没有义务在依法计算的应纳税额以外多纳税。对于多纳的税款，纳税人享有退还请求权。

---

① 对于我国现行税法制度中有关纳税人权利、义务的更为具体的规定，可参见2009年11月29日发布的《国家税务总局关于纳税人权利与义务的公告》。

（2）税负从轻权。纳税人有权依法承担最低的税负，可以依法享有减税、免税等税收优惠，可以进行旨在降低税负的税收筹划活动，但不能从事与法律规定或立法宗旨相违背的税收逃避活动。

（3）诚实推定权。除非有足够的相反证据，纳税人有权被推定为是诚实的。这项权利与纳税人的申报义务和整个税收征管制度都是密切相关的。

（4）获取信息权。也称知情权，是指纳税人有权了解税制的运行状况和税款的用途，并且可以就相关问题提出质询；纳税人还有权了解与其纳税有关的各种信息或资料。

（5）接受服务权。与征税主体提供服务的义务相对应，纳税人在纳税过程中，有权得到征税主体文明、高效的服务。

（6）秘密信息权。与征税主体保守秘密的义务相对应，纳税人有权要求征税主体依法保护其个人信息和商业秘密。

（7）赔偿救济权。纳税人的合法权益受到征税主体的违法侵害造成损失的，有权要求征税主体承担赔偿责任；若对征税主体的具体行为不服，有权依法申请复议或提起行政诉讼。

二、纳税主体的义务

所谓纳税主体的义务，亦即纳税主体依据税法规定所负有的各类义务。其中，最重要的是纳税义务。事实上，在现实的税收立法中，大量的规范都是在规定纳税主体的各种义务。由于这些义务非常重要，因而有必要在后面分别展开介绍。

此外，由于权利与义务存在着一定的对应性，因而如同税法权利的多样性一样，纳税主体的义务也并非单一，且不仅与征税主体的税法义务不同，其在税收实体法上的义务与税收程序法上的义务也不同。

一般说来，与征税主体的权利大略相对应，纳税主体一般主要负有以下义务：

（1）依法纳税的义务。纳税人应依据税收实体法和税收程序法的规定，及时、足额地缴纳税款。这是纳税人的一项最基本的义务。

（2）接受管理的义务。纳税人应接受征税主体的税务管理，依法办理税务登记、设置和使用账簿和凭证、进行纳税申报。

（3）接受稽查的义务。纳税人应接受征税主体依法进行的税务稽核和税务检查，这也是加强税收征管所必需的。

（4）提供信息的义务。纳税人应诚实地向征税主体提供与纳税有关的信息，在必要时，还应接受征税主体依法实施的调查。

在纳税主体的上述各类义务中，由于其纳税义务特别重要，也相对较为复杂，并且，如何规定纳税主体的纳税义务，如何确保纳税主体的纳税义务的履行，始终是税法领域普遍关注的重要问题，因此有必要对纳税义务问题设专节予以介绍，这对于理解后面的税收法律制度的具体内容会很有帮助。

第三节　纳税义务的要旨

一、纳税义务的地位

由于诸多原因，我国税法更侧重于对纳税主体的纳税义务作出规定；在税法实施过程中，也非常强调纳税人纳税义务的履行。因此，对纳税义务的主要问题有必要专门介绍和研讨。纳税主体的纳税义务是其诸多义务的核心，税收征纳活动主要是围绕纳税义务的履行而展开的。

纳税义务之所以具有重要地位，是因为它关系到相关主体的基本权利，因而涉及宪法问题。例如，我国《宪法》就明确规定“中华人民共和国公民有依照法律纳税的义务”，足见对纳税义务这一基本义务的重视。事实上，许多国家的宪法和法律对纳税义务都有较为明确的规定，这足以说明纳税义务对于国家与国民之重要。

尽管如此，由于我国税法理论发展的非均衡和晚近，有关纳税义务的一些重要问题，比如，纳税义务有何种性质，它在具备什么条件时才成立，它有哪些种类，其继承和终止原因有哪些，等等，探讨还相当薄弱。明确这些相互关联的问题，如同界定产权一样，对于从另一个方面确保征纳双方的权利，依法有效进行税收征管，乃至促进对税法基本理论的研究，都是非常重要的。

二、纳税义务的性质

税法作为典型的公法，与民法等私法存在着明显的不同。由于纳税主体的纳税义务是依据税法而定，因而它是公法上的一种金钱债务。① 作为金钱债务，纳税义务与民法上的金钱债务有一定的共性；但作为“公法上的债务”或称“税收债务”，它又与私法上的债务有很大不同。其差异尤其表现在：第一，纳税义务是法定债务，仅能依法律规定来确定，而不能像私法债务那样依当事人之间的合意或意思表示来决定；第二，纳税义务的履行只能依强行法之规定，一般不能像私法债务那样依当事人的主观意愿进行和解；第三，涉及纳税义务的争议，须通过行政复议和行政诉讼的途径来解决，一般不能通过解决民事纠纷的途径来化解。②

纳税义务的上述性质，对于在税收征管实践中处理相关问题很有意义。特别是有利于增强纳税义务的刚性。事实上，依据税法确定的纳税义务，是具有法律效力的，应当对纳税人具有确定力、约束力和执行力。强调纳税义务的法律效力，有利于提高税收执法活动的效率，有利于促进纳税义务的履行。

此外，纳税义务的上述性质，还与税收法律关系的性质有关。对于税收法律关系的性质，前面曾介绍过“权力说”和“债务说”两种理论。如前所述，对于税收法律关系的性质，很难一概而论。若能区分税收关系的不同阶段和环节，也许有助于深化相关认识。

事实上，税法所调整的社会关系并非同质，而是可以分为税收体制关系和税收征纳关系。在税收征纳关系中，又可进一步分为税收征纳实体关系和税收征纳程序关系。上述的税收体制关系和税收征纳程序关系，的确具有一定的权力服从性质，因而“权力说”的某些解释也存在着一定的合理性。但在税收征纳实体关系中，又确实更侧重于税收债务的履行，并且，纳税义务是否成立，并非由行政机关单方决定，而是需要依据税法所规定的“课税要素”来具体加以确定，从而使“债务说”又更有解释力。因此，针对税法所调整的复杂社会关系，确有必要作出具体区分，以针对具体阶段的社会关系，来确定税收法律关系的性质。③

---

① 德国《税法通则》第 3 条第 1 项在给“税收”下定义时，曾对纳税义务的“金钱债务”性质有明确规定，强调“税收是一种金钱给付”。在国家获取的各类收入中，货币形态的收入是最为重要的，这与现代经济社会的发展要求相一致。

② 对于纳税义务的上述特征，学者有较多共识。参见［日］金子宏著，刘多田等译：《日本税法原理》，90 页，北京，中国财政经济出版社，1989；国家税务总局税收科学研究所编著：《西方税收理论》，312 页，北京，中国财政经济出版社，1997。此外，在税收复议实践中，在不违反税法对纳税义务的强制性规定，不违反社会公益，不侵害他人合法权益的情况下，对某些事项可以达成和解。

③ 在此可姑且称之为“分阶段论”，从区分不同阶段的法律关系的性质的角度说，它有些类似于德国行政法理论中的“两阶段理论”。参见［德］平特纳著，朱林译：《德国普通行政法》，99 页以下，北京，中国政法大学出版社，1999。

基于上述考虑，可以认为，由于纳税义务是属于税收征纳实体法律关系的内容，因而用“债务说”来解释是更为合适的。这也是前面把纳税义务定位为公法上的金钱债务的重要理由。事实上，在日本、韩国等一些国家的立法上，已经把这种纳税义务直接规定为税收债务或金钱债务。

明确纳税义务的上述性质，对于税收的征收和管理很重要。它使税收征管的目标更加明晰，也使国家与纳税人之间的关系更加协调，从而有利于形成国家与纳税人之间良好的税收互动关系，改进征纳双方之间的博弈。

三、纳税义务的成立

纳税义务的成立，或称纳税义务的发生。依据上述的“债务说”，纳税义务是否成立，或者说国家给纳税人“设负担的行为”能否成立，应视是否符合税法规定的课税要素而定，而并不取决于征税机关的行政行为。因此，只有在符合法定要件的情况下，纳税人的纳税义务才告成立，征税机关才能够向其征税；而在不符合课税要素的情况下，征税机关不能靠主观臆断或人为推定去征税。这有助于解决实践中存在的违法征税问题。

由于课税要素对于确定纳税义务的成立至为重要，因而国内外学者对课税要素都进行了较为深入的研究，并大都认为课税要素就是确定纳税主体的纳税义务能否成立的基本要件。根据课税要素理论，要确定纳税义务，首先，要确定承担该义务的主体，即纳税主体；其次，要明确纳税主体承担义务的范围，即对于哪些课税对象、在多大的数量上要承担纳税义务，因而需要明确税目和税基；最后，要明确承担纳税义务的程度（这是国家课税深度的体现），因此需要明确具体适用的税率。上述几个方面，是各类纳税义务的成立都要涉及的。此外，税收优惠或重课措施的存在，还会对一般的纳税义务产生具体的增减改变，这对纳税义务的具体确定是非常重要的。

关于纳税义务的成立或发生时间，在各类具体税收立法中的规定是不尽相同的。由于我国实行“分税立法”模式，因而在一些税收法律、法规中还对不同情况下“纳税义务发生的时间”作出了专门规定。这主要是因为纳税义务的发生时间对于确定纳税义务的成立，具有重要的法律意义（对此在后面还将谈到）。

其实，从理论上说，纳税义务应当在满足税法规定的课税要件时始告成立。为此，德国《税法通则》第 38 条规定，“基于税收债务关系的请求权，在该法律对于其给付义务所联结的构成要件实现时，即为成立”。这样的明确规定，有助于确定纳税义务的成立，并有效保障征纳双方的税收权益。

四、纳税义务的分类

纳税义务作为纳税主体最主要的义务，是与征税机关的税收征管权相对应的。从一定意义上说，征税机关的活动，主要是围绕纳税义务展开的，如征税机关对纳税义务的具体确定，对纳税义务的履行的监督，以及在不履行时采取的对策，等等。在这些活动中，征税机关所针对的纳税义务实际上是不尽相同的，因而有必要对纳税义务作出进一步的分类。

纳税义务作为纳税主体税法义务的重要组成部分，可以依据不同标准有多种分类。从理论意义和实践价值来说，以下几种分类较为重要。

1. 抽象纳税义务和具体纳税义务

通常，因符合税法规定的课税要素而成立的纳税义务，在经具体的确定程序之前，仅具有抽象的意义，故可称之为“抽象纳税义务”；只是在经过具体确定应纳税金额、纳税时间和地点的程序之后，纳税义务才真正具体确定，这时的纳税义务即可被称为“具体纳税义务”。

对于上述分类，许多学者是持肯定态度的。例如，日本学者田中二郎认为，抽象的税收债权（与之相对应的是抽象的纳税义务），在满足法定课税要件时成立；至于税收债权的具体内容（应纳税额或称具体纳税义务），依具体情形，往往需要到征税机关核定应纳税额时才能确定。此外，德国著名的税法学者克鲁泽（Kruse）也认为，纳税义务的成立独立于核定税额的“课税处分”，课税处分并不能创设税收债权以及与之相对应的纳税义务，而只是创设了一个形式上的给付义务。①

纳税义务的上述区分，对于税收执法实践很有意义。在“抽象纳税义务”发生时，征税机关的税收债权也是“抽象”的，一般需经过合理的期间，在纳税义务具体化以后，才能要求纳税主体具体履行。为此，我国税法规定的“纳税义务发生的时间”，确立了“抽象纳税义务”的发生时间，它是一个“时点”；而纳税期限是纳税主体能够将其纳税义务具体化的一段合理的“期间”。可见，两者是不同的。不仅如此，通过纳税义务的“发生时间”和“履行时间”的区分，也可以看到两类纳税义务的不同，以及两类“时间”在法律意义上的差别。超过纳税期限不履行纳税义务，一般会构成税收违法行为。

2. 可分纳税义务和连带纳税义务

与通常意义上的可分债务和连带债务的区分一样，对纳税义务也可作出此类区分。其中，“可分纳税义务”，是指纳税人之间的纳税义务可以相互区分，因而只需各自独立履行的纳税义务；“连带纳税义务”，是指具有连带关系的两个或两个以上的纳税人共同负担的同一纳税义务。对于连带纳税义务人，征税机关不仅可以要求纳税人整体承担纳税义务，而且可以要求其中的任何一个纳税人清偿税收债务。在连带纳税义务人中的任何一个缴纳了全部或部分税款后，其他纳税人的纳税义务也在该范围内消灭，并同时产生了税款缴纳者对其他连带纳税义务人的求偿权。这与一般的法理是一致的。

在税收执法活动中，由于“可分纳税义务”大量存在，而“连带纳税义务”不够普遍，因而有人从税法的安定性和可预测性的角度，从避免纳税人负担不当加重的角度，认为对连带纳税义务应持否定态度。但也有人认为，应当看相关的法律（如公司法等）规定或在事实上是否存在承担连带责任的情况，如果存在，就应承认“连带纳税义务”的合理性。②

一般说来，可能存在连带纳税义务的情况主要有：（1）对于与共有物、共同事业有关的税收，共有物的权利人、共同事业的经营者负有连带纳税义务。（2）对于因从同一被继承人处继承遗产而应缴纳的税款，各位继承人负有连带纳税义务；（3）对于因共同制作一项文书而应缴纳的印花税，共同的制作者负有连带纳税义务，等等。③ 这些情况，有的在我国尚未制度化，有的规定得不够明确。随着税法理论的发展，在相关的立法上，亦应及时补进这些内容。

3. 原生纳税义务和衍生纳税义务

原生纳税义务，是纳税人依据税法规定直接负有的纳税义务。这也是通常最受关注的纳税义务。衍生纳税义务，也称第二次纳税义务，是指因纳税义务人滞纳税款，在征税机关对其采取扣押措施后，仍不能足额缴纳应纳税款时，由与纳税义务人有一定关系的主体承担的代其缴纳税款的义务。可见，第二次纳税义务是由纳税人的原生义务衍生而来的，它有利于确保国家

① 上述观点可参见陈清秀：《税法总论》，218～219页，台北，三民书局，1997；［日］田中二郎：《租税法》，3版，184页以下，东京，有斐阁，1990。

② 参见陈清秀：《税法总论》，282页，台北，三民书局，1997。

③ 关于连带纳税人与第二次纳税人，除一些国家的税法有明确规定外，学界亦对其有所关注。参见［日］金子宏著，刘多田等译：《日本税法原理》，96、97页，北京，中国财政经济出版社，1989。

的税收利益。但正因其不是原生的，因而征税机关在要求相关主体履行衍生纳税义务时，必须事先通知，并且，一般应在对原生纳税义务人进行“滞纳处分”后，才能要求衍生纳税义务人履行纳税义务。此外，衍生纳税义务人在履行第二次纳税义务后，可向原生纳税义务人行使求偿权。

从上述两种纳税义务的关系来看，衍生纳税义务具有从属性和补充性。原生纳税义务是“主义务”，而衍生纳税义务是“从义务”。当“主义务”因免除等原因而不存在时，衍生纳税义务也随之消灭。此即从属性的表现。此外，由于衍生纳税义务是一种替代性义务，因此，只有在对原生纳税义务人实行了扣押等“滞纳处分”，仍不能足额获取应征税款的情况下，才能以其不足部分的结算额为限向衍生纳税义务人征税。此即补充性的体现。

一般说来，可能存在衍生纳税义务的情形主要有：(1) 承担无限责任的股东对其公司的滞纳税金负有二次纳税义务。此外，在对合伙企业进行经济性重复征税的情况下，也可能发生合伙人对合伙企业的滞纳税金承担衍生纳税义务的情况。(2) 在法人解散时，若在滞纳税款的情况下分配或转让剩余财产，则清算人和剩余财产的接受人对所滞纳的税款负有二次纳税义务，但该义务仅以其接受分配或转让财产的份额为限。(3) 纳税人将其事业转让给与其有特殊关系的人，并且受让人在同一场所经营同一或类似事业时，受让人以其受让财产为限，对与该受让事业有关的滞纳税金，承担二次纳税义务，等等。上述情形，有的尚未转化为制度实践，需要未来立法予以适当考虑。

以上主要介绍了纳税义务的三种重要分类（对无限纳税义务与有限纳税义务等重要分类暂不探讨），这些分类对于完善我国的税收立法，提高税收执法水平，都是很重要的。事实上，在税收征管实践中，人们有时恰恰对上述分类中的某些情况的处理感到棘手。这既与立法上的缺失有关，也和税法理论的供给不足与运用不足有关。

五、纳税义务的继承与消灭

由于同某些法定义务相比，纳税义务的一个突出特点是可以“货币化”，从而可以量化，因此，纳税义务是可以继承的。同时，由于纳税义务是一种数量化、期间化的义务，又是一种同纳税人的客观情况，以及国家的各类政策密切相关的义务，因而在符合法定的终止义务的条件时，就会产生纳税义务的消灭后果。纳税义务的继承与消灭直接影响相关主体纳税义务的变动，因而值得深究。

纳税义务的继承，实际上是在法律有明确规定的情况下，对原来负有纳税义务的纳税主体的税收债务的继受和承接。继承者继承原纳税主体的纳税义务后，不仅可取得其相应的税法权利，而且更需承担其未履行的纳税义务。通常，纳税义务的继承仅适用于税法有明文规定的若干情形，如因法人合并而发生的纳税义务的继承，因继承遗产而发生的纳税义务的继承等。除法律有明确规定的以外，纳税义务的继承不能滥用，因为它关系到纳税人的纳税能力和税负公平的问题。

纳税义务的消灭，与一般私法债务的消灭很类似，但也有自己的特殊之处。通常，纳税义务的消灭原因主要有：

(1) 纳税义务的履行。如果纳税主体依法缴纳了应纳税款（包括相关的附随债务），则该项具体的纳税义务也就随之消灭。这是纳税义务最一般、最通常的消灭原因，也是对征税机关获取收入最有利的消灭原因。

(2) 纳税义务的免除。如果征税机关依法免除了纳税主体的某项纳税义务，则该项纳税义务也随之消灭。由于现代国家征税，不仅需考虑税收的收入职能，还要考虑收入以外的其他因素，因而基于特定经济政策和社会政策的需要，在税收立法和执法实践中，必然要适度免除一些符合法定条件的纳税主体的义务，以更全面地实现税法的宗旨。

（3）与多纳的税款相抵消。由于征纳双方都可能存在过失，从而可能产生税款的超纳或误纳，形成征税机关的多收税款（这实际上属于征税机关的不当得利①），因而纳税主体的某项具体纳税义务可以与其同类的多纳税款相充抵，从而使该项具体的纳税义务消灭。

（4）超过时效期间。税法上的时效是一种消灭时效，具有经过一定的法定期间就会导致纳税义务消灭的效力。从许多国家的税法规定看，征税机关经过一定的法定期间不行使税款征收权，就会导致其税收债权和纳税人的税收债务消灭。通常，税款征收时效期间是从法定纳税期限届满之日开始起算；征税机关发出纳税通知、缴纳催告或采取强制执行措施等法定事由，可以导致征税时效的中断，从而时效期间需重新计算。时效制度有助于防止征税机关因“怠于行使征税权力”而导致税款损失，避免因其“眠于权利之上”而造成“失权”。

以上介绍的都是有关纳税义务的一些基本原理。尽管纳税主体的纳税义务在税法义务中居于最重要的地位，但它还不是税法义务的全部。要全面把握征纳双方的各类税法义务，还需要在两类主体税法权利的对比中来加以认识。唯有如此，才能全面、具体地了解税法上的权利义务配置。

第四节　法律责任的定处

征纳双方违反各自的税法义务，都应当依法承担相应的责任。而具体责任的承担，则与所违反的义务有关。由于征税主体与纳税主体在税法上的地位不同，两者实际承担的税法义务也有差别，因此，征纳双方的法律责任也自然不同。

要追究违法的征税主体和纳税主体的法律责任，就应当准确地确定责任主体，明确其违法行为，还要依法恰当地运用相应的处罚形式。这些可以总称为法律责任的定处。对于有关违反相关税法制度的具体法律责任，在介绍相关的税收征纳实体法和程序法制度之后，本书还将作统一的介绍，下面主要探讨有关法律责任定处的三个基本理论问题。

一、责任主体

违反税法规定的义务而承担法律责任的主体，除征税主体和纳税主体以外，还可能是其他相关主体，如扣缴义务人、纳税担保人等。在具体的责任承担方面，由于主体地位的不同，责任的承担方式是存在差别的。

征税主体与纳税主体之间存在公法上的债权债务关系，这两类主体不可能像私法主体那样存在一种形式上的平等关系，其权利与义务的配置不可避免地产生倾斜。因此，在税法的规定中，征税主体的义务往往要少于纳税主体的义务，从而形成义务分布上的非对称性，并由此进一步导致这两类主体所承担的责任的不同。

在责任的具体承担方面，由于征税机关代表国家行使税权，因而其在行为不当或违法的情况下，可能会承担相应的法律责任或政治责任等。征税机关是否要承担某种法律责任，要看税法是否为其设定了某种义务，以及对其违反该义务的行为是否有相应的制裁措施。如果缺少相应的责任条款，则有关义务的规定就会形同虚设，无异于一般的号召。

征税机关在形式上是代表国家行使税权的行政机关，但它还同时负有多方面的职能。事实上，税收具有的分配收入、宏观调控和保障稳定的职能，在征税机关的具体职能中也会有所体

---

① 参见张守文：《略论纳税人的退还请求权》，载《法学评论》，1997（6）。

现。基于对征税机关的非营利性质，以及征税活动的效率和效益等方面的考虑，征税机关的责任承担往往受到很多限制。从现实的立法来看，征税机关的责任承担，主要是通过追究直接责任人员的行政责任或刑事责任来体现的，但这也不排除在特殊情况下，需要由征税机关以组织的身份来独立地承担责任，特别是赔偿责任。

除上述征税机关的责任承担问题以外，纳税主体的责任如何确定，是广受关注的重要问题。通常，确定纳税主体的责任，首先应明确拟追究责任的主体是否为纳税主体；其次，应进一步确定与该纳税主体直接相关的行为或事实是否违反税法规定；最后，要看对违法的纳税主体能否依法予以惩处。因此，在具体追究纳税主体违反税法的责任时，需要全面认定事实和正确适用法律，以使真正的违法者依法承担相应的责任。

税法调整的范围非常广阔，纳税主体从事的违反税法义务的行为非常多样和复杂，因此，确保依法追究纳税主体的法律责任非常重要。准确确定违法的责任主体，既是依法治税的应有之义，也是全面提高法治水平的要求。

二、违法行为

征税机关的违法行为可大略分为两大类，一类是违反实体法的行为，另一类是违反程序法的行为。其中，违反实体法的行为主要体现为违反法定的征税义务，违法多征、少征，或者越权开征、停征。这些违法行为不仅使纳税人的利益受到损害，而且也会对国家利益造成实质损害。此外，征税机关违反程序法的行为，包括许多方面，特别是违反税收程序法上规定的依法告知、保守秘密以及提供服务的义务的行为。这些违反程序法的行为不仅侵害了相关主体的程序权利，而且直接侵害了其实体权利，因此行为主体必须依法承担相应的法律责任。

纳税主体的违法行为也可大略分为两类，一类是违反税收管理制度的行为，另一类是违反税款征收制度的行为。前者如不依法进行税务登记，不依法设置账簿，不依法进行纳税申报等；后者如逃税、抗税、骗税行为等。对于上述违法行为，应分别依据其情节给予相应的处罚。

当然，纳税主体以外的相关义务主体，如扣缴义务人、税务代理人等，还可能违反其他的法定义务，如从事违反代扣代缴制度的行为，从事违反税务代理制度的行为等。对于这些相关义务主体的违法行为，当然也要对其应当承担的法律责任依法定处。

三、处罚形式

由于主体的地位不同、违法行为的性质不同，对社会的影响，以及责任能力等各不相同，因而在具体的处罚形式或责任承担方式上也会有所区别。

例如，征税机关作为组织体，其承责能力、对处罚的感受等都与自然人有所不同；同时，征税机关作为国家的代表，还负有多种职能，在具体的责任追究方面，必须考虑其工作的连续性和有效性，以及由此可能带来的社会震动和不良影响。为此，征税机关的法律责任往往主要由体现其行为意志的直接当事人承担。这有助于征税机关持续履行其职能，更好地保障社会公共利益。

而纳税主体则与征税主体不同。作为不承担公共服务职能的普通主体，其承担相应形式的责任，一般不会对公众经济和社会生活产生重大影响，在其处罚形式或责任形式上也无须有过多限制。通常，纳税主体承担责任的形式可以分为两类，一类是补偿性责任，另一类是惩罚性责任。其中，补偿性责任，主要是要求违法的纳税人交清税款，承担由于违法而可能产生的附带性赔偿责任，如缴纳滞纳金等，这是对国家债权未能及时实现的一种补偿。而在惩罚性责任中，由于税法毕竟与财产权联系更加密切，因而处罚形式主要是经济性惩罚，如对一般的违法行为，可以进行罚款；而对严重违法行为，则可以依法处以罚金。由于货币在经济上是一般等价物，在法律上是种类物，因而这种处罚形式对于各种类型的纳税人都是适用的，并不因主体的人格特征而受限制。此外，为了严惩税收犯罪，在某些法定的情形下，对负有直接责任的人员还可以处以限制其人身自由，甚至剥夺其生命的刑罚，以更有力地保护国家的税收利益。

以上只是非常简略地对法律责任的定处问题予以介绍，其实，有关法律责任的制度规定和相关问题是很多的，对此在后面有关具体制度的部分，还将设专章予以介绍。

［资料］　　国家税务总局关于纳税人权利与义务的公告（摘选）

为便于您全面了解纳税过程中所享有的权利和应尽的义务，帮助您及时、准确地完成纳税事宜，促进您与我们在税收征纳过程中的合作（“您”指纳税人或扣缴义务人，“我们”指税务机关或税务人员。下同），根据《中华人民共和国税收征收管理法》及其实施细则和相关税收法律、行政法规的规定，现就您的权利和义务告知如下。

一、您的权利

您在履行纳税义务过程中，依法享有下列权利。

1. 知情权

您有权向我们了解国家税收法律、行政法规的规定以及与纳税程序有关的情况。

2. 保密权

您有权要求我们为您的情况保密。但根据法律规定，税收违法行为信息不属于保密范围。

3. 税收监督权

您对我们违反税收法律、行政法规的行为可以进行检举和控告。同时，您对其他纳税人的税收违法行为也有权进行检举。

4. 纳税申报方式选择权

您可以直接到办税服务厅办理纳税申报，也可按照其他方式办理上述申报、报送事项。

5. 申请延期申报权

您如不能按期办理纳税申报，应当在规定的期限内向我们提出书面延期申请，经核准，可在核准的期限内办理。

6. 申请延期缴纳税款权

如您因有特殊困难，经批准可以延期缴纳税款，但是最长不得超过三个月。

7. 申请退还多缴税款权

对您超过应纳税额缴纳的税款，我们发现后，将自发现之日起10日内办理退还手续；如您自结算缴纳税款之日起三年内发现的，可以向我们要求退还多缴的税款并加算银行同期存款利息。

8. 依法享受税收优惠权

您可以依照法律、行政法规的规定书面申请减税、免税。减税、免税的申请须经法律、行政法规规定的减税、免税审查批准机关审批。

9. 委托税务代理权

您有权委托税务代理人代为办理税务登记、税款缴纳和申请退税等业务。

10. 陈述与申辩权

您对我们作出的决定，享有陈述权、申辩权。我们不会因您的申辩而加重处罚。

11. 对未出示税务检查证和税务检查通知书的拒绝检查权

对未出示税务检查证和税务检查通知书的，您有权拒绝检查。

12. 税收法律救济权

您对我们作出的决定，依法享有申请行政复议、提起行政诉讼、请求国家赔偿等权利。

13. 依法要求听证的权利

对您作出规定金额以上罚款的行政处罚之前，您有权要求举行听证。

14. 索取有关税收凭证的权利

我们征收税款时，必须给您开具完税凭证。

二、您的义务

依照宪法、税收法律和行政法规的规定，您在纳税过程中负有以下义务。

1. 依法进行税务登记的义务
2. 依法设置账簿、保管账簿和有关资料以及依法开具、使用、取得和保管发票的义务
3. 财务会计制度和会计核算软件备案的义务
4. 按照规定安装、使用税控装置的义务
5. 按时、如实申报的义务
6. 按时缴纳税款的义务
7. 代扣、代收税款的义务
8. 接受依法检查的义务
9. 及时提供信息的义务
10. 报告其他涉税信息的义务

特此公告。

国家税务总局

二〇〇九年十一月六日

延伸思考：

1. 为什么要对纳税人的权利予以特别的保护？
2. 在税法领域应如何平衡征纳主体的权力和权利？
3. 为什么在税法中大量规定纳税义务？
4. 我国在纳税主体权利保护方面存在哪些突出问题？
5. 税法主体的法律责任有哪些特殊性？

第十一章 商品税法律制度

从本章开始，将连续用三章的篇幅介绍税收征纳实体法律制度。鉴于商品税制度的重要性，本章将先对商品税制度作出概述，而后分别介绍增值税制度、消费税制度、关税制度等商品税制度的主要内容。

第一节 商品税制度概述

一、商品税的概念和特征

所谓商品税，是以商品（包括货物和劳务）为征税对象的一类税的总称，在国际上通称为"货物和劳务税"。由于商品税的计税依据是商品的流转额，因而也有人称之为流转税。同其他税类相比，商品税具有以下特征。

1. 商品税的征税对象是商品

商品税的征税对象是商品，而不是所得和财产。这是商品税与所得税、财产税的重要区别。

2. 商品税的计税依据是商品的流转额

商品税的计税依据是商品的流转额，即商品流通、转让的价值额。在具体的商品税税种中，作为计税依据的流转额可能是流转总额（如销售额等），也可能是流转的增值额，由此也形成了商品税各个税种之间的主要差别。

3. 商品税的税负容易转嫁

商品税是典型的间接税，只要商品能够销售、流转，则税负即可转嫁。因此，商品税的税负往往是由消费者或最终的购买者来承担的，税负转嫁比较容易。

4. 商品税的征收具有累退效应

商品税的征收并不具体考虑纳税人的纳税能力，且大都采用比例税率，不论纳税人纳税能力强还是弱，统一适用相同的税率，从而使纳税能力较弱者税负相对较重，形成累退效应。不仅如此，在多环节课征的情况下，还可能造成重复征税。

了解商品税的上述主要特征，有助于认识商品税的重要作用。由于商品税以商品为征税对象，以商品的流转额为计税依据，因此，只要发生了商品的流转，国家就可以从市场主体的交易中分享其流转收益，从而使国家可以通过征收商品税充分、及时、稳定地获取税收收入；同时，由于商品税直接关系到经济运行的各个环节，因而征收此税可以充分发挥税收的经济杠杆作用，调整经济结构，优化资源配置，调节企业的盈利水平，为企业的公平竞争创造良好的外部环境。基于商品税的上述重要功能和作用，许多国家都将其作为本国税收体系中的主体税种，我国亦然。

但是，商品税的特征也表明，商品税亦有其不足之处，例如，它有助于提高效率，但不利于保障公平，具有累退效应；它有时可能造成重复征税，税负容易转嫁，从而可能会对征税实效产生负面影响。对此亦应有全面的认识。

二、商品税的类型

从许多国家的制度实践看，商品税主要包括增值税、消费税、营业税、关税等税种。对商品税依据不同的标准，可以进行不同的分类，归纳为不同的类型。现仅列几种主要分类如下。

1. 依据计税依据进行分类

依据计税依据的不同，商品税可分为两大类：(1) 以应税商品的流转总额为计税依据的商品税；(2) 以应税商品流转的增值额为计税依据的商品税。其中，应税商品的流转总额包括营业额、消费额、进出关境额等，因而营业税*、消费税、关税等属于第一种类型的商品税；而以应税商品的流转增值额为计税依据的，则是增值税，因而增值税属于第二种类型的商品税。值得注意的是，商品税与所得税、财产税的区分是以征税对象为主要依据的，而商品税内部各税种之间的区分则是以计税依据为主要依据的。

2. 依据课税环节进行分类

依据课税环节的不同，商品税可以分为单环节课征的商品税和多环节课征的商品税。所谓单环节课征的商品税，是指仅在商品流转的诸多环节中的某个环节课征的商品税，如我国现行的消费税即属之；所谓多环节课征的商品税，是指在商品流转的诸多环节中，选择两个或两个以上的环节课征的商品税，如我国现行的增值税。一些国家曾实行过的产品税、周转税等，均属于多环节课征的商品税。

3. 依据课税地点进行分类

依据课税地点的不同，或者说依据税源是否具有涉外因素，商品税可以分为国内商品税和涉外商品税。凡税源产生于境内并由税务机关征收的商品税，即为国内商品税，如国内的增值税、消费税、营业税；凡税源产生于商品经由关境的流转并由海关征收的商品税，即为涉外商品税，如关税，海关代征的进口环节的增值税、消费税等。这种分类有时在税收统计上具有特别的价值，同时，在法学研究上也具有重要意义。

上述分类是对商品税这一税类中包含的各个具体税种所进行的分类。世界各国现行的和曾经开征的商品税的税种主要有增值税、消费税、营业税、关税、劳务税和周转税（或产品税）等，荷兰学者科普等人曾经分析过这些税种的发展趋势，对于各国优化商品税制具有一定的借鉴意义。从目前的国际实践来看，上述税种中的前四个是开征最普遍和最重要的，而其他的商品税税种，则或被归并，或被淘汰。

[资料]　　商品税制度的历史沿革

一般认为，商品税制度是与商品经济的产生和发展联系在一起的。尽管有人认为我国周朝时的“关市之征”是商品税的萌芽，但在奴隶社会和封建社会，与土地、农业收入等联系在一起的“古老的直接税”，始终是最主要的税收形式。世界各国大略如此。一直到人类社会进入资本主义社会以后，随着商品经济的发展，商品税制度才得到了普遍的确立，商品税才在许多国家成为主体税种。

降至中华民国时期，商品税已成为我国的主体税种。在中华人民共和国成立以后，政务院于 1950 年 1 月颁布了《全国税政实施要则》，统一全国税种，并公布了商品税方面的几个税收条例。当时开征的商品税主要是货物税、工商营业税和关税。此后的 30 年，随着中国计划经济的日益强化和商品经济的日渐萎缩，商品税的税种亦被归并，商品税制度同整个税收制度均

* 在我国，营业税已被废止。——编辑注

处于萎缩状态。这种状态一直持续到改革开放以后。

自改革开放以来，随着商品经济的迅速发展，我国多次进行大规模的工商税制改革，其中有两次“税改”影响较大，一次是在1984年，另一次是在1994年。这两次“税改”均大大强化了商品税制度，也使商品税的主体税种地位逐渐得到巩固。

在1984年的工商税制改革过程中，根据全国人大常委会的授权，国务院发布了《产品税条例（草案）》《营业税暂行条例（草案）》《增值税暂行条例（草案）》，从而使商品税制度的完备程度比过去有了很大提高。

1994年的税制改革是规模空前的，针对1984年“税改”所确立的商品税制度存在的税制复杂、重复征税、内外有别等问题，国务院颁布了《增值税暂行条例》《消费税暂行条例》《营业税暂行条例》，这些条例均自1994年1月1日起施行。此次税制改革取消了产品税，调整了原来的增值税和营业税的征收范围，新开征了消费税。再加上依据1992年修订的《进出口关税条例》征收的关税，我国的商品税制度比以前大为完善。

此外，通过“税改”，我国还实现了商品税制度上的内外统一。全国人大常委会于1993年12月29日通过了《关于外商投资企业和外国企业适用增值税、消费税、营业税等税收暂行条例的决定》。依据该决定，自1994年1月1日起，外商投资企业和外国企业均适用国务院发布的《增值税暂行条例》《消费税暂行条例》《营业税暂行条例》，不再适用国务院于1958年颁行的《工商统一税条例（草案）》，从而结束了在商品税领域长期存在的内外有别的局面。

三、商品税各税种之间的联系

商品税的各税种之间存在着密切的联系，它们共同编织成商品税的“税网”，覆盖着商品的生产、交换、分配、消费等各个环节，从而使国家通过商品税的征收，能获得大量的、稳定的税收收入。从商品的生产，到批发、零售、进出口等各个环节，均需要商品税的各个税种密切配合，才能保障“税网恢恢，疏而不漏”。

商品税的征收与商品的销售或消费密不可分，因此，从总体上说，所有的商品税都是广义上的销售税或消费税，关税也不过是对进出关境的商品或物品征收的销售税或消费税。可见，商品税的各个税种的税款征收均以商品销售或消费的行为或事实为前提，均以商品的一定数量的销售额或消费额为计税依据。这些共同的方面使商品税的各个税种之间联系甚为密切。

不仅如此，在税制设计上各个税种的联系也甚为密切，这在增值税、营业税、消费税的一些具体制度上体现得更为明显。例如，我国在2016年5月1日前实行的增值税和营业税制度就是一种“互补关系”。增值税和营业税都是对商品征税，而商品在广义上则可分为货物和劳务，又可分为有形资产和无形资产、动产和不动产。在以前的制度设计中，增值税侧重于以货物、有形资产、动产为征税对象，而营业税则侧重于以劳务、无形资产、不动产为征税对象。这样，这两种税的征收在整体上不相重复，形成了一种“二元结构”和互补的关系。

此外，消费税与增值税之间则存在一种“递进关系”，即消费税是在征收了增值税的基础上又加征的一种税，凡是征收消费税的商品，必定是征收增值税的，但反之则不尽然。

另外，增值税、消费税同关税之间存在着“配合关系”。一般说来，对出口商品大都免征关税，同时，对出口商品也大都免征增值税或消费税，或者将已征收的增值税、消费税予以退还。反之，对进口商品大都征收进口关税，同时，也大都征收进口环节的增值税和消费税。可见，增值税、消费税同关税的联系是很密切的。

尽管在具体制度方面各税种存在着诸多差异，如在征税范围、税率、计税依据、税收优惠制度等方面都各不相同，但在相关税种之间仍然存在着一些类似的或共通的制度。在国内商品税的程序法制度上这一点体现得更为明显。例如，国内商品税的征税机关均为税务机关；在纳税期限方面，增值税与消费税完全相同；这两个税种有着类似的纳税义务发生时间制度。在具体制度上的相同或类似，使商品税各个税种之间的联系更为密切。

第二节　增值税法律制度

一、增值税概述

（一）增值税的概念和优点

增值税（value added tax，简写为 VAT），是以商品在流转过程中产生的增值额为计税依据而征收的一种商品税。所谓增值额，是指生产者或经营者在一定期间的生产经营过程中新创造的价值额。

早在 1917 年，美国学者亚当斯（T. Adams）就已提出了增值税的雏形；1921 年，德国学者西门子（C. F. V. Siemens）正式提出了“增值税”的名称。但直到 1954 年，法国在劳莱（Lauré）的倡导下正式开征增值税，才使增值税制度在实践中得到确立，并进而推广到欧洲诸国及其他国家。目前世界上已有 170 多个国家和地区开征增值税，甚至一些长期以所得税为主体税种的国家也在考虑如何广泛推行增值税，从而出现了世界各国在广泛开征所得税以后，又广泛开征增值税的局面。

增值税之所以受到了各国的普遍青睐，是因为它有诸多优点，是一种“良税”。这主要体现在以下几方面：

(1) 增值税是一个“中性”税种，它以商品流转的增值额为计税依据，可以有效避免重复征税，促进企业公平竞争，充分体现税收效率原则的要求。

(2) 增值税实行“道道课征，税不重征”，能体现经济链条的各个环节的内在联系，既有利于加强监督，又有利于保障征税的普遍性、连续性和合理性，从而有利于保证财政收入的稳定增长。

(3) 增值税税负在商品流转的各个环节的合理分配，有利于促进生产的专业化和企业的横向联合，从而有助于提高劳动生产率，鼓励产品出口和促进本国经济的发展。

（二）增值税的类型

增值税的一个重要特点是以增值额为计税依据，但各国在增值额的具体计算方面不尽相同，由此可以把增值税分为生产型增值税、收入型增值税和消费型增值税三种类型。

所谓生产型增值税，就是在计算应纳增值税额时，只允许从当期销项税额中扣除原材料等劳动对象的已纳税款，而不允许扣除固定资产所含税款的增值税。这样，从整个社会来说，是对整体的固定资产和消费资料征税，即以国民生产总值为计税依据，故称之为生产型增值税。

所谓收入型增值税，就是在计算应纳增值税额时，只允许在当期销项税额中扣除折旧部分所含税金。这样，从全社会来看，实际上是对国民收入征税，故称之为收入型增值税。

所谓消费型增值税，就是在计算应纳增值税额时，对纳税人购入固定资产的已纳税款，允许一次性地从当期销项税额中全部扣除，从而使纳税人用于生产应税产品的全部外购生产资料都不负担税款。这样，从全社会来看，实际上是对国民收入中的消费资料部分征税，故称之为消费型增值税。

在上述三种类型的增值税中，生产型增值税的税基最大，消费型增值税的税基最小。一般说来，发达国家大都实行消费型增值税，我国目前实行的也是消费型增值税。

（三）增值税的税率与计税方法

增值税的征收范围非常广泛，因而如何确定适当的税率和计税方法，便甚为重要。各国的增值税税率一般主要有以下几种：(1) 基本税率，适用于大多数的征税对象，体现了增值税的基本课征水平；(2) 轻税率，或称低税率，适用于税法列举的体现税收优惠政策的项目；(3) 零税率，适用于国家予以鼓励的商品的出口。

增值税的计税方法，是先直接或间接地计算出增值额，然后再用增值额乘以适用的税率，从而计算出应纳增值税额。其中，间接计算应纳增值税额的扣税法得到了普遍适用。

所谓扣税法，也称税额扣减法，即"以税扣税"。其基本步骤是先用销售额乘以税率，得出销项税额，然后再减去同期各项外购项目的已纳税额，从而得出应纳增值税额。采用这种计算方法无须直接计算增值额，但同样可以简便地计算出应纳税额。其基本原理和计算公式为：

应纳增值税额＝增值额×税率＝(产出－投入)×税率
＝销售额×税率－同期外购项目已纳税额
＝当期销项税额－当期进项税额

在采行扣税法的情况下，销售额、税率、当期进项税额（体现在购进商品的增值税发票上）都是已知的，计算较为简便，能体现增值税的"中性"或"税不重征"的特点，故该扣税法为各国所广泛采用。我国的增值税计算亦采用扣税法。

（四）"营改增"的制度变革

我国现行的增值税制度的基本框架是1994年确立下来的。为了建立和完善我国的增值税制度，国务院和有关部委制定了一系列的法规和规章，主要有《中华人民共和国增值税暂行条例》《中华人民共和国增值税暂行条例实施细则》《增值税专用发票使用规定》《增值税一般纳税人申请认定办法》等。

随着经济和社会的发展和税制改革的需要，我国对商品税的税种结构进行了较大调整，主要是推动营业税改征增值税。为了更好地理解现行的增值税制度，需要先对"营改增"的制度变革作出相关说明。

营业税亦称销售税，是以应税商品或劳务的销售收入额（或称营业收入额）为计税依据而征收的一种商品税。

营业税是与商品经济联系在一起的。早在1928年，当时的中华民国政府曾制定《营业税办法大纲》，第一次在税收立法上使用了营业税的名称。中华人民共和国成立之初，营业税被作为工商业税的组成部分进行征收。但在1958年9月以后，营业税被与其他税种合并为工商统一税、工商税，营业税不再是独立税种。直到1984年9月，国务院颁布了《中华人民共和国营业税条例（草案）》，营业税才恢复了独立税种的地位，并与产品税、增值税共同构成了我国商品税的主体税种。

在1994年进行的税制改革过程中，营业税被作为商品税中的一个重要税种保留下来。但营业税的征收范围比原来缩小了，以与新调整的增值税的征收范围相适应，避免两个税种在征收范围上的交叉，从而实现两税的互补。1994年确立的营业税制度在我国实施了多年，直到2011年，依据财政部、国家税务总局发布的《营业税改征增值税试点方案》，我国在上海率先实施了交通运输业和部分现代服务业"营改增"试点。此后，我国不断扩大"营改增"的试点范围，并自2016年5月1日起，在全国范围内全面推开"营改增"试点，即对原来缴纳营业税的各类主体，都改征增值税，从而实现了我国对货物与劳务的商品税制的统一。

通过"营改增"，基本消除了重复征税，打通了增值税抵扣链条，有助于创造更为公平的税收环境，促进社会分工协作，支持服务业发展和制造业转型升级；同时，将不动产纳入抵扣范围，确立了比较规范的消费型增值税制度，有利于扩大企业投资，增强企业经营活力。从整体上说，"营改增"有助于进一步减轻企业税负，促进经济发展。

二、我国增值税制度的主要内容

（一）纳税主体

增值税的纳税主体是在中华人民共和国境内销售货物或者加工、修理修配劳务（以下简称劳务），销售服务、无形资产、不动产以及进口货物的单位和个人。

上述的“单位”是指企业、行政单位、事业单位、军事单位、社会团体及其他单位，“个人”是指个体工商户和其他个人。上述单位和个人的具体范围也适用于其他商品税纳税人，因而在后面对作为纳税主体的“单位”和“个人”不再重复解释。此外，单位租赁或者承包给其他单位或者个人经营的，以承租人或者承包人为纳税人。

从税法地位和税款计算的角度，增值税的纳税主体可以分为两大类，即一般纳税人和小规模纳税人。这是在增值税领域里非常重要、非常有特色的一种分类。

所谓小规模纳税人，是指年销售额在规定标准以下，并且会计核算不健全，不能按规定报送有关增值税的税务资料的纳税主体，以及税法规定视同小规模纳税人的纳税主体。小规模纳税人以外的其他纳税主体，即为增值税的一般纳税人。

区分一般纳税人和小规模纳税人的重要意义在于，两者的税法地位、计税方法都是不同的。两者的税法地位或称税法待遇的差别表现在：一般纳税人可以使用增值税专用发票，并可以用“扣税法”抵扣发票上注明的已纳增值税额。而小规模纳税人则不得使用增值税专用发票，也不能进行税款抵扣。正由于两者在税法地位上存在差异，因而在计税方法上也不同，如小规模纳税人只能用简易计税方法。对此在后面还会谈到。

（二）征税范围

我国增值税的征税范围包括两大类：第一类是销售货物、提供应税劳务、进口货物，第二类是销售服务、无形资产、不动产。依据规定，纳税人销售货物、劳务、服务、无形资产、不动产的行为，统称应税销售行为。其实，从理论上说，货物的进出口行为依法应当缴纳增值税的，也应属于应税销售行为。因此，增值税的上述征税对象，可以统称为“应税销售行为”。

1. 销售货物

销售货物，是指有偿转让货物的所有权。这里的“货物”是指有形动产，包括电力、热力和气体等。除了一般意义上的销售货物外，视同销售的行为，也要依法征收增值税。

所谓视同销售，是指某些行为虽然不同于有偿转让货物所有权的一般销售，但基于保障财政收入，防止规避税法以及保持经济链条的连续性和课税的连续性等考虑，税法仍将其视同销售货物的行为，征收增值税。例如，单位或者个体工商户的下列行为，视同销售货物：(1) 将货物交付其他单位或者个人代销；(2) 销售代销货物；(3) 将自产、委托加工的货物用于集体福利或者个人消费；(4) 将自产、委托加工或者购进的货物作为投资，提供给其他单位或者个体工商户；(5) 将自产、委托加工或者购进的货物分配给股东或者投资者；(6) 将自产、委托加工或者购进的货物无偿赠送给其他单位或者个人。

2. 提供应税劳务

对应税劳务征税仅限于较小范围，主要包括两大类，即有偿提供加工、修理修配劳务。这里的所谓“有偿”，同前述的有偿转让货物的所有权一样，都是指从购买方取得货币、货物或者其他经济利益。单位或者个体工商户聘用的员工为本单位或者雇主提供加工、修理修配劳务，不属于提供应税劳务。

3. 进口货物

如前所述，货物的进出口实质上都是货物销售的形式，只不过其纳税环节、适用税率特殊，因而税法才予以单列。

我国的《增值税暂行条例》只将进口货物纳入征税范围，而未列举出口货物。这其实不够全面。对出口货物从原理上说也应征收增值税，只不过一般均实行零税率。但对于法律有特殊规定的某些限制或禁止出口的货物，同样不适用零税率，而应依税率征税。

4. 销售服务

销售服务，是指提供交通运输服务、邮政服务、电信服务、建筑服务、金融服务、现代服务、生活服务。

上述各类服务的范围如下。交通运输服务，包括陆路运输服务、水路运输服务、航空运输服务和管道运输服务。邮政服务，包括邮政普遍服务、邮政特殊服务和其他邮政服务。电信服务，包括基础电信服务和增值电信服务。建筑服务，包括工程服务、安装服务、修缮服务、装饰服务和其他建筑服务。金融服务，包括贷款服务、直接收费金融服务、保险服务和金融商品转让。现代服务，包括研发和技术服务、信息技术服务、文化创意服务、物流辅助服务、租赁服务、鉴证咨询服务、广播影视服务、商务辅助服务和其他现代服务。生活服务，包括文化体育服务、教育医疗服务、旅游娱乐服务、餐饮住宿服务、居民日常服务和其他生活服务。

5. 销售无形资产

销售无形资产，是指转让无形资产所有权或者使用权的业务活动。无形资产，是指不具实物形态，但能带来经济利益的资产，包括技术、商标、著作权、商誉、自然资源使用权和其他权益性无形资产。其中，技术，包括专利技术和非专利技术；自然资源使用权，包括土地使用权、海域使用权、探矿权、采矿权、取水权和其他自然资源使用权；其他权益性无形资产，包括基础设施资产经营权、公共事业特许权、配额、经营权（包括特许经营权、连锁经营权、其他经营权）、经销权、分销权、代理权、会员权、席位权、网络游戏虚拟道具、域名、名称权、肖像权、冠名权、转会费等。

6. 销售不动产

销售不动产，是指转让不动产所有权的业务活动。这里的不动产，是指不能移动或者移动后会引起性质、形状改变的财产，包括建筑物、构筑物等。其中，建筑物，包括住宅、商业营业用房、办公楼等可供居住、工作或者进行其他活动的建造物；构筑物，包括道路、桥梁、隧道、水坝等建造物。转让建筑物有限产权或者永久使用权的，转让在建的建筑物或者构筑物所有权的，以及在转让建筑物或者构筑物时一并转让其所占土地的使用权的，按照销售不动产缴纳增值税。

（三）税率

我国增值税实行多档税率，税率结构较为复杂，包括13%、9%、6%、0%四档税率，分别适用于不同的领域和情形。

（1）纳税人销售货物、劳务、有形动产租赁服务或者进口货物，除另有规定外，适用13%的税率。

（2）纳税人销售交通运输、邮政、基础电信、建筑、不动产租赁服务，销售不动产，转让土地使用权，税率为9%。

此外，销售或者进口下列货物，税率亦为9%：1）粮食等农产品、食用植物油、食用盐；2）自来水、暖气、冷气、热水、煤气、石油液化气、天然气、二甲醚、沼气、居民用煤炭制品；3）图书、报纸、杂志、音像制品、电子出版物；4）饲料、化肥、农药、农机、农膜；5）国务院规定的其他货物。

（3）纳税人销售金融服务、增值电信服务、现代服务、生活服务、无形资产，除另有规定外，税率为6%。

(4) 除国务院另有规定外，纳税人出口货物，税率为零。此外，境内单位和个人跨境销售国务院规定范围内的服务、无形资产，税率为零。

(四) 增值税应纳税额的确定

增值税应纳税额的确定较为复杂，分为三种情况：其一是一般纳税人从事应税销售行为的应纳税额的确定，其二是小规模纳税人从事应税销售行为的应纳税额的确定，其三是一般纳税人、小规模纳税人进口货物应纳税额的确定。这三种情况所适用的计算公式各不相同，现分别介绍如下。

1. 一般纳税人应纳增值税额的确定

一般纳税人销售货物、劳务、服务、无形资产、不动产，应纳税额为当期销项税额抵扣当期进项税额后的余额。应纳税额计算公式为：

应纳税额＝当期销项税额－当期进项税额

可见，要确定应纳增值税额，必须先分别确定当期销项税额和当期进项税额。

(1) 当期销项税额的确定。

当期销项税额，是指当期从事应税销售行为的纳税人，依其销售额和法定税率计算并向购买方收取的增值税税额。其计算公式为：

当期销项税额＝销售额×税率

可见，当期销售额的确定是计算整个应纳增值税额的关键。对此，现行税法作出了许多具体规定。下面仅对确定当期销售额时应注意的几个问题略作介绍。

第一，上述的销售额，是指纳税人发生应税销售行为收取的全部价款和价外费用，但是不包括收取的销项税额。

所谓价外费用，包括价外向购买方收取的手续费、补贴、基金、集资费、返还利润、奖励费、违约金、滞纳金、延期付款利息、赔偿金、代收款项、代垫款项、包装费、包装物租金、储备费、优质费、运输装卸费以及其他各种性质的价外收费。

上述的价外费用，不包括依法代收代缴的消费税、依法代为收取的政府性基金或者行政事业性收费、因销售货物的同时代办保险等而向购买方收取的保险费，以及向购买方收取的代购买方缴纳的车辆购置税、车辆牌照费等。

第二，纳税人发生应税销售行为的价格明显偏低并无正当理由的，由主管税务机关核定其销售额。这也是税务机关的税额确定权的体现，是税收征纳程序法中的原理在具体制度中的适用。

第三，纳税人采用销售额和销项税额合并定价方法的，按下列公式计算销售额：

销售额＝含税销售额÷(1＋税率)

这是因为增值税是价外税，在计税的销售额中不能含有任何税款，否则就会违背其“中性”特点，构成重复征税。

第四，销售额以人民币计算。在计税依据所用本位币方面，我国税法要求以人民币为本位币，这也是税法中通行的规则。纳税人以人民币以外的货币结算销售额的，应当折合成人民币计算，其折合率可以选择销售额发生的当天或者当月1日的人民币汇率中间价。纳税人应在事先确定采用何种折合率，确定后1年内不得变更。

(2) 当期进项税额的抵扣。

当期进项税额，是指纳税人购进货物、劳务、服务、无形资产、不动产支付或者负担的增值税额。进项税额符合法定条件的，可以从销项税额中抵扣。纳税人由此享有重要的抵扣权。

第一，可以从销项税额中抵扣的进项税额包括：

1）从销售方取得的增值税专用发票上注明的增值税额。

2）从海关取得的海关进口增值税专用缴款书上注明的增值税额。

3）购进农产品，除取得增值税专用发票或者海关进口增值税专用缴款书外，按照农产品收购发票或者销售发票上注明的农产品买价和扣除率计算的进项税额（国务院另有规定的除外）。① 进项税额计算公式为：

进项税额＝买价×扣除率

4）自境外单位或者个人购进劳务、服务、无形资产或者境内的不动产，从税务机关或者扣缴义务人取得的代扣代缴税款的完税凭证上注明的增值税额。

此外，增值税一般纳税人购进（包括接受捐赠、实物投资）或者自制（包括改扩建、安装）固定资产发生的进项税额，可依法从销项税额中抵扣。这极大地推进了我国从生产型增值税向消费型增值税的转型。

另外，当期销项税额小于当期进项税额不足抵扣时，其不足部分可以结转下期继续抵扣，由此形成了增值税的留抵制度。②

第二，不得从销项税额中抵扣的进项税额。

纳税人购进货物、劳务、服务、无形资产、不动产，取得的增值税扣税凭证不符合法律、行政法规或者国务院税务主管部门有关规定的，其进项税额不得从销项税额中抵扣。

上述的增值税扣税凭证，是指增值税专用发票、海关进口增值税专用缴款书、农产品收购发票和农产品销售发票。

此外，下列项目的进项税额，不得从销项税额中抵扣：1）用于简易计税方法计税项目、免征增值税项目、集体福利或者个人消费的购进货物、劳务、服务、无形资产和不动产。2）非正常损失的购进货物，以及相关的劳务和交通运输服务。所谓非正常损失，是指因管理不善造成被盗、丢失、霉烂变质的损失。3）非正常损失的在产品、产成品所耗用的购进货物（不包括固定资产）、劳务和交通运输服务。4）国务院规定的其他项目。

2. 小规模纳税人应纳增值税额的确定

小规模纳税人销售货物或者应税劳务，其应纳增值税额的计算不适用“扣税法”，而是实行按照销售额和征收率计算应纳税额的简易办法，并不得抵扣进项税额。其计算公式为：

应纳税额＝销售额×征收率

上述公式中的销售额，同样是不含增值税应纳税额的销售额。如果小规模纳税人采用销售额和应纳税额合并定价方法的，则应按下列公式计算销售额：

销售额＝含税销售额÷(1＋征收率)

上述公式中的征收率统一为3%，国务院另有规定的除外。小规模纳税人的具体标准由国务院财政、税务主管部门规定。此外，非企业性单位、不经常发生应税行为的企业可选择按小规模纳税人纳税。

小规模纳税人会计核算健全（即能够按照国家统一的会计制度规定设置账簿，根据合法、有效凭证核算），能够提供准确税务资料的，可以向主管税务机关申请，不作为小规模纳税人，依照有关一般纳税人的规定计算应纳税额。纳税人登记为一般纳税人后，一般不得转为小规模纳税人。③

---

① 相关扣除率根据财政部、税务总局、海关总署《关于深化增值税改革有关政策的公告》的规定执行。

② 自2019年4月1日起，我国全面试行增值税期末留抵税额退税制度。

③ 参见国家税务总局发布的《增值税一般纳税人登记管理办法》，该办法自2018年2月1日起施行。

3. 进口货物应纳增值税额的确定

进口货物的纳税人，无论是一般纳税人还是小规模纳税人，均应按照组成计税价格和规定的税率计算应纳税额，不得抵扣进项税额。其计算公式为：

组成计税价格＝关税完税价格＋关税＋消费税

应纳税额＝组成计税价格×税率

（五）税收优惠

1. 税收减免制度

我国的《增值税暂行条例》基于一定的经济政策和社会政策，规定了一系列免征增值税的项目，例如：（1）农业生产者销售的自产农产品。这里的农业，是指种植业、养殖业、林业、牧业、水产业；这里的农业生产者，包括从事农业生产的单位和个人；这里的农产品，是指初级农产品，具体范围由财政部、国家税务总局确定。（2）古旧图书。这里的古旧图书，是指向社会收购的古书和旧书。（3）直接用于科学研究、科学试验和教学的进口仪器、设备。（4）外国政府、国际组织无偿援助的进口物资和设备。（5）由残疾人的组织直接进口供残疾人专用的物品。（6）销售的自己使用过的物品。这里的自己使用过的物品，是指其他个人自己使用过的物品。

除上述规定外，增值税的免税、减税项目由国务院规定，任何地区、部门均不得规定免税、减税项目。可见，增值税的减免权是高度集中于中央政权的。事实上，增值税的原理较为特殊，它不同于直接税，也不同于单一环节课征的间接税。增值税的减免不仅涉及国家税收利益、税收公平等问题，还涉及增值税的税收中性、增值税链条的连续等诸多问题，因此，增值税的免税要特别慎重。

此外，纳税人兼营免税、减税项目的，应当分别核算免税、减税项目的销售额；未分别核算销售额的，不得免税、减税。另外，纳税人销售货物或者应税劳务适用免税规定的，基于自身利益最大化的综合考虑，可以放弃免税，依法缴纳增值税。放弃免税后，36 个月内不得再申请免税。

2. 起征点制度

纳税人销售额未达到国务院财政、税务主管部门规定的增值税起征点的，免征增值税；达到起征点的，依法全额计算缴纳增值税。这是起征点与扣除额的重要差别。基于税收公平和税收效率等诸多考虑，增值税起征点制度的适用范围限于个人。目前，增值税起征点的幅度规定如下：（1）销售货物的，为月销售额 5 000 元～20 000 元；（2）销售应税劳务的，为月销售额 5 000 元～20 000 元；（3）按次纳税的，为每次（日）销售额 300 元～500 元。

值得注意的是，上述的销售额，是包含应纳增值税额的销售额，而不是前面的计算增值税应纳税额时所强调的不含税的销售额。

省级政府的财政厅（局）和国家税务局，应在规定的幅度内，根据实际情况确定本地区适用的起征点，并报财政部、国家税务总局备案。

（六）出口退税制度

对出口货物实行零税率，以使本国产品以不含税的价格进入国际市场，提高本国产品的国际竞争力。这是国际上的通行做法。所谓实行零税率，就是要使货物在出口环节的整体税负为零，因而不能把它仅仅等同于免税。免税仅是指在某一课税环节上免予课税，纳税人在这一环节不必纳税；而对于出口货物适用零税率，则不仅在出口环节不必纳税，而且还可以退还前面的纳税环节的已纳税款，从而涉及退税问题。而有关出口退税的各类规定，则构成了出口退税制度。

我国自1985年起，即已开始实行出口退税制度。对于国家不限制出口的货物，我国在出口退税方面采取的基本原则是“征多少，退多少”“未征不退”。随着税制改革的不断深入，国家税务总局依据《增值税暂行条例》和《消费税暂行条例》，制定和实施了《出口货物退（免）税管理办法（试行）》。但在该办法的实施过程中，出现了出口退税规模增长过猛，出口骗税猖獗，国家财政收入流失严重，出口退税款不能及时、足额到位等问题。为了解决这些问题，国务院于1995年7月和10月，两次决定调低出口退税率，同时强调要加强税收征管，加大对出口骗税的打击力度，从而使出口退税秩序有所好转。此后，为了减缓1997年亚洲金融风暴的冲击，鼓励出口，保障纳税人的退还请求权，国务院曾不断调高出口退税率，从而使出口退税率也成了调节出口规模的一个杠杆。①

目前，依据《增值税暂行条例》的规定，纳税人出口货物适用退（免）税规定的，应当向海关办理出口手续，凭出口报关单等有关凭证，在规定的出口退（免）税申报期内按月向主管税务机关申报办理该项出口货物的退（免）税②；境内单位和个人跨境销售服务和无形资产适用退（免）税规定的，应当按期向主管税务机关申报办理退（免）税。但是，如果出口货物办理退税后发生退货或者退关的，则纳税人应当依法补缴已退的税款。

（七）纳税义务发生的时间和纳税期限

1. 纳税义务的发生时间

纳税义务的发生时间直接影响纳税义务的成立和履行，具有重要的法律意义，因而在现行的增值税、消费税等的立法中均有规定，从而使纳税义务的发生时间构成了商品税制度中的重要内容。

依据税法规定，增值税纳税义务的发生时间，从总体上说可以概括为：（1）发生应税销售行为，为收讫销售款项或者取得索取销售款项凭据的当天；先开具发票的，为开具发票的当天。（2）进口货物，为报关进口的当天。

此外，与上述时间相关联，增值税扣缴义务发生时间为纳税人增值税纳税义务发生的当天。

上述的收讫销售款项或者取得索取销售款项凭据的当天，按销售结算方式的不同，具体指以下情况：

（1）采取直接收款方式销售货物的，不论货物是否发出，均为收到销售款或者取得索取销售款凭据的当天；

（2）采取托收承付和委托银行收款方式销售货物的，为发出货物并办妥托收手续的当天；

（3）采取赊销和分期收款方式销售货物的，为书面合同约定的收款日期的当天，无书面合同的或者书面合同没有约定收款日期的，为货物发出的当天；

（4）采取预收货款方式销售货物的，为货物发出的当天，但生产销售生产工期超过12个月的大型机械设备、船舶、飞机等货物，为收到预收款或者书面合同约定的收款日期的当天；

（5）委托其他纳税人代销货物的，为收到代销单位的代销清单或者收到全部或者部分货款的当天；未收到代销清单及货款的，为发出代销货物满180天的当天；

（6）销售应税劳务的，为提供劳务同时收讫销售款或者取得索取销售款的凭据的当天；

（7）纳税人发生法定的视同销售货物行为的，为货物移送的当天。

---

① 这种杠杆作用在2008年的全球性金融危机爆发后体现得也很突出。

② 目前，有关出口退税制度的规范性文件的立法级次都不高，较为全面地作出规定的是国家税务总局的《出口货物退（免）税管理办法（试行）》，该办法自2005年5月1日起施行。

2. 纳税期限

纳税期限与上述的纳税义务发生的时间密切相关，但纳税义务的发生时间强调的是时点，而纳税期限则多为期间。

依据现行规定，增值税的纳税期限分别为1日、3日、5日、10日、15日、1个月或者1个季度（以1个季度为纳税期限的规定仅适用于小规模纳税人）。纳税人的具体纳税期限，由主管税务机关根据纳税人应纳税额的大小分别核定；不能按照固定期限纳税的，可以按次纳税。

纳税人以上述的1个月或者1个季度为一个纳税期的，自期满之日起15日内申报纳税；以1日、3日、5日、10日或者15日为1个纳税期的，自期满之日起5日内预缴税款，于次月1日起15日内申报纳税并结清上月应纳税款。

此外，纳税人进口货物的，应当自海关填发海关进口增值税专用缴款书之日起15日内缴纳税款。

（八）纳税地点

增值税的纳税地点，不仅直接影响纳税人的义务履行，也直接关系到相关征税机关的管辖权。为此，《增值税暂行条例》作出了如下明确规定。

1. 固定业户的纳税地点

（1）固定业户应当向其机构所在地的主管税务机关申报纳税。总机构和分支机构不在同一县（市）的，应当分别向各自所在地的主管税务机关申报纳税；经国务院财政、税务主管部门或者其授权的财政、税务机关批准，可以由总机构汇总向总机构所在地的主管税务机关申报纳税。

（2）固定业户到外县（市）销售货物或者劳务，应当向其机构所在地的主管税务机关报告外出经营事项，并向其机构所在地的主管税务机关申报纳税；未报告的，应当向销售地或者劳务发生地的主管税务机关申报纳税；未向销售地或者劳务发生地的主管税务机关申报纳税的，由其机构所在地的主管税务机关补征税款。

2. 非固定业户的纳税地点

非固定业户销售货物或者劳务，应当向销售地或者劳务发生地的主管税务机关申报纳税；未向销售地或者劳务发生地的主管税务机关申报纳税的，由其机构所在地或者居住地的主管税务机关补征税款。

3. 进口货物的纳税地点

进口货物，应当向报关地海关申报纳税。

此外，扣缴义务人应当向其机构所在地或者居住地的主管税务机关申报缴纳其扣缴的税款。

（九）增值税专用发票的使用和管理

增值税专用发票的使用和管理，直接关系到整个增值税制度能否正常、有效运作，关系到增值税原理能否实现。增值税专用发票不仅是纳税人从事经济活动的重要商事凭证，也是记载销货方销项税额和购货方进项税额的凭证。在专用发票上注明的税额既是销货方的销项税额，又是购货方的进项税额，是购货方进行税款抵扣的依据和凭证。正由于增值税专用发票非常重要，因而国家税务总局专门制定了《增值税专用发票使用规定》（1993年制定，2006年修订，自2007年1月1日起施行），全国人大常委会也于1995年10月30日专门发布了《关于惩治虚开、伪造和非法出售增值税专用发票犯罪的决定》。此外，《中华人民共和国税收征收管理法》在1995年修改时，也专门增加了有关增值税专用发票的规定。

我国的增值税专用发票制度目前已初具规模，除上述各类规定以外，还包括国家税务总局发布的一系列相关通知和办法，例如，《关于严格控制增值税专用发票使用范围的通知》（1995年）、《关于纳税人取得虚开的增值税专用发票处理问题的通知》（1997年）、《增值税专用发票协查管理办法》（2000年）、《关于纳税人善意取得虚开的增值税专用发票处理问题的通知》（2000年）、《关于增值税一般纳税人取得防伪税控系统开具的增值税专用发票进项税额抵扣问题的通知》（2003年），等等。国家税务总局和相关部委迄今发布的有关增值税专用发票的各类规范性文件有180多个，其中有些已经失效。

此外，最高人民法院等还作出了一些司法解释，如《关于适用〈全国人民代表大会常务委员会关于惩治虚开、伪造和非法出售增值税专用发票犯罪的决定〉的若干问题的解释》（1996年）等。下面仅对增值税专用发票（以下简称专用发票）的使用和管理方面的基本问题略作简要说明。

1. 专用发票的构成

专用发票，是增值税一般纳税人从事应税销售行为开具的发票，是购买方支付增值税额并可按照增值税有关规定据以抵扣增值税进项税额的凭证。

一般纳税人应通过增值税防伪税控系统（以下简称防伪税控系统）使用专用发票。使用，包括领购、开具、缴销、认证纸质专用发票及其相应的数据电文。近几年，国家也在大力推进增值税电子发票的使用。这对于推进营商环境的优化，加强税收征管等都有积极的意义。

专用发票由基本联次或者基本联次附加其他联次构成，基本联次为三联：发票联、抵扣联和记账联。发票联，作为购买方核算采购成本和增值税进项税额的记账凭证；抵扣联，作为购买方报送主管税务机关认证和留存备查的凭证；记账联，作为销售方核算销售收入和增值税销项税额的记账凭证。其他联次用途，由一般纳税人自行确定。

2. 专用发票的限额管理

专用发票实行最高开票限额管理。最高开票限额，是指单份专用发票开具的销售额合计数不得达到的上限额度。

最高开票限额由一般纳税人申请，税务机关依法审批。最高开票限额为10万元及以下的，由区县级税务机关审批；最高开票限额为100万元的，由地市级税务机关审批；最高开票限额为1 000万元及以上的，由省级税务机关审批。

3. 专用发票的开具

一般纳税人从事应税销售行为，应向购买方开具专用发票。商业企业一般纳税人零售的烟、酒、食品、服装、鞋帽（不包括劳保专用部分）、化妆品等消费品不得开具专用发票。此外，增值税小规模纳税人需要开具专用发票的，可向主管税务机关申请代开。另外，除法律、法规及国家税务总局另有规定的外，销售免税货物不得开具专用发票。

专用发票应按以下要求开具：（1）项目齐全，与实际交易相符；（2）字迹清楚，不得压线、错格；（3）发票联和抵扣联加盖财务专用章或者发票专用章；（4）按照增值税纳税义务的发生时间开具。对不符合上述要求的专用发票，购买方有权拒收。

4. 不得申领开具专用发票的情形

一般纳税人有下列情形之一的，不得申领开具专用发票：

（1）会计核算不健全，不能向税务机关准确提供增值税销项税额、进项税额、应纳税额数据及其他有关增值税税务资料的。

（2）有《税收征收管理法》规定的税收违法行为，拒不接受税务机关处理的。

(3) 有虚开增值税专用发票、私自印制专用发票、向税务机关以外的单位和个人买取专用发票、借用他人专用发票、未按规定保管专用发票和专用设备等行为之一，经税务机关责令限期改正而仍未改正的。

5. 专用发票的认证

用于抵扣增值税进项税额的专用发票应经税务机关认证相符（国家税务总局另有规定的除外）。认证相符的专用发票应作为购买方的记账凭证，不得退还销售方。所谓认证，是指税务机关通过防伪税控系统对专用发票所列数据的识别、确认。所谓认证相符，是指纳税人识别号无误，专用发票所列密文解译后与明文一致。

如果存在无法认证，或者纳税人识别号认证不符，或者专用发票代码、号码认证不符等情形之一的，则该“发票”不得作为增值税进项税额的抵扣凭证，税务机关退还原件，购买方可要求销售方重新开具专用发票。

6. 对代开、虚开专用发票行为的处理

代开发票是指为与自己没有发生直接购销关系的他人开具发票的行为；虚开发票是指在没有任何购销事实的前提下，为他人、为自己或让他人为自己或介绍他人开具发票的行为。对于上述两种违法行为，一律按票面所列商品的适用税率全额征补税款，并按偷税行为给予处罚；代开、虚开发票的行为构成犯罪的，应依法给予刑事处分。

我国《刑法》专设一节规定“危害税收征管罪”，其中，对有关增值税专用发票方面的犯罪有许多具体规定。例如，该法第 205 条规定：虚开增值税专用发票或者虚开用于骗取出口退税、抵扣税款的其他发票的，处 3 年以下有期徒刑或者拘役，并处 2 万元以上 20 万元以下罚金；虚开的税款数额较大或者有其他严重情节的，处 3 年以上 10 年以下有期徒刑，并处 5 万元以上 50 万元以下罚金；虚开的税款数额巨大或者有其他特别严重情节的，处 10 年以上有期徒刑或者无期徒刑，并处 5 万元以上 50 万元以下罚金或者没收财产。

随着对经济模式、犯罪构成要件等理解的不断深化和现实情况的变化，需要进一步明确定罪量刑标准。依据最高人民法院《关于虚开增值税专用发票定罪量刑标准有关问题的通知》（法〔2018〕226 号），人民法院在审判工作中不再参照执行最高人民法院《关于适用全国人民代表大会常务委员会〈关于惩治虚开、伪造和非法出售增值税专用发票犯罪的决定〉的若干问题的解释》（法发〔1996〕30 号）第 1 条规定的虚开增值税专用发票罪的定罪量刑标准。

目前，人民法院对虚开增值税专用发票刑事案件定罪量刑的数额标准，可以参照最高人民法院《关于审理骗取出口退税刑事案件具体应用法律若干问题的解释》（法释〔2002〕30 号）第 3 条的规定执行，即虚开的税款数额在 5 万元以上的，以虚开增值税专用发票罪处 3 年以下有期徒刑或者拘役，并处 2 万元以上 20 万元以下罚金；虚开的税款数额在 50 万元以上的，认定为《刑法》第 205 条规定的“数额较大”；虚开的税款数额在 250 万元以上的，认定为《刑法》第 205 条规定的“数额巨大”。

7. 专用发票的善意取得

纳税人善意取得虚开的增值税专用发票，是指购货方与销售方存在真实交易，且购货方不知取得的增值税专用发票是以非法手段获得的。纳税人善意取得虚开的增值税专用发票，如能重新取得合法、有效的专用发票，准许其抵扣进项税款；如不能重新取得合法、有效的专用发票，不准其抵扣进项税款或追缴其已抵扣的进项税款。

依据上述精神，如果购销双方存在真实的交易，专用发票注明的销售方名称、印章、货物数量、金额及税额等全部内容与实际相符，且没有证据表明购货方知道销售方提供的专用发票是以非法手段获得的，对购货方不以偷税或者骗取出口退税论处。如果购货方能够重新从销售方取得防伪税控系统开出的合法、有效专用发票的，或者取得手工开出的合法、有效专用发票且取得了销售方所在地税务机关已经或者正在依法对销售方虚开专用发票行为进行查处证明的，购货方所在地税务机关应依法准予抵扣进项税款或者出口退税。①

第三节 消费税法律制度

一、消费税概述

（一）消费税的概念

消费税（excise duty），也称货物税，是以特定的消费品的流转额为计税依据而征收的一种商品税。它是各国开征较为普遍的一个重要税种。

对于“消费税”一词，在税收理论上有不同的理解，其中，最为广义的理解是把消费税分为直接消费税和间接消费税两大类：前者是以个人的实际消费支出额为计税依据而向消费者课征的一种直接税，也称消费支出税；后者是以消费品的流转额为计税依据而向消费品的生产经营者课征的一种间接税。

此外，还有一种较为广义的理解，即商品课税的主要课税对象是消费的商品或劳务，因而商品课税也就是消费课税，或者说，商品税也就是对销售者所课征的间接消费税。这种间接消费税又可分为两类，即一般消费税（如增值税、周转税等）和特种消费税。② 这里的特种消费税才是本节作为一个税种来介绍的消费税。

（二）消费税的意义和征收范围

消费税开征的历史较为悠久，在许多国家的税收史上都曾占有重要地位。尽管今天在许多国家都不把它作为最重要的税种，但消费税自身仍有其特定的、不可替代的财政意义、经济意义和社会意义。消费税所具有的这三个方面的积极意义，与消费税的征税范围有着密切的关系。

从消费税的征税范围来看，各国在现实中实行的都是有选择性的消费税，即并不是对所有的消费品征税，根据消费税的征税范围的大小，可以将消费税分为狭窄型、中间型和宽泛型三种类型。

狭窄型消费税的征税范围主要限于一些传统的应税项目，如烟草制品、酒精饮料、石油制品、机动车辆等。

中间型消费税的征税范围要比狭窄型消费税的征税范围更广一些，此种类型消费税的征税范围还包括其他一些日用品、奢侈品等。

宽泛型消费税的征税范围最广，不仅包括更多的日用品、奢侈品，还包括一些生产性消费资料。

上述三种类型的划分仅具有相对的意义。从各国开征消费税的实践看，实行狭窄型消费税的国家最多，实行中间型消费税的国家的数量次之，实行宽泛型消费税的国家最少。

[资料] 我国消费税制度的沿革

早在中华人民共和国成立之初，当时的政务院就于1950年颁布了《全国税政实施要则》，并将“特种消费行为税”列入其中。此后，政务院于1951年颁布了《特种消费行为税暂行条

---

① 参见国家税务总局2000年11月发布的《关于纳税人善意取得虚开的增值税专用发票处理问题的通知》（国税发［2000］187号）。

② 参见国家税务总局税收科学研究所编著：《西方税收理论》，198页，北京，中国财政经济出版社，1997。

例》，确定特种消费行为税的征收范围包括电影戏剧及娱乐、舞场、筵席、冷食、旅馆5个税目。但在1953年税制修订时，该税种被取消。

由于在新中国成立后的很长一段时期商品税在总体上日益萎缩，因而消费税始终未能以独立税种的形式存在。降至1989年年初，由于彩电、小轿车等商品供不应求，市场秩序混乱，非法牟利现象严重，因而，国务院决定对彩电和小汽车征收特别消费税（对彩电征收的特别消费税于1992年4月被取消）。随着经济的迅速发展以及消费水平的提高，如何发挥消费税的筹集财政收入、调节经济运行和引导社会消费等作用的问题日渐受到重视。正是在这样的现实需求之下，国务院于1993年12月13日颁布了《消费税暂行条例》，该条例自1994年1月1日起施行，并于2006年4月1日被作出较大修订。2008年11月5日，国务院常务会议对《消费税暂行条例》作出修订。同《增值税暂行条例》一样，修订后的《消费税暂行条例》也是自2009年1月1日起施行。

1994年我国进行税法大变革时开征消费税的直接目的，是使消费税成为增值税的辅助税种，对某些消费品的销售在征收增值税的基础上，再加征一道消费税，以避免在产品税改征增值税后，产生总体税负的下降和国家财政收入的减少；同时，也要发挥消费税的积极作用，使其既能对生产经营和消费进行特殊调节，又能保障财政收入的稳定增长，还能引导社会消费和促进良好的社会风气的形成，使消费税成为实现国家经济政策和社会政策的重要工具。经过多年的实践，消费税制度的多重功能已日益显现。

二、我国消费税制度的主要内容

自1994年税法变革以来，国务院及相关部委相继颁行、修订了《消费税暂行条例》《消费税暂行条例实施细则》《消费税若干具体问题的规定》《关于消费税会计处理的规定》等，从而确立了我国现行的消费税制度。目前，我国的消费税制度主要包括以下内容。

（一）纳税主体

消费税的纳税主体是在中华人民共和国境内生产、委托加工和进口应税消费品的单位和个人。所谓“在中华人民共和国境内”，是指生产、委托加工和进口属于应当缴纳消费税的消费品的起运地或者所在地在境内。此外，这里的“单位和个人”的范围与前述缴纳增值税的“单位和个人”的范围相同。

（二）征税范围

我国实行的也是有选择性的消费税，1994年确定的征收消费税的税目共11个，在2006年和2014年又先后作出较大调整，由此使税目及具体子目的数量不断发生变化。从总体上说，征收消费税的消费品可以分为如下几大类。

（1）过度消费会对人类健康、社会秩序和生态环境等造成危害的消费品。

此类消费品原来包括三个税目，即烟、酒、鞭炮与焰火。其中，在“烟”税目里包括三个子目，即卷烟（包括甲类卷烟、乙类卷烟）、雪茄烟、烟丝。在“酒”税目中包括五个子目，即白酒、黄酒、啤酒（包括甲类啤酒、乙类啤酒）等。

此外，为了更好地保护生态环境，节约自然资源，从2006年4月1日起，国家开始对木制一次性筷子和实木地板征税，以求调控相关产业发展，实现对生态环境的保护。2015年2月1日，电池、涂料也被列入消费税征税范围。

（2）奢侈品、非生活必需品。

此类消费品包括的税目原来有两个：一个是贵重首饰及珠宝玉石（现包括两个子目，即金银首饰、铂金首饰和钻石及钻石饰品，以及其他贵重首饰和珠宝玉石）；另一个是高档化妆品。此外，从2006年4月1日起，又增加了三个税目，即高尔夫球及球具、高档手表、游艇。

（3）高能耗的高档消费品。

高能耗消费品包括小汽车和摩托车两个税目。其中，小汽车税目下分设三个子目，即乘用车、中轻型商用客车以及超豪华小汽车。其中，乘用车按照汽缸容量（排气量）的不同，从1.0升以下到4.0升以上，共分为七类。摩托车则按排气量分为0.25升以下（含）和0.25升以上两类。

（4）石油类消费品。

此类消费品原来包括两个税目，即汽油和柴油。自2006年4月1日起，统一规定为成品油一个税目，下设的子目包括汽油（包括含铅汽油和无铅汽油）、柴油，同时，另外新增航空煤油、石脑油、溶剂油、润滑油、燃料油五个子目。

为了建立完善的成品油价格形成机制和规范的交通税费制度，促进节能减排和产业结构调整，实现公平负担，依法筹措交通基础设施维护和建设资金，国务院决定实施成品油价格和税费改革，并于2008年12月18日发布了《关于实施成品油价格和税费改革的通知》，强调利用现有的消费税制度、征收方式和征管手段，实现成品油税费改革，不再新设燃油税。这一领域的“费改税”曾热议多年，最终通过消费税制度的完善来完成，使消费税中的成品油税目备受瞩目。

上述几大类消费品，就是现行消费税制度的征税范围。应当说，这样的征税范围还是较为狭窄的。为此，已有人提出进一步扩大消费税征税范围的设想。此外，消费税分为十几个税目，并且在某些税目中还分设若干子目，不仅是为了把征税范围具体化，也是为了针对不同的税目和子目适用不同的税率，以通过差别税率来体现国家的相关经济和社会政策。

（三）税率

消费税的税率包括两类，即比例税率和定额税率。从总体上看，由于针对不同的税目或子目适用不同的税率，因而与增值税相比，消费税的税率档次更多，也更为复杂。在消费税的诸多税目中，多数税目适用比例税率。此外，成品油税目以及啤酒、黄酒等子目适用定额税率。至于各个税目、子目所适用的具体税率，则需查阅《消费税暂行条例》所附的“消费税税目税率表”（参见表11-1）。因其具体内容变动频繁，故此处不赘述。

另外，纳税人兼营不同税率的应当缴纳消费税的消费品（以下简称应税消费品），应当分别核算不同税率应税消费品的销售额、销售数量；未分别核算销售额、销售数量，或者将不同税率的应税消费品组成成套消费品销售的，从高适用税率。这与前述增值税的相关原理是一致的。

表11-1　　消费税税目税率表

税目	税率
一、烟	
1. 卷烟	
（1）甲类卷烟［调拨价70元（不含增值税）/条以上（含70元）］	56%加0.003元/支（生产环节）
（2）乙类卷烟［调拨价70元（不含增值税）/条以下］	36%加0.003元/支（生产环节）
（3）商业批发	11%加0.005元/支（批发环节）
2. 雪茄烟	36%（生产环节）
3. 烟丝	30%（生产环节）

续表

税目	税率
二、酒	
1. 白酒	20%加 0.5 元/500 克（或者 500 毫升）
2. 黄酒	240 元/吨
3. 啤酒	
（1）甲类啤酒	250 元/吨
（2）乙类啤酒	220 元/吨
4. 其他酒	10%
三、高档化妆品	15%
四、贵重首饰及珠宝玉石	
1. 金银首饰、铂金首饰和钻石及钻石饰品	5%
2. 其他贵重首饰和珠宝玉石	10%
五、鞭炮、焰火	15%
六、成品油	
1. 汽油	
（1）含铅汽油	1.52 元/升
（2）无铅汽油	1.52 元/升
2. 柴油	1.20 元/升
3. 航空煤油	1.20 元/升
4. 石脑油	1.52 元/升
5. 溶剂油	1.52 元/升
6. 润滑油	1.52 元/升
7. 燃料油	1.20 元/升
七、摩托车	
1. 气缸容量 250 毫升的	3%
2. 气缸容量在 250 毫升以上的	10%
八、小汽车	
1. 乘用车	
（1）气缸容量（排气量，下同）在 1.0 升（含 1.0 升）以下的	1%
（2）气缸容量在 1.0 升以上至 1.5 升（含 1.5 升）的	3%
（3）气缸容量在 1.5 升以上至 2.0 升（含 2.0 升）的	5%
（4）气缸容量在 2.0 升以上至 2.5 升（含 2.5 升）的	9%
（5）气缸容量在 2.5 升以上至 3.0 升（含 3.0 升）的	12%
（6）气缸容量在 3.0 升以上至 4.0 升（含 4.0 升）的	25%
（7）气缸容量在 4.0 升以上的	40%
2. 中轻型商用客车	5%
3. 超豪华小汽车	在生产（进口）环节按现行税率征收的基础上，在零售环节加征消费税 10%
九、高尔夫球及球具	10%
十、高档手表	20%

续表

税目	税率
十一、游艇	10%
十二、木制一次性筷子	5%
十三、实木地板	5%
十四、电池	4%
无汞原电池、金属氢化物镍蓄电池、锂原电池、锂离子蓄电池、太阳能电池、燃料电池和全钒液流电池	免征
十五、涂料	4%

（四）应纳税额的确定

消费税应纳税额的确定有三种方法：第一种是从价定率计征，第二种是从量定额计征，第三种是从价定率和从量定额复合计征。

1. 从价定率计征

适用比例税率的消费品，其应纳消费税额应从价定率计征。在这种情况下，计税依据是销售额。其计算公式为：

应纳税额＝销售额×比例税率

2. 从量定额计征

适用定额税率的消费品，其应纳消费税额应从量定额计征，其计算公式为：

应纳税额＝销售数量×定额税率

3. 复合计征

对于卷烟和白酒两类消费品，目前实行复合计税方法，其计算公式为：

应纳税额＝销售额×比例税率＋销售数量×定额税率

在运用上述基本的计算公式时，应注意以下几个方面：

第一，上述公式中的销售额，为纳税人销售应税消费品向购买方收取的全部价款和价外费用，与作为增值税计税依据的销售额是相同的。同样，该销售额也不包括应向购货方收取的增值税税款。如果纳税人应税消费品的销售额中未扣除增值税税款或者因不得开具增值税专用发票而发生价款和增值税税款合并收取的，在计算消费税时，应当换算为不含增值税税款的销售额。其换算公式为：

应税消费品的销售额＝含增值税的销售额÷(1＋增值税税率或者征收率)

第二，应税消费品连同包装物销售的，无论包装物是否单独计价以及在会计上如何核算，均应并入应税消费品的销售额中缴纳消费税。如果包装物不作价随同产品销售，而是收取押金，此项押金则不应并入应税消费品的销售额中征税。但对因逾期未收回包装物不再退还的或者已收取的时间超过12个月的押金，应并入应税消费品的销售额，按照应税消费品的适用税率缴纳消费税。

对既作价随同应税消费品销售，又另外收取押金的包装物的押金，凡纳税人在规定的期限内没有退还的，均应并入应税消费品的销售额，按照应税消费品的适用税率缴纳消费税。

第三，上述的价外费用，是指价外向购买方收取的手续费、补贴、基金、集资费、返还利润、奖励费、违约金、滞纳金、延期付款利息、赔偿金、代收款项、代垫款项、包装费、包装物租金、储备费、优质费、运输装卸费以及其他各种性质的价外收费，但不包括符合法定条件的代垫运输费用、符合法定条件的代为收取的政府性基金或者行政事业性收费。

另外，在计税依据的确定方面，还有以下特殊规定：

（1）纳税人自产自用的应税消费品，按照纳税人生产的同类消费品的销售价格计算纳税；没有同类消费品销售价格的，按照法定的组成计税价格计算纳税。

（2）委托加工的应税消费品，按照受托方的同类消费品的销售价格计算纳税；没有同类消费品的销售价格的，按照法定的组成计税价格计算纳税。

（3）进口的应税消费品，按照法定的组成计税价格计算纳税。实行从价定率办法计算纳税的组成计税价格的计算公式为：

组成计税价格=(关税完税价格+关税)÷(1−消费税比例税率)

上述公式实际就是"组成计税价格=关税完税价格+关税+消费税"，因而与进口增值税的组成计税价格是一样的。只不过这里的组成计税价格是计算消费税应纳税额的税基，但消费税应纳税额未知，因而采取了变通的办法来计算，由此也说明消费税是价内税。

（五）消费税的减免、退补

在税收减免方面，《消费税暂行条例》限制较为严格，因而可以进行减免的项目很少，主要有以下两种情况：（1）纳税人出口应税消费品，除国务院另有规定的以外，免征消费税。（2）纳税人自产自用的应税消费品，用于连续生产应税消费品的，不纳税。所谓"用于连续生产应税消费品"，是指纳税人将自产自用的应税消费品作为直接材料生产最终应税消费品，自产自用应税消费品构成最终应税消费品的实体。

在退税方面，纳税人出口按规定可以免税的应税消费品，在货物出口后，可以按照国家有关规定办理出口退税手续。

出口的应税消费品办理退税后，发生退关或者国外退货，进口时予以免税的，报关出口者必须及时向其机构所在地或者居住地主管税务机关申报补缴已退的消费税税款。

纳税人直接出口的应税消费品办理免税后，发生退关或者国外退货，进口时已予以免税的，经机构所在地或者居住地主管税务机关批准，可暂不办理补税，待其转为国内销售时，再申报补缴消费税。

此外，纳税人销售的应税消费品，如因质量等原因由购买者退回时，经机构所在地或者居住地主管税务机关审核批准后，可退还已缴纳的消费税税款。

值得注意的是，出口应税消费品同时涉及退（免）增值税和消费税，且增值税与消费税在退（免）税范围、程序、管理等方面都是较为一致的，但应退消费税额应按照消费税的法定税率（税额）执行，这与应退增值税额适用的出口退税率频繁变化不同。在涉及消费税的退税和补税问题时，应注意上述区别。

（六）纳税环节

消费税在多数情况下实行单一环节课税，因而与增值税的多环节课征不同。消费税的纳税环节多数为从生产转为销售的环节，一般是由生产者在从事销售行为或视同销售的行为时缴纳。具体说来，包括以下几种情况。

（1）纳税人生产的应税消费品，于纳税人销售时纳税；纳税人自产自用的应税消费品，并未用于连续生产应税消费品，而是用于其他方面的，于移送使用时纳税。所谓"用于其他方面"，是指纳税人将自产自用应税消费品用于生产非应税消费品、在建工程、管理部门、非生产机构、提供劳务、馈赠、赞助、集资、广告、样品、职工福利、奖励等方面。

可见，在纳税人生产应税消费品的情况下，纳税环节有两个：一个是销售环节，另一个是移送环节。

（2）委托加工的应税消费品，除受托方为个人外，由受托方在向委托方交货时代收代缴税款。委托加工的应税消费品，委托方用于连续生产应税消费品的，所纳税款准予按规定抵扣。

上述的“委托加工的应税消费品”，是指由委托方提供原料和主要材料，受托方只收取加工费和代垫部分辅助材料加工的应税消费品。对于由受托方提供原材料生产的应税消费品，或者受托方先将原材料卖给委托方，然后再接受加工的应税消费品，以及由受托方以委托方名义购进原材料生产的应税消费品，不论在财务上是否作销售处理，都不得作为委托加工应税消费品，而应当按照销售自制应税消费品缴纳消费税。

此外，委托加工的应税消费品直接出售的，不再缴纳消费税。委托个人加工的应税消费品，由委托方收回后缴纳消费税。

(3) 进口的应税消费品，于报关进口时纳税。

（七）纳税义务的发生时间和纳税期限

消费税纳税义务的发生时间与上述的纳税环节直接相关，也都体现为一个个具体的“时点”。根据《消费税暂行条例实施细则》的规定，消费税纳税人的纳税义务发生时间主要依据销售结算方式或行为发生时间分别确定。具体规定如下。

(1) 纳税人销售应税消费品的，按不同的销售结算方式分别为：1）采取赊销和分期收款结算方式的，为书面合同约定的收款日期的当天，书面合同没有约定收款日期或者无书面合同的，为发出应税消费品的当天；2）采取预收货款结算方式的，为发出应税消费品的当天；3）采取托收承付和委托银行收款方式的，为发出应税消费品并办妥托收手续的当天；4）采取其他结算方式的，为收讫销售款或者取得索取销售款凭据的当天。

(2) 纳税人自产自用应税消费品的，为移送使用的当天。

(3) 纳税人委托加工应税消费品的，为纳税人提货的当天。

(4) 纳税人进口应税消费品的，为报关进口的当天。

此外，与上述纳税义务的发生时间密切相关，在纳税期限方面，消费税的纳税期限分别为1日、3日、5日、10日、15日、1个月或者1个季度。纳税人的具体纳税期限，由主管税务机关根据纳税人应纳税额的大小分别核定；不能按照固定期限纳税的，可以按次纳税。

纳税人以1个月或者1个季度为1个纳税期的，自期满之日起15日内申报纳税；以1日、3日、5日、10日或者15日为1个纳税期的，自期满之日起5日内预缴税款，于次月1日起15日内申报纳税并结清上月应纳税款。

纳税人进口应税消费品，应当自海关填发海关进口消费税专用缴款书之日起15日内缴纳税款。可见，消费税的纳税期限与增值税的纳税期限的规定是一致的。

（八）纳税地点

同增值税一样，消费税由税务机关征收，进口的应税消费品的消费税由海关代征。个人携带或者邮寄进境的应税消费品的消费税，连同关税一并计征。具体办法由国务院关税税则委员会会同有关部门制定。

关于消费税的纳税地点，有以下具体规定：

(1) 纳税人销售的应税消费品，以及自产自用的应税消费品，除国务院财政、税务主管部门另有规定外，应当向纳税人机构所在地或者居住地的主管税务机关申报纳税。

纳税人到外县（市）销售或者委托外县（市）代销自产应税消费品的，于应税消费品销售后，向机构所在地或者居住地主管税务机关申报纳税。

纳税人的总机构与分支机构不在同一县（市）的，应当分别向各自机构所在地的主管税务机关申报纳税；经财政部、国家税务总局或者其授权的财政、税务机关批准，可以由总机构汇总后向总机构所在地的主管税务机关申报纳税。

(2) 委托加工的应税消费品，除受托方为个人外，由受托方向机构所在地或者居住地的主管税务机关解缴消费税税款。委托个人加工的应税消费品，由委托方向其机构所在地或者居住地主管税务机关申报纳税。

(3) 进口的应税消费品，应当由进口人或者其代理人向报关地海关申报纳税。

学习拓展：

上述的增值税、消费税，都是我国商品税体系中的主要税种，在我国整体税收收入中长期占比较高。我国近年来仍在推进增值税、消费税的收入分配改革，主要涉及中央与地方的分配关系，尤其涉及地方税体系的建设。

例如，2019年9月26日，国务院公布了《实施更大规模减税降费后调整中央与地方收入划分改革推进方案》，强调为进一步理顺中央与地方财政分配关系，支持地方政府落实减税降费政策、缓解财政运行困难，主要实施以下改革措施：

(1) 保持增值税"五五分享"比例稳定。继续保持增值税收入划分"五五分享"比例不变，即中央分享增值税的50%，地方按税收缴纳地分享增值税的50%。

(2) 调整完善增值税留抵退税分担机制。建立增值税留抵退税长效机制，结合财政收入形势确定退税规模，并保持中央与地方"五五"分担比例不变。合理确定省以下退税分担机制，切实减轻基层财政压力。

(3) 后移消费税征收环节并稳步下划地方。在征管可控的前提下，将部分在生产（进口）环节征收的现行消费税品目逐步后移至批发或零售环节征收，拓展地方收入来源，引导地方改善消费环境。先对高档手表、贵重首饰和珠宝玉石等条件成熟的品目实施改革，再结合消费税立法对其他具备条件的品目实施改革试点。改革调整的存量部分核定基数，由地方上解中央，增量部分原则上将归属地方，确保中央与地方既有财力格局稳定。

第四节 烟叶税与车辆购置税制度

在商品税体系中，与前述的消费税密切相关的税种还有烟叶税和车辆购置税，它们分别与消费税征税对象中的税目烟（包括甲类卷烟、乙类卷烟、雪茄烟、烟丝）、小汽车密切相关。由于烟叶税和车辆购置税都涉及商品的销售行为，因而它们都属于商品税；同时，由于它们分别涉及特殊商品的销售，因而在整个税收制度中，国家将其设置为两个独立税种。此外，两个税种都是对国内的销售行为征税，因而本书在介绍增值税、消费税之后，在介绍具有涉外因素的关税制度之前，专门介绍这两个税种制度。

一、烟叶税制度

（一）从"烟叶收入税"到"烟叶收购税"的历史沿革

我国对烟叶的课税一直与税制改革相伴。从历史上看，"烟叶收入"曾长期只是农业税的一个税目，当时并无"烟叶税"这一独立税种。只是在我国取消农业税、农业特产税以后，对"烟叶收购"的课税才被确定下来，并使烟叶税成为一个征税对象和征收地域都相对较小的税种。只有把烟叶税放到整个税制改革或税制变迁的历程中去观察，才能对其形成较为全面的认识。

由于我国是一个农业大国，农业税曾长期占据重要地位，如何保障农民税收负担的轻重适度，对于国家的经济发展和政治安定都非常重要。因此，在中华人民共和国成立之初，在税收体系尚不健全的情况下，中央人民政府即于1950年颁布了《新解放区农业税暂行条例》。但随着土地制度改革、农业合作化的发展，新型生产关系的变化，第一届全国人大常委会依据宪法的规定，于1958年6月3日公布并施行《中华人民共和国农业税条例》。该条例虽被称为“条例”，但却不同于1985年全国人大“授权立法”后大量实施的“税收暂行条例”——它不是国务院制定的“行政法规”，而是由全国人大常委会制定的“法律”。

依据1958年《农业税条例》的规定，对“棉花、麻类、烟叶、油料、糖料和其他经济作物的收入”征收农业税，对上述经济作物的收入“参照种植粮食作物的常年产量计算”。据此，烟叶收入属于农业税的征税范围。而在改革开放之初，随着商品经济的发展，国务院于1983年11月12日发布了《关于对农林特产收入征收农业税的若干规定》（以下简称《若干规定》），开始对园艺、林木、水产等农林特产收入单独征收农业税，但其中并未包括烟叶收入。只是在实行市场经济体制以后，在1994年的税制改革过程中，国务院才于1994年1月30日废除了1983年《若干规定》，发布了《关于对农业特产收入征收农业税的规定》（国务院令［第143号］），专门规定对烟叶、园艺、水产、林木等“农业特产品收入”征收“农业特产税”①。由此烟叶收入正式成为农业特产税的税目。

按照1994年《规定》，对烟叶收入征税的税率为31%，农民的税负相对较重，因此，国家在1999年将其税率下调为20%。尽管如此，基于减轻农民负担的政策导向，该税率仍然较高。为此，根据《中共中央国务院关于促进农民增加收入若干政策的意见》（2004年的“一号文件”），财政部、国家税务总局于2004年6月下发了《关于取消除烟叶外的农业特产农业税有关问题的通知》，规定取消对烟叶以外的其他农业特产品征收的农业特产农业税。第十届全国人大常委会决定自2006年1月1日起废止《农业税条例》，对烟叶征收农业特产农业税已无法律依据，因此，国务院2006年4月28日公布了《中华人民共和国烟叶税暂行条例》，从而使烟叶税正式成为一个独立税种。

上述烟叶税制的变迁表明，从产品经济时期到商品经济时期，从计划经济阶段到市场经济时期，从闭关锁国时代到改革开放时期，在各个不同的历史时期，必须基于经济发展的阶段和特殊性，合理选择征税项目，这是税制改革的应有之义；同时，税制改革必须始终关注主体的税收负担，这对于有效实现税制目标至为重要。

从“对烟叶收入征税”到“对烟叶收购征税”，从第一届全国人大常委会制定《农业税条例》到第十届全国人大常委会废止《农业税条例》，我国的烟叶税制经历了中国经济的不同发展阶段，体现了各个时期税制改革的不同理念。其中，对纳税人负担的特别关注，越来越成为贯穿各类税制改革的重要主线，它直接影响税制的合理性与合法性。与此同时，税制改革应如何提升经济发展的效率，如何体现税制的公平，在税收立法过程中也需要予以特别考虑。而上述需要关注与考虑的因素，会直接影响税制改革的周期，并成为衡量税制改革优劣的重要标尺，故对此有必要作进一步研讨。

（二）从《烟叶税条例》到《烟叶税法》的立法升级

烟叶是一种特殊产品，我国长期对其实行专卖政策，并征收较高的税收和实行比较严格的税收管理。在2006年2月17日国务院《关于对农业特产收入征收农业税的规定》被废止后，对烟叶征收农业特产税便失去了法律依据。

与此同时，国家有关部门认为，停止对烟叶征收农业特产税，也会产生一些新问题：一是烟叶产区的地方财政特别是一些县乡的财政收入将受到较大影响。按照现行财政体制，烟叶特产农业税收入全部划归县乡财政，在当地财政收入中占较大比重。二是不利于烟叶产区县乡经

① 该税的全称是“农业特产农业税”，由于试图用简称，因而在同一个规范性文件中时而称“农业税”，时而称“农业特产税”。这也影响了后来人们对“农业特产税”究竟是否算一个独立税种的判断。更何况相关规定与《农业税条例》的规定几乎都不一致，而且在后来的官方文件中，农业税也是和农业特产税并列的。

济的发展。我国的烟叶产区多数集中在西部和边远地区，当地经济的培育和公共事业的发展等基本靠地方政府的投入和推动。停止征收烟叶特产农业税会减少当地财政收入，对推动各项事业的发展不利。三是不利于卷烟工业的持续稳定发展。基于上述考虑，为了保持政策的连续性，充分兼顾地方利益和有利于烟叶产区可持续发展，国务院决定制定《中华人民共和国烟叶税暂行条例》，开征烟叶税以取代原来对烟叶征收的农业特产税。①

烟叶税作为既往税制改革遗留的税种，其所涉领域较小，纳税人数量较少，进行相关税收立法相对较为容易，因此，在“落实税收法定原则”的立法进程中，《烟叶税暂行条例》成为需要进行“立法升级”的十五个税收暂行条例中的“首个”。这体现了立法上的“先易后难”原则。全国人大常委会于 2017 年 12 月 27 日通过了《中华人民共和国烟叶税法》（以下简称《烟叶税法》），自 2018 年 7 月 1 日起施行。

《烟叶税法》是对《烟叶税暂行条例》的“制度平移”，有关课税要素规定的变化微乎其微。下面对《烟叶税法》的相关规定作简要介绍和说明。

（三）烟叶税制度的主要内容

我国《烟叶税法》的规定共计 10 条，非常简单，其中涉及课税要素规定的内容有 9 条。

1. 纳税主体

依据《烟叶税法》的规定，在中华人民共和国境内，依照《中华人民共和国烟草专卖法》的规定收购烟叶的单位为烟叶税的纳税人。据此，上述纳税人具体是指依照《中华人民共和国烟草专卖法》的规定有权收购烟叶的烟草公司或者受其委托收购烟叶的单位。

需要特别强调的是，既往对烟叶收入征收的农业税或农业特产税，是由烟叶的种植者直接承担税负的直接税，它与农民的负担直接相关。但独立开征的烟叶税，已不再是对烟农收入征收的直接税，它在性质上已变为间接税，即由烟叶的购买者间接承担税负的商品税。

2. 征税范围和计税方法

烟叶税是对纳税人收购的烟叶征税，这里的烟叶是指晾晒烟叶、烤烟叶。目前，对上述烟叶征税的省份有 23 个，但主要集中在云南、贵州、四川，这三省的烟叶税收入占全国的 60%以上。由此可见，烟叶税征收的地域范围非常集中。

烟叶税的计税依据为纳税人收购烟叶实际支付的价款总额。烟叶税的税率为 20%。烟叶税的应纳税额按照纳税人收购烟叶时实际支付的价款总额乘以税率计算，计算公式为：

应纳税额＝实际支付的价款总额×20%

上述对“实际支付的价款总额”的强调，有助于关注现实的真实情况，防止税款流失，体现了“实质重于形式”的原则。此外，烟叶税虽然是对烟叶收购者征收，但因其属于间接税，税负可以转嫁，加之在征收方面存在税收流失的情况，纳税人的实际税负可能会低于理论上的计算结果，由此烟叶税难以通过“寓禁于征”的手段来限制烟草业的发展，从而无法起到“控烟”作用。

3. 烟叶税的征收管理

烟叶税由税务机关依照《烟叶税法》和《税收征收管理法》的有关规定征收管理。

烟叶税的纳税义务发生时间为纳税人收购烟叶的当日，即纳税人向烟叶销售者付讫收购烟叶款项或者开具收购烟叶凭据的当天。

烟叶税按月计征，纳税人应当于纳税义务发生月终了之日起 15 日内申报并缴纳税款。

纳税人应当向烟叶收购地的主管税务机关申报缴纳烟叶税。所谓“烟叶收购地的主管税务

① 参见吴兢：《开征烟叶税不会影响农民的切身利益、增加其负担》，载《人民日报》，2006-05-12。

机关”，是指烟叶收购地的县级税务局或者其指定的税务分局、所。

二、车辆购置税制度

（一）车辆购置税制度概述

车辆购置税与烟叶税类似，都涉及对销售行为的征税，且纳税主体都不是销售方，而是购买方；并且，烟叶和车辆，都属于国家特别管制的商品，对国民的健康和安全等，都有重要影响。

车辆购置税是对原来收取的车辆购置费的替代。在以往我国存在分配秩序较为混乱的问题，特别是各类收费对税基侵蚀严重，不仅影响了国家汲取财政的能力，也带来了腐败等诸多问题。为此，国家大力推进“费改税”，将收取车辆购置费改为征收车辆购置税，就是其中的一项重要内容。

征收车辆购置税，并未增加或减少原来收取车辆购置费给相关主体带来的负担，从这个意义上说，并未产生额外的影响，因而算是具有一定的“中性”。考虑到税收的各类职能，以及规范税费征收管理的需要，国务院于 2000 年 10 月公布了《中华人民共和国车辆购置税暂行条例》（以下简称《车辆购置税条例》），该条例自 2001 年 1 月 1 日起施行，现已废止。2018 年 12 月 29 日全国人大常委会通过了《中华人民共和国车辆购置税法》，自 2019 年 7 月 1 日起施行。

（二）车辆购置税制度的主要内容

1. 纳税主体

车辆购置税的纳税主体是在中华人民共和国境内购置上述法律规定的车辆（以下简称应税车辆）的单位和个人。这里的购置，是指以购买、进口、自产、受赠、获奖或者其他方式取得并自用应税车辆的行为。

上述的单位，包括国有企业、集体企业、私营企业、股份制企业、外商投资企业、外国企业以及其他企业和事业单位、社会团体、国家机关、部队以及其他单位；上述的个人，包括个体工商户以及其他个人。

2. 征税范围和税率

车辆购置税的征收范围包括汽车、有轨电车、汽车挂车、排气量超过 150 毫升的摩托车等各类应税车辆。车辆购置税实行一次性征收。购置已征车辆购置税的车辆，不再征收车辆购置税。

车辆购置税的税率为 10%。

3. 应纳税额的计算

车辆购置税实行从价定率的办法计算应纳税额。应纳税额的计算公式为：

应纳税额＝应税车辆的计税价格×税率

车辆购置税的计税价格根据不同情况，按照下列规定确定：（1）纳税人购买自用应税车辆的计税价格，为纳税人实际支付给销售者的全部价款，不包括增值税税款；（2）纳税人进口自用应税车辆的计税价格，为关税完税价格加上关税和消费税；（3）纳税人自产自用应税车辆的计税价格，按照纳税人生产的同类应税车辆的销售价格确定，不包括增值税税款；（4）纳税人以受赠、获奖或者其他方式取得自用应税车辆的计税价格，按照购置应税车辆时相关凭证载明的价格确定，不包括增值税税款。

如果纳税人申报的应税车辆计税价格明显偏低，又无正当理由，由税务机关依照《税收征收管理法》的规定核定其应纳税额。

此外，纳税人以外汇结算应税车辆价款的，按照申报纳税之日的人民币汇率中间价折合成人民币计算缴纳税款。

4. 税收减免

下列车辆免征车辆购置税：(1) 依照法律规定应当予以免税的外国驻华使馆、领事馆和国际组织驻华机构及其有关人员自用的车辆；(2) 中国人民解放军和中国人民武装警察部队列入装备订货计划的车辆；(3) 悬挂应急救援专用号牌的国家综合性消防救援车辆；(4) 设有固定装置的非运输专用作业车辆；(5) 城市公交企业购置的公共汽电车辆。

此外，根据国民经济和社会发展的需要，国务院可以规定减征或者其他免征车辆购置税的情形，报全国人民代表大会常务委员会备案。

5. 税收征纳

(1) 纳税申报。

车辆购置税由税务机关负责征收。纳税人购置应税车辆，应当向车辆登记地的主管税务机关申报缴纳车辆购置税；购置不需要办理车辆登记的应税车辆的，应当向纳税人所在地的主管税务机关申报缴纳车辆购置税。

(2) 纳税义务的发生时间。

车辆购置税的纳税义务发生时间为纳税人购置应税车辆的当日。纳税人应当自纳税义务发生之日起 60 日内申报缴纳车辆购置税。

(3) 税款缴纳与车辆登记。

纳税人应当在向公安机关交通管理部门办理车辆注册登记前，缴纳车辆购置税。

公安机关交通管理部门办理车辆注册登记，应当根据税务机关提供的应税车辆完税或者免税电子信息对纳税人申请登记的车辆信息进行核对，核对无误后依法办理车辆注册登记。

此外，免税、减税车辆因转让、改变用途等原因不再属于免税、减税范围的，纳税人应当在办理车辆转移登记或者变更登记前缴纳车辆购置税。计税价格以免税、减税车辆初次办理纳税申报时确定的计税价格为基准，每满一年扣减 10%。

(4) 退税。

纳税人将已征车辆购置税的车辆退回车辆生产企业或者销售企业的，可以向主管税务机关申请退还车辆购置税。退税额以已缴税款为基准，自缴纳税款之日至申请退税之日，每满一年扣减 10%。

(5) 信息共享。

税务机关和公安、商务、海关、工业和信息化等部门应当建立应税车辆信息共享和工作配合机制，及时交换应税车辆和纳税信息资料。

第五节　城建税与教育费附加法律制度

与前面的增值税、消费税制度直接相关的，还有两类附加税制度：一个是城市维护建设税（简称城建税）制度，另一个是教育费附加制度。目前，我国已经制定了《城市维护建设税法》，但教育费附加的制度建设还不够完善。下面对这两类制度的基本内容分别作简要介绍。

一、城市维护建设税制度

依据国务院于 1985 年发布的《城市维护建设税暂行条例》(2011 年修订)，国家征收城建税，是为了加强城市的维护建设，扩大和稳定城市维护建设资金的来源。2020 年 8 月 11 日全国人大常委会通过了《城市维护建设税法》(以下简称《城建税法》)，该法自 2021 年 9 月 1 日起施行。

在纳税主体方面，在中华人民共和国境内缴纳增值税、消费税的单位和个人，为城建税的纳税人，应当依照《城建税法》的规定缴纳城建税。

在纳税依据方面，由于城建税是典型的附加税，因此，其纳税依据是相关法定税种的税额。根据《城建税法》的规定，城建税以纳税人依法实际缴纳的增值税、消费税税额为计税依据，同时，应当按照规定扣除期末留抵退税退还的增值税税额。有关计税依据的具体确定办法，由国务院依据《城建税法》和有关税收法律、行政法规规定，报全国人民代表大会常务委员会备案。

此外，对进口货物或者境外单位和个人向境内销售劳务、服务、无形资产缴纳的增值税、消费税税额，不征收城建税。

在应纳税额的计算方面，城建税的应纳税额按照计税依据乘以具体适用税率计算。其中，城建税的税率按纳税人所在区域的不同，分为三档：（1）纳税人所在地在市区的，税率为7%；（2）纳税人所在地在县城、镇的，税率为5%；（3）纳税人所在地不在市区、县城或者镇的，税率为1%。

上述纳税人所在地，是指纳税人住所地或者与纳税人生产经营活动相关的其他地点，具体地点由省、自治区、直辖市确定。

在税收减免方面，根据国民经济和社会发展的需要，针对重大公共基础设施建设、特殊产业和群体以及重大突发事件应对等情形，国务院可以规定减征或者免征城建税，并报全国人民代表大会常务委员会备案。

在纳税义务发生时间和纳税时间方面，城建税的纳税义务发生时间与增值税、消费税的纳税义务发生时间一致，分别与增值税、消费税同时缴纳。此外，城建税的扣缴义务人为负有增值税、消费税扣缴义务的单位和个人，在扣缴增值税、消费税的同时扣缴城建税。

二、教育费附加制度

教育费附加是根据国务院于1986年4月发布的《征收教育费附加的暂行规定》（1990年6月、2005年8月、2011年1月修改），对缴纳增值税、消费税的单位（包括外商投资企业、外国企业）和个人（包括外籍个人）征收的一种附加税。

在历史上，教育费附加是以各单位和个人实际缴纳的产品税、增值税、营业税这三税的税额为计税依据，教育费附加率为2%。从1994年1月1日起，教育费附加改按纳税人实纳的增值税、消费税、营业税税额附征，附加率改为3%，分别与三税同时缴纳。随着“营改增”的完成，教育费附加的计税基数中不再包括营业税税额。

教育费附加由税务机关负责征收，作为教育专项基金纳入预算管理。地方各级政府应当依照国家有关规定，使预算内教育事业费逐步增长，不得因教育费附加纳入预算专项资金管理而抵顶教育事业费拨款。

教育费附加率由国务院规定。任何地区、部门不得擅自提高或者降低教育费附加率。

以上仅是对增值税、消费税的两种附加税的简要介绍。随着经济和社会的发展，教育事业、城乡建设事业越来越重要，需要政府提供充足的资金支持，由此城建税和教育费附加越来越重要。此外，由于城建税和教育费是附加在增值税、消费税这两种主税之上征收的，故两类附加税的立法曾长期较为滞后，特别是教育费附加，至今仍未以法律形式加以规定。这是下一步落实税收法定原则需考虑的重要问题。与此相关联，目前还有附加商品税征收的费用，如文化事业建设费，就是随广告业、娱乐业应纳的增值税额附加征收的。限于篇幅，不再展开介绍。

第六节 关税法律制度

一、关税与关税制度概述

（一）关税的概念和特点

关税是以进出关境的货物或物品的流转额为计税依据而征收的一种商品税。同其他国内商品税相比，关税有许多特殊性，主要具有以下特点：

（1）征税对象是进出关境的货物或物品。对于在境内流转的商品，只能征收国内商品税，不能征收关税。关税仅对进出关境的货物或物品课征。其中，货物是指贸易性的进出口商品，是关税最主要的征税对象；物品是指用于个人消费的非贸易性商品。

（2）课税环节是进出口环节。在商品流转的其他环节，不征收关税；而在进出口环节，则主要是征收关税。所谓进出口，也称进出国境或关境。关税实行进出口环节单环节课征，在一次性征收关税后，在国内流通的任何环节均不再征收关税。

（3）计税依据为关税的完税价格。完税价格是关税法中特有的概念，其确定离不开到岸价格或离岸价格。当到岸价格或离岸价格不能确定时，则由海关估定。

（4）具有较强的政策性。关税属于涉外税收，与国家的各类政策联系十分密切，具有较强的政策性。由于关税在很大程度上要体现国家各类政策的要求，因而关税往往变动较大。尽管其他税种也与政策联系密切，但关税的这一特点更为突出，这与其具有涉外性直接相关。

（5）关税由海关专门负责征收。各类国内税收一般均由税务机关负责征管，而关税在各国则一般均由海关专门负责征收。这既与关税的特殊性有关，同时也是关税的一个特点。

（二）关税的种类

根据不同的标准，关税可分为不同的种类。

1. 根据征税对象的流向，关税可分为进口税、出口税和过境税

这是较为重要的一种划分。

所谓进口税，就是对进入关境的货物或物品征收的关税，它在关税中占有最重要的地位，世界各国征收的关税主要是进口税或称进口关税。进口税一般是在进入关境或国境时征收。关境作为关税法有效实施的境界，既可能与国境一致，也可能小于或大于国境。当一国境内设有免征关税的自由港、自由贸易区、保税区、保税仓库或保税工厂等时，关境就小于国境。反之，当几个国家缔结关税同盟，在成员国内部取消关税，而对外则实行共同的关税制度时，关境就大于国境。不管怎样，进口税的征收总是与关境联系在一起。

所谓出口税，就是对运出关境的货物征收的一种关税。为了鼓励出口，提高本国商品的竞争力，许多国家都将出口税的征税范围限制得非常小。一些国家还在较小的范围内征收出口税，主要是为了保护本国的某些重要资源，限制某些商品的输出，同时也可增加一些财政收入。

所谓过境税，就是对通过本国关境运往其他国家或地区的货物征收的一种关税。但由于征收过境税会产生多方面的负面影响，因而当今各国一般均不征收过境税。

2. 依据征税目的的不同，关税可以分为财政关税和保护关税

所谓财政关税，就是以增加财政收入为主要目的而课征的关税。其特点是税率较低，从而能够鼓励进口，达到增加进口税收收入的目的。

所谓保护关税，就是以保护本国经济发展为主要目的而课征的关税。其主要特点是税率较高，从而可以削弱进口商品在本国市场上的竞争力，以实现保护本国经济的目的。保护关税是

构成关税壁垒的重要组成部分，在相关国家之间发生贸易战或关税战的情况下，保护关税的作用会受到重视。

除上述分类以外，还有人把关税按照征收地域分为国境关税和内地关税（但内地关税在现实中通常已不存在），按照课税标准分为从价税、从量税、混合税（即从量税与从价税的合并课征）、选择税（在从量与从价两种税率中选择应纳税额较多者课征），等等。其实，有些划分并不是绝对的，有些种类还可作进一步的细分。

（三）关税税则

关税税则是关税的征税范围与税率的统称，它反映了征收关税的基本规则，体现着国家的经济、社会等政策，是关税制度的核心内容。关税税则可分为以下几种。

1. 单一税则和复式税则

所谓单一税则，是指对一个税目只设一个税率，对来自各国的同类商品均统一适用同一税率的制度。它主要适用于国际贸易不发达时期。

所谓复式税则，是指对一个税目设置多个税率，对来自不同国家的同类商品适用差别税率的制度。它有利于体现区别对待的原则，因而更能适应当代国际经济的发展。

复式税则的税率可以有三种，即最低税率、中间税率和最高税率。其中，最低税率也称特惠税率，适用于相互提供关税特惠待遇的国家的商品；中间税率介于最低税率和最高税率之间，适用于相互提供关税最惠国待遇的国家以及享受“普惠制”待遇的发展中国家的商品；最高税率也称普通税率，适用于没有签订相互给予关税优惠的贸易协定的国家的商品。

上述分为三种税率的复式税则，也被称为三重税则制；同时，还有二重税则制，即把税率分为最低税率与最高税率，或分为优惠税率与普通税率的复式税则。一个国家具体适用的关税税率可能有多种，但大体上可以归入上述几类。

2. 自主税则与协定税则

所谓自主税则，也称固定税则，是一国基于主权依法独立自主地制定的关税税则。协定税则是指两个或两个以上国家通过缔结关税贸易方面的协定而制定的关税税则。在通常情况下，协定税则的税率总是低于自主税则的税率。

以上简略介绍了关税税则的主要类别，了解上述分类有利于更好地理解关税制度。事实上，从形式上说，关税税则是在按一定标准对进出境货物进行分类的基础上所制定的税目税率表；但从实质上说，它体现了国家一定时期的政策、法律的目标或基本精神。

（四）关税壁垒和非关税壁垒

关税税则是各国规范进出口秩序、集中财政收入、保护民族经济的重要手段，但这一手段如果运用不当，尤其是片面实施高关税政策或贸易保护政策，则会构成妨碍国际贸易发展、阻碍世界经济发展的关税壁垒。

1. 关税壁垒

所谓关税壁垒，通常是指用征收高额进口关税和各种附加关税的办法来构筑屏障，以阻止或限制外国商品输入本国的一种税收措施。

关税壁垒的构筑是通过对进口商品课以高额关税和各种附加关税来实现的。在各种附加关税中，较为重要的是：(1) 反倾销税。它是对构成倾销的外国商品在征收一般进口税的基础上附加课征的一种关税。(2) 反补贴税。它是对接受补贴的外国商品在进口时附加课征的一种关税。

许多国家都已有反倾销、反补贴方面的立法。这些立法适用得当，会有助于促进国际竞争的公平和正当，但如果滥用，则会阻碍国际贸易、投资的发展。为此我国国务院于 2001 年 10

月 31 日分别通过了《中华人民共和国反倾销条例》和《中华人民共和国反补贴条例》。这两个条例均自 2002 年 1 月 1 日起施行，并于 2004 年 3 月 31 日再次分别被修改。此外，与上述条例相配套的一系列规则，如《反倾销调查立案暂行规则》《反倾销价格承诺暂行规则》《反补贴调查立案暂行规则》等，也都陆续出台，从而我国形成了较为完备的反倾销和反补贴制度。这对于维护外贸秩序和保障公平竞争，保护国内的相关产业，均具有积极的意义。

从国际层面上看，贸易保护主义曾长期影响甚广，因而关税壁垒问题一直很突出。通过相关国际组织及各缔约方不断进行关税减让的谈判，关税总水平事实上已大为降低。但 2018 年中美贸易战的持续发酵，又使关税壁垒问题受到广泛重视。与此同时，非关税壁垒问题也日益突出。

2. 非关税壁垒

所谓非关税壁垒，是指为阻止或限制外国商品输入本国，而用关税以外的其他各种直接或间接的措施来构筑的屏障。非关税壁垒是在关税壁垒日益受到削弱的情况下，作为贸易保护的新措施而逐步发展起来的。它主要包括以下措施：

（1）进口配额限制，即对某些进口商品分配一定的数额指标，超过规定限额即不许进口。

（2）进口许可证制度，即规定进口人要进口某些商品，必须先向政府主管部门申请并取得许可证，没有许可证即不得进口。

（3）外汇管制制度，即对进口商品所需的外汇严格加以限制，从而通过管汇来实现限制商品进口的目的。

（4）卫生安全和技术标准限制，即对进口商品规定苛刻的卫生安全和技术标准，凡达不到标准者一律禁止进口。此类措施目前应用较多。

此外，近几年来，“绿色壁垒”和“劳工标准”等非关税壁垒也日显重要。上述的关税壁垒和非关税壁垒严重地阻碍了贸易、投资的自由化，阻碍了资源在全球范围内的有效配置。因此，各国必须加强关税领域的国际合作，建立相关的国际组织，以逐渐消除两种壁垒，推动经济的全球化和一体化。

[资料]　　关税领域的国际组织与我国的关税制度

1. 关税领域的国际组织

关税领域的国际组织主要有海关合作理事会及其后来改成的世界海关组织（WCO），关税与贸易总协定（GATT）及其后来演变成的世界贸易组织（WTO）。

世界海关组织的前身是 1950 年成立的海关合作理事会，其宗旨是协调和统一各国关税制度，研究各国关税征管立法，并为各国完善其关税制度提供建议和依据，以协调和解决各成员国遇到的问题。世界海关组织制定的《商品名称及编码协调制度》对于有效解决关税领域的商品分类，化解相关的关税争议，起到了重要的作用。

关税与贸易总协定（GATT）是规定关税与贸易（包括货物、服务和知识产权的贸易）的基本规则的多边协定。作为第二次世界大战以后支撑世界经济的三大支柱之一，GATT 在削减关税壁垒和非关税壁垒，协调关税与贸易方面的制度建设，促进国际贸易、投资的自由化方面发挥了巨大作用。作为号称“经济联合国”的重要国际组织，GATT 已完成其历史使命，并被世界贸易组织（WTO）所替代。

过去的 GATT 曾规定，各缔约方在进出口货物及有关的关税、规费、征收方法、规章手续等方面，一律适用最惠国待遇原则；缔约国在互惠条件下进行关税减让谈判，且不得使用其他贸易措施抵消这种关税减让；此外，缔约方应取消进口数量限制，以促进国际贸易自由化的发展。WTO 成立以后，它继续弘扬和贯彻 GATT 的基本精神，进一步扩大了 WTO 规则的适用范围，在提高国际经济的运行效率、保障有效的国际竞争方面，取得了很多成效。

2. 我国的关税制度

关税在许多国家都是历史非常悠久的税种。在我国早在周朝就曾对通过关卡和上市的商品征收“关市之赋”，它具有内地关税的性质。在唐朝时我国曾设有专门机构负责管理进出国境的船舶、商品并征收关税。在鸦片战争以后，受不平等条约的影响，我国对关税制度失去自主权，形成了片面协定关税。

中华人民共和国成立以后，立即废除了一切不平等条约，取缔了西方列强在关税方面的特权，并设立了海关总署，于1951年公布、施行了《中华人民共和国暂行海关法》《中华人民共和国海关进出口税则》及其暂行实施条例。

自改革开放以来，为了适应新的形势发展要求，国务院于1985年发布了《中华人民共和国进出口关税条例》和《中华人民共和国海关进出口税则》，全国人大常委会于1987年1月通过了《中华人民共和国海关法》。上述立法均经多次修改，它们构成了我国现行关税制度的基本框架。

关税制度与国家的各类政策联系十分密切，需要随国家的政策调整而不断作出调整和完善。近些年来，为了适应市场化、全球化的发展要求，我国先后多次调整关税税则，大幅度自主降低关税税率，有力地促进了我国对外经济贸易的发展。

二、我国关税制度的主要内容

自2004年1月1日起施行的《中华人民共和国进出口关税条例》，对我国的关税制度作出了集中规定。下面着重依据该条例的规定，来介绍我国关税制度的主要内容。

（一）征税范围和纳税主体

我国关税的征税范围包括准许进出我国国境的各类货物和物品。其中，货物是指贸易性的进出口商品，物品则包括非贸易性的下列物品：（1）入境旅客随身携带的行李和物品；（2）个人邮递物品；（3）各种运输工具上的服务人员携带进口的自用物品；（4）馈赠物品以及以其他方式入境的个人物品。

关税的纳税主体是依法负有缴纳关税义务的单位和个人。就贸易性商品来说，其纳税主体是：（1）进口货物的收货人；（2）出口货物的发货人。

此外，就非贸易性物品而言，其纳税主体为进境物品的所有人。

在关税制度中，对进出口货物的征税是最为重要的，因此，下面也主要介绍这方面的相关规定。至于对物品征收关税，因其与对货物征收关税有诸多不同，故在最后单独予以介绍。

（二）关税的税率

关税的税率具体体现在关税税则所列的税目税率表中。针对不同的进出口商品，适用不同的税率，是关税的政策性的一个突出体现。为了规范进出口货物的商品归类，保证商品归类结果的准确性和统一性，海关总署还专门制定了《中华人民共和国海关进出口货物商品归类管理规定》①，从而使商品的分类更符合国际通行规则，也使各类商品所对应的税率更加明晰。

如前所述，我国关税的名义税率过去较高，在确立实行市场经济体制以后，曾采取了一系列较大规模的调低关税税率的举措，例如，1992年12月对3 371个税号调低税率；1993年11月对2 898个税号调低税率；1996年4月又降低了4 900个税号的商品的税率，从而使我国进口关税总水平降至23%；1997年10月再次降低了4 874个税号的商品的税率，使进口关税的

① 该规定自2007年5月1日起施行，经2014年、2021年两次修改。

平均水平又降至17%，已接近发展中国家的平均关税水平。

此外，到2021年12月11日，我国关税总水平已经降至7.4%。目前，我国的关税税目总数已达8 000多个。

1. 进出口货物关税税率的设置及适用对象

根据《进出口关税条例》的规定，我国关税实行差别比例税率，将同一税目的货物分为进口税率和出口税率。其中，进口关税设置最惠国税率、协定税率、特惠税率、普通税率、关税配额税率等税率。对进口货物在一定期限内可以实行暂定税率。出口关税设置出口税率。对出口货物在一定期限内可以实行暂定税率。

在税率的适用方面，上述各类税率分别有各自的适用对象，具体有以下几种情况：

(1) 对于原产于共同适用最惠国待遇条款的世界贸易组织成员的进口货物，原产于与中华人民共和国签订含有相互给予最惠国待遇条款的双边贸易协定的国家或者地区的进口货物，以及原产于中华人民共和国境内的进口货物，适用最惠国税率。

(2) 对于原产于与中华人民共和国签订含有关税优惠条款的区域性贸易协定的国家或者地区的进口货物，适用协定税率。

(3) 对于原产于与中华人民共和国签订含有特殊关税优惠条款的贸易协定的国家或者地区的进口货物，适用特惠税率。

(4) 对于原产于上述(1)(2)(3)项所列区域以外的国家或者地区的进口货物，以及原产地不明的进口货物，适用普通税率。

此外，按照国家规定实行关税配额管理的进口货物，关税配额内的，适用关税配额税率；关税配额外的，按照上述各类税率的适用对象分别适用相应的税率。

另外，根据税法规定，任何国家或者地区违反与中华人民共和国签订或者共同参加的贸易协定及相关协定，对中华人民共和国在贸易方面采取禁止、限制、加征关税或者其他影响正常贸易的措施的，对原产于该国家或者地区的进口货物可以征收报复性关税，适用报复性关税税率。征收报复性关税的货物、适用国别、税率、期限和征收办法，由国务院关税税则委员会决定并公布。

上述的国务院关税税则委员会为国务院的议事协调机构，其主要职责是：(1) 负责《进出口税则》和《进境物品进口税税率表》的税目、税则号列和税率的调整和解释，报国务院批准后执行；(2) 负责编纂、发布《进出口税则》；(3) 决定实行暂定税率的货物、税率和期限；(4) 决定关税配额税率；(5) 决定征收反倾销税、反补贴税、保障措施关税、报复性关税以及决定实施其他关税措施；(6) 审议上报国务院的重大关税政策和对外关税谈判方案；(7) 决定特殊情况下税率的适用，以及履行国务院规定的其他职责。国务院关税税则委员会办公室设在财政部。

2. 进出口货物关税税率的协调适用及其准据

上述各类税率在具体适用方面，还涉及同暂定税率的关系，涉及各类税率的协调适用问题。根据我国《进出口关税条例》的规定，应注意以下几个方面：第一，适用最惠国税率的进口货物有暂定税率的，应当适用暂定税率；第二，适用协定税率、特惠税率的进口货物有暂定税率的，应当从低适用税率；第三，适用普通税率的进口货物，不适用暂定税率；第四，适用出口税率的出口货物有暂定税率的，应当适用暂定税率。

此外，由于关税的税率可能会经常调整，从而产生一定的波动，因而要求必须明确具体适用的是哪个时点的关税税率。这对于征纳双方都是很重要的。根据我国《进出口关税条例》的规定，关税税率的适用准据主要是以下几个方面：

（1）进出口货物，应当适用海关接受该货物申报进口或者出口之日实施的税率。

（2）进口货物到达前，经海关核准先行申报的，应当适用装载该货物的运输工具申报进境之日实施的税率。

（3）有下列情形之一，需缴纳税款的，应当适用海关接受申报办理纳税手续之日实施的税率：第一，保税货物经批准不复运出境的；第二，减免税货物经批准转让或者移作他用的；第三，暂时进境货物经批准不复运出境，以及暂准出境货物经批准不复运进境的；第四，租赁进口货物，分期缴纳税款的。

此外，补征和退还进出口货物关税，应当按照上述有关税率适用准据的规定确定适用的税率。

另外，因纳税义务人违反规定需要追征税款的，应当适用该行为发生之日实施的税率；行为发生之日不能确定的，适用海关发现该行为之日实施的税率。

（三）关税的完税价格

1. 进口货物完税价格的确定

进口货物的完税价格，由海关以“符合法定条件的成交价格”以及该货物运抵中华人民共和国境内输入地点起卸前的运输及其相关费用、保险费为基础审查确定。

上述的“成交价格”，是指卖方向中华人民共和国境内销售该货物时买方为进口该货物向卖方实付、应付的，并按照“法定增减项目”调整后的价款总额，包括直接支付的价款和间接支付的价款。

上述的成交价格所应符合的“法定条件”，主要包括以下几个方面：（1）对买方处置或者使用该货物不予限制，但法律、行政法规规定实施的限制，对货物转售地域的限制和对货物价格无实质性影响的限制除外；（2）该货物的成交价格没有因搭售或者其他因素的影响而无法确定；（3）卖方不得从买方直接或者间接获得因该货物进口后转售、处置或者使用而产生的任何收益，或者虽有收益但能够按照“法定增减项目”的规定进行调整；（4）买卖双方没有特殊关系，或者虽有特殊关系但未对成交价格产生影响。

上述的“法定增减项目”，包括应当计入完税价格的相关费用，以及不应当计入完税价格的相关税费，这些项目在我国的《进出口关税条例》中有明确列示。据此，进口货物的下列费用应当计入完税价格：（1）由买方负担的购货佣金以外的佣金和经纪费；（2）由买方负担的在审查确定完税价格时与该货物视为一体的容器的费用；（3）由买方负担的包装材料费用和包装劳务费用；（4）与该货物的生产和向中华人民共和国境内销售有关的，由买方以免费或者以低于成本的方式提供并可以按适当比例分摊的料件、工具、模具、消耗材料及类似货物的价款，以及在境外开发、设计等相关服务的费用；（5）作为该货物向中华人民共和国境内销售的条件，买方必须支付的、与该货物有关的特许权使用费；（6）卖方直接或者间接从买方获得的该货物进口后转售、处置或者使用的收益。

与上述情况相反，进口时在货物的价款中列明的下列税收、费用，不计入该货物的完税价格：（1）厂房、机械、设备等货物进口后进行建设、安装、装配、维修和技术服务的费用；（2）进口货物运抵境内输入地点起卸后的运输及其相关费用、保险费；（3）进口关税及国内税收。

2. 进口货物完税价格的估定

如果进口货物的成交价格不符合上述的“法定条件”，或者成交价格不能确定的，海关经了解有关情况，并与纳税义务人进行价格磋商后，依次以下列价格估定该货物的完税价格：

（1）与该货物同时或者大约同时向中华人民共和国境内销售的相同货物的成交价格。

（2）与该货物同时或者大约同时向中华人民共和国境内销售的类似货物的成交价格。

（3）与该货物进口的同时或者大约同时，将该进口货物、相同或者类似进口货物在第一级销售环节销售给无特殊关系买方最大销售总量的单位价格，但应当扣除下列项目：第一，同等级或者同种类货物在中华人民共和国境内第一级销售环节销售时通常的利润和一般费用以及通常支付的佣金；第二，进口货物运抵境内输入地点起卸后的运输及其相关费用、保险费；第三，进口关税及国内税收。

（4）按照下列各项总和计算的价格：生产该货物所使用的料件成本和加工费用，向中华人民共和国境内销售同等级或者同种类货物通常的利润和一般费用，该货物运抵境内输入地点起卸前的运输及其相关费用、保险费。

（5）以合理方法估定的价格。

3. 几种特殊情况的进口货物的完税价格的确定

以租赁方式进口的货物，以海关审查确定的该货物的租金作为完税价格。纳税义务人要求一次性缴纳税款的，纳税义务人可以选择按照前述规定估定完税价格，或者按照海关审查确定的租金总额作为完税价格。

运往境外加工的货物，出境时已向海关报明并在海关规定的期限内复运进境的，应当以境外加工费和料件费，以及复运进境的运输及其相关费用和保险费审查确定完税价格。

运往境外修理的机械器具、运输工具或者其他货物，出境时已向海关报明并在海关规定的期限内复运进境的，应当以境外修理费和料件费审查确定完税价格。

4. 出口货物完税价格的确定与估定

出口货物的完税价格，由海关以该货物的成交价格以及该货物运至中华人民共和国境内输出地点装载前的运输及其相关费用、保险费为基础审查确定。

上述的出口货物的成交价格，是指该货物出口时卖方为出口该货物应当向买方直接收取和间接收取的价款总额。需要特别说明的是，出口关税不计入完税价格。

出口货物的成交价格不能确定的，海关经了解有关情况，并与纳税义务人进行价格磋商后，依次以下列价格估定该货物的完税价格：（1）与该货物同时或者大约同时向同一国家或者地区出口的相同货物的成交价格；（2）与该货物同时或者大约同时向同一国家或者地区出口的类似货物的成交价格；（3）按照下列各项总和计算的价格：境内生产相同或者类似货物的料件成本、加工费用，通常的利润和一般费用，境内发生的运输及其相关费用、保险费；（4）以合理方法估定的价格。

（四）反倾销税和反补贴税的相关问题

根据《反倾销条例》和《反补贴条例》的规定，征收反倾销税和反补贴税，由商务部提出建议，国务院关税税则委员会根据其建议作出决定，由商务部予以公告。海关自公告规定实施之日起执行。

反倾销税的纳税人为倾销进口产品的进口经营者。反补贴税的纳税人为补贴进口产品的进口经营者。

反倾销税和反补贴税应当根据不同出口经营者的倾销幅度或补贴金额，分别确定。对未包括在审查范围内的出口经营者的倾销进口产品，需要征收反倾销税的，应当按照合理的方式确定对其适用的反倾销税；对实际上未被调查的出口经营者的补贴进口产品，需要征收反补贴税的，应当迅速审查，按照合理的方式确定对其适用的反补贴税。

反倾销税与反补贴税的征收期限和价格承诺的履行期限不超过5年；但是，经复审确定终止征收反倾销税与反补贴税有可能导致倾销和损害的继续或者再度发生的，反倾销税与反补贴税的征收期限可以适当延长。

（五）进出口货物关税的征收

1. 纳税申报

纳税申报是关税纳税人的一项重要义务。在申报时间方面，进口货物的纳税义务人应当自运输工具申报进境之日起 14 日内，出口货物的纳税义务人除海关特准的外，应当在货物运抵海关监管区后、装货的 24 小时以前，向货物的进出境地海关申报。进出口货物转关运输的，按照海关总署的规定执行。此外，进口货物到达前，纳税义务人经海关核准，也可以先行申报。

纳税人的申报应当全面、真实、准确。根据我国《进出口关税条例》规定，纳税义务人应当依法如实向海关申报，并按照海关的规定提供有关确定完税价格、进行商品归类、确定原产地以及采取反倾销、反补贴或者保障措施等所需的资料；必要时，海关可以要求纳税义务人补充申报。

在关税领域里，不同的税目所适用的税率差别甚大，因此，能否准确地进行商品归类，是纳税申报中的一个重要问题。为此，《进出口关税条例》特别规定，纳税义务人应当按照《进出口税则》规定的目录条文和归类总规则、类注、章注、子目注释以及其他归类注释，对其申报的进出口货物进行商品归类，并归入相应的税则号列；海关应当依法审核确定该货物的商品归类，也可以要求纳税义务人提供确定商品归类所需的有关资料；必要时，海关可以组织化验、检验，并将海关认定的化验、检验结果作为商品归类的依据。

在纳税申报方面，除税目的确定以外，计税依据的确定对于征纳双方都至为重要。为此，《进出口关税条例》还规定：海关为审查申报价格的真实性和准确性，可以查阅、复制与进出口货物有关的合同、发票、账册、结付汇凭证、单据、业务函电、录音录像制品和其他反映买卖双方关系及交易活动的资料。

如果海关对纳税义务人申报的价格有怀疑并且所涉关税数额较大，经直属海关关长或者其授权的隶属海关关长批准，凭海关总署统一格式的协助查询账户通知书及有关工作人员的工作证件，海关可以查询纳税义务人在银行或者其他金融机构开立的单位账户的资金往来情况，并向银行业监督管理机构通报有关情况。

2. 应纳税额的确定

通过纳税申报，能确定纳税人应税的税目、计税依据，在此基础上，就可以确定关税的应纳税额。目前，我国进出口货物关税，以从价计征、从量计征或者国家规定的其他方式征收。

从价计征的计算公式为：

应纳税额＝完税价格×关税税率

从量计征的计算公式为：

应纳税额＝货物数量×单位税额

3. 关税缴纳的一般规定

在上述的应纳税额确定以后，纳税人应当依法按时、足额缴纳关税税款。在纳税期限方面，纳税义务人应当自海关填发税款缴款书之日起 15 日内向指定银行缴纳税款；未按期缴纳税款的，从滞纳税款之日起，按日加收滞纳税款万分之五的滞纳金。海关征收关税、滞纳金等，应当按人民币计征。此外，海关还可以对纳税义务人欠缴税款的情况予以公告。

尽管如此，纳税义务人因不可抗力或者在国家税收政策调整的情形下，不能按期缴纳税款的，经依法提供税款担保后，可以延期缴纳税款，但是最长不得超过 6 个月。

为了保全国家的关税税收，《进出口关税条例》还规定，进出口货物的纳税义务人在规定的纳税期限内有明显的转移、藏匿其应税货物以及其他财产迹象的，海关可以责令纳税义务人提供担保；纳税义务人不能提供担保的，海关可以按照《海关法》的规定采取税收保全措施。此外，纳税义务人、担保人自缴纳税款期限届满之日起超过3个月仍未缴纳税款的，海关可以按照《海关法》的规定采取强制措施。

4. 几种特殊情况：退税、暂不纳税与不征税

（1）出口者退税。

加工贸易的进口料件按照国家规定保税进口的，其制成品或者进口料件未在规定的期限内出口的，海关按照规定征收进口关税。但如果加工贸易的进口料件进境时按照国家规定征收进口关税的，其制成品或者进口料件在规定的期限内出口的，海关按照有关规定退还进境时已征收的关税税款。

（2）有条件地暂不纳税。

经海关批准暂时进境或者暂时出境的下列货物，在进境或者出境时纳税义务人向海关缴纳相当于应纳税款的保证金或者提供其他担保的，可以暂不缴纳关税，并应当自进境或者出境之日起6个月内复运出境或者复运进境；需要延长复运出境或者复运进境期限的，纳税义务人应当根据海关总署的规定向海关办理延期手续：1）在展览会、交易会、会议及类似活动中展示或者使用的货物；2）文化、体育交流活动中使用的表演、比赛用品；3）进行新闻报道或者摄制电影、电视节目使用的仪器、设备及用品；4）开展科研、教学、医疗活动使用的仪器、设备及用品；5）在上述各项所列活动中使用的交通工具及特种车辆；6）货样；7）供安装、调试、检测设备时使用的仪器、工具；8）盛装货物的容器；9）其他用于非商业目的的货物。

（3）不合格者（或交易有瑕疵者）不征税。

因品质或者规格原因，出口货物自出口之日起1年内原状复运进境的，不征收进口关税。因品质或者规格原因，进口货物自进口之日起1年内原状复运出境的，不征收出口关税。

此外，因残损、短少、品质不良或者规格不符原因，由进出口货物的发货人、承运人或者保险公司免费补偿或者更换的相同货物，进出口时不征收关税。被免费更换的原进口货物不退运出境或者原出口货物不退运进境的，海关应当对原进出口货物重新按照规定征收关税。

5. 关税的减免

关税的减免较为复杂，可分为法定减免、特定减免和临时减免三大类。根据《进出口关税条例》规定，下列进出口货物，免征关税：（1）关税税额在人民币50元以下的一票货物；（2）无商业价值的广告品和货样；（3）外国政府、国际组织无偿赠送的物资；（4）在海关放行前损失的货物；（5）进出境运输工具装载的途中必需的燃料、物料和饮食用品。

此外，在海关放行前遭受损坏的货物，可以根据海关认定的受损程度减征关税。法律规定的其他免征或者减征关税的货物，海关根据规定予以免征或者减征。

除上述的法定减免以外，特定地区、特定企业或者有特定用途的进出口货物减征或者免征关税，以及临时减征或者免征关税，按照国务院的有关规定执行。

纳税义务人进出口减免税货物的，除另有规定外，应当在进出口该货物之前，按照规定持有关文件向海关办理减免税审批手续。经海关审查符合规定的，予以减征或者免征关税。

6. 关税的退还

基于法定的条件，纳税人享有关税的退还请求权。

根据《进出口关税条例》的规定，有下列情形之一的，纳税义务人自缴纳税款之日起1年内，可以申请退还关税，并应当以书面形式向海关说明理由，提供原缴款凭证及相关资料：(1) 已征进口关税的货物，因品质或者规格原因，原状退货复运出境的；(2) 已征出口关税的货物，因品质或者规格原因，原状退货复运进境，并已重新缴纳因出口而退还的国内环节有关税收的；(3) 已征出口关税的货物，因故未装运出口，申报退关的。

此外，按照其他有关法律、行政法规规定应当退还关税的，海关应当按照有关法律、行政法规的规定退税。海关应当自受理退税申请之日起30日内查实并通知纳税义务人办理退还手续。纳税义务人应当自收到通知之日起3个月内办理有关退税手续。

海关发现多征税款的，应当立即通知纳税义务人办理退还手续。纳税义务人发现多缴税款的，自缴纳税款之日起1年内，可以以书面形式要求海关退还多缴的税款并加算银行同期活期存款利息；海关应当自受理退税申请之日起30日内查实并通知纳税义务人办理退还手续。纳税义务人应当自收到通知之日起3个月内办理有关退税手续。

7. 关税的补征和追征

在关税的补征与追征方面，进出口货物放行后，海关发现少征或者漏征税款的，应当自缴纳税款或者货物放行之日起1年内，向纳税义务人补征税款。但因纳税义务人违反规定造成少征或者漏征税款的，海关可以自缴纳税款或者货物放行之日起3年内追征税款，并从缴纳税款或者货物放行之日起按日加收少征或者漏征税款万分之五的滞纳金。

海关发现海关监管货物因纳税义务人违反规定造成少征或者漏征税款的，应当自纳税义务人应缴纳税款之日起3年内追征税款，并从应缴纳税款之日起按日加收少征或者漏征税款万分之五的滞纳金。

报关企业接受纳税义务人的委托，以纳税义务人的名义办理报关纳税手续，因报关企业违反规定而造成海关少征、漏征税款的，报关企业对少征或者漏征的税款、滞纳金与纳税义务人承担纳税的连带责任。

报关企业接受纳税义务人的委托，以报关企业的名义办理报关纳税手续的，报关企业与纳税义务人承担纳税的连带责任。

8. 重要经济活动报告制度

纳税人从事合并、分立等重要经济活动，或者将发生依法终止的情况，从而可能对税收产生影响的，应当向海关作出报告。特别是对欠税的纳税义务人，更应当通过报告制度，来对其作出特别限制。

根据《进出口关税条例》的规定，欠税的纳税义务人，有合并、分立情形的，在合并、分立前，应当向海关报告，依法缴清税款。纳税义务人合并时未缴清税款的，由合并后的法人或者其他组织继续履行未履行的纳税义务；纳税义务人分立时未缴清税款的，分立后的法人或者其他组织对未履行的纳税义务承担连带责任。

此外，纳税义务人在减免税货物、保税货物监管期间，有合并、分立或者其他资产重组情形的，应当向海关报告。按照规定需要缴税的，应当依法缴清税款；按照规定可以继续享受减免税、保税待遇的，应当到海关办理变更纳税义务人的手续。

纳税义务人欠税或者在减免税货物、保税货物监管期间，有撤销、解散、破产或者其他依法终止经营情形的，应当在清算前向海关报告。海关应当依法对纳税义务人的应缴税款予以清缴。

（六）进境物品进口税的征收

1. 征税范围

根据《进出口关税条例》的规定，进境物品的关税以及进口环节海关代征税合并为进口税，由海关依法征收。由于此类税收过去主要是对个人的行李、邮递物品征税，因而也被称为“行邮税”。

对于进境物品征收进口税，有如下三种情况：(1) 对于海关总署规定数额以内的个人自用进境物品，免征进口税。(2) 对于超过海关总署规定数额但仍在合理数量以内的个人自用进境物品，由进境物品的纳税义务人在进境物品放行前按照规定缴纳进口税。(3) 对于超过合理、自用数量的进境物品，应当按照进口货物依法办理相关纳税手续。国务院关税税则委员会规定按货物征税的进境物品，按照前述有关对进口货物征税的规定征收关税。

2. 纳税主体

虽然在《进出口关税条例》的总则中规定纳税主体包括进境物品的所有人，但这种规定可能有歧义，因此，该条例又在后面具体规定进境物品的纳税义务人包括：携带物品进境的入境人员、进境邮递物品的收件人以及以其他方式进口物品的收件人。

进境物品的纳税义务人可以自行办理纳税手续，也可以委托他人办理纳税手续。接受委托的人应当遵守该条例对纳税义务人的各项规定。

3. 税率、税基与税额确定

海关应当按照《进境物品进口税税率表》(参见表 11-2) 及海关总署制定的《中华人民共和国进境物品归类表》《中华人民共和国进境物品完税价格表》对进境物品进行归类、确定完税价格和确定适用税率。按照现行规定，进境物品应适用海关填发税款缴款书之日实施的税率和完税价格。

表 11-2　《中华人民共和国进境物品进口税税率表》①

税目序号	物品名称	税率（%）
1	书报、刊物、教育用影视资料；计算机、视频摄录一体机、数字照相机等信息技术产品；食品、饮料；金银；家具；玩具，游戏品、节日或其他娱乐用品；药品注1	13
2	运动用品（不含高尔夫球及球具）、钓鱼用品；纺织品及其制成品；电视摄像机及其他电器用具；自行车；税目 1、3 中未包含的其他商品	20
3注2	烟、酒；贵重首饰及珠宝玉石；高尔夫球及球具；高档手表；高档化妆品	50

注 1. 对国家规定减按 3%征收进口环节增值税的进口药品，按照货物税率征税。

注 2. 税目 3 所列商品的具体范围与消费税征收范围一致。

进口税实行从价计征，其计算公式为：

进口税税额＝完税价格×进口税税率

此外，进口税的减征、免征、补征、追征、退还以及对暂准进境物品征收进口税，均参照前面对货物征收进口关税的有关规定执行。

（七）法律责任与救济制度

各类主体违反《进出口关税条例》的规定，应当承担相应的法律责任，具体按照《海关法》《中华人民共和国海关法行政处罚实施条例》和其他有关法律、行政法规的规定处罚。

纳税义务人、担保人对海关确定纳税义务人、确定完税价格、商品归类、确定原产地、适用税率或者汇率、减征或者免征税款、补税、退税、征收滞纳金、确定计征方式以及确定纳税地点有异议的，应当缴纳税款，并可以依法向上一级海关申请复议。对复议决定不服的，可以

① 参见国务院关税税则委员会《关于调整进境物品进口税有关问题的通知》(税委会〔2019〕17 号)，2019 年 4 月 9 日起实施。

依法向人民法院提起诉讼。

延伸思考：

1. 商品税为什么会成为我国的主体税种？
2. 如何理解商品税法与民商法之间的关系？
3. 如何发挥商品税的调控职能？
4. 如何完善我国的商品税制度？
5. 为什么消费税制度有助于结构调整和环境保护？
6. 如何理解关税制度不同于其他商品税制度的特殊性？

第十二章　所得税法律制度

所得税是典型的直接税，所得税法律制度直接关系到国家、企业、个人等各类主体的权益，其地位日益重要。本章在对所得税制度作出概述的基础上，将分别介绍企业所得税制度和个人所得税制度的主要内容。

第一节　所得税法律制度概述

一、所得税的概念

所得税是以所得为征税对象，并由获取所得的主体缴纳的一类税的总称。所得税曾长期被誉为“良税”，几乎所有国家都开征。它至今仍是美国等某些发达国家极其重要的主体税种。

所得税有时被等同于收益税，但严格说来，两者是不尽相同的。在收益税中，以纳税人在一定期间内的纯收益（或称纯所得、净收入）额为计税依据而征收的一类税，为所得税；而以纳税人在一定期间内的总收益（或称总所得、毛收入）额为计税依据而征收的一类税，如我国曾征收过的农业税，则不能称为所得税，至少不能归入严格意义上的所得税。

如前所述，商品税的各个税种主要通过计税依据来区分，而所得税的各个税种则主要靠纳税主体来区分。据此，通常将所得税分为公司所得税（或法人所得税）和个人所得税两类。除上述最主要的两类所得税外，还有国际组织专门提出“其他所得税”分类，以求尽量涵括各国多种类型的所得税。

我国的所得税主要包括企业所得税和个人所得税。此外，我国已经废止的农业税和有些国家开征的社会保障税，因其与收益或所得密切相关，许多基本原理较为接近，因而也有人将其归入广义的所得税一并加以探讨。

二、所得税的特点

所得税作为一个税类，主要具有以下特点。

（一）征税对象是所得，计税依据是应税所得额

这是所得税与商品税、财产税相区别的最主要特点。作为所得税征税对象的所得，主要有四类：(1) 经营所得，或称营业利润、事业所得，是纳税人从事各类生产、经营活动所取得的纯收益。(2) 劳务所得，是从事劳务活动所获取的报酬，因而也称劳务报酬。(3) 投资所得，即纳税人通过直接或间接投资而获得的股息、利息、红利、特许权使用费等收入。(4) 资本利得，或称财产所得，是纳税人通过财产的拥有或销售所获取的收益。

（二）计税依据的确定较为复杂

所得税的计税依据是应税所得额，即从总所得额中减去各种法定扣除项目后的余额。由于对法定扣除项目的规定较为复杂，因而其计税依据的确定也较为复杂，税收成本也会随之提高。

（三）比例税率与累进税率并用

商品税主要以适用比例税率为主，有利于提高效率；而所得税更强调保障公平，以量能课税为原则，因而在适用比例税率的同时，尤其在个人所得税等领域亦适用累进税率。

（四）所得税是直接税

所得税作为典型的直接税，其税负由纳税人直接承担，税负不易转嫁。这使所得税与商品税又有诸多不同。此外，所得税作为直接税，需以纳税人的实际负担能力为计税依据，无所得则不征税。这与商品税不管有无利润，只要有商品流转收入就要征税也是不同的。

（五）在税款缴纳上实行总分结合

所得税的应税所得额到年终才能最后确定，因而从理论上说，所得税需在年终确定应税所得额后才能缴纳。但由于国家的财政收入必须均衡、及时，因而在现实中所得税一般实行总分结合，即先分期预缴，到年终再清算，以满足国家稳定获取财政收入的需要。

三、所得税制度的基本模式

综合各国的所得税制度，可以将其分为三种基本模式或类型，即分类所得税制、综合所得税制和分类综合所得税制。

（一）分类所得税制

分类所得税制，是指依据来源的不同将所得分为若干类别，对不同类别的所得分别计税的所得税制度。

分类所得税制首创于英国，其主要优点是，可以对不同性质、不同来源的所得（如劳务所得和投资所得），分别适用不同的税率，实行差别待遇；同时，还可广泛进行源泉课征，从而既可控制税源，又可节省税收成本。但分类所得税制亦有其缺点：不仅存在所得来源日益复杂，因而加大税收成本的问题，而且存在着不完全符合量能课税原则的问题。这些不足需要综合所得税制来弥补。

（二）综合所得税制

综合所得税制，就是把纳税人全年各种不同来源的所得综合起来，在进行法定宽免和扣除后，依法计征的一种所得税制度。

综合所得税制首创于德国，其后渐为美国等国家所接受。确立综合所得税的根据主要是：所得税作为一种对人税，应充分体现税收公平原则和量能课税原则，而只有综合纳税人全年的各项所得并减去各项法定宽免额和扣除额后得出的应税所得，才最能体现纳税人的实际负担水平，据此课税，才最符合上述原则的精神。这也是综合所得税制的优点所在。但此种模式也有其缺点，主要是计税依据的确定较为复杂和困难，征税成本较高，不便实行源泉扣缴，税收逃避现象较为严重。

可见，无论是分类所得税制抑或综合所得税制，均有其优点和缺点，因而最好能进行制度创新，以使上述两种模式扬长避短。

（三）分类综合所得税制

分类综合所得税制，或称混合所得税制，它是将分类所得税制与综合所得税制的优点兼收并蓄，实行分项课征和综合课征相结合的所得税制度。

分类综合所得税制已在许多国家广泛实行。其主要优点是，既坚持了量能纳税的原则，对各类所得实行综合计税，又坚持了区别对待的原则，对不同性质的所得分别适用不同的税率；同时，它还有利于防止税收逃避，降低税收成本。目前实行此种模式的国家已有很多，例如，我国的个人所得税制度就已转此种模式。此外，这种混合所得税制也反映了分类、综合两类所得税制趋同的态势，就像各国经济体制的趋同一样。①

［资料］　　所得税制度的确立及发展规律

1. 所得税制度的确立

所得税制度首创于英国，这使英国被称为“所得税的母国”。同传统的商品税和财产税相比，所得税制度的确立较为晚近，但其发展甚为迅速。从确立的直接动因来看，几个主要国家开征所得税均与军费或战争有关。

例如，最早开征所得税的英国，就是为了满足英法战争对军费的需求，而由首相皮特（W. Pitt）于1789年创设“三部合成捐”，并于1799年将其改为所得税的。② 其后，所得税几经废立，直至1874年时，才成为英国的一个经常性税种。

在美国，为了满足南北战争对军费的需要，国会于1862年开征所得税，其后亦经多次存废波折，直至1913年才通过美国的第一部联邦所得税法，使所得税的地位得到了正式的确立。

在法国，直到1914年，为了满足第一次世界大战对军费的需要，才开征所得税。由于法国是“增值税的母国”，因而所得税并不占有重要地位。

在德国，所得税亦几经废立，直至1920年，为了偿付第一次世界大战战败的赔款，才颁布了联邦所得税法，统一征收联邦所得税，并实行综合所得税制和超额累进税率。

在日本，为了筹措海军经费以对外扩张，日本政府于1887年开征所得税，并逐渐形成了混合所得税制。第二次世界大战以后，日本又全面引进了美国的综合所得税制，使所得税成了重要的主体税种。

2. 所得税制度发展的一般规律

通过上述所得税制度的确立和发展历程，可以概括出如下所得税发展的一般规律或称趋势。

（1）从临时税转变为经常税。

各国所得税制度的最初确立，主要是为了弥补军费的不足或筹措战争赔款，因而明显带有临时性、应急性的特征。但由于所得税具有许多优点，因而虽几经废立，但最终仍被各国立法确定为固定、经常开征的税种，甚至在许多国家都将其确定为主体税种。

（2）从只用比例税率转向注重运用累进税率。

各国在所得税开征之初，大都采用比例税率，但随着经济、社会的发展，各国逐渐重视累进税率的适用，即在所得税领域不仅重视横向公平，也重视纵向公平。

（3）从较为单一的模式向混合模式发展。

英国最初开征所得税时，实行的是分类所得税制，在经济不发达时，其优点较为明显。但随着经济与社会的发展，分类所得税制的缺点也越来越突出，于是许多国家选择综合所得税制以弥补其不足，并蔚然成风。但随着综合所得税制的广泛推行，该模式的缺点也日益显露，于是相关国家又开始吸纳分类所得税制的一些优点，从而形成了混合模式。可见，所得税制度的发展，实际上是从较为单一的分类或综合的模式向既分类又综合的混合模式发展的历程。

四、我国所得税制度的历史沿革

我国所得税制度的确立亦较晚。1910年清政府曾起草《所得税章程》，但未能颁行。北洋

① 上述三种模式的划分参见高培勇：《西方税收——理论与政策》，184～186页，北京，中国财政经济出版社，1993。

② 参见国家税务总局税收科学研究所编著：《西方税收理论》，182页，北京，中国财政经济出版社，1997。

政府虽颁布了我国第一部《所得税条例》，但未能真正施行。直到1936年，当时的中华民国政府颁行《所得税暂行条例》，所得税才在我国首次正式开征。

中华人民共和国成立后，废除了旧的所得税制度，并于1950年将所得税并入工商业税，到1958年时，又把所得税从工商业税中独立出来，定名为“工商所得税”。改革开放以后，我国的所得税制度有了迅速发展。从1980年起，先后开征了个人所得税、中外合资经营企业所得税、外国企业所得税、国营企业所得税等十余个所得税税种，但也使所得税制度不统一、不简明等弊端日渐突出。

在1994年的税制改革过程中，所得税制度的上述弊端在很大程度上得到了革除。通过相关税种的简化、归并，通过相关法律的修改和完善，我国的所得税制度更加规范、健全、合理。现行的所得税制度所包含税种的相关立法都已出台，2007年《中华人民共和国企业所得税法》的通过，更是具有里程碑意义。对于我国的企业所得税法和个人所得税法的具体内容，在后面还将专门介绍。下面简要介绍一下与各类所得税都密切相关的社会保障税。

社会保障税，或称社会保险税、工薪税，是以纳税人的工资、薪金所得为征税对象而征收的一种税。征收此税的直接目的是筹集社会保障基金，以维持社会保障制度，尤其是社会保险制度的有效运作。社会保障税的一个突出特点是具有有偿性，所收税款专款专用，由专门的社会保障机构来经管，纳税人缴纳此税则可以在条件具备时直接受益。此外，社会保障税实行比例税率，具有累退性，高收入者税负相对较轻。

自从德国于19世纪80年代率先建立社会保障制度以来，如何筹集社会保障资金，就始终是一个大问题，由此形成了征税与收费两种模式并存的局面。其中，在美国等征收社会保障税的国家，一般以雇主和雇员为纳税人，且允许雇主所缴纳的税金在企业费用中予以扣除。各国社会保障税的开征，对于维系其社会保障制度的运行，保障经济和社会的稳定发展，发挥了重要作用。值得注意的是，一些国家虽然在名义上征收的是社会保障税，但实际上征收的并不是税，而是社会保障费或社会保障缴款，因此，对其性质还要从实质上进行判断。

我国是世界上人口最多的、最大的发展中国家，经济和社会发展很不平衡，建立一个较为完备的社会保障制度至为重要。但由于我国的社会保障制度建立较晚，在社会保障资金的筹集和管理方面还有较大改进空间。人们对社会保障资金的筹集模式尚存在不同认识，对相应的征缴体制也有诸多不同看法，加之社会保障资金的筹集和管理非常复杂，因而至今仍未开征社会保障税。从总体上说，对于较为复杂的社会保障税问题，还需要作深入细致的研究，并结合我国的具体国情作出理性的制度选择。

第二节　企业所得税制度通例

企业所得税是以企业为纳税人，以企业一定期间的应税所得额为计税依据而征收的一种税。由于企业的法律形态主要有三种，即独资企业、合伙企业和公司企业，而各国对独资企业和合伙企业一般征收个人所得税，对公司企业则征收企业所得税，因而企业所得税在有些国家也称为公司所得税。

企业所得税直接涉及企业的税后利润及其分配，直接影响国家、企业和个人的利益分配关系，关乎经济与社会的稳定和发展，因此，企业所得税制度历来备受重视，从立法、执法到相关研究均较为发达。下面仅对其主要方面略作介绍。

一、征税范围与税收管辖权

企业所得税的征税对象同样是所得，但具体哪些性质、种类、来源的所得要被征税，即征税对象的具体范围，需要由法律作出规定。而法律对征税范围的确定，需考虑获取所得的主体以及所得产生的地域，从而使征税范围的大小与税收管辖权直接相关。

税收管辖权是国家征税的基础性权力，是各类税收征收管理的前提。对此前已述及。在有关所得税的部分再提及此问题，是因为税收管辖权对所得税的征收至为重要。在所得税领域，所谓地域管辖权，是指国家对有来源于其境内所得的一切人均可征税的权力，也称收入来源地管辖权。所谓居民管辖权，是指对本国居民（或公民）的所得，无论其源于何处，均可征税的权力。由于有的国家只行使一种税收管辖权，有的国家两种税收管辖权都行使，由此不可避免地会造成税收管辖权的冲突，导致重复征税，因此，需要通过订立税收协定等手段加以协调。

所得税的纳税主体有居民和非居民之分，其纳税义务是不同的。在行使居民管辖权的情况下，居民负有无限的纳税义务，需要就其源于世界各地的“环球所得”纳税。而在行使地域管辖权的情况下，非居民仅承担有限的纳税义务，即仅对其源于该国境内的所得向该国纳税，而无须就其源于世界其他各地的所得向该国纳税。

在企业所得税制度中，纳税主体可分为居民企业（公司）和非居民企业（公司）两类。各国认定居民企业（公司）的标准不尽相同。目前主要有三种标准，即登记注册地标准、总机构所在地标准和实际管理机构所在地标准。例如，在实行登记注册地标准的情况下，如果某企业的登记注册地在一国境内，则该企业即为该国的居民公司，反之则为非居民企业。对于上述三种标准，有的国家仅采其一，有的国家则同时兼采。我国现行立法采用的是登记注册地和实际管理机构所在地相结合的标准。对此在后面还将谈到。

二、企业所得税的税率

各国的企业所得税一般都适用比例税率，对此主要有两种解释：(1) 企业所得税实质不是对人税，计税的依据也不是个人的综合负担能力，因此实行累进税率意义不大。(2) 公司所得税实质上最终由股东负担，公司纯所得的多少与股东收入的多少并无确定关系，对公司所得适用累进税率征税，并不能真正起到调节股东个人收入分配差距的作用。

此外，也有人主张企业所得税可以实行累进税率①，这主要是基于两方面的考虑：(1) 财政的需要。适用累进税率可以使国家获得与企业的纳税能力相当的财政收入，可以避免因比例税率定得过高或过低而带来的弊端。(2) 对社会分配进行调节，即实行累进税率最终能在一定程度上对个人收入起到调节作用。

上述主张适用比例税率和主张适用累进税率的观点存在着明显的分歧。但从各国的税收立法来看，仍以实行比例税率为主，并且，在“宽税基、低税负”思想的影响下，各国税率呈现出不断降低的趋势。近些年来，有不少国家已经把企业所得税的税率定在25%以下。2017年美国依据《减税与就业法案》所作出的大规模减税，更是引起了全球的关注。

三、征收企业所得税的合理性问题

与企业所得税的税率设计密切相关的一个问题就是征收企业所得税的合理性问题。这是一个在理论上和实践中都需重视的问题。

如前所述，各国一般对独资企业和合伙企业仅征收个人所得税，而对公司企业征收企业所得税或称公司所得税。但在公司缴纳了所得税后，获取公司股息的个人股东还需再依法缴纳个人所得税。于是便出现了对公司利润和公司分配股息的重复征税问题，由此便提出了征收企业

① 目前仍实行累进税率的仅有美国、韩国等少数国家和地区。

所得税是否合理的问题。对此存在否定说和肯定说两派意见。

否定说认为，对公司所得征税后再对股东所获股息征税，必然构成重复征税，因为征收这两类税的税源基础是同一的，都是公司的利润，并且，公司所得税的税负实质上仍是由股东负担的，同独资企业、合伙企业相比，其税负是不公平、不一致的。因此，征收公司所得税不合理。

肯定说认为，征收公司所得税是合理的，因为：(1) 在法理上，公司与股东是两类不同的主体，应各自承担其纳税义务；(2) 在经济上，公司的经济实力较强，且仅承担有限责任，在制度安排上比独资企业、合伙企业更占有优势，因而应承担更多的税收；(3) 在税收征管上，不征收公司所得税，股东就可以将股息所得累积保留在公司，逃避个人所得税的缴纳；(4) 在保障财政收入方面，公司会计制度健全，纳税能力较强，有助于保障国家获取稳定的财政收入。总之，征收公司所得税是既必要又合理的。

上述两种观点各有其合理之处：一方面，征收企业所得税确实是很必要的，在现实中各国均征收此税；另一方面，征收企业所得税也确实存在着一定的问题，其中最为突出的就是重复征税问题。

重复征税问题是税收学和税法学中的一个重要问题。重复征税主要包括三类，即税制性重复征税、法律性重复征税和经济性重复征税。上述因对公司利润征收公司所得税后又对股东征收个人所得税所构成的重复征税，就是典型的经济性的重复征税。

基于对待经济性重复征税的态度，可以把公司所得税的征收分为两种模式。一种是以美国为代表的古典制模式（classical system）。它以“法人实在说”为基础，坚持应严格地将公司所得税和个人所得税作为两个独立的税种分别课征。另一种是以欧洲国家为代表的整体制模式（integration system）。它以“法人虚拟说”为基础，认为应当把公司和股东作为一个整体来考虑。为此，这些国家采取了多种措施来尽量缓解或消除双重征税。例如，在税率设计上，实行分劈税率制，即对已分配利润适用较低税率，而对保留在公司的利润则适用较高税率。又如，有些国家实行归集抵免制（imputation credit system），即在对公司分配的股息征收个人所得税时，允许相应抵扣其在公司环节已承担的公司所得税，这样，通过对归集到个人的税负进行相应的税额抵免，使公司所得税类似于在缴纳个人所得税之前先征收的“预提税”，从而在一定程度上有助于解决经济性重复征税问题。

进入 20 世纪 90 年代以来，整体制模式发展迅速。在经济合作与发展组织（OECD）成员国中，除美国、荷兰、瑞士、卢森堡等少数国家仍实行古典制模式外，其他国家均已实行整体制模式。这体现了相关国家对完善企业所得税制度之不足的重视。

四、企业所得税的计税依据

企业所得税的计税依据是应税所得额，它是从每一纳税年度的收入总额中减去不征税收入、免税收入、各项扣除以及允许弥补的以前年度亏损后的余额。其计算公式为：

应税所得额＝收入总额－不征税收入－免税收入－扣除项目金额－弥补亏损金额

构成上述收入总额的项目主要包括经营所得（营业利润）、投资所得、资本利得以及其他收入。

上述的扣除项目主要包括：(1) 经营管理费用，如工资、原材料费用、差旅费、利息支出、广告费等；(2) 折旧，如固定资产折旧；(3) 各项税金，指法律允许扣除的各项税款；(4) 其他费用，如意外损失、坏账损失等。

上述的扣除项目，直接影响应税所得额的多少，因此需要由税法作出明确规定。这些规定在各国的企业所得税制度中都是非常重要的内容，纳税人在进行税收筹划时必须对其加以认真研究。

此外，在应税所得额的确定方面，还涉及一系列政策性较强的问题，对这些问题的态度直接影响企业所得税法中的一些具体制度的规定。

例如，在固定资产折旧方面，由于折旧额可以扣除，因而折旧如何计算，会对应税所得额的大小产生直接影响。为此，在税法中必须对折旧的基础、期限、方法等作出具体规定，从而构成企业所得税法中有关"资产的税务处理"制度的重要内容。

有关折旧的税务处理具有较强的政策性。在折旧的基础方面，过去多以资产原值为基准来确定，而近些年则有许多国家允许按固定资产的重置费用计提折旧，或者允许对固定资产原值指数化，并按调整后的基数来计提折旧。在折旧期限方面，许多国家实行加速折旧政策以鼓励投资，这相当于国家以税款损失为代价为企业提供无息贷款。在折旧方法方面，许多国家允许用直线法、余额递减法等方法计提折旧，以实现本国的经济政策目标。

又如，在亏损的处理方面，也体现着较强的政策性。本来，所得税通常是以 1 年为期，有所得则征税，无所得则不征税，因而发生年度亏损是不征税的。此外，一些国家为了鼓励投资、降低投资风险，在亏损的处理上还作出了其他一些有利于投资者的规定，其中最重要的就是亏损的转回（carry back）和结转（carry forward）。

所谓亏损转回是指本年度的经营亏损可以转回到过去几年的利润中以得到弥补，并由此得到相应的退税款；所谓亏损结转，是把本年度的经营亏损转到其后几年的利润中以得到弥补。无论是转回还是结转，都是把亏损与过去或未来的利润相抵，从而在总体上减少几年内的应税所得额，其实质也是国家为促进经济发展而作出的税式支出。我国在企业所得税法中即规定有亏损结转制度，对于鼓励投资同样发挥了积极的作用。

[资料]　**我国企业所得税制度的沿革**

自改革开放以来，我国的企业所得税制度得到了迅速发展，但也出现了一些问题，主要表现为片面按企业的所有制形式、按纳税主体是否具有涉外因素等分别立法，致使税种林立、税法各异、税率不一、税负不公等问题日渐突出，这与市场经济的发展要求和税收法治建设的趋势是极不适应的，因而必须加以改革。

经过 1994 年的税制改革，多个所得税的税种被归并或取消，尤其引人注目的是，原来的国营企业所得税、集体企业所得税和私营企业所得税，被统一为企业所得税。由于该税种过去主要对内资企业征收，因而在学理上亦称为"内资企业所得税"，并形成了以《中华人民共和国企业所得税暂行条例》及其配套法规、规章为法律表现形式的内资企业所得税制度。此外，1991 年以后，我国还通过了《中华人民共和国外商投资企业和外国企业所得税法》及其配套法规、规章，形成了较为完整的涉外企业所得税制度。

随着我国加入 WTO，国内市场对外资进一步开放，内资企业也逐渐融入了世界经济体系之中，如果继续施行上述"内外有别"的两套税法制度，必将使内资企业处于不平等的竞争地位，影响统一、规范、公平竞争的市场环境的形成。事实上，在 1994 年税制改革时，我国就提出要实现"两法合并""两税统一"的目标，以解决内资企业和涉外企业在税率、税收优惠等方面的差别待遇问题。但由于诸多原因，直到 2007 年 3 月 16 日，第十届全国人大第五次会议才通过了《中华人民共和国企业所得税法》(以下简称《企业所得税法》，该法自 2008 年 1 月 1 日起实施)，从而实现了统一企业所得税法律制度的目标。

《企业所得税法》及其配套制度，集中地体现了相关的企业所得税原理，回应了经济和社会发展的新要求，与企业所得税制度通例是一致的。

企业所得税法的统一，是中国财税立法乃至整个经济立法的长期理想和重要界碑。作为举世瞩目的重要立法，统一的、整合后的企业所得税法的出台，无疑具有很强的象征意义：它在很大程度上彰显着国家力图构建与市场经济体制相适应的法律体系的决心，体现了财税法乃至各类法律所追求的法治精神，由此使对企业所得税法的研究往往可以超乎微观的税法技术本身，并辐射到其他更广阔的经济、社会和法律等诸多领域。

企业所得税法的统合，与多年来日渐被接受的“统一的市场、统一的法律、平等的主体、公平的竞争”等观念密不可分。正是这些观念的不断扩展，夯实了许多重要经济立法的认识基础，催生了市场经济所必需的一系列重要法律，从而为整体的法制统一奠定了厚重的基石。

在诸多的基石之中，直接影响着国家与国民权益的财税立法，无疑具有重要地位。特别是在经济迅猛发展的时代，所得税之类的直接税，直接影响着市场主体的生产经营活动，直接影响着各类主体的公平竞争和切身利益。所得税法是否统一，具体规范能否统一适用，与各方利益攸关，与中央与地方的关系、与财政分权的制度实效亦联系非常密切。① 在这种情势下，终结以往企业所得税领域的多元立法或二元立法②，便成了各界的最基本共识，由此使企业所得税法的统合水到渠成。

可见，企业所得税法的统合，体现了经济、社会和法律发展的需要，其认识基础亦较为坚实。正因如此，统一的企业所得税法甫出，各界便盛赞其统一性，特别是对于“四个统一”，即主体适用税法的统一、税前扣除制度的统一、税率的统一和税收优惠制度的统一，有诸多的论述。从一般的意义上说，上述理解对于推介新法，无疑有益。但与此同时，若能细察入微，发现其中存在的问题，则对于完善立法和执法，发掘与其相关的法律问题，提炼相关的财税法原理，会更有裨益。

第三节　我国企业所得税制度

如前所述，在我国的企业所得税领域，曾长期存在“内外有别”的两套税法制度，经过对《中华人民共和国企业所得税暂行条例》《中华人民共和国外商投资企业和外国企业所得税法》及各自的配套制度的整合，我国形成了以《企业所得税法》为核心的企业所得税制度，在总体上形成了统一的企业所得税制度。下面主要基于《企业所得税法》和《企业所得税法实施条例》的规定③，介绍我国企业所得税制度的基本内容。

一、纳税主体

（一）纳税主体的范围

依据《企业所得税法》的规定，在中华人民共和国境内，企业和其他取得收入的组织（以下统称企业）为企业所得税的纳税人。

可见，企业所得税的纳税人包括两类：一类是企业，另一类是其他取得收入的组织。其中，企业既包括国有企业、集体企业、私营企业等，也包括外商投资企业和外国企业。各种类型的内资企业和涉外企业，是企业所得税的最重要的纳税主体。此外，企业所得税的纳税主体

---

① 目前企业所得税的收益分配缺少基本的法律制度安排，非制度化的博弈倾向较为突出，在企业所得税法不统一的情况下，对地方财权的影响尤其明显。

② 多元立法时期是指过去以企业所有制性质为标准的立法阶段，而二元立法时期是指内外有别的内资企业所得税制度与涉外企业所得税制度并存的时期。

③ 《企业所得税法实施条例》经 2007 年 11 月 28 日国务院第 197 次常务会议通过，自 2008 年 1 月 1 日起施行。

并不只是企业，也包括其他取得收入的各类组织，如事业单位、社会团体等。这些组织有收入，具备征税的必要条件，因此，税法亦将其规定为企业所得税的纳税主体。

另外，《企业所得税法》还规定，个人独资企业、合伙企业不适用该法。这里的个人独资企业、合伙企业，是指依照中国法律、行政法规成立的个人独资企业、合伙企业。从所得税制度的通例来看，对个人独资企业、合伙企业一般都是征收个人所得税，而不是征收企业所得税。事实上，国务院于 2000 年 6 月 20 日下发的《关于个人独资企业和合伙企业征收所得税问题的通知》就强调：为公平税负，支持和鼓励个人投资兴办企业，国务院决定，自 2001 年 1 月 1 日起，对个人独资企业和合伙企业停止征收企业所得税，对投资者的生产经营所得，比照个体工商户的生产、经营所得征收个人所得税。

（二）纳税主体的分类与纳税义务的承担

1. 纳税主体的分类

依据税法原理和税法制度实践，我国《企业所得税法》将纳税主体分为两类，即居民企业和非居民企业。

（1）居民企业。

居民企业是指依法在中国境内成立，或者依照外国（地区）法律成立但实际管理机构在中国境内的企业。上述的"依法在中国境内成立的企业"，包括依照中国法律、行政法规在中国境内成立的企业、事业单位、社会团体以及其他取得收入的组织。同理，上述的"依照外国（地区）法律成立的企业"，包括依照外国（地区）法律成立的企业和其他取得收入的组织。因此，居民企业也并不仅限于国内外的企业。

在居民企业的划分标准上，我国同时适用登记注册地标准和实际管理机构地标准，即凡是在中国境内注册成立的企业，不管是内资企业，还是外商投资企业，都是我国税法上的居民企业；凡是依照外国（地区）法律成立的企业，尽管其属于外国（海外）企业，但只要其从事跨国经营，且实际管理机构在我国境内，即为我国税法上的居民企业。

在上述居民企业的判断标准中，涉及实际管理机构。所谓实际管理机构，是指对企业的生产经营、人员、账务、财产等实施实质性全面管理和控制的机构。

（2）非居民企业。

除了上述居民企业，在企业所得税法中，还有一类纳税主体，就是非居民企业。所谓非居民企业，是指依照外国（地区）法律成立且实际管理机构不在中国境内，但在中国境内设立机构、场所的，或者在中国境内未设立机构、场所，但有来源于中国境内所得的企业。本来，由于这些企业并非依照中国法律成立，且实际管理机构也不在中国境内，当然就不是中国的居民企业。它们之所以也被确定为中国企业所得税的纳税主体，是因为它们在中国境内设立了机构、场所，或者在中国境内虽未设立机构、场所，但有来源于中国境内的所得。

上述的机构、场所，是指在中国境内从事生产经营活动的机构、场所，包括：1）管理机构、营业机构、办事机构；2）工厂、农场、开采自然资源的场所；3）提供劳务的场所；4）从事建筑、安装、装配、修理、勘探等工程作业的场所；5）其他从事生产经营活动的机构、场所。

非居民企业委托营业代理人在中国境内从事生产经营活动的，包括委托单位或者个人经常代其签订合同，或者储存、交付货物等，该营业代理人视为非居民企业在中国境内设立的机构、场所。

2. 纳税义务的承担

对纳税主体进行居民企业和非居民企业的分类，具有重要的法律意义，因为从一般的税法原理和税法制度通例上说，居民企业要承担无限纳税义务，应就其来自世界各地的“环球所得”纳税，而非居民企业则仅承担有限纳税义务，仅就其源于东道国境内的所得纳税。

据此，我国《企业所得税法》规定：居民企业应当就其来源于中国境内、境外的所得缴纳企业所得税。非居民企业在中国境内设立机构、场所的，应当就其所设机构、场所取得的来源于中国境内的所得，以及发生在中国境外但与其所设机构、场所有实际联系的所得，缴纳企业所得税。此外，非居民企业在中国境内未设立机构、场所的，或者虽设立机构、场所但取得的所得与其所设机构、场所没有实际联系的，应当就其来源于中国境内的所得缴纳企业所得税。

上述的源于中国境内或境外的所得，包括销售货物所得、提供劳务所得、转让财产所得、股息红利等权益性投资所得、利息所得、租金所得、特许权使用费所得、接受捐赠所得和其他所得。这些所得究竟属于来源于中国境内的所得，还是属于来源于境外的所得，需按以下原则确定：(1) 销售货物所得，按照交易活动发生地确定；(2) 提供劳务所得，按照劳务发生地确定；(3) 转让财产所得，不动产转让所得按照不动产所在地确定，动产转让所得按照转让动产的企业或者机构、场所所在地确定，权益性投资资产转让所得按照被投资企业所在地确定；(4) 股息、红利等权益性投资所得，按照分配所得的企业所在地确定；(5) 利息所得、租金所得、特许权使用费所得，按照负担、支付所得的企业或者机构、场所所在地确定，或者按照负担、支付所得的个人的住所地确定；(6) 其他所得，由国务院财政、税务主管部门确定。

从总体上说，对居民企业的纳税义务的判断是较为容易的，而对非居民企业的纳税义务的判断，则相对较为复杂，要视其是否在中国境内设立机构、场所，所取得的所得与这些场所是否有“实际联系”等因素而定。只有其所得（无论来自境内还是境外）与设在中国境内的机构、场所有“实际联系”的企业，才要承担有限的纳税义务。这也涉及税法原理中的“课税对象的归属”问题。

为此，《企业所得税法实施条例》明确规定，上述的“实际联系”，是指非居民企业在中国境内设立的机构、场所拥有据以取得所得的股权、债权，以及拥有、管理、控制据以取得所得的财产等。

二、征税范围与税率

（一）征税范围

1. 属于征税范围的各种收入

企业所得税的征税范围，包括纳税主体以货币形式和非货币形式从各种来源取得的收入，包括营业收入、劳务收入、投资收入、捐赠收入等。具体包括销售货物收入，提供劳务收入，转让财产收入，股息、红利等权益性投资收益，利息收入，租金收入，特许权使用费收入，接受捐赠收入，其他收入等。

上述的以货币形式取得的收入，包括现金、存款、应收账款、应收票据、准备持有至到期的债券投资以及债务的豁免等。上述的以非货币形式取得的收入，包括固定资产、生物资产、无形资产、股权投资、存货、不准备持有至到期的债券投资、劳务以及有关权益等。以非货币形式取得的收入，应当按照公允价值（即按照市场价格确定的价值）确定收入额。

此外，对于各种来源的具体收入，我国税法均有明确界定，具体如下。

(1) 销售货物收入，是指企业销售商品、产品、原材料、包装物、低值易耗品以及其他存货取得的收入。企业销售收入的确认，必须遵循权责发生制原则和实质重于形式原则。

(2) 提供劳务收入，是指企业从事建筑安装、修理修配、交通运输、仓储租赁、金融保险、邮电通信、咨询经纪、文化体育、科学研究、技术服务、教育培训、餐饮住宿、中介代理、卫生保健、社区服务、旅游、娱乐、加工以及其他劳务服务活动取得的收入。

(3) 转让财产收入，是指企业转让固定资产、生物资产、无形资产、股权、债权等财产取得的收入。

(4) 股息、红利等权益性投资收益，是指企业因权益性投资从被投资方取得的收入。此类收益除国务院财政、税务主管部门另有规定外，按照被投资方作出利润分配决定的日期确认收入的实现。

(5) 利息收入，是指企业将资金提供他人使用但不构成权益性投资，或者因他人占用本企业资金取得的收入，包括存款利息、贷款利息、债券利息、欠款利息等收入。此类收入，按照合同约定的债务人应付利息的日期确认收入的实现。

(6) 租金收入，是指企业提供固定资产、包装物或者其他有形资产的使用权取得的收入。此类收入，按照合同约定的承租人应付租金的日期确认收入的实现。

(7) 特许权使用费收入，是指企业提供专利权、非专利技术、商标权、著作权以及其他特许权的使用权取得的收入。此类收入，按照合同约定的特许权使用人应付特许权使用费的日期确认收入的实现。

(8) 接受捐赠收入，是指企业接受的来自其他企业、组织或者个人无偿给予的货币性资产、非货币性资产。此类收入，按照实际收到捐赠资产的日期确认收入的实现。

(9) 其他收入，是指企业取得的除上述 (1) 项至 (8) 项收入外的其他收入，包括企业资产溢余收入、逾期未退包装物押金收入、确实无法偿付的应付款项、已作坏账损失处理后又收回的应收款项、债务重组收入、补贴收入、违约金收入、汇兑收益等。

上述有关收入的具体形式的界定是非常重要的，它有助于进一步明确企业所得税的征税范围。同时，有关收入的实现的规定也非常重要，它直接关系到纳税义务的发生和履行。

此外，企业发生非货币性资产交换，以及将货物、财产、劳务用于捐赠、偿债、赞助、集资、广告、样品、职工福利或者利润分配等用途的，除国务院财政、税务主管部门另有规定的以外，应当视同销售货物、转让财产或者提供劳务。

2. 不属于征税范围的收入

除了上述属于征税范围的各种收入，还需要明确哪些收入不属于企业所得税征税范围。根据《企业所得税法》的规定，不征税收入包括以下各项：(1) 财政拨款，即各级人民政府对纳入预算管理的事业单位、社会团体等组织拨付的财政资金，但国务院和国务院财政、税务主管部门另有规定的除外。(2) 依法收取并纳入财政管理的行政事业性收费、政府性基金。所谓行政事业性收费，是指依照法律法规等有关规定，按照国务院规定程序批准，在实施社会公共管理，以及在向公民、法人或者其他组织提供特定公共服务过程中，向特定对象收取并纳入财政管理的费用。所谓政府性基金，是指企业依照法律、行政法规等有关规定，代政府收取的具有专项用途的财政资金。(3) 国务院规定的其他不征税收入，即企业取得的，由国务院财政、税务主管部门规定专项用途并经国务院批准的财政性资金。

依据税法上的可税性理论①，收益是征税的基础，有收入是征税的必要条件。但是，并不是对所有的收入都要征税。通常，只是对纳税主体的营利性收入才征税，而对公益性收入则不征税。上述对不征税收入的规定，即体现了对公益性收入不征税的精神。

(二) 税率

在税率方面，考虑到原来的内外有别的两套税法制度的突出问题是不同主体实际税率差别

---

① 相关分析可参见张守文：《财税法疏议》，2版，135～161页，北京，北京大学出版社，2016。

过大，同一主体名义税率与实际税率差别过大，因此，为了解决现实经济生活中的税负不公平问题，《企业所得税法》将企业的税率分为两类，一类是一般税率，另一类是预提所得税税率。

根据税法规定，企业所得税的一般税率为25%。从国际情况来看，这个税率水平在国际上是中等偏低的，也比较符合我国企业实际税负的情况，同时，也兼顾了各类税法主体的利益。

此外，非居民企业在中国境内未设立机构、场所的，或者虽设立机构、场所但取得的所得与其所设机构、场所没有实际联系的，应当就其来源于中国境内的所得缴纳企业所得税。上述非居民企业缴纳的企业所得税，也被称为预提所得税，其适用的税率即预提所得税税率。根据《企业所得税法》的规定，上述情况所适用的税率为20%。在我国签订的多个税收协定中，预提所得税税率往往仅为10%。

三、应税所得额的确定

应税所得额是企业所得税的税基，其确定较为复杂，但其正确确定是有效适用企业所得税法的基础，因而需要重点加以介绍。

（一）应税所得额的总体确定

依据企业所得税的基本原理，企业的全部收入，扣除不征税收入的部分，为应税收入，从应税收入中再扣除享受税收优惠（如适用免税、亏损结转规定）的收入，以及法定的扣除项目金额，为企业所得税的应纳税所得额（或称应税所得额）。其计算公式为：

应税所得额＝收入总额－不征税收入－税收优惠数额－准予扣除项目金额

上述公式，与我国《企业所得税法》的规定是一致的。依据该法的规定，企业每一纳税年度的收入总额，减除不征税收入、免税收入、各项扣除以及允许弥补的以前年度亏损后的余额，为应纳税所得额。

可见，为了确定应税所得额，必须分别确定收入总额和各项应从收入总额中减除的项目的金额。

（二）应税所得额的具体确定

依据《企业所得税法》的规定，企业以货币形式和非货币形式从各种来源取得的收入，为收入总额，包括前述征税范围中涉及的各类收入。随着法律的日益完善，在具体确定应税所得额时，收入总额的确定以及不征税收入和享受税收优惠的收入的确定，都相对较为容易，较为复杂的是准予扣除项目金额的确定，因此，下面有必要重点介绍扣除的基本原则，以及哪些项目允许扣除，哪些项目不许扣除。这对于正确确定应税所得额是非常重要的。

1. 扣除的基本原则

(1) 真实、相关、合理原则，即支出必须真实，确与企业的生产经营及收入的取得相关，且具有合理性。只有企业实际发生的、与取得收入有关的合理支出，才可以扣除，非实际发生的、与取得收入无关的支出，不得扣除。上述所谓合理支出，是指符合生产经营活动常规，应当计入当期损益或者有关资产成本的必要和正常的支出。

真实性原则、相关性原则和合理性原则是扣除方面的基本原则，这些原则直接体现着扣除的合法性，因而在应税所得额的确定方面贯穿始终。

(2) 支出与期间匹配原则。即支出要与其发生的期间相匹配，是根据不同支出的性质，来确定其应在当期直接扣除，还是应分在多个期间间接扣除。为此，企业发生的支出应当区分收益性支出和资本性支出。其中，收益性支出在发生当期直接扣除；资本性支出应当分期扣除或者计入有关资产成本，不得在发生当期直接扣除。上述区别直接影响有关“资产的税务处理”

制度的确立。

(3) 权利与义务对应原则。企业所享有的税法上的权利和义务是相对应的，企业不能单方面地只享有权利或只承担义务。因此，企业的不征税收入用于支出所形成的费用或者财产，不得扣除，也不得计算其对应的折旧、摊销加以扣除。这同时也说明，只有应税收入才涉及扣除的问题。

(4) 不得重复扣除原则。除税法另有规定外，企业实际发生的成本、费用、税金、损失和其他支出，不得重复扣除。这对于保障国家税收利益和确保税收公平都很重要。

2. 准予扣除的基本项目

企业发生的与其生产经营有相关性并具有合理性的支出，包括成本、费用、税金、损失和其他支出，准予在计算应纳税所得额时扣除。这是一个总的原则。上述各类支出形式的具体含义是：(1) 所谓成本，是指企业在生产经营活动中发生的销售成本、销货成本、业务支出以及其他耗费。(2) 所谓费用，是指企业在生产经营活动中发生的销售费用、管理费用和财务费用，已经计入成本的有关费用除外。(3) 所谓税金，是指企业发生的除企业所得税和允许抵扣的增值税以外的各项税金及其附加。(4) 所谓损失，是指企业在生产经营活动中发生的固定资产和存货的盘亏、毁损、报废损失，转让财产损失，呆账损失，坏账损失，自然灾害等不可抗力因素造成的损失以及其他损失。(5) 所谓其他支出，是指除上述成本、费用、税金、损失外，企业在生产经营活动中发生的与生产经营活动有关的、合理的支出。

3. 准予扣除的具体项目

在成本、费用、税金、损失和其他支出的具体扣除方面，我国《企业所得税法》及其实施条例有多项具体规定，其中，对于有些项目允许据实扣除，对于有些项目则通过规定一定的扣除比例予以限额扣除，现择要简介如下。

(1) 工薪支出。企业发生的合理的工资薪金支出，准予扣除。所谓工资薪金，是指企业每一纳税年度支付给在本企业任职或者受雇的员工的所有现金形式或者非现金形式的劳动报酬，包括基本工资、奖金、津贴、补贴、年终加薪、加班工资，以及与员工任职或者受雇有关的其他支出。

(2) 社保支出。企业依照国务院有关主管部门或者省级人民政府规定的范围和标准为职工缴纳的基本养老保险费、基本医疗保险费、失业保险费、工伤保险费、生育保险费等基本社会保险费和住房公积金，准予扣除。

企业为投资者或者职工支付的补充养老保险费、补充医疗保险费，在国务院财政、税务主管部门规定的范围和标准内，准予扣除。

(3) 特保支出。除企业依照国家有关规定为特殊工种职工支付的人身安全保险费和国务院财政、税务主管部门规定可以扣除的其他商业保险费外，企业为投资者或者职工支付的商业保险费，不得扣除。

(4) 借款费用。企业在生产经营活动中发生的合理的不需要资本化的借款费用，准予扣除。

企业为购置、建造固定资产、无形资产和经过 12 个月以上的建造才能达到预定可销售状态的存货发生借款的，在有关资产购置、建造期间发生的合理的借款费用，应当作为资本性支出计入有关资产的成本，并依法扣除。

(5) 利息支出。企业在生产经营活动中发生的下列利息支出，准予扣除：第一，非金融企业向金融企业借款的利息支出、金融企业的各项存款利息支出和同业拆借利息支出、企业经批准发行债券的利息支出。第二，非金融企业向非金融企业借款的利息支出，不超过按照金融企业同期同类贷款利率计算的数额的部分。

(6) 汇兑损失。企业在货币交易中，以及纳税年度终了时将人民币以外的货币性资产、负债按照期末即期人民币汇率中间价折算为人民币时产生的汇兑损失，除已经计入有关资产成本以及与向所有者进行利润分配相关的部分外，准予扣除。

(7) 三费支出。三费支出，是指企业的职工福利费、工会经费、职工教育经费支出。对于三费支出，可以依法按比例扣除：第一，企业发生的职工福利费支出，不超过工资薪金总额14%的部分，准予扣除。第二，企业拨缴的工会经费，不超过工资薪金总额2%的部分，准予扣除。第三，除国务院财政、税务主管部门另有规定外，企业发生的职工教育经费支出，不超过工资薪金总额2.5%的部分，准予扣除；超过部分，准予在以后纳税年度结转扣除。

(8) 捐赠支出。企业发生的公益性捐赠支出，在年度利润总额12%以内的部分，准予在计算应纳税所得额时扣除；超过年度利润总额12%的部分，准予结转，以后3年内在计算应纳税所得额时扣除。所谓公益性捐赠，是指企业通过公益性社会团体或者县级以上人民政府及其部门，用于《中华人民共和国公益事业捐赠法》规定的公益事业的捐赠。同时，公益性社会团体，是指符合税法规定的条件的基金会、慈善组织等社会团体。年度利润总额，是指企业依照国家统一会计制度的规定计算的年度会计利润。

此外，根据《中华人民共和国慈善法》（2016年9月1日施行）第80条的规定，企业慈善捐赠支出超过法律规定的准予在计算企业所得税应纳税所得额时当年扣除的部分，允许结转以后3年内在计算应纳税所得额时扣除。

(9) 招待支出。企业发生的与生产经营活动有关的业务招待费支出，按照发生额的60%扣除，但最高不得超过当年销售（营业）收入的5‰。

(10) 宣传支出。企业发生的符合条件的广告费和业务宣传费支出，除国务院财政、税务主管部门另有规定外，不超过当年销售（营业）收入15%的部分，准予扣除；超过部分，准予在以后纳税年度结转扣除。

(11) 环保支出。企业依照法律、行政法规有关规定提取的用于环境保护、生态恢复等方面的专项资金，准予扣除。上述专项资金提取后改变用途的，不得扣除。

(12) 产险支出。企业参加财产保险，按照规定缴纳的保险费，准予扣除。

(13) 租赁支出。企业根据生产经营活动的需要租入固定资产支付的租赁费，按照以下方法扣除：第一，以经营租赁方式租入固定资产发生的租赁费支出，按照租赁期限均匀扣除；第二，以融资租赁方式租入固定资产发生的租赁费支出，按照规定构成融资租入固定资产价值的部分应当提取折旧费用，分期扣除。

(14) 劳保支出。企业发生的合理的劳动保护支出，准予扣除。

4. 不得扣除的项目

基于相关性、合理性、合法性、真实性原则的考虑，一些项目的支出是不能扣除的。根据《企业所得税法》规定，在计算应纳税所得额时，下列支出不得扣除：(1) 向投资者支付的股息、红利等权益性投资收益款项。(2) 企业所得税税款。(3) 税收滞纳金。(4) 罚金、罚款和被没收财物的损失。(5) 上述公益性捐赠支出以外的捐赠支出。(6) 赞助支出，即企业发生的与生产经营活动无关的各种非广告性质支出。(7) 未经核定的准备金支出。即不符合国务院财政、税务主管部门规定的各项资产减值准备、风险准备等准备金支出。(8) 与取得收入无关的其他支出。

此外，企业对外投资期间，投资资产的成本在计算应纳税所得额时也不得扣除。另外，企业之间支付的管理费、企业内营业机构之间支付的租金和特许权使用费，以及非银行企业内营业机构之间支付的利息，不得扣除。

（三）固定资产的税务处理

如前所述，资本性支出应当分期扣除或者计入有关资产成本，不得在发生当期直接扣除。因此，在税法上需要对资产的税务处理问题作出专门规定，主要涉及资产的分类、计税基础、折旧方法、扣除等问题。

企业的各项资产，包括固定资产、生物资产、无形资产、长期待摊费用、投资资产、存货等，以历史成本为计税基础。所谓历史成本，是指企业取得该项资产时实际发生的支出。企业持有各项资产期间发生的资产增值或者减值，除国务院财政、税务主管部门规定可以确认损益外，不得调整该资产的计税基础。下面着重介绍固定资产的折旧扣除问题。

固定资产，是指企业为生产产品、提供劳务、出租或者经营管理而持有的、使用时间超过12个月的非货币性资产，包括房屋、建筑物、机器、机械、运输工具以及其他与生产经营活动有关的设备、器具、工具等。

根据《企业所得税法》的规定，在计算应纳税所得额时，企业按照规定计算的固定资产折旧，准予扣除。固定资产应按照直线法计算折旧。企业应当自固定资产投入使用月份的次月起计算折旧；停止使用的固定资产，应当自停止使用月份的次月起停止计算折旧。此外，企业应当根据固定资产的性质和使用情况，合理确定固定资产的预计净残值。固定资产的预计净残值一经确定，不得变更。

除国务院财政、税务主管部门另有规定外，固定资产计算折旧的最低年限如下：(1) 房屋、建筑物，为20年；(2) 飞机、火车、轮船、机器、机械和其他生产设备，为10年；(3) 与生产经营活动有关的器具、工具、家具等，为5年；(4) 飞机、火车、轮船以外的运输工具，为4年；(5) 电子设备，为3年。

从事开采石油、天然气等矿产资源的企业，在开始商业性生产前发生的费用和有关固定资产的折耗、折旧方法，由国务院财政、税务主管部门另行规定。

为了体现真实性、相关性、合理性、合法性的原则，下列固定资产不得计算折旧准予扣除：(1) 房屋、建筑物以外未投入使用的固定资产；(2) 以经营租赁方式租入的固定资产；(3) 以融资租赁方式租出的固定资产；(4) 已足额提取折旧仍继续使用的固定资产；(5) 与经营活动无关的固定资产；(6) 单独估价作为固定资产入账的土地；(7) 其他不得计算折旧扣除的固定资产。

[资料]　　**其他资产和费用的扣除规定**

1. 生物资产折旧的扣除

生物资产是指有生命的动物和植物。生物资产可以分为生产性生物资产、消耗性生物资产（如生长中的大田作物、蔬菜、用材林等）和公益性生物资产（如防风固沙林、水土保持林和水源涵养林等）三大类。我国税法对生产性生物资产的税务处理作了专门规定，对于其他两类生物资产的税务处理，则可依据会计准则的规定执行。

依据税法的规定，生产性生物资产是指企业为生产农产品、提供劳务或者出租等而持有的生物资产，包括经济林、薪炭林、产畜和役畜等。与有关固定资产的规定一致，对生产性生物资产按照直线法计算的折旧，准予扣除。企业应当自生产性生物资产投入使用月份的次月起计算折旧；停止使用的生产性生物资产，应当自停止使用月份的次月起停止计算折旧。此外，企业应当根据生产性生物资产的性质和使用情况，合理确定生产性生物资产的预计净残值。生产性生物资产的预计净残值一经确定，不得变更。

生产性生物资产计算折旧的最低年限如下：(1) 林木类生产性生物资产，为10年；(2) 畜类生产性生物资产，为3年。

2. 无形资产摊销费用的扣除

无形资产，是指企业为生产产品、提供劳务、出租或者经营管理而持有的、没有实物形态的非货币性长期资产，包括专利权、商标权、著作权、土地使用权、非专利技术、商誉等。

根据《企业所得税法》的规定，在计算应纳税所得额时，企业按照规定计算的无形资产摊销费用，准予扣除。对无形资产应按照直线法计算摊销费用，准予扣除。无形资产的摊销年限不得低于10年。此外，作为投资或者受让的无形资产，有关法律规定或者合同约定了使用年限的，可以按照规定或者约定的使用年限分期摊销。另外，外购商誉的支出，在企业整体转让或者清算时，准予扣除。

同样，为了体现合理性、相关性、合法性等原则，下列无形资产不得计算摊销费用扣除：(1) 自行开发的支出已在计算应纳税所得额时扣除的无形资产；(2) 自创商誉；(3) 与经营活动无关的无形资产；(4) 其他不得计算摊销费用扣除的无形资产。

3. 长期待摊费用的扣除

在计算应纳税所得额时，企业发生的下列支出作为长期待摊费用，按照规定摊销的，准予扣除：(1) 已足额提取折旧的固定资产的改建支出；(2) 租入固定资产的改建支出；(3) 固定资产的大修理支出；(4) 其他应当作为长期待摊费用的支出。

上述的固定资产的改建支出，是指改变房屋或者建筑物结构、延长使用年限等发生的支出。其中，已足额提取折旧的固定资产的改建支出，按照固定资产预计尚可使用的年限分期摊销；租入固定资产的改建支出，按照合同约定的剩余租赁期限分期摊销。除上述两种情况以外，改建的固定资产延长使用年限的，应当适当延长折旧年限。

上述的固定资产的大修理支出，是指同时符合下列条件的支出：(1) 修理支出达到取得固定资产时的计税基础50%以上；(2) 修理后固定资产的使用年限延长2年以上。此类支出按照固定资产尚可使用的年限分期摊销。

上述的其他应当作为长期待摊费用的支出，自支出发生月份的次月起，分期摊销，摊销年限不得低于3年。

4. 投资资产的成本扣除

投资资产，是指企业对外进行权益性投资和债权性投资形成的资产。我国税法规定，企业对外投资期间，投资资产的成本在计算应纳税所得额时不得扣除。但是，企业在转让或者处置投资资产时，投资资产的成本，准予扣除。

上述的投资资产按照以下方法确定成本：(1) 通过支付现金方式取得的投资资产，以购买价款为成本；(2) 通过支付现金以外的方式取得的投资资产，以该资产的公允价值和支付的相关税费为成本。

5. 存货成本的扣除

存货，是指企业持有以备出售的产品或者商品、处于生产过程中的在产品、在生产或者提供劳务过程中耗用的材料和物料等。

我国税法规定，企业使用或者销售存货，按照规定计算的存货成本，准予在计算应纳税所得额时扣除。企业使用或者销售的存货的成本计算方法一经选用，不得随意变更。

6. 转让资产净值的扣除

资产的净值是指有关资产的计税基础减除已经按照规定扣除的折旧、折耗、摊销、准备金等后的余额。依据税法规定，企业转让资产，该项资产的净值，准予在计算应纳税所得额时扣除。

（四）亏损的处理

依据《企业所得税法》的规定，企业在汇总计算缴纳企业所得税时，其境外营业机构的亏损不得抵减境内营业机构的盈利。也就是说，境外与境内的营业机构不得通过合并纳税来实现盈亏相抵。这对于贯彻独立纳税原则和属地纳税原则，对于保障国家的税收收入，都是很重要的。

此外，我国《企业所得税法》还规定了亏损结转制度，即企业纳税年度发生的亏损，准予向以后年度结转，用以后年度的所得弥补，但结转年限最长不得超过5年。对于相关企业来说，亏损结转制度是一种税收优惠，对于提高企业的竞争力，促进其持续发展是有积极意义的。

（五）非居民企业应税所得额的确定

以上的有关准予扣除、不准扣除、资产的税务处理，以及亏损结转等方面的规定，并不适用于非居民企业需缴纳预提所得税时的应税所得额的确定。根据《企业所得税法》的规定，非居民企业在中国境内未设立机构、场所的，或者虽设立机构、场所但取得的所得与其所设机构、场所没有实际联系的，属于一类特殊的情况，不能适用上述有关扣除或不准扣除等规定，而应当按照下列方法计算其应纳税所得额：（1）股息、红利等权益性投资收益和利息、租金、特许权使用费所得，以收入全额（非居民企业向支付人收取的全部价款和价外费用）为应纳税所得额；（2）转让财产所得，以收入全额减除财产净值后的余额为应纳税所得额；（3）其他所得，参照上述两项规定的方法计算应纳税所得额。

此外，非居民企业在中国境内设立的机构、场所，就其中国境外总机构发生的与该机构、场所生产经营有关的费用，能够提供总机构出具的费用汇集范围、定额、分配依据和方法等证明文件，并合理分摊的，准予扣除。

总之，除非居民企业缴纳预提所得税的情况以外，在通常情况下，明确上述准予扣除的项目、不准扣除的项目、资产的税务处理，以及如何处理亏损等问题，有助于确定应纳税所得额。此外，在计算应纳税所得额时，如果企业财务、会计处理办法与税收法律、行政法规的规定不一致，则应当依照税收法律、行政法规的规定计算。这也体现了所得税会计的基本精神或税法优先的原则。

四、应纳税额的计算

（一）应纳税额的计算方法

在企业的应税所得额确定以后，用应税所得额乘以适用税率，再减除依照《企业所得税法》关于税收优惠的规定中应减免和抵免的税额后的余额，即为应纳税额。其计算公式为：

应纳税额＝应纳税所得额×适用税率－减免税额－抵免税额

上述公式中的减免税额和抵免税额，是指依照《企业所得税法》和国务院的税收优惠规定应减征、免征和抵免的应纳税额。

在应纳税额的计算方面，税收优惠是很重要的内容。对此在后面还要单独介绍。此外，上述的抵免税额，涉及企业所得税法中重要的一类制度，即税收抵免制度，有必要单独予以介绍。

（二）税收抵免制度

税收抵免制度是国际上采用较多的避免对跨国纳税人的所得进行双重征税的制度，在解决税收管辖权的冲突方面具有重要作用。税收抵免可以分为直接抵免和间接抵免，全额抵免和限额抵免等。

按照《企业所得税法》的规定，企业取得的下列所得已在境外缴纳的所得税税额，可以从其当期应纳税额中抵免，抵免限额为该项所得依照我国税法规定计算的应纳税额；超过抵免限额的部分，可以在以后5个年度内，用每年度抵免限额抵免当年应抵税额后的余额进行抵补：（1）居民企业来源于中国境外的应税所得；（2）非居民企业在中国境内设立机构、场所，取得发生在中国境外但与该机构、场所有实际联系的应税所得。

在上述规定中，所谓“已在境外缴纳的所得税税额”，是指企业来源于中国境外的所得依照中国境外税收法律以及相关规定应当缴纳并已经实际缴纳的企业所得税性质的税款。所谓“抵免限额”，是指企业来源于中国境外的所得，依照中国税法规定计算的应纳税额。除国务院财政、税务主管部门另有规定外，该抵免限额应当分国（地区）不分项计算。① 计算公式如下：

抵免限额＝中国境内、境外所得依照税法规定计算的应纳税总额×来源于某国（地区）的应纳税所得额÷中国境内、境外应纳税所得总额

此外，上述的5个年度，是指从企业取得的来源于中国境外的所得，已经在中国境外缴纳的企业所得税性质的税额超过抵免限额的当年的次年起连续5个纳税年度。

以上规定体现的是对我国纳税人在国外已纳税款的直接抵免，此类制度适用于同一法人实体的总公司与分公司之间的抵免。同时，上述对抵免限额的规定表明，我国实行的是限额抵免。

此外，我国税法还规定了间接抵免的制度，即居民企业从其直接或者间接控制的外国企业分得的来源于中国境外的股息、红利等权益性投资收益，外国企业在境外实际缴纳的所得税税额中属于该项所得负担的部分，可以作为该居民企业的可抵免境外所得税税额，在上述的抵免限额内抵免。

上述的直接控制，是指居民企业直接持有外国企业20%以上股份。上述的间接控制，是指居民企业以间接持股方式持有外国企业20%以上股份。

企业依照税法规定抵免企业所得税税额时，应当提供中国境外税务机关出具的税款所属年度的有关纳税凭证。

五、税收优惠制度

（一）税收优惠的基本类型

在我国企业所得税制度统一以前，有关税收优惠的规定繁多而混乱。《企业所得税法》大量压缩了优惠，在一定程度上解决了原来税收优惠过多、过滥的问题，从而有助于促进企业的公平竞争。现行的企业所得税优惠制度，使国家重点扶持和鼓励发展的产业和项目能够得到更多的优惠，体现了从过去侧重于地域优惠向侧重于产业优惠和项目优惠的转向。

现行《企业所得税法》对税收优惠制度有较为系统的规定，在税收优惠的类型方面，包括税率优惠、加计扣除、所得抵扣、加速折旧、减计收入、税额抵免等。上述类型，分别涉及税率上的优惠、税基上的优惠、直接的税额上的优惠。下面分别予以介绍。

（二）税收优惠的具体制度

1. 收入免税

根据《企业所得税法》的规定，企业的下列收入为免税收入。

（1）国债利息收入，即企业持有国务院财政部门发行的国债取得的利息收入。

（2）符合条件的居民企业之间的股息、红利等权益性投资收益，即居民企业直接投资于其

① 根据《财政部、国家税务总局关于完善企业境外所得税收抵免政策问题的通知》（财税［2017］84号），企业可以选择“分国（地区）不分项”或者“不分国（地区）不分项”汇总计算其来源于境外的应纳税所得额。上述方式一经选择，5年内不得改变。

他居民企业取得的投资收益。

（3）在中国境内设立机构、场所的非居民企业从居民企业取得与该机构、场所有实际联系的股息、红利等权益性投资收益。

上述（2）（3）项的股息、红利等权益性投资收益，不包括连续持有居民企业公开发行并上市流通的股票不足12个月取得的投资收益。

（4）符合条件的非营利组织的收入。此类收入除另有规定的以外，不包括非营利组织从事营利性活动取得的收入。

上述符合条件的非营利组织，是指同时符合下列条件的组织：第一，依法履行非营利组织登记手续；第二，从事公益性或者非营利性活动；第三，取得的收入除用于与该组织有关的、合理的支出外，全部用于登记核定或者章程规定的公益性或者非营利性事业；第四，财产及其孳息不用于分配；第五，按照登记核定或者章程规定，该组织注销后的剩余财产用于公益性或者非营利性目的，或者由登记管理机关转赠给与该组织性质、宗旨相同的组织，并向社会公告；第六，投入人对投入该组织的财产不保留或者享有任何财产权利；第七，工作人员工资福利开支控制在规定的比例内，不变相分配该组织的财产。

2. 免征减征

根据《企业所得税法》的规定，企业的下列所得，可以免征、减征企业所得税。

（1）从事农、林、牧、渔业项目的所得。

凡从事蔬菜、谷物等的种植，农作物新品种的选育，中药材的种植，林木的培育和种植，牲畜、家禽的饲养，林产品的采集，以及远洋捕捞等项目的所得，免征企业所得税。

企业从事花卉、茶以及其他饮料作物和香料作物的种植，以及海水养殖、内陆养殖项目的所得，减半征收企业所得税。

企业从事国家限制和禁止发展的项目，不得享受上述规定的企业所得税优惠。

（2）从事国家重点扶持的公共基础设施项目投资经营的所得。

上述国家重点扶持的公共基础设施项目，是指《公共基础设施项目企业所得税优惠目录》规定的港口码头、机场、铁路、公路、城市公共交通、电力、水利等项目。

企业从事上述项目的投资经营的所得，自项目取得第一笔生产经营收入所属纳税年度起，第一年至第三年免征企业所得税，第四年至第六年减半征收企业所得税。

企业承包经营、承包建设和内部自建自用上述项目，不得享受上述规定的企业所得税优惠。

（3）从事符合条件的环境保护、节能节水项目的所得。

上述符合条件的环境保护、节能节水项目，包括公共污水处理、公共垃圾处理、沼气综合开发利用、节能减排技术改造、海水淡化等。

企业从事上述规定的符合条件的环境保护、节能节水项目的所得，自项目取得第一笔生产经营收入所属纳税年度起，第一年至第三年免征企业所得税，第四年至第六年减半征收企业所得税。

（4）符合条件的技术转让所得。

符合条件的技术转让所得免征、减征企业所得税，是指一个纳税年度内，居民企业技术转让所得不超过500万元的部分，免征企业所得税；超过500万元的部分，减半征收企业所得税。

（5）非居民企业应缴纳预提所得税的所得。

非居民企业取得应缴纳预提所得税的所得，减按10%的税率征收企业所得税。

此外，非居民企业的下列所得可以免征企业所得税：第一，外国政府向中国政府提供贷款取得的利息所得；第二，国际金融组织向中国政府和居民企业提供优惠贷款取得的利息所得；第三，经国务院批准的其他所得。

除了上述免征、减征的各类情形，民族自治地方的自治机关对本民族自治地方的企业应缴纳的企业所得税中属于地方分享的部分，也可以决定减征或者免征。自治州、自治县决定减征或者免征的，须报省、自治区、直辖市人民政府批准。对民族自治地方内国家限制和禁止行业的企业，不得减征或者免征企业所得税。

3. 税率优惠

各类企业在通常情况下，适用的是25%的一般税率，但国家为了体现相关的产业政策，还规定了如下优惠税率。

（1）符合条件的小型微利企业，减按20%的税率征收企业所得税。①

上述符合条件的小型微利企业，是指从事国家非限制和禁止行业，并符合下列条件的企业：第一，工业企业，年度应纳税所得额不超过30万元，从业人数不超过100人，资产总额不超过3 000万元；第二，其他企业，年度应纳税所得额不超过30万元，从业人数不超过80人，资产总额不超过1 000万元。

（2）国家需要重点扶持的高新技术企业，减按15%的税率征收企业所得税。

上述国家需要重点扶持的高新技术企业，是指拥有核心自主知识产权，并同时符合下列条件的企业：第一，产品（服务）属于《国家重点支持的高新技术领域》规定的范围；第二，研究开发费用占销售收入的比例不低于规定比例；第三，高新技术产品（服务）收入占企业总收入的比例不低于规定比例；第四，科技人员占企业职工总数的比例不低于规定比例；第五，高新技术企业认定管理办法规定的其他条件。

4. 加计扣除

为了体现国家的相关经济政策和社会政策，企业的下列支出，可以在计算应纳税所得额时加计扣除。

（1）开发新技术、新产品、新工艺发生的研究开发费用。这与对创新的鼓励、研发的特殊性直接相关。

研究开发费用的加计扣除，是指企业为开发新技术、新产品、新工艺发生的研究开发费用，未形成无形资产计入当期损益的，在按照规定据实扣除的基础上，按照研究开发费用的50%加计扣除；形成无形资产的，按照无形资产成本的150%摊销。

（2）安置残疾人员及国家鼓励安置的其他就业人员所支付的工资。这与国家对残疾人员的保障、就业等社会政策直接相关。

企业安置残疾人员所支付的工资的加计扣除，是指企业安置残疾人员的，在按照支付给残疾职工工资据实扣除的基础上，按照支付给残疾职工工资的100%加计扣除。确定残疾人员的范围适用《中华人民共和国残疾人保障法》的有关规定。安置的其他就业人员所支付的工资的加计扣除办法，由国务院另行规定。

5. 所得抵扣

近些年来，国家一直鼓励创业投资。为此，《企业所得税法》规定，创业投资企业从事国家需要重点扶持和鼓励的创业投资，可以按投资额的一定比例抵扣应纳税所得额。即创业投资

① 为了鼓励小微企业的发展，国家还在此基础上进一步给小微企业更多的阶段性税收优惠。例如，《财政部、国家税务总局关于实施小微企业和个体工商户所得税优惠政策的公告》（财政部、国家税务总局2021年第12号）规定，对小型微利企业和个体工商户年应纳税所得额不超过100万元的部分，在现行优惠政策基础上，再减半征收所得税。

企业采取股权投资方式投资于未上市的中小高新技术企业2年以上的，可以按照其投资额的70%在股权持有满2年的当年抵扣该创业投资企业的应纳税所得额；当年不足抵扣的，可以在以后纳税年度结转抵扣。

6. 加速折旧

资产的税务处理，对于企业而言是一个非常重要的问题，特别是在折旧方面，是否允许加速折旧，对于企业的生产经营和投资选择都有重要影响。为此，《企业所得税法》规定，企业的固定资产由于技术进步等原因，确需加速折旧的，可以缩短折旧年限或者采取加速折旧的方法。

可以采取缩短折旧年限或者加速折旧的方法的固定资产，包括：(1) 由于技术进步，产品更新换代较快的固定资产；(2) 常年处于强震动、高腐蚀状态的固定资产。

采取缩短折旧年限方法的，最低折旧年限不得低于固定资产法定折旧年限的60%；采取加速折旧方法的，可以采取双倍余额递减法或者年数总和法。

7. 减计收入

减计收入会直接减小税基，从而减轻企业的纳税负担。国家为了鼓励能源的综合利用，也专门规定了如下税收优惠，即企业综合利用资源，生产符合国家产业政策规定的产品所取得的收入，可以在计算应纳税所得额时减计收入。

所谓减计收入，是指企业以《资源综合利用企业所得税优惠目录》规定的资源作为主要原材料，生产国家非限制和禁止并符合国家和行业相关标准的产品取得的收入，减按90%计入收入总额。

8. 税额抵免

在建设节约型社会理念的指导之下，相关的对环保、节能等方面的税收优惠也会受到重视。为此，《企业所得税法》规定，企业购置用于环境保护、节能节水、安全生产等专用设备的投资额，可以按一定比例实行税额抵免。

上述的税额抵免，是指企业购置并实际使用《环境保护专用设备企业所得税优惠目录》、《节能节水专用设备企业所得税优惠目录》和《安全生产专用设备企业所得税优惠目录》规定的环境保护、节能节水、安全生产等专用设备的，该专用设备的投资额的10%可以从企业当年的应纳税额中抵免；当年不足抵免的，可以在以后5个纳税年度结转抵免。

享受上述税收优惠的企业，应当实际购置并自身实际投入使用上述规定的专用设备；企业购置上述专用设备在5年内转让、出租的，应当停止享受企业所得税优惠，并补缴已经抵免的企业所得税税款。

以上是《企业所得税法》明确规定的各类税收优惠。如果企业同时从事适用不同企业所得税待遇的项目，其优惠项目应当单独计算所得，并合理分摊企业的期间费用；没有单独计算的，不得享受企业所得税优惠。

此外，根据国民经济和社会发展的需要，或者由于突发事件等原因对企业经营活动产生重大影响的，国务院可以制定企业所得税专项优惠政策，报全国人民代表大会常务委员会备案。

六、源泉扣缴制度

根据《企业所得税法》的规定，在非居民企业于中国境内未设立机构、场所，或者虽设立机构、场所但取得的所得与其所设机构、场所没有实际联系的情况下，对该非居民企业的所得应缴纳的所得税，实行源泉扣缴，以支付人为扣缴义务人。这种实行源泉扣缴的所得税，又称预提所得税。其税款由扣缴义务人在每次支付或者到期应支付时，从支付或者到期应支付的款项（即按照权责发生制原则应当计入相关成本、费用的应付款项）中扣缴。

上述的支付人，是指依照有关法律规定或者合同约定对非居民企业直接负有支付相关款项义务的单位或者个人。其支付的具体形式，包括现金支付、汇拨支付、转账支付和权益兑价支付等货币支付和非货币支付。

（一）扣缴义务人的指定

对非居民企业在中国境内取得工程作业和劳务所得应缴纳的所得税，税务机关可以指定工程价款或者劳务费的支付人为扣缴义务人。可以指定扣缴义务人的情形包括：(1) 预计工程作业或者提供劳务期限不足一个纳税年度，且有证据表明不履行纳税义务的；(2) 没有办理税务登记或者临时税务登记，且未委托中国境内的代理人履行纳税义务的；(3) 未按照规定期限办理企业所得税纳税申报或者预缴申报的。

上述的扣缴义务人，由县级以上税务机关指定，并同时告知扣缴义务人所扣税款的计算依据、计算方法、扣缴期限和扣缴方式。

（二）纳税人、扣缴义务人的义务

对于上述非居民企业依法应当扣缴的所得税，扣缴义务人应依法履行扣缴义务；未依法扣缴或者无法履行扣缴义务的，由纳税人在所得发生地缴纳。纳税人未依法缴纳的，税务机关可以从该纳税人在中国境内其他收入项目的支付人应付的款项中，追缴该纳税人的应纳税款。

上述的所得发生地，是指依照法定的所得来源的确定原则确定的所得发生地。在中国境内存在多处所得发生地的，由纳税人选择其中之一申报缴纳企业所得税。此外，税务机关在追缴该纳税人应纳税款时，应当将追缴理由、追缴数额、缴纳期限和缴纳方式等告知该纳税人。

另外，扣缴义务人每次代扣的税款，应当自代扣之日起 7 日内缴入国库，并向所在地的税务机关报送扣缴企业所得税报告表。

七、特别纳税调整制度

由于在现实的经济生活中，纳税主体及其经济行为都非常复杂，在有些情况下，可能直接影响税基和应纳税所得额。为此，针对现实经济活动中的一些特殊情况，《企业所得税法》还专门规定了特别纳税调整制度，以确保纳税的真实性，确保国家的税收收入，防止纳税主体从事违法的税收逃避活动。①

在特别纳税调整制度中，税法赋予了征税机关以调整权，征税机关可以依照法律规定和具体情况，据实调整或推定调整纳税人的应税所得额或应纳税额。

特别纳税调整制度主要用于关联企业领域，并由此形成了税法上的关联企业制度。事实上，广义的关联企业制度包含多个方面的内容，如转让定价的税法规制（包括预约定价）、关联企业的信息披露制度、对通过避税地或避税港以及资本弱化手段进行避税的规制，等等。由于这些制度的重要目标是反避税，因而其也被称为反避税制度。

（一）对转让定价的反避税规制

1. 转让定价制度的一般规定

为了防止关联企业转让定价，各国一般都要求关联企业在发生经济往来时，必须遵循独立交易原则（或称独立竞争原则、公平交易原则），即要求关联企业之间的经济交往，就像在它们之间不存在关联关系一样。这样，就可以按照外部市场的公允定价（而不是内部市场的人为

---

① 为了规范和加强特别纳税调整管理，国家税务总局于 2009 年 1 月 8 日发布了《特别纳税调整实施办法（试行）》（国税发［2009］2 号），自 2008 年 1 月 1 日起施行。

定价）来确定收入，以防止其通过转让定价逃避纳税义务。

为此，《企业所得税法》也规定，企业与其关联方之间的业务往来，不符合独立交易原则而减少企业或者其关联方应纳税收入或者所得额的，税务机关有权按照合理方法调整。

上述的关联方，是指与企业有下列关联关系之一的企业、其他组织或者个人：(1) 在资金、经营、购销等方面存在直接或者间接的控制关系；(2) 直接或者间接地同为第三者控制；(3) 在利益上具有相关联的其他关系。

上述的独立交易原则，是指没有关联关系的交易各方按照公平成交价格和营业常规进行业务往来遵循的原则。

上述的税务机关在行使调整权时可以运用的合理方法包括：(1) 可比非受控价格法，是指按照没有关联关系的交易各方进行相同或者类似业务往来的价格进行定价的方法；(2) 再销售价格法，是指按照从关联方购进商品再销售给没有关联关系的交易方的价格，减除相同或者类似业务的销售毛利进行定价的方法；(3) 成本加成法，是指按照成本加合理的费用和利润进行定价的方法；(4) 交易净利润法，是指按照没有关联关系的交易各方进行相同或者类似业务往来取得的净利润水平确定利润的方法；(5) 利润分割法，是指将企业与其关联方的合并利润或者亏损在各方之间采用合理标准进行分配的方法；(6) 其他符合独立交易原则的方法。

此外，企业与其关联方共同开发、受让无形资产，或者共同提供、接受劳务发生的成本，在计算应纳税所得额时应当按照独立交易原则进行分摊。据此，企业可以按照独立交易原则与其关联方分摊共同发生的成本，达成成本分摊协议。

企业与其关联方分摊成本时，应当按照成本与预期收益相配比的原则进行分摊，并在税务机关规定的期限内，按照税务机关的要求报送有关资料。

企业与其关联方分摊成本时违反税法规定的，其自行分摊的成本不得在计算应纳税所得额时扣除。

2. 预约定价制度

为了更好地解决转让定价的问题，各国一般还规定有预约定价制度，在一定程度上承认征税机关与相关企业之间的涉税协议。美国是第一个实行预约定价协议（简称 APA）的国家。本来，美国《国内收入法典》第 482 节对转让定价问题有明确的规定，但在实践中，由于纳税人与税务机关之间在估价等方面纠纷较多，引发了旷日持久的诉讼，同时，还激化了相关国家的矛盾，交易成本过大，因此，从 1991 年开始，美国正式实施预约定价协议制度。此后，澳大利亚、加拿大、德国、日本等许多国家也都开始实行该制度。经济合作与发展组织（OECD）也将预约定价协议作为化解转让定价纠纷的一种途径。基于各国通例和我国的实践情况，我国《企业所得税法》规定，企业可以向税务机关提出与其关联方之间业务往来的定价原则和计算方法，税务机关与企业协商、确认后，达成预约定价安排。①

所谓预约定价安排，是指企业就其未来年度关联交易的定价原则和计算方法，向税务机关提出申请，与税务机关按照独立交易原则协商、确认后达成的协议。

（二）关联企业的信息披露义务

为了防止关联企业通过关联交易转让定价，税法规定关联企业负有信息披露义务，这体现在报表和资料提供等方面。为此，我国《企业所得税法》规定，企业向税务机关报送年度企业所得税纳税申报表时，应当就其与关联方之间的业务往来，附送年度关联业务往来报告表。

此外，税务机关在进行关联业务调查时，企业及其关联方，以及与关联业务调查有关的其

---

① 可参见《国家税务总局关于完善预约定价安排管理有关事项的公告》（国家税务总局公告 2016 年第 64 号）。

他企业（即与被调查企业在生产经营内容和方式上相类似的企业），应当按照规定提供相关资料，具体包括：(1) 与关联业务往来有关的价格、费用的制定标准、计算方法和说明等同期资料；(2) 关联业务往来所涉及的财产、财产使用权、劳务等的再销售（转让）价格或者最终销售（转让）价格的相关资料；(3) 与关联业务调查有关的其他企业应当提供的与被调查企业可比的产品价格、定价方式以及利润水平等资料；(4) 其他与关联业务往来有关的资料。

企业应当按照上述要求，在税务机关规定的期限内提供与关联业务往来有关的价格、费用的制定标准、计算方法和说明等资料。关联方以及与关联业务调查有关的其他企业应当在税务机关与其约定的期限内提供相关资料。

如果企业不提供与其关联方之间的业务往来资料，或者提供虚假、不完整资料，未能真实反映其关联业务往来情况的，税务机关有权采用下列核定方法，依法核定其应纳税所得额：(1) 参照同类或者类似企业的利润率水平核定；(2) 按照企业成本加合理的费用和利润的方法核定；(3) 按照关联企业集团整体利润的合理比例核定；(4) 按照其他合理方法核定。

企业对税务机关按照上述规定的方法核定的应纳税所得额有异议的，应当提供相关证据，经税务机关认定后，调整核定的应纳税所得额。

（三）对避税地的反避税规制

国际避税地或避税港（international tax heavens），也被称为避税天堂，通常是指采取无税或低税政策，为其他国家的企业提供避税便利的国家或地区。①

在经济全球化的背景下，基于理性的"经济人"的趋利动机，一些企业可能会利用国外的避税地的低税负，把利润转移到自己设在避税地的关联企业，从而逃避在居民国的纳税义务。为了解决利用避税地逃避纳税义务的问题，在税法上可以采取归属原则，即把居民企业转移到避税地的不作分配或少作分配的利润，仍然归属于该居民企业，即在法律上否定其利润转移行为，从而并不因其事实上的转移而影响国家的税收收入。

为此，我国《企业所得税法》规定，由居民企业，或者由居民企业和中国居民控制的设立在实际税负明显低于税法规定的税率水平的国家（地区）的企业，并非由于合理的经营需要而对利润不作分配或者减少分配的，上述利润中应归属于该居民企业的部分，应当计入该居民企业的当期收入。上述规定的核心，是对受控外国企业利用避税地进行避税的行为进行法律规制，因而此制度也被称为"受控外国企业反避税制度"。

上述规定中的"中国居民"，是指根据我国《个人所得税法》的规定，就其从中国境内、境外取得的所得在中国缴纳个人所得税的个人。

上述规定中所说的"控制"，直接决定着制度的适用范围，它具体包括以下情况：(1) 居民企业或者中国居民直接或者间接单一持有外国企业10%以上有表决权股份，且由其共同持有该外国企业50%以上股份；(2) 居民企业，或者居民企业和中国居民持股比例没有达到第(1) 项规定的标准，但在股份、资金、经营、购销等方面对该外国企业构成实质控制。

此外，上述规定中所说的"实际税负明显低于税法规定的税率水平"，是指低于企业所得税基本税率25%的50%。

（四）对资本弱化的反避税规制

资本弱化（thin capitalization），是指企业为实现避税等目的而降低股本（权益性投资）的比重，提高借款（债权性投资）的比重的行为。企业的债权性投资大于权益性投资，在形式上

---

① 经济发展与合作组织认为，避税地必须符合以下标准：(1) 有效税率为零，或者只有名义的有效税率；(2) 缺乏有效的信息交换；(3) 缺乏透明度；(4) 没有实质性经营活动的要求。据此，安道尔、巴哈马、英属维尔京群岛、多米尼加、直布罗陀、列支敦士登、马尔代夫、摩纳哥、瑙鲁等多被认为是典型的避税地。

是两者比例（或称资本结构）不合理，使资本弱化，并在实质上增加因企业举债而发生的利息，从而增加企业所得税的税前扣除，减轻企业的所得税税负，实现其避税目的。

由此可见，当企业从其他关联企业获取的债权性投资增加，而权益性投资下降的时候，该企业不仅存在因自身的资本弱化而带来的风险，而且还要向关联企业支付大量利息，从而会减少其应纳税所得额。因此，一些国家强调应保持债权性投资与权益性投资的比例，对于超过规定比例而发生的利息支出，必须限制其税前扣除。这是应对资本弱化的重要反避税措施。

为此，我国《企业所得税法》规定，企业从其关联方接受的债权性投资与权益性投资的比例超过规定标准而发生的利息支出，不得在计算应纳税所得额时扣除。

上述的债权性投资，是指企业直接或者间接从关联方获得的，需要偿还本金和支付利息或者需要以其他具有支付利息性质的方式予以补偿的融资；权益性投资，是指企业接受的不需要偿还本金和支付利息，投资人对企业净资产拥有所有权的投资。

企业间接从关联方获得的债权性投资，具体包括以下几类：（1）关联方通过无关联第三方提供的债权性投资；（2）无关联第三方提供的、由关联方担保且负有连带责任的债权性投资；（3）其他间接从关联方获得的具有负债实质的债权性投资。

目前，在计算应纳税所得额时，除符合其他法定条件外，企业接受关联方债权性投资与其权益性投资的比例不超过以下规定比例的，其实际支付给关联方的利息支出可以在当期依法扣除①：（1）金融企业适用的比例为 5∶1；（2）其他企业适用的比例为 2∶1。

（五）对无合理商业目的行为的反避税规制

企业作为营利性组织，其行为应当具有合理的商业目的，而不应以避税为主要目的。上述的各类反避税制度，都是针对企业的某类避税目的和避税手段的措施。随着经济社会的发展，企业从事的以避税为目的的行为可能会层出不穷。为了保障法网“不漏”，需要在法律上有兜底性条款作出规定，因此，许多国家的税法都对基于不合理的商业目的的行为加以规制。

我国的《企业所得税法》规定，企业实施其他不具有合理商业目的的安排而减少其应纳税收入或者所得额的，税务机关有权按照合理方法调整。这里的“不具有合理商业目的”，是指以减少、免除或者推迟缴纳税款为主要目的。

由于企业基于不合理的商业目的所从事的避税行为，违反了税法的基本宗旨，且不具有合理的商业目的（这是各类避税行为的共性），因而上述规定也被称为反避税的“一般条款”，据此进行的反避税规制也被称为一般反避税规制。

基于反避税的一般条款，税务机关可以针对滥用税收优惠、滥用税收协定、滥用公司组织形式，以及其他不具有合理商业目的的安排等启动反避税调查，并依法行使纳税调整权。如果企业与其关联方之间的业务往来，不符合独立交易原则，或者企业实施其他不具有合理商业目的的安排，则税务机关有权在该业务发生的纳税年度起 10 年内，进行纳税调整。

此外，我国税法规定，在实施上述各种反避税规制措施的情况下，由税务机关依《企业所得税法》作出纳税调整，需要补征税款的，应当补征税款，并按照规定加收利息。具体说来，应当对补征的税款，自税款所属纳税年度的次年 6 月 1 日起至补缴税款之日止的期间，按日加收利息。加收的利息，不得在计算应纳税所得额时扣除。上述利息，应当按照税款所属纳税年度中国人民银行公布的与补税期间同期的人民币贷款基准利率加 5 个百分点计算。如果企业能够依法提供有关资料，则可以只按前述规定的人民币贷款基准利率计算利息。

---

① 参见财政部、国家税务总局于 2008 年 9 月 19 日发布的《关于企业关联方利息支出税前扣除标准有关税收政策问题的通知》（财税〔2008〕121 号）。

［资料］　　规制税收逃避行为的国际合作

在经济全球化的背景下，由于各国和地区（各个税收管辖区）存在着税法差异和规则错配，跨国纳税人便利用相关国家和地区之间存在的征管漏洞，进行税收逃避，由此形成了广受关注的"税基侵蚀与利润转移"(Base Erosion and Profit Shifting，BEPS）问题。

产生BEPS的原因主要有三种：第一，各国独立行使税收管辖权，造成各国国内税制不匹配。第二，国际税收规则不健全。随着数字经济和现代科技的发展，原来普遍适用的征税原则和方法已不能完全适用。第三，国际税收合作机制缺失，如情报交换和征管互助机制没有有效实施等。针对上述问题，国际社会高度关注。2012年6月，二十国集团（G20）财长和央行行长会议同意通过国际合作应对BEPS问题。2013年，G20领导人在圣彼得堡峰会上委托经济合作与发展组织（OECD）启动实施BEPS项目，以通过修改国际税收规则，遏制跨国企业规避全球纳税义务、侵蚀各国税基的行为。

BEPS项目由34个OECD成员、8个非OECD成员的G20成员和19个其他发展中国家共计61个国家共同参与。其一揽子国际税改项目主要包括三个方面的内容：一是保持跨境交易相关国内法规的协调一致，二是突出强调实质经营活动并提高税收透明度，三是提高税收确定性。

2013年7月，OECD发布了《关于税基侵蚀和利润转移的行动计划》。该行动计划强调，BEPS破坏了税制的整体性，对政府、普通纳税人和企业都造成了损害，因此，必须针对BEPS问题采取联合行动，加强国际税收合作。该行动计划包括十五项具体计划，分别如下。

第1项行动计划：《应对数字经济的税收挑战》；

第2项行动计划：《消除混合错配安排的影响》；

第3项行动计划：《制定有效受控外国公司规则》；

第4项行动计划：《对利用利息扣除和其他款项支付实现的税基侵蚀予以限制》；

第5项行动计划：《考虑透明度和实质性因素，有效打击有害税收实践》；

第6项行动计划：《防止税收协定优惠的不当授予》；

第7项行动计划：《防止人为规避构成常设机构》；

第8—10项行动计划：《无形资产转让定价指引》；

第11项行动计划：《衡量和监控BEPS》；

第12项行动计划：《强制披露规则》；

第13项行动计划：《转让定价文档和国别报告》；

第14项行动计划：《使争议解决机制更有效》；

第15项行动计划：《制定用于修订双边税收协定的多边协议》。

上述15项行动计划如能落实，则为国际社会税收领域通过多边合作应对共同的BEPS问题的共同挑战提供良好范例。当今世界主要经济体在共同政治意愿推动下，通过密集的多边谈判与协调，在转让定价、防止协定滥用、弥合国内法漏洞、应对数字经济挑战等一系列基本税收规则和管理制度方面达成了重要共识。这些成果和一揽子措施的出台，标志着百年来国际税收体系的第一次根本性变革取得了重大成功。上述国际税收规则的重构，以及多边税收合作的开展，有利于避免因各国采取单边行动造成对跨国公司的双重征税、双重不征税以及对国际经济复苏的伤害。

上述行动计划，涉及国际、国内税制的诸多调整，被誉为"百年来国际税收领域的根本性变革"。为了严厉打击国际逃避税，我国以OECD合作伙伴的身份，深入参与BEPS行动计划，同时，我国在全面修订《特别纳税调整实施办法》的过程中，也全面吸收了OECD有关BEPS

的研究成果。这对于更好地解决税收逃避的规制难题，将发挥重要作用。

八、征收管理

对于企业所得税的征收管理问题，《企业所得税法》也作了一系列的规定。这些规定与《税收征收管理法》的相关规定之间是特别法与普通法的关系。因此，在通常情况下，对企业所得税的征收管理除依照《企业所得税法》的规定执行以外，还应依照《税收征收管理法》的规定执行。

（一）纳税地点与缴纳方式

1. 居民企业的纳税地点与缴纳方式

依据《企业所得税法》的规定，除税收法律、行政法规另有规定外，居民企业以企业登记注册地为纳税地点；但登记注册地在境外的，以实际管理机构所在地为纳税地点。可见，对于居民企业来说，企业的登记注册地是最为重要的，只是对于外国企业而言，因其登记注册地在境外，才以其设在我国境内的实际管理机构所在地为纳税地点。上述的登记注册地，是指企业依照国家有关规定登记注册的住所地。

在缴纳方式上，居民企业在中国境内设立不具有法人资格的营业机构的，应当汇总计算并缴纳企业所得税。据此，总公司与其分支机构应当实行汇总纳税的方式。企业汇总计算并缴纳企业所得税时，应当统一核算应纳税所得额。

2. 非居民企业的纳税地点与缴纳方式

依据《企业所得税法》的规定，非居民企业在中国境内设立机构、场所的，应当就其所设机构、场所取得的来源于中国境内的所得，以及发生在中国境外但与其所设机构、场所有实际联系的所得，缴纳企业所得税，其纳税地点为机构、场所所在地。如果非居民企业在中国境内设立了两个或者两个以上机构、场所，经各机构、场所所在地税务机关的共同上级税务机关审核批准，可以选择由其主要机构、场所汇总缴纳企业所得税。

上述的主要机构、场所，应当同时符合下列条件：(1) 对其他各机构、场所的生产经营活动负有监督管理责任；(2) 设有完整的账簿、凭证，能够准确反映各机构、场所的收入、成本、费用和盈亏情况。

此外，非居民企业经批准汇总缴纳企业所得税后，需要增设、合并、迁移、关闭机构、场所或者停止机构、场所业务的，应当事先由负责汇总申报缴纳企业所得税的主要机构、场所向其所在地税务机关报告。

另外，非居民企业在中国境内未设立机构、场所的，或者虽设立机构、场所但取得的所得与其所设机构、场所没有实际联系的，也应当就其来源于中国境内的所得缴纳企业所得税。在这种缴纳预提所得税的情况下，其纳税地点为扣缴义务人所在地。

3. 对缴纳方式的特别规定

在税款缴纳方面，依据税法原理，一般应贯彻独立纳税原则、属地纳税原则，为此，《企业所得税法》对各类居民企业和非居民企业的纳税地点和缴纳方式作了专门规定。① 其中，对纳税地点的规定，有助于明确征税机关的管辖权，也有助于企业依法履行纳税义务；而对缴纳方式的规定，则不仅影响企业纳税义务的履行，有时还影响其纳税义务的多少。

事实上，在上述有关缴纳方式的规定中，规定了居民企业和非居民企业在一定的条件下可

---

① 对于跨地区经营汇总纳税的所得税征管问题，2012 年 12 月国家税务总局发布了《跨地区经营汇总纳税企业所得税征收管理办法》(国家税务总局公告 2012 年第 57 号)，自 2013 年 1 月 1 日起实施。

以实行汇总缴纳。这主要与分支机构的“非独立性”直接相关。此外，在非居民企业需要缴纳预提所得税的情况下，实行的是由扣缴义务人代扣代缴的方式。这与其所得同相关机构、场所的“非关联性”直接相关。

另外，还有一种特殊情况，即合并纳税，它强调具有“独立性”的关联企业可以将其年度的盈亏相抵后再去缴纳企业所得税。这种合并缴纳的方式，是独立纳税原则和属地纳税原则的例外，它一般适用于企业集团的税款缴纳。但由于合并纳税涉及国家的税式支出，具有一定的税收优惠性质，涉及国家的产业政策以及其他诸多政策，可谓政策性极强，因此，目前我国主要是一些关系国计民生的重要产业中的企业集团才能实行合并纳税制度。由于独立纳税是原则，合并纳税是例外，因此，我国《企业所得税法》特别规定，除国务院另有规定外，企业之间不得合并缴纳企业所得税。

（二）纳税时间

1. 税款计算期

从税法原理上说，企业所得税一般是按年计算，分月或分季预缴。因此，其税款计算期为一个纳税年度。我国的纳税年度实行历年制，且与我国的预算年度、会计年度相一致。在特殊情况下，由于起止时间间隔可能不满一年，因而企业的纳税年度也可能在实际上少于一年的时间。

依据《企业所得税法》的规定，企业所得税按纳税年度计算。纳税年度自公历 1 月 1 日起至 12 月 31 日止。此外，如果企业在一个纳税年度中间开业，或者终止经营活动，使该纳税年度的实际经营期不足 12 个月的，则应当以其实际经营期为一个纳税年度。另外，企业依法清算时，应当以清算期间作为一个纳税年度。

2. 税款缴库期

如前所述，基于国家财政收入均衡入库等方面的考虑，企业所得税虽然是按年计算，但要分期预缴。依据《企业所得税法》的规定，企业所得税分月或者分季预缴。企业应当自月份或者季度终了之日起 15 日内，向税务机关报送预缴企业所得税纳税申报表，预缴税款。

企业分月或者分季预缴企业所得税时，应当按照月度或者季度的实际利润额预缴；按照月度或者季度的实际利润额预缴有困难的，可以按照上一纳税年度应纳税所得额的月度或者季度平均额预缴，或者按照经税务机关认可的其他方法预缴。预缴方法一经确定，在该纳税年度内不得随意变更。

企业应当自年度终了之日起 5 个月内，向税务机关报送年度企业所得税纳税申报表，并汇算清缴，结清应缴应退税款。

企业在纳税年度内无论盈利或者亏损，都应当依法定的期限，向税务机关报送预缴企业所得税纳税申报表、年度企业所得税纳税申报表、财务会计报告和税务机关规定应当报送的其他有关资料。

企业在年度中间终止经营活动的，应当自实际经营终止之日起 60 日内，向税务机关办理当期企业所得税汇算清缴。

企业应当在办理注销登记前，就其清算所得向税务机关申报并依法缴纳企业所得税。

（三）计税本位币

在现代国家，税收以货币形式为主，但在经济全球化的形势下，货币的发行与使用亦甚为复杂。税收以何种货币为计税本位币，既涉及主权问题，也涉及利益问题，还涉及效率问题，因而需要明确。事实上，计税本位币的问题，是贯穿多个税法制度的重要问题。

有鉴于此，我国《企业所得税法》规定，依法缴纳的企业所得税，以人民币计算；所得以人民币以外的货币计算的，应当折合成人民币计算并缴纳税款。

具体说来，企业所得以人民币以外的货币计算的，预缴企业所得税时，应当按照月度或者季度最后一日的人民币汇率中间价，折合成人民币计算应纳税所得额。年度终了汇算清缴时，对已经按照月度或者季度预缴税款的，不再重新折合计算，只就该纳税年度内未缴纳企业所得税的部分，按照纳税年度最后一日的人民币汇率中间价，折合成人民币计算应纳税所得额。

经税务机关检查确认，企业少计或者多计前述规定的所得的，应当按照检查确认补税或者退税时的上一个月最后一日的人民币汇率中间价，将少计或者多计的所得折合成人民币计算应纳税所得额，再计算应补缴或者应退的税款。

[资料]　　统一、合并后的企业所得税法的局限性

1. 企业所得税法统一、合并的内在局限

(1) 主体差异的内在局限。

所得税的分类之所以会以纳税主体为重要标准，就是因为它直接关涉相关主体的税收利益，是典型的直接税。我国历史上的企业所得税制度，曾按照所有制的不同或是否具有涉外因素来进行划分，这些都是考虑了主体的差别。虽然国家在立法追求上力求使各类不同的企业，尤其是内资企业和外资企业适用统一的税法，但只要主体的差异客观存在，在某些领域就必须“具体问题，具体分析”，就只能根据主体的不同而适用不同的规则，而不可能统一地适用同一规则。

从现行制度表现上看，目前企业所得税法在主体适用上的统一性在很多方面是名实不符的。首先，企业所得税法有“限缩适用”的一面，它不能适用于各类企业，因而绝不能望文生义地认为它统一适用于各类企业。例如，它不能适用于合伙企业和个人独资企业，这种限制使其统一适用之实小于其立法之名。其次，企业所得税法也有“扩张适用”的一面，它并非仅适用于“企业”的法，它同样适用于“取得收入的其他组织”，如国家机关、事业单位和社会团体等，这又使其适用范围之实大于其立法之名。最后，即使是适用企业所得税法的企业，实际上也存在着很大的差异，有时无法统一适用同一税法规范。例如，尽管目前在宏观层面实现了企业所得税法的制度统合，但居民企业和非居民企业的差异仍然客观存在，两者在法律的适用上，并不总是统一的。又如，税收优惠制度的存在，主要是以主体的差异性为前提的，在纳税主体存在诸多现实差异的情况下，国家基于经济、社会、政治等多重目标的考虑，不可避免地会区别对待，由此形成了纷繁复杂的税收优惠制度。而只要有税收优惠制度，就不可能对所有的主体都统一地给予优惠。

可见，纳税主体方面差异性的存在，是影响企业所得税法统合的重要内在局限，它使企业所得税法很难实现完全统合，因而不可能完全用统一的、相同的规范适用于各类企业；并且，只要主体之间的差异存在，在税法规范上的差异就可能长期存在。

(2) 客体量化的内在局限。

依据可税性理论，收益性和营利性对于确定能予以课税是非常重要的条件。① 在各个税种领域，“有收益才能征税”，实际是税收公平原则的体现。在所得税领域，尤其强调要有收益。没有应税所得，就不能征收所得税。这是量能课税原则的基本要求。正因如此，如何判断相关主体是否具有应税所得，如何确定应税所得，如何对征税客体进行量化，始终是企业所得税制度设计上要考虑的重要问题。

在企业所得税法领域，由于主体的差异较为突出，因而虽然征税客体在理论上和形式上都是应税所得，但在客体的具体量化上存在着相当大的差别。这主要是因为所得税不同于其他税种，影响应税所得确定的因素十分繁杂，且与主体的身份联系十分紧密，各类纳税主体实际上

---

① 参见张守文：《论税法上的可税性》，载《法学家》，2000 (5)。

适用不尽相同的税法规则，享受着不同的税法待遇，由于这些规则和待遇难以完全统一，因而客体的量化也成为影响企业所得税法统合的内在局限。

例如，在企业所得税法统合的过程中，立法者力图把各类“取得收入的组织”全部纳入税网和法网，因此，国家机关、事业单位、社会团体、军队等，只要取得收入，都应依法缴纳企业所得税，都可能成为企业所得税的纳税主体。但是，由于各类组织的性质毕竟不同，企业与非营利性组织的差别毕竟很大，因此，各类纳税主体进行客体量化所适用的规范其实并不相同。其中，不经常从事经营性活动的组织，或者依其宗旨不以营利为目的的组织，在征税客体的量化时，首先要减除的是各类不征税收入，如财政拨款、各类依法收取的行政事业性收费、政府性基金等，这些收入与上述组织履行或代行政府职能（即向社会公众提供公共物品或准公共物品的职能）是密切相关的。可见，非企业主体的征税客体的量化，不可能与纯企业的应税所得的量化的方式完全统一。

此外，即使企业与企业相比，不同区域、不同行业、不同法律性质的企业因其存在诸多差别（尽管国家的许多法律试图不断消除多种差别，但差别始终客观存在），所以在其应税所得的量化上也会有不同。例如，与居民企业相比，非居民企业的股息、利息、红利、特许权使用费等所得，是以收入的全额为应税所得额的，即不许进行任何扣除。又如，在不同的征管模式之下，对于不同规模的企业所适用的征收方式是不同的，其应税所得的量化规范也不同。这些都属于征税客体量化方面影响法律统合的限制性因素。

应当看到，客体量化上的差异，在很大程度上是因为主体的差异。在研究客体量化的问题时，应与具体的纳税主体相结合。这样，才能更好地完善客体量化制度，更好地确定征税依据，界定税基，从而为正确衡量纳税主体的纳税义务，更好地保护征纳双方的合法权益奠定基础。

（3）义务量化的内在局限。

纳税主体的差异不仅与客体量化直接相关，而且与义务的量化也直接相关。事实上，义务的量化与客体的量化直接相关，没有客体的量化，就不可能有义务的量化，因为义务的最终量化，是通过对量化的客体适用相关的税率，或者适用相关的优惠或重课措施来实现的。因此，客体的量化是义务量化的基础，甚至在一定的意义上，它也可能被归属于义务的量化。从一般的原理上说，抽象的纳税义务的形成，通常依赖于税率在具体税基上的适用；同时，在存在税收特别措施的情况下，也进一步依赖于税收优惠或税收重课措施的适用。

如前所述，在统一、合并企业所得税法的强大宣传声势之下，企业所得税法被普遍认为实现了税率上的统一、税收优惠措施的统一。但像其他领域的制度统合一样，税率制度与税收优惠制度上的统合，同样是不完全的。① 例如，虽然目前名义税率被定为25%，但实际上却存在着多重税率。如对非居民企业征收的预提所得税税率为20%（中外税收协定多规定为10%）、优惠税率为20%或15%②，等等。而这些税率的差异，恰恰体现国家的税法调整在哪些方面要考虑一般，在哪些方面要考虑特殊，在哪些领域要进行调控、引导，在哪些领域要关注利益分配，等等。在不同情况下，对不同主体要分别适用不同的税率，恰恰说明在税率上不可能完全统一。

此外，税收优惠制度对义务的量化影响更大。因为不同主体所享有的税收优惠不统一，因而主体实际纳税义务的差异更为突出。从制度表现来看，国家对重点扶持和鼓励发展的产业和项目，如大农业、高新技术领域、公共基础设施建设项目、环保节能项目等，会直接规定减

---

① 这种统一，实际上只是在税率、税收优惠制度上不再区分内外资企业，但各种类型企业的差异依然存在，仍然不可能对所有的企业统一地适用同一具体规范或制度。

② 《企业所得税法》第28条规定，符合条件的小型微利企业，减按20%的税率征收企业所得税。国家需要重点扶持的高新技术企业，减按15%的税率征收企业所得税。

征、免征、优惠税率、加计扣除、减计收入等诸多优惠措施，来降低甚至免除企业的所得税税负。这与国家结合国情而确立的长期的经济政策和社会政策是直接相关的。而对于不能体现上述政策要求的千差万别的企业，则无论其所有制性质如何，都被排除在上述给予优惠的范围之外。为了更好地发挥税收优惠的功用，法律不可能对各类主体不加区分地统一适用同一优惠制度；统一的普惠，恰恰违背了优惠制度的设置初衷。

综上，主体（以及主体行为）方面的差异，直接影响着客体量化与义务量化，它们都会影响法律规范的统一适用，使企业所得税法很难做到完全统合，从而构成了税法统合的内在局限。

2. 内在局限的成因与相关原理

各类内在局限的成因，在前面的探讨中其实已有涉及。从总体上说，各类内在局限之所以存在，是因为企业所得税法的调整对象具有特殊性，特别是其纳税主体具有突出的复杂性和差异性，而所得税作为直接税，又是与主体及其利益直接相关的。主体的复杂性和差异性必然会导致调整主体利益的所得税法律规范的复杂性和差异性，从而使所得税规范在各类主体之间很难完全统合。

对于法制或法律的统一，必须看到其相对性的一面。企业所得税法的统一，只是在总体上、在某些大的方面，实现了原来内外有别的两套所得税制度的相对统一，但在局部、在许多具体的制度或规范方面，仍然存在着诸多的裂分。外在的统一与内在的裂分，是企业所得税法内在的矛盾所导致的。只要企业所得税法的纳税主体及其具体行为的差异性存在，则“外合内分”的局势就不可避免。

事实上，在企业所得税法中，存在着许多“原则与例外并存”的情况，体现的就是“合中有分”“分中有合”。例如，就主体而言，许多人都认为此次企业所得税法实行的是所谓法人税制，因而纳税主体的独立性非常重要。因为法人要自己负责，同样要自己承担纳税的义务。这是独立性的应有之义。在这个意义上，在税法领域可以确立“独立纳税原理”。但是，在某些情况下，还存在着合并纳税或汇总纳税的情况，它是独立纳税原理的例外，但同样有其合理性。① 此外，现实的非独立性（或关联性）与法律上所要求的独立性，有时也会存在冲突，因此，针对关联企业存在的客观情况，基于对独立性的强调，企业所得税法要作出特别的规定，并由此形成了关联企业制度或反避税制度。

与反避税制度直接相关，在关注主体独立性的同时，还要关注主体行为的目的。企业行为究竟以商业目的为主，还是以税收目的为主，会直接影响行为的合法性，由此可能涉及“实质高于形式”原理的运用。② 因此，持有不同目的的企业，同样是在税法上要加以区分的，税法上要有相关的规范对此加以甄别或者予以应对，以使其享有不同的税法待遇，实现“各得其所”的分配正义。

总之，企业所得税法的“外合内分”，表现为在统一的一部法律中对不同类别的主体及其不同行为分别规定不同的税法规范和税法制度，主要原因是纳税主体及其行为的差异的存在，以及由此产生的客体量化以及义务量化等内在制约因素的存在。只有依据现实存在的各类差异来区别对待，才能更好地实现实质正义，才能更好地体现量能课税和依法征税，在税收法定原则和税收公平原则的基础上，更好地实现税收效率原则。同时，只有保持对各类主体的相关规范的非统一性，才能更有效进行宏观调控，并由此更好地实现税收与税法的各项职能，达至企业所得税法的多元宗旨或多元调整目标。

---

① 参见张守文：《企业集团汇总纳税的法律解析》，载《法学》，2007（5）。

② 无论是英美法系，还是大陆法系，在税法理论上和实践中都高度重视这一重要原理。事实上，在整个经济法领域，为了实现实质正义，也需要确立这一重要原理。

此外，基于主体的差异性而形成的制度差异，体现了重要的经济法原理——差异性原理。经济法的调整与传统民商法调整的一个很大的不同，就是基于主体以及其他诸多方面的差异性、非均衡性，其调整正是为了解决那些必须解决的差异性问题，以实现实质正义，确保整体效益。因此，在经济法上恰恰要大量融入体现经济政策和社会政策等诸多政策的规范，以对不同主体及其不同行为予以区别调整，从而形成了“和而不同”的各类具体制度。企业所得税法统合的诸多内在局限，其实就是差异性原理的重要体现，同时，它也使企业所得税法成为“和而不同”的重要制度，即虽然各类内部制度存在差异，但却可以构成一个和谐的整体，并且，更能够反映社会真实，从而也更能实现其制度绩效。

第四节　个人所得税法律制度

一、个人所得税制度概述

（一）个人所得税的概念

个人所得税是以个人所得为征税对象，并由获取所得的个人缴纳的一种税。

个人所得税是各国开征较为普遍的一种税。在人均 GDP 相对较高的国家，其个人所得税收入在整个税收收入中占比亦较高，如美国的个人所得税即为第一大税种，由此使个人所得税在整个税制中占有重要地位。

各国之所以广泛开征个人所得税，主要是考虑到此税的征收是财政收入的重要来源，它能够促进资源的有效配置，更好地发挥税收的分配收入和保障稳定职能，进一步促进社会公平目标的实现。应当说，经济和社会越发展，个人所得税的有效征收就越重要。

个人所得税是直接税，其税负由获取所得的个人直接承担，因而对国民权利和国民生活影响较大，征税的难度也较大。为此，必须在个人所得税领域加强法治建设，严格依法治税。

（二）我国个人所得税制度的沿革

我国在 1950 年由政务院颁布的《全国税政实施要则》中，曾设置薪给报酬所得税，但未能开征。1950 年曾开征过利息所得税，主要是对个人的存款利息所得、公债和其他证券利息所得以及其他利息所得征收所得税，但此税已于 1959 年停征。

实行改革开放政策以后，经济增长加快，对外联系频繁，个人收入日渐增多。在这种情况下，全国人大于 1980 年 9 月 10 日通过并颁布了《中华人民共和国个人所得税法》，并于同年 12 月经国务院批准，由财政部公布了该法的实施细则。《个人所得税法》作为我国第一部较为完整的个人所得税领域的法律，对于我国个人所得税制度的建立和发展具有重要意义。该法当时确定的纳税主体，既包括在我国境内工作的外籍人员，也包括我国公民。但由于我国公民收入普遍偏低，因而实际的纳税主体主要是在我国境内工作的外籍人员。

此后，随着国内个体经济的迅速发展，对个体工商户的课税问题又日益突出。为了稳定国家与个体工商户之间的分配关系，调节个体工商户与其他居民的收入差距，国务院于 1986 年 1 月颁布了《中华人民共和国城乡个体工商户所得税暂行条例》，并自该年度开始施行。

在《城乡个体工商户所得税暂行条例》颁布后不久，为了回应改革开放以后出现的公民收入水平差距拉大的情况，调节公民的收入水平，国务院又于 1986 年 9 月发布了《中华人民共和国个人收入调节税暂行条例》，从 1987 年 1 月 1 日起对个人收入达到应税标准的中国公民征收个人收入调节税；并且，缴纳此税后，不再缴纳个人所得税。

上述在个人所得税领域颁行的税收法律、法规，在调节个人收入水平等诸多方面起到了一定的作用，但三个税种的开征也带来了许多问题，如导致税法不统一，使同类税种的纳税主体之间的税负差距加大，在课税要素方面存在一些不科学、不合理之处，等等。有鉴于此，为了适应市场经济发展的需要，在个人所得税领域统一税法、公平税负、简化税制，全国人大常委会于 1993 年 10 月 31 日通过了《关于修改〈中华人民共和国个人所得税法〉的决定》，该决定自 1994 年 1 月 1 日起施行。修改后的《个人所得税法》，将上述在个人所得税领域里开征的三个税种统一为一个税种——个人所得税，并将《城乡个体工商户所得税暂行条例》和《个人收入调节税暂行条例》予以废止，从而推动了我国个人所得税制度的完善。

随着经济和社会的发展，《个人所得税法》亦经多次修正。① 与之相对应，《个人所得税法实施条例》在 1994 年颁行后亦多次修订。② 下面主要依据《个人所得税法》和 2018 年 8 月 31 日通过的《全国人民代表大会常务委员会关于修改〈中华人民共和国个人所得税法〉的决定》（自 2019 年 1 月 1 日起施行），介绍我国个人所得税制度的主要内容。

二、我国个人所得税制度的主要内容

（一）纳税主体

我国个人所得税的纳税主体包括两类，即居民个人和非居民个人。区分这两类纳税主体的标准有两个：一个是住所标准，另一个是时间标准。

1. 居民个人

凡在中国境内有住所，或者无住所而一个纳税年度内在中国境内居住累计满 183 天的个人，为居民个人。居民个人负有无限纳税义务，应就其从中国境内和境外取得的所得，依法缴纳个人所得税。

上述的在中国境内有住所的个人，是指因户籍、家庭、经济利益关系而在中国境内习惯性居住的个人。所谓习惯性居住，是判定纳税义务人是居民的一个法律意义上的标准，不是指实际居住或在某一个特定时期内的居住。如因学习、工作、探亲、旅游等而在中国境外居住的，在其原因消除之后，必须回到中国境内居住的个人，则中国即为该纳税人习惯性居住地。

2. 非居民个人

凡在中国境内无住所又不居住，或者无住所而一个纳税年度内在中国境内居住累计不满 183 天的个人，为非居民个人。非居民个人负有限的纳税义务，即仅就其从中国境内取得的所得，依法缴纳个人所得税。

对于非居民个人的所得是否属于来源于中国境内，并不以款项的支付地为认定标准，也不以取得者是否居住在中国境内为认定标准，而是以受雇活动的所在地、提供个人劳务的所在地、财产坐落地以及资金、产权的实际运用地等标准来确定。

根据规定，下列所得，不论支付地点是否在中国境内，均为来源于中国境内的所得：（1）因任职、受雇、履约等而在中国境内提供劳务取得的所得；（2）将财产出租给承租人在中国境内使用而取得的所得；（3）转让中国境内的建筑物、土地使用权等财产或者在中国境内转让其他财产取得的所得；（4）许可各种特许权在中国境内使用而取得的所得；（5）从中国境内的公司、企业以及其他经济组织或者个人取得的利息、股息、红利所得。

（二）征税范围

我国的个人所得税法实行综合与分类相结合的所得税制，将属于征税范围的所得分为 9 个

---

① 该法此后分别于 1999 年 8 月 30 日、2005 年 10 月 27 日、2007 年 6 月 29 日、2007 年 12 月 29 日、2011 年 6 月 30 日、2018 年 8 月 31 日由全国人大常委会修正。

② 该条例于 1994 年 1 月 28 日由国务院发布施行，2005 年 12 月 19 日第一次修订，2008 年 2 月 18 日第二次修订，2011 年 7 月 19 日第三次修订，2018 年 12 月 18 日第四次修订。

税目，这 9 项应税所得分别如下。

（1）工资、薪金所得。即个人因任职或受雇而取得的工资、薪金、奖金、年终加薪、劳动分红、津贴、补贴以及与任职或者受雇有关的其他所得。

（2）劳务报酬所得。包括个人从事设计、装潢、安装、制图、化验、测试、医疗、法律、会计、咨询、讲学、新闻、广播、翻译、审稿、书画、雕刻、影视、录音、录像、演出、表演、广告、展览、技术服务、介绍服务、经纪服务、代办服务以及其他劳务取得的所得。

（3）稿酬所得。即个人因其作品以图书、报刊形式出版、发表而取得的所得。

（4）特许权使用费所得。包括个人提供专利权、商标权、著作权、非专利技术以及其他特许权的使用权取得的所得。其中，提供著作权的使用权取得的所得不包括稿酬所得。

（5）经营所得。包括个体工商户从事工业、商业、建筑业、服务业以及其他行业的生产、经营，或者从事办学、医疗、咨询等有偿服务活动取得的所得，以及与生产、经营有关的各项应税所得。

此外，对于个人独资企业和合伙企业的投资者的生产、经营所得，亦比照个体工商户的生产、经营所得征收个人所得税。

（6）利息、股息、红利所得。即个人拥有债权、股权而取得的利息、股息、红利所得。

（7）财产租赁所得。包括个人出租建筑物、土地使用权、机器设备、车船以及其他财产取得的所得。

（8）财产转让所得。包括个人转让有价证券、股权、建筑物、土地使用权、机器设备、车船以及其他财产取得的所得。

（9）偶然所得。包括个人得奖、中奖、中彩以及其他偶然性质的所得。

居民个人取得上述（1）项至（4）项所得（以下称综合所得），按纳税年度合并计算个人所得税；非居民个人取得上述（1）项至（4）项所得，按月或者按次分项计算个人所得税。纳税人取得前述（5）项至（9）项所得，依法分别计算个人所得税。

（三）税率

个人所得税的税率可分为两类：一类是超额累进税率，适用于综合所得、经营所得；另一类是比例税率，其基本税率均为 20%，适用于除上述两类所得以外的其他各类所得。

（1）综合所得，适用 3%至 45%的超额累进税率。（参见表 12-1）

（2）经营所得，适用 5%至 35%的超额累进税率。（参见表 12-2）

（3）利息、股息、红利所得，财产租赁所得，财产转让所得和偶然所得，适用比例税率，税率为 20%。

表 12-1　　个人所得税税率表一（综合所得适用）

级数	全年应纳税所得额	税率（%）
1	不超过 36 000 元的	3
2	超过 36 000 元至 144 000 元的部分	10
3	超过 144 000 元至 300 000 元的部分	20
4	超过 300 000 元至 420 000 元的部分	25
5	超过 420 000 元至 660 000 元的部分	30
6	超过 660 000 元至 960 000 元的部分	35
7	超过 960 000 元的部分	45

注 1：本表所称全年应纳税所得额是指依照《个人所得税法》有关应纳税所得额计算的规定，居民个人取得综合所得以每一纳税年度收入额减除费用 6 万元以及专项扣除、专项附加扣除和依法确定的其他扣除后的余额。

注 2：非居民个人取得工资、薪金所得，劳务报酬所得，稿酬所得和特许权使用费所得，依照本表按月换算后计算应纳税额。

表 12-2 个人所得税税率表二（经营所得适用）

级数	全年应纳税所得额	税率（%）
1	不超过 30 000 元的	5
2	超过 30 000 元至 90 000 元的部分	10
3	超过 90 000 元至 300 000 元的部分	20
4	超过 300 000 元至 500 000 元的部分	30
5	超过 500 000 元的部分	35

注：本表所称全年应纳税所得额是指依照《个人所得税法》有关应纳税所得额计算的规定，以每一纳税年度的收入总额减除成本、费用以及损失后的余额。

（四）应纳税额和应纳税所得额的计算

个人所得税的应纳税额应根据应纳税所得额和税率计算，计算公式为：

应纳税额＝应纳税所得额×税率

同各类所得税一样，个人所得税应纳税额的计算，关键也是应纳税所得额的计算或确定。为此，下面主要介绍各类所得的应纳税所得额的计算。

1. 综合所得的应纳税所得额的确定

居民个人的综合所得，以每一纳税年度的收入额减除费用 6 万元以及专项扣除、专项附加扣除和依法确定的其他扣除后的余额，为应纳税所得额。

在综合所得中，劳务报酬所得、稿酬所得、特许权使用费所得以收入减除 20%的费用后的余额为收入额。稿酬所得的收入额减按 70%计算。

此外，上述的专项扣除，包括居民个人按照国家规定的范围和标准缴纳的基本养老保险、基本医疗保险、失业保险等社会保险费和住房公积金等；上述的专项附加扣除，包括子女教育、继续教育、大病医疗、住房贷款利息或者住房租金、赡养老人等支出，具体范围、标准和实施步骤由国务院确定，并报全国人民代表大会常务委员会备案。

2. 分类所得的应纳税所得额的确定

（1）经营所得，以每一纳税年度的收入总额减除成本、费用以及损失后的余额，为应纳税所得额。上述的成本、费用，是指纳税人从事生产、经营所发生的各项直接支出和分配计入成本的间接费用以及销售费用、管理费用和财务费用；上述的损失，是指纳税人在生产、经营过程中发生的各项营业外支出。①

（2）财产租赁所得，每次收入不超过 4 000 元的，减除费用 800 元；4 000 元以上的，减除 20%的费用，其余额为应纳税所得额。

（3）财产转让所得，以转让财产的收入额减除财产原值和合理费用后的余额，为应纳税所得额。

（4）利息、股息、红利所得和偶然所得，以每次收入额为应纳税所得额。

（5）非居民个人的工资、薪金所得，以每月收入额减除费用 5 000 元后的余额为应纳税所得额；劳务报酬所得、稿酬所得、特许权使用费所得，以每次收入额为应纳税所得额。

3. 公益捐赠的扣除

个人将其所得对教育、扶贫、济困等公益慈善事业进行捐赠，捐赠额未超过纳税人申报的应纳税所得额 30%的部分，可以从其应纳税所得额中扣除；国务院规定对公益慈善事业捐赠实行全额税前扣除的，从其规定。

① 可参见国家税务总局发布的《个体工商户个人所得税计税办法》（2015 年 1 月 1 日实施）。该办法对各类课税要素有多方面的具体规定。

4. 税收抵免

同企业所得税制度的相关原理和规定一样，个人所得税制度中也有影响应纳税额的税收抵免制度，即居民个人从中国境外取得的所得，可以从其应纳税额中抵免已在境外缴纳的个人所得税税额，但抵免额不得超过该纳税人境外所得依我国《个人所得税法》计算的应纳税额。

（五）税收减免

（1）下列各项所得，免征个人所得税：

1）省级人民政府、国务院部委和中国人民解放军军以上单位，以及外国组织、国际组织颁发的科学、教育、技术、文化、卫生、体育、环境保护等方面的奖金。

2）国债和国家发行的金融债券利息。① 包括因持有财政部发行的债券而取得的利息，以及因持有经国务院批准发行的金融债券而取得的利息。

3）按照国家统一规定发给的补贴、津贴。包括按照国务院规定发给的政府特殊津贴、院士津贴、资深院士津贴，以及国务院规定免纳个人所得税的其他补贴、津贴。

此外，对于独生子女补贴、托儿补助费、差旅费津贴、误餐补助费，以及不属于工薪性质的补贴、津贴或者不属于纳税人本人工薪所得项目的收入，不征税。

4）福利费、抚恤金、救济金。这里的福利费，是指根据国家有关规定，从企业、事业单位、国家机关、社会团体提留的福利费或者从工会经费中支付给个人的生活补助费；所说的救济金，是指国家民政部门支付给个人的生活困难补助费。

5）保险赔款。

6）军人的转业费、复员费、退役金。

7）按照国家统一规定发给干部、职工的安家费、退职费、基本养老金或者退休费、离休费、离休生活补助费。

8）依照有关法律规定应予免税的各国驻华使馆、领事馆的外交代表、领事官员和其他人员的所得。

这里的所得，是指依照《中华人民共和国外交特权与豁免条例》和《中华人民共和国领事特权与豁免条例》规定免税的所得。

9）中国政府参加的国际公约以及签订的协议中规定免税的所得。

10）国务院规定的其他免税所得。此类免税项目由国务院报全国人民代表大会常务委员会备案。

（2）有下列情形之一的，可以减征个人所得税，具体幅度和期限，由省、自治区、直辖市人民政府规定，并报同级人民代表大会常务委员会备案：1）残疾、孤老人员和烈属的所得；2）因自然灾害遭受重大损失的。

此外，国务院可以规定其他减税情形，报全国人民代表大会常务委员会备案。

（六）税收征管

1. 税款缴纳方式

个人所得税的税款缴纳方式有两种：一种是纳税人自行申报，另一种是扣缴义务人代扣代缴。个人所得税以所得人为纳税人，以支付所得的单位或者个人为扣缴义务人。

纳税人有中国公民身份号码的，以中国公民身份号码为纳税人识别号；纳税人没有中国公民身份号码的，由税务机关赋予其纳税人识别号。扣缴义务人扣缴税款时，纳税人应当向扣缴义务人提供纳税人识别号。

---

① 自2008年10月9日起，暂免征收储蓄存款利息所得个人所得税。

有下列情形之一的，纳税人应当依法办理纳税申报：(1) 取得综合所得需要办理汇算清缴；(2) 取得应税所得没有扣缴义务人；(3) 取得应税所得，扣缴义务人未扣缴税款；(4) 取得境外所得；(5) 因移居境外注销中国户籍；(6) 非居民个人在中国境内从两处以上取得工资、薪金所得；(7) 国务院规定的其他情形。

扣缴义务人应当按照国家规定办理全员全额扣缴申报，并向纳税人提供其个人所得和已扣缴税款等信息。

2. 纳税期限

(1) 综合所得的纳税期限。

居民个人取得综合所得，按年计算个人所得税；有扣缴义务人的，由扣缴义务人按月或者按次预扣预缴税款；需要办理汇算清缴的，应当在取得所得的次年 3 月 1 日至 6 月 30 日内办理汇算清缴。预扣预缴办法由国务院税务主管部门制定。

居民个人向扣缴义务人提供专项附加扣除信息的，扣缴义务人按月预扣预缴税款时应当按照规定予以扣除，不得拒绝。

(2) 分类所得的纳税期限。

纳税人取得经营所得，按年计算个人所得税，由纳税人在月度或者季度终了后 15 日内向税务机关报送纳税申报表，并预缴税款；在取得所得的次年 3 月 31 日前办理汇算清缴。

纳税人取得利息、股息、红利所得，财产租赁所得，财产转让所得和偶然所得，按月或者按次计算个人所得税，有扣缴义务人的，由扣缴义务人按月或者按次代扣代缴税款。

(3) 几种特殊情况。

居民个人从中国境外取得所得的，应当在取得所得的次年 3 月 1 日至 6 月 30 日内申报纳税。纳税人因移居境外注销中国户籍的，应当在注销中国户籍前办理税款清算。

非居民个人取得工资、薪金所得，劳务报酬所得，稿酬所得和特许权使用费所得，有扣缴义务人的，由扣缴义务人按月或者按次代扣代缴税款，不办理汇算清缴。非居民个人在中国境内从两处以上取得工资、薪金所得的，应当在取得所得的次月 15 日内申报纳税。

纳税人取得应税所得没有扣缴义务人的，应当在取得所得的次月 15 日内向税务机关报送纳税申报表，并缴纳税款。纳税人取得应税所得，扣缴义务人未扣缴税款的，纳税人应当在取得所得的次年 6 月 30 日前，缴纳税款；税务机关通知限期缴纳的，纳税人应当按照期限缴纳税款。

扣缴义务人每月或者每次预扣、代扣的税款，应当在次月 15 日内缴入国库，并向税务机关报送扣缴个人所得税申报表。纳税人办理汇算清缴退税或者扣缴义务人为纳税人办理汇算清缴退税的，税务机关审核后，按照国库管理的有关规定办理退税。

3. 纳税地点

个人所得税的纳税地点是：(1) 实行代扣代缴方式纳税的，纳税地点为扣缴义务人所在地。(2) 实行自行申报方式纳税的，纳税申报地点一般为收入来源地的主管税务机关。纳税人从两处或两处以上取得工薪所得的，可选择并固定在其中一地税务机关申报纳税。从境外取得所得的，应向境内户籍所在地或经常居住地税务机关申报纳税。

4. 纳税调整制度

有下列情形之一的，税务机关有权按照合理方法进行纳税调整：(1) 个人与其关联方之间的业务往来不符合独立交易原则而减少本人或者其关联方应纳税额，且无正当理由；(2) 居民个人控制的，或者居民个人和居民企业共同控制的设立在实际税负明显偏低的国家（地区）的企业，无合理经营需要，对应当归属于居民个人的利润不作分配或者减少分配；(3) 个人实施其他不具有合理商业目的的安排而获取不当税收利益。

税务机关依法作出纳税调整，需要补征税款的，应当补征税款，并依法加收利息。

5. 征管协助制度

公安、人民银行、金融监督管理等相关部门应当协助税务机关确认纳税人的身份、金融账户信息。教育、卫生、医疗保障、民政、人力资源和社会保障、住房和城乡建设、公安、人民银行、金融监督管理等相关部门应当向税务机关提供纳税人子女教育、继续教育、大病医疗、住房贷款利息、住房租金、赡养老人等专项附加扣除信息。

个人转让不动产的，税务机关应当根据不动产登记等相关信息核验应缴的个人所得税，登记机构办理转移登记时，应当查验与该不动产转让相关的个人所得税的完税凭证。个人转让股权办理变更登记的，市场主体登记机关应当查验与该股权交易相关的个人所得税的完税凭证。

此外，有关部门依法将纳税人、扣缴义务人遵守《个人所得税法》的情况纳入信用信息系统，并实施联合激励或者惩戒。

延伸思考：

1. 为什么说所得税是一种“良税”？
2. 所得税的主体制度有哪些特殊性？
3. 所得税与商品税之间有什么关联？
4. 税收优惠安排是否会影响所得税的公平性？
5. 为什么反避税制度在所得税领域具有特别的意义？
6. 企业所得税制度与个人所得税制度有哪些关联？
7. 还应从哪些方面进一步完善我国的企业所得税制度？
8. 还应从哪些方面进一步完善我国的个人所得税制度？

第十三章　财产税法律制度

财产税历史悠久，虽然在当代各国一般不将其作为主体税种，但它在地方税体系中往往占有重要地位。财产税制度作为税收征纳实体法的重要组成部分，与商品税制度和所得税制度紧密配合，共同发挥着重要作用。

财产税作为一个税类，包含着多个财产税税种。下面在对财产税制度的基本内容作出概述的基础上，将分别介绍各类重要的财产税制度。

第一节　财产税制度概述

一、财产税的概念

财产税，是以财产为征税对象，并由对财产进行占有、使用或收益的主体缴纳的一类税。

财产税的征税对象是财产。财产在广义上包括自然资源，以及人类创造的各种物质财富和非物质财富。但作为财产税征税对象的财产并不是广义上的全部财产，而只能是某些特定的财产。同其他税类相比，财产税主要具有以下特点：

（1）征税对象是财产。这是财产税与商品税、所得税的最根本的区别，由此引出了财产税的其他特点。

（2）属于直接税，税负不易转嫁。财产税由对财产进行占有、使用或收益的主体直接承担，并且，由于财产税主要是对使用、消费过程中的财产征收，而不是对生产、流通领域的财产征收，因而其税负很难转嫁。

（3）计税依据是占有、用益的财产的数额。财产税的计税依据不是商品流转额或所得额，而是纳税人占有、使用和收益（简称用益）的财产额，即应税财产的数量或价值。由于财产是财富的重要体现，且财产税与财产的用益密切相关，因此征收财产税能够更好地体现税收公平原则，促进社会财富的公平分配。

（4）财产税是辅助性税种。尽管财产税历史十分悠久，但由于各国通常以商品税、所得税为主体税种，因而财产税在各国税制体系中多为辅助性税种，不占有重要地位。它通常是地方财政收入的主要来源。

二、财产税的分类

依据不同的标准，可以对财产税作不同的分类，现列举如下。

（一）一般财产税和特别财产税

依据征税范围的不同，财产税可分为一般财产税和特别财产税两类，这两类财产税的课征方式并不相同。

所谓一般财产税，也称综合财产税，它是对纳税人的全部财产进行综合计征的财产税。但在现实中，一般财产税并非以全部财产额为计税依据，而是要减去一定的宽免额或扣除额。例如，美国的财产税名为一般财产税，而实为有选择的财产税，并非对全部财产征税；德国等国的一般财产税则规定了免税扣除项目以减少税基；印度等国的一般财产税则以应税财产总价值额减去负债后的净值额为计税依据。

所谓特别财产税，也称个别财产税或特种财产税，是对纳税人的一种或几种财产单独或合并课征的财产税，如对土地课征的土地税，对房产课征的房产税，对土地和房产合并课征的房地产税等，均属个别财产税。个别财产税是财产税最早存在的形式，它在课征时一般不需要考虑免税和扣除。

（二）静态财产税和动态财产税

所谓静态财产税，是对在一定时期内权利未发生变动的财产征收的一种财产税。纳税人在一定时期对其保有的财产，需依法纳税。如，房产税、土地税等，就是对权利处于静止状态的财产征收的财产税，它们都属于静态财产税。

所谓动态财产税，是对在一定时期权利发生移转变动的财产征收的一种财产税。也有学者把动态财产税限定为对无偿转移所有权的财产征收的财产税。动态财产税最为典型的形式是继承税或称遗产税和赠与税等。

除上述分类以外，还有学者作出了其他分类。例如，有人按课税环节的不同，把财产税分为三类：（1）在财产持有或使用环节课征的财产税，如房产税、土地使用税；（2）在财产转让环节课征的财产税，如资本转让税、注册登记税等；（3）在财产收益环节课征的财产税，如土地增值税、不动产增值税等。① 此外，还有人把财产税分为经常财产税和临时财产税、从量财产税和从价财产税等。

尽管理论上的分类甚为多样繁复，但世界各国在现实中征收的财产税主要有土地税、房产税、房地产税、不动产税、车辆税、遗产税等。

三、财产税制度的历史沿革

（一）财产税制度的历史沿革概述

财产税是一个比商品税和所得税都要古老的税种。在古代社会，许多国家征收的“古老的直接税”主要是财产税。据考证，早在古希腊、古罗马时期，即已开征了一般财产税。随着经济和社会的发展，财产税制度也越来越发达，财产税收入逐渐成为古代国家财政收入的重要来源。

现代意义的财产税于1892年由荷兰首先开征，其后，德国等欧洲国家亦相继开征财产税。随着财产税在各国的普遍开征，财产税制度也得到了较大发展，财产税的税种也随之发生调整。许多国家开始以个别财产税代替一般财产税，并且在个别财产税中，更侧重于对不动产征税；同时，亦注重征收遗产税和赠与税等动态财产税。

如前所述，财产税目前在各国税收体系中并不占有主导地位，它仅是一个与商品税和所得税相配合的辅助性税类，是地方政府财政收入的主要来源。尽管近些年来许多国家都不同程度地进行过税制改革，但财产税制度变动并不大，财产税的地位也并未改变。

（二）我国财产税制度的历史和现状

我国财产税制度的历史亦甚为悠久。早在秦汉时期，我国已征收车船税、牲畜税等个别财产税。此外，源于土地等不动产的土地税、田赋等税收收入，曾是各朝代财政收入的重要来源。

---

① 参见国家税务总局税收科学研究所编著：《西方税收理论》，214页，北京，中国财政经济出版社，1997。

中华人民共和国成立以后，曾在1950年开征房产税、地产税、盐税、契税等财产税，其后财产税制度几经变革，到1994年税改以前，仍旧开征的财产税税种主要有：房产税、城市房地产税；车船使用税、车船使用牌照税；城镇土地使用税、耕地占用税；资源税、盐税；固定资产投资方向调节税、契税、印花税等。

在1994年税制改革前，在财产税领域同样突出地存在着税法不统一、税种设置不够科学、税制繁复、内外有别等问题，为此1994年税制改革在财产税领域较为突出的变革，是将盐税并入资源税，统一征收资源税，开征土地增值税；此外，还提出了将房产税与城市房地产税、车船使用税与车船使用牌照税予以合并的设想，以解决税制不统一和内外有别的问题。另外，适时开征遗产税和赠与税也曾列入规划。

尽管1994年税制改革的目标至今仍未全部完成，但财产税制度的基本框架已经形成。目前，我国财产税体系包括的税种主要有资源税、房产税、土地税（包括土地使用税、土地增值税、耕地占用税）、契税、车船税、印花税以及资源税、环境税等等。

此外，还需加以说明的是，固定资产投资方向调节税、印花税等，其开征有其特定的目的，并可在一定程度上调节特定的行为，因而有人称为特定目的行为税或特定行为税；也有人认为这些税种不好归类，将其统称为“零星税种”，因为许多国家都可能会有体现本国特色的零星税种。其实，考虑到各税种的开征均有其特定目的，也均可调节特定的行为，因此可以不将其列为特定目的或特定行为税；考虑到国际上通行的按征税对象将税收分为商品税、所得税和财产税，而这几个税种又不属对商品、所得征税，但却与财产的占有、用益以及财产权利的移转变动有关，因而亦可将其大略归入财产税类中，而无须拘泥于作为传统法律关系客体的物与行为的分类。正因如此，本书自始至终，并不单列特定行为税制度，以体现现代财产税制度的发展要求。

另外，我国曾征收过的固定资产投资方向调节税、筵席税、屠宰税，都是我国在特定历史时期开征的很有特色的税种，但税收效益均欠佳，已被废止。因此，上述三个税种，本书均不予具体介绍。此外，遗产税因其立法尚未出台，因而亦不展开介绍。在以下各节中，将着重介绍财产税体系中的几类重要税种制度。

第二节 房产税法律制度

一、房产税制度概述

房产税是以房屋为征税对象并由对房屋拥有所有权或使用权的主体缴纳的一种财产税。

房产税也是一个历史悠久的税种，在世界各国征收较为普遍。我国自周朝以降，各个朝代均重视对房产征税，从而使房产税制度一直绵延未绝。

我国曾于1951年颁布《城市房地产税暂行条例》，规定将房产税和地产税合并征收。其后房地产税制度几经变动，到1984年进行工商税制改革时，房产税又被重新确定为一个独立税种，国务院随即于1986年9月发布了《中华人民共和国房产税暂行条例》（2011年修改）①，规定从1986年10月1日起在全国开征房产税；但对外商投资企业等涉外企业和外籍人员的房产，仍适用1951年颁布的《城市房地产税暂行条例》征税。这样，在房产税领域便形成了内外有别的两套税制。

为了解决上述的税制不统一及由此而引发的诸多问题，在1994年进行税制改革时，国家

---

① 2011年1月8日根据《国务院关于废止和修改部分行政法规的决定》修改。

税务总局提出要取消对涉外企业和外籍人员征收的城市房地产税，统一实行房产税，并适当调高税率和税额，从而为建立统一适用于各类纳税人的房产税制度奠定了基础。

基于经济、社会和法律发展的现实需要，自 2009 年 1 月 1 日起，原政务院颁布的《城市房地产税暂行条例》被正式废止。① 这不仅标志着我国房产税制度实现了内外统一，也彻底结束了我国对内、外资分设税种的历史，更好地体现了税收公平原则和国民待遇原则，有利于内外资企业按照市场经济规律开展公平竞争。2013 年，我国提出“加快房地产税立法并适时推进改革”，其后，房地产税的立法也被纳入了全国人大的立法规划。但由于房地产税立法涉及的问题非常复杂，对于房产税与相关土地税的关系，以及房地产税的纳税主体、征税对象、计税依据、税率等课税要素存在诸多认识分歧，因而我国至今仍未能开征房地产税。为此，下面仍主要结合现行《房产税暂行条例》，来介绍我国房产税制度的主要内容。

二、我国房产税制度的主要内容

（一）纳税主体

我国房产税的纳税主体，是在我国境内拥有房屋产权的单位和个人。产权属于全民所有的，以经营管理人为纳税人；产权出典的，以承典人为纳税人；产权所有人、承典人不在房产所在地，或产权未确定的，或者租典纠纷未解决的，以房产代管人或使用人为纳税人。

此外，自 2009 年 1 月 1 日起，外商投资企业、外国企业和组织以及外籍个人，依照《中华人民共和国房产税暂行条例》缴纳房产税。

（二）征税范围

房产税的征税对象，是在我国境内用于生产经营的房屋，其具体范围包括建在城市、县城、建制镇和工矿区的房屋。对于城乡居民用于居住的房屋不征房产税。②

上述的城市是指国务院批准设立的市，具体区域为市区、郊区和市辖县县城；县城是指未设立建制镇的县人民政府所在地；建制镇是指经省、自治区、直辖市人民政府批准设立的建制镇；工矿区是指工商业比较发达，人口比较集中，符合国务院规定的建制镇标准，但尚未设立镇建制的大中型工矿企业所在地。

（三）计税依据和税率

房产税的计税依据是房产余值或房产租金收入。其中，房产余值是依照房产原值一次减除10%至 30%后的余值；没有房产原值作为依据的，由税务机关参考同类房产核定。房产租金收入是房产所有人出租房屋所获得的报酬，包括货币收入和实物收入。在“营改增”后房产出租，计征房产税的租金收入不含增值税。③

房产税实行比例税率，其中，依照房产余值计税的，税率为 1.2%；房产出租的，以房租收入为计税依据，税率为 12%。

在明确了计税依据和适用税率之后，即可计算应纳税额，其计算公式为：

$$\text{应纳税额}=\text{房产原值}\times(1-\text{扣除比例})\times 1.2\%$$

或者

$$\text{应纳税额}=\text{房租收入}\times 12\%$$

此外，目前对个人出租住房和企事业单位、社会团体以及其他组织按市场价格向个人出租

---

① 参见 2008 年 12 月 31 日中华人民共和国国务院令第 546 号。

② 自 2011 年 1 月 28 日起，我国开始在上海、重庆对符合规定的个人住房征收房产税。

③ 参见《财政部、国家税务总局关于营改增后契税 房产税 土地增值税 个人所得税 计税依据问题的通知》（财税〔2016〕43 号）。

用于居住的住房，减按4%的税率征收房产税。

（四）税收减免

下列房产免征房产税：（1）国家机关、人民团体、军队自用的房产；（2）由国家财政部门拨付事业费的单位自用的房产；（3）宗教寺庙、公园、名胜古迹自用的房产；（4）个人所有非营业用的房产；（5）经财政部批准免税的其他房产，如危房、地下人防设施等。

此外，目前适用免税规定的项目还包括：（1）非营利性医疗机构、疾病控制机构、妇幼保健机构等医疗、卫生机构自用的房产；（2）政府部门和企业、事业单位、社会团体、个人投资兴办的福利性、营利性老年服务机构自用的房产；（3）非营利性科研机构自用的房产。

另外，按政府规定价格出租的公有住房和廉租住房暂免征税。

（五）税收征管

房产税由房产所在地的地方税务机关负责征收管理。纳税人应依法向房产所在地的税务机关申报纳税。

房产税实行按年征收，分期缴纳，具体期限由各省级人民政府确定。

以人民币以外的货币为记账本位币的外资企业及外籍个人在缴纳房产税时，均应将其根据记账本位币计算的税款按照缴款上月最后一日的人民币汇率中间价折合成人民币。①

[资料] **房产税立法的模式选择**

1. 纳税主体的模式选择：营利性与非营利性

房产税的征收，究竟应当针对营利性主体还是非营利性主体，是立法模式上的一个重要选择。从现行的《房产税暂行条例》规定来看，虽然把营利性主体和非营利性主体都作为纳税主体，但实质上是通过免税制度，实现了对营利性主体的单独征收。

依据"可税性理论"，征税的前提是收益性和营利性，只有对营利性或经营性的收益，才适合征税，因此，对房产征税也应从营利性的角度，区分经营性房产和非经营性房产。对经营性房产征税，一般是没有异议的，这也是我国长期实行的制度。而国家机关、第三部门、居民个人自用或非营业用的房产因其没有直接的经济收益，我国规定对其予以免税，这也符合"没有收益就不征税"的"可税性理论"。此外，对房产收益如何理解也是一个问题。例如，房产收益是指因拥有房产而获得的经济收益（如经营收益、租金收益等），还是指因拥有房产而获得的其他收益，如居住收益、声望收益？是指已实现的收益，还是指潜在的收益？② 这些都会影响房产税立法。尽管不少国家对自用房产已征税，但它们的理论基础或征税依据可能并不一致。

我国的《房产税暂行条例》总体上是对拥有经营性房产的主体征税，对拥有自用房产的个人免税。在经营性或营利性的界定方面，对于房产出租等经营行为的营利性容易判断，但对于将房产长期放置不用的行为是否具有营利性，则可能会有不同的认识。其实，对于后一类存在不同认识的行为，如果不考虑调控等目标，则在其收益实现时征税也许更为合适。此外，与对营利性收益征税相反，在房产税制度中之所以会存在多种税收优惠制度，往往是基于"非营利性"的考虑。

主体的营利性会影响房产税征收的合理性，但从更为根本的或原初的意义上说，国家征收房产税，是因为国家对国民房产的产权提供了保护，对国民的生存权提供了保障；同时，房产作为"不动产"，可以成为国家稳定的税源。各国对其普遍征收，且历史悠久。

---

① 参见财政部、国家税务总局《关于对外资企业及外籍个人征收房产税有关问题的通知》（财税〔2009〕3号）。

② 对于类似的收益及对其是否应当征税的探讨，参见［美］波斯纳：《法律的经济分析》，635～641页，北京，中国大百科全书出版社，1997。

然而，由于个人非营利性的自用房产是基本的生活资料，居民个人可以对房产进行占有、使用和收益（或受益），但在房产自用的情况下，其收益（即受益）的实现与“所得”的实现不同，因此，房产税的税率不能定得很高，它不能成为国家财政收入的重要来源，只能在一定程度上成为地方财政收入的来源。

2. 征税客体的模式选择：单一性与复合性

从征税客体来看，房产税的立法可分为单一客体模式和复合客体模式，其中，前者是指仅对“房产”征税的立法模式，后者是指对“房产”“土地”等综合征税的立法模式。与这两种模式相关联，我国究竟应通过完善现行制度建立单一的“房产税”制度，还是应整合其他制度，建立统一的“房地产税”制度？对此尚存在不同看法。基于我国特殊的土地制度，在土地所有制不变的情况下，房产税制度和土地税制度能否整合以及如何整合，尚待深入研究。

征税客体的不同模式选择，直接影响税基，关涉纳税人的权利、义务以及国家的利益。如果选择复合客体模式，可能需要考虑不同时期、不同区域的房产在价值构成上的差别，因为一旦包含土地价值（特别是几十年的土地价值），则税基会与单一客体模式存在很大不同，等等。如果选择单一客体模式，对房产和土地单独征税，而在征收房产税时，却又将土地因素摄入其中，则有可能被认为存在严重的重复征税。目前，我国房产领域所涉及的税种非常多，从营业税等商品税到所得税、财产税，不一而足，在“房地分离”的体制下，单纯征收房产税而不是房地产税会更为简单。

此外，从时间的维度上，还涉及另一种单一模式，即仅仅只对立法后新购置的增量房产征税，也称为增量模式、非溯及既往模式；与之相对应的是另一种复合模式，即对立法前既有的存量房产同时征税，也称总量模式、溯及既往模式。① 对于上述的单一模式和复合模式如何选择，同样对纳税主体的利益以及整体的房产税立法影响巨大。

可见，采取单一模式还是复合模式，在房产税立法上不仅涉及税种的合并，也涉及税基的调整，因为客体的合并或分立，会影响税基。既然客体不仅与纳税主体直接相关，也与税基密切相连，那么还需要从计税依据的角度关注立法模式问题。

3. 计税依据的模式选择：从量与从价

从计税依据的角度看，选取从量计征的模式还是从价计征的模式，直接影响房产税的立法和具体征收。计税依据上的两种模式虽然与上述的客体模式相关，但仍然具有其独立的分类价值，因为即使采行单一客体模式，也会涉及计税依据上的两种不同模式的选择问题。

一般说来，从量模式强调依据房产的数量、面积等来征收；从价模式强调依据房产的价值来征收。由于房产的量是比较稳定的，而价值则在变化，因而未来的房产税立法究竟应当采行哪种模式，抑或兼而用之，会影响税基的确定，以及公众的市场预期。

相对说来，单纯地从量（如依据面积大小）计征，不用进行复杂的价值评估，无须经常进行动态调整，会更加简便易行，征收成本也更低。在从量计征的模式下，为了保障公平或其他价值目标的实现，各地可以根据本地情况，对税率或税额进行调整，而不必对税基、税率两个方面都调整，从而更便于征管和纳税人的遵从。而在从价计征的模式下，更注重课税对象的经济价值，更能体现“量能课税”的思想，似乎更公平；但如果业主没有“实现”其房产价值，或者房产“被升值”，而业主又不能或者不想转让其房产，则在一定的时期，业主承受的税负可能更重。事实上，这些税负由业主在其转让房产时承担也许更为合理，因为与其“实现”的

---

① 增量模式、非溯及既往模式比总量模式、溯及既往模式，会在法理上和社会心理上得到更多认同，支持率也更高。这在房产税改革试点方面也有体现。

收益是相匹配的。

从房产税制度改革的试点情况看，重庆模式更侧重于价值，更加强调对房产的奢侈消费征税，属于从价模式；上海模式则侧重于数量和面积，更加强调对房产的过量消费征税，属于从量模式。此外，与前述的时间维度相关，重庆的从价模式，对过去的既存房产也征税，征税范围包括过去的存量房产和现在的新购房产；而上海模式，则仅对新购的、超标的房产征税。由于上海模式不溯及既往，制度的实施难度会相对小一些，同时，也更符合基本的不溯及课税的法理和税法适用原则。

第三节 土地税法律制度

一、土地税法律制度概述

土地税是以土地为征税对象，由对土地进行占有、使用、收益的主体缴纳的一类税的总称。

“土地是财富之母”，自古及今，中外各国均重视对土地征税，从而使土地税制度的历史非常悠久。各国的土地税从具体名称到课税要素都有很大的不同，例如：有的国家以土地数量为计税依据征收田赋；有的国家以土地价值为计税依据征收地价税；有的国家以土地收益额或所得额为计税依据征收土地收益税或所得税；有的国家以土地增值额为计税依据征收土地增值税；等等。

我国早在周朝时就有了以“彻”为表现形式的土地税，以后各朝代均在不同程度上征收土地税或田赋。我国现行的土地税制度包括三个税种，即土地使用税、耕地占用税和土地增值税，下面分别介绍这三个税种的有关规定。

二、土地使用税制度

（一）土地使用税制度概述

土地使用税是以应税土地为征税对象、对拥有土地资源使用权的单位和个人征收的一种财产税。我国目前征收的土地使用税为城镇土地使用税，也有人提出以后应将其征税范围扩展到除农业用地以外的全部土地，使其成为真正的土地使用税。

在1984年进行工商税制改革时，从原来的城市房地产税中分离出了两个独立的税种，即房产税和城镇土地使用税。国务院于1988年9月正式发布了《中华人民共和国城镇土地使用税暂行条例》，规定自同年11月1日起在全国范围内对内资企业和个人征收城镇土地使用税。随着经济和社会的发展，需要进一步加强对土地使用的控制和管理，保护土地资源，调节级差收入，促进土地的合理开发和利用。为此，2006年12月31日，国务院对该暂行条例作了修订。[①] 此后，2011年1月8日、2013年12月7日，国务院又先后对该条例作了修改。[②]

（二）现行的城镇土地使用税制度的主要内容

1. 纳税主体

城镇土地使用税的纳税主体，是指在我国境内拥有应税土地的使用权的单位和个人。作为纳税主体的单位，包括国有企业、集体企业、私营企业、股份制企业、外商投资企业、外国企业以及其他企业和事业单位、社会团体、国家机关、军队以及其他单位；作为纳税主体的个

---

① 参见2006年12月31日国务院《关于修改〈中华人民共和国城镇土地使用税暂行条例〉的决定》。

② 参见2011年1月8日《国务院关于废止和修改部分行政法规的决定》，以及2013年12月7日《国务院关于修改部分行政法规的决定》。

人，包括个体工商户以及其他个人。

在纳税人的具体确定方面，（1）如果拥有土地使用权的单位和个人不在土地所在地，则以土地的实际使用人和代管人为纳税人；（2）如果土地使用权未确定或权属纠纷未解决，则以实际使用人为纳税人；（3）如果土地使用权为共有，则共有各方均为纳税人，由各方分别纳税。

2. 征税范围

城镇土地使用税的征税范围，包括在城市、县城、建制镇和工矿区内的国家所有和集体所有的土地。其中，城市的土地包括市区和郊区的土地；县城的土地是指县人民政府所在地的城镇的土地；建制镇的土地是指镇人民政府所在地的土地。

3. 计税依据

城镇土地使用税的计税依据，是纳税人实际占用的应税土地面积。

上述的应税土地面积，按以下办法确定：（1）凡由省级人民政府确定的单位组织来测定的，以测定的面积为准；（2）尚未组织测定，但纳税人持有政府部门核发的土地使用证书的，以证书确认的土地面积为准；（3）尚未核发土地使用证书的，以纳税人据实申报的土地面积为准。

4. 税率及应纳税额的计算

城镇土地使用税实行定额税率，且为幅度差别税额。不同地域每平方米土地的年税额分别为：（1）大城市 1.5 元至 30 元；（2）中等城市 1.2 元至 24 元；（3）小城市 0.9 元至 18 元；（4）县城、建制镇、工矿区 0.6 元至 12 元。

各省级人民政府，应当在上述税额幅度内，根据市政建设状况、经济繁荣程度等条件，确定所辖地区的适用税额幅度。

市、县人民政府应当根据实际情况，将本地区土地划分为若干等级，在省级人民政府确定的税额幅度内，制定相应的适用税额标准，报省级人民政府批准执行。

此外，经省级人民政府批准，经济落后地区土地使用税的适用税额标准可以适当降低，但降低额不得超过上述规定最低税额的 30%。经济发达地区土地使用税的适用税额标准可以适当提高，但须报经财政部批准。

在确定了计税依据和具体适用的税额的基础上，便可计算应纳税额，其公式为：

应纳税额＝实际占用的土地面积×适用税额

5. 税收减免

以下土地免缴土地使用税：（1）国家机关、人民团体、军队自用的土地；（2）由国家财政部门拨付事业经费的单位自用的土地；（3）宗教寺庙、公园、名胜古迹自用的土地；（4）市政街道、广场、绿化带等公共用地；（5）直接用于农、林、牧、渔业的生产用地；（6）经批准开山填海整治的土地和改造的废弃土地，从使用的月份起免缴土地使用税 5 年至 10 年；（7）由财政部另行规定免税的能源、交通、水利设施用地和其他用地。

此外，县以上地方税务局有权对以下土地确定是否予以定期减免：（1）个人所有的居住房屋及院落用地；（2）免税单位职工家属的宿舍用地；（3）民政部门举办的安置残疾人占一定比例的福利工厂用地；（4）集体和个人办的各类学校、医院、托儿所、幼儿园用地。

目前，免征城镇土地使用税的项目还包括下列各项：

（1）非营利性医疗机构、疾病控制机构、妇幼保健机构等医疗、卫生机构自用的土地；

（2）政府部门和企业、事业单位、社会团体、个人投资兴办的福利性、非营利性老年服务机构自用的土地；

（3）非营利性科研机构自用的土地。

6. 税收征管

城镇土地使用税由土地所在地的地方税务机关征收。城镇土地使用税按年计算，分期（月、季、半年）缴纳，具体纳税期限由省级人民政府确定。但对于新征收的土地，属于耕地的，自批准征收之日起满 1 年时起缴纳土地使用税；若征收的是非耕地，自批准征收的次月起缴纳土地使用税。

此外，土地管理机关应当向土地所在地的税务机关提供土地使用权属资料，协助税务机关进行征收管理。

三、耕地占用税制度

（一）耕地占用税制度概述

耕地占用税，是对在我国境内占用耕地建房或者从事其他非农业建设的单位和个人，按其实际占用的耕地面积征收的一种财产税。

农业是我国国民经济的基础，而耕地则是农业生产的基础。我国用占世界约 7%的耕地，养活着占世界约 22%的人口。在 20 世纪 80 年代我国人均耕地面积非常低，乱占滥用耕地的现象非常普遍，因此，必须加强土地管理，合理利用土地资源，加大耕地保护的力度。为此，国务院于 1987 年 4 月发布了《中华人民共和国耕地占用税暂行条例》，开征耕地占用税，起到了一定的积极作用。随着后来中国工业化速度的加快，需要通过各种途径加大耕地保护的力度，因此国务院又于 2007 年 12 月公布了修改后的《耕地占用税暂行条例》，该条例自 2008 年 1 月 1 日起施行。2016 年 1 月 15 日，国家税务总局还发布了《耕地占用税管理规程（试行）》，对耕地占用税的征管甚至具体课税要素作出了进一步明确。为了合理利用土地资源，加强土地管理，保护耕地，2018 年 12 月 29 日全国人大常委会通过了《中华人民共和国耕地占用税法》以下简称《耕地占用税法》，同时，财政部等还发布了《中华人民共和国耕地占用税法实施办法》以下简称《实施办法》，上述法律和《实施办法》均自 2019 年 9 月 1 日起施行。①

（二）我国耕地占用税制度的主要内容

1. 纳税主体

耕地占用税的纳税主体，是在中华人民共和国境内占用耕地建设建筑物、构筑物或者从事非农业建设的单位和个人。这里的耕地，是指用于种植农作物的土地。这里的单位，包括国有企业、集体企业、私营企业、股份制企业、外商投资企业、外国企业以及其他企业和事业单位、社会团体、国家机关、部队以及其他单位；这里的个人，包括个体工商户以及其他个人。

此外，占用耕地建设农田水利设施的，不缴纳耕地占用税。

经申请批准占用耕地的，纳税人为农用地转用审批文件中标明的建设用地人；农用地转用审批文件中未标明建设用地人的，纳税人为用地申请人。未经批准占用耕地的，纳税人为实际用地人。

2. 计税依据与适用税额

耕地占用税以纳税人实际占用的耕地面积为计税依据，按照规定的适用税额一次性征收，应纳税额为纳税人实际占用的耕地面积（平方米）乘以适用税额。其基本公式为：

应纳税额＝实际占用的耕地面积×适用税额

上述实际占用的耕地面积，包括经批准占用的耕地面积和未经批准占用的耕地面积。

---

① 参见财政部、税务总局、自然资源部、农业农村部、生态环境部发布的《中华人民共和国耕地占用税法实施办法》。

上述的适用税额，为幅度比例税率，具体如下：（1）人均耕地不超过 1 亩的地区（以县、自治县、不设区的市、市辖区为单位，下同），每平方米为 10 元至 50 元；（2）人均耕地超过 1 亩但不超过 2 亩的地区，每平方米为 8 元至 40 元；（3）人均耕地超过 2 亩但不超过 3 亩的地区，每平方米为 6 元至 30 元；（4）人均耕地超过 3 亩的地区，每平方米为 5 元至 25 元。

各地区耕地占用税的适用税额，由省级人民政府根据人均耕地面积和经济发展等情况，在上述税额幅度内提出，报同级人民代表大会常务委员会决定，并报全国人民代表大会常务委员会和国务院备案。各省、自治区、直辖市耕地占用税适用税额的平均水平，不得低于《各省、自治区、直辖市耕地占用税平均税额表》规定的平均税额。

表 13-1　各省、自治区、直辖市耕地占用税平均税额表

地区	每平方米平均税额（元）
上海	45
北京	40
天津	35
江苏、浙江、福建、广东	30
辽宁、湖北、湖南	25
河北、安徽、江西、山东、河南、重庆、四川	22.5
广西、海南、贵州、云南、陕西	20
山西、吉林、黑龙江	17.5
内蒙古、西藏、甘肃、青海、宁夏、新疆	12.5

此外，在人均耕地低于 0.5 亩的地区，省、自治区、直辖市可以根据当地经济发展情况，适当提高耕地占用税的适用税额，但提高的部分不得超过同级人大确定的适用税额的 50%。

另外，占用基本农田的，应当按照依法确定的当地适用税额，加按 150%征收，以体现对基本农田的特别保护。上述的基本农田，是指依据《基本农田保护条例》划定的基本农田保护区范围内的耕地。

3. 税收减免

下列情况，免征或减征耕地占用税。

（1）军事设施、学校、幼儿园、社会福利机构、医疗机构占用耕地，免征耕地占用税。

上述军事设施，是指《中华人民共和国军事设施保护法》规定的军事设施；上述学校，具体包括县级以上人民政府教育行政部门批准成立的大学、中学、小学，学历性职业教育学校和特殊教育学校，以及经省级人民政府或其人力资源社会保障行政部门批准成立的技工院校；上述幼儿园，具体范围限于县级以上人民政府教育行政部门批准成立的幼儿园内专门用于幼儿保育、教育的场所；上述社会福利机构，具体范围限于依法登记的养老服务机构、残疾人服务机构、儿童福利机构、救助管理机构、未成年人救助保护机构内，专门为老年人、残疾人、未成年人、生活无着的流浪乞讨人员提供养护、康复、托管等服务的场所；上述医疗机构，具体范围限于县级以上人民政府卫生健康行政部门批准设立的医疗机构内专门从事疾病诊断、治疗活动的场所及其配套设施。

学校内经营性场所和教职工住房占用耕地的，以及医疗机构内职工住房占用耕地的，按照当地适用税额缴纳耕地占用税。

（2）铁路线路、公路线路、飞机场跑道、停机坪、港口、航道、水利工程占用耕地，减按每平方米 2 元的税额征收耕地占用税。

（3）农村居民在规定用地标准以内占用耕地新建自用住宅，按照当地适用税额减半征收耕地占用税；其中农村居民经批准搬迁，新建自用住宅占用耕地不超过原宅基地面积的部分，免征耕地占用税。

(4) 农村烈士遗属、因公牺牲军人遗属、残疾军人以及符合农村最低生活保障条件的农村居民，在规定用地标准以内新建自用住宅，免征耕地占用税。

依照上述 (1) (2) 两项规定免征或者减征耕地占用税后，纳税人改变原占地用途，不再属于免征或者减征耕地占用税情形的，应当按照当地适用税额补缴耕地占用税。

此外，根据国民经济和社会发展的需要，国务院可以规定免征或者减征耕地占用税的其他情形，报全国人民代表大会常务委员会备案。

4. 征收管理

耕地占用税由税务机关依照《耕地占用税法》和《税收征收管理法》的规定负责征收管理。具体应注意以下几个方面。

(1) 耕地占用税的纳税义务发生时间为纳税人收到自然资源主管部门办理占用耕地手续的书面通知的当日。

未经批准占用耕地的，纳税义务发生时间为自然资源主管部门认定的纳税人实际占用耕地的当日。因挖损、采矿塌陷、压占、污染等损毁耕地的纳税义务发生时间为自然资源、农业农村等相关部门认定损毁耕地的当日。

纳税人应当自纳税义务发生之日起 30 日内申报缴纳耕地占用税。自然资源主管部门凭耕地占用税完税凭证或者免税凭证和其他有关文件发放建设用地批准书。

(2) 纳税人占用耕地，应当在耕地所在地申报纳税。

(3) 纳税人因建设项目施工或者地质勘查临时占用耕地，应当依法缴纳耕地占用税。纳税人在批准临时占用耕地期满之日起一年内依法复垦，恢复种植条件的，全额退还已经缴纳的耕地占用税。上述的临时占用耕地，是指经自然资源主管部门批准，在一般不超过 2 年内临时使用耕地并且没有修建永久性建筑物的行为。

(4) 占用园地、林地、草地、农田水利用地、养殖水面、渔业水域滩涂以及其他农用地建设建筑物、构筑物或者从事非农业建设的，应依法缴纳耕地占用税。占用上述农用地的，适用税额可以适当低于本地区依法确定的适用税额，但降低的部分不得超过 50%。具体适用税额由省、自治区、直辖市人民政府提出，报同级人民代表大会常务委员会决定，并报全国人民代表大会常务委员会和国务院备案。此外，占用上述农用地建设直接为农业生产服务的生产设施的，不缴纳耕地占用税。

5. 协调机制

税务机关应当与相关部门建立耕地占用税涉税信息共享机制和工作配合机制。县级以上地方人民政府自然资源、农业农村、水利等相关部门应当定期向税务机关提供农用地转用、临时占地等信息，协助税务机关加强耕地占用税征收管理。

税务机关发现纳税人的纳税申报数据资料异常或者纳税人未按照规定期限申报纳税的，可以提请相关部门进行复核，相关部门应当自收到税务机关复核申请之日起 30 日内向税务机关出具复核意见。

四、土地增值税制度

（一）土地增值税制度概述

土地增值税，是对转让土地权利而获取收益的主体，就其土地的增值额征收的一种财产税。

土地增值税从其名称看，貌似增值税，但它与对一般的货物和劳务征收的增值税有着明显的不同，因为其征税对象是土地这种典型的不动产。此外，土地增值税的计税依据是土地的收益增值额，因而它又具有一定的所得税性质，其计税依据的确定与所得税的原理是一样的，有的国家是把转让土地的所得作为资本利得，与营业所得一并征收所得税。当然，也有些国家对土地和其他不动产收益单独课税，从而形成了独立于一般商品税、所得税之外的土地增值税制度。从征税对象的角度说，土地增值税应属于财产税。

土地增值税首先开征于19世纪的德国，其后意大利、韩国以及我国台湾地区等国家和地区亦开征此税。但各国和地区有关土地增值税的具体规定是不尽相同的，这与它们情况的差异密切相关。

土地是稀缺的资源，因而土地总是供不应求的，并且，随着交通等公共基础设施的不断改善，土地的级差收入会不断提高，从而使土地不断增值。而这种增值并非由于土地经营者的投资经营而产生的，国家在这种增值中起到了重要作用；同时，国家作为土地的所有者的情况下，更有权参与这种增值收益的分享，因此，开征土地增值税是有其合理性的。

我国开征土地增值税的直接目的，是抑制通过炒买炒卖土地来投机获取暴利的行为，加强对房地产开发和房地产市场的规范和管理，参与土地增值收益的分配，增加国家财政收入。基于上述考虑，国务院于1993年12月颁布了《中华人民共和国土地增值税暂行条例》(2011年修改)，该条例于1994年1月1日起施行。[①] 此后，财政部还于1995年1月发布了《土地增值税暂行条例实施细则》，从而确立了较为完备的土地增值税制度。

（二）我国土地增值税制度的主要内容

1. 纳税主体

土地增值税的纳税主体，是转让国有土地使用权、地上的建筑物及其附着物（以下简称转让房地产）并取得收入的单位和个人，具体包括各类企事业单位、国家机关和社会团体及其他组织、个体经营者等。当然，其中也包括外商投资企业、外国企业、华侨、港澳台同胞及外国公民等。

2. 征税范围

土地增值税的征税范围，包括转让国有土地使用权、地上的建筑物及其附着物而取得的收入，即转让房地产的收入。这里的转让房地产，是指以出售或者其他方式有偿转让房地产的行为，不包括以继承、赠与方式无偿转让房地产的行为；也不包括出租、抵押房地产以及转让非国有土地使用权、地上建筑物及其附着物的行为。上述的地上建筑物，是指建于土地上的一切建筑物，包括地上地下的各种附属设施；附着物是指附着于土地上的，不能移动、经移动即遭损坏的物品。

3. 计税依据

土地增值税的计税依据是土地增值额，即纳税人转让房地产所取得的收入减除法定扣除项目金额后的余额。

上述纳税人转让房地产的收入，是指转让房地产的全部价款及有关的经济收益，包括货币收入、实物收入和其他收入。

上述法定的扣除项目包括：(1) 取得土地使用权所支付的金额；(2) 开发土地的成本、费用；(3) 新建房及配套设施的成本、费用，或者旧房及建筑物的评估价格；(4) 与转让房地产有关的税金；(5) 财政部规定的其他扣除项目。

---

① 此外，2011年1月8日《国务院关于废止和修改部分行政法规的决定》对该条例作了修改。

对于上述法定扣除项目，应注意以下几点。

(1) 取得土地使用权所支付的金额，是指纳税人为取得土地使用权所支付的地价款和按国家统一规定交纳的有关费用。

(2) 开发土地和新建房及配套设施（简称房地产开发）的成本，包括土地征用及拆迁补偿费、前期工程费、建筑安装工程费、基础设施费、公共配套设施费、开发间接费用。

上述的土地征用及拆迁补偿费，包括土地征用费、耕地占用税、劳动力安置费及有关地上、地下附着物拆迁补偿的净支出、安置动迁用房支出等。上述的前期工程费，包括规划、设计、项目可行性研究和水文、地质、勘察、测绘、“三通一平”等支出。上述的开发间接费用，是指直接组织、管理开发项目发生的费用，包括工资、职工福利费、办公费、水电费、折旧费等。

(3) 开发土地和新建房及配套设施的费用（简称房地产开发费用），是指与房地产开发项目有关的销售费用、管理费用、财务费用。

(4) 旧房及建筑物的评估价格，是指在转让已使用的房屋及建筑物时，由政府批准设立的房地产评估机构评定的重置成本价乘以成新度折扣率后的价格。评估价格须经当地税务机关确认。

(5) 与转让房地产有关的税金，是指在转让房地产时缴纳的城市维护建设税、印花税。因转让房地产交纳的教育费附加，也可视同税金予以扣除。

此外，土地增值税纳税人转让房地产取得的收入为不含增值税收入。《中华人民共和国土地增值税暂行条例》等规定的土地增值税扣除项目涉及的增值税进项税额，允许在销项税额中计算抵扣的，不计入扣除项目，不允许在销项税额中计算抵扣的，可以计入扣除项目。①

(6) 财政部规定的其他扣除项目，是指从事房地产开发的纳税人，可按取得土地使用权所支付的金额与房地产开发成本之和，作20%的扣除。

4. 税率和应纳税额的计算

土地增值税实行四级超额累进税率，具体规定为：(1) 增值额未超过扣除项目50%的部分，税率为30%；(2) 增值额超过扣除项目金额50%、未超过扣除项目金额100%的部分，税率为40%；(3) 增值额超过扣除项目金额100%、未超过扣除项目金额200%的部分，税率为50%；(4) 增值额超过扣除项目金额200%的部分，税率为60%。

上述每级“增值额未超过扣除项目金额”的比例，均包括本比例数。

在明确了计税依据和税率的基础上，即可计算土地增值税的应纳税额。应纳税额可按增值额乘以适用的税率减去扣除项目金额乘以速算扣除系数的简便方法计算，其基本公式是：

应纳税额＝增值额×税率－扣除项目金额×速算扣除系数

在上面公式中适用税率分别为30%、40%、50%、60%的情况下，速算扣除系数分别为0、5%、15%、35%。

5. 税收减免

有下列情形之一的，免征土地增值税。

(1) 纳税人建造普通标准住宅出售，增值额未超过扣除项目金额20%的。

所谓普通标准住宅，是指按所在地一般民用住宅标准建造的居住用住宅。高级公寓、别墅、度假村等不属于普通标准住宅。

(2) 因国家建设需要依法征收、收回的房地产。具体是指因城市实施规划、国家建设的需要而被政府批准征用的房产或收回的土地使用权。此外，因上述原因而需要搬迁，由纳税人自

---

① 可参见《财政部、国家税务总局关于营改增后契税 房产税 土地增值税 个人所得税 计税依据问题的通知》(财税〔2016〕43号)，相关规定自2016年5月1日起实施。

行转让原房地产的，亦免征土地增值税。

另外，个人因工作调动或改善居住条件而转让原自用住房，经向税务机关申报核准，凡居住满5年或5年以上的，免征土地增值税；居住满3年未满5年的，减半征收土地增值税。居住未满3年的，按规定计征土地增值税。

目前还规定有其他的免税项目情况。例如，个人之间互换自有居住用房的，经税务机关核实后可以免税；个人转让自有普通住宅的，或者被兼并企业将房地产转让到兼并企业中的，都可以暂免征税。

6. 税收征管

土地增值税由税务机关征收。土地管理部门、房产管理部门应当向税务机关提供有关资料，包括有关房屋及建筑物产权、土地使用权、土地出让金数额、土地基准地价、房地产市场交易价格及权属变更等方面的资料，以协助税务机关依法征税。

纳税人应当自转让房地产合同签订之日起7日内向房地产所在地主管税务机关办理纳税申报，并在税务机关核定的期限内缴纳土地增值税。纳税人转让的房地产坐落在两个或两个以上地区的，应按房地产所在地分别申报纳税。

第四节　契税法律制度

一、契税法律制度概述

契税是因土地、房屋权属发生移转变更而在当事人之间订立契约时，由产权承受人缴纳的一种财产税。它属于动态财产税。

契税在我国是一个古老的税种，早在东晋时期即已对田宅买卖等征收，当时名为“估税”。其后各朝代均对房屋等不动产的买卖、典当课税，到元朝时已开始称为契税。

中华人民共和国成立后，当时的政务院曾于1950年4月发布了《契税暂行条例》。该条例施行了四十多年后，已不能适应经济发展的需要。为此，国务院于1997年7月发布了《中华人民共和国契税暂行条例》，该条例自1997年10月1日起施行。此后，财政部又于同年10月发布了《契税暂行条例细则》，从而确立了我国契税制度的基本框架。2020年8月11日全国人大常委会通过了《中华人民共和国契税法》（以下简称《契税法》），自2021年9月1日起施行。该法立足于我国经济社会发展的新实践，进一步完善了契税制度。下面就结合该法的相关规定，简要介绍我国契税制度的主要内容。

二、我国契税制度的主要内容

（一）纳税主体

在中华人民共和国境内转移土地、房屋权属，承受的单位和个人为契税的纳税人，应依法缴纳契税。这里的单位是指企事业单位、国家机关、军事单位和社会团体以及其他组织；个人是指个体经营者和其他个人。契税的纳税主体当然也包括涉外企业和外籍个人。

（二）征税范围

契税的征税范围包括转移土地、房屋权属的下述行为：（1）土地使用权出让；（2）土地使用权转让，包括出售、赠与、互换；（3）房屋买卖、赠与、互换。

上述的土地、房屋权属，是指土地使用权、房屋所有权。上述的土地使用权出让，不仅包括原《契税暂行条例》中规定的“国有土地使用权出让”，也包括《土地管理法》中规定的集体土地使用权出让。上述的土地使用权转让，不包括土地承包经营权和土地经营权的转移。

此外，以作价投资（入股）、偿还债务、划转、奖励等方式转移土地、房屋权属的，应当依照《契税法》的规定征收契税。

另外，上述的房屋买卖，是指房屋所有者将其房屋出售，由承受者交付货币、实物、无形资产或者其他经济利益的行为。房屋赠与，是指房屋所有者将其房屋无偿转让给受赠者的行为。房屋交换，是指房屋所有者之间相互交换房屋的行为。

（三）计税依据

契税的计税依据依不同情况可能是成交价格、价格差额或核定价格，具体如下：(1) 土地使用权出让、出售，房屋买卖的，计税依据为土地、房屋权属转移合同确定的成交价格，包括应交付的货币以及实物、其他经济利益对应的价款；(2) 土地使用权互换、房屋互换的，计税依据为所互换的土地使用权、房屋价格的差额；(3) 土地使用权赠与、房屋赠与以及其他没有价格的转移土地、房屋权属行为，计税依据为税务机关参照土地使用权出售、房屋买卖的市场价格依法核定的价格。

此外，纳税人申报的成交价格、互换价格差额明显偏低且无正当理由的，由税务机关依照《税收征收管理法》的规定核定。

（四）税率和应纳税额的计算

契税实行幅度比例税率，税率为3%～5%。契税的具体适用税率，由省、自治区、直辖市人民政府在法律规定的税率幅度内提出，报同级人民代表大会常务委员会决定，并报全国人民代表大会常务委员会和国务院备案。此外，省、自治区、直辖市可以依照上述法定程序对不同主体、不同地区、不同类型的住房的权属转移确定差别税率。

在明确了计税依据和运用税率的基础上，即可计算契税的应纳税额。契税的应纳税额按照计税依据乘以具体适用税率计算，其计税公式为：

应纳税额＝计税依据×具体适用的税率

（五）税收减免

1. 法定减免

《契税法》规定，有下列情形之一的，免征契税：

(1) 国家机关、事业单位、社会团体、军事单位承受土地、房屋权属用于办公、教学、医疗、科研、军事设施；

(2) 非营利性的学校、医疗机构、社会福利机构承受土地、房屋权属用于办公、教学、医疗、科研、养老、救助；

(3) 承受荒山、荒地、荒滩土地使用权用于农、林、牧、渔业生产；

(4) 婚姻关系存续期间夫妻之间变更土地、房屋权属；

(5) 法定继承人通过继承承受土地、房屋权属；

(6) 依照法律规定应当予以免税的外国驻华使馆、领事馆和国际组织驻华代表机构承受土地、房屋权属。

此外，根据国民经济和社会发展的需要，国务院对居民住房需求保障、企业改制重组、灾后重建等情形可以规定免征或者减征契税，报全国人民代表大会常务委员会备案。

2. 决定减免

依据《契税法》的规定，省、自治区、直辖市可以决定对下列情形免征或者减征契税：(1) 因土地、房屋被县级以上人民政府征收、征用，重新承受土地、房屋权属；(2) 因不可抗力灭失住房，重新承受住房权属。

上述规定的免征或者减征契税的具体办法，由省、自治区、直辖市人民政府提出，报同级人民代表大会常务委员会决定，并报全国人民代表大会常务委员会和国务院备案。

3. 减免基础的变更

纳税人改变有关土地、房屋的用途，或者有其他不再属于上述法定的免征、减征契税情形的，应当缴纳已经免征、减征的税款。

4. 对个人购买家庭住房的规定。①

（1）对个人购买家庭唯一住房（家庭成员范围包括购房人、配偶以及未成年子女，下同），面积为 90 平方米及以下的，减按 1%的税率征收契税；面积为 90 平方米以上的，减按 1.5%的税率征收契税。

（2）除北京、上海、广州、深圳四个城市以外，对个人购买家庭第二套改善性住房，面积为 90 平方米及以下的，减按 1%的税率征收契税；面积为 90 平方米以上的，减按 2%的税率征收契税。这里的家庭第二套改善性住房，是指已拥有一套住房的家庭，购买的家庭第二套住房。

（六）税收征管

契税的纳税义务发生时间，为纳税人签订土地、房屋权属转移合同的当日，或者纳税人取得其他具有土地、房屋权属转移合同性质凭证的当日。

契税由土地、房屋所在地的税务机关依照《契税法》和《税收征收管理法》的规定征收管理。纳税人应当在依法办理土地、房屋权属登记手续前申报缴纳契税。纳税人办理纳税事宜后，税务机关应当开具契税完税凭证。纳税人办理土地、房屋权属登记，不动产登记机构应当查验契税完税、减免税凭证或者有关信息。未按照规定缴纳契税的，不动产登记机构不予办理土地、房屋权属登记。

由于土地、房屋的权属及其变动与多个部门的工作密切相关，因此，需要加强税务机关与相关部门的协调配合。为此，《契税法》规定：税务机关应当与相关部门建立契税涉税信息共享和工作配合机制。自然资源、住房城乡建设、民政、公安等相关部门应当及时向税务机关提供与转移土地、房屋权属有关的信息，协助税务机关加强契税征收管理。

在税收征管过程中，涉及纳税人的信息权、退税权等重要权利的保护。例如，税务机关及其工作人员对税收征收管理过程中知悉的纳税人的个人信息，应当依法予以保密，不得泄露或者非法向他人提供。此外，在纳税人的退税权方面，如果在依法办理土地、房屋权属登记前，权属转移合同、权属转移合同性质凭证不生效、无效、被撤销或者被解除，则纳税人可以向税务机关申请退还已缴纳的税款，税务机关应当依法办理。

第五节　车船税与船舶吨税法律制度

一、车船税制度概述

车船税，是以车辆、船舶为征税对象，对拥有或管理车船的单位和个人征收的一种财产税。

车船税是各国开征较为普遍的税种。我国曾于 1950 年 9 月由政务院颁布过《车船使用牌照税暂行条例》，正式开征车船使用牌照税。该税后来亦几经变动，到 1984 年进行工商税制改革时，国务院决定对车船的使用全面征税，考虑到原来的税种名称容易被人误解为是对牌照征

① 参见 2016 年 2 月 22 日实施的《财政部、国家税务总局、住房城乡建设部关于调整房地产交易环节契税营业税优惠政策的通知》。

税，从而混淆“税”与“费”的界限，删去了“牌照”二字，定名为车船使用税。为此，国务院于 1986 年 9 月发布了《中华人民共和国车船使用税暂行条例》，该条例自 1986 年 10 月 1 日起开始实施，从而形成了车船使用税制度。与此同时，对涉外企业和外籍人员继续征收车船使用牌照税，从而形成了内外有别的两套税制。

为了解决税制不统一及由此带来的其他问题，非常有必要把“车船使用税”和“车船使用牌照税”这两个税种予以合并。为此，2006 年 12 月 27 日国务院通过了《中华人民共和国车船税暂行条例》，实现了车船税制度的统一。此后，为了进一步提升车船税的立法级次，更好地发挥车船税制度的作用，全国人大常委会于 2011 年 2 月 25 日通过了《中华人民共和国车船税法》(以下简称《车船税法》)，该法自 2012 年 1 月 1 日起实施。

《车船税法》的实施，对于加强车船管理，提高车船使用效益，开辟地方财源，加强基础设施建设，促进节能减排等，均具有重要意义。为了更好地实施《车船税法》，国家税务总局还发布了《车船税管理规程（试行)》，自 2016 年 1 月 1 日起施行。

二、我国车船税制度的主要内容

依据《车船税法》的规定，我国车船税制度主要包括以下内容。

（一）纳税主体

车船税的纳税主体，是在中华人民共和国境内符合税法规定的车辆、船舶的所有人或者管理人，亦即在我国境内拥有车船的单位和个人。其中，单位是指各类国家机关、事业单位、社会团体以及各类内资企业和涉外企业等，个人是指我国境内的居民和外籍个人。

此外，上述的税法规定的车辆、船舶，是指《车船税法》所附“车船税税目税额表”规定的车辆、船舶。

（二）征税范围

车船税的征税对象是车辆和船舶。其中，车辆的类型主要是乘用车、商用车（包括客车、货车)、挂车、其他车辆（包括专用作业车、轮式专用机械车)、摩托车；船舶的类型主要是机动船舶和游艇。

上述的乘用车是核定载客人数 9 人（含）以下的车辆；上述的客车是核定载客人数 9 人（含）以上的车辆，包括电车；上述的货车具体包括半挂牵引车、三轮汽车和低速载货汽车等；上述的其他车辆不包括拖拉机。

（三）计税依据

车船税是从量税，其计税单位为“每辆”或“整备质量（即自重）每吨”，以及“净吨位每吨”“艇身长度每米”等。具体说来，乘用车和客车、摩托车的计税单位为“每辆”；货车、挂车和其他车辆的计税单位为“整备质量每吨”；机动船舶的计税单位为“净吨位每吨”；游艇的计税单位为“艇身长度每米”。

在具体的计税依据方面，乘用车按发动机汽缸容量（排气量）分档计算，拖船、非机动驳船分别按照机动船舶税额的 50%计算。

（四）税率及应纳税额的计算

车船税实行定额税率，需要依照《车船税法》所附的“车船税税目税额表”的规定（参见表 13-2)，从量定额计征。为了体现区别对待的精神，乘用车税目按照排气量的不同，分 7 档适用不同的幅度税额，例如：排气量 1.0 升（含）以下的乘用车，每辆的年基准税额是 60 元至 360 元；排气量 1.0 升至 1.6 升（含）的乘用车，每辆的年基准税额是 300 元至 540 元；等等。车船税的其他税目及子目虽然也适用幅度税额，但并不分档计征。

表 13-2 车船税税目税额表

税目		计税单位	年基准税额	备注
乘用车［按发动机汽缸容量（排气量）分档］	1.0升（含）以下的	每辆	60元至360元	核定载客人数9人（含）以下
	1.0升以上至1.6升（含）的		300元至540元	
	1.6升以上至2.0升（含）的		360元至660元	
	2.0升以上至2.5升（含）的		660元至1 200元	
	2.5升以上至3.0升（含）的		1 200元至2 400元	
	3.0升以上至4.0升（含）的		2 400元至3 600元	
	4.0升以上的		3 600元至5 400元	
商用车	客车	每辆	480元至1 440元	核定载客人数9人以上，包括电车
	货车	整备质量每吨	16元至120元	包括半挂牵引车、三轮汽车和低速载货汽车等
挂车		整备质量每吨	按照货车税额的50%计算	
其他车辆	专用作业车	整备质量每吨	16元至120元	不包括拖拉机
	轮式专用机械车		16元至120元	
摩托车		每辆	36元至180元	
船舶	机动船舶	净吨位每吨	3元至6元	拖船、非机动驳船分别按照机动船舶税额的50%计算
	游艇	艇身长度每米	600元至2 000元	

基于上述的幅度税额，车辆的具体适用税额由省、自治区、直辖市人民政府依照“车船税税目税额表”规定的税额幅度和国务院的规定确定。船舶的具体适用税额由国务院在“车船税税目税额表”规定的税额幅度内确定。

在明确了计税依据和适用的税额的基础上，即可计算应纳税额，其计算公式为：

应纳税额＝车船计税依据×适用税额

（五）税收减免

依据《车船税法》的规定，下列车船免征车船税：(1) 捕捞、养殖渔船；(2) 军队、武装警察部队专用的车船；(3) 警用车船；(4) 悬挂应急救援专用号牌的国家综合性消防救援车辆和国家综合性消防救援专用船舶；(5) 依照法律规定应当予以免税的外国驻华使领馆、国际组织驻华代表机构及其有关人员的车船。

此外，对节约能源、使用新能源的车船可以减征或者免征车船税；对受严重自然灾害影响有纳税困难以及有其他特殊原因确需减税、免税的，可以减征或者免征车船税。具体办法由国务院规定，但需报全国人民代表大会常务委员会备案。

另外，省、自治区、直辖市人民政府根据当地实际情况，可以对公共交通车船，农村居民拥有并主要在农村地区使用的摩托车、三轮汽车和低速载货汽车定期减征或者免征车船税。

（六）税收退还

(1) 已经缴纳车船税的车船，因质量原因，车船被退回生产企业或者经销商的，纳税人可以向纳税所在地的主管税务机关申请退还自退货月份起至该纳税年度终了期间的税款，退货月份以退货发票所载日期的当月为准。

(2) 已完税车辆被盗抢、报废、灭失而申请车船税退税的，由纳税人纳税所在地的主管税务机关按照有关规定办理。

(3) 纳税人在车辆登记地之外购买机动车第三者责任强制保险，由保险机构代收代缴车船税的，凭注明已收税款信息的机动车第三者责任强制保险单或保费发票，车辆登记地的主管税务机关不再征收该纳税年度的车船税，已经征收的应予退还。

(七) 税收征管

车船税由地方税务机关负责征收。车船税的纳税义务发生时间，为取得车船所有权或者管理权的当月。车船税按年申报缴纳，具体申报纳税期限由省、自治区、直辖市人民政府规定。

车船税的纳税地点，为车船的登记地或者车船税扣缴义务人所在地。依法不需要办理登记的车船，车船税的纳税地点为车船的所有人或者管理人所在地。

此外，从事机动车第三者责任强制保险业务的保险机构，为机动车车船税的扣缴义务人，应当在收取保险费时依法代收车船税，并出具代收税款凭证。

在协助征收方面，公安、交通运输、农业、渔业等车船登记管理部门、船舶检验机构和车船税扣缴义务人的行业主管部门，应当在提供车船有关信息等方面，协助税务机关加强车船税的征收管理。

车辆所有人或者管理人在申请办理车辆相关登记、定期检验手续时，应当向公安机关交通管理部门提交依法纳税或者免税证明，公安机关交通管理部门核查后办理相关手续。

三、船舶吨税概述

船舶吨税，是对从境外港口进入境内港口的船舶，基于其对港口设施的使用，而依据其吨位征收的一种财产税。

从这个定义看，船舶吨税的征税对象是船舶，这与车船税的征税对象是类似的，只不过车船税主要是基于在一国范围内对车船这种特定的财产的用益，以及对相关基础设施的使用而征税，而船舶吨税则针对从境外港口进入境内港口的船舶对相关基础设施的使用而征税，并因船舶的来源地是境外港口而具有一定的涉外因素。此外，与前述的车辆购置税相比，车船税和船舶吨税都是具有一定的“费”的性质的“税”，只不过车辆购置税是以单纯的车辆为征税对象，而船舶吨税是以单纯的船舶为征税对象，从而不同于车船税。

从历史上看，我国在清朝曾开征过的“梁头税”“船钞”“船例”等，都是船舶吨税的重要形式。清政府海关在1870年施行的《征免洋商船钞章程》、1882年施行的《通商口岸海关征免船钞章程》，1945年中华民国政府海关实施的《征收船舶吨税办法》，以及新中国成立后经政务院财政经济委员会批准、1952年9月29日由海关总署发布的《中华人民共和国海关船舶吨税暂行办法》等，都是征收船舶吨税的重要立法例。2011年11月23日国务院常务会议通过了《中华人民共和国船舶吨税暂行条例》，自2012年1月1日起施行。在落实税收法定原则，将暂行条例上升为法律的过程中，考虑到既往船舶吨税税制要素基本合理、运行稳定，可按照税制平移的思路，保持税制框架和税负水平不变，2017年12月27日全国人大常委会通过了《中华人民共和国船舶吨税法》(简称《船舶吨税法》)，这是我国船舶吨税制度建设的一个里程碑。

四、我国船舶吨税制度的主要内容

根据《船舶吨税法》的规定，我国船舶吨税制度主要包括以下内容。

1. 纳税主体和征税主体

自中华人民共和国境外港口进入境内港口的船舶(以下简称应税船舶)，应当依法缴纳船舶吨税（以下简称吨税），由应税船舶负责人申报纳税。这里的船舶包括船籍国为中华人民共和国国籍的船舶，也包括其他国家和地区的船舶。

与车船税或车辆购置税不同，吨税由海关负责征收。海关征收吨税应当制发缴款凭证。

2. 征税对象

吨税的征税对象包括各类应税船舶，如客船和货船、机动船舶和非机动船舶，等等。其中，非机动船舶，是指自身没有动力装置，依靠外力驱动的船舶；非机动驳船，是指在船舶管理部门登记为驳船的非机动船舶；捕捞、养殖渔船，是指在中华人民共和国渔业船舶管理部门登记为捕捞船或者养殖船的船舶；拖船，是指专门用于拖（推）动运输船舶的专业作业船舶。征收吨税的具体税目，依照《船舶吨税法》所附的“吨税税目税率表”执行（参见表 13-3）。

表 13-3　　吨税税目税率表

税目（按船舶净吨位划分）	税率（元/净吨）						备注
	普通税率（按执照期限划分）			优惠税率（按执照期限划分）			
	1年	90日	30日	1年	90日	30日	
不超过 2 000 净吨	12.6	4.2	2.1	9.0	3.0	1.5	（1）拖船按照机功率每千瓦折合净吨位 0.67 吨。 （2）无法提供净吨位的游艇，按照发动机功率每千瓦折合净吨位 0.05 吨。 （3）拖船和非机动驳船分别按相同净吨位船舶税率的 50%计征税款。
超过 2 000 净吨，但不超过 10 000 净吨	24.0	8.0	4.0	17.4	5.8	2.9	
超过 10 000 净吨，但不超过 50 000 净吨	27.6	9.2	4.6	19.8	6.6	3.3	
超过 50 000 净吨	31.8	10.6	5.3	22.8	7.6	3.8	

3. 适用税率

吨税适用的税率分为优惠税率和普通税率两类，其中：中华人民共和国籍的应税船舶，船籍国（地区）与中华人民共和国签订含有相互给予船舶税费最惠国待遇条款的条约或者协定的应税船舶，适用优惠税率；其他应税船舶，适用普通税率。

吨税的具体适用税率依照《船舶吨税法》所附的“吨税税目税率表”执行。“吨税税目税率表”的调整，由国务院决定。

4. 计税依据和应纳税额的计算

吨税按照船舶净吨位和吨税执照期限征收。所谓净吨位，是指由船籍国（地区）政府授权签发的船舶吨位证明书上标明的净吨位。拖船和非机动驳船分别按相同净吨位船舶税率的50%计征税款，拖船按照发动机功率每 1 千瓦折合净吨位 0.67 吨。

此外，应税船舶负责人在每次申报纳税时，可以按照“吨税税目税率表”选择申领一种期限的吨税执照。吨税执照期限，是指按照公历年、日计算的期间，分为 30 日、90 日和 1 年三种。执照期限不同，对应的净吨位所适用的税率不同，从而应纳税额也不同。

吨税的应纳税额按照船舶净吨位乘以适用税率计算，计算公式为：

应纳税额＝船舶净吨位×适用税率

5. 吨税执照的管理

吨税执照对于吨税的征纳和证明纳税义务的履行非常重要。为此，《船舶吨税法》规定，吨税纳税义务发生时间为应税船舶进入港口的当日。应税船舶在进入港口办理入境手续时，应当向海关申报纳税领取吨税执照，或者交验吨税执照（或者申请核验吨税执照电子信息）。应税船舶在离开港口办理出境手续时，应当交验吨税执照（或者申请核验吨税执照电子信息）。

应税船舶负责人申领吨税执照时，应当向海关提供下列文件：（1）船舶国籍证书或者海事部门签发的船舶国籍证书收存证明；（2）船舶吨位证明。应税船舶负责人缴纳吨税或者提供担保后，海关按照其申领的执照期限填发吨税执照。如果应税船舶在吨税执照期满后尚未离开港口，则应当申领新的吨税执照，自上一次执照期满的次日起续缴吨税。

在吨税执照期限内，应税船舶发生下列情形之一的，海关按照实际发生的天数批注延长吨税执照期限：（1）避难、防疫隔离、修理，并不上下客货；（2）军队、武装警察部队征用。

6. 税收减免

根据《船舶吨税法》规定，下列船舶免征吨税：（1）应纳税额在人民币 50 元以下的船舶；（2）自境外以购买、受赠、继承等方式取得船舶所有权的初次进口到港的空载船舶；（3）吨税执照期满后 24 小时内不上下客货的船舶；（4）非机动船舶（不包括非机动驳船）；（5）捕捞、养殖渔船；（6）避难、防疫隔离、修理、改造、终止运营或者拆解，并不上下客货的船舶；（7）军队、武装警察部队专用或者征用的船舶；（8）警用船舶；（9）依照法律规定应当予以免税的外国驻华使领馆、国际组织驻华代表机构及其有关人员的船舶；（10）国务院规定的其他船舶。此项国务院规定的免税内容，由国务院报全国人民代表大会常务委员会备案。

符合上述（5）项至（9）项规定的船舶，以及海关批注延长吨税执照期限的船舶，应当提供海事部门、渔业船舶管理部门或者出入境检验检疫部门等部门、机构出具的具有法律效力的证明文件或者使用关系证明文件，申明免税或者延长吨税执照期限的依据和理由。

7. 纳税期限与纳税担保

应税船舶负责人应当自海关填发吨税缴款凭证之日起 15 日内缴清税款。未按期缴清税款的，自滞纳税款之日起至缴清税款之日止，按日加收滞纳税款 0.5‰的税款滞纳金。

此外，应税船舶因不可抗力在未设立海关地点停泊的，船舶负责人应当立即向附近海关报告，并在不可抗力原因消除后，依法向海关申报纳税。

另外，应税船舶到达港口前，经海关核准先行申报并办结出入境手续的，应税船舶负责人应当向海关提供与其依法履行吨税缴纳义务相适应的担保；应税船舶到达港口后，依照规定向海关申报纳税。

可以用于上述纳税担保的财产、权利包括：（1）人民币、可自由兑换货币；（2）汇票、本票、支票、债券、存单；（3）银行、非银行金融机构的保函；（4）海关依法认可的其他财产、权利。

8. 影响纳税的要素变化

（1）应税船舶在吨税执照期限内，因修理导致净吨位变化的，吨税执照继续有效。应税船舶办理出入境手续时，应当提供船舶经过修理的证明文件。

（2）应税船舶在吨税执照期限内，因税目税率调整或者船籍改变而导致适用税率变化的，吨税执照继续有效。

（3）因船籍改变而导致适用税率变化的，应税船舶在办理出入境手续时，应当提供船籍改变的证明文件。

9. 税款的追补与退还

海关发现少征或者漏征税款的，应当自应税船舶应当缴纳税款之日起 1 年内，补征税款。但因应税船舶违反规定造成少征或者漏征税款的，海关可以自应当缴纳税款之日起 3 年内追征税款，并自应当缴纳税款之日起按日加征少征或者漏征税款 0.5‰的滞纳金。

此外，吨税执照在期满前毁损或者遗失的，应当向原发照海关书面申请核发吨税执照副本，不再补税。

海关发现多征税款的，应当在24小时内通知应税船舶办理退还手续，并加算银行同期活期存款利息。应税船舶发现多缴税款的，可以自缴纳税款之日起3年内以书面形式要求海关退还多缴的税款并加算银行同期活期存款利息；海关应当自受理退税申请之日起30日内查实并通知应税船舶办理退还手续。在上述两类情况下，应税船舶应当自收到退还多缴税款通知之日起3个月内办理有关退还手续。

第六节　印花税法律制度

一、印花税制度概述

传统的印花税是以在经济活动中书立的应税凭证为征税对象，而向凭证的书立者征收的一种财产税。该税由于是通过在应税凭证上粘贴印花税票（简称贴花）的方式来完成税款缴纳的，因而被称为印花税。随着印花税征税范围的扩展，一些国家对证券交易也征收印花税，由此形成了印花税的新类型，即证券交易印花税。

为了与证券交易印花税相区别，传统印花税也被称为普通印花税，它在形式上是对应税凭证征税，而这些凭证则记载着权利的取得、让与或转移，且这些权利都程度不同地与财产有关，因此，此类印花税实质上也是在对财产权利的移转、变更等征税，可以在广义上归入动态的财产税。

印花税于1624年首先在荷兰开征，其后世界上的许多国家亦陆续开征。我国曾于1913年1月1日由当时的北洋政府开征印花税。中华人民共和国成立后，政务院于1950年颁布了《印花税暂行条例》，明确印花税属于当时应征的14个税种之一。此后，国家于1958年将印花税并入工商统一税，不再单独征收。直到1988年8月，国务院发布《印花税暂行条例》，印花税才又作为一个独立税种于同年10月1日开征。2021年6月10日，全国人大常委会通过了《中华人民共和国印花税法》（以下简称《印花税法》），该法自2022年7月1日起施行。

我国的印花税具有税源广、税负轻、征管方便等特点，在历史上曾被认为属于“取微用宏”的“良税”。征收印花税不仅有助于增加地方财政收入，而且能在一定程度上加强对经济活动的约束，加强纳税人的纳税意识。

二、我国印花税制度的主要内容

依据《印花税法》的相关规定，我国印花税制度主要包括以下主要内容。

（一）纳税主体

印花税的纳税主体是在中华人民共和国境内书立应税凭证、进行证券交易的单位和个人。此外，在中华人民共和国境外书立在境内使用的应税凭证的单位和个人，也应当依照《印花税法》的规定缴纳印花税。另外，证券交易印花税对证券交易的出让方征收，不对受让方征收。

（二）征税范围

印花税的征税范围主要包括两大方面的应税行为，即书立应税凭证和进行证券交易。其中，应税凭证，是指《印花税法》所附“印花税税目税率表”列明的合同、产权转移书据和营业账簿。证券交易，是指转让在依法设立的证券交易所、国务院批准的其他全国性证券交易场所交易的股票和以股票为基础的存托凭证。

依据《印花税税目税率表》，印花税的具体税目包括以下各项。

（1）合同（书面合同），具体包括借款合同、融资租赁合同、买卖合同、承揽合同、建设工程合同、运输合同、技术合同、租赁合同、保管合同、仓储合同、财产保险合同等。

上述的借款合同，是指银行业金融机构、经国务院银行业监督管理机构批准设立的其他金融机构与借款人（不包括同业拆借）签订的借款合同；上述的买卖合同，是指动产买卖合同（不包括个人书立的动产买卖合同）；上述的运输合同，是指货运合同和多式联运合同（不包括管道运输合同）；上述的技术合同，不包括专利权、专有技术使用权转让书据；上述的财产保险合同，不包括再保险合同。

（2）产权转移书据，主要涉及土地、房产、股权、知识产权的产权转移数据，具体包括土地使用权出让书据、土地使用权转让书据、房屋等建筑物和构筑物所有权转让书据（不包括土地承包经营权和土地经营权转移）、股权转让书据（不包括应缴纳证券交易印花税的），以及商标专用权、著作权、专利权、专有技术使用权转让书据。上述的转让，包括买卖（出售）、继承、赠与、互换、分割。

（3）营业账簿。

（4）证券交易。

（三）计税依据、税率及应纳税额的计算

1. 计税依据

依据《印花税法》规定，印花税的计税依据如下：（1）应税合同的计税依据，为合同所列的金额，不包括列明的增值税税款；（2）应税产权转移书据的计税依据，为产权转移书据所列的金额，不包括列明的增值税税款；（3）应税营业账簿的计税依据，为账簿记载的实收资本（股本）、资本公积合计金额；（4）证券交易的计税依据，为成交金额。

此外，上述应税合同、产权转移书据未列明金额的，印花税的计税依据按照实际结算的金额确定。如果按照实际结算金额仍不能确定的，按照书立合同、产权转移书据时的市场价格确定；依法应当执行政府定价或者政府指导价的，按照国家有关规定确定。

另外，上述证券交易无转让价格的，按照办理过户登记手续时该证券前一个交易日收盘价计算确定计税依据；无收盘价的，按照证券面值计算确定计税依据。

2. 税率

印花税实行比例税率，各类应税凭证和证券交易行为所适用的税率存在一定的差别。

（1）应税合同。借款合同、融资租赁合同适用的税率为万分之零点五；买卖合同、承揽合同、建设工程合同、运输合同、技术合同适用的税率为万分之三；租赁合同、保管合同、仓储合同、财产保险合同适用的税率为千分之一。

（2）产权转移书据。除知识产权领域的商标专用权、著作权、专利权、专有技术使用权转让书据适用税率为万分之三外，其他税目适用的税率为万分之五。

（3）营业账簿，适用的税率为万分之二点五。

（4）证券交易，适用的税率为千分之一。

3. 应纳税额的计算

印花税的应纳税额按照计税依据乘以适用税率计算，其计算公式为：

应纳税额＝计税依据×适用税率

在应纳税额的计算方面，要体现据实征税、税负公平、防止税收逃避和重复征税的要求，因此，同一应税凭证载有两个以上税目事项并分别列明金额的，按照各自适用的税目税率分别计算应纳税额；未分别列明金额的，从高适用税率。此外，同一应税凭证由两方以上当事人书立的，按照各自涉及的金额分别计算应纳税额。

另外，已缴纳印花税的营业账簿，以后年度记载的实收资本（股本）、资本公积合计金额

比已缴纳印花税的实收资本（股本）、资本公积合计金额增加的，按照增加部分计算应纳税额。

（四）税收减免

依据《印花税法》规定，下列凭证免征印花税：（1）应税凭证的副本或者抄本；（2）依照法律规定应当予以免税的外国驻华使馆、领事馆和国际组织驻华代表机构为获得馆舍书立的应税凭证；（3）中国人民解放军、中国人民武装警察部队书立的应税凭证；（4）农民、家庭农场、农民专业合作社、农村集体经济组织、村民委员会购买农业生产资料或者销售农产品书立的买卖合同和农业保险合同；（5）无息或者贴息借款合同、国际金融组织向中国提供优惠贷款书立的借款合同；（6）财产所有权人将财产赠与政府、学校、社会福利机构、慈善组织书立的产权转移书据；（7）非营利性医疗卫生机构采购药品或者卫生材料书立的买卖合同；（8）个人与电子商务经营者订立的电子订单。

此外，根据国民经济和社会发展的需要，国务院对居民住房需求保障、企业改制重组、破产、支持小型微型企业发展等情形可以规定减征或者免征印花税，报全国人民代表大会常务委员会备案。

（五）税收征管

1. 纳税义务的发生时间与纳税期限

印花税的纳税义务发生时间为纳税人书立应税凭证或者完成证券交易的当日。证券交易印花税扣缴义务发生时间为证券交易完成的当日。

印花税按季、按年或者按次计征。实行按季、按年计征的，纳税人应当自季度、年度终了之日起 15 日内申报缴纳税款；实行按次计征的，纳税人应当自纳税义务发生之日起 15 日内申报缴纳税款。

证券交易印花税按周解缴。证券交易印花税扣缴义务人应当自每周终了之日起 5 日内申报解缴税款以及银行结算的利息。

2. 纳税地点与主管税务机关

纳税人为单位的，应当向其机构所在地的主管税务机关申报缴纳印花税；纳税人为个人的，应当向应税凭证书立地或者纳税人居住地的主管税务机关申报缴纳印花税。

此外，不动产产权发生转移的，纳税人应当向不动产所在地的主管税务机关申报缴纳印花税。

3. 代扣代缴与自行申报

纳税人为境外单位或者个人，在境内有代理人的，以其境内代理人为扣缴义务人；在境内没有代理人的，由纳税人自行申报缴纳印花税，具体办法由国务院税务主管部门规定。

证券登记结算机构为证券交易印花税的扣缴义务人，应当向其机构所在地的主管税务机关申报解缴税款以及银行结算的利息。

4. 税款缴纳方式

印花税可以采用粘贴印花税票或者由税务机关依法开具其他完税凭证的方式缴纳。印花税票粘贴在应税凭证上的，由纳税人在每枚税票的骑缝处盖戳注销或者画销。上述印花税票由国务院税务主管部门监制。

第七节　资源税法律制度

一、资源税制度概述

资源税是对在我国境内开发、利用自然资源的单位和个人，就其开发、利用资源的数量或价值征收的一种财产税。

资源在广义上包括自然资源、人力资源等，在狭义上仅指自然资源。而资源税的征税对象就是狭义上的自然资源。自然资源是一种重要的财产，它是财富的一种体现。对自然资源的开发、利用，就是通过对自然资源的占有、使用来获得收益，因而对资源的征税应划入财产税。

由于自然资源具有稀缺性，且在不同地域的贮存状况亦不相同，因而不同地域、种类的资源的开发、利用会形成级差收入。资源税的开征，不仅有利于获取财政收入，加强对资源开发的引导和监督，变资源的无偿使用为有偿使用，也有利于调节相关企业之间因资源开采条件的不同所形成的级差收入，从而有利于企业之间的公平竞争，进而更好地促进经济与社会的可持续发展。

我国自春秋时期即有盐铁专卖，这被认为是资源税的萌芽。此后各朝代均重视通过盐、铁等资源获取收入。

中华人民共和国成立后，从 1950 年开始，就一直对盐征税。到 1984 年，还开征了不包含盐税的资源税，当时的资源税只对原油、天然气、煤炭三种资源课征。1993 年 12 月 25 日，国务院又重新颁布了修改后的《中华人民共和国资源税暂行条例》，自 1994 年 1 月 1 日起施行。2011 年，国务院对《资源税暂行条例》作出修改。同时，财政部制定了相应的实施细则，自 2011 年 11 月 1 日起施行。

随着国家对生态文明建设的高度重视，以及对绿色发展等理念的强调，资源税制度的完善备受瞩目。为此，在多年资源税改革试点的基础上，2016 年 7 月 1 日，国家启动了更大范围的资源税改革，主要是扩大征税范围，对大部分税目实行从价计征。2019 年 8 月 26 日，全国人大常委会通过了《中华人民共和国资源税法》（简称《资源税法》），自 2020 年 9 月 1 日起施行，下面就结合《资源税法》的主要规定，以及资源税的改革，介绍我国资源税制度的主要内容。

二、我国的资源税制度

（一）纳税主体

资源税的纳税主体，是在中华人民共和国领域和中华人民共和国管辖的其他海域开发应税资源的单位和个人。这里的单位，是指企业、行政单位、事业单位、军事单位、社会团体及其他单位；这里的个人，是指个体工商户和其他个人。

（二）征税范围

按照我国《资源税法》的规定，资源税的征税范围是法定的应税资源，由该法所附“税目税率表”确定。随着我国资源税立法的不断完善，应税资源的范围也不断扩大，主要包括如下几类：

（1）能源矿产，包括原油、天然气、页岩气、地热的原矿，煤、油页岩、天然沥青的原矿或选矿等。

（2）金属矿产，包括黑色金属（如铁、锰、铬、钒、钛）、有色金属（如铜、铅、锌、锡、镍、锑、镁、铝土矿、金、银等）的原矿或选矿。

（3）非金属矿产，包括矿物类（如高岭土、石灰岩、磷、石墨、水晶等）、岩石类（如大理岩、花岗岩、白云岩、石英岩、玄武岩、火山灰等）、宝玉石类（如宝石、玉石、宝石级金刚石、玛瑙等）的原矿或选矿。

（4）水气矿产，包括二氧化碳气、硫化氢气、氦气、氡气、矿泉水的原矿。

（5）盐，包括钠盐、钾盐、镁盐、锂盐的选矿、天然卤水的原矿以及海盐。

可见，相对于过去的《资源税暂行条例》，《资源税法》规定的征税范围有了进一步的扩展，税目数量大幅度增加。尽管如此，随着经济和社会的发展，资源税的征税范围还将扩大，国家为此进行了相关征税试点，例如 2016 年开启的资源税改革，特别强调在如下领域扩大资源税征收范围：

（1）对水资源征税。鉴于取用水资源涉及面广、情况复杂，为确保改革平稳有序实施，国家先在河北省开展水资源税试点，即采取水资源费改税方式，将地表水和地下水纳入征税范围，实行从量定额计征，对高耗水行业、超计划用水以及在地下水超采地区取用地下水，适当提高税额标准，正常生产生活用水维持原有负担水平不变。在总结试点经验的基础上，在条件成熟后，对水资源的征税将在全国推开。①

（2）逐步将其他自然资源纳入征收范围。鉴于森林、草场、滩涂等资源在各地区的市场开发利用情况不尽相同，对其全面开征资源税条件尚不成熟，各省级人民政府可以结合本地实际，根据森林、草场、滩涂等资源开发利用情况提出征收资源税的具体方案建议，报国务院批准后实施。

（三）税率

由于资源税过去主要是实行定额税率，其弊端逐渐显现，因此，国家近年来将资源税制度改革的重点定为更多实行比例税率和从价计征。这在《资源税法》所附的“资源税税目税率表”中有突出体现。由于资源税的税目众多，税率复杂，下面节选“资源税税目税率表”中的部分内容举例展示，从中可以发现绝大部分税率都是比例税率，定额税率已经很少。

表 13-4　资源税税目税率表（节选举例）

税目			征税对象	税率
能源矿产	原油		原矿	6%
	天然气、页岩气、天然气水合物		原矿	6%
	煤		原矿或者选矿	2%～10%
	油页岩、油砂、天然沥青、石煤		原矿或者选矿	1%—4%
	地热		原矿	1%—20%或者每立方米 1—30 元
金属矿产	黑色金属	铁、锰、铬、钒、钛	原矿或者选矿	1%—9%
	有色金属	铜、铅、锌、锡、镍、锑、镁、	原矿或者选矿	2%—10%
		金、银	原矿或者选矿	2%—6%
非金属矿产	矿物类	高岭土	原矿或者选矿	1%—6%
		石灰岩	原矿或者选矿	1%—6%或者每吨（或者每立方米）1—10 元
水气矿产	二氧化碳气、硫化氢气、氦气、氡气		原矿	2%—5%
	矿泉水		原矿	1%—20%或者每立方米 1—30 元
盐	钠盐、钾盐、镁盐、锂盐		选矿	3%—15%
	天然卤水		原矿	3%—15%或者每吨（或者每立方米）1—10 元
	海盐			2%—5%

① 财政部、税务总局、水利部印发了《扩大水资源税改革试点实施办法》，将水资源税改革试点扩大到北京、天津等 9 个省、自治区和直辖市，该办法自 2017 年 12 月 1 日起实施。

上述节选的“资源税税目税率表”表明，资源税的税率主要是比例税率，其中包括单一比例税率，也包括幅度比例税率。对于实行幅度税率的税目，其具体适用税率由省、自治区、直辖市人民政府统筹考虑该应税资源的品位、开采条件以及对生态环境的影响等情况，在《资源税税目税率表》规定的税率幅度内提出，报同级人民代表大会常务委员会决定，并报全国人民代表大会常务委员会和国务院备案。“资源税税目税率表”中规定征税对象为原矿或者选矿的，应当分别确定具体适用税率。

（四）应纳税额的计算

在计税方式方面，资源税按照“资源税税目税率表”实行从价计征或者从量计征。“资源税税目税率表”中规定可以选择实行从价计征或者从量计征的，具体计征方式由省、自治区、直辖市人民政府提出，报同级人民代表大会常务委员会决定，并报全国人民代表大会常务委员会和国务院备案。

在具体应纳税额的计算方面，实行从价计征的，应纳税额按照应税资源产品（以下称应税产品）的销售额乘以具体适用税率计算。实行从量计征的，应纳税额按照应税产品的销售数量乘以具体适用税率计算。

在税基的确定方面，纳税人开采或者生产不同税目应税产品的，应当分别核算不同税目应税产品的销售额或者销售数量，其中，应税产品为矿产品的，包括原矿和选矿产品；未分别核算或者不能准确提供不同税目应税产品的销售额或者销售数量的，从高适用税率。

（五）税收减免与不征税的情形

1. 法定减免

由于资源税是建立在受益原则的基础上，具有一定的有偿性或补偿性，因此对资源税的减免限制较为严格。我国《资源税法》规定，有下列情形之一的，免征资源税：（1）开采原油以及在油田范围内运输原油过程中用于加热的原油、天然气；（2）煤炭开采企业因安全生产需要抽采的煤成（层）气。

此外，有下列情形之一的，减征资源税：（1）从低丰度油气田开采的原油、天然气，减征20%资源税；（2）高含硫天然气、三次采油和从深水油气田开采的原油、天然气，减征30%资源税；（3）稠油、高凝油减征40%资源税；（4）从衰竭期矿山开采的矿产品，减征30%资源税。

另外，根据国民经济和社会发展需要，国务院对有利于促进资源节约集约利用、保护环境等情形可以规定免征或者减征资源税，报全国人民代表大会常务委员会备案。

2. 决定减免

有下列情形之一的，省、自治区、直辖市可以决定免征或者减征资源税：（1）纳税人开采或者生产应税产品过程中，因意外事故或者自然灾害等原因遭受重大损失；（2）纳税人开采共伴生矿、低品位矿、尾矿。

上述免征或者减征资源税的具体办法，由省、自治区、直辖市人民政府提出，报同级人民代表大会常务委员会决定，并报全国人民代表大会常务委员会和国务院备案。

3. 对税收减免的限制

纳税人的免税、减税项目，应当单独核算销售额或者销售数量；未单独核算或者不能准确提供销售额或者销售数量的，不予免税或者减税。

4. 不征税的情形

纳税人开采或者生产应税产品自用的，应当依法缴纳资源税；但是，自用于连续生产应税产品的，不缴纳资源税。

（六）对征收水资源税试点的特别规定

我国的资源税制度仍在改革和发展之中，其中，征收资源税的试点产生了很大影响。为此，《资源税法》规定，国务院根据国民经济和社会发展需要，可依照该法的原则，对取用地表水或者地下水的单位和个人试点征收水资源税。这样，通过在法律中作出规定，更能体现税收法定原则的要求。此外，如果在试点地区征收水资源税，则停止征收水资源费。

考虑到各地资源禀赋不同，征收水资源税应根据当地水资源状况、取用水类型和经济发展等情况实行差别税率。

为了更好地体现税收法定原则的要求，水资源税试点实施办法由国务院规定，报全国人民代表大会常务委员会备案。此外，国务院自《资源税法》施行之日起5年内，就征收水资源税试点情况向全国人民代表大会常务委员会报告，并及时提出修改法律的建议。

（七）资源税的征管

1. 纳税义务的发生时间

纳税人销售应税产品，其资源税纳税义务发生时间为收讫销售款或者取得索取销售款凭据的当日；自用应税产品的，其资源税纳税义务发生时间为移送应税产品的当日。

2. 征税主体

资源税由税务机关依照《资源税法》和《税收征收管理法》的规定征收管理。税务机关与自然资源等相关部门应当建立工作配合机制，加强资源税征收管理。

3. 纳税地点和纳税时间

纳税人应当向应税产品开采地或者生产地的税务机关申报缴纳资源税。资源税按月或者按季申报缴纳；不能按固定期限计算缴纳的，可以按次申报缴纳。

纳税人按月或者按季申报缴纳的，应当自月度或者季度终了之日起15日内，向税务机关办理纳税申报并缴纳税款；按次申报缴纳的，应当自纳税义务发生之日起15日内，向税务机关办理纳税申报并缴纳税款。

第八节　环境税法律制度

一、环境税制度概述

环境税是对在我国境内和我国管辖的其他海域，直接向环境排放应税污染物的法定主体征收的一种财产税。

环境税与资源税密切相关，与传统的财产税相比，它们有自己的特殊性，可以构成“资源与环境税类”；与此同时，它们又与广义的财产有关，因而又可以归入广义的“财产税类”。从理论上说，环境被视为一种重要的共有财产或公共财产（common property）①，向环境排污的行为，实质上是通过对环境这种公共财产的消极占有和使用来获取收益的行为。为了体现“寓禁于征”的精神，更好地保护环境，各国一般都对排污行为进行收费或征税，于是就有了普遍施行的排污费制度或环境税制度。

在我国自改革开放以来，特别在实行市场经济体制以后，伴随着经济总量的持续攀升，环境问题亦愈演愈烈。无所不在的环境污染，已成为人们无法躲避的“公害”，严重影响了社会公益。如何有效解决严峻的环境问题，实现环境正义，已成为社会公众的共同期盼。在此背景下，

① 美国学者萨克斯（JosephL. Sax）曾将公共信托理论运用于环保领域，提出“环境公共财产论”，强调空气、水等是人类生活所必需的环境要素，是全体公民的“共享资源”、“公共财产”或“共有财产”；公民将该公共财产委托政府管理，就形成了两者之间的财产信托关系。萨克斯由此构建了他的环境权理论。

开征环境税被普遍视为解决环境问题的重要手段①，并引发了法学、经济学等领域的诸多讨论。

对于向环境排放污染物的行为，我国曾长期征收排污费。2013 年，国家明确提出“推动环境保护费改税”②，强调通过环境领域的“费改税”，进一步促进生态文明建设，体现绿色发展理念，推动整体的税制改革。

2016 年 12 月 25 日，全国人大常委会通过了《中华人民共和国环境保护税法》（以下简称《环境保护税法》），该法自 2018 年 1 月 1 日起实施。作为我国“落实税收法定原则”后制定的第一部税收法律，《环境保护税法》折射着中国改革、法治与发展的方方面面，浓缩了中国税制改革、税收法治建设和经济社会发展的诸多问题。此外，国务院已于 2017 年 12 月 25 日发布了《中华人民共和国环境保护税法实施条例》。下面就结合《环境保护税法》及其实施条例的主要规定，简要介绍我国环境税制度的主要内容。

二、我国的环境税制度

通常，环境税的立法宗旨应包含环境目标和非环境目标。我国《环境保护税法》的立法宗旨，是保护和改善环境，减少污染物排放，推进生态文明建设。其具体的制度规定也都围绕实现上述目标展开。

对于我国的环境税应如何确定其税种名称，曾存在不同认识。例如，从征税旨在解决环境问题的角度，可将税种名称定为“环境税”；从征税主要针对污染环境行为的角度，亦可称之为“污染税”或“排污税”，等等。目前，我国最终通过的法律文本，以及之前通过的《环境保护法》，均将税种名称定为“环境保护税”，强调其开征意在实现“环境保护”的目的。当然，对于该税种名称的合理性问题，至今仍有不同看法。

（一）纳税主体

环境保护税的纳税主体，是在中华人民共和国领域和管辖的其他海域，直接向环境排放应税污染物的企业事业单位和其他生产经营者。

上述的纳税主体，有下列情形之一的，不属于直接向环境排放污染物，不缴纳相应污染物的环境保护税：（1）企业事业单位和其他生产经营者向依法设立的污水集中处理、生活垃圾集中处理场所排放应税污染物的；（2）企业事业单位和其他生产经营者在符合国家和地方环境保护标准的设施、场所贮存或者处置固体废物的。

此外，依法设立的城乡污水集中处理、生活垃圾集中处理场所超过国家和地方规定的排放标准向环境排放应税污染物的，应当缴纳环境保护税。上述城乡污水集中处理场所，是指为社会公众提供生活污水处理服务的场所，不包括为工业园区、开发区等工业聚集区域内的企业事业单位和其他生产经营者提供污水处理服务的场所，以及企业事业单位和其他生产经营者自建自用的污水处理场所。

另外，企业事业单位和其他生产经营者贮存或者处置固体废物不符合国家和地方环境保护标准的，应当缴纳环境保护税。达到省级人民政府确定的规模标准并且有污染物排放口的畜禽养殖场，应当依法缴纳环境保护税；依法对畜禽养殖废弃物进行综合利用和无害化处理的，不属于直接向环境排放污染物，不缴纳环境保护税。

---

① 虽然福利经济学的奠基人庇古（Pigou）早已提出可用征税的手段矫正负外部性，但直至 20 世纪 80 年代以来，有关环境税的探讨才蔚然成风。其中，皮尔斯（Pearce）、鲍温伯格（Bovenberg）、威廉姆斯（Williams）等学者的研究影响较大。基于学界的研究成果，许多国家纷纷开征环境税，我国亦将其作为解决环境问题的重要手段。

② 2013 年《中共中央关于全面深化改革若干重大问题的决定》明确提出要“加快资源税改革，推动环境保护费改税”。自此，环境领域的费改税步伐大大加快。

（二）征税对象和适用税额

我国环境保护税的征税对象是排污行为，而排污行为的客体，则是法定的应税污染物，包括大气污染物、水污染物、固体废物和噪声四类。上述不同税目的计税单位和适用税额各不相同。例如，大气污染物和水污染物的计税单位是“污染当量”，其中，大气污染物每污染当量适用的税额是 1.2 元至 12 元，而水污染物每污染当量的使用税额是 1.4 元至 14 元。上述四大类污染物的具体税目、计税单位、适用税额，都规定于“环境保护税税目税额表”“应税污染物和当量值表”中。

表 13－5　　环境保护税税目税额表

<table>
<tr><th colspan="2">税目</th><th>计税单位</th><th>税额</th><th>备注</th></tr>
<tr><td colspan="2">大气污染物</td><td>每污染当量</td><td>1.2 元至 12 元</td><td></td></tr>
<tr><td colspan="2">水污染物</td><td>每污染当量</td><td>1.4 元至 14 元</td><td></td></tr>
<tr><td rowspan="4">固体废物</td><td>煤矸石</td><td>每吨</td><td>5 元</td><td rowspan="3"></td></tr>
<tr><td>尾矿</td><td>每吨</td><td>15 元</td></tr>
<tr><td>危险废物</td><td>每吨</td><td>1 000 元</td></tr>
<tr><td>冶炼渣、粉煤灰、炉渣、其他固体废物（含半固态、液态废物）</td><td>每吨</td><td>25 元</td><td></td></tr>
<tr><td rowspan="6">噪声</td><td rowspan="6">工业噪声</td><td>超标 1—3 分贝</td><td>每月 350 元</td><td rowspan="6">（1）一个单位边界上有多处噪声超标，根据最高一处超标声级计算应纳税额；当沿边界长度超过 100 米有两处以上噪声超标，按照两个单位计算应纳税额。
（2）一个单位有不同地点作业场所的，应当分别计算应纳税额，合并计征。
（3）昼、夜均超标的环境噪声，昼、夜分别计算应纳税额，累计计征。
（4）声源一个月内超标不足 15 天的，减半计算应纳税额。
（5）夜间频繁突发和夜间偶然突发厂界超标噪声，按等效声级和峰值噪声两种指标中超标分贝值高的一项计算应纳税额。</td></tr>
<tr><td>超标 4—6 分贝</td><td>每月 700 元</td></tr>
<tr><td>超标 7—9 分贝</td><td>每月 1 400 元</td></tr>
<tr><td>超标 10—12 分贝</td><td>每月 2 800 元</td></tr>
<tr><td>超标 13—15 分贝</td><td>每月 5 600 元</td></tr>
<tr><td>超标 16 分贝以上</td><td>每月 11 200 元</td></tr>
</table>

表 13－6　　应税污染物和当量值表（节选举例）

<table>
<tr><th colspan="2">一、水污染物污染当量值</th></tr>
<tr><td>污染物</td><td>污染当量值（千克）</td></tr>
<tr><td>1. 总汞</td><td>0.000 5</td></tr>
<tr><td>2. 总镉</td><td>0.005</td></tr>
<tr><td>3. 总铬</td><td>0.04</td></tr>
<tr><td>4. 六价铬</td><td>0.02</td></tr>
<tr><td>5. 总砷</td><td>0.02</td></tr>
<tr><td colspan="2">二、大气污染物污染当量值</td></tr>
<tr><td>污染物</td><td>污染当量值（千克）</td></tr>
<tr><td>1. 二氧化硫</td><td>0.95</td></tr>
</table>

续表

2. 氮氧化物	0.95
3. 一氧化碳	16.7
4. 氯气	0.34
5. 氯化氢	10.75
6. 氟化物	0.87
7. 氰化氢	0.005
8. 硫酸雾	0.6

基于环境问题的专业性和排污行为的特殊性，需要确定科学合理的税率体系，才能更好地发挥环境保护税的调节功能，有效规范和引导相关主体的行为，实现税法的多元调整目标。目前，《环境保护税法》规定的税率体系由固定税额构成，其中并不包含比例税率，并且，基于原来缴纳排污费的情况，在使用税额的设计上遵循了“负担平移”的原则，因而并未加重纳税人的总体负担。

前述污染当量，是指根据污染物或者污染排放活动对环境的有害程度以及处理的技术经济性，衡量不同污染物对环境污染的综合性指标或者计量单位。同一介质相同污染当量的不同污染物，其污染程度基本相当。

各类应税大气污染物和水污染物的具体适用税额的确定和调整，由省级人民政府统筹考虑本地区环境承载能力、污染物排放现状和经济社会生态发展目标要求，在“环境保护税税目税额表”规定的税额幅度内提出，报同级人民代表大会常务委员会决定，并报全国人民代表大会常务委员会和国务院备案。

（三）计税依据和应纳税额

1. 应税固体废物的计税依据

应税固体废物的计税依据，按照固体废物的排放量确定。固体废物的排放量为当期应税固体废物的产生量减去当期应税固体废物的贮存量、处置量、综合利用量的余额。

上述固体废物的贮存量、处置量，是指在符合国家和地方环境保护标准的设施、场所贮存或者处置的固体废物数量；固体废物的综合利用量，是指按照国务院发展改革、工业和信息化主管部门关于资源综合利用要求以及国家和地方环境保护标准进行综合利用的固体废物数量。

纳税人有非法倾倒应税固体废物，或者进行虚假纳税申报的情形之一的，以其当期应税固体废物的产生量作为固体废物的排放量。

2. 应税大气污染物、水污染物的计税依据

应税大气污染物、水污染物的计税依据，按照污染物排放量折合的污染当量数确定。

纳税人有下列情形之一的，以其当期应税大气污染物、水污染物的产生量作为污染物的排放量：（1）未依法安装使用污染物自动监测设备或者未将污染物自动监测设备与环境保护主管部门的监控设备联网；（2）损毁或者擅自移动、改变污染物自动监测设备；（3）篡改、伪造污染物监测数据；（4）通过暗管、渗井、渗坑、灌注或者稀释排放以及不正常运行防治污染设施等方式违法排放应税污染物；（5）进行虚假纳税申报。

此外，从两个以上排放口排放应税污染物的，对每一排放口排放的应税污染物分别计算征收环境保护税；纳税人持有排污许可证的，其污染物排放口按照排污许可证载明的污染物排放口确定。

3. 上述各类应税污染物的具体计税依据

基于上述总体原则，各类应税污染物的具体计税依据，按照下列方法确定：（1）应税大气

污染物按照污染物排放量折合的污染当量数确定；(2) 应税水污染物按照污染物排放量折合的污染当量数确定；(3) 应税固体废物按照固体废物的排放量确定；(4) 应税噪声按照超过国家规定标准的分贝数确定。

其中，应税大气污染物、水污染物的污染当量数，以该污染物的排放量除以该污染物的污染当量值计算。每种应税大气污染物、水污染物的具体污染当量值，依照“应税污染物和当量值表”执行。

每一排放口或者没有排放口的应税大气污染物，按照污染当量数从大到小排序，对前三项污染物征收环境保护税。

每一排放口的应税水污染物，按照“应税污染物和当量值表”，区分第一类水污染物和其他类水污染物，按照污染当量数从大到小排序，对第一类水污染物按照前五项征收环境保护税，对其他类水污染物按照前三项征收环境保护税。

省级人民政府根据本地区污染物减排的特殊需要，可以增加同一排放口征收环境保护税的应税污染物项目数，报同级人大常委会决定，并报全国人大常委会和国务院备案。

应税大气污染物、水污染物、固体废物的排放量和噪声的分贝数，按照下列方法和顺序计算：(1) 纳税人安装使用符合国家规定和监测规范的污染物自动监测设备的，按照污染物自动监测数据计算。(2) 纳税人未安装使用污染物自动监测设备的，按照监测机构出具的符合国家有关规定和监测规范的监测数据计算。纳税人自行对污染物进行监测所获取的监测数据，符合国家有关规定和监测规范的，视同监测机构出具的监测数据。(3) 因排放污染物种类多等原因不具备监测条件的，按照国务院环境保护主管部门规定的排污系数、物料衡算方法计算。所谓排污系数，是指在正常技术经济和管理条件下，生产单位产品所应排放的污染物量的统计平均值。所谓物料衡算，是指根据物质质量守恒原理对生产过程中使用的原料、生产的产品和产生的废物等进行测算的一种方法。

此外，不能按照上述方法计算的，按照省级人民政府环保主管部门规定的抽样测算的方法核定计算。具体由税务机关会同环保主管部门核定污染物排放种类、数量和应纳税额。

4. 应纳税额的计算

环境保护税的应纳税额按照下列方法计算：(1) 应税大气污染物的应纳税额为污染当量数乘以具体适用税额；(2) 应税水污染物的应纳税额为污染当量数乘以具体适用税额；(3) 应税固体废物的应纳税额为固体废物排放量乘以具体适用税额；(4) 应税噪声的应纳税额为超过国家规定标准的分贝数对应的具体适用税额。

（四）税收减免

依据《环境保护税法》的规定，下列情形暂予免征环境保护税：(1) 农业生产（不包括规模化养殖）排放应税污染物的；(2) 机动车、铁路机车、非道路移动机械、船舶和航空器等流动污染源排放应税污染物的；(3) 依法设立的城乡污水集中处理场所、生活垃圾集中处理场所排放相应应税污染物，不超过国家和地方规定的排放标准的；(4) 纳税人综合利用的固体废物，符合国家和地方环境保护标准的；(5) 国务院批准免税的其他情形。此类情形须由国务院报全国人大常委会备案。

此外，纳税人排放应税大气污染物或者水污染物的浓度值低于国家和地方规定的污染物排放标准30%的，减按75%征税。纳税人排放应税大气污染物或者水污染物的浓度值低于国家和地方规定的污染物排放标准50%的，减按50%征税。

上述应税大气污染物或者水污染物的浓度值，是指纳税人安装使用的污染物自动监测设备当月自动监测的应税大气污染物浓度值的小时平均值再平均所得数值或者应税水污染物浓度值的日平均值再平均所得数值，或者监测机构当月监测的应税大气污染物、水污染物浓度值的平均值。在对每一排放口排放的不同应税污染物分别计算，且上述数值不超过国家和地方规定的污染物排放标准的情况下，方可予以减税。

（五）征收管理

1. 分工与协调

环境保护税由税务机关依照《税收征收管理法》和《环境保护税法》的有关规定征收管理，环保主管部门依法负责对污染物的监测管理，即税务机关要依法履行环境保护税纳税申报受理、涉税信息比对、组织税款入库等职责，环保主管部门要依法负责应税污染物监测管理，制定和完善污染物监测规范。

在相互协调方面，县级以上地方人民政府应当加强对环境保护税征收管理工作的领导，及时协调、解决环境保护税征收管理工作中的重大问题，应当建立税务机关、环保主管部门和其他相关单位分工协作工作机制，加强环境保护税征收管理，保障税款及时足额入库。

此外，环保主管部门和税务机关应当建立涉税信息共享平台和工作配合机制。一方面，环保主管部门应当将排污单位的排污许可、污染物排放数据、环境违法和受行政处罚情况等环境保护相关信息，定期交送税务机关。另一方面，税务机关应当将纳税人的纳税申报、税款入库、减免税额、欠缴税款以及风险疑点等环境保护税涉税信息，定期交送环境保护主管部门。

具体说来，环保主管部门应当通过涉税信息共享平台向税务机关交送在环境保护监督管理中获取的下列信息：(1) 排污单位的名称、统一社会信用代码以及污染物排放口、排放污染物种类等基本信息；(2) 排污单位的污染物排放数据（包括污染物排放量以及大气污染物、水污染物的浓度值等数据）；(3) 排污单位环境违法和受行政处罚情况；(4) 对税务机关提请复核的纳税人的纳税申报数据资料异常或者纳税人未按照规定期限办理纳税申报的复核意见；(5) 与税务机关商定交送的其他信息。

税务机关应当通过涉税信息共享平台向环保主管部门交送下列环境保护税涉税信息：(1) 纳税人基本信息；(2) 纳税申报信息；(3) 税款入库、减免税额、欠缴税款以及风险疑点等信息；(4) 纳税人涉税违法和受行政处罚情况；(5) 纳税人的纳税申报数据资料异常或者纳税人未按照规定期限办理纳税申报的信息；(6) 与环境保护主管部门商定交送的其他信息。

2. 纳税时间和地点

纳税义务发生时间为纳税人排放应税污染物的当日。环境保护税按月计算，按季申报缴纳。不能按固定期限计算缴纳的，可以按次申报缴纳。

纳税人应当向应税污染物排放地的税务机关申报缴纳。纳税人申报缴纳时，应当向税务机关报送所排放应税污染物的种类、数量，大气污染物、水污染物的浓度值，以及税务机关根据实际需要要求纳税人报送的其他纳税资料。

纳税人按季申报缴纳的，应当自季度终了之日起 15 日内，向税务机关办理纳税申报并缴纳税款。纳税人按次申报缴纳的，应当自纳税义务发生之日起 15 日内，向税务机关办理纳税申报并缴纳税款。

3. 纳税申报

纳税人应当依法如实办理纳税申报，对申报的真实性和完整性承担责任。同时，税务机关应当将纳税人的纳税申报数据资料与环保主管部门交送的相关数据资料进行比对。

税务机关应当依据环保主管部门交送的排污单位信息进行纳税人识别。如果在环保部门交送的信息中没有对应信息的纳税人，则由税务机关在纳税人首次办理纳税申报时进行纳税人识别，并将相关信息交送环境保护主管部门。

如果税务机关发现纳税人的纳税申报数据资料异常（例如，纳税人无正当理由，当期申报的应税污染物排放量与上一年同期相比明显偏低，或者纳税人单位产品污染物排放量与同类型纳税人相比明显偏低），或者纳税人未按照规定期限办理纳税申报，可以提请环保主管部门进行复核，环保主管部门应当自收到税务机关的数据资料之日起 15 日内，向税务机关出具复核意见。税务机关应当按照环保主管部门复核的数据资料调整纳税人的应纳税额。

延伸思考：

1. 财产税能否成为我国地方税的主体税种？
2. 如何进一步改进我国的房产税制度？
3. 我国的土地税制度存在哪些问题？
4. 契税和印花税是否应具有调控功能？
5. 我国的车船税制度应如何完善？
6. 应当如何进一步完善我国的资源税制度？
7. 我国的环境保护税制度有哪些特殊性？

第十四章　税务管理制度

前面几章，分别介绍了税收体制法律制度、税收征纳实体法律制度的一些原理和具体规定。从本章开始，将着重介绍税收征纳程序法律制度，包括税务管理制度、税款征收制度、税务检查制度等。

对于税收征管问题，在讲到各个税种的相关法律规定的时候都有所涉及，但都是个别税种的情况，从制度建设上说，还需要在总体上作出规定，从而会形成一国的有关税收征管的基本制度。

在税收征纳程序制度中，最为重要的是税务管理制度和税收征收制度。其中，税务管理制度是税收征收制度的基础，没有有效的税务管理制度，就不可能有效地进行税款的征收，因此，本章先介绍税务管理制度。

在介绍具体的税务管理制度之前，有必要先从总体上对整个税收征管制度加以概述，这有助于从总体上来把握整个税收征管制度的全貌，因此，本章的第一节是对税收征管制度的概述。

第一节　税收征管制度概述

我国的税收征管制度，集中地体现为《中华人民共和国税收征收管理法》（以下简称《税收征管法》）及其《实施细则》等配套法律、法规的规定。① 其中，《税收征管法》是最为重要的，因此，下面先从总体上对该法着重予以介绍。

一、税收征管法的概念和适用范围

税收征管法是调整在税收征纳及其管理过程中发生的社会关系的法律规范的总称。形式意义上的税收征管法在我国是指 1992 年 9 月 4 日由全国人大常委会通过并于 1993 年 1 月 1 日起施行的《税收征管法》。该法曾于 1995 年 2 月 28 日第一次修正，2001 年 4 月 28 日作出修订，并于 2013 年、2015 年作出第二次、第三次修正。

在《税收征管法》的适用范围方面，该法规定：凡依法由税务机关征收的各种税收的征收管理，均适用该法。由海关负责的关税、船舶吨税及海关代征税收的征管，依照法律、行政法规的有关规定执行。

可见，我国的《税收征管法》仅适用于由税务机关负责的狭义上的税收征管制度，并不适用于海关负责的各类税收的征管。我国的《税收征管法》在整个税收征管法律制度中占有十分

① 《中华人民共和国税收征收管理法实施细则》，由国务院于 2002 年 9 月 7 日发布，自 2002 年 10 月 15 日起施行。此后，根据 2012 年 11 月 9 日的国务院令第 628 号《国务院关于修改和废止部分行政法规的决定》第一次修订；根据 2013 年 7 月 18 日国务院令第 638 号《国务院关于废止和修改部分行政法规的决定》第二次修订；根据 2016 年 2 月 6 日发布的国务院令第 666 号《国务院关于修改部分行政法规的决定》修改。

重要的地位。学习和研究税收征管法律制度，不能局限于该法中的相关规范，还应对其他法律、法规中有关税收征管的法律规范一并进行研究，并对构成整体税收征管制度的各个具体制度及其蕴含的原理作深入探讨。

二、税收征管法的主要内容

税收征管法的立法宗旨，是通过规范税收征纳行为，加强税收征管，来保护征纳双方的权利，从而保障国家的税收收入，促进经济和社会发展。正因如此，有关税收征纳活动的规范必然是税收征管法的主要内容，即使是税务管理活动，也是围绕着税收征纳活动展开的。

在我国，形式意义上的《税收征管法》主要规定了三大方面的制度，即税务管理制度、税款征收制度和税务检查制度。上述三大制度再加上相应的法律责任制度，就构成了该法的主要内容。

在实质意义上的税收征管法的主要内容并不限于上述三大制度，而是还包含着其他一些相关的制度。这些相关制度是一部法律难以涵盖的，对此在后面也将予以介绍。

上述各类制度规定的核心内容，是相关税法主体的权利和义务。如前所述，在税收征纳、管理活动中，征纳双方均享有一定的权利，也都要履行一定的义务。例如，在纳税人权利方面，我国《税收征管法》规定了纳税人的知情权、保密权、税收减免申请权、多纳税款的退还请求权、延期纳税申请权、委托税务代理权、对税务机关的损害赔偿请求权、申请复议权，等等。同时，该法亦相应规定了征税机关的各项义务。上述征纳双方的各项权利、义务，构成了整个《税收征管法》的主要内容。

在征纳双方的诸多权利、义务中，征税主体的税款征收权和税务管理权，以及纳税主体依法纳税的义务，通常最受关注，它们是整个税收征管制度存续的基础。事实上，没有纳税人的纳税义务的存在，没有征税主体的征管权，整个税收征管制度也就不会存在。

三、税务管理制度的地位

税务管理制度在《税收征管法》及其配套制度中均居于重要地位。在一定意义上说，没有税务管理，就很难有效进行税款征收。有关税务管理的规定，是进行税款征收的重要制度基础和有力保障。正因如此，在《税收征管法》及相关规范性文件中有大量涉及税务管理制度的规定。由此可见此类制度在税收征纳程序方面的重要价值。

一般说来，税务管理制度主要包括税务登记制度、账簿凭证管理制度、纳税申报管理制度、涉税发票管理制度、海关监督管理制度等。这些制度密切相关，在税务管理方面都是不可或缺的。以下各节将对上述制度择要予以介绍。

第二节　税务登记管理制度

税务登记管理制度在整个税收征纳制度中具有基础地位。为了规范税务登记管理，加强税源监控，根据《税收征管法》及其实施细则的规定①，国家税务总局制定和发布了《税务登记管理办法》，该办法自 2004 年 2 月 1 日起施行，由此确立了较为完备的税务登记制度。2014 年 12 月 27 日，该办法经由国家税务总局作出较大修改，自 2015 年 3 月 1 日起施行。② 下面就以该办法为主要依据，来介绍我国税务登记制度的主要内容。

---

① 《中华人民共和国税收征收管理法实施细则》由国务院于 2002 年 9 月 7 日发布，自 2002 年 10 月 15 日起施行。

② 国家税务总局分别于 2018 年 6 月 5 日、2019 年 7 月 24 日对该办法的相关条款作出修正。

一、登记主体与登记管理体制

企业，企业在外地设立的分支机构和从事生产、经营的场所，个体工商户和从事生产、经营的事业单位（以下统称从事生产、经营的纳税人），均应依法办理税务登记。其他类型的纳税人，除国家机关、个人，以及无固定生产、经营场所的流动性农村小商贩以外，也都应当依法办理税务登记。

此外，根据税收法律、行政法规的规定负有扣缴税款义务的扣缴义务人（国家机关除外），应当依法办理扣缴税款登记。

上述的税务登记，包括设立登记、变更登记、注销登记和税务登记证验证、换证以及非正常户处理、报验登记等有关事项，这些事项由负责税务登记工作的主管税务机关承担。县以上（含本级，下同）税务局（分局）是税务登记的主管机关。

在管理体制方面，负责税务登记的主管机关，按照国务院规定的税收征收管理范围，实施属地管理，采取联合登记或分别登记的方式办理税务登记。有条件的城市，也可以按照“各区分散受理、全市集中处理”的原则办理税务登记。

为了加强管理，提高效率，税务局（分局）执行统一纳税人识别号。纳税人识别号由省、自治区、直辖市和计划单列市税务局按照纳税人识别号代码行业标准联合编制，统一下发各地执行。纳税人识别号具有唯一性。

已领取组织机构代码的纳税人，其纳税人识别号共15位，由纳税人登记所在地6位行政区划码+9位组织机构代码组成。以业主身份证件为有效身份证明的组织，即未取得组织机构代码证书的个体工商户以及持回乡证、通行证、护照办理税务登记的纳税人，其纳税人识别号由身份证件号码+2位顺序码组成。

近年来，国家大力推动以“三证合一”或“多证合一”为基础的登记制度改革，这对税务登记制度具有较大影响，也有助于优化营商环境。习近平总书记强调，“法治是最好的营商环境”，因此，在法治框架下，基于简政放权、方便纳税人的思路，未来的税务登记制度还将作出进一步调整。

二、设立登记

一般说来，税务登记主要包括设立登记、变更登记和注销登记。这与工商登记的情况是对应或类似的。此外，税务登记还包括相对较为特殊的停业、复业登记，以及外出经营报验登记。在各类税务登记中，设立登记是基础性、原初性的登记，因而更受关注。

［资料］ **设立登记的期限和手续**

1. 设立登记的期限

从事生产、经营的纳税人，向生产、经营所在地税务机关申报办理税务登记。由于纳税人的情况千差万别，不同类别的纳税人在办理设立登记方面的期限要求也不尽相同，依据现行《税务登记管理办法》的规定，主要有以下几种情形：

（1）从事生产、经营的纳税人领取工商营业执照的，应当自领取工商营业执照之日起30日内申报办理税务登记，税务机关发放税务登记证及副本；

（2）从事生产、经营的纳税人未办理工商营业执照但经有关部门批准设立的，应当自有关部门批准设立之日起30日内申报办理税务登记，税务机关发放税务登记证及副本；

（3）从事生产、经营的纳税人未办理工商营业执照也未经有关部门批准设立的，应当自纳税义务发生之日起30日内申报办理税务登记，税务机关发放临时税务登记证及副本；

(4) 有独立的生产经营权、在财务上独立核算并定期向发包人或者出租人上交承包费或租金的承包承租人，应当自承包承租合同签订之日起30日内，向其承包承租业务发生地税务机关申报办理税务登记，税务机关发放临时税务登记证及副本；

(5) 境外企业在中国境内承包建筑、安装、装配、勘探工程和提供劳务的，应当自项目合同或协议签订之日起30日内，向项目所在地税务机关申报办理税务登记，税务机关发放临时税务登记证及副本。

(6) 上述纳税人以外的其他纳税人，除国家机关、个人和无固定生产、经营场所的流动性农村小商贩外，均应当自纳税义务发生之日起30日内，向纳税义务发生地税务机关申报办理税务登记，税务机关发放税务登记证及副本。

税务机关对纳税人税务登记地点发生争议的，由其共同的上级税务机关指定管辖。国家税务局（分局）、地方税务局（分局）之间对纳税人的税务登记发生争议的，依照上述有关登记管理体制的规定处理。

2. 办理设立登记的手续

纳税人在申报办理税务登记时，应当根据不同情况向税务机关如实提供以下证件和资料：(1) 工商营业执照或其他核准执业证件；(2) 有关合同、章程、协议书；(3) 组织机构统一代码证书；(4) 法定代表人或负责人或业主的居民身份证、护照或者其他合法证件。除上述的证件、资料以外，其他需要提供的有关证件、资料，由省、自治区、直辖市税务机关确定。

纳税人在申报办理税务登记时，应当如实填写税务登记表，其主要内容包括：(1) 单位名称、法定代表人或者业主姓名及居民身份证、护照或者其他合法证件的号码；(2) 住所、经营地点；(3) 登记类型；(4) 核算方式；(5) 生产经营方式；(6) 生产经营范围；(7) 注册资金（资本）、投资总额；(8) 生产经营期限；(9) 财务负责人、联系电话；(10) 国家税务总局确定的其他有关事项。

3. 税务登记证的发放和使用

纳税人提交的证件和资料齐全且税务登记表的填写内容符合规定的，税务机关应当日办理并发放税务登记证件。纳税人提交的证件和资料不齐全或税务登记表的填写内容不符合规定的，税务机关应当场通知其补正或重新填报。

税务登记证件的主要内容包括：纳税人名称、税务登记代码、法定代表人或负责人、生产经营地址、登记类型、核算方式、生产经营范围（主营、兼营）、日期、证件有效期等。

在税务登记证件的使用方面，纳税人开立银行账户或领购发票时，必须提供税务登记证件。纳税人办理其他税务事项时，应当出示税务登记证件，经税务机关核准相关信息后办理手续。

纳税人、扣缴义务人遗失税务登记证件的，应当自遗失税务登记证件之日起15日内，书面报告主管税务机关，如实填写“税务登记证件遗失报告表”，并将纳税人的名称、税务登记证件名称、税务登记证件号码、税务登记证件有效期、发证机关名称在税务机关认可的报刊上作遗失声明，凭报刊上刊登的遗失声明向主管税务机关申请补办税务登记证件。

三、变更登记

纳税人办理了设立登记以后，可能会发生相关事项变更的情况。如果纳税人税务登记的内容发生了变化，则应当向原税务登记机关申报办理变更税务登记。

变更登记的具体要求如下。

(1) 纳税人已在市场监督管理机关办理变更登记的，应当自市场监督管理机关变更登记之日起 30 日内，向原税务登记机关如实提供下列证件、资料，申报办理变更税务登记：1）工商登记变更表；2）纳税人变更登记内容的有关证明文件；3）税务机关发放的原税务登记证件（登记证正、副本和登记表等）；4）其他有关资料。

（2）纳税人按照规定不需要在市场监督管理机关办理变更登记，或者其变更登记的内容与工商登记内容无关的，应当自税务登记内容实际发生变化之日起 30 日内，或者自有关机关批准或者宣布变更之日起 30 日内，持下列证件到原税务登记机关申报办理变更税务登记：1）纳税人变更登记内容的有关证明文件；2）税务机关发放的原税务登记证件（登记证正、副本和税务登记表等）；3）其他有关资料。

纳税人提交的有关变更登记的证件、资料齐全的，应如实填写税务登记变更表，符合规定的，税务机关应当日办理；不符合规定的，税务机关应通知其补正。

税务机关应当于受理当日办理变更税务登记。纳税人税务登记表和税务登记证中的内容都发生变更的，税务机关按变更后的内容重新发放税务登记证件；纳税人税务登记表的内容发生变更而税务登记证中的内容未发生变更的，税务机关不重新发放税务登记证件。

四、停业、复业登记

（一）停业登记

实行定期定额征收方式的个体工商户需要停业的，应当在停业前向税务机关申报办理停业登记。纳税人的停业期限不得超过一年。

纳税人在申报办理停业登记时，应如实填写停业申请登记表，说明停业理由、停业期限、停业前的纳税情况和发票的领、用、存情况，并结清应纳税款、滞纳金、罚款。税务机关应收存其税务登记证件及副本、发票领购簿、未使用完的发票和其他税务证件。

纳税人在停业期间发生纳税义务的，应当按照税收法律、行政法规的规定申报缴纳税款。

（二）复业登记

纳税人应当于恢复生产经营之前，向税务机关申报办理复业登记，如实填写“停业复业报告书”，领回并启用税务登记证件、发票领购簿及其停业前领购的发票。

纳税人停业期满不能及时恢复生产经营的，应当在停业期满前到税务机关办理延长停业登记，并如实填写“停业复业报告书”。

五、注销登记

纳税人发生解散、破产、撤销以及其他情形，依法终止纳税义务的，应当在向市场监督管理机关或者其他机关办理注销登记前，持有关证件和资料向原税务登记机关申报办理注销税务登记；按规定不需要在市场监督管理机关或者其他机关办理注销登记的，应当自有关机关批准或者宣告终止之日起 15 日内，持有关证件和资料向原税务登记机关申报办理注销税务登记。

纳税人被市场监督管理机关吊销营业执照或者被其他机关予以撤销登记的，应当自营业执照被吊销或者被撤销登记之日起 15 日内，向原税务登记机关申报办理注销税务登记。

纳税人因住所、经营地点变动，涉及改变税务登记机关的，应当在向市场监督管理机关或者其他机关申请办理变更、注销登记前，或者住所、经营地点变动前，持有关证件和资料，向原税务登记机关申报办理注销税务登记，并自注销税务登记之日起 30 日内向迁达地税务机关申报办理税务登记。

境外企业在中国境内承包建筑、安装、装配、勘探工程和提供劳务的，应当在项目完工、离开中国前 15 日内，持有关证件和资料，向原税务登记机关申报办理注销税务登记。

纳税人办理注销税务登记前，应当向税务机关提交相关证明文件和资料，结清应纳税款、多退（免）税款、滞纳金和罚款，缴销发票、税务登记证件和其他税务证件，经税务机关核准后，办理注销税务登记手续。

六、外出经营报验登记

纳税人到外县（市）临时从事生产经营活动的，应当在外出生产经营以前，持税务登记证向主管税务机关申请开具“外出经营活动税收管理证明”（以下简称“外管证”）。

税务机关按照一地一证的原则，发放“外管证”，“外管证”的有效期限一般为30日，最长不得超过180日。

纳税人应当在“外管证”注明地进行生产经营前向当地税务机关报验登记，并提交税务登记证件副本和“外管证”。如果纳税人在“外管证”上注明地销售货物的，还应当如实填写“外出经营货物报验单”，申报查验货物。

纳税人外出经营活动结束，应当向经营地税务机关填报“外出经营活动情况申报表”，并结清税款、缴销发票。纳税人应当在“外管证”有效期届满后10日内，持“外管证”回原税务登记地税务机关办理“外管证”缴销手续。

七、登记协助制度

为了确保税务登记信息的准确完整，防止税收逃避，市场监督管理机关和金融机构等相关主体依法负有一定的协助义务，主要体现为以下方面。

1. 登记方面的协助

市场监督管理机关应当将办理登记注册、核发营业执照的情况，定期向税务机关通报。具体说来，各级市场监督管理机关尤其应当向同级国家税务局和地方税务局定期通报办理开业、变更、注销登记以及吊销营业执照的情况。

2. 金融开户方面的协助

从事生产、经营的纳税人，应当按照国家有关规定，持税务登记证件，在银行或者其他金融机构开立基本存款账户和其他存款账户，并将其全部账号向税务机关报告。这是纳税人在税务登记方面的应尽义务。

银行和其他金融机构应当在从事生产、经营的纳税人的账户中登录税务登记证件号码，并在税务登记证件中登录从事生产、经营的纳税人的账户账号。税务机关依法查询从事生产、经营的纳税人开立账户的情况时，有关银行和其他金融机构应当予以协助。这是金融机构在开户方面的协助义务。

第三节 账簿、凭证管理制度

账簿、凭证管理对于税收征纳至为重要。由于账簿、凭证所反映出的纳税人的纳税能力会直接影响计税基数的确定，从而会影响应纳税额的计算，因而账簿、凭证体现的会计信息必须真实、准确、可靠。为此，必须加强对账簿、凭证的管理。

一、账簿设置管理

账簿包括总账、明细账、日记账以及其他辅助性账簿等，也称账册，是由具有一定格式而又相互联系的账页所组成的用以记录各项经济业务的簿籍。

从事生产、经营的纳税人，应当自领取营业执照或发生纳税义务之日起15日内，按照国务院财政、税务主管部门的规定设置账簿，根据合法、有效的凭证记账和进行核算。

生产、经营规模小又确无建账能力的纳税人，可以聘请经批准从事会计代理记账业务的专业机构或者财会人员代为建账和办理账务。

除纳税义务人以外，扣缴义务人，即依据法律、行政法规规定负有代扣代缴、代收代缴税款义务的单位和个人，应当自法律、法规规定的扣缴义务发生之日起10日内，按照所代扣、代收的税种，分别设置代扣代缴、代收代缴税款账簿。

此外，随着信息社会和现代科技的发展，又出现了对计算机记账如何认定的问题。根据我国《税收征收管理法实施细则》的规定，纳税人采用计算机记账的，应当在使用前将会计电算化系统的会计核算软件、使用说明书及有关资料报送主管税务机关备案。与此同时，纳税人、扣缴义务人会计制度健全，能够通过计算机正确、完整计算其收入和所得等情况的，其计算机输出的完整的书面会计记录，可视同会计账簿；否则，应当建立总账和与纳税活动有关的其他账簿。

二、账簿、凭证的使用和保管

账簿、凭证必须依据有关的法律规定进行使用和保管。这里的凭证即会计凭证，它是形成账簿内容的依据，是记载经济活动的书面证明。因此，会计凭证等涉税资料必须真实、合法、完整。

会计凭证可分为原始凭证和记账凭证两类。原始凭证是指经济业务发生时所取得或填制的凭证。例如，由税务机关监制的发票、经由财税机关认可的其他凭证等，均属于原始凭证。记账凭证是根据原始凭证加以归类整理并据以进行会计分录和账簿登记的凭证。为了加强对凭证，尤其是其中的发票的管理，财政部专门发布了《中华人民共和国发票管理办法》，足见发票在整个税收征管中的重要地位。对此，在后面还将作专门介绍。

此外，在账簿、凭证的保管方面，除法律、行政法规另有规定的以外，账簿、记账凭证、报表、完税凭证、发票、出口凭证以及其他有关涉税资料应当保存10年，并且，这些涉税资料应当合法、真实、完整。

另外，在使用的文字方面，账簿、会计凭证和报表，应当使用中文。民族自治地方可以同时使用当地通用的一种民族文字。外商投资企业和外国企业可以同时使用一种外国文字。

三、会计制度与税法制度的冲突及其解决

会计制度与税法制度存在不同的目标、定位和规则，随着市场经济的发展和两类制度的各自完善，会计制度及相关准则在收益、费用和损失的确认、计量标准等方面，与税法的规定会存在一定的差异。在两者存在冲突的情况下，在应纳税额的确定方面，应当以税法规定为准，

有鉴于此，为与上述的账簿、凭证管理相一致，我国《税收征管法》规定，从事生产、经营的纳税人的财务、会计制度或者财务、会计处理办法和会计核算软件，应当报送税务机关备案。上述制度或处理办法与国务院或国务院财税主管部门有关税收的规定相抵触的，应依照后者有关税收的规定计算应纳税款。

第四节 纳税申报管理制度

纳税申报是在纳税义务发生后，纳税人按期向征税机关申报与纳税有关的各类事项的一种制度。从管理的角度说，纳税申报制度是税务管理制度的重要组成部分；从税收征纳程序的角度说，纳税申报是税收征纳程序中的一个重要环节，因而纳税申报制度同样是税收征纳程序制

度的重要组成部分。

纳税申报是连接税务机关与纳税人的重要桥梁，是建立税收征纳关系的重要纽带。纳税申报制度不仅涉及纳税义务人、扣缴义务人等履行其相关义务的法定程序，也为税务机关按照形式课税原则行使其税款征收权提供了重要依据。

一、纳税申报的主体

纳税申报的主体是纳税人，只有纳税人才负有此义务。根据我国《税收征管法》及其实施细则的规定，纳税人必须依照法律、行政法规规定或者税务机关依照法律、行政法规的规定确定的申报期限、申报内容如实办理纳税申报，报送纳税申报表、财务会计报表以及税务机关根据实际需要要求纳税人报送的其他纳税资料。即使是享受减税、免税待遇的纳税人，在减税、免税期间也应当按照规定办理纳税申报。可见，无论纳税人在实体上是否应缴纳税款，在程序上均应履行纳税申报的义务。

此外，扣缴义务人也必须依照法律、行政法规规定或者税务机关依照法律、行政法规的规定确定的申报期限、申报内容如实报送代扣代缴、代收代缴税款报告表以及税务机关根据实际需要要求扣缴义务人报送的其他有关资料。扣缴义务人的这种报送报表和报送资料的行为也可视为一种广义的申报。

二、纳税申报的主要内容

纳税人进行纳税申报的主要内容包括：(1) 税种、税目；(2) 应纳税项目；(3) 适用税率或者单位税额；(4) 计税依据；(5) 扣除项目及标准；(6) 应纳税额；(7) 应退税或应减免税的项目及税额；(8) 税款所属期限；等等。

此外，扣缴义务人的代扣代缴、代收代缴税款表的主要内容亦与上述纳税申报的主要内容基本相同，只需将上述内容中的 (2)(6) 项分别改为应代扣代缴、代收代缴税款项目，以及应代扣代缴、代收代缴税额即可。

另外，纳税人在办理纳税申报时，不仅应如实填写纳税申报表，而且还应根据不同情况报送相应的有关证件、资料：(1) 财务、会计报表及其说明材料；(2) 与纳税有关的合同、协议书及凭证；(3) 税控装置的电子报税资料；(4) 外出经营活动税收管理证明和异地完税凭证；(5) 境内或者境外公证机构出具的有关证明文件；(6) 税务机关规定应当报送的其他有关证件、资料。

三、纳税申报的延期

纳税人通常应严格按照法定的或税务机关依法确定的申报期限进行纳税申报，但这并不排除在特殊情况下纳税人享有延期申报的请求权。纳税人按照规定的期限办理纳税申报确有困难，需要延期的，应当在规定期限内向税务机关提出书面延期申请，经税务机关核准，在核准的期限内办理。

此外，纳税人因不可抗力不能按期办理纳税申报的，可以延期办理；但是，应当在不可抗力情形消除后立即向税务机关报告。税务机关应当查明事实，予以核准。另外，扣缴义务人申报有困难，或因不可抗力受阻而需要延期办理的，与上述纳税人延期申报的做法相同。

四、纳税申报的方式

《税收征管法》规定，纳税人可以直接到税务机关办理纳税申报，也可以按照规定采取邮寄、数据电文或者其他方式办理上述申报、报送事项。据此，纳税申报的方式主要是现场申报、邮寄申报、电子申报等方式。扣缴义务人报送代扣代缴、代收代缴税款报告表作为一种广义的纳税申报，也可以采取以上几种申报方式。

纳税人采取邮寄方式办理纳税申报的，应当使用统一的纳税申报专用信封，并以邮政部门收据作为申报凭据。邮寄申报以寄出的邮戳日期为实际申报日期。

纳税人采取电子方式办理纳税申报的，应当按照税务机关规定的期限和要求保存有关资料，并定期书面报送主管税务机关。所谓电子方式，或称数据电文方式，是指税务机关确定的电话语音、电子数据交换和网络传输等电子方式。

除上述几种主要的申报方式以外，对于实行定期定额缴纳税款的纳税人，可以实行简易申报、简并征期等申报纳税方式。

第五节 涉税发票管理制度

发票管理是广义上的税务管理的组成部分，它与账簿、凭证管理密切相关，并具有相对的独立性。由于加强发票管理对于控制税源，防止和杜绝税收逃避，保障税款征收等均具有重要意义，因而对于发票管理法律制度有必要在广义的税收征管制度中作单独的介绍。

所谓发票，是指在购销商品、提供或者接受服务以及从事其他经营活动中，开具、收取的收付款凭证。发票是记载相关主体经济往来的商事凭证，它能够证明相关主体之间的款项收付和资金流向，因而它不仅是会计核算的原始凭证，也是征税机关进行税款征收和税务检查的重要依据。正因为如此，加强发票管理甚为重要。

我国对发票管理非常重视。财政部于 1993 年 12 月发布了《中华人民共和国发票管理办法》及其实施细则，国家税务总局亦于同期发布了《增值税专用发票使用规定》，对发票的印制、领购、开具、保管等方面的管理作了明确规定，从而确立了我国的发票管理法律制度。为了加强发票管理和财务监督，保障国家税收收入，维护经济秩序，2010 年 12 月，国务院作出了《关于修改〈中华人民共和国发票管理办法〉的决定》，规定：凡是在中华人民共和国境内印制、领购、开具、取得、保管、缴销发票的单位和个人，必须遵守该办法。该决定自 2011 年 2 月 1 日起施行。[①] 此外，国家税务总局还制定了《网络发票管理办法》，自 2013 年 4 月 1 日起施行。

一、发票的印制与领购制度

（一）发票的印制制度

在发票管理体制方面，国务院税务主管部门统一负责全国的发票管理工作。省、自治区、直辖市国家税务局和地方税务局（以下统称省级税务机关）依据各自的职责，做好本行政区域内的发票管理工作。财政、审计、市场监管、公安等有关部门在各自的职责范围内，配合税务机关做好发票管理工作。

在发票的印制方面，增值税专用发票由国务院税务主管部门确定的企业印制；其他发票，按照国务院税务主管部门的规定，由省级税务机关确定的企业印制。禁止私自印制、伪造、变造发票。

印制发票的企业必须按照税务机关批准的式样和数量印制发票。发票应当套印全国统一发票监制章。全国统一发票监制章的式样和发票版面印刷的要求，由国务院税务主管部门规定。

① 《中华人民共和国发票管理办法》于 2019 年 3 月 2 日由国务院作出第二次修订。

发票监制章由省级税务机关制作。禁止伪造发票监制章。发票实行不定期换版制度。

发票应当使用中文印制。民族自治地方的发票，可以加印当地一种通用的民族文字。有实际需要的，也可以同时使用中外两种文字印制。禁止在境外印制发票。

（二）发票的领购制度

发票的领购是用票单位和个人取得发票的必经程序。对发票的领购加以规制，不仅能更好地方便用票单位和个人取得和使用发票，也有利于防止和减少发票的流失，从而有利于加强税收征管，维护税收秩序，防止和减少经济犯罪。

1. 发票领购的一般程序

需要领购发票的单位和个人，应当持税务登记证件、经办人身份证明、按照国务院税务主管部门规定式样制作的发票专用章的印模，向主管税务机关办理发票领购手续。主管税务机关根据领购单位和个人的经营范围和规模，确认领购发票的种类、数量以及领购方式，在5个工作日内发给发票领购簿。

单位和个人领购发票时，应当按照税务机关的规定报告发票使用情况，税务机关应当按照规定进行查验。

2. 临时使用的发票的领购

需要临时使用发票的单位和个人，可以凭购销商品、提供或者接受服务以及从事其他经营活动的书面证明、经办人身份证明，直接向经营地税务机关申请代开发票。依照税收法律、行政法规规定应当缴纳税款的，税务机关应当先征收税款，再开具发票。税务机关根据发票管理的需要，可以按照国务院税务主管部门的规定委托其他单位代开发票。

临时到本省级行政区以外从事经营活动的单位或者个人，应当凭所在地税务机关的证明，向经营地税务机关领购经营地的发票。税务机关对外省来本辖区从事临时经营活动的单位和个人领购发票的，可以要求其提供保证人或者根据所领购发票的票面限额以及数量交纳不超过1万元的保证金，并限期缴销发票。

按期缴销发票的，解除保证人的担保义务或者退还保证金；未按期缴销发票的，由保证人或者以保证金承担法律责任。

二、发票的开具与使用、保管制度

（一）发票的开具制度

发票的开具对于发票真实、准确地反映经济活动有直接影响，因而对于整个税收征管亦至为重要。为了保障国家的税收收入，维护正常的税收秩序，必须加强对发票开具的管理。

（1）开票主体。销售商品、提供服务以及从事其他经营活动的单位和个人，对外发生经营业务收取款项，收款方应当向付款方开具发票；但在特殊情况下，由付款方向收款方开具发票，例如，收购单位和扣缴义务人向个人支付款项时开具的发票即属此种情况。

所有单位和从事生产、经营活动的个人在购买商品、接受服务以及从事其他经营活动支付款项时，应当向收款方取得发票。

（2）开票程序。开具发票应当按照规定的时限、顺序、栏目，全部联次一次性如实开具，并加盖发票专用章。

安装税控装置的单位和个人，应当按照规定使用税控装置开具发票，并按期向主管税务机关报送开具发票的数据。

使用非税控电子器具开具发票的，应当将非税控电子器具使用的软件程序说明资料报主管税务机关备案，并按照规定保存、报送开具发票的数据。

(3) 开票地域。除国务院税务主管部门规定的特殊情形外，发票限于领购单位和个人在本省、自治区、直辖市内开具。

(4) 禁止性规定。第一，开票主体开出的不符合规定的发票，不得作为财务报销凭证，任何单位和个人有权拒收。第二，取得发票的主体不得要求开票主体违背事实变更品名和金额。第三，任何单位和个人不得虚开发票，包括：为他人、为自己开具与实际经营业务情况不符的发票，让他人为自己开具与实际经营业务情况不符的发票，以及介绍他人开具与实际经营业务情况不符的发票。

(二) 发票的使用、保管制度

1. 发票的使用制度

开具发票的单位和个人应当建立发票使用登记制度，设置发票登记簿，并定期向主管税务机关报告发票使用情况。

除国务院税务主管部门规定的特殊情形外，任何单位和个人不得跨规定的使用区域携带、邮寄、运输空白发票。禁止携带、邮寄或者运输空白发票出入境。

此外，任何单位和个人应当按照发票管理规定使用发票，不得有下列行为：(1) 转借、转让、介绍他人转让发票、发票监制章和发票防伪专用品；(2) 知道或者应当知道是私自印制、伪造、变造、非法取得或者废止的发票而受让、开具、存放、携带、邮寄、运输；(3) 拆本使用发票；(4) 扩大发票使用范围；(5) 以其他凭证代替发票使用。

2. 发票的保管制度

开具发票的单位和个人应当按照税务机关的规定存放和保管发票，不得擅自损毁。已经开具的发票存根联和发票登记簿，应当保存5年。保存期满，报经税务机关查验后销毁。

三、发票的检查制度

发票的检查是税务机关对相关单位和个人执行发票管理规定情况予以监督、核查的活动，它是发票管理的重要组成部分。在发票检查过程中，税务机关与被检查人均享有一定的权力或权利，同时又都需履行一定的职责或义务。下面从税务机关的权责的角度来加以说明。

(一) 税务机关的发票检查权

税务机关在发票管理中有权进行下列检查：(1) 检查印制、领购、开具、取得、保管和缴销发票的情况；(2) 调出发票查验；(3) 查阅、复制与发票有关的凭证、资料；(4) 向当事各方询问与发票有关的问题和情况；(5) 在查处发票案件时，对与案件有关的情况和资料，可以记录、录音、录像、照相和复制。

针对税务机关依法进行的发票检查，印制、使用发票的单位和个人必须接受，如实反映情况，提供有关资料，不得拒绝、隐瞒。

此外，单位和个人从中国境外取得的与纳税有关的发票或者凭证，税务机关在纳税审查时有疑义的，可以要求其提供境外公证机构或者注册会计师的确认证明，经税务机关审核认可后，方可作为记账核算的凭证。

税务机关在发票检查中需要核对发票存根联与发票联填写情况时，可以向持有发票或者发票存根联的单位发出发票填写情况核对卡，有关单位应当如实填写，按期报回。

(二) 税务机关的发票检查职责

税务机关必须履行依法检查发票的职责，主要包括以下几个方面：(1) 税务机关在进行发票检查时，应当出示税务检查证。(2) 税务机关需要将已开具的发票调出查验时，应当向被查验的单位和个人开具发票换票证（发票换票证与所调出查验的发票有同等的效力）。(3) 税务机关需要将空白发票调出查验时，应当开具收据；经查无问题的，应当及时返还。

第六节 海关监督管理制度

为了维护国家的主权和利益，加强海关监督管理，促进对外经济贸易和科技文化交往，保障社会主义现代化建设，全国人大常委会于 1987 年 1 月 22 日通过了《中华人民共和国海关法》(以下简称《海关法》)，其后曾多次对该法作出修改。由于海关是重要的征税机关，在具体的职能和适用的程序上与税务机关有所不同，所以有必要对海关为征收进出口税收而执行的各类监督管理制度作单独的介绍。

根据我国《海关法》的规定，中华人民共和国海关是国家的进出关境（以下简称进出境）监督管理机关。国务院设立海关总署，统一管理全国海关。国家在对外开放的口岸和海关监管业务集中的地点设立海关。海关依法独立行使职权，其隶属关系不受行政区划的限制。

海关的主要任务是：依法监管进出境的运输工具、货物、行李物品、邮递物品和其他物品(以下简称进出境运输工具、货物、物品)，征收关税和其他税、费，查缉走私，并编制海关统计报表和办理其他海关业务。其中，监管、征税、缉私这三项任务或称职能是非常重要的，并且，监管是征税的基础，缉私则是对征税的重要保障。

为了确保海关能够有效实现其各项职能，特别是为了使其能够有效遏制旨在逃避海关监管和海关税收的走私行为，以保障关税等进出口税收的征收，维护国家的主权，《海关法》规定了报关纳税的主体制度，以及进出口货物和物品的申报监管制度，现分述如下。

一、报关纳税的主体制度

根据《海关法》的规定，报关纳税因征税对象的不同而有一定的区别。进出口货物，除另有规定的外，可以由进出口货物收、发货人自行办理报关纳税手续，也可以由其委托海关准予注册登记的报关企业办理报关纳税手续。与此类似，进出境物品的所有人既可以自行办理报关纳税手续，也可以委托他人办理报关纳税手续。

在进出口货物收、发货人委托报关企业办理报关纳税手续时，如果报关企业以委托人的名义办理报关手续，则应当向海关提交由委托人签署的授权委托书，遵守《海关法》对委托人的各项规定；如果接受委托的报关企业是以自己的名义办理报关手续，则应当承担与收、发货人相同的法律责任。

此外，上述各类委托人委托报关企业办理报关手续时，应当向报关企业提供所委托报关事项的真实情况；报关企业在接受委托人的委托办理报关手续时，应当对委托人所提供情况的真实性进行合理审查。

另外，为了加强对报关纳税的监督管理，《海关法》还规定，进出口货物收、发货人、报关企业办理报关手续，必须依法经海关注册登记。报关人员必须依法取得报关从业资格。未依法经海关注册登记的企业和未依法取得报关从业资格的人员，不得从事报关业务。报关企业和报关人员不得非法代理他人报关，或者超出其业务范围进行报关活动。

二、进出境货物的申报监管制度

进出境货物需要依法向海关进行申报，同时要接受海关的监管。为此，《海关法》规定，进口货物自进境起到办结海关手续止，出口货物自向海关申报起到出境止，过境、转运和通运货物自进境起到出境止，应当接受海关监管。下面依据《海关法》的规定，分别介绍进出境货物的申报与监管制度。

（一）进出境货物的申报制度

进口货物的收货人、出口货物的发货人应当向海关如实申报，交验进出口许可证件和有关单证。国家限制进出口的货物，没有进出口许可证件的，不予放行。过境、转运和通运货物，运输工具负责人应当向进境地海关如实申报，并应当在规定期限内运输出境。

除法律另有规定的以外，进口货物应当由收货人在货物的进境地海关办理海关手续，出口货物应当由发货人在货物的出境地海关办理海关手续。进口货物的收货人应当自运输工具申报进境之日起 14 日内，出口货物的发货人除海关特准的外，应当在货物运抵海关监管区后、装货的 24 小时以前，向海关申报。

进口货物的收货人超过上述规定期限向海关申报的，由海关征收滞报金。办理进出口货物的海关申报手续，应当采用纸质报关单和电子数据报关单的形式。海关接受申报后，报关单证及其内容不得修改或者撤销，但符合海关的规定的情形的除外。

进口货物的收货人自运输工具申报进境之日起超过 3 个月未向海关申报的，其进口货物由海关提取依法变卖处理，所得价款在扣除运输、装卸、储存等费用和税款后，尚有余款的，自货物依法变卖之日起 1 年内，经收货人申请，予以发还；其中属于国家对进口有限制性规定，应当提交许可证件而不能提供的，不予发还。逾期无人申请或者不予发还的，上缴国库。此外，收货人或者货物所有人声明放弃的进口货物，由海关提取依法变卖处理；所得价款在扣除运输、装卸、储存等费用后，上缴国库。

（二）进出境货物的监管制度

依据《海关法》的规定，海关监管货物，未经海关许可，不得开拆、提取、交付、发运、调换、改装、抵押、质押、留置、转让、更换标记、移作他用或者进行其他处置。对于海关加施的封志，任何人不得擅自开启或者损毁。

此外，人民法院判决、裁定或者有关行政执法部门决定处理海关监管货物的，应当责令当事人办结海关手续。

经营海关监管货物仓储业务的企业，应当经海关注册，并按照海关规定，办理收存、交付手续。在海关监管区外存放海关监管货物，应当经海关同意，并接受海关监管。违反上述规定或者在保管海关监管货物期间造成海关监管货物损毁或者灭失的，除不可抗力外，对海关监管货物负有保管义务的人应当承担相应的纳税义务和法律责任。

国家对进出境货物、物品有禁止性或者限制性规定的，海关依据法律、行政法规、国务院的规定或者国务院有关部门依据法律、行政法规的授权作出的规定实施监管。具体监管办法由海关总署制定。

三、进出境物品的申报监管制度

个人携带进出境的行李物品、邮寄进出境的物品，应当以自用、合理数量为限，并接受海关监管。进出境物品的所有人应当向海关如实申报，并接受海关查验。

进出境邮袋的装卸、转运和过境，应当接受海关监管。邮政企业应当向海关递交邮件路单。邮政企业应当将开拆及封发国际邮袋的时间事先通知海关，海关应当按时派员到场监管查验。邮运进出境的物品，经海关查验放行后，有关经营单位方可投递或者交付。

经海关登记准予暂时免税进境或者暂时免税出境的物品，应当由本人复带出境或者复带进境。过境人员未经海关批准，不得将其所带物品留在境内。

进出境物品所有人声明放弃的物品、在海关规定期限内未办理海关手续或者无人认领的物品，以及无法投递又无法退回的进境邮递物品，由海关依法进行变卖处理。

享有外交特权和豁免的外国机构或者人员的公务用品或者自用物品进出境，依照有关法律、行政法规的规定办理。

延伸思考：

1. 如何理解税务管理在整体税收征管中的地位？
2. 如何进一步完善我国的税务登记制度？
3. 为什么发票管理制度在税收征管方面具有重要作用？
4. 税务登记制度与账簿凭证管理制度、纳税申报制度有哪些内在关联？
5. 如何认识税务管理权与纳税人权利之间的关系？

第十五章　税款征收制度

在税收征纳程序制度中，税务管理制度是基础，而税款征收制度则是核心和关键。所谓税款征收，通常是指征税机关依法将纳税人的应纳税款征收入库的各类活动的总称。以税款征收为核心，在税法上设置了一系列相关制度，总称为税款征收制度。税款征收制度可分为如下四类：税款征收基本制度、税款征收特别制度、税款征收保障制度、税款征收辅助制度。而上述四类制度又各自包含着一系列具体制度。本章分四节，分别介绍上述四类制度。

第一节　税款征收基本制度

税款征收基本制度，是在税款征收方面通行的一般制度。它主要包括征纳主体制度、税务管辖制度、征收方式制度、税额确定制度、征纳期限制度、文书送达制度等。由于这些制度对于国家税收债权的实现和纳税主体的纳税义务的履行都非常重要，因而下面有必要作较为具体的探讨。

一、征纳主体制度

征纳主体制度在整个税款征收制度中占有重要地位。由于征税机关的税款征收活动与纳税人的税款缴纳活动密不可分，因此必须从征纳双方的角度分别规定征纳主体各自的资格、权利、义务等，从而形成征纳主体制度。

征税主体即前述的征税机关，无论是税务机关还是海关，在税款征收环节都享有最为重要的税款征收权，以及相应的税款入库权。尽管如此，它们仍必须严格遵循税收法定原则，切实依法征收。根据我国《税收征管法》等法律、法规的规定，征税机关应依照法律、行政法规的规定征收税款，不得违反法律、行政法规的规定开征、停征、多征或者少征、提前征收、延缓征收或者摊派税款。这些规定应是对征税机关行使税款征收权的最基本的要求。

纳税主体在这里是指缴纳税款的主体，即纳税人。纳税主体在税款征收阶段最主要的义务就是缴纳税款，这是与征税主体的税款征收权相对应的。

我国《税收征管法》规定：纳税人、扣缴义务人必须依照法律、行政法规的规定缴纳税款、代扣代缴、代收代缴税款。但对于法律、行政法规没有规定负有代扣、代收税款义务的单位和个人，税务机关不得要求其履行代扣、代收税款义务。此外，扣缴义务人依法履行代扣、代收税款义务时，纳税人不得拒绝。如果纳税人拒绝，则扣缴义务人应当及时报告税务机关处理。

无论是上述的征税主体还是纳税主体，其权利、义务、主体资格均需依税收法律、法规的规定加以确定；不符合相关法律、法规规定的主体，不能作征税主体或纳税主体，当然也不能享有其权利，也无须履行其义务。

二、税务管辖制度

税务管辖也称征收管辖，是对征税主体的税款征收权的进一步具体化。从纳税主体的角度来说，税务管辖要解决纳税主体应向哪个征税机关申报并缴纳税款的问题；从征税主体的角度来说，税务管辖要解决哪个征税机关有权受理纳税主体的申报和缴纳税款的事宜，并依法保障应收税款及时、足额入库的问题，因而涉及征税机关在税款征收方面的管辖权划分。

依据程序法理，不同类别的征税机关各自负责相关税种的征收，这属于“主管”问题；而相同类别的征税机关各自的征收范围如何确定，则是“管辖”问题。明确税务管辖的重要意义，是防止偷漏税和避免重复征税，因而对于贯彻税收法定原则、税收公平原则和税收效率原则等亦具有重要价值。

如前所述，税务管辖从纳税主体的角度来说是一个纳税地点的问题。在税法上确定为纳税地点的主要有：纳税人所在地（包括其机构所在地和住所所在地等）、商品销售地、劳务发生地或营业地、财产所在地、报关地等。纳税主体一般应根据具体情况，到上述地点的征税机关申报纳税。

在税务管辖中，最重要的是地域管辖。此类管辖最为普遍，是税务管辖的基本形式。此外，在地域管辖中也包括专属管辖，它排除了一般地域管辖，明确规定某些征收事宜仅由特定的征税机关管辖，例如，进口环节的增值税、消费税由海关代征。

三、税款征收方式

税款征收方式是指征税主体在税款征收活动中所采取的具体征收方法和征收形式。由于纳税人的情况千差万别，税款征收方式不可能整齐划一，需要针对不同情况，采取不同的征收方式。我国 1993 年的《税收征收管理法实施细则》曾规定，税务机关可以采取查账征收、查定征收、查验征收、定期定额征收以及其他方式征收税款，从而为税款征收方式的选择提供了法律依据。但是，现行的《税收征管法》及其实施细则并未对税款征收方式作出很具体的规定，只是强调了确定税款征收方式的原则。这些原则是：（1）保证国家税款及时、足额入库原则；（2）方便纳税人原则；（3）降低税收成本的原则。这些具体原则既体现了确保收入的传统财政原则的要求，也体现了现代的保护纳税人权利原则以及税收效率原则的要求。

为了贯彻上述原则，现行税法还规定，税务机关根据有利于税收控管和方便纳税的原则，可以按照国家有关规定，委托有关单位和人员代征零星分散和异地缴纳的税收，并发给委托代征证书。受托单位和人员按照代征证书的要求，以税务机关的名义依法征收税款，纳税人不得拒绝；纳税人拒绝的，受托代征单位和人员应当及时报告税务机关。这里的委托代征制度，同代扣代缴制度等一样，也往往被认为是一种税款征收方式。

此外，税务机关应当根据方便、快捷、安全的原则，积极推广使用支票、银行卡、电子结算方式缴纳税额。这也是体现上述原则的具体措施。

无论采取何种征收方式，在税务机关征收税款和扣缴义务人代扣、代收税款时，必须给纳税人开具完税凭证。完税凭证包括各种完税证、缴款书、印花税票、扣（收）税凭证以及其他完税证明。

四、税额确定制度

如前所述，纳税人的纳税义务有具体与抽象之分，只是在经过了相应的确定程序后，纳税人的应纳税额才能得到具体化，税款征收也才有了直接的依据，因此，应重视应纳税额的确定制度。

（一）确定应纳税额基础

确定应纳税额的基础，是纳税申报。依申报确定应纳税额，是指原则上应根据纳税人的申报确定应纳税额，只有在纳税人未自动申报或申报不适当的情况下，才由征税机关重新确定应纳税额。

依申报确定应纳税额的方式，在各国被广泛采用。该方式不仅符合民主纳税思想，还有利于提高税收征收的效率。如前所述，我国也将申报纳税作为确定应纳税额的基础，并强调建立以申报纳税和优化服务为基础，以计算机网络为依托，集中征收、重点稽查的征管模式。

（二）纳税申报确定过程中的重要变动

纳税申报是一种由私人进行的、以产生公法上的效果为目的的行为。它对于确定应纳税额非常重要。① 纳税申报是一种要式行为，必须使用统一印制的纳税申报表或申报书，因而与无形式要求的一般申请和普通报告是不同的。

在纳税申报过程中，涉及两类重要的变动，即修正申报和更正请求。所谓修正申报，是指纳税人在申报后，发现申报的应纳税额过少或存在不应减少应纳税额的情况，在征税机关更正之前而作出的修正。这种申报实际上是对申报内容作不利于自己的变更。

所谓更正请求，是指为了减少已确定的应纳税额而以申报的方式向征税机关提出的请求。这种请求实际上是纳税人作出的有利于自己的变更请求。更正请求的理由主要有两类：其一是原来申报的应纳税额有误，超过了依法应缴纳的税额，从而涉及纳税人的退还请求权问题；其二是后发原因导致应纳税额的计算基础发生变动，如诉讼的结果使应纳税额减少，或者影响应纳税额的课税对象实际上归属于他人，等等。在上述两类理由存在的情况下，纳税人可以在法定期间内，依法向征税机关提出更正请求。

事实上，对于应纳税额的更正，征税机关不仅可依纳税人的更正请求作出，也可依职权自行作出，由此涉及征税机关的确定权问题。

（三）征税机关的确定权

征税机关对于纳税人的应纳税额享有确定权。由于应纳税额的确定是税款征收的前提，因而应纳税额的确定权作为广义的税款征收权所内含的权力，同样十分重要。

如前所述，征税机关对纳税人申报的应纳税额享有确定权，若申报的应纳税额与依实际情况应缴纳的税额有出入，则征税机关有权依法重新进行核定、调整、更正。这些都是征税机关行使应纳税额确定权的体现。

对征税机关的应纳税额确定权，我国的《税收征管法》分别规定了具体的核定权、调整权，并在该法的实施细则中进一步细化。

1. 征税机关的核定权

在征税机关的核定权方面，纳税人有下列情形之一的，税务机关有权核定其应纳税额：（1）依照法律、行政法规规定可以不设置账簿的；（2）依照法律、行政法规规定应当设置但未设置账簿的；（3）擅自销毁账簿或拒不提供纳税资料的；（4）虽设置账簿，但账目混乱或者成本资料、收入凭证、费用凭证残缺不全，难以查账的；（5）发生纳税义务，未按照规定的期限办理纳税申报，经税务机关责令限期申报，逾期仍不申报的；（6）纳税人申报的计税依据明显偏低，又无正当理由的。

对于以上各种情形，税务机关有权采用以下任何一种方式核定其应纳税额：（1）参照当地同类行业或者类似行业中经营规模和收入水平相近的纳税人的税负核定；（2）按照营业收入或者成本加合理的费用和利润的方法核定；（3）按照耗用的原材料、燃料、动力等推算或者测算核定；（4）按照其他合理的方法核定。

① 参见［日］金子宏著，刘多田等译：《日本税法原理》，301页，北京，中国财政经济出版社，1989。

如果采用上述一种方法不足以正确核定应纳税额时，可以同时采用两种以上的方法核定。

此外，在其他一些具体的税收法律、法规中，也有关于税务机关的核定权的规定。例如，增值税、消费税立法就规定，纳税人销售货物或者应税劳务的价格明显偏低并无正当理由的，由主管税务机关核定其销售额；纳税人应税消费品的计税价格明显偏低又无正当理由的，由主管税务机关核定其计税价格。

2. 征税机关的调整权

我国的税收法律、法规在规定征税机关对税基的核定权的同时，也规定了在某些情况下征税机关对税基的调整权，这也是征税机关对应纳税额的确定权的具体体现。

例如，我国《税收征管法》及其实施细则规定了因关联企业转让定价而减少税基时征税机关所享有的调整权。依据法律规定，企业或者外国企业在中国境内设立的从事生产、经营的机构、场所与其关联企业之间的业务往来，应当按照独立企业之间的业务往来收取或者支付价款、费用。如果上述企业及其分支机构等不按照独立企业之间的业务往来收取或者支付价款、费用，从而减少其应纳税的收入或者所得额，有下列情形之一的，税务机关可以行使其对应纳税额的合理调整权：（1）购销业务未按照独立企业之间的业务往来作价；（2）融通资金所支付或者收取的利息超过或者低于没有关联关系的企业之间所能同意的数额，或者利率超过或者低于同类业务的正常利率；（3）提供劳务，未按照独立企业之间业务往来收取或者支付劳务费用；（4）转让财产、提供财产使用权等业务往来，未按照独立企业之间业务往来作价或者收取、支付费用；（5）未按照独立企业之间业务往来作价的其他情形。

针对上述各种情形，税务机关可以按照下列标准和方法调整计税收入额或者所得额：（1）按照独立企业之间进行的相同或者类似业务活动的价格；（2）按照再销售给无关联关系的第三者的价格所应取得的收入和利润水平；（3）按照成本加合理的费用和利润；（4）按照其他合理的方法。

纳税人与其关联企业未按照独立企业之间的业务往来支付价款、费用的，税务机关自该业务往来发生的纳税年度起3年内进行调整；有特殊情况的，可以自该业务往来发生的纳税年度起10年内进行调整。

此外，为了有效解决转让定价问题，现行税法还规定了预约定价制度。即纳税人可以向主管税务机关提出与其关联企业之间业务往来的定价原则和计算方法，主管税务机关审核、批准后，与纳税人预先约定有关定价事项，监督纳税人执行。

上述税务机关对税基的调整权，主要是针对纳税人的转让定价行为而实施的一种确定权，以避免因纳税人不实行“独立交易原则”（或称“公平交易原则”）而使应纳税额发生减少，从而有助于防止和杜绝纳税人通过转让定价而进行的税收逃避行为。尽管纳税人转让定价的动机不限于税收逃避，但其主要目的一般是逃税、避税，以减轻税负。正因为如此，不管是在国际税法领域还是在国内税法领域，都要赋予相关的税收机关以税基调整权。

五、征纳期限制度

（一）两种期限的法律意义

征税期限是征税机关行使税款征收权的期限，纳税期限是纳税主体在税收征纳活动中履行纳税义务的期限。这两种期限有着密切的联系。如前所述，纳税期限有其重要的法律意义：在纳税期限之前，征税机关不得违法提前征税，纳税主体亦无提前申报纳税之义务；在纳税期限届满后，纳税主体不得违法拖欠税款，否则将被作为税收违法行为。此外，纳税期限还与纳税义务的消灭时效期间的计算等密切相关。

在纳税期限内，征税机关当然享有征收权，因而纳税期限是内含于征税期限之中的。在逾越纳税期限而未履行纳税义务的情况下，征税机关仍然享有征收权，并且，为弥补因纳税人未纳税而造成的损失，征税机关还有权加收未纳税款部分的滞纳金。

依据我国《税收征管法》的规定，纳税人、扣缴义务人应按照法律、行政法规规定的期限，或者税务机关依照法律、行政法规的规定确定的期限，缴纳或者解缴税款。纳税人、扣缴义务人未按照上述期限缴纳或解缴税款的，税务机关除责令限期缴纳外，从滞纳税款之日起，按日加收滞纳税款万分之五的滞纳金。

（二）纳税期限的延长

纳税主体要严格按纳税期限履行其纳税义务，这是通常情况下的一般原则。但在立法上也必须对某些特殊情况予以考虑，在纳税期限上给予一定的宽缓期或称恩惠期。此即纳税期限的延长。这种延期实际是上述严格按期纳税的一般原则的例外。

例如，我国《税收征管法》规定，纳税人因有特殊困难，不能按期缴纳税款的，经省级税务机关批准，可以延期缴纳税款，但最长不得超过3个月。这就是说，在经批准延期纳税的情况下，如果纳税人最长超过3个月的期限仍未纳税，同样属税收违法行为，应加收滞纳金。此外，上述特殊困难是指以下情形：（1）因不可抗力，导致纳税人发生较大损失，正常生产经营活动受到较大影响的；（2）当期货币资金在扣除应付职工工资、社会保险费后，不足以缴纳税款的。

纳税人需要延期缴纳税款的，应当在缴纳税款期限届满前提出申请，并报送下列材料：申请延期缴纳税款报告，当期货币资金余额情况及所有银行存款账户的对账单，资产负债表，应付职工工资和社会保险费等税务机关要求提供的支出预算。税务机关应当自收到申请延期缴纳税款报告之日起20日内作出批准或者不予批准的决定；不予批准的，从缴纳税款期限届满之日起加收滞纳金。

（三）征税权的除斥期间

征税机关的征税权在整个纳税期间及其以后的一段合理期间都是应该存续的，这是保障税收征管目的实现所必需的。但是，从公平保护征纳双方的合法权利，以及从保障税法秩序的角度说，征税权不应无限期地存续下去这涉及针对具体纳税义务的征税权的除斥期间问题。

除斥期间通常是指法律规定的能够使某种权利被除斥的预定期间。除斥期间与消灭时效极为相似，同样是不行使权利的事实状态经过一定期间就会发生权利消灭或称被除斥的法律后果。但两者也有差别，主要是除斥期间届满会使实体权利归于消灭，因而法院可直接适用有关规定作出裁判；同时，除斥期间是一种不变期间，一般不存在中止、中断或延长等问题。

对于应纳税额的确定权和税款的征收权，一些国家在税法中规定了除斥期间，以结束因征税机关怠于行使权利而导致的确定和征收环节上的不确定状态，从而保障税法秩序的稳定，公平保护征纳双方的权利。可见，在税法上规定除斥期间，甚为必要。

我国在税法中虽未明确规定除斥期间制度，但实际上亦有相关规定。例如，在我国《税收征管法》有关税款的补缴和追征制度中，即有这方面的规定：在税款的补缴方面，因税务机关的责任，纳税人、扣缴义务人未缴或者少缴税款的，税务机关在3年内可以要求纳税人、扣缴义务人补缴税款，但是不得加收滞纳金。在税款的追征方面，因纳税人、扣缴义务人计算错误等失误，未缴或者少缴税款的，税务机关在3年内可以追征；有特殊情况的，追征期可以延长到5年。所谓特殊情况，是指纳税人或者扣缴义务人因计算错误等失误，未缴或者少缴、未扣或者少扣、未收或者少收税款，累计数额在10万元以上的。此外，对于偷税、抗税、骗税的，税务机关对其未缴或者少缴的税款、滞纳金或骗取的税款，可以无限期追征。

上述规定表明，税务机关享有补征权和追征权的期限一般为3年。此即补征权、追征权这两种征收权的除斥期间，该期间自纳税人、扣缴义务人应缴未缴或者少缴税款之日起计算。征税机关如果在3年内不行使其补征权和追征权，则不再享有这两种征收权。此外，在税款追征权的行使方面，有时除斥期间被规定为5年，有时甚至不存在除斥期间的问题，这与纳税主体未缴或少缴税款的主观恶性大小是密切相关的。

除上述《税收征管法》以外，我国的《海关法》等也有关于除斥期间的规定。例如，依据《海关法》第62条的规定，海关发现少征税款或漏征税款的，应当自缴纳税款或者货物、物品放行之日起1年内，向纳税人补征；因纳税人违反规定而造成的少征或漏征税款，海关可以在3年内追征。不难看出，对关税税款的补征权的除斥期间仅为1年，比上述税务机关的补征权的除斥期间（3年）要短。这体现了关税征收方面的特殊性。

六、文书送达制度

文书送达制度是在税收征管活动中由征税机关向纳税主体传递相关信息的一项重要制度，在整个税收程序法中都是不可或缺的。该制度对于保护征纳双方的权利同样具有重要作用。

在文书送达制度中，征税机关需送达的文书通常主要包括：（1）税务事项通知书；（2）责令限期改正通知书；（3）税收保全措施决定书；（4）税收强制执行决定书；（5）税务检查通知书；（6）税务处理决定书；（7）税务行政处罚决定书；（8）复议决定书；（9）其他税务文书。

税务文书的送达方式主要包括直接送达、留置送达、委托送达、邮寄送达、公告送达等。其中，直接送达是最基本的送达方式，其他送达方式是在直接送达有困难时才采取的方式。对于上述各种送达方式，我国《税收征收管理法实施细则》均有规定。

（1）直接送达。税务机关送达税务文书，应当直接送交受送达人。受送达人是公民的，应当由本人直接签收；本人不在的，交其同住成年家属签收。受送达人是法人或者其他组织的，应当由法人的法定代表人、其他组织的主要负责人或者该法人、组织的财务负责人、负责收件的人签收。受送达人有代理人的，可以送交其代理人签收。

此外，送达税务文书必须有送达回证，并由受送达人或者其他有权签收的人在送达回证上记明收到日期，签名或者盖章，即为送达。

（2）留置送达。受送达人或者其他有权签收的人拒绝签收税务文书的，送达人应当在送达回证上记明拒收理由和日期，并由送达人和见证人签名或者盖章，将税务文书留置于受送达人处，即视为送达。

（3）委托送达和邮寄送达。在直接送达税务文书有困难的情况下，税务机关可以委托有关机关或其他单位代为送达，也可以邮寄送达。委托送达与直接送达一样，均以签收人或者见证人在送达回证上的签收或者注明的收件日期为送达日期；若是邮寄送达，则以挂号函件回执上注明的收件日期为收件日期，并视为已送达。

（4）公告送达。如果同一送达事项的受送达人众多，或者采用其他送达方式无法送达，则税务机关可以公告送达税务文书。并且，自公告之日起满30日，即视为送达。

第二节　税款征收特别制度

税款征收特别制度，是为了解决在税收征纳活动中发生的一些特殊问题而设立的一些制度。这些制度包括税收减免制度、退税制度、缓征制度和补税制度、追征制度等。由于上述的后三项制度在前面有关基本制度的介绍中已顺便提及，因而下面着重介绍税收减免制度和退税制度。

一、税收减免制度

税收减免作为一种税收特别措施，是税收实体法的重要内容；同时，如何进行税收减免，则涉及税收减免的具体程序规定。这些规定不仅构成了税收程序法中的重要制度，而且还直接关系着征纳双方的税收实体权利的实现。

税收应是普遍征收、平等征收的，因而税法的一般规定通常应是普遍适用的。但由于现实生活中纳税人的情况千差万别，错综复杂，变化多端，因此，如果不加区分地一概严格适用税法的某些成文规定，有时便不能完全适应具体的客观情况变化的要求，从而会出现有悖于税收公平原则的情形。在这种情况下，根据纳税人纳税能力的变化，依法进行税收减免，以体现量能纳税原则，便显得非常重要。

在理论上，税收减免依其性质和原因，可分为困难性减免和调控性减免。前者是指纳税人因灾情等原因而发生应予照顾的困难时，经征税机关审批而实施的税收减免。后者是指国家为实现一定的经济调控目标而实施的税收减免。调控性的减免还包括补贴性减免和鼓励性减免等。

此外，依据税收减免的法律依据，税收减免还可分为法定减免和决定减免两类。法定减免是指在税法已对减免条件作出明确规定的情况下，只要符合法定条件即可实施的减免。法定减免的项目通常在税法中均得到明确列举，除采取列举方式外，在立法上还可采取直接规定起征点和免征额的方式。法定减免也被称为固定性减免。

决定减免，是指省级政府和人大在法律授权范围内，根据本地实际依法作出的减免决定。据此，是否减免、如何减免，均需省级政府和人大依法定程序作出决定。对于此类减免，我国已有多部税法有相关规定。我国《税收征管法》规定：纳税人依照法律、行政法规的规定办理减税、免税。地方各级人民政府、各级人民政府主管部门、单位和个人违反法律、行政法规规定，擅自作出的减税、免税决定无效，税务机关不得执行，并向上级税务机关报告。此外，我国多年来对税收减免一直努力严格控制，反对越权减免税。为此，国务院及其税收主管部门一贯要求税收减免必须依照税法规定执行，即使是地方税的减免，也要在中央授权的范围内办理，不得自立章程，自行其是。凡未经批准擅自减免税收的，一经查出，除纳税人须如数补缴税款外，还要追究当事人和主管领导的责任。①

二、退税制度

在上述的税收减免制度中，纳税人的税收减免权是最为重要的；而在退税制度中，纳税人的退还请求权是应着重强调的。在退税制度中，核心问题是退还请求权的问题。

所谓退还请求权，又称还付请求权或返还请求权，它是在纳税人履行纳税义务的过程中，由于征税主体对纳税人缴付的全部或部分款项的税收没有法律根据，因而纳税人可以请求予以退还的权利。纳税人的退还请求权以及征税主体的退还义务，构成了整个退税制度的基础。

退税制度在狭义上是指为解决在税收征纳中普遍存在的超纳、误纳的情况而设立的制度，在广义上还包括出口退税制度以及其他为贯彻鼓励政策而实施的退税制度（如再投资退税制度）。对于广义上的退税制度，在有关税收实体制度的部分已有涉及，故在此不赘述。

在税收征纳活动中，纳税人超纳税款、误纳税款的情况是极可能发生的。纳税人超纳的税款，也称超纳金或溢纳款，是纳税人超过其应履行纳税义务缴纳的部分。因该部分无法律依

① 可参见国务院于1998年3月下发的《关于加强依法治税严格税收管理权限的通知》等。

据，所以应予返还。纳税人误纳的税款，或称误纳金，与超纳金不同，它是在没有法律根据的情况下，基于一方或双方的错误而缴纳的税金，因而应全部退还纳税人。可见，退税制度存在的根据是不当得利的法理，据此需要在税法上赋予纳税人以退还请求权。

我国的税收法律、法规对退税制度亦有规定。例如，我国的《税收征管法》规定：退税、补税须依照法律和行政法规的规定执行。纳税人超过应纳税额缴纳的税款，税务机关发现后应当立即退还。此外，该法还规定了行使退还请求权的除斥期间，即纳税人自结算缴纳税款之日起 3 年内发现的，可以向税务机关要求退还多缴的税款并加算银行同期存款利息，税务机关及时查实后应当立即退还。

另外，我国《海关法》还规定，海关多征的税款，海关发现后应当立即退还；纳税人自缴纳税款之日起 1 年内，可以要求海关退还。在这里，关税纳税人的退还请求权的除斥期间之所以规定为 1 年而不是通常的 3 年，主要是基于经济效率以及关税征管的特殊性。

第三节　税款征收保障制度

为了确保税收征纳活动的顺利进行，特别是为了确保应纳税款的及时、足额入库，必须建立税款征收保障制度。税款征收保障制度主要包括纳税担保制度、税收保全制度、强制执行制度、税务检查制度、海关稽查制度等。此外，从广义上说，税款征收的司法保障也很重要，因此税务警察制度等也属于此类保障制度。但限于篇幅和我国的实际情况，下面将着重介绍主要的税款征收保障制度。

一、纳税担保制度

纳税担保制度对于保障税款的及时、足额入库是较为重要的。由于该制度同后面的税收保全制度、离境清税制度等都直接相关，甚至是相关制度有效实施的重要基础，因而有必要在前面加以介绍。

所谓纳税担保，是指经税务机关同意或确认，纳税人或其他自然人、法人、非法人组织以保证、抵押、质押的方式，为纳税人应当缴纳的税款及滞纳金提供担保的行为。

为了规范纳税担保行为，保障国家税收收入，保护纳税人和其他当事人的合法权益，根据《税收征管法》和其他法律、法规的规定，国家税务总局发布了《纳税担保试行办法》，该办法自 2005 年 7 月 1 日起施行。下面着重介绍我国现行税收担保制度的主要内容。

（一）纳税担保适用的领域

纳税担保适用于以下几类情况：

（1）税务机关有根据认为从事生产、经营的纳税人有逃避纳税义务行为，在规定的纳税期之前经责令其限期缴纳应纳税款，在限期内发现纳税人有明显的转移、隐匿其应纳税的商品、货物以及其他财产或者应纳税收入的迹象，责成纳税人提供纳税担保的。

（2）欠缴税款、滞纳金的纳税人或者其法定代表人需要出境的。

（3）纳税人同税务机关在纳税上发生争议而未缴清税款，需要申请复议的。

（4）税收法律、行政法规规定可以提供纳税担保的其他情形。

（二）纳税担保人与担保范围、担保形式

纳税担保人包括两类：一类是以保证方式为纳税人提供纳税担保的纳税保证人，另一类是以未设置或者未全部设置担保物权的财产为纳税人提供纳税担保的第三人。

纳税担保的范围包括税款、滞纳金和实现税款、滞纳金的费用。费用包括抵押、质押登记费用，质押保管费用，以及保管、拍卖、变卖担保财产等相关费用支出。

用于纳税担保的财产、权利的价值不得低于应当缴纳的税款、滞纳金，并考虑相关的费用。纳税担保的财产价值不足以抵缴税款、滞纳金的，税务机关应当向提供担保的纳税人或纳税担保人继续追缴。

纳税担保的形式包括纳税保证、纳税抵押、纳税质押等，这同担保的一般形式是一致的，只不过这些担保由于属于公法性质的纳税担保、所担保的债务是公法上的债务，因而具有其特殊性。下面就分别介绍这几类税收担保的具体制度。

（三）纳税保证制度

1. 纳税保证的概念及保证范围

所谓纳税保证，是指纳税保证人向税务机关保证，当纳税人未按照税收法律、行政法规规定或者税务机关确定的期限缴清税款、滞纳金时，由纳税保证人按照约定履行缴纳税款及滞纳金的行为。纳税保证需由税务机关认可，税务机关不认可的，保证不成立。

在纳税保证成立的情况下，纳税人和纳税保证人对所担保的税款及滞纳金承担连带责任。当纳税人在税收法律、行政法规或税务机关确定的期限届满未缴清税款及滞纳金的，税务机关即可要求纳税保证人在其担保范围内承担保证责任，缴纳担保的税款及滞纳金。

2. 纳税保证人的资格

纳税保证人，可以是中国境内具有纳税担保能力的自然人、法人或者其他经济组织。法人或其他经济组织财务报表资产净值超过需要担保的税额及滞纳金 2 倍以上的，自然人、法人或其他经济组织所拥有或者依法可以处分的未设置担保的财产的价值超过需要担保的税额及滞纳金的，即具有纳税担保能力。

在纳税保证人的资格方面，国家机关，学校、幼儿园、医院等事业单位、社会团体不得作为纳税保证人。企业法人的职能部门也不得作纳税保证人。企业法人的分支机构如果有法人书面授权，可以在授权范围内提供纳税担保。

此外，有以下情形之一的，不得作为纳税保证人：（1）有偷税、抗税、骗税、逃避追缴欠税行为被税务机关、司法机关追究过法律责任未满 2 年的；（2）因有税收违法行为正在被税务机关立案处理或涉嫌刑事犯罪被司法机关立案侦查的；（3）纳税信誉等级被评为 C 级以下的；（4）在主管税务机关所在地的市（地、州）没有住所的自然人或税务登记不在本市（地、州）的企业；（5）无民事行为能力或限制民事行为能力的自然人；（6）与纳税人存在担保关联关系的；（7）有欠税行为的。

3. 纳税保证的生效及纳税保证人义务的履行

纳税保证人同意为纳税人提供纳税担保的，应当填写纳税担保书。纳税担保书须经纳税人、纳税保证人签字盖章并经税务机关签字盖章同意，方为有效。纳税保证从税务机关在纳税担保书上签字盖章之日起生效。

保证期间为纳税人应缴纳税款期限届满之日起 60 日，即税务机关自纳税人应缴纳税款的期限届满之日起 60 日内有权要求纳税保证人承担保证责任，缴纳税款、滞纳金。

纳税人在规定的期限届满未缴清税款及滞纳金，税务机关在保证期限内书面通知纳税保证人的，纳税保证人应按照纳税担保书约定的范围，自收到纳税通知书之日起 15 日内缴纳税款及滞纳金，履行担保责任。在纳税保证期间内，如果税务机关未通知纳税保证人缴纳税款及滞纳金以承担担保责任的，纳税保证人免除担保责任。

纳税保证人未按照规定的履行保证责任的期限缴纳税款及滞纳金的，由税务机关发出责令限期缴纳通知书，责令纳税保证人在 15 日内缴纳；逾期仍未缴纳的，经县以上税务局（分局）局长批准，对纳税保证人采取强制执行措施，通知其开户银行或其他金融机构从其存款中扣缴所担保的纳税人应缴纳的税款、滞纳金，或扣押、查封、拍卖、变卖其价值相当于所担保的纳税人应缴纳的税款、滞纳金的商品、货物或者其他财产，以拍卖、变卖所得抵缴担保的税款、滞纳金。

（四）纳税抵押制度

所谓纳税抵押，是指纳税人或纳税担保人在不转移对某类财产的占有的情况下，将该财产作为缴纳税款及滞纳金的担保，如果纳税人逾期未履行纳税义务，则税务机关有权依法处置该财产以抵缴税款及滞纳金。

在上述的纳税抵押关系中，纳税人或者纳税担保人为抵押人，税务机关为抵押权人，提供担保的财产为抵押物。

1. 可抵押财产的范围

可以设定抵押的财产包括以下几类：(1) 抵押人所有的房屋和其他地上定着物；(2) 抵押人所有的机器、交通运输工具和其他财产；(3) 抵押人依法有权处分的国有的房屋和其他地上定着物；(4) 抵押人依法有权处分的国有的机器、交通运输工具和其他财产；(5) 经设区的市、自治州以上税务机关确认的其他可以抵押的合法财产。

但是，以下各项不得抵押：(1) 土地所有权；(2) 土地使用权（另有规定的除外）；(3) 学校、幼儿园、医院等以公益为目的的事业单位、社会团体、民办非企业单位的教育设施、医疗卫生设施和其他社会公益设施；(4) 所有权、使用权不明或者有争议的财产；(5) 依法被查封、扣押、监管的财产；(6) 依法定程序确认为违法、违章的建筑物；(7) 法律、行政法规规定禁止流通的财产或者不可转让的财产；(8) 经设区的市、自治州以上税务机关确认的其他不予抵押的财产。

此外，学校、幼儿园、医院等以公益为目的的事业单位、社会团体，可以其教育设施、医疗卫生设施和其他社会公益设施以外的财产为其应缴纳的税款及滞纳金提供抵押。

2. 纳税抵押的生效

纳税人提供抵押担保的，应当填写纳税担保书和纳税担保财产清单。纳税担保财产清单应当写明财产价值以及相关事项。纳税担保书和纳税担保财产清单须经纳税人签字盖章并经税务机关确认。纳税抵押财产应当办理抵押物登记。纳税抵押自抵押物登记之日起生效。

3. 纳税抵押义务的履行

(1) 抵押期间，经税务机关同意，纳税人可以转让已办理登记的抵押物。纳税人转让抵押物所得的价款，应当向税务机关提前缴纳所担保的税款、滞纳金。

(2) 在抵押物灭失、毁损或者被征用的情况下，税务机关应该就该抵押物的保险金、赔偿金或者补偿金要求优先受偿，以抵缴税款、滞纳金；如果抵押权所担保的纳税义务履行期未满，税务机关可以要求将保险金、赔偿金或补偿金等作为担保财产。

(3) 纳税人在规定的期限届满未缴清税款、滞纳金的，税务机关应当在期限届满之日起15日内，书面通知纳税担保人自收到纳税通知书之日起15日内缴纳担保的税款、滞纳金。

纳税担保人未按照上述规定的期限缴纳所担保的税款、滞纳金的，由税务机关责令限期在15日内缴纳；逾期仍未缴纳的，经县以上税务局（分局）局长批准，税务机关依法拍卖、变卖抵押物，抵缴税款、滞纳金。

（五）纳税质押制度

所谓纳税质押，是指经税务机关同意，纳税人或纳税担保人将其动产或权利凭证移交税务机关占有，将该动产或权利凭证作为缴纳税款及滞纳金的担保。纳税人逾期未缴清税款及滞纳金的，税务机关有权依法处置该动产或权利凭证以抵缴税款及滞纳金。

纳税质押分为动产质押和权利质押。动产质押包括现金以及其他除不动产以外的财产提供的质押。汇票、支票、本票、债券、存款单等权利凭证可以质押。

纳税人提供质押担保的，应当填写纳税担保书和纳税担保财产清单并签字盖章。纳税质押自纳税担保书和纳税担保财产清单经税务机关确认和质物移交之日起生效。

纳税人在规定的期限内未缴清税款、滞纳金的，税务机关应当在期限届满之日起15日内，书面通知纳税担保人自收到纳税通知书之日起15日内缴纳担保的税款、滞纳金。

纳税担保人未按照上述规定的期限缴纳所担保的税款、滞纳金，由税务机关责令限期在15日内缴纳；缴清税款、滞纳金的，税务机关自纳税担保人缴清税款及滞纳金之日起3个工作日内返还质物、解除质押关系；逾期仍未缴纳的，经县以上税务局（分局）局长批准，税务机关依法拍卖、变卖质物，抵缴税款、滞纳金。

二、税收保全制度与强制执行制度

（一）税收保全制度

税收保全制度是指为了维护正常的税收秩序，预防纳税人逃避税款缴纳义务，以使税收收入得到保全而制定的各项制度。税收保全制度具体表现为各类税收保全措施的实行以及征纳双方在税收保全方面所享有的权利和承担的义务。

根据我国《税收征管法》的规定，为了实现保全税收的目的，税务机关可以依法采取以下依次递进的各项税收保全措施。

（1）责令限期缴纳税款。即当税务机关有根据认为从事生产、经营的纳税人有逃避纳税义务的行为时，可以在规定的纳税期之前，责令限期缴纳应纳税款。因此，这种缴纳是一种期前缴纳、提前缴纳，与前述的延期缴纳是大不相同的。

（2）责成提供纳税担保。即在上述限期缴纳的期间内，若发现纳税人有明显的转移、隐匿其应税商品、收入或财产的迹象，则税务机关可以责成纳税人提供纳税担保。

（3）通知冻结等额存款。即如果纳税人不能提供纳税担保，则经县以上税务局（分局）局长批准，税务机关可以书面通知纳税人的开户银行或者其他金融机构，冻结纳税人的相当于应纳税款金额的存款。

（4）扣押查封等额财产。即如果纳税人不能提供纳税担保，则经县以上税务局（分局）局长批准，税务机关可以扣押、查封纳税人的价值相当于应纳税款的商品、货物或者其他财产。

上述各项税收保全措施的实行，主要是体现了征税机关的税收保全权，但与此相对应，纳税主体同样享有相应的权利。例如，在责令限期缴纳税款的情况下，如果纳税人在限期内缴纳了税款，则税务机关必须立即解除税收保全措施。反之，如果纳税人限期期满仍未缴纳税款，则经县以上税务局（分局）局长批准，税务机关可以书面通知纳税人开户银行或者其他金融机构从其冻结的存款中扣缴税款，或者依法拍卖或变卖所扣押、查封的商品、货物或者其他财产，以拍卖或变卖所得抵缴税款。

此外，因税务机关采取税收保全措施不当，或者纳税人在限期内已缴纳税款，税务机关未立即解除税收保全措施，使纳税人的合法利益遭受损失的，税务机关应当承担赔偿责任。

（二）强制执行制度

强制执行制度是指在纳税主体未履行其纳税义务，经由征税机关采取一般的税收征管措施仍然无效的情况下，通过采取强制执行措施，以保障税收征纳秩序和税款入库的制度。实行强制执行措施是实现强制执行制度目标的关键，但在具体实行时必须严格遵循税收程序法的有关规范。

强制执行措施与前述的税收保全措施不同，它并不是通过期前征收来实现防止和杜绝纳税人逃避纳税义务的目的，而是在纳税人未按期履行纳税义务的情况下，对纳税人的资财予以强制执行的一种特别措施。在实行此类特别措施时，必须严格遵循法定的条件和程序，以使纳税人的合法权益亦得到切实保障。依据我国《税收征管法》及其实施细则的规定，从事生产、经营的纳税人、扣缴义务人未按照规定的期限缴纳或者解缴税款，纳税担保人未按照规定的期限缴纳所担保的税款的，在税务机关责令其限期缴纳，但逾期仍未缴纳时，经县以上税务局（分局）局长批准，税务机关可以采取强制执行措施。以上是税法对采取强制执行措施的条件的一般规定。

税务机关依法可采取的强制执行措施包括：(1) 书面通知被执行人的开户银行或者其他金融机构从其存款中扣缴税款。(2) 扣押、查封、依法拍卖或变卖被执行人的价值相当于应纳税款的商品、货物或者其他财产，以拍卖或变卖所得抵缴税款。此外，在采取强制执行措施时，税务机关对被执行人未缴纳的滞纳金亦同时强制执行。这是税法对强制执行措施的种类及实施范围的一般规定。

税务机关执行扣押、查封商品、货物或者其他财产时，必须开付收据或清单；必须由两名以上税务人员执行，并通知被执行人。被执行人是自然人的，应当通知被执行人本人或其成年家属到场；被执行人是法人或者其他组织的，应当通知其法定代表人或者主要负责人到场，拒不到场的，不影响执行。

（三）两类制度的共通问题

税收保全制度与强制执行制度，虽然存在着一些差别，但作为保障税款征收的重要制度，仍然有一些共通之处，主要体现为以下方面。

1. 对基本人权的保护问题

个人及其所扶养家属维持生活必需的住房和用品，既不在税收保全措施的范围之内，也不在强制执行的范围之内。这是对两类制度实施范围的一种限制，体现了对基本人权的重视和保护。为此，我国《税收征管法》专门规定，税务机关采取税收保全措施和强制执行措施必须依照法定权限和法定程序，不得查封、扣押纳税人个人及其所扶养家属维持生活所必需的住房和用品。如果税务机关滥用职权违法采取税收保全措施、强制执行措施，或者采取税收保全措施、强制执行措施不当，使纳税人、扣缴义务人或者纳税担保人的合法权益遭受损失，则应当依法承担赔偿责任。

上述的个人所扶养家属，是指与纳税人共同居住生活的配偶、直系亲属以及无生活来源并由纳税人扶养的其他亲属。机动车辆、金银饰品、古玩字画、豪华住宅或者一处以外的住房，不属于上述个人及其所扶养家属维持生活必需的住房和用品。税务机关对单价 5 000 元以下的其他生活用品，不采取税收保全措施和强制执行措施。

此外，纳税人在税务机关采取税收保全措施后，按照税务机关规定的期限缴纳税款的，税务机关应当自收到税款或者银行转回的完税凭证之日起 1 日内解除税收保全。

2. 扣押、查封、拍卖方面的共通问题

无论是税收保全措施还是强制执行措施，在估价方面，扣押、查封价值相当于应纳税款的商品、货物或者其他财产（包括纳税人的房地产、现金、有价证券等不动产和动产）时，都应参照同类商品的市场价、出厂价或者评估价估算，同时，还应当包括滞纳金和扣押、查封、保管、拍卖、变卖所发生的费用。

对价值超过应纳税额且不可分割的商品、货物或者其他财产，税务机关在纳税人、扣缴义务人或者纳税担保人无其他可供强制执行的财产的情况下，可以整体扣押、查封、拍卖，以拍卖所得抵缴税款、滞纳金、罚款，以及扣押、查封、保管、拍卖等费用。

实施扣押、查封时，对有产权证件的动产或者不动产，税务机关可以责令当事人将产权证件交税务机关保管，同时可以向有关机关发出协助执行通知书，有关机关在扣押、查封期间不再办理该动产或者不动产的过户手续。

此外，对查封的商品、货物或者其他财产，税务机关可以指令被执行人负责保管，保管责任由被执行人承担。如果存在继续使用被查封的财产不会减少其价值的情况，税务机关可以允许被执行人继续使用；因被执行人保管或者使用的过错造成的损失，由被执行人承担责任。

另外，税务机关将扣押、查封的商品、货物或者其他财产变价抵缴税款时，应当交由依法成立的拍卖机构拍卖；无法委托拍卖或者不适于拍卖的，可以交由当地商业企业代为销售，也可以责令纳税人限期处理；无法委托商业企业销售，纳税人也无法处理的，可以由税务机关变价处理。国家禁止自由买卖的商品，应当交由有关单位按照国家规定的价格收购。

拍卖或者变卖所得抵缴税款、滞纳金、罚款，以及扣押、查封、保管、拍卖、变卖等费用后，剩余部分应当在3日内退还被执行人。

三、欠税回收保障制度

税款征收制度的实施目标，就是及时、足额地把应收的税款收归国库，但在现实生活中，由于种种复杂的原因，欠税问题普遍存在。因此，必须建立一套解决欠税问题的税款征收保障制度，由此就形成了欠税回收保障制度。欠税回收保障制度由一系列具体制度构成，如离境清税制度、税收优先权制度、欠税告知制度、代位权与撤销权制度等。下面分别予以简要介绍。

（一）离境清税制度

欠缴税款的纳税人或者其法定代表人需要出境的，应当在出境前向税务机关结清应纳税款、滞纳金或者提供担保；未结清税款、滞纳金，又不提供担保的，税务机关可以通知出境管理机关阻止其出境。此即“离境清税制度”。

（二）税收优先权制度

税务机关征收税款，除法律另有规定的以外，税收优先于无担保债权，此即税收的一般优先权。纳税人欠缴的税款发生在纳税人以其财产设定抵押、质押或者纳税人的财产被留置之前的，税收应当先于抵押权、质权、留置权执行。

纳税人欠缴税款，同时又被行政机关决定处以罚款、没收违法所得的，税收优先于罚款、没收违法所得。

此外，税收的一般优先权还体现在一些相关的法律规定中。例如，《中华人民共和国企业破产法》① 第113条规定，破产财产在优先清偿破产费用和共益债务后，依照下列顺序清偿：(1) 破产人所欠职工的工资和医疗、伤残补助、抚恤费用，所欠的应当划入职工个人账户的基本养老保险、基本医疗保险费用，以及法律、行政法规规定应当支付给职工的补偿金；(2) 破产人欠缴的除前项规定以外的社会保险费用和破产人所欠税款；(3) 普通破产债权。破产财产不足以清偿同一顺序的清偿要求的，按照比例分配。

（三）欠税告知制度

欠税告知制度，包括纳税人将欠税情况及相关重大经济活动向其权利人告知或者向税务机关报告等制度，也包括税务机关对欠税情况的公告制度。该制度有助于充分保护第三人的经济利益和国家的税收利益。

---

① 该法自2007年6月1日起实施。

根据我国《税收征管法》及其实施细则的规定，纳税人有欠税情形而以其财产设定抵押、质押的，应当向抵押权人、质权人说明其欠税情况。抵押权人、质权人可以请求税务机关提供有关的欠税情况。

此外，纳税人有合并、分立情形的，应当向税务机关报告，并依法缴清税款。纳税人合并时未缴清税款的，应当由合并后的纳税人继续履行未履行的纳税义务；纳税人分立时未缴清税款的，分立后的纳税人对未履行的纳税义务应当承担连带责任。

另外，欠缴税款数额较大（欠缴税款在5万元以上）的纳税人在处分其不动产或者大额资产之前，应当向税务机关报告。县级以上各级税务机关应当将纳税人的欠税情况，在办税场所或者广播、电视、报纸、期刊、网络等新闻媒体上定期公告。

（四）代位权与撤销权制度

由于税款的缴纳同样是一种金钱给付，因而征税机关同样可以作为税收债权人，行使公法上的代位权和撤销权。据此，在欠缴税款的纳税人因怠于行使到期债权，或者放弃到期债权，或者无偿转让财产，或者以明显不合理的低价转让财产而受让人知道该情形，对国家税收造成损害的情况下，税务机关就可以依法行使代位权、撤销权。同时，欠缴税款的纳税人尚未履行的纳税义务和应承担的法律责任，也并不因此而免除。

四、税务检查法律制度

（一）税务检查的概念

税务检查，通常是指征税机关根据税法及其他有关法律的规定，对纳税主体履行纳税义务的情况进行检验、核查的活动。

税务检查制度是整个税收征管制度的重要组成部分，它由有关税务检查的一系列法律规范所构成，反映了征纳双方在税务检查活动中的权利与义务。在日益强调以纳税申报为基础的新的税收征管模式的情况下，税务检查制度也日益凸显其重要性。

税务检查制度的有效施行，有利于征税机关及时了解和发现纳税主体履行纳税义务的情况及存在的问题，从而可以及时纠正和处理税收违法行为，确保税收收入足额入库；有利于帮助纳税人严格依法纳税，提高其经营管理水平；有利于发现税收征管漏洞，维护税收秩序，促使税收征管制度进一步优化和完善。

（二）征税机关的税务检查权

征税机关的税务检查权必须依法定的范围和程序行使，不得滥用，也不得越权。依据我国《税收征管法》及其实施细则的规定，税务机关的税务检查权主要包括以下几个方面。

1. 资料检查权

税务机关有权检查纳税人的账簿、记账凭证、报表和有关资料，检查扣缴义务人代扣代缴、代收代缴税款账簿、记账凭证和有关资料。税务机关既可以在纳税人、扣缴义务人的业务场所行使资料检查权，也可以在必要时，经县以上税务局（分局）局长批准，将上述纳税主体以往会计年度的账簿、记账凭证、报表和其他有关资料调回税务机关检查。

2. 实地检查权

税务机关有权到纳税人的生产、经营场所和货物存放地实地检查纳税人应纳税的商品、货物或者其他财产，检查扣缴义务人与代扣代缴、代收代缴税款有关的经营情况。

3. 资料取得权

税务机关有权责成纳税人、扣缴义务人提供与纳税或者代扣代缴、代收代缴税款有关的文件、证明材料和有关资料。

4. 税情询问权

税务机关有权询问纳税人、扣缴义务人与纳税或者代扣代缴、代收代缴税款有关的问题和情况。

5. 单证查核权

税务机关有权到车站、码头、机场、邮政企业及其分支机构检查纳税人托运、邮寄应纳税商品、货物或者其他财产的有关单据、凭证和有关资料。

6. 存款查核权

经县以上税务局（分局）局长批准，凭全国统一格式的检查存款账户许可证明，税务机关有权查核从事生产、经营的纳税人、扣缴义务人在金融机构的存款账户。此外，税务机关可以依法查询案件涉嫌人员的储蓄存款。

为了保障税务机关的上述税务检查权的有效实现，相关的主体须承担相应的义务。我国《税收征管法》规定，纳税人、扣缴义务人必须接受税务机关依法进行的税务检查，如实反映情况，提供有关资料，不得拒绝、隐瞒。此外，在税务机关依法进行税务检查时，有关单位和个人应当支持、协助其调查，向税务机关如实反映纳税人、扣缴义务人和其他当事人的与纳税或者代扣代缴、代收代缴税款有关的情况，提供有关资料及证明材料。

（三）税务机关在税务检查方面的义务

税务机关在行使其税务检查权的同时，必须履行相应的义务，这是防止其滥用职权、促使其依法检查所必需的。依据我国《税收征管法》及其实施细则的规定，税务机关在税务检查方面的义务主要有以下几项。

1. 资料退还的义务

税务机关把纳税人、扣缴义务人以前会计年度的账簿、记账凭证、报表和其他有关资料调回税务机关检查的，税务机关必须向纳税人、扣缴义务人开付清单，并在3个月内完整退还；若调取当年的会计资料，则须于30日内退还。

2. 保守秘密的义务

税务机关派出的人员在进行税务检查时，有义务为被检查人保守秘密。尤其是在行使存款查核权时，税务机关应当指定专人负责，凭全国统一格式的检查存款账户许可证明进行检查，并应为被检查人保守秘密。

3. 持证检查的义务

税务人员进行税务检查时，应当出示税务检查证和税务检查通知书，否则，纳税人、扣缴义务人及其他当事人有权拒绝检查。

（四）税务稽查制度

在强调一般的税务检查的同时，我国还非常重视专门的税务稽查。税务稽查的基本任务是依法查处税收违法行为，保障税收收入，维护税收秩序，促进依法纳税。国家税务总局通过的《税务稽查案件办理程序规定》对于规范税务稽查行为非常重要。下面简要介绍税务稽查的基本程序。

[资料]　　　　税务稽查的基本程序

[依据国家税务总局的《税务稽查案件办理程序规定》(自2021年8月11日起施行)]

税务稽查由稽查局依法实施。稽查局主要职责是依法对纳税人、扣缴义务人和其他涉税当事人履行纳税义务、扣缴义务情况及涉税事项进行检查处理，以及围绕检查处理开展的其他相关工作。

稽查局办理税务稽查案件应当以事实为根据，以法律为准绳，坚持公平、公正、公开、效率的原则，实行选案、检查、审理、执行分工制约原则，应当通过文字、音像等形式，对案件办理的启动、调查取证、审核、决定、送达、执行等进行全过程记录。

1. 选案

稽查局应当加强稽查案源管理，全面收集整理案源信息，合理、准确地选择待查对象。待查对象确定后，经稽查局局长批准实施立案检查。必要时，依照法律法规的规定，稽查局可以在立案前进行检查。

2. 检查

检查前，稽查局应当告知被查对象检查时间、需要准备的资料等，但预先通知有碍检查的除外。检查应当依照法定权限和程序，采取实地检查、调取账簿资料、询问、查询存款账户或者储蓄存款、异地协查等方法。

检查应当依照法定权限和程序收集证据材料。收集的证据必须经查证属实，并与证明事项相关联。对采用电子信息系统进行管理和核算的被查对象，检查人员可以要求其打开该电子信息系统，或者提供与原始电子数据、电子信息系统技术资料一致的复制件。

检查从事生产、经营的纳税人以前纳税期的纳税情况时，发现纳税人有逃避纳税义务行为，并有明显的转移、隐匿其应纳税的商品、货物以及其他财产或者应纳税收入迹象的，经县以上税务局局长批准，可以依法采取税收强制措施。

稽查局采取税收强制措施时，应当向纳税人、扣缴义务人、纳税担保人交付税收强制措施决定书，告知其采取税收强制措施的内容、理由、依据以及依法享有的权利、救济途径，并履行法律、法规规定的其他程序。

3. 审理

检查结束后，稽查局应当对案件进行审理。符合重大税务案件标准的，稽查局审理后提请税务局重大税务案件审理委员会审理。

案件审理应当着重审核以下内容：(1) 执法主体是否正确；(2) 被查对象是否准确；(3) 税收违法事实是否清楚，证据是否充分，数据是否准确，资料是否齐全；(4) 适用法律、行政法规、规章及其他规范性文件是否适当，定性是否正确；(5) 是否符合法定程序；(6) 是否超越或者滥用职权；(7) 税务处理、处罚建议是否适当；(8) 其他应当审核确认的事项或者问题。

经审理，区分下列情形分别作出处理：(1) 有税收违法行为，应当作出税务处理决定的，制作税务处理决定书；(2) 有税收违法行为，应当作出税务行政处罚决定的，制作税务行政处罚决定书；(3) 税收违法行为轻微，依法可以不予税务行政处罚的，制作不予税务行政处罚决定书；(4) 没有税收违法行为的，制作税务稽查结论。

4. 执行

稽查局应当依法及时送达税务处理决定书、税务行政处罚决定书、不予税务行政处罚决定书、税务稽查结论等税务文书。

纳税人、扣缴义务人具有未按照规定的期限缴纳或者解缴税款、滞纳金，责令限期缴纳逾期仍未缴纳等情形的，经县以上税务局局长批准，稽查局可以依法强制执行，或者依法申请人民法院强制执行。

作出强制执行决定前，应当制作并送达催告文书，催告当事人履行义务，听取当事人陈述、申辩意见。经催告，当事人逾期仍不履行行政决定，且无正当理由的，经县以上税务局局长批准，实施强制执行。

当事人确有经济困难，需要延期或者分期缴纳罚款的，可向稽查局提出申请，经税务局局长批准后，可以暂缓或者分期缴纳。

五、海关稽查制度

如同税务机关的税务检查或税务稽查制度一样，海关的稽查制度也是非常重要的。为了建立、健全海关稽查制度，加强海关监督管理，维护正常的进出口秩序和保护当事人的合法权益，保障国家税收收入，促进对外贸易的发展，国务院于1997年1月3日制定和发布了《中华人民共和国海关稽查条例》。2016年6月，该条例又被国务院修改，自2016年10月1日起实施。

所谓海关稽查，是指海关在法定期限内，对相关主体的会计账簿、会计凭证、报关单证以及其他有关资料（以下简称账证资料）和有关进出口货物进行核查，对其进出口活动的真实性和合法性进行监督的行为。

上述的法定期限，是指海关自进出口货物放行之日起3年内或者在保税货物、减免税进口货物的海关监管期限内及其后的3年内；上述的相关主体，是指与进出口货物直接有关的企业、单位。

海关稽查的对象是下列与进出口活动直接有关的主体：(1) 从事对外贸易的企业、单位；(2) 从事对外加工贸易的企业；(3) 经营保税业务的企业；(4) 使用或者经营减免税进口货物的企业、单位；(5) 从事报关业务的企业；(6) 海关总署规定的从事与进出口活动直接有关的其他企业、单位。

海关根据稽查工作需要，可以向有关行业协会、政府部门和相关企业等收集特定商品、行业与进出口活动有关的信息。收集的信息涉及商业秘密的，海关应当予以保密。

（一）海关在稽查方面的权力和义务

海关应当按照海关监管的要求，根据进出口企业、单位和进出口货物的具体情况，确定海关稽查重点，制定年度海关稽查工作计划。海关进行稽查时，应当在实施稽查的3日前，书面通知被稽查企业、单位（以下简称被稽查人）。在特殊情况下，经海关关长批准，海关可以不经事先通知进行稽查。

海关进行稽查时，可以行使下列职权：(1) 查阅、复制被稽查人的账簿、单证等有关资料；(2) 进入被稽查人的生产经营场所、货物存放场所，检查与进出口活动有关的生产经营情况和货物；(3) 询问被稽查人的法定代表人、主要负责人员和其他有关人员与进出口活动有关的情况和问题；(4) 经海关关长批准，查询被稽查人在商业银行或者其他金融机构的存款账户。

此外，海关进行稽查时，发现被稽查人有可能转移、隐匿、篡改、毁弃账簿、单证等有关资料的，经海关关长批准，可以暂时封存其账簿、单证等有关资料。采取该项措施时，不得妨碍被稽查人正常的生产经营活动。另外，海关进行稽查时，发现被稽查人的进出口货物有违法的嫌疑的，经海关关长批准，可以封存有关进出口货物。

海关在稽查方面的义务主要是：(1) 进行稽查应当组成稽查组。稽查组的组成人员不得少于2人。(2) 进行稽查时，海关工作人员应当出示统一制发的海关稽查证。(3) 海关工作人员与被稽查人有直接利害关系的，应当回避。(4) 海关和海关工作人员执行海关稽查职务，应当客观公正，实事求是，廉洁奉公。(5) 为被稽查人保守商业秘密，不得侵犯被稽查人的合法权益。

（二）被稽查人的义务与权利

与进出口货物直接有关的主体所设置、编制的账证资料，应当真实、准确、完整地记录和反映进出口业务的有关情况，并应当依照有关法律、行政法规规定的保管期限和完整性的要求进行保管。

在海关稽查时，被稽查人的义务主要是：(1) 配合海关稽查工作，并提供必要的工作条件。(2) 接受海关稽查，如实反映情况，提供账簿、单证等有关资料，不得拒绝、拖延、隐瞒。(3) 被稽查人使用计算机记账的，应当向海关提供记账软件、使用说明书及有关资料。(4) 海关查阅、复制被稽查人的账簿、单证等有关资料或者进入被稽查人的生产经营场所、货物存放场所检查时，被稽查人的法定代表人或者主要负责人员或其指定的代表应当到场，并按照海关的要求清点账簿、打开货物存放场所、搬移货物或者开启货物包装。(5) 与被稽查人有财务往来或者其他商务往来的企业、单位应当向海关如实反映被稽查人的有关情况，提供有关资料和证明材料。

被稽查人的权利与上述进行稽查活动的海关的义务是相对应的，在此不再展开。需要说明的是，海关稽查组实施稽查后，应当向海关报送稽查报告。稽查报告认定被稽查人涉嫌违法的，在报送海关前应当就稽查报告认定的事实征求被稽查人的意见，被稽查人应当自收到相关材料之日起7日内，将其书面意见送交海关。海关应当自收到稽查报告之日起30日内，作出海关稽查结论并送达被稽查人。海关应当在稽查结论中说明作出结论的理由，并告知被稽查人的权利。

（三）海关稽查的处理

海关稽查的结果有多种情况，其中对于涉及进出口税款征收及其保障的情况，主要应作如下处理：经海关稽查，发现关税或者其他进口环节的税收少征或者漏征的，由海关依法向被稽查人补征；因被稽查人违法而造成少征或者漏征的，由海关依法追征。如果被稽查人在海关规定的期限内仍未缴纳税款的，海关可以依照《海关法》的规定采取强制执行措施。

海关通过稽查决定补征或者追征的税款、没收的走私货物和违法所得以及收缴的罚款，全部上缴国库。

如果被稽查人同海关发生纳税争议的，依照《海关法》的有关规定办理。

第四节　税款征收辅助制度

为了确保税款的有效征收，提高征税的经济效率和行政效率，在税法上还设立了相关的税款征收辅助制度。这些辅助制度主要包括税务代理制度、委托代征制度、协助征税制度等。限于篇幅和我国立法的实际情况，下面主要介绍税务代理制度。

税务代理是联系纳税主体与征税主体的中介和纽带。通过税务代理制度，纳税主体不仅可以降低因日益繁杂的税制而造成的奉行费用，分享中介机构的专业分工所带来的好处，而且还可以在依法纳税的前提下尽量降低自己的税负；与此同时，征税主体的征税成本亦会因税务代理活动而降低，税法的执行实效随之提高，从而有利于保障国家的税收利益和税法秩序。正因如此，税务代理制度也是广义上的税收征管制度的重要组成部分。只是因其具有相对独立性，故在此单独予以介绍。

一、税务代理的概念

税务代理是指代理人接受纳税主体的委托，在法定的代理范围内依法代其办理相关税务事宜的行为。

税务代理制度在其他一些国家早已推行，有的国家还制定了有关税务代理的专门法律。例如，日本早在1942年即已经制定了《税务代理士法》，并于1951年将其修订为《税理士法》；韩国于1961年公布了《税务士法》；等等。各国有关税务代理的法律、法规的颁行，使税务代理制度逐渐成为整个税收征管制度中的重要组成部分。

税务代理有两种基本模式：一种是普通代理型，即由律师事务所、会计师事务所等中介机构的执业人员直接作税务代理人，政府对代理人的资格不作专门认定，也不进行集中管理。另一种是专门代理型，即政府对税务代理的业务范围、代理人的资格认定等都有专门的严格规定。前一种模式以美国、加拿大等国为代表，后一种模式以日本、韩国等国为代表。

我国在 20 世纪 80 年代初已在涉外税收领域推行代理纳税申报，其后税务代理有了一定的发展，税务代理的业务也进一步扩展到代理账务处理、税收筹划等领域。此外，在税务代理的制度建设上也取得了长足的进步。依据我国《税收征管法》的规定，纳税人、扣缴义务人（在此简称纳税主体）可以委托税务代理人代为办理税务事宜。这一规定为我国税务代理制度的建立和发展提供了重要的法律依据。以此为基础，国家税务总局于 1994 年 9 月制定和发布了《税务代理试行办法》，对税务代理的原则、业务范围、代理人资格等作了较为具体的规定；2001 年，国家税务总局又制定了《税务代理业务规程（试行）》，从而使我国的税务代理制度初具规模。此外，国家税务总局还于 2005 年发布了《注册税务师管理暂行办法》，从而使我国的税务代理制度更趋完备。而国家税务总局制定的《涉税专业服务监管办法（试行）》（自 2017 年 9 月 1 日起施行），则使我国的涉税专业服务制度发展到了新的历史阶段。

二、涉税专业服务及其监管制度的主要内容

（一）从业机构及其业务范围

涉税专业服务机构，是指税务师事务所和从事涉税专业服务的会计师事务所、律师事务所、代理记账机构、税务代理公司、财税类咨询公司等机构。

涉税专业服务机构可以从事下列涉税业务：

（1）纳税申报代理。对纳税人、扣缴义务人提供的资料进行归集和专业判断，代理纳税人、扣缴义务人进行纳税申报准备和签署纳税申报表、扣缴税款报告表以及相关文件。

（2）一般税务咨询。对纳税人、扣缴义务人的日常办税事项提供税务咨询服务。

（3）专业税务顾问。对纳税人、扣缴义务人的涉税事项提供长期的专业税务顾问服务。

（4）税收策划。对纳税人、扣缴义务人的经营和投资活动提供符合税收法律法规及相关规定的纳税计划、纳税方案。

（5）涉税鉴证。按照法律、法规以及依据法律、法规制定的相关规定要求，对涉税事项真实性和合法性出具鉴定和证明。

（6）纳税情况审查。接受行政机关、司法机关委托，依法对企业纳税情况进行审查，作出专业结论。

（7）其他税务事项代理。接受纳税人、扣缴义务人的委托，代理建账记账、发票领用、减免退税申请等税务事项。

（8）其他涉税服务。

上述（3）项至（6）项涉税业务，应当由具有税务师事务所、会计师事务所、律师事务所资质的涉税专业服务机构从事，相关文书应由税务师、注册会计师、律师签字，并承担相应的责任。

（二）从业机构的主要义务

（1）合规守法义务。涉税专业服务机构从事涉税业务，应当遵守税收法律、法规及相关税收规定，遵循涉税专业服务业务规范。

（2）备查报送义务。涉税专业服务机构为委托人出具的各类涉税报告和文书，由双方留存备查，其中，税收法律、法规及国家税务总局规定报送的，应当向税务机关报送。

（3）行政登记义务。税务机关应当对税务师事务所实施行政登记管理。未经行政登记不得使用“税务师事务所”名称，不能享有税务师事务所的合法权益。

（4）符合资质义务。税务师事务所合伙人或者股东由税务师、注册会计师、律师担任，税务师占比应高于50%，国家税务总局另有规定的除外。

（三）行政登记与实名制管理

1. 行政登记

税务师事务所办理商事登记后，应当向省税务机关办理行政登记，即应当进行“双重登记”，这是税务监管的重要手段。省税务机关准予行政登记的，颁发“税务师事务所行政登记证书”，并将相关资料报送国家税务总局，抄送省税务师行业协会。不予行政登记的，书面通知申请人，说明不予行政登记的理由。

从事涉税专业服务的会计师事务所和律师事务所，依法取得会计师事务所执业证书或律师事务所执业许可证，视同行政登记。

2. 实名制管理

税务机关对涉税专业服务机构及其从事涉税服务人员进行实名制管理。

税务机关依托金税三期应用系统，建立涉税专业服务管理信息库。综合运用从金税三期核心征管系统采集的涉税专业服务机构的基本信息、涉税专业服务机构报送的人员信息和经纳税人（扣缴义务人）确认的实名办税（自有办税人员和涉税专业服务机构代理办税人员）信息，建立对涉税专业服务机构及其从事涉税服务人员的分类管理，确立涉税专业服务机构及其从事涉税服务人员与纳税人（扣缴义务人）的代理关系，区分纳税人自有办税人员和涉税专业服务机构代理办税人员，实现对涉税专业服务机构及其从事涉税服务人员和纳税人（扣缴义务人）的全面动态实名信息管理。

涉税专业服务机构应当向税务机关提供机构和从事涉税服务人员的姓名、身份证号、专业资格证书编号、业务委托协议等实名信息。

（四）税务机关的信息监管与信用评价

税务机关除了有权对涉税专业服务的执业情况进行检查，以及根据举报、投诉情况进行调查以外，还可以进行信息监管和信用评价。

1. 信息监管

税务机关应当建立业务信息采集制度，利用现有的信息化平台分类采集业务信息，加强内部信息共享，提高分析利用水平。

涉税专业服务机构应当以年度报告形式，向税务机关报送从事涉税专业服务的总体情况。税务师事务所、会计师事务所、律师事务所从事专业税务顾问、税收策划、涉税鉴证、纳税情况审查业务，应当在完成业务的次月向税务机关单独报送相关业务信息。

2. 信用评价

税务机关应当建立信用评价管理制度，对涉税专业服务机构从事涉税专业服务情况进行信用评价，对其从事涉税服务人员进行信用记录。

税务机关应以涉税专业服务机构的纳税信用为基础，结合委托人纳税信用、纳税人评价、税务机关评价、实名办税、业务规模、服务质量、执业质量检查、业务信息质量等情况，建立科学合理的信用评价指标体系，进行信用等级评价或信用记录。

税务机关应当在门户网站、电子税务局和办税服务场所公告纳入监管的涉税专业服务机构名单及其信用情况，同时公告未经行政登记的税务师事务所名单。

（五）通过行业协会的监管

税务师事务所自愿加入税务师行业协会。从事涉税专业服务的会计师事务所、律师事务所、代理记账机构除加入各自行业协会接受行业自律管理外，可自愿加入税务师行业协会税务代理人分会；鼓励其他没有加入任何行业协会的涉税专业服务机构自愿加入税务师行业协会税务代理人分会。

税务师行业协会应当加强税务师行业自律管理，提高服务能力、强化培训服务，促进转型升级和行业健康发展。全国税务师行业协会负责拟制涉税专业服务业务规范（准则、规则），报国家税务总局批准后施行。

税务机关应当加强对税务师行业协会的监督指导，与其他相关行业协会建立工作联系制度。此外，税务机关可以委托行业协会对涉税专业服务机构从事涉税专业服务的执业质量进行评价。

（六）违反监管规定的法律责任

涉税专业服务机构及其涉税服务人员有下列情形之一的，由税务机关责令限期改正或予以约谈；逾期不改正的，由税务机关降低信用等级或纳入信用记录，暂停受理所代理的涉税业务（暂停时间不超过6个月）；情节严重的，由税务机关纳入涉税服务失信名录，予以公告并向社会信用平台推送，其所代理的涉税业务，税务机关不予受理：（1）使用税务师事务所名称未办理行政登记的；（2）未按照办税实名制要求提供涉税专业服务机构和从事涉税服务人员实名信息的；（3）未按照业务信息采集要求报送从事涉税专业服务有关情况的；（4）报送信息与实际不符的；（5）拒不配合税务机关检查、调查的；（6）其他违反税务机关监管规定的行为。

税务师事务所有上述（1）项情形且逾期不改正的，省税务机关应当提请市场监督吊销其营业执照。

此外，涉税专业服务机构及其涉税服务人员有下列情形之一的，由税务机关列为重点监管对象，降低信用等级或纳入信用记录，暂停受理所代理的涉税业务（暂停时间不超过6个月）；情节较重的，由税务机关纳入涉税服务失信名录，予以公告并向社会信用平台推送，其所代理的涉税业务，税务机关不予受理；情节严重的，其中，税务师事务所由省税务机关宣布“税务师事务所行政登记证书”无效，提请市场监督吊销其营业执照，提请全国税务师行业协会取消税务师职业资格证书登记、收回其职业资格证书并向社会公告，其他涉税服务机构及其从事涉税服务人员由税务机关提请其他行业主管部门及行业协会予以相应处理：（1）违反税收法律、行政法规，造成委托人未缴或者少缴税款，按照《税收征收管理法》及其实施细则的相关规定被处罚的；（2）未按涉税专业服务相关业务规范执业，出具虚假意见的；（3）采取隐瞒、欺诈、贿赂、串通、回扣等不正当竞争手段承揽业务，损害委托人或他人利益的；（4）利用服务之便，谋取不正当利益的；（5）以税务机关和税务人员的名义敲诈纳税人、扣缴义务人的；（6）向税务机关工作人员行贿或者指使、诱导委托人行贿的；（7）其他违反税收法律法规的行为。

学习拓展：

如前所述，在税收征纳程序制度中，税款征收制度是核心和关键。在税款征收制度的实施过程中，需要有效调整征税机关与纳税人以及其他相关主体的关系，涉及大量法治问题，与税收治理的现代化密切相关。

习近平总书记指出，要坚持在法治轨道上推进国家治理体系和治理能力现代化。法治是国家治理体系和治理能力的重要依托，具体到税收征管领域，特别是税款征收制度建设方面，应加强相应的法治建设。这是实现税收治理现代化的重要依托。

此外，税款征收制度的实施，也直接影响法治政府建设。习近平总书记强调：法治政府建设是重点任务和主体工程，要率先突破，用法治给行政权力定规矩、划界限，规范行政决策程序，加快转变政府职能。要推进严格规范公正文明执法。上述方面，对于在法治框架下推进税款征收制度的有效实施，都是非常重要的。

延伸思考：

1. 征税机关确定权的行使涉及哪些重要制度？
2. 征纳期限制度涉及征纳主体的哪些税权？
3. 我国的税收减免制度在实体法和程序法上存在哪些问题？
4. 如何有效保护纳税人的退税权？
5. 税收保全制度与其他程序法上的保全制度有何关联？
6. 税收强制执行制度与其他法律上的强制执行制度有何关联？
7. 税务检查制度与实质课税要则有何关联？
8. 解决欠税问题需要综合运用哪些制度？

第十六章　税收法律责任

前面几章，分别着重介绍了征纳双方在实体制度和程序制度上的权利和义务，在税法主体违反这些义务的情况下，同样要依法承担相应的税收法律责任。为此，本书专设一章，对违反征纳制度的主体应承担的各类具体责任集中予以介绍。

此外，前面还曾经对征纳主体承担法律责任的共通原理作过探讨，这些原理对于认识征纳主体违反税收征纳制度应承担的法律责任同样是适用的。

税法主体违反税收征纳制度应承担的责任有多种类型，主要包括违反税收征管制度的法律责任、违反发票管理制度的法律责任、违反海关税收制度的法律责任。下面分别介绍这些类型的法律责任。

第一节　违反税收征管制度的法律责任

《税收征管法》规定了征纳双方的相关义务，对于这些义务，征纳双方均必须依法履行，否则即应承担相应的法律责任。一般说来，违反税收征管法应承担的法律责任可分为两类，即一般违法责任和严重违法责任。

依据我国《税收征管法》及其实施细则的规定，对于违反税收征管法的一般违法行为，其主要的制裁方式是罚款和其他行政处罚；对于违反税收征管法的严重违法行为，其主要的制裁方式则是罚金和其他刑事处罚。对于不同主体的不同违法行为，法律规定了不同的制裁手段，从而使违法主体承担具体法律责任也各不相同。现根据现行立法规定，择要介绍如下。

一、纳税人的法律责任

（一）纳税人违反税务管理规定的法律责任

税务管理制度包括税务登记、账簿及凭证管理、纳税申报等具体制度，违反这些具体制度规定，多属一般违法行为，纳税人即应承担相应的法律责任。具体包括以下两种情况。

1. 违反税务登记、账证管理规定的法律责任

如果纳税人有下述行为之一的，税务机关即有权责令其限期改正，逾期不改正的，可处以2 000元以下的罚款；情节严重的，处以2 000元以上10 000元以下的罚款：(1) 未按照规定的期限申报办理税务登记、变更或者注销登记；(2) 未按照规定设置、保管账簿或者保管记账凭证和有关资料；(3) 未按照规定将财务、会计制度或者财务、会计处理办法报送税务机关备查；(4) 未按照规定将其全部银行账号向税务机关报告的；(5) 未按照规定安装、使用税控装置，或者损毁或擅自改动税控装置。

此外，纳税人未按照规定使用税务登记证件，或者转借、涂改、损毁、买卖、伪造税务登记证件的，处2 000元以上10 000元以下的罚款；情节严重的，处10 000元以上50 000元以下的罚款。另外，纳税人未按照法律规定保管账簿、记账凭证和有关资料的，由税务机关责令限期改正，可以处以2 000元以下的罚款；情节严重的，处2 000元以上5 000元以下的罚款。

2. 违反纳税申报规定的法律责任

纳税人未按照规定的期限办理纳税申报和报送纳税资料的，由税务机关责令限期改正，可处以 2 000 元以下的罚款；情节严重的，可处以 2 000 元以上 10 000 元以下的罚款。

（二）纳税人违反税款征收规定的法律责任

1. 偷税行为的法律责任

依据我国《税收征管法》的规定，偷税是指纳税人伪造、变造、隐匿、擅自销毁账簿、记账凭证，或者在账簿上多列支出或者不列、少列收入，或者经税务机关通知申报而拒不申报或者进行虚假的纳税申报，不缴或者少缴应纳税款的行为。偷税是一种故意采取某些欺骗性的手段逃避纳税义务的行为。它与狭义上的避税、节税都是不同的。偷税行为由于主观恶性较大，社会危害较为严重，因而历来都是各国打击的重点。我国的《税收征管法》和《刑法修正案（七）》① 对偷逃避缴纳税款行为均明确规定了处罚措施，具体规定如下。

（1）对一般偷税行为的处罚

纳税人偷税未构成犯罪的，由税务机关追缴其不缴或者少缴的税款、滞纳金，并处以不缴或者少缴税款 50%以上 5 倍以下的罚款。

（2）对逃税罪的处罚

依据《刑法修正案（七）》的规定，纳税人采取欺骗、隐瞒手段进行虚假纳税申报或者不申报，逃避缴纳税款数额较大并且占应纳税额 10%以上的，处 3 年以下有期徒刑或者拘役，并处罚金；数额巨大并且占应纳税额 30%以上的，处 3 年以上 7 年以下有期徒刑，并处罚金。

有上述逃税行为，经税务机关依法下达追缴通知后，补缴应纳税款，缴纳滞纳金，已受行政处罚的，不予追究刑事责任；但是，5 年内因逃避缴纳税款受过刑事处罚或者被税务机关给予二次以上行政处罚的除外。另外，对多次实施逃税行为，未经处理的，按照累计数额计算。

2. 欠税行为的法律责任

欠税是指纳税人在纳税期限届满后，仍未缴或少缴应纳税款的行为。拖欠税款的纳税人通常在主观上没有逃避纳税义务的故意，只是由于种种原因而未能如期缴纳税款，因而与偷税是有区别的。对于欠税行为，征税机关一般是责令其限期缴纳并加收滞纳金；逾期仍未缴纳的，征税机关可通过强制执行措施等迫使其缴纳那些未缴或少缴的税款。

但是，欠税人如果采取转移、隐匿财产的手段，妨碍税务机关追缴其所欠税款，则欠税人已存在偷税故意，而其行为应被视同偷税行为，从而行为人应承担不同于一般欠税行为的责任。为此，法律规定，纳税人欠缴应纳税款，采取转移或者隐匿财产的手段，妨碍税务机关追缴欠缴的税款：（1）数额不满 1 万元的，由税务机关追缴欠缴的税款，处以欠缴税款 50%以上 5 倍以下的罚款；（2）数额在 1 万元以上不满 10 万元的，处 3 年以下有期徒刑或者拘役，并处欠缴税款 1 倍以上 5 倍以下的罚金；（3）欠税数额在 10 万元以上的，处 3 年以上 7 年以下有期徒刑，并处欠缴税款 1 倍以上 5 倍以下的罚金；（4）企业、事业单位有上述偷税性的欠税行为的，判处罚金，并对负有直接责任的主管人员和其他直接责任人员处 3 年以下有期徒刑或者拘役。②

3. 抗税行为的法律责任

抗税是指以暴力、威胁方法拒不缴纳税款的行为。抗税行为的主观恶性和社会危害性较

---

① 《刑法修正案（七）》已由中华人民共和国第十一届全国人民代表大会常务委员会第七次会议于 2009 年 2 月 28 日通过。

② 参见全国人大常委会于 1992 年 9 月 4 日公布的《关于惩治偷税、抗税犯罪的补充规定》及《刑法》的有关规定。

大，应承担如下法律责任。

（1）抗税行为情节轻微，未构成犯罪的，由税务机关追缴其拒缴的税款、滞纳金，并处以拒缴税款1倍以上5倍以下的罚款。

（2）抗税行为构成犯罪的，除由税务机关追缴其拒缴的税款、滞纳金外，处3年以下有期徒刑或者拘役，并处拒缴税款1倍以上5倍以下的罚金；情节严重的，处3年以上7年以下有期徒刑，并处拒缴税款1倍以上5倍以下的罚金。

4. 骗税行为的法律责任

骗税行为即骗取出口退税的行为，它是指企事业单位或者个人通过采取对所生产或者经营的商品假报出口等欺骗手段，骗取国家出口退税款的行为。骗税行为主要包括三种情况：（1）生产、经营出口产品的企事业单位，在出口退税申报中多报已纳税额骗取退税款；（2）生产、经营内销产品的企事业单位通过假报出口的办法骗取退税款；（3）不从事生产、经营的单位和个人采取伪造票证等手段骗取退税款。

骗取出口退税的行为未构成犯罪的，由税务机关追缴其骗取的退税款，并处以骗取税款1倍以上5倍以下的罚款；骗税行为构成犯罪的，应依法追究刑事责任。

二、扣缴义务人的法律责任

（一）违反税务管理规定的法律责任

依据我国《税收征管法》及全国人大常委会《关于惩治偷税、抗税犯罪的补充规定》，扣缴义务人对其违法行为应承担如下责任。

（1）扣缴义务人未按规定设置、保管代扣代缴、代收代缴税款账簿或者保管代扣代缴、代收代缴税款记账凭证及有关资料的，由税务机关责令限期改正，可处以2 000元以下的罚款；情节严重的，处以2 000元以上5 000元以下的罚款。

（2）扣缴义务人未按规定的期限向税务机关报送代扣代缴、代收代缴税款报告表的，由税务机关责令限期改正，可以处2 000元以下的罚款；情节严重的，可以处以2 000元以上10 000元以下的罚款。

（二）违反税款征收规定的法律责任

（1）扣缴义务人采取偷税手段，不缴或者少缴已扣、已收税款，亦属偷税行为，其应承担的法律责任与前述纳税人的偷税行为应承担的法律责任相同。

（2）扣缴义务人应扣未扣、应收未收税款的，由税务机关向纳税人追缴税款，对扣缴义务人处应扣未扣、应收未收税款50%以上3倍以下的罚款。但是，扣缴义务人已将纳税人拒绝代扣、代收的情况及时报告税务机关的除外。

三、税务人员的法律责任

我国的《税收征管法》规定，税务机关和税务人员必须秉公执法，忠于职守；不得索贿、徇私舞弊、玩忽职守、不征或少征应征税款；不得滥用职权多征税款或者故意刁难纳税人和扣缴义务人。税务人员对其各类违法行为，均应具体承担法律责任。

（1）税务人员与纳税人、扣缴义务人勾结，唆使或者协助纳税人、扣缴义务人实施偷税或者采取偷税性手段妨碍所欠税款的追缴以及骗取国家出口退税的行为，构成犯罪的，应按照刑法关于共同犯罪的规定对税务人员予以刑事处罚；未构成犯罪的，给予行政处分。

（2）税务人员利用职务上的便利，收受或者索取纳税人、扣缴义务人财物，或者谋取其他不正当利益，构成犯罪的，依法追究刑事责任；未构成犯罪的，给予行政处分。

（3）税务人员徇私舞弊或者玩忽职守，不征或者少征应征税款，致使国家税收遭受重大损失，构成犯罪的，依法追究刑事责任；未构成犯罪的，给予行政处分。

（4）税务机关违反规定擅自改变税收征收管理范围和税款入库预算级次的，责令限期改正，对直接负责的主管人员和其他直接责任人员依法给予降级或者撤职的行政处分。

（5）违反法律、行政法规的规定提前征收、延缓征收或者摊派税款的，由其上级机关或者行政监察机关责令改正，对直接负责的主管人员和其他直接责任人员依法给予行政处分。

（6）违反法律、行政法规的规定，擅自作出税收的开征、停征或者减税、免税、退税、补税以及其他同税收法律、行政法规相抵触的决定的，除依法撤销其擅自作出的决定外，还应补征应征未征税款，退还不应征收而征收的税款，并由上级机关追究直接负责的主管人员和其他直接责任人员的行政责任；构成犯罪的，依法追究刑事责任。

（7）税务人员违反法律、行政法规的规定，故意高估或者低估农业税计税产量，致使多征或者少征税款，侵犯农民合法权益或者损害国家利益，构成犯罪的，依法追究刑事责任；尚不构成犯罪的，依法给予行政处分。

（8）税务机关、税务人员查封、扣押纳税人个人及其所扶养家属维持生活必需的住房和用品的，责令退还，依法给予行政处分；构成犯罪的，依法追究刑事责任。

（9）税务人员滥用职权，故意刁难纳税人、扣缴义务人的，调离税收工作岗位，并依法给予行政处分。税务人员对控告、检举税收违法违纪行为的纳税人、扣缴义务人以及其他检举人进行打击报复的，依法给予行政处分；构成犯罪的，依法追究刑事责任。

（10）税务人员在征收税款或者查处税收违法案件时，未按照有关法律规定进行回避的，对直接负责的主管人员和其他直接责任人员，依法给予行政处分；未依法为纳税人、扣缴义务人、检举人保密的，对直接负责的主管人员和其他直接责任人员，由所在单位或者有关单位依法给予行政处分。

四、其他主体的法律责任

（一）税务代理人的法律责任

税务代理人违反税收法律、行政法规，造成纳税人未缴或者少缴税款的，除由纳税人缴纳或者补缴应纳税款、滞纳金外，对税务代理人处纳税人未缴或者少缴税款50%以上3倍以下的罚款。

（二）为纳税主体的违法行为提供便利者的法律责任

为纳税人、扣缴义务人非法提供银行账户、发票、证明或者其他方便，导致未缴、少缴税款或者骗取国家出口退税款的，税务机关除没收其非法所得外，并可以处以未缴、少缴或者骗取的税款1倍以下的罚款。

此外，非法印制、转借、倒卖、变造或者伪造完税凭证的，由税务机关责令改正，处2 000元以上1万元以下的罚款；情节严重的，处1万元以上5万元以下的罚款；构成犯罪的，依法追究刑事责任。

（三）金融机构的法律责任

银行和其他金融机构未依照税收征管法的规定在从事生产、经营的纳税人的账户中登录税务登记证件号码，或者未按规定在税务登记证件中登录从事生产、经营的纳税人的账户账号的，由税务机关责令其限期改正，处2 000元以上2万元以下的罚款；情节严重的，处2万元以上5万元以下的罚款。

纳税人、扣缴义务人的开户银行或者其他金融机构拒绝接受税务机关依法检查纳税人、扣缴义务人存款账户，或者拒绝执行税务机关作出的冻结存款或者扣缴税款的决定，或者在接到税务机关的书面通知后帮助纳税人、扣缴义务人转移存款，造成税款流失的，由税务机关处10万元以上50万元以下的罚款，对直接负责的主管人员和其他直接责任人员处1 000元以上1万元以下的罚款。

第二节　违反发票管理制度的法律责任

违反发票管理制度的行为，可能构成一般违法行为，也可能构成犯罪行为。对于一般违法行为，应主要由税务机关依法作出处罚；对于发票犯罪行为，则应由司法机关依法追究刑事责任。

一、违反发票管理法规的法律责任

（一）违反发票的开具、使用、缴销、保管规定的法律责任

有下列情形之一的，由税务机关责令改正，可以处1万元以下的罚款；有违法所得的予以没收：（1）应当开具而未开具发票，或者未按照规定的时限、顺序、栏目，全部联次一次性开具发票，或者未加盖发票专用章的；（2）使用税控装置开具发票，未按期向主管税务机关报送开具发票的数据的；（3）使用非税控电子器具开具发票，未将非税控电子器具使用的软件程序说明资料报主管税务机关备案，或者未按照规定保存、报送开具发票的数据的；（4）拆本使用发票的；（5）扩大发票使用范围的；（6）以其他凭证代替发票使用的；（7）跨规定区域开具发票的；（8）未按照规定缴销发票的；（9）未按照规定存放和保管发票的。

此外，有下列情形之一的，由税务机关处1万元以上5万元以下的罚款；情节严重的，处5万元以上50万元以下的罚款；有违法所得的予以没收：（1）转借、转让、介绍他人转让发票、发票监制章和发票防伪专用品的；（2）知道或者应当知道是私自印制、伪造、变造、非法取得或者废止的发票而受让、开具、存放、携带、邮寄、运输的。

（二）违反空白发票管理规定的法律责任

跨规定的使用区域携带、邮寄、运输空白发票，以及携带、邮寄或者运输空白发票出入境的，由税务机关责令改正，可以处1万元以下的罚款；情节严重的，处1万元以上3万元以下的罚款；有违法所得的予以没收。

此外，丢失发票或者擅自损毁发票的，也依照上述规定处罚。

（三）违法虚开、代开发票的法律责任

违反规定虚开发票的，由税务机关没收违法所得；虚开金额在1万元以下的，可以并处5万元以下的罚款；虚开金额超过1万元的，并处5万元以上50万元以下的罚款；构成犯罪的，依法追究刑事责任。

此外，非法代开发票的，依照上述规定处罚。

（四）违反发票防伪规定的法律责任

私自印制、伪造、变造发票，非法制造发票防伪专用品，伪造发票监制章的，由税务机关没收违法所得，没收、销毁作案工具和非法物品，并处1万元以上5万元以下的罚款；情节严重的，并处5万元以上50万元以下的罚款；对印制发票的企业，可以并处吊销发票准印证；构成犯罪的，依法追究刑事责任。

此外，对于上述违法行为《税收征管法》另有规定的，依照其规定执行。

（五）导致税款流失的发票违法行为的法律责任

违反发票管理法规，导致其他单位或者个人未缴、少缴或者骗取税款的，由税务机关没收违法所得，可以并处未缴、少缴或者骗取的税款1倍以下的罚款。

（六）税务人员违反发票管理规定的法律责任

税务人员利用职权之便，故意刁难印制、使用发票的单位和个人，或者有违反发票管理法规行为的，依照国家有关规定给予处分；构成犯罪的，依法追究刑事责任。

二、增值税专用发票犯罪及其处罚

违反发票管理制度的行为，构成犯罪的，应依据我国《刑法》的有关规定处罚。其中，上述违反发票防伪规定的行为，以及税务人员违反发票管理规定的行为，如果构成犯罪，就应当依法追究刑事责任。此外，由于近些年来，我国在增值税专用发票方面的犯罪非常突出，因而在我国现行《刑法》中，对于各类增值税专用发票方面的犯罪行为，有许多具体的处罚规定。现择要介绍如下。

（一）虚开发票罪

所谓虚开发票，在此指虚开增值税专用发票或者虚开用于骗取出口退税、抵扣税款的其他发票，包括为他人虚开、为自己虚开、让他人为自己虚开、介绍他人虚开行为。有上述行为之一的，处 3 年以下有期徒刑或者拘役，并处 2 万元以上 20 万元以下罚金；虚开的税款数额较大或者有其他严重情节的，处 3 年以上 10 年以下有期徒刑，并处 5 万元以上 50 万元以下罚金；虚开的税款数额巨大或者有其他特别严重情节的，处 10 年以上有期徒刑或者无期徒刑，并处 5 万元以上 50 万元以下罚金或者没收财产。

通过虚开发票来骗取国家税款，数额特别巨大，情节特别严重，给国家利益造成特别重大损失的，处无期徒刑或者死刑，并处没收财产。从犯罪构成的角度看，是否具有骗取国家税款的目的、是否给国家的税收利益造成损失，对于判断是否构成虚开增值税专用发票罪是非常重要的。

单位犯虚开发票罪的，对单位判处罚金，并对其直接负责的主管人员和其他直接责任人员，处 3 年以下有期徒刑或者拘役；虚开的税款数额较大或者有其他严重情节的，处 3 年以上 10 年以下有期徒刑；虚开的税款数额巨大或者有其他特别严重情节的，处 10 年以上有期徒刑或者无期徒刑。

（二）伪造发票罪

所谓伪造发票，在此是指伪造或者出售伪造的增值税专用发票的行为。凡有此类行为者，处 3 年以下有期徒刑、拘役或者管制，并处 2 万元以上 20 万元以下罚金；数量较大或者有其他严重情节的，处 3 年以上 10 年以下有期徒刑，并处 5 万元以上 50 万元以下罚金；数量巨大或者有其他特别严重情节的，处 10 年以上有期徒刑或者无期徒刑，并处 5 万元以上 50 万元以下罚金或者没收财产。

伪造并出售伪造的增值税专用发票，数量特别巨大，情节特别严重，严重破坏经济秩序的，处无期徒刑或者死刑，并处没收财产。

单位犯伪造发票罪的，对单位判处罚金，并对其直接负责的主管人员和其他直接责任人员，处 3 年以下有期徒刑、拘役或者管制；数量较大或者有其他严重情节的，处 3 年以上 10 年以下有期徒刑；数量巨大或者有其他特别严重情节的，处 10 年以上有期徒刑或者无期徒刑。

（三）非法出售发票罪

非法出售增值税专用发票的，处 3 年以下有期徒刑、拘役或者管制，并处 2 万元以上 20 万元以下罚金；数量较大的，处 3 年以上 10 年以下有期徒刑，并处 5 万元以上 50 万元以下罚金；数量巨大的，处 10 年以上有期徒刑或者无期徒刑，并处 5 万元以上 50 万元以下罚金或者没收财产。

（四）非法购买发票罪

非法购买增值税专用发票或者购买伪造的增值税专用发票的，处 5 年以下有期徒刑或者拘役，并处或者单处 2 万元以上 20 万元以下罚金。

非法购买增值税专用发票或者购买伪造的增值税专用发票又虚开或者出售的，分别依照《刑法》中的有关规定定罪处罚。

三、其他发票犯罪及其处罚

除对增值税专用发票犯罪作出处罚规定以外，我国《刑法》还对其他发票犯罪的处罚作出了规定。依据该法的规定，对于伪造、擅自制造或者出售伪造、擅自制造的可以用于骗取出口退税、抵扣税款的其他发票的犯罪行为，处 3 年以下有期徒刑、拘役或者管制，并处 2 万元以上 20 万元以下罚金；数量巨大的，处 3 年以上 7 年以下有期徒刑，并处 5 万元以上 50 万元以下罚金；数量特别巨大的，处 7 年以上有期徒刑，并处 5 万元以上 50 万元以下罚金或者没收财产。

此外，对伪造、擅自制造或者出售伪造、擅自制造的上述规定以外的其他发票的犯罪行为，处 2 年以下有期徒刑、拘役或者管制，并处或者单处 1 万元以上 5 万元以下罚金；情节严重的，处 2 年以上 7 年以下有期徒刑，并处 5 万元以上 50 万元以下罚金。

[案例]　　增值税“第一税案”

所谓“第一税案”，是 1998 年公布的一起虚开增值税发票犯罪案件，因其发案时间之长、波及范围之广、犯罪金额之大、造成危害之深［从 1994 年 5 月到 1997 年 4 月，共有 218 家企业参与虚开增值税专用发票的犯罪活动，受票单位分布在全国 30 个省级行政区、6 个计划单列市；已抓获的犯罪嫌疑人 89 人，其中包括县委、财税局等单位的主要负责人；仅罪犯胡银锋（已执行）一人的案卷摞起来就有 11 米高；公安机关先期移送的 63 名犯罪嫌疑人的案卷就有 1 400 多卷，重达 1 500 公斤］，全国罕见，且截至当时，是自中华人民共和国成立以来全国第一大税案，故通称“第一税案”；同时，因其发生在浙江省金华县，故又称“金华税案”。

在“金华税案”中，问题就出在国家三令五申禁止的虚开增值税专用发票方面。一个当时仅有 56 万人口（其中农业人口占 95%）的金华县，在 1994 年至 1997 年的 3 年期间，共有 218 家企业参与虚开增值税发票，共虚开发票 65 536 份，价税合计 63.1 亿元，其中税额 9.2 亿元，涉及 30 个省级行政区，给国家造成税收损失 7.5 亿元。

从法治建设的角度看，“金华税案”之所以波及范围广、社会危害大、涉案人数多、发案时间长、查处成本高，实际上有当时诸多方面的深层次原因。

（1）税法意识十分淡薄。当时县里的某些领导为了“造福一方”，不是集中精力去发展经济，而是置国家税法于不顾，错误地提出“引进税源”，搞“上有政策，下有对策”，不但没有严格实行“以票管税”，反而鼓励违反税法的“以票引税”（即以虚开票引外地税）。由于虚开发票等违反税法的行为确实能在一定程度上起到“引税”的作用，当地领导对于税收违法行为也就放任自流，任其扩散。

（2）地方保护主义严重。当时的县领导之所以违法出台一些“税收优惠政策”，真实的目的就是同周边市、县争夺税源，以保护所谓的地方利益，弥补本县的财政缺口。这种“低税竞争”实际上是地方保护主义在财税领域的突出体现。

（3）有法不依，管理混乱。依据税法规定，增值税的纳税人分为一般纳税人和小规模纳税人，而小规模纳税人是不能使用专用发票的。但是，当时的县财税局领导违法改变一般纳税人的认定条件，提出“先上车，后买票”的做法，但在实际执行中却变成了“上了车，不买票”，对于一般纳税人应具备的条件没有认真审查，致使许多不合格的“皮包公司”等混入其中；同时，一些财税所还违反规定，私自“送票上门”，根本不按照发票要“验旧换新，限量限额，审核报批”的规定办理，从而为发票犯罪埋下了隐患。

(4) 只看小利，不顾大局。县里的有关部门在当时提出了无视国家税法的“优惠政策”，即凡在县工业小区办企业者，增值税前三年全免，后三年减半。这种典型的“低税竞争”在遭到批评后被迫停止。但是，县财税局依旧实行所谓“保底征收”，指示下属的财税所对外地的企业要“政策上放宽”，“可以适当地打点擦边球”。这不仅给全县的财税系统人员造成了严重的思想混乱，也给国家的税收收入带来了巨大的损失，是典型的“只看小利，不顾大局”的行为。

(5) 公然违法包庇犯罪。在金华县的虚开发票的犯罪活动日益猖獗的情况下，在全国人大常委会对虚开发票已作出专门决定的情况下（即 1995 年 10 月 30 日通过的《关于惩治虚开、伪造和非法出售增值税专用发票犯罪的决定》），在外地办案人员已追查到金华县是虚开发票的源头的情况下，县财税局的领导仍然采取“就事论事，就地消化”的原则，设法争管辖，大事化小，以补代罚，以罚代刑。

(6) 以权谋私，腐败严重。金华县的虚开发票犯罪分子之所以能长期逍遥法外，还与执法、司法机关的有关人员的严重腐败密切相关。县财税局稽查大队、县检察院等均有直接的重要负责人以权谋私，徇私舞弊，不仅为犯罪分子大开“绿灯”，甚至还多次直接筹划、教唆虚开发票。

上述问题，集中起来就是法律意识问题、地方保护主义问题、中央与地方的关系问题、执法问题、腐败问题等，这些问题的解决当然需要进行综合治理，但也确实在相当程度上与财税法有关。要有效解决上述问题，就需要强化财税法领域的法治建设。

第三节 违反海关税收制度的法律责任

在海关税收领域，征税主体和纳税主体违反相关税收制度的，都应依法承担相应的法律责任。其中，纳税人以及其他相关主体违反海关税收制度的行为，主要可以分为两大类：一类是走私行为，另一类是其他违法行为。其中，走私行为直接关系到海关税收，因而历来非常受重视；其他违法行为则直接或间接地与海关税收有关。为此，下面先介绍这两类违法行为应承担的法律责任，然后再介绍海关违反相关规定应承担的法律责任，最后介绍在这些违法行为构成犯罪时应受到的刑罚制裁。

一、走私行为的法律责任

根据我国《海关法》的规定，违反该法及有关法律、行政法规，逃避海关监管，偷逃应纳税款，逃避国家有关进出境的禁止性或者限制性管理，有下列情形之一的，是走私行为：(1) 运输、携带、邮寄国家禁止或者限制进出境货物、物品或者依法应当缴纳税款的货物、物品进出境的；(2) 未经海关许可并且未缴纳应纳税款、交验有关许可证件，擅自将保税货物、特定减免税货物以及其他海关监管货物、物品、进境的境外运输工具，在境内销售的；(3) 有逃避海关监管，构成走私的其他行为的。此外，有下列行为之一的，也按走私行为论处：(1) 直接向走私人非法收购走私进口的货物、物品的；(2) 在内海、领海、界河、界湖，船舶及所载人员运输、收购、贩卖国家禁止或者限制进出境的货物、物品，或者运输、收购、贩卖依法应当缴纳税款的货物，没有合法证明的。

无论是上述的走私行为，还是按走私论处的行为，尚不构成犯罪的，由海关没收走私货物、物品及违法所得，可以并处罚款；专门或者多次用于掩护走私的货物、物品，专门或者多次用于走私的运输工具，予以没收，藏匿走私货物、物品的特制设备，责令拆毁或者没收。上述行为构成犯罪的，应依法追究刑事责任。

二、其他违法行为应承担的法律责任

（一）与走私相关的违法行为的法律责任

相关主体伪造、变造、买卖海关单证，与走私人通谋为走私人提供贷款、资金、账号、发票、证明、海关单证，与走私人通谋为走私人提供运输、保管、邮寄或者其他方便，构成犯罪的，依法追究刑事责任；尚不构成犯罪的，由海关没收违法所得，并处罚款。

（二）物品超量不报行为的法律责任

个人携带、邮寄超过合理数量的自用物品进出境，未依法向海关申报的，责令补缴关税，可以处以罚款。

（三）违反海关监管行为的法律责任

某些违反海关监管的行为会直接或间接地影响海关税收，为此，我国《海关法》规定，违反该法规定有下列行为之一的，可以处以罚款，有违法所得的，没收违法所得：

（1）运输工具不经设立海关的地点进出境的；

（2）进出口货物、物品或者过境、转运、通运货物向海关申报不实的；

（3）不按照规定接受海关对进出境运输工具、货物、物品进行检查、查验的；

（4）在设立海关的地点停留的进出境运输工具未经海关同意，擅自驶离的；

（5）进出境运输工具从一个设立海关的地点驶往另一个设立海关的地点，尚未办结海关手续又未经海关批准，中途擅自改驶境外或者境内未设立海关的地点的；

（6）进出境运输工具，未经海关同意，擅自兼营或者改营境内运输的；

（7）未经海关许可，擅自将海关监管货物开拆、提取、交付、发运、调换、改装、抵押、质押、留置、转让、更换标记、移作他用或者进行其他处置的；

（8）经营海关监管货物的运输、储存、加工等业务，有关货物灭失或者有关记录不真实，不能提供正当理由的；

（9）有违反海关监管规定的其他行为的。

三、我国刑法的有关规定

我国《刑法》专设一节“走私罪”，规定对诸多走私行为的处罚，其中，特别规定了对下列行为的严厉处罚：（1）走私武器、弹药、核材料或者伪造的货币的行为；（2）走私国家禁止出口的文物、黄金、白银和其他贵重金属或者国家禁止进出口的珍贵动物及其制品的行为；（3）走私珍稀植物及其制品等国家禁止进出口的其他货物、物品的行为；（4）以牟利或者传播为目的，走私淫秽的影片、录像带、录音带、图片、书刊或者其他淫秽物品的行为。

此外，我国《刑法》规定，对走私毒品以及上述规定以外的普通货物、物品的，根据情节轻重，分别依照下列规定处罚①：

（1）走私货物、物品偷逃应缴税额较大或者一年内曾因走私被给予二次行政处罚后又走私的，处 3 年以下有期徒刑或者拘役，并处偷逃应缴税额一倍以上五倍以下罚金。

（2）走私货物、物品偷逃应缴税额巨大或者有其他严重情节的，处 3 年以上 10 年以下有

① 相关修改可参见 2011 年 5 月 1 日起实施的《刑法修正案（八）》。

期徒刑，并处偷逃应缴税额一倍以上五倍以下罚金。

(3) 走私货物、物品偷逃应缴税额特别巨大或者有其他特别严重情节的，处 10 年以上有期徒刑或者无期徒刑，并处偷逃应缴税额一倍以上五倍以下罚金或者没收财产。

单位犯前述罪的，对单位判处罚金，并对其直接负责的主管人员和其他直接责任人员，处 3 年以下有期徒刑或者拘役；情节严重的，处 3 年以上 10 年以下有期徒刑；情节特别严重的，处 10 年以上有期徒刑。

对多次走私未经处理的，按照累计走私货物、物品的偷逃应缴税额处罚。

另外，依据《刑法》的规定，下列走私行为，构成犯罪的，也依照上述规定定罪处罚：

(1) 未经海关许可并且未补缴应缴税额，擅自将批准进口的来料加工、来件装配、补偿贸易的原材料、零件、制成品、设备等保税货物，在境内销售牟利的；

(2) 未经海关许可并且未补缴应缴税额，擅自将特定减税、免税进口的货物、物品，在境内销售牟利的。

延伸思考：

1. 为什么不同类型的税法主体的法律责任会有所不同？
2. 税法领域的法律责任有哪些特殊性？
3. 税法责任与民事责任、刑事责任有何关联？
4. 应如何进一步完善我国的税法责任体系？
5. 违反税收实体法的责任与违反税收程序法的责任有何不同？
6. 税务机关能否承担经济性责任？

第十七章　税收复议理论与制度

从纯粹的税法制度的结构看，税收体制制度是整个税法制度的基础和主导，税收征纳制度则是税法制度的核心和主体，这些制度共同构成了通常的税法制度，也构成了税法的体系。此外，上述税法制度的有效实施，同样离不开处理争端的制度。随着税法制度的完善，处理争端的制度也要相应健全，从而税收争讼制度也逐渐成为广义上的税法制度的一个组成部分，或者说，是税法制度的一个必要延伸。

税收复议制度，作为税收争讼制度的重要组成部分，对于解决税收争议不可或缺。本章在介绍税收复议制度基本原理的基础上，将着重介绍税务复议制度和海关复议制度的主要内容。

第一节　税收复议理论

一、税收争议与税收复议

税收复议是以税收争议为前提的。所谓税收争议，就是因相关主体对征税机关的涉税执法行为不服而产生的纠纷。税收争议包括相关主体与税务机关之间的涉税纠纷，也包括相关主体与海关之间的涉税纠纷。上述的相关主体，或称广义上的纳税主体，不仅包括狭义的纳税义务人，还包括代扣代缴义务人、纳税担保人等。

所谓税收复议，是指作为税收争议一方的相关主体向征税机关提出再次审议所争议问题的申请，并由征税机关作出决定的一系列活动的总称。税收复议包括由税务机关作为复议机关的税收复议，也包括由海关作为复议机关的税收复议。这两类复议可以分别简称为税务复议和海关复议，对于这两类复议制度的具体内容，在后面还要分节专门介绍。

二、设立税收复议制度的宗旨和意义

设立税收复议制度，主要是为了维护和监督征税机关依法行使税权，防止和纠正征税机关的违法或者不当的涉税行为，保护纳税人和其他税务当事人的合法权益。

可见，设立税收复议制度，实际上有双重的直接意义：从纳税人等相关主体的角度说，税收复议制度实际上是一种法律上的救济制度，是对自己的财产权可能遭到侵犯的一种保障和补救，是对征税机关恣意滥用权力行为的一种排斥，因而对于保护私权和私益，定分止争，确保稳定的社会经济基础，是非常重要的。此外，从征税机关的角度说，税收复议制度是防止和纠正自身的违法行为和错误的一项重要的制度设计，通过复议制度的有效运作，可以最大限度地在系统内解决自身的执法缺欠，弥补漏洞，匡谬纠偏，从而能够确保税权行使的合法性和合理性，真正做到依法治税。

此外，从总体上看，通过税收复议制度的“过滤网”的作用，可以查处征税机关自身的违法和错误，有利于保护相关主体的利益；通过税收复议制度的“减震器”的作用，真正依法厘清征纳双方各自的权利、义务和责任，使税收争议的解决被纳入制度化、法治化的轨道，对于

缓解社会矛盾，建立和谐的征纳关系，加强税法意识，均衡地保护各类主体的税收利益，都是非常重要的。

三、税收复议制度的沿革

我国的税收复议制度是随着税法以及其他相关法律的发展而不断建立和发展起来的。在中华人民共和国成立之初，政务院曾于1950年通过了《税务复议委员会组织通则》，对税务复议的内容和具体办法作出了较为详尽的规定，从而使税收复议制度建立。此后，在陆续通过的一些税收条例中对税务复议也有所规定。但是，由于当时的税法尚不健全，特别是后来受到“非税论”和“法律虚无主义”思想的影响，税收法治建设曾一度遭到很大破坏，税务复议制度也被停止施行。只是在改革开放以后，随着法治建设的发展，特别是税收和税法的重要地位的日益凸显，税收复议制度才日益受到重视，并在解决税收争议的实践中发挥着重要的作用。

由于税收复议包括税务复议和海关复议，因此，从税收和税法的角度说，对税收复议制度产生直接影响的法律是《税收征管法》和《海关法》以及其他相关的税收法律、法规、规章。此外，由于税收复议一般也被归入行政复议，因而对税收复议制度影响较大的还有《行政复议法》等法律、法规。依据上述的法律、法规，国家税务总局已于2010年4月开始实施《税务行政复议规则》，该规则于2015年、2018年被修改。此外，海关总署于2007年11月1日实施了《中华人民共和国海关行政复议办法》，该办法于2014年3月13日被修改。上述的规则和办法规定了税务复议和海关复议的具体制度，在后面两节将着重予以介绍。

第二节　税务复议制度

为了防止和纠正违法的或不当的税收执法行为，保护纳税人及其他税务当事人的合法权益，监督和保障税务机关依法行使职权，根据《行政复议法》《税收征管法》等法律、法规的规定，国家税务总局制定了《税务行政复议规则》，对税务复议制度作出了较为全面的规定。

一、复议主体与复议原则

（一）复议主体

复议主体包括受理复议的主体和申请复议的主体。其中，受理复议的主体是依法受理复议申请、对税收执法的具体行为进行审查并作出复议决定的税务机关（简称复议机关）。申请复议的主体是认为税务机关的具体行为侵犯其合法权益，而向复议机关申请复议的公民、法人和其他组织（简称申请人）。

各级复议机关负责法制工作的机构（简称复议机构）依法办理复议事项，并履行下列职责：(1) 受理复议申请；(2) 向有关组织和人员调查取证，查阅文件和资料；(3) 审查申请复议的具体行为是否合法和适当，起草复议决定；(4) 对被申请人违法行为向相关部门提出处理建议；(5) 办理或者组织办理行政诉讼案件应诉事项；(6) 办理复议案件的赔偿事项；等等。

此外，各级复议机关可以成立复议委员会，研究重大、疑难案件，提出处理建议。复议委员会可以邀请本机关以外的具有相关专业知识的人员参加。

（二）复议原则

税务复议应当遵循以下原则：(1) 合法、公正、公开、及时和便民的原则。(2) 依法行政，有错必纠，确保法律正确实施。(3) 在申请人的复议请求范围内，不得作出对申请人更为不利的复议决定。(4) 受理复议申请，不得向申请人收取任何费用。

二、复议范围

申请人对税务机关的下列具体行为不服，可以提出复议申请：

(1) 征税行为，包括确认纳税主体、征税对象、征税范围、减税、免税、退税、抵扣税款、适用税率、计税依据、纳税环节、纳税期限、纳税地点和税款征收方式等具体行为，征收税款、加收滞纳金，扣缴义务人、受税务机关委托的单位和个人作出的代扣代缴、代收代缴、代征行为等。

(2) 行政许可、行政审批行为。

(3) 发票管理行为，包括发售、收缴、代开发票等。

(4) 税收保全措施、强制执行措施。

(5) 行政处罚行为，包括：1) 罚款；2) 没收财物和违法所得；3) 停止出口退税权。

(6) 不依法履行下列职责的行为，包括：1) 颁发税务登记；2) 开具、出具完税凭证、外出经营活动税收管理证明；3) 行政赔偿；4) 行政奖励；5) 其他不依法履行职责的行为。

(7) 资格认定行为。

(8) 不依法确认纳税担保行为。

(9) 政府信息公开工作中的具体行为。

(10) 纳税信用等级评定行为。

(11) 通知出入境管理机关阻止出境行为。

(12) 其他具体行为。

可见，税务复议的范围是较为广泛的，这有助于确保纳税人等相关主体的合法权益，督促税务机关正确执法。

此外，为了更好地保护纳税人等相关主体的合法权益，在其依照上述复议范围申请税务复议时，如果申请人认为税务机关的具体行为所依据的各级税务机关的规定或各级政府部门的规定（不包括规章）不合法，则在申请复议时，可以一并提出对上述规定的审查申请；申请人在提出复议申请时不知道具体行为所依据的规定的，可以在作出复议决定以前提出审查申请。

三、复议管辖

复议管辖，是明确复议申请人应当向哪一级税务机关申请复议，以及应当由哪一级税务机关受理的制度。税务复议管辖作为在税务系统内部确立的受理税务复议案件的分工制度，直接影响税务复议的具体展开和目标实现。对此，我国一般实行“上级复议”的原则。由于我国的税务机关是分设的，因此在复议管辖方面也是各自分开的，主要包括以下几种情况：(1) 对各级税务局的具体行为不服的，向其上一级税务局申请复议。(2) 对计划单列市税务局的具体行政行为不服的，向国家税务总局申请行政复议。(3) 对税务所（分局）、各级税务局的稽查局的具体行政行为不服的，向其所属税务局申请行政复议。(4) 对国家税务总局的具体行政行为不服的，向国家税务总局申请行政复议。对行政复议决定不服，申请人可以向人民法院提起行政诉讼，也可以向国务院申请裁决。国务院的裁决为最终裁决。

此外，下列情况具有一定的特殊性，按照如下规则申请复议：

(1) 对两个以上税务机关以共同的名义作出的具体行政行为不服的，向共同上一级税务机关申请行政复议；对税务机关与其他行政机关以共同的名义作出的具体行政行为不服的，向其共同上一级行政机关申请行政复议。

(2) 对被撤销的税务机关在撤销以前所作出的具体行政行为不服的，向继续行使其职权的税务机关的上一级税务机关申请行政复议。

（3）对税务机关作出逾期不缴纳罚款加处罚款的决定不服的，向作出行政处罚决定的税务机关申请行政复议。但是对已处罚款和加处罚款都不服的，一并向作出行政处罚决定的税务机关的上一级税务机关申请行政复议。

（4）申请人向具体行政行为发生地的县级地方人民政府提交行政复议申请的，由接受申请的县级地方人民政府依照行政复议法的规定予以转送。

四、申请人和被申请人的具体确定

（一）复议申请人的具体确定

（1）合伙企业申请复议的，应当以核准登记的企业为申请人，由执行合伙事务的合伙人代表该企业参加复议；其他合伙组织申请复议的，由合伙人共同申请复议。

（2）股份制企业的股东大会、股东代表大会、董事会认为税务机关的具体行为侵犯企业合法权益的，可以以企业的名义申请复议。

（3）有权申请复议的公民死亡的，其近亲属可以申请复议；有权申请复议的公民为无行为能力人或者限制行为能力人，其法定代理人可以代理申请复议。

（4）有权申请复议的法人或者其他组织发生合并、分立或终止的，承受其权利义务的法人或者其他组织可以申请复议。

此外，在复议期间，复议机关认为申请人以外的主体与被审查的具体行为有利害关系的，可以通知其作为第三人参加复议；申请人以外的主体与被审查的具体行为有利害关系的，可以向复议机关申请作为第三人参加复议。第三人不参加复议，不影响复议案件的审理。

（二）被申请人的具体确定

（1）申请人对具体行为不服申请复议的，作出该具体行为的税务机关为被申请人。

（2）申请人对扣缴义务人的扣缴税款行为不服的，主管该扣缴义务人的税务机关为被申请人；对税务机关委托的单位和个人的代征行为不服的，委托税务机关为被申请人。

（3）税务机关与法律、法规授权的组织以共同的名义作出具体行为的，税务机关和法律、法规授权的组织为共同被申请人。税务机关与其他组织以共同名义作出具体行为的，税务机关为被申请人。

（4）税务机关依照法律、法规和规章规定，经上级税务机关批准作出具体行为的，批准机关为被申请人。

（5）申请人对经重大税务案件审理程序作出的决定不服的，审理委员会所在税务机关为被申请人。

（6）税务机关设立的派出机构、内设机构或者其他组织，未经法律、法规授权，以自己名义对外作出具体行为的，税务机关为被申请人。

五、复议申请

税务机关作出的具体行为对申请人的权利、义务可能产生不利影响的，应当告知其申请复议的权利、复议机关和复议申请期限。

（一）申请期限

申请人可以在知道税务机关作出具体行为之日起 60 日内提出复议申请。因不可抗力或者被申请人设置障碍等原因耽误法定申请期限的，申请期限的计算应当扣除被耽误时间。

（二）申请条件

申请人可以申请复议的具体行为有多种类型，其中，对有些行为的复议申请是有条件限制的，具体如下。

(1) 申请人对征税行为不服的，目前实行“复议前置”制度，即申请人应当先向复议机关申请复议；对复议决定不服的，才可以向人民法院提起行政诉讼。但申请人对征税行为不服而申请复议的，必须依照税务机关根据法律、法规确定的税额、期限，先行缴纳或者解缴税款和滞纳金，或者提供相应的担保，才可以在缴清税款和滞纳金之日起或者所提供的担保得到作出具体行为的税务机关确认之日起 60 日内提出复议申请。简单地说，就是“先税后议”，只有在国家的税收权益得到保障之后，相关主体才能依法提出复议申请。

(2) 申请人对上述征税行为以外的其他具体行为不服的，可以申请复议，也可以直接向人民法院提起行政诉讼。但申请人对税务机关作出逾期不缴纳罚款加处罚款的决定不服的，应当先缴纳罚款和加处罚款，再申请复议。对于上述制度安排，从保护纳税人权益的角度，学界多年来提出了许多批评意见。

(三) 申请方式

申请人可以采取书面或口头的方式申请复议。书面申请复议的，可以采取当面递交、邮寄或者传真等方式提出复议申请。有条件的复议机关可以接受以电子邮件形式提出的复议申请。申请人口头申请复议的，复议机构应当场制作复议申请笔录，交申请人核对或者向申请人宣读，并由申请人确认。

六、复议受理

(一) 受理期限和条件

复议机关收到复议申请以后，应当在 5 日内审查，决定是否受理。对不符合规定的复议申请，决定不予受理，并书面告知申请人。此外，对不属于本机关受理的复议申请，应当告知申请人向有关复议机关提出。

复议机关收到复议申请以后未按照规定期限审查并作出不予受理决定的，视为受理。

复议机关受理复议申请的主要条件是：(1) 属于规定的复议范围；(2) 在法定申请期限内提出；(3) 有明确的申请人和符合规定的被申请人；(4) 申请人与具体行为有利害关系；(5) 有具体的复议请求和理由；等等。

凡复议机关已经受理的，在法定复议期限内，申请人不得向人民法院提起行政诉讼；申请人向人民法院提起行政诉讼，人民法院已经依法受理的，不得申请复议。

此外，除非有法定情形，在复议期间具体行为不停止执行。

(二) 上级税务机关的监督

(1) 上级税务机关认为复议机关不受理复议申请的理由不成立的，可以督促其受理；经督促仍然不受理的，责令其限期受理。

(2) 上级税务机关认为有必要的，可以直接受理或者提审由下级税务机关管辖的复议案件。

(三) 对不予受理的救济

对于应先申请复议，不服复议决定才能向人民法院起诉的具体行为，复议机关决定不予受理或者受理以后超过复议期限不作答复的，申请人可以自收到不予受理决定书之日起或者复议期满之日起 15 日内，依法向人民法院提起行政诉讼。

七、复议审查

(一) 审查的启动

复议机构应当自受理申请之日起 7 日内，将复议申请书副本或者复议申请笔录复印件发送被申请人；被申请人应当自收到之日起 10 日内提出书面答复，并提交当初作出具体行为的证据、依据和其他有关材料。

（二）审查的方式

复议机构审理复议案件，应当由 2 名以上复议工作人员参加。复议原则上采用书面审查的办法，但是申请人提出要求或者复议机构认为有必要时，应当听取申请人、被申请人和第三人的意见，并可以向有关组织和人员调查了解情况。对重大、复杂的案件，申请人提出要求或者复议机构认为必要时，可以采取听证的方式审理。

复议机构应当全面审查被申请人的具体行为所依据的事实证据、法律程序、法律依据和设定的权利义务内容的合法性、适当性。

（三）证据的审查

复议机构应当依法全面审查相关证据。行政复议证据包括以下类别：（1）书证；（2）物证；（3）视听资料；（4）电子数据；（5）证人证言；（6）当事人的陈述；（7）鉴定意见；（8）勘验笔录、现场笔录。复议机构审查复议案件，应当以证据证明的案件事实为依据。定案证据应当具有合法性、真实性和关联性。

在复议过程中，被申请人对其作出的具体行为负有举证责任，不得自行向申请人和其他有关组织或者个人收集证据。复议机构认为有必要时，可以调查取证。

（四）对行为依据的审查

申请人在申请复议时，一并提出对有关具体行为所依据的规定的审查申请的，或者复议机构审查被申请人的具体行为时，认为其依据不合法的，如果复议机关对该规定有权处理，则应当在 30 日内依法处理；如果无权处理，则应当在 7 日内按照法定程序逐级转送有权处理的行政机关依法处理，有权处理的行政机关应当在 60 日内依法处理。处理期间，中止对具体行为的审查。

（五）申请的撤回

申请人在复议决定作出以前撤回复议申请的，经复议机构同意，可以撤回，但不得再以同一事实和理由提出复议申请，除非申请人能够证明撤回复议申请违背其真实意思表示。

（六）复议决定的作出

复议机关应当自受理申请之日起 60 日内作出复议决定。情况复杂，不能在规定期限内作出复议决定的，经复议机关负责人批准，可以适当延期，但延期不得超过 30 日。

复议机构应当对被申请人的具体行为提出审查意见，经复议机关负责人批准，作出如下复议决定：

（1）具体行为认定事实清楚，证据确凿，适用依据正确，程序合法，内容适当的，决定维持。

（2）被申请人不履行法定职责的，决定其在一定期限内履行。

（3）具体行为有下列情形之一的，决定撤销、变更或者确认该具体行为违法；决定撤销或者确认该具体行为违法的，可以责令被申请人在一定期限内重新作出具体行为：1）主要事实不清、证据不足的；2）适用依据错误的；3）违反法定程序的；4）超越职权或者滥用职权的；5）具体行为明显不当的。

（4）被申请人不按规定提出书面答复，不提交当初作出具体行为的证据、依据和其他有关材料的，视为该具体行为没有证据、依据，决定撤销该具体行为。

此外，复议机关责令被申请人重新作出具体行为的，被申请人不得以同一事实和理由作出与原行为相同或者基本相同的具体行为；但复议机关以原行为违反法定程序为由决定撤销的，被申请人重新作出具体行为的除外。

另外，复议机关责令被申请人重新作出具体行为的，被申请人不得作出对申请人更为不利的决定；但复议机关以原具体行为主要事实不清、证据不足或适用依据错误为由决定撤销的，被申请人重新作出具体行为的除外。

（七）复议的中止和终止

1. 复议的中止

在复议期间，有下列情形之一的，复议中止：（1）作为申请人的公民死亡，其近亲属尚未确定是否参加复议的。（2）作为申请人的公民丧失参加复议的能力，尚未确定法定代理人参加复议的。（3）作为申请人的法人或者其他组织终止，尚未确定权利义务承受人的。（4）作为申请人的公民下落不明或者被宣告失踪的。（5）申请人、被申请人因不可抗力，不能参加复议的。（6）复议机关因不可抗力暂时不能履行工作职责的。（7）案件涉及法律适用问题，需要有权机关作出解释或者确认的。（8）案件审理需要以其他案件的审理结果为依据，而其他案件尚未审结的。（9）其他需要中止复议的情形。

复议中止的原因消除以后，应当及时恢复复议案件的审理。复议机构中止、恢复复议案件的审理，应当告知申请人、被申请人、第三人。

2. 复议的终止

在复议期间，有下列情形之一的，复议终止：（1）申请人要求撤回复议申请，复议机构准予撤回的。（2）作为申请人的公民死亡，没有近亲属，或者其近亲属放弃复议权利的。（3）作为申请人的法人或者其他组织终止，其权利义务的承受人放弃复议权利的。（4）申请人与被申请人经复议机构准许达成和解的。（5）复议申请受理以后，发现其他复议机关已经先于本机关受理，或者人民法院已经受理的。

（八）行为的重新作出

复议机关责令被申请人重新作出具体行为的，被申请人应当在60日内重新作出具体行为；情况复杂，不能在规定期限内重新作出具体行为的，经复议机关批准，可以适当延期，但是延期不得超过30日。

公民、法人或者其他组织对被申请人重新作出的具体行为不服，可以依法申请复议，或者提起行政诉讼。

（九）对申请人的赔偿

申请人在申请复议时可以一并提出赔偿请求，复议机关对符合国家赔偿法的规定应当赔偿的，在决定撤销、变更具体行为或者确认具体行为违法时，应当同时决定被申请人依法赔偿。

申请人在申请复议时没有提出赔偿请求的，复议机关在依法决定撤销、变更原具体行为确定的税款、滞纳金、罚款和对财产的扣押、查封等强制措施时，应当同时责令被申请人退还税款、滞纳金和罚款，解除对财产的扣押、查封等强制措施，或者赔偿相应的价款。

（十）复议决定的履行

复议决定书一经送达，即发生法律效力。被申请人不履行、无正当理由拖延履行复议决定的，复议机关或者有关上级税务机关应当责令其限期履行。

申请人、第三人逾期不起诉又不履行复议决定的，或者不履行最终裁决的复议决定的，按照下列规定分别处理。

（1）维持具体行为的复议决定，由作出具体行为的税务机关依法强制执行，或者申请人民法院强制执行。

（2）变更具体行为的复议决定，由复议机关依法强制执行，或者申请人民法院强制执行。

八、复议和解与调解

对下列复议事项，按照自愿、合法的原则，申请人和被申请人在复议机关作出复议决定以前可以达成和解，复议机关也可以调解：（1）行使自由裁量权作出的具体行为，如行政处罚、核定税额、确定应税所得率等；（2）行政赔偿；（3）行政奖励；（4）存在其他合理性问题的具体行为。在和解、调解期间，行政复议审理期限中止计算。

调解应当符合下列要求：（1）尊重申请人和被申请人的意愿；（2）在查明案件事实的基础上进行；（3）遵循客观、公正和合理原则；（4）不得损害社会公共利益和他人合法权益。调解未达成协议，或者复议调解书不生效的，复议机关应当及时作出复议决定。

申请人和被申请人达成和解的，应当向复议机构提交书面和解协议。和解内容不损害社会公共利益和他人合法权益的，复议机构应当准许。经复议机构准许和解终止复议的，申请人不得以同一事实和理由再次申请复议。此外，申请人不履行复议调解书的，由被申请人依法强制执行，或者申请人民法院强制执行。

第三节　海关复议制度

为了规范海关复议行为，发挥复议制度在解决争议方面的重要作用，根据《行政复议法》、《海关法》和《行政复议法实施条例》的规定，海关总署制定了《中华人民共和国海关行政复议办法》（以下简称《办法》）。《办法》自 2007 年 11 月 1 日起施行，并于 2014 年 3 月 13 日被修改。由于海关征税的数额逐年增加，且涉及的纳税人非常广泛①，因而海关的复议制度对于解决税务争议同样具有重要作用。为此，下面依据《办法》的相关规定，介绍我国海关复议制度的主要内容。

一、海关复议机构的职责

各级海关负责法制工作的机构作为海关复议机构，应依法履行多项职责，以下各项尤其重要：（1）受理复议申请；（2）调查取证，查阅文件和资料，组织复议听证；（3）审查被申请复议的具体行为是否合法与适当，主持复议调解，审查和准许复议和解；（4）办理海关行政赔偿事项；（5）依法办理强制执行事项；（6）处理或者转送申请人提出的对有关规定的审查申请；（7）对下级海关的复议违法行为提出处理建议。

海关复议机构履行复议职责，应当遵循合法、公正、公开、及时、便民的原则，坚持依法行政、有错必纠，保障法律、行政法规和海关规章的正确实施。

另外，海关复议机构应当对申请人、第三人就有关复议受理条件、审理方式和期限、作出复议处理决定的理由和依据、复议决定的执行等复议事项提出的疑问予以解释说明。

二、海关复议范围

海关复议范围的大小，直接决定纳税人等相关主体在多大程度上可能得到救济。依据《办法》的规定，在多种情形下，公民、法人或者其他组织都可以向海关申请复议，其中，与纳税人权益相关的较为重要的情形有：

（1）对海关作出的警告，罚款，没收货物、物品和运输工具，没收违法所得及其他行政处罚决定不服的；

---

① 外国人、无国籍人、外国组织在中华人民共和国境内向海关申请复议，亦适用《办法》。

（2）对海关作出的收缴有关货物、物品、违法所得、运输工具的决定不服的；

（3）对海关作出的扣留有关货物、物品、运输工具、账册、单证或者其他财产，封存有关进出口货物、账簿、单证等行政强制措施不服的；

（4）对海关采取的强制执行措施不服的；

（5）对海关确定纳税义务人、确定完税价格、商品归类、确定原产地、适用税率或者汇率、减征或者免征税款、补税、退税、征收滞纳金、确定计征方式以及确定纳税地点等其他涉及税款征收的具体行政行为有异议的（以下简称纳税争议）；

（6）对海关检查运输工具和场所，查验货物、物品或者采取其他监管措施不服的；

（7）对海关作出的责令退运、不予放行、责令改正、责令拆毁和变卖等行政决定不服的；

（8）认为海关没有依法履行保护人身权利、财产权利的法定职责的。

上述（5）项规定的纳税争议事项，直接关系到税收争议的解决。要解决纳税争议，公民、法人或者其他组织应当依据《海关法》的规定先向海关复议机构申请复议，对海关复议决定不服的，再向人民法院提起行政诉讼。可见，纳税争议的复议，实行的是"复议前置"原则，海关复议是起诉的前置程序或必经阶段。

三、海关复议的申请

（一）申请人和第三人

海关复议的申请人包括依法提出复议申请的公民、法人或者其他组织。有权申请复议的公民死亡的，其近亲属可以申请复议。有权申请复议的法人或者其他组织终止的，承受其权利的公民、法人或者其他组织可以申请复议。

在复议期间，海关复议机构认为申请人以外的公民、法人或者其他组织与被审查的具体行政行为有利害关系的，应当通知其作为第三人参加复议。同时，申请人以外的公民、法人或者其他组织认为与被审查的海关具体行为有利害关系的，可以向海关复议机构申请作为第三人参加复议。申请作为第三人参加复议的，应当对其与被审查的海关具体行政行为有利害关系负举证责任。第三人不参加复议，不影响复议案件的审理。

（二）被申请人和复议机关

公民、法人或者其他组织对海关作出的具体行为不服而申请复议的，作出该具体行为的海关是被申请人。

为了保障复议的公正性和有效性，一般实行"上级复议"的原则，即对海关具体行为不服的，向作出该具体行为的海关的上一级海关提出复议申请，由上级海关作为复议机关。但是，对海关总署作出的具体行为不服的，只能向海关总署提出复议申请。

在"共同行为"的情况下，被申请人和复议机关的确定办法是：第一，两个以上海关以共同的名义作出具体行为的，以作出具体行为的海关为共同被申请人，向其共同的上一级海关申请复议。第二，海关与其他行政机关以共同的名义作出具体行为的，海关和其他行政机关为共同被申请人，向海关和其他行政机关的共同上一级行政机关申请复议。第三，申请人对海关总署与国务院其他部门共同作出的具体行政行为不服，向海关总署或者国务院其他部门提出复议申请，由海关总署、国务院其他部门共同作出处理决定。

此外，还应注意以下情况：（1）依照法律、行政法规或者海关规章的规定，下级海关经上级海关批准后以自己的名义作出具体行为的，以作出批准的上级海关为被申请人。（2）根据海关法和有关行政法规、海关规章的规定，经直属海关关长或者其授权的隶属海关关长批准后作出的具体行政行为，以直属海关为被申请人。（3）海关设立的派出机构、内设机构或者其他组织，未经法律、行政法规授权，对外以自己名义作出具体行为的，以该海关为被申请人，向该海关的上一级海关申请复议。

（三）复议申请期限

公民、法人或者其他组织认为海关具体行为侵犯其合法权益的，可以自知道该具体行为之日起60日内提出复议申请，具体起算日期如下：（1）当场作出具体行为的，自具体行为作出之日起计算；（2）载明具体行为的法律文书直接送达的，自受送达人签收之日起计算；（3）载明具体行为的法律文书依法留置送达的，自送达人和见证人在送达回证上签注的留置送达之日起计算；（4）载明具体行为的法律文书邮寄送达的，自受送达人在邮政签收单上签收之日起计算；没有邮政签收单的，自受送达人在送达回执上签名之日起计算；（5）具体行为依法通过公告形式告知受送达人的，自公告规定的期限届满之日起计算；（6）被申请人作出具体行为时未告知有关公民、法人或者其他组织，事后补充告知的，自公民、法人或者其他组织收到补充告知的通知之日起计算；（7）被申请人作出具体行为时未告知有关公民、法人或者其他组织，但是有证据材料能够证明有关公民、法人或者其他组织知道该具体行为的，自证据材料证明其知道具体行为之日起计算。

具体行为具有持续状态的，自该具体行为终了之日起计算。海关作出具体行为，依法应当送达法律文书而未送达的，视为有关权利主体不知道该具体行为。申请人因不可抗力或者其他正当理由耽误法定申请期限的，申请期限自障碍消除之日起继续计算。

对于纳税争议事项，申请人未经复议直接向人民法院提起行政诉讼的，人民法院依法驳回后申请人再向海关申请复议的，从申请人起诉之日起至人民法院驳回的法律文书生效之日止的期间不计算在申请复议的期限内，但是海关作出有关具体行为时已经告知申请人应当先经海关复议的除外。

（四）复议申请的提出

申请人书面申请复议的，可以采取当面递交、邮寄、传真、电子邮件等方式递交复议申请书。

申请人提出复议申请时错列被申请人的，海关复议机构应当告知申请人变更被申请人。申请人变更被申请人的期间不计入复议审理期限。

申请人认为海关的具体行为所依据的规定不合法，可以依据行政复议法的规定，在对具体行为申请复议时一并提出对该规定的审查申请。

申请人在对具体行为提起复议申请时尚不知道该具体行为所依据的规定的，可以在海关复议机构作出复议决定前提出。

四、海关复议的受理

（一）受理的条件

海关复议机构收到复议申请后，应当在5日内进行审查。复议申请符合下列规定的，应当予以受理：（1）有明确的申请人和符合规定的被申请人；（2）申请人与具体行为有利害关系；（3）有具体的复议请求和理由；（4）在法定申请期限内提出；（5）属于海关复议的范围；（6）属于收到复议申请的海关复议机构的职责范围；（7）其他复议机关尚未受理同一复议申请，人民法院尚未受理同一主体就同一事实提起的行政诉讼。

海关复议机构受理复议申请，不得向申请人收取任何费用。对符合规定条件，决定受理复议申请的，应当制作“复议申请受理通知书”和“复议答复通知书”分别送达申请人和被申请人。对不符合规定条件，决定不予受理的，应当说明不予受理的理由和法律依据，告知申请人主张权利的其他途径。

复议申请材料不齐全或者表述不清楚的，海关复议机构可以自收到该复议申请之日起 5 日内书面通知申请人补正。申请人应当在收到补正通知之日起 10 日内向海关复议机构提交需要补正的材料。补正申请材料所用时间不计入复议审理期限。申请人无正当理由逾期不补正的，视为其放弃复议申请。

对符合规定且属于海关受理的复议申请，自海关复议机构收到之日起即为受理。

(二) 受理复议的分工

申请人就同一事项向两个或者两个以上有权受理的海关申请复议的，由最先收到复议申请的海关受理；同时收到复议申请的，由收到复议申请的海关在 10 日内协商确定；协商不成的，由其共同上一级海关在 10 日内指定受理海关。协商确定或者指定受理海关所用时间不计入复议审理期限。

申请人依法提出复议申请，海关复议机关无正当理由不予受理的，上一级海关可以根据申请人的申请或者依职权先行督促其受理；经督促仍不受理的，应当责令其限期受理；必要时，上一级海关也可以直接受理。

五、海关复议的审理与决定

(一) 复议答复

海关复议机构应当自受理复议申请之日起 7 日内，将复议申请书副本或者复议申请笔录复印件以及申请人提交的证据、有关材料的副本发送被申请人。

被申请人应当自收到申请书副本或者复议申请笔录复印件之日起 10 日内，向海关复议机构提交“复议答复书”，并且提交当初作出具体行为的证据、依据和其他有关材料。

海关复议机构应当在收到被申请人提交的“复议答复书”之日起 7 日内，将《复议答复书》副本发送申请人。

(二) 复议审理

1. 合议制度

海关复议案件实行合议制审理。合议人员为不得少于 3 人的单数。合议人员由海关复议机构负责人指定的复议人员或者海关复议机构聘任或者特邀的其他具有专业知识的人员担任。

被申请人所属人员不得担任合议人员。对海关总署作出的具体行为不服，向海关总署申请复议的，原具体行为经办部门的人员不得担任合议人员。

对于事实清楚、案情简单、争议不大的海关复议案件，也可以不适用合议制，但是应当由 2 名以上复议人员参加审理。

海关复议机构负责人应当指定一名复议人员担任主审，具体负责对复议案件事实的审查，并且对所认定案件事实的真实性和适用法律的准确性承担主要责任。

合议人员应当根据复议查明的事实，依据有关法律、行政法规和海关规章的规定，提出合议意见，并且对提出的合议意见的正确性负责。

2. 回避制度

申请人、被申请人或者第三人认为合议人员或者案件审理人员与本案有利害关系或者有其他关系可能影响公正审理复议案件的，可以申请合议人员或者案件审理人员回避，同时应当说明理由。

合议人员或者案件审理人员认为自己与本案有利害关系或者有其他关系的，应当主动申请回避。海关复议机构负责人也可以指令合议人员或者案件审理人员回避。

复议人员的回避由海关复议机构负责人决定。海关复议机构负责人的回避由海关复议机关负责人决定。

3. 证据制度

海关复议机构审理复议案件应当向有关组织和人员调查情况，听取申请人、被申请人和第三人的意见；海关复议机构认为必要时可以实地调查核实证据；对于事实清楚、案情简单、争议不大的案件，可以采取书面审查的方式进行审理。

海关复议机构向有关组织和人员调查取证时，可以查阅、复制、调取有关文件和资料，向有关人员进行询问。

复议期间涉及专门事项需要鉴定的，申请人、第三人可以自行委托鉴定机构进行鉴定，也可以申请复议机构委托鉴定机构进行鉴定。鉴定费用由申请人、第三人承担。鉴定所用时间不计入复议审理期限。

海关复议机构认为必要时也可以委托鉴定机构进行鉴定。鉴定应当委托国家认可的鉴定机构进行。需要现场勘验的，现场勘验所用时间不计入复议审理期限。

申请人、第三人可以查阅被申请人提出的书面答复、提交的作出具体行为的证据、依据和其他有关材料，除涉及国家秘密、商业秘密、海关工作秘密或者个人隐私外，海关复议机构不得拒绝，并且应当为申请人、第三人查阅有关材料提供必要条件。

4. 复议中止

复议期间，如果发生了法定的情形，影响复议案件审理的，则复议中止。这些情形主要有：(1) 作为申请人的自然人死亡，其近亲属尚未确定是否参加复议的；(2) 作为申请人的自然人丧失参加复议的能力，尚未确定法定代理人参加复议的；(3) 作为申请人的法人或者其他组织终止，尚未确定权利义务承受人的；(4) 作为申请人的自然人下落不明或者被宣告失踪的；(5) 申请人、被申请人因不可抗力，不能参加复议的；(6) 案件涉及法律适用问题，需要有权机关作出解释或者确认的；(7) 案件审理需要以其他案件的审理结果为依据，而其他案件尚未审结的。

复议中止的原因消除后，海关复议机构应当及时恢复复议案件的审理。

（三）复议听证

有下列情形之一的，海关复议机构可以采取听证的方式审理：(1) 申请人提出听证要求的；(2) 申请人、被申请人对事实争议较大的；(3) 申请人对具体行为适用依据有异议的；(4) 案件重大、复杂或者争议的标的价值较大的；(5) 海关复议机构认为有必要听证的其他情形。

海关复议机构决定举行听证的，应当将举行听证的时间、地点、具体要求等事项事先通知申请人、被申请人和第三人。第三人不参加听证的，不影响听证的举行。

听证可以在海关复议机构所在地举行，也可以在被申请人或者申请人所在地举行。除涉及国家秘密、商业秘密、海关工作秘密或者个人隐私的以外，复议听证应当公开举行。

复议听证人员为不得少于3人的单数，由海关复议机构负责人确定，并且指定其中一人为听证主持人。听证可以另指定专人为记录员。复议听证应当按照规定程序进行。复议听证笔录和听证认定的事实应当作为作出复议决定的依据。复议参加人在听证后的举证未经质证或者未经海关复议机构重新调查认可的，不得作为作出复议决定的证据。

（四）复议附带抽象行为的审查

申请人认为海关的具体行为所依据的规定不合法并在复议时附带提出对该规定进行审查申请的，海关复议机关对该规定有权处理的，应当在30日内依照下列程序处理：(1) 依法确认该规定是否与法律、行政法规、规章相抵触；（2）依法确认该规定能否作为被申请人作出具体行为的依据；（3）书面告知申请人对该规定的审查结果。

海关复议机关对申请人申请审查的有关规定无权处理的，应当在7日内按照程序转送有权处理的上级海关或者其他行政机关依法处理。有权处理的上级海关应当在60日内依法确认该规定是否合法、有效，以及该规定能否作为被申请人作出具体行为的依据，并制作“抽象行政行为审查告知书”，送达海关复议机关、申请人和被申请人。

（五）复议决定

1. 复议决定的作出

海关复议机构提出案件处理意见，经海关复议机关负责人审查批准后，作出复议决定。海关复议机关应当自受理申请之日起60日内作出复议决定，制作“复议决定书”，送达申请人、被申请人和第三人。“复议决定书”一经送达，即发生法律效力。但是，有下列情况之一的，经海关复议机关负责人批准，可以延长30日作出“复议决定书”：（1）复议案件案情重大、复杂、疑难的；（2）决定举行复议听证的；（3）经申请人同意的；（4）有第三人参加复议的；（5）申请人、第三人提出新的事实或者证据需进一步调查的。

2. 对具体行为的认定和处理

具体行为认定事实清楚，证据确凿，适用依据正确，程序合法，内容适当的，海关复议机关应当决定维持。

具体行为有下列情形之一的，海关复议机关应当决定撤销、变更或者确认该具体行为违法：（1）主要事实不清、证据不足的；（2）适用依据错误的；（3）违反法定程序的；（4）超越或者滥用职权的；（5）具体行为明显不当的。

海关复议机关决定撤销或者确认具体行为违法的，可以责令被申请人在一定期限内重新作出具体行为。被申请人应当在法律、行政法规、海关规章规定的期限内重新作出具体行为；法律、行政法规、海关规章未规定期限的，重新作出具体行为的期限为60日。公民、法人或者其他组织对被申请人重新作出的具体行为不服，可以依法申请复议或者提起行政诉讼。

被申请人未按照规定提出书面答复、提交当初作出具体行为的证据、依据和其他有关材料的，视为该具体行为没有证据、依据，海关复议机关应当决定撤销该具体行为。

具体行为有下列情形之一的，海关复议机关可以决定变更：（1）认定事实清楚，证据确凿，程序合法，但是明显不当或者适用依据错误的；（2）认定事实不清，证据不足，但是经海关复议机关审理查明事实清楚，证据确凿的。

3. 不得对申请人更为不利

整个复议制度，是为了防止适用法律错误，给当事人提供救济，因此，不得因复议而对申请人更为不利，这样才能使当事人敢于主张权利，敢于提出复议。就此，《办法》也强调了“不得对申请人更为不利”的精神，即海关复议机关在申请人的复议请求范围内，不得作出对申请人更为不利的复议决定。

此外，海关复议机关依据规定责令被申请人重新作出具体行为的，除以下情形外，被申请人不得作出对申请人更为不利的具体行为：（1）不作出对申请人更为不利的具体行为将损害国家利益、社会公共利益或者他人合法权益的；（2）原具体行为适用法律依据错误，适用正确的法律依据需要依法作出对申请人更为不利的具体行为的；（3）被申请人查明新的事实，根据新的事实和有关法律、行政法规、海关规章的强制性规定，需要作出对申请人更为不利的具体行为的；（4）其他依照法律、行政法规或者海关规章的规定应当作出对申请人更为不利的具体行为的。

4. 复议申请的撤回

申请人在复议决定作出前自愿撤回复议申请的，经海关复议机构同意，可以撤回。申请人撤回复议申请的，不得再以同一事实和理由提出复议申请。但是，申请人能够证明撤回复议申请违背其真实意思表示的除外。

复议期间被申请人改变原具体行为，但是申请人未依法撤回复议申请的，不影响复议案件的审理。

5. 复议终止

复议期间发生法定情形之一的，复议即可终止，例如：（1）申请人要求撤回复议申请，海关复议机构准予撤回的；（2）作为申请人的自然人死亡，没有近亲属或者其近亲属放弃复议权利的；（3）作为申请人的法人或者其他组织终止，其权利义务的承受人放弃复议权利的；（4）申请人与被申请人达成和解，并且经海关复议机构准许的。

（六）复议和解与调解

1. 复议和解

公民、法人或者其他组织对海关行使自由裁量权作出的具体行为不服申请复议，在复议决定作出之前，申请人和被申请人可以在自愿、合法的基础上达成和解。

申请人和被申请人达成和解的，应当向海关复议机构提交书面和解协议。和解协议应当载明复议请求、事实、理由和达成和解的结果，并且由申请人和被申请人签字或者盖章。

海关复议机构应当对和解协议进行审查，和解确属申请人和被申请人的真实意思表示，和解内容不违反法律、行政法规或者海关规章的强制性规定，不损害国家利益、社会公共利益和他人合法权益的，应当准许和解，并且终止复议案件的审理。经海关复议机关准许和解的，申请人和被申请人应当履行和解协议。

此外，经海关复议机关准许和解并且终止复议，申请人以同一事实和理由再次申请复议的，不予受理。但是，申请人提出证据证明和解违反自愿原则或者和解内容违反法律、行政法规或者海关规章的强制性规定的除外。

2. 复议中的调解

有下列情形之一的，海关复议机关可以按照自愿、合法的原则进行调解：（1）公民、法人或者其他组织对海关行使自由裁量权作出的具体行为不服申请复议的；（2）行政赔偿、查验赔偿或者行政补偿纠纷。

海关复议机关主持调解应当符合以下要求：（1）调解应当在查明案件事实的基础上进行；（2）海关复议机关应当充分尊重申请人和被申请人的意愿；（3）组织调解应当遵循公正、合理原则；（4）调解结果应当符合有关法律、行政法规和海关规章的规定，不得违背法律精神和原则；（5）调解结果不得损害国家利益、社会公共利益或者他人合法权益。

调解期间申请人或者被申请人明确提出不进行调解的，应当终止调解。终止调解后，申请人、被申请人再次请求海关复议机关主持调解的，应当准许。

申请人和被申请人经调解达成协议的，海关复议机关应当制作“复议调解书”。“复议调解书”经申请人、被申请人签字或者盖章，即具有法律效力。调解未达成协议或者“复议调解书”生效前一方反悔的，海关复议机关应当及时作出复议决定。

（七）复议决定的执行

复议决定的执行，对于确保相关主体的合法权益是非常重要的。如果申请人认为被申请人不履行或者无正当理由拖延履行复议决定书、复议调解书，则可以申请海关复议机关责令被申请人履行。此外，海关复议机关发现被申请人不履行或者无正当理由拖延履行复议决定书、复议调解书的，应当责令其限期履行。

申请人在法定期限内未提起行政诉讼又不履行海关复议决定的，按照下列规定分别处理：（1）维持具体行为的海关复议决定，由作出具体行为的海关依法强制执行或者申请人民法院强制执行。（2）变更具体行为的海关复议决定，由海关复议机关依法强制执行或者申请人民法院强制执行。海关复议机关也可以指定作出具体行为的海关依法强制执行。

另外，申请人不履行复议调解书的，由作出具体行为的海关依法强制执行或者申请人民法院强制执行。

延伸思考：

1. 如何理解税收复议的制度价值？
2. 我国税收复议制度存在的突出问题是什么？
3. 如何确保在税收复议过程中有效保护纳税人权利？
4. 税收复议制度与其他相关法律存在哪些关联？

第十八章　税收诉讼理论与制度

同税收复议一样，税收诉讼也是解决税收争议的重要途径。由于各国的司法体制不尽相同，因而相关的税收诉讼制度也存在一定的差异。本章主要从我国的税收诉讼的角度，来介绍税收诉讼的一般原理和具体制度。

第一节　税收诉讼理论

一、税收诉讼的概念

税收诉讼，是指在税收争议发生后，因相关主体对征税机关的涉税执法行为不服而直接向法院提起并展开的诉讼活动，以及在对税收争议提起税收复议后，对复议决定仍然不服而向法院提起并展开的诉讼活动。

税收诉讼是对征税机关的涉税执法行为不服而提起的诉讼，提起诉讼的相关主体，包括纳税义务人、代扣代缴义务人、纳税担保人等；而被起诉的主体则包括税务机关、海关等征税机关，因此，从广义上说，税收诉讼既不限于以税务机关为被告的狭义的“税务诉讼”，也并不限于把征税机关等同于行政机关的狭义的“行政诉讼”，而是可以包括更广泛的内容，如税收利益的赔偿、刑事责任的追究等。当然，在税收诉讼中涉及的行政诉讼内容仍是最为主要的，因而也有许多学者把税收诉讼等质于行政诉讼，并把税收诉讼视为行政诉讼的一部分。

税收诉讼的提起是法院进行税收审判活动的前提。税收审判是法院在税收争议当事人的参加下，审理和裁判征税机关与相关主体之间税收争议的司法活动。无论是当事人的税收诉讼活动，还是法院的税收审判活动，都应当严格依据相关程序法进行。

二、税收诉讼与税收复议的关系

对于税收诉讼与税收复议的关系，在前面有关税收复议制度的部分已有所论及。两者关系主要涉及两个方面：一个是兼容性，另一个是依赖性。

从救济途径来看，如果在发生税收争议后，法律规定可以采取税收复议和税收诉讼两种方式进行救济，则可认为在两者关系上存在兼容性；如果法律规定只能通过其中一种途径进行救济，非此即彼，则可认为税收复议与税收诉讼不具有兼容性。由于根据我国的法律规定税收争议可以通过两种途径来解决，因而我国的税收复议与税收诉讼具有兼容性。

从救济的维度来看，如果在发生税收争议后，相关主体寻求救济的途径是一维的，即只有在进行税收复议以后才能提起税收诉讼，则可以认为存在一种“路径依赖”，即税收诉讼需要依赖于税收复议的完成。这种模式也被称为“复议前置模式”，在两者的关系上体现为税收诉讼对税收复议具有依赖性。反之，如果无须以税收复议为必要前提，相关主体可以自由选择采取哪种救济途径，则可以认为税收诉讼对税收复议不具有依赖性。

从保护弱者、保护相关主体的权益的角度说，各国在立法上更注意加强税收诉讼与税收复议的兼容性；同时，一般说来，为了使相关主体在寻求救济时有更大的选择自由，各国往往可能减弱税收诉讼对税收复议的依赖性。我国目前在立法中确立了“以复议选择为主，以复议前置为例外”的立法模式，以更好地兼顾税收诉讼与税收复议的关系。

依据我国《税收征管法》的规定，除当事人对征税决定不服的税收争议仍然实行“先复议，后起诉”的程序外，当事人对税务机关的处罚决定、强制执行措施或者税收保全措施不服的，都实行自由选择救济途径的模式。这与我国《行政诉讼法》以及税收复议方面的有关规定，都是一致的。

三、税收诉讼的分类

从当事人的愿望和诉讼结果的角度，可以从理论上把税收诉讼大略分为如下几类。

1. 撤销之诉

所谓撤销之诉，就是相关主体对征税机关的涉税行为不服，因而希望通过法院的审判来撤销该行为的税收诉讼。事实上，在税收诉讼中，法院的一项重要任务就是通过审查征税机关行为的合法性来决定是否撤销征税机关的涉税行为，而相关主体提出的撤销之诉也较为普遍。

此外，由于征税机关的涉税行为如果无效，同样具有导致该行为被撤销的后果，因而有人认为，在撤销之诉中，可以包括征税机关涉税行为无效的确认之诉。但也有学者认为，无效的确认之诉，与撤销之诉还有所不同，因而仍应加以区别。

2. 确认之诉

所谓确认之诉，就是相关主体认为征税机关的行为无效或违法，因而意图通过法院的审判来对此加以确认的税收诉讼。它主要包括对征税机关涉税行为的效力的确认之诉，以及对相关主体与征税机关之间是否存在税收征纳关系的确认之诉。

3. 履行之诉

所谓履行之诉，就是相关主体认为征税机关没有履行或者拖延履行自己的法定职责，因而力图通过法院的审判来促使征税机关如期履行其法定职责的税收诉讼。这种税收诉讼主要是针对征税机关的不作为而提起的。

4. 赔偿之诉

所谓赔偿之诉，即相关主体认为征税机关的违法行为给自己的合法权益造成了损害，因而请求法院判决征税机关赔偿其损失的税收诉讼。在赔偿之诉中会涉及国家赔偿问题。

上述各类税收诉讼，都与法院在税收诉讼方面的具体受案范围有关，因而下面有必要对受案范围问题再作简要介绍。

四、法院在税收诉讼方面的受案范围

虽然法院的受案范围是具体税收诉讼制度的内容，但因其具有整体意义，故有必要先作介绍。由于税收诉讼与税收复议都是解决税收争议的重要途径，因而两者在受案范围上大略是相同的。只不过在许多情况下，如果相关主体不服复议决定，也可以提出税收诉讼，从而使税收诉讼的受案范围更宽。

根据我国的税收法律、法规、规章以及《行政诉讼法》、最高人民法院的司法解释[①]，我国的税收诉讼的受案范围大略包括征税机关的以下行为：（1）征税行为，包括征收税款、加收

---

① 我国《行政诉讼法》先后于 2014 年 11 月、2017 年 6 月 27 日被修改。最高人民法院亦作出《关于适用〈中华人民共和国行政诉讼法〉若干问题的解释》，自 2015 年 5 月 1 日起实施。

滞纳金等。（2）给惠行为，包括税收减免、出口退税等。（3）保全行为，包括税收保全、责令提供担保等。（4）强制行为，包括税收强制执行措施、通知阻止出境等。（5）处罚行为，包括罚款、没收违法所得、限制人身自由等。（6）消极行为，或称不作为，包括拒发相关证件、发票，不予答复等。

随着司法体制改革的推进，特别是立案登记制的推行，当事人行使诉权会更加方便。人民法院应当保障公民、法人和其他组织的起诉权利，对应当受理的涉税案件依法受理。征税机关及其工作人员不得干预、阻碍人民法院受理涉税案件。

此外，对于征税机关的某些行为不服的，人民法院仍然不能受理。这些行为主要包括：（1）税收行政法规、规章或者征税机关制定、发布的具有普遍约束力的决定、命令；（2）征税机关对其工作人员的奖惩、任免等决定。

五、税收诉讼的原则

在税收诉讼中，当然要遵从各类诉讼的一般原则，如法院独立行使审判权原则，以事实为根据、以法律为准绳原则，程序公正原则，当事人诉讼地位平等原则等。此外，也有一些较为具体的特殊原则，主要包括以下几个方面：

（1）税收公定原则。即在依法作出最终的审判以前，征税机关的征税行为被推定为具有合法性，对社会公众具有公共确定力，因而在诉讼期间不停止执行。这对于稳定公法秩序、提高行政效率和公信力是很重要的。

（2）被告举证原则。为了实现税收诉讼中当事人之间地位的实质上的平等，有效保护实力较弱的相关主体的权益，在税收诉讼中，由作为被告的征税机关负举证责任。如果征税机关在税收诉讼过程中不举证或不能举证，则应承担败诉的后果。

（3）有限变更原则。即人民法院对征税机关的涉税行为的合法性进行司法审查后，只能在处罚显失公平的情况下，才能改变原处罚的内容，因而法院的变更是很有限的。

六、法院在税收诉讼中的审查范围

法院在税收诉讼中的审查范围，与税收诉讼的受案范围不同。依据法律规定，法院在税收诉讼中的主要任务，是对具体的涉税执法行为的合法性进行审查，包括征税机关的法定职权、作出具体涉税执法行为的事实和法律依据等内容。

在税收诉讼的过程中，法院审查征税机关的法定职权，有助于判断征税机关是否存在越权、滥用职权或不作为的情况，从而有助于判断相关主体所不服的具体执法行为是否具有违法性。此外，由于征税机关的执法行为的作出离不开相关的事实，因此，法院对相关事实作出审查，也有助于认定征税机关的具体执法行为是否合法。另外，由于适用法律如何，直接影响征税机关的执法行为的合法性，因此，对征税机关作出具体执法行为的法律依据进行审查，对于判断该执法行为本身的合法性，无疑甚有助益。

事实上，在具体的税收诉讼中，法院行使其审判权的过程，主要就是对上述三个方面进行审查的过程。

第二节　税收诉讼制度

随着经济和社会的发展、税收活动影响的广泛，税收争议也越来越多，其中的一些争议需要通过诉讼的渠道来解决，由此税收诉讼制度日显重要。由于立法等诸多方面的原因，我国并没有单独建立起一套独立的税收诉讼制度，因此，税收诉讼活动仍然要依据既有的诉讼制度来展开。下面就依据相关的诉讼原理和诉讼制度，结合税收诉讼的特殊性，来介绍税收诉讼制度。

一、税收诉讼参加人及其权利、义务

在一审程序中，税收诉讼的参加人主要包括原告、被告、第三人等。其中，原告是认为征税机关侵犯其权益，因而提起税收诉讼，请求法院保护其权益的一方当事人，即前述的纳税义务人等相关主体；被告则是被相关主体起诉的征税机关；第三人是指与双方当事人发生争议的具体执法行为有利害关系，而申请参加或由人民法院通知参加税收诉讼的其他主体。在上述几类主体中，原告和被告在诉讼中的权利、义务的配置是非常重要的，现择要介绍如下。

1. 原告的权利和义务

在诉讼的不同阶段，原告的权利主要有：起诉权、申请回避权、申请撤诉权、争议行为停止执行的申请权、辩论权、请求赔偿权、材料查阅权、上诉权、申请强制执行权，等等。

原告的义务主要有：按照法定程序进行诉讼活动的义务，不伪造、隐藏、转移、变卖、毁损已被查封、扣押、冻结的财产的义务，依法执行已生效的判决、裁定的义务，等等。

2. 被告的权利和义务

被告的权利主要有：答辩权、申请回避权、材料查阅权、上诉权，等等。

被告的义务主要有：按照法定程序进行诉讼活动的义务，举证的义务，履行已发生法律效力的判决、裁定的义务，等等。

在被告的诸多义务中，举证的义务是较为引人注目的。同民事诉讼不同，在行政诉讼中，由被告承担举证责任是一项基本的原则。在税收诉讼中，由于作为被告的征税机关对于征税的事实和法律依据最清楚，同时，在取证的权力、手段，保存证据的制度等方面较有保障，因而其举证能力比原告更强。让举证能力强的被告承担举证责任，不仅较为公平，也有利于促进征税机关依法治税。

此外，被告承担举证责任，并不排除原告的举证权利。原告有权向法院提供有利于自己的证据。

二、税收诉讼的管辖

税收诉讼的管辖，是指法院受理第一审涉税案件的分工或称权限划分。它明确了相关主体应向哪一级的哪个法院起诉的问题。由于我国没有设立专门的税务法院，因而税收诉讼案件由普通法院来管辖。根据一般的诉讼法理论，可以把税收诉讼的管辖分为法定管辖和裁定管辖。其中，法定管辖又主要包括级别管辖和地域管辖。

涉税案件的级别管辖，在我国主要是：(1) 基层人民法院管辖本辖区内一般的税收诉讼案件。(2) 中级人民法院管辖的一审税收案件，包括对国家税务总局所作的涉税行为提起诉讼的案件、海关处理的案件，以及本辖区内重大、复杂的案件。上述“重大、复杂的案件”，包括社会影响重大的共同诉讼案件，以及涉外或者涉及香港特别行政区、澳门特别行政区、我国台湾地区的案件等。(3) 高级人民法院管辖本辖区内重大、复杂的一审案件。(4) 最高人民法院管辖全国范围内重大、复杂的一审案件。

涉税案件的地域管辖，包括一般地域管辖和特殊地域管辖。一般地域管辖适用“原告就被告”原则，由最初作出税收执法行为的征税机关所在地人民法院管辖。经复议的案件，也可以由复议机关所在地人民法院管辖。

一般地域管辖之外的地域管辖，在此统称为特殊地域管辖。如因不动产提起的税收诉讼，由不动产所在地的人民法院专属管辖；因对征税机关通知出境机关阻止出境行为不服而起诉的，由该征税机关所在地或者原告所在地人民法院管辖等。此外，两个以上人民法院都有管辖权的案件，原告可以选择其中一个人民法院提起诉讼。原告向两个以上有管辖权的人民法院提起诉讼的，由最先立案的人民法院管辖。

涉税案件的裁定管辖，包括通常的移送管辖、指定管辖和移转管辖，由于其基本内容与一般诉讼法理论一致，故此不作展开。需要注意的是，人民法院发现受理的案件不属于本院管辖的，应当移送有管辖权的人民法院，受移送的人民法院应当受理。受移送的人民法院认为受移送的案件按照规定不属于本院管辖的，应当报请上级人民法院指定管辖，不得再自行移送。

此外，我国的专门人民法院、人民法庭不审理税收诉讼案件。

对当事人提出的管辖异议，人民法院应当进行审查。异议成立的，裁定将案件移送有管辖权的人民法院；异议不成立的，裁定驳回。

三、被告的确定

在税收诉讼中，被告的确定是很重要的。特别是在某些主体资格不够明确的情况下，如何确定被告，直接关系到对相关主体的合法权益的保护。根据我国的法律和有关司法解释，以下几种情况需要注意：

（1）公民、法人或者其他组织直接向人民法院提起诉讼的，作出税收执法行政行为的征税行政机关是被告。

（2）经复议的案件，复议机关决定维持原税收执法行为的，作出原税收执法行为的征税机关和复议机关是共同被告；复议机关改变原税收执法行为的，复议机关是被告。

复议机关在法定期限内未作出复议决定，公民、法人或者其他组织起诉原税收执法行为的，作出原税收执法行为的行政机关是被告；起诉复议机关不作为的，复议机关是被告。

（3）征税机关的内设机构或者派出机构在没有法律、法规或者规章授权的情况下，以自己的名义作出具体执法行为，当事人不服提起诉讼的，应当以该征税机关为被告。

法律、法规或者规章授权行使职权的征税机关内设机构、派出机构或者其他组织，超出法定授权范围实施执法行为，当事人不服提起诉讼的，应当以实施该行为的机构或者组织为被告。

（4）征税机关在没有法律、法规或者规章规定的情况下，授权其内设机构、派出机构或者其他组织行使行政职权的，应当视为委托。当事人不服，提起诉讼的，应当以该征税机关为被告。

此外，原告所起诉的被告不适格，人民法院应当告知原告变更被告；原告不同意变更的，裁定驳回起诉。另外，应当追加被告而原告不同意追加的，人民法院应当通知其以第三人的身份参加诉讼。

四、证据的取得与认定

在税收诉讼中，证据的取得主要源于被告、原告以及法院自己的获取。根据法律规定，证据包括：（1）书证；（2）物证；（3）视听资料；（4）电子数据；（5）证人证言；（6）当事人的陈述；（7）鉴定意见；（8）勘验笔录、现场笔录。以上证据经法庭审查属实，才能作为认定案件事实的根据。

（一）源于被告的证据

如前所述，在税收诉讼中，被告对其作出的具体执法行为承担举证责任。

被告对作出的具体税收执法行为负有举证责任，应当提供作出该行为的证据和所依据的规范性文件。被告不提供或者无正当理由逾期提供证据，视为没有相应证据。但是，被诉行政行为涉及第三人合法权益，第三人提供证据的除外。

在诉讼过程中，被告及其诉讼代理人不得自行向原告、第三人和证人收集证据。但在下列情况下，被告可以延期或补充提供证据：

(1) 被告在作出税收执法行为时已经收集了证据，但因不可抗力等正当事由不能提供的，经人民法院准许，可以延期提供。

(2) 原告或者第三人提出了其在税务执法程序中没有提出的理由或者证据的，经人民法院准许，被告可以补充证据。

(二) 源于原告的证据

原告可以提供证明行政行为违法的证据。原告提供的证据不成立的，不免除被告的举证责任。

在起诉被告不履行法定职责的案件中，原告应当提供其向被告提出申请的证据。但有下列情形之一的除外：(1) 被告应当依职权主动履行法定职责的；(2) 原告因正当理由不能提供证据的。

(三) 源于法院的证据

人民法院有权要求当事人提供或者补充证据，有权向有关征税行政机关以及其他组织、公民调取证据。但是，不得为证明税收执法行政行为的合法性调取被告作出税收执法行政行为时未收集的证据。

此外，与本案有关的下列证据，原告或者第三人不能自行收集的，可以申请人民法院调取：(1) 由国家机关保存而须由人民法院调取的证据；(2) 涉及国家秘密、商业秘密和个人隐私的证据；(3) 确因客观原因不能自行收集的其他证据。

(四) 证据的认定

证据应当在法庭上出示，并由当事人互相质证。对涉及国家秘密、商业秘密和个人隐私的证据，不得在公开开庭时出示。

人民法院应当按照法定程序，全面、客观地审查核实证据。对未采纳的证据应当在裁判文书中说明理由。以非法手段取得的证据，不得作为认定案件事实的根据。

五、税收诉讼案件的受理

人民法院在接到起诉状时对符合法定起诉条件的，应当登记立案。对当场不能判定是否符合法定起诉条件的，应当接收起诉状，出具注明收到日期的书面凭证，并在7日内决定是否立案。不符合起诉条件的，作出不予立案的裁定。裁定书应当载明不予立案的理由。原告对裁定不服的，可以提起上诉。

对于起诉状内容欠缺或者有其他错误的，人民法院应当给予指导和释明，并一次性告知当事人需要补正的内容。不得未经指导和释明即以起诉不符合条件为由不接收起诉状。

对于不接收起诉状、接收起诉状后不出具书面凭证，以及不一次性告知当事人需要补正的起诉状内容的，当事人可以向上级人民法院投诉，上级人民法院应当责令改正，并对直接负责的主管人员和其他直接责任人员依法给予处分。

此外，在案件受理方面还有以下几种特殊情况。

(一) 与税收复议有关的案件的受理

税收法律、法规规定应当先向征税机关申请复议，对复议决定不服再向人民法院提起诉讼的，应依照该法律、法规的规定执行。公民、法人或者其他组织不服复议决定的，可以在收到复议决定书之日起 15 日内向人民法院提起诉讼。复议机关逾期不作决定的，申请人可以在复议期满之日起 15 日内向人民法院提起诉讼。

税收法律、法规未规定复议为提起诉讼的必经程序，相关主体既提起诉讼又申请复议的，由先受理的机关管辖；同时受理的，由公民、法人或者其他组织选择。相关主体已经申请复议，在法定复议期间内又向人民法院提起诉讼的，人民法院不予受理。

税收法律、法规未规定税收复议为提起诉讼的必经程序，相关主体向复议机关申请复议后，又经复议机关同意撤回复议申请，在法定起诉期限内对原具体执法行为提起诉讼的，人民法院应当依法受理。

（二）与撤诉有关的案件的受理

人民法院裁定准许原告撤诉后，原告以同一事实和理由重新起诉的，人民法院不予受理。

准予撤诉的裁定确有错误，原告申请再审的，人民法院应当通过审判监督程序撤销原准予撤诉的裁定，重新对案件进行审理。

原告或者上诉人未按规定的期限预交案件受理费，又不提出缓交、减交、免交申请，或者提出申请未获批准的，按自动撤诉处理。在按撤诉处理后，原告或者上诉人在法定期限内再次起诉或者上诉，并依法解决诉讼费预交问题的，人民法院应予受理。

（三）对不服征税机关的重作行为的案件的受理

人民法院判决撤销征税机关的具体执法行为后，相关主体对征税机关重新作出的具体执法行为不服向人民法院起诉的，人民法院应当依法受理。

（四）对征税机关不履行法定职责的案件的受理

相关主体申请征税机关履行法定职责，征税机关在接到申请之日起两个月内不履行的，相关主体向人民法院提起诉讼的，人民法院应当依法受理。法律、法规、规章和其他规范性文件对征税机关履行职责的期限另有规定的，从其规定。

相关主体作出具体执法行为时，没有制作或者没有送达法律文书，公民、法人或者其他组织不服向人民法院起诉的，只要能证明具体执法行为存在，人民法院应当依法受理。

（五）起诉期限对案件受理的影响

公民、法人或者其他组织直接向人民法院提起诉讼的，应当自知道或者应当知道作出税收执法行为之日起 6 个月内提出。法律另有规定的除外。

根据《行政诉讼法》的规定，因不动产提起诉讼的案件自行政行为作出之日起超过 20 年，其他案件自行政行为作出之日起超过 5 年提起诉讼的，人民法院不予受理。

征税机关作出具体执法行为时，未向相关主体告知诉权或者起诉期限的，起诉期限从相关主体知道或者应当知道诉权或者起诉期限之日起计算，但从知道或者应当知道执法行为内容之日起最长不得超过一年。这对于复议决定未向相关主体告知诉权或者法定起诉期限的情况也适用。

（六）对审查规范性文件请求的受理

公民、法人或者其他组织认为税收执法行为所依据的国务院部门和地方人民政府及其部门制定的规范性文件不合法，在对税收执法行为提起诉讼时，可以一并请求对该规范性文件进行审查。上述的规范性文件不含规章。因此，对于各级征税机关所制定的大量规范性文件，法院都可以应当事人的请求进行审查。

（七）驳回起诉的情况

有下列情形之一，已经立案的，应当裁定驳回起诉：（1）不符合行政诉讼法有关起诉条件规定的；（2）超过法定起诉期限且无法定事由的；（3）错列被告且拒绝变更的；（4）未按照法律规定由法定代理人、指定代理人、代表人为诉讼行为的；（5）未按照法律、法规规定先向征税机关申请复议的；（6）重复起诉的；（7）撤回起诉后无正当理由再行起诉的；（8）执法行为对其合法权益明显不产生实际影响的；（9）诉讼标的已为生效裁判或者调解书所羁束的；（10）其他不符合法定起诉条件的情形。

上述情形可以补正或者更正的，人民法院应当指定期间责令补正或者更正；在指定期间已经补正或者更正的，应当依法审理。

六、税收诉讼案件的审理

人民法院应当在立案之日起 5 日内，将起诉状副本发送被告。被告应当在收到起诉状副本之日起 15 日内向人民法院提交作出税收执法行为的证据和所依据的规范性文件，并提出答辩状。人民法院应当在收到答辩状之日起 5 日内，将答辩状副本发送原告。

除法律另有规定的以外，人民法院审理涉税案件要公开进行，并应由审判员组成合议庭，或者由审判员、陪审员组成合议庭。合议庭的成员，应当是 3 人以上的单数。在案件的审理过程中，除涉及行政赔偿、补偿以及行政机关行使法律、法规规定的自由裁量权的案件以外，不适用调解。此外，在案件审理过程中，还应注意以下几个方面的问题。

（一）税收诉讼案件的合并审理

有下列情形之一的，人民法院可以决定合并审理：（1）两个以上征税机关分别依据不同的法律、法规对同一事实作出具体执法行为，相关主体不服向同一人民法院起诉的；（2）征税机关就同一事实对若干公民、法人或者其他组织分别作出具体执法行为，相关主体不服分别向同一人民法院起诉的；（3）在诉讼过程中，被告对原告作出新的具体执法行为，原告不服向同一人民法院起诉的；（4）人民法院认为可以合并审理的其他情形。

（二）税收诉讼过程中的回避

当事人申请回避，应当说明理由，在案件开始审理时提出；回避事由在案件开始审理后知道的，应当在法庭辩论终结前提出。

被申请回避的人员，在人民法院作出是否回避的决定前，应当暂停参与该案的工作，但案件需要采取紧急措施的除外。

对当事人提出的回避申请，人民法院应当在 3 日内以口头或者书面形式作出决定。

申请人对驳回回避申请决定不服的，可以向作出决定的人民法院申请复议一次。复议期间，被申请回避的人员不停止参与该案的工作。对申请人的复议申请，人民法院应当在 3 日内作出复议决定，并通知复议申请人。

（三）财产保全

人民法院对于因一方当事人的行为或者其他原因，可能使具体执法行为或者人民法院生效裁判不能或者难以执行的案件，可以根据对方当事人的申请作出财产保全的裁定；当事人没有提出申请的，人民法院在必要时也可以依法采取财产保全措施。当事人对财产保全的裁定不服的，可以申请复议。复议期间不停止裁定的执行。

（四）撤诉与缺席判决

经人民法院传票传唤，原告无正当理由拒不到庭，或者未经法庭许可中途退庭的，可以按照撤诉处理；被告无正当理由拒不到庭，或者未经法庭许可中途退庭的，可以缺席判决。

人民法院对被告经传票传唤无正当理由拒不到庭，或者未经法庭许可中途退庭的，可以将被告拒不到庭或者中途退庭的情况予以公告，并可以向监察机关或者被告的上一级行政机关提出依法给予其主要负责人或者直接责任人员处分的司法建议。

（五）变更具体执法行为的影响

被告在一审期间改变被诉具体执法行为的，应当书面告知人民法院。

原告或者第三人对改变后的行为不服提起诉讼的，人民法院应当就改变后的具体执法行为进行审理。

被告改变原具体行为，原告不撤诉，人民法院经审查认为原具体行为违法的，应当作出确认其违法的判决；认为原具体行为合法的，应当判决驳回原告的诉讼请求。此外，原告起诉被告不作为，在诉讼中被告作出具体执法行为，原告不撤诉的，也参照上述规定处理。

（六）诉讼中止与诉讼终结

在税收诉讼过程中，有下列情形之一的，中止诉讼，但中止原因消除后，应恢复诉讼：(1) 原告死亡，须等待其近亲属表明是否参加诉讼的；(2) 原告丧失诉讼行为能力，尚未确定法定代理人的；(3) 作为一方当事人的组织体终止，尚未确定权利义务承受人的；(4) 一方当事人因不可抗力不能参加诉讼的；(5) 案件涉及法律适用问题，需送请有权机关作出解释或者确认的；(6) 案件的审判须以相关案件的审理结果为依据，而相关案件尚未审结的；(7) 其他应当中止诉讼的情形。

此外，在税收诉讼过程中，有下列情形之一的，终结诉讼：(1) 原告死亡，没有近亲属或者近亲属放弃诉讼权利的；(2) 作为原告的组织体终止后，其权利义务的承受人放弃诉讼权利的。

（七）审理的依据

人民法院审理案件，以法律和行政法规、地方性法规为依据。地方性法规适用于本行政区域内发生的涉税案件。

人民法院审理民族自治地方的案件，以该民族自治地方的自治条例和单行条例为依据。此外，人民法院审理涉税案件，参照规章。

另外，人民法院在审理涉税案件中，经审查认为征税机关制定的规范性文件不合法的，不作为认定税收执法行为合法的依据，并向制定机关提出处理建议。

（八）审理期间的税收执法行为的执行

法院审理期间，不停止税收执法行为的执行，但有下列情形之一的，裁定停止执行：(1) 被告认为需要停止执行的；(2) 原告或者利害关系人申请停止执行，人民法院认为该执法行为的执行会造成难以弥补的损失，并且停止执行不损害国家利益、社会公共利益的；(3) 人民法院认为该税收执法行为的执行会给国家利益、社会公共利益造成重大损害的；(4) 法律、法规规定停止执行的。

当事人对停止执行或者不停止执行的裁定不服的，可以申请复议一次。

七、税收诉讼案件的判决

（一）法院可能作出的几种判决

人民法院经过审理，根据不同情况，分别作出以下判决：

(1) 执法行为证据确凿，适用法律、法规正确，符合法定程序的，判决驳回原告的诉讼请求。

(2) 执法行为有下列情形之一的，判决撤销或者部分撤销，并可以判决被告重新作出具体执法行为：1) 主要证据不足的；2) 适用法律、法规错误的；3) 违反法定程序的；4) 超越职权的；5) 滥用职权以及明显不当的。

(3) 被告不履行或者拖延履行法定职责的，判决其在一定期限内履行。

（4）处罚显失公正的，可以判决变更。

（二）确认违法或无效的判决

税收执法行为有下列情形之一的，人民法院判决确认违法，但不撤销税收执法行为。

（1）税收执法行为依法应当撤销，但撤销会给国家利益、社会公共利益造成重大损害的；

（2）税收执法行为程序轻微违法，但对原告权利不产生实际影响的。

此外，税收执法行为有下列情形之一，不需要撤销或者判决履行的，人民法院判决确认违法：（1）税收执法行为违法，但不具有可撤销内容的；（2）被告改变原违法的税收执法行为，原告仍要求确认原税收执法行为违法的；（3）被告不履行或者拖延履行法定职责，判决履行没有意义的。

另外，税收执法行为有实施主体不具有主体资格或者没有依据等重大且明显违法情形，原告申请确认税收执法行为无效的，人民法院判决确认无效。

人民法院判决确认违法或者无效的，可以同时判决责令被告采取补救措施；给原告造成损失的，依法判决被告承担赔偿责任。

（三）作出变更的判决

征税机关作出的处罚明显不当，或者其他税收执法行为涉及对款额的确定、认定确有错误的，人民法院可以判决变更。

人民法院判决变更，不得加重原告的义务或者减损原告的权益。但利害关系人同为原告，且诉讼请求相反的除外。

八、税收案件的上诉

当事人不服一审法院判决的，有权在判决书送达之日起15日内向上一级人民法院提起上诉。当事人不服人民法院第一审裁定的，有权在裁定书送达之日起10日内向上一级人民法院提起上诉。逾期不提起上诉的，一审判决或者裁定发生法律效力。

一审法院作出判决和裁定后，当事人均提起上诉的，上诉各方均为上诉人。诉讼当事人中的一部分人提出上诉的，没有提出上诉的对方当事人为被上诉人，其他当事人依原审诉讼地位列明。

原审法院收到上诉状，应当在5日内将上诉状副本送达其他当事人，对方当事人应当在收到上诉状副本之日起10日内提出答辩状。原审法院收到上诉状、答辩状，应当在5日内连同全部案卷和证据，送二审法院。

人民法院对上诉案件，认为事实清楚的，可以实行书面审理，但应当对原审法院的裁判和被诉具体行为是否合法进行全面审查。并且，应当在收到上诉状之日起3个月内作出终审判决；有特殊情况需要延长的，由高级人民法院批准。高级人民法院审理上诉案件需要延长的，由最高人民法院批准。

人民法院审理上诉案件，按照下列情形，分别处理：（1）原判决、裁定认定事实清楚，适用法律、法规正确的，判决或者裁定驳回上诉，维持原判决、裁定；（2）原判决、裁定认定事实错误或者适用法律、法规错误的，依法改判、撤销或者变更；（3）原判决认定基本事实不清、证据不足的，发回原审人民法院重审，或者查清事实后改判；（4）原判决遗漏当事人或者违法缺席判决等严重违反法定程序的，裁定撤销原判决，发回原审人民法院重审。

原审人民法院对发回重审的案件作出判决后，当事人提起上诉的，第二审人民法院不得再次发回重审。

人民法院审理上诉案件，需要改变原审判决的，应当同时对被诉税收执法行为作出判决。

九、涉税案件的再审

当事人对已经发生法律效力的判决、裁定，认为确有错误的，可以向上一级人民法院申请再审，但判决、裁定不停止执行。根据现行法律的规定，当事人的申请符合下列情形之一的，人民法院应当再审：(1) 不予立案或者驳回起诉确有错误的；(2) 有新的证据，足以推翻原判决、裁定的；(3) 原判决、裁定认定事实的主要证据不足、未经质证或者系伪造的；(4) 原判决、裁定适用法律、法规确有错误的；(5) 违反法律规定的诉讼程序，可能影响公正审判的；(6) 原判决、裁定遗漏诉讼请求的；(7) 据以作出原判决、裁定的法律文书被撤销或者变更的；(8) 审判人员在审理该案件时有贪污受贿、徇私舞弊、枉法裁判行为的。

各级人民法院院长对本院已经发生法律效力的判决、裁定，发现有法定的应当再审的情形之一，或者发现调解违反自愿原则或者调解书内容违法，认为需要再审的，应当提交审判委员会讨论决定。

最高人民法院对地方各级人民法院已经发生法律效力的判决、裁定，上级人民法院对下级人民法院已经发生法律效力的判决、裁定，发现有法定的应当再审的情形之一，或者发现调解违反自愿原则或者调解书内容违法的，有权提审或者指令下级人民法院再审。

此外，最高人民检察院对各级人民法院已经发生法律效力的判决、裁定，上级人民检察院对下级人民法院已经发生法律效力的判决、裁定，发现有本法法定的应当再审的情形之一，或者发现调解书损害国家利益、社会公共利益的，应当提出抗诉。

地方各级人民检察院对同级人民法院已经发生法律效力的判决、裁定，发现有法定的再审情形之一，或者发现调解书损害国家利益、社会公共利益的，可以向同级人民法院提出检察建议，并报上级人民检察院备案；也可以提请上级人民检察院向同级人民法院提出抗诉。

人民法院按照审判监督程序再审的案件，若发生法律效力的判决、裁定是由第一审人民法院作出的，按照第一审程序审理，所作的判决、裁定，当事人可以上诉；若发生法律效力的判决、裁定是由二审法院作出的，按照第二审程序审理，所作的判决、裁定是发生法律效力的判决、裁定；若是上级人民法院按照审判监督程序提审的，则按照第二审程序审理，所作的判决、裁定是发生法律效力的判决、裁定。

人民法院审理再审案件，应当另行组成合议庭。经过审理，认为原生效判决、裁定确有错误的，在撤销原生效判决或者裁定的同时，可以对生效判决、裁定的内容作出相应裁判，也可以裁定撤销生效判决或者裁定，发回作出生效判决、裁定的人民法院重新审判。

十、判决、裁定和调解书的执行

当事人必须履行人民法院发生法律效力的判决、裁定、调解书。负有义务的一方当事人拒绝履行的，对方当事人可以依法申请人民法院强制执行。征税机关拒绝履行判决、裁定、调解书的，第一审人民法院可以采取下列措施：(1) 对应当归还的罚款或者应当给付的款额，通知银行从该征税机关的账户内划拨；(2) 在规定期限内不履行的，从期满之日起，对该征税机关负责人按日处50元至100元的罚款；(3) 将征税机关拒绝履行的情况予以公告；(4) 向监察机关或者该行政机关的上一级征税机关提出司法建议；接受司法建议的机关，根据有关规定进行处理，并将处理情况告知人民法院；(5) 拒不履行判决、裁定、调解书，社会影响恶劣的，可以对该征税机关直接负责的主管人员和其他直接责任人员予以拘留；情节严重，构成犯罪的，依法追究刑事责任。

此外，申请执行时效的期限为2年。申请执行时效的中止、中断，适用法律有关规定。申请执行的期限从法律文书规定的履行期间最后一日起计算；法律文书规定分期履行的，从规定的每次履行期间的最后一日起计算；法律文书中没有规定履行期限的，从该法律文书送达当事人之日起计算。逾期申请的，除有正当理由外，人民法院不予受理。

以上只是对我国税收诉讼制度的简要介绍，限于篇幅，有关税收诉讼的理论和实践的具体问题，并未充分展开。可以预见，随着税收制度和诉讼制度的发展，以及人们税法意识的增强和法院审判能力的提高，税收诉讼还会大幅度增加。这就要求深化税收诉讼的理论研究，进一步完善相关制度。而税收诉讼领域提出的许多新课题，又会大大促进财税法学的发展。

延伸思考：

1. 如何理解税收诉讼的制度价值？
2. 如何在税收诉讼中更好地保护纳税人的合法权益？
3. 如何看待法院在税收诉讼中的司法审查权？
4. 如何理解税收诉讼制度的特殊性？
5. 我国是否应建立专门的税务法庭或税务法院？

参考文献

第一类：经典文献

1. 马克思．资本论：第1卷//马克思恩格斯文集：第5卷．北京：人民出版社，2009.

2. 恩格斯．社会主义从空想到科学//马克思恩格斯文集：第3卷．北京：人民出版社，2009.

3. 列宁．帝国主义是资本主义的最高阶段//列宁专题文集（论资本主义）．北京：人民出版社，2009.

4. 论十大关系//毛泽东著作选读：下册．北京：人民出版社，1986.

5. 邓小平．在武昌、深圳、珠海、上海等地的谈话要点//邓小平文选：第3卷．北京：人民出版社，1993.

6. 习近平．习近平谈治国理政：第3卷．北京：外文出版社，2020.

7.《中共中央关于全面深化改革若干重大问题的决定》。

8.《中共中央关于全面推进依法治国若干重大问题的决定》。

9.《中共中央关于坚持和完善中国特色社会主义制度、推进国家治理体系和治理能力现代化若干重大问题的决定》。

第二类：专业文献

1. ［法］让·吕克·阿尔贝．公共财政学．北京：经济科学出版社，2017.

2. ［美］R.A. 波斯纳．法律的经济分析．北京：法律出版社，2012.

3. ［加］R.M. 伯德．税收政策与经济发展．北京：中国财政经济出版社，1996.

4. ［日］北野弘久．税法学原论．4版．北京：中国检察出版社，2001.

5. ［美］J.M. 布坎南．公共财政．北京：中国财政经济出版社，1991.

6. 陈共．财政学．10版．北京：中国人民大学出版社，2020.

7. 陈启修．财政学总论．北京：商务印书馆，2015.

8. 陈清秀．税法总论．6版．台北：元照出版有限公司，2010.

9. 董庆铮．外国税制．北京：中国财政经济出版社，1993.

10. 高培勇．西方税收：理论与政策．北京：中国财政经济出版社，1993.

11. 葛克昌．税法基本问题．台北：月旦出版社，1996.

12. 葛惟熹主编．国际税收学．4版．北京：中国财政经济出版社，2007.

13. 国家税务总局税收科学研究所编著．西方税收理论．北京：中国财政经济出版社，1997.

14. 何帆．为市场经济立宪：当代中国的财政问题．北京：今日中国出版社，1998.

15. 刘隆亨．中国税法概论．4版．北京：北京大学出版社，2003.

16. 刘心一．税式支出分析．北京：中国财政经济出版社，1996.

17. ［英］P.M. 杰克逊．公共部门经济学前沿问题．北京：中国税务出版社，2000.

18. ［日］金子宏．日本税法原理．北京：中国财政经济出版社，1989.

19. 靳东升．税收国际化与税制改革．北京：中国财政经济出版社，1995.
20. ［日］井手文雄．日本现代财政学．北京：中国财政经济出版社，1990.
21. ［德］K. 拉伦茨．法学方法论．台北：五南图书出版公司，1996.
22. ［美］R. A. 马斯格雷夫．比较财政分析．上海：上海三联书店，上海人民出版社，1996.
23. ［美］墨菲等．美国联邦税制．大连：东北财经大学出版社，2001.
24. ［法］皮凯蒂：21 世纪资本论．北京：中信出版社，2014.
25. 平新乔．财政原理与比较财政制度．上海：上海三联书店，上海人民出版社，1995.
26. 唐腾翔，唐向．税收筹划．北京：中国财政经济出版社，1994.
27. ［美］爱伦·A. 泰特．增值税：国际实践和问题．北京：中国财政经济出版社，1992.
28. ［美］威尔达夫斯基．预算：比较理论．上海：上海财经大学出版社，2009.
29. 朱青编著．国际税收．9 版．北京：中国人民大学出版社，2018.
30. 王绍光，胡鞍钢．中国国家能力报告．沈阳：辽宁人民出版社，1993.
31. 王选汇．中国涉外税收实务．北京：中信出版社，1996.
32. 张守文．财税法疏议．2 版．北京：北京大学出版社，2016.
33. 张馨．公共财政论纲．北京：经济科学出版社，1999.

索　引

图书在版编目（CIP）数据

财税法学/张守文著. --7版. --北京：中国人民大学出版社，2022.2

21世纪高等院校法学系列精品教材

ISBN 978-7-300-30269-0

Ⅰ.①财… Ⅱ.①张… Ⅲ.①财政法-法学-中国-高等学校-教材②税法-法学-中国-高等学校-教材 Ⅳ.①D922.201

中国版本图书馆CIP数据核字（2022）第011251号

21世纪高等院校法学系列精品教材

财税法学（第七版）

张守文 著

Caishui Faxue

出版发行	中国人民大学出版社		
社　　址	北京中关村大街31号	**邮政编码**	100080
电　　话	010－62511242（总编室）		010－62511770（质管部）
	010－82501766（邮购部）		010－62514148（门市部）
	010－62515195（发行公司）		010－62515275（盗版举报）
网　　址	http://www.crup.com.cn		
经　　销	新华书店		
印　　刷	北京七色印务有限公司	**版　　次**	2007年4月第1版
规　　格	185 mm×260 mm　16开本		2022年2月第7版
印　　张	23.25 插页2	**印　　次**	2022年10月第2次印刷
字　　数	608 000	**定　　价**	52.00元

《　　　　　》※任课教师调查问卷

为了能更好地为您提供优秀的教材及良好的服务，也为了进一步提高我社法学教材出版的质量，希望您能协助我们完成本次小问卷，完成后您可以在我社网站中选择与您教学相关的1本教材作为今后的备选教材，我们会及时为您邮寄送达！如果您不方便邮寄，也可以申请加入我社的**法学教师QQ群：83961183（申请时请注明法学教师）**，然后下载本问卷填写，并发往我们指定的邮箱（cruplaw@163.com）。

邮寄地址：北京市海淀区中关村大街31号中国人民大学出版社806室收

邮　　编：100080

再次感谢您在百忙中抽出时间为我们填写这份调查问卷，您的举手之劳，将使我们获益匪浅！

基本信息及联系方式：※

姓名：＿＿＿＿＿＿ 性别：＿＿＿＿＿＿ 课程：＿＿＿＿＿＿＿＿＿＿

任教学校：＿＿＿＿＿＿＿＿＿＿＿＿＿＿ 院系（所）：＿＿＿＿＿＿＿＿

邮寄地址：＿＿＿＿＿＿＿＿＿＿＿＿＿＿ 邮编：＿＿＿＿＿＿＿＿＿＿

电话（办公）：＿＿＿＿＿＿ 手机：＿＿＿＿＿＿ 电子邮件：＿＿＿＿＿＿

调查问卷：※

1. 您认为图书的哪类特性对您使用教材最有影响力？（　　）（可多选，按重要性排序）

   A. 各级规划教材、获奖教材　　B. 知名作者教材

   C. 完善的配套资源　　D. 自编教材

   E. 行政命令

2. 在教材配套资源中，您最需要哪些？（　　）（可多选，按重要性排序）

   A. 电子教案　　B. 教学案例

   C. 教学视频　　D. 配套习题、模拟试卷

3. 您对于本书的评价如何？（　　）

   A. 该书目前仍符合教学要求，表现不错将继续采用。

   B. 该书的配套资源需要改进，才会继续使用。

   C. 该书需要在内容或实例更新再版后才能满足我的教学，才会继续使用。

   D. 该书与同类教材差距很大，不准备继续采用了。

4. 从您的教学出发，谈谈对本书的改进建议：＿＿＿＿＿＿＿＿＿＿＿＿

＿＿＿＿＿＿＿＿＿＿＿＿＿＿＿＿＿＿＿＿＿＿＿＿＿＿＿＿＿＿＿＿＿＿

＿＿＿＿＿＿＿＿＿＿＿＿＿＿＿＿＿＿＿＿＿＿＿＿＿＿＿＿＿＿＿＿＿＿

选题征集：如果您有好的选题或出版需求，欢迎您联系我们：

联系人：黄　强　联系电话：010-62515955/5536

索取样书：书名：＿＿＿＿＿＿＿＿＿＿＿＿＿＿＿＿＿＿＿＿＿＿＿＿＿

书号：＿＿＿＿＿＿＿＿＿＿＿＿＿＿＿＿＿＿＿＿＿＿＿＿＿＿＿＿＿＿

备注：※ 为必填项。

教学支持说明

1. 教辅资源获取方式

为秉承中国人民大学出版社对教材类产品一贯的教学支持，我们将向采纳本书作为教材的教师免费提供丰富的教辅资源。您可直接到中国人民大学出版社官网的教师服务中心注册下载——http://www.crup.com.cn/Teacher。

如遇到注册、搜索等技术问题，可咨询网页右下角在线 QQ 客服，周一到周五工作时间有专人负责处理。

注册成为我社教师会员后，您可长期根据您所属的课程类别申请纸质样书、电子样书和教辅资源，自行完成免费下载。您也可登录我社官网的“教师服务中心”，我们经常举办赠送纸质样书、赠送电子样书、线上直播、资源下载、全国各专业培训及会议信息共享等网上教材进校园活动，期待您的积极参与！

2. 高校教师可加入下述学科教师 QQ 交流群，获取更多教学服务

经济类教师交流群：809471792

财政金融教师交流群：766895628

国际贸易教师交流群：162921240

税收教师交流群：119667851

3. 购书联系方式

网上书店咨询电话：010－82501766

邮购咨询电话：010－62515351

团购咨询电话：010－62513136

中国人民大学出版社经济分社

地址：北京市海淀区中关村大街甲 59 号文化大厦 1506 室　100872

电话：010－62513572　010－62515803

传真：010－62514775

E-mail：jjfs@crup.com.cn

5. 简新华．产业经济学［M］．武汉：武汉大学出版社，2003.
6. 巨荣良．现代产业经济学［M］．济南：山东人民出版社，2009.
7. 克雷格·彼德森．管理经济学［M］．4版．北京：中国人民大学出版社，2003.
8. 劳杰·克拉克．工业经济学［M］．北京：经济管理出版社，1990.
9. 林毅夫．新结构经济学［M］．北京：北京大学出版社，2012.
10. 刘吉发．产业政策学［M］．北京：经济管理出版社，2004.
11. 刘瑞．国民经济管理学概论［M］．北京：中国人民大学出版社，2004.
12. 曼昆．经济学原理［M］．5版．北京：北京大学出版社，2009.
13. 綦良群，于渤．高新技术产业政策评估体系设计［J］．工业技术经济，2010（2）.
14. 萨缪尔森．宏观经济学［M］．19版．北京：人民邮电出版社，2012.
15. 施蒂格勒．产业组织和政府管制［M］．上海：上海三联书店，1989.
16. 苏东水．产业经济学［M］．2版．北京：高等教育出版社，2005.
17. 孙健．中国经济通史：上卷［M］．北京：中国人民大学出版社，2000.
18. 梯若尔．产业组织理论［M］．北京：中国人民大学出版社，1997.
19. 吴敬琏．市场经济的培育和运作［M］．北京：中国发展出版社，1993.
20. 吴敬琏．社会主义市场经济全书［M］．北京：新华出版社，1993.
21. 肖兴志．产业经济学［M］．北京：中国人民大学出版社，2012.
22. 杨公朴，夏大慰．产业经济学教程［M］．上海：上海财经大学出版社，1998.
23. 于澎田．基于灰色分析和模糊评价的高新技术产业政策效力评估：以黑龙江省为例［J］．科技与管理，2007，44（4）.
24. 郑立新．中国产业发展和产业政策报告［M］．北京：经济管理出版社，2012.

作者简介

张守文，法学博士，北京大学法学院教授、博士生导师；兼任中国法学会经济法学研究会会长等。研究领域涉及经济法理论、财税法、信息法、社会法等。出版的专著、教材主要有：《市场经济与新经济法》（合著，1993 年）、《信息法学》（合著，1995 年）、《税法原理》（1999 年）、《经济法理论的重构》（2004 年）、《财税法疏议》（2005 年）、《财税法学》（2007 年）、《经济法学》（2008 年）、《经济法总论》（2009 年）、《经济法原理》（2013 年）、《分配危机与经济法规制》（2015 年）、《中国经济法理论新视域》（2018 年）、《发展法学：经济法维度的解析》（2021 年）等，多次获得教育部、司法部等省部级以上奖励。

内容提要

本书分为财政法和税法两篇，共计 18 章。基于理论研究、财税立法的现状以及教学需要，依循经济原理—法学理论—法律制度的线索展开。前 6 章主要介绍财政原理与财政法总论，以及具体的预算法、国债法、政府采购法和转移支付法的理论和制度；后 12 章主要介绍税收原理、税法总论，以及税收体制法、税收征纳实体法和税收征纳程序法的理论和制度，具体包括课税要素理论、税权理论、征纳权义理论等理论，商品税法、所得税法、财产税法等税收征纳实体法制度，税务管理、税款征收等税收征纳程序法制度，以及税收复议与税收诉讼等税收争讼制度。

第七版修订说明

在建设现代化国家的新发展阶段，要有效落实新发展理念，构建新发展格局，推动高质量发展，尤其需要发挥财税法的重要作用。在法治建设方面，中共中央已正式提出习近平法治思想，并将其作为新时代全面依法治国的根本遵循和行动指南。为此，有必要结合国家财税立法和相关理论的最新发展，修订出版《财税法学》第七版。

此次修订，体现了习近平法治思想的引领，关注了我国财税法治建设的新成果。例如，基于《预算法实施条例》的内容调整，对预算法部分作出了较多修改；同时，融入了《车辆购置税法》《城市维护建设税法》《契税法》《耕地占用税法》《资源税法》《印花税法》等立法的最新内容，体现了增值税、关税、税务稽查、涉税服务监管、税务复议等领域的最新制度调整；补充探讨了税法与诉讼法的关系，介绍了多个税种领域税制改革的新成果，以及在数字经济背景下的国际税收合作等。

此外，本次修订还对全书的文字表述进行了校正，在此尤其感谢编辑老师认真细致的编辑工作。对于本书可能存在的各种缺漏或不足，诚望读者方家多予指正。

张守文

2022 年 1 月 1 日

于北京大学法学院科研楼